Die Familie Gans 1350–1963
Ursprung und Schicksal einer
wiederentdeckten Gelehrten- und Wirtschaftsdynastie

Angela von Gans
Monika Groening

Die Familie Gans 1350–1963

Ursprung und Schicksal
einer wiederentdeckten
Gelehrten- und Wirtschaftsdynastie

verlag regionalkultur

Titelbildnachweis
Vorderseite oben links: Eduard Gans (Ausschnitt aus einem Porträt von Wilhelm Hensel, 1829; Collection of the Israel Museum, Jerusalem, Fotograf: Jens Ziehe), oben rechts: Paul Gans (Ausschnitt; Archiv Angela von Gans, Abk.: Archiv AvG), unten links: Fritz Gans (Ausschnitt; Archiv AvG), unten rechts: Leo Gans (Institut für Stadtgeschichte Frankfurt am Main).
Rückseite (von oben nach unten): Leopold Cassella (Cassella im Bild, Abk.: CiB, S. 8), Arthur von Weinberg (CiB, S. 25), Carlo von Weinberg (CiB, S. 26), Salomon Philipp Gans (Stadtarchiv Celle).
Hintergrundbild: Das Werk in Fechenheim im Gründungsjahr 1870 (Cassella im Bild, S. 21).

Bibliographische Information der Deutschen Bibliothek
Die Deutsche Bibliothek verzeichnet diese Publikation in der Deutschen Nationalbibliographie; detaillierte Daten sind im Internet über http://dnb.ddb.de abrufbar.

ISBN-10: 3-89735-486-1
ISBN-13: 978-3-89735-486-9

Gesamtherstellung: verlag regionalkultur
Lektorat: Oliver Fink, Mannheim
Satz: Jürgen Weis, Jochen Baumgärtner, vr
Umschlaggestaltung: Jochen Baumgärtner, vr
Endkorrektur: Ines Klöhn, vr

Diese Publikation ist entsprechend den Frankfurter Forderungen auf alterungsbeständigem und säurefreiem Papier (TCF nach ISO 9706) gedruckt.

© 2006. Alle Rechte vorbehalten

verlag regionalkultur   Heidelberg – Ubstadt-Weiher – Basel
Korrespondenzadresse:
Bahnhofstraße 2 • 76698 Ubstadt-Weiher • Telefon (07251) 69723 • Fax 69450 •
E-Mail: kontakt@verlag-regionalkultur.de • www.verlag-regionalkultur.de

Dieses Buch widme ich meinem Vater Jozsi von Gans
und den kommenden Generationen.

INHALTSVERZEICHNIS

DANKSAGUNG 13
VORWORT DER CO-AUTORIN 15
WO BEGINNEN? 17

ERSTER TEIL: DIE FAMILIE GANS VON IHREN ANFÄNGEN BIS 1800

A. Die Ursprünge als mittelalterliche Fernhändler
   in Köln, Worms, Mainz und Frankfurt/Main (1350–1550) 27

B. Handelsherren in Lippstadt, Minden und Hannover (1550–1650) 32
   B.1 Die Familie Gans in Lippstadt 32
       B.1.1 Josua Seligmann Gans (um 1535–1609)
              und die feindliche Lippstädter Bürgerschaft 32
       B.1.2 Der Astronom und Philosoph David Gans (1541–1613)
              und seine Prager Lehrer Tycho Brahe
              und Johannes Kepler 35
   B.2 Die Familie Gans in Minden 39
       B.2.1 Josua Seligmann Gans und seine drei Söhne Isaak,
              Sostmann I und Salomon d.Ä. 39
       B.2.2 Sostmann I Gans (um 1570–1625/29)
              und Josef von Hameln 41
   B.3 Die Familie Gans in Hannover 43
       B.3.1 Die Literatin Glückel von Hameln (1645–1724) 43
       B.3.2 Salomon d.J. Gans (um 1613–1654) –
              „ruiniert und ins verderb gesetzt" 47
       B.3.3 Leffmann Behrens (1634–1714)
              und sein Finanzimperium 53

C. Hoffaktoren und Tabakunternehmer in Hameln
   und Celle (1650–1800) 63
   C.1. Die Familie Gans in Hameln 63
       C.1.1. Sostmann II Gans (um 1650–1724) und der Beginn
               des selbständigen Unternehmertums der Familie Gans 63
   C.2. Die Familie Gans in Celle 65
       C.2.1. Salomon II Gans (um 1670–1733),
               erfolgreicher Unternehmer 65

C.2.2. Jakob Josef (Jokew) Gans-Zell (um 1700–1770), Celler Gemeindevorsteher und großzügiger Betreuer der Armen 67
C.2.3. Isaac Jacob Gans (1723/34–1798), sein Sohn Philipp Isaak (um 1753–1828) und sein Enkel Salomon Philipp Gans (1788–1843) 68
C.2.3.1. Isaac Jacob Gans (1723/34–1798), Hoffaktor, Fabrikant und königlicher Finanzberater 68
C.2.3.2. Philipp Isaak Gans (um 1753–1828) und der zweite Vermögensverlust der Familie Gans 75
C.2.3.3. Salomon Philipp Gans (1788–1843), Hofadvokat in Celle, und Wegbegleiter der deutschen Aufklärung 76
C.2.4. Joshua Dow Feibel Gans (um 1737–1788) und sein Sohn Philipp Ahron Gans (1759 – 1835), die letzten Vertreter der Familie Gans in Celle 81

ZWEITER TEIL: DIE FAMILIE GANS UND DIE ZEIT DER JÜDISCHEN EMANZIPATION IN BERLIN UND FRANKFURT AM MAIN (1800–1850)

A. Abwanderung aus Celle in die Metropolen des Alten Reiches um 1800 85

B. Berlin 88
   B.1. Friedrich der Große (1712–1786) und das vermögende Judentum 88
   B.2. Jüdische Aufklärung 90
   B.3. Eduard Gans (1797–1839), Begründer des *Vereins für Cultur und Wissenschaft der Juden* 93
   B.4. Der Einfluss von Rachel Levin (Varnhagen von Ense) auf Eduard Gans 96
   B.5. Eduard Gans als Person und Wissenschaftler 101

C. Die Geschichte des alten jüdischen Frankfurt bis zum Ende des 18. Jahrhunderts 114

D. Das Entstehen des „emanzipierten" jüdischen Frankfurt im 19. Jahrhundert und die Rolle der Familie Gans während dieser Zeit 118

DRITTER TEIL: DIE FIRMA CASSELLA UND DIE FAMILIEN GANS UND WEINBERG IN DEN JAHREN 1850–1938

A. Die Pioniere Isaac Elias Reiss und David Löb Cassel
alias Leopold Cassella 125

B. Ludwig Ahron Gans (1794 –1871)
und der Aufstieg der Farbenfabrik Leopold Cassella
zum Weltunternehmen in den Jahren 1848 bis 1904 136

C. Die Entwicklung der chemischen Industrie
in Deutschland im 19. Jahrhundert 140

D. Friedrich Ludwig von Gans (1833–1920)
als Industrieller und Mäzen 145
   D.1. Die Gründerjahre 1868–1877 149
   D.2. Die große Depression 1876–1894 152
   D.3. Hochindustrialisierung und Prosperität 1894–1914 154
   D.4. Das Kinderkrankenhaus in der Boettgerstraße 20–22 im
        Frankfurter Nordend 165
   D.5. Das Mausoleum der Familie Gans auf dem
        Frankfurter Hauptfriedhof 176
   D.6. Die Gemäldesammlung 181
   D.7. Die Antikensammlung 191
   D.8. Schenkung der Antikensammlung nach Berlin 195
   D.9. Die Nobilitierung von Fritz Gans und die Adelspolitik
        Kaiser Wilhelms II. 197
   D.10. Auseinandersetzung der Brüder Leo und Fritz Gans
        im Jahr 1912 202
   D.11. Fritz von Gans stirbt 205
   D.12. Ludwig Wilhelm von Gans (1869–1946)
        und die „Pharma-Gans" 206

E. Leo Gans (1843–1935)
Pionier der chemischen Industrie und Mäzen 212

F. Jüdisches Netz: Die Schwestern Henriette und Marianne Gans 224
   F.1. Henriette Heidelbach und die Familie Bonn 224
   F.2. Marianne Nannette Gans 232

G. Adolf Gans (1842–1912) und die Villa Gans/Hainerberg 232
   G.1.   Clara Gans (1881–1959) und ihre Kronberger Villa 240

H. Die Gebrüder Weinberg als Großindustrielle und Mäzene 245
   H.1.   Arthur von Weinberg (1860–1943) 247
       H.1.1.   Ausbildung und persönliches Unternehmertum 247
       H.1.2.   Der Privatmann 256
       H.1.3.   Das Vollblutgestüt Waldfried 260
       H.1.4.   Stifter bedeutender Sammlungen 262
       H.1.5.   Erster Weltkrieg, die Nazizeit und das Ende 265
   H.2.   Carlo von Weinberg (1861–1943) 274
       H.2.1.   Beruflicher Werdegang und persönliches Umfeld 274
       H.2.2.   Die Nazizeit und das Ende 278
       H.2.3.   Die Villa Waldfried in Niederrad 280

VIERTER TEIL: DIE GENERATIONEN NACH DEN GRÜNDERN (1900–1963)

A. Paul Gans-Fabrice (1866–1915), Automobil- und Luftfahrtpionier 287
   A.1.   Die ersten Jahre 287
   A.2.   Gründung der Bayerischen Fliegerschule 1910 in München 297
   A.3.   Club-Gründungen und andere Einrichtungen 301
   A.4.   Gründung der Internationalen Luftfahrt-Ausstellung (ILA) in Frankfurt 1909 304
   A.5.   Die transatlantische Flugexpedition und seine Pioniere 308
   A.6.   Die Familie von Fabrice und die Verwandtschaft mit dem Fürstenhaus Hessen-Kassel 315
   A.7.   Die Familie von Reichenbach-Lessonitz und die von Fabrice/Hessen-Nachkommen 320

B. Josef Paul von Gans genannt Jozsi (1897–1963), Automobilpionier und Exilant 331
   B.1.   Jugend in der Schmölz und Erster Weltkrieg (1902–1919) 331
   B.2.   Neues Engagement in der Automobilindustrie und die Jahre der Inflation bis 1927 355
   B.3.   Für die I.G. Farben in Frankfurt, Berlin und Wien (1927–1938) 366
   B.4.   Jahre des Exils (1938–1954) 378

	B.4.1.	Die Flucht aus Deutschland 378
	B.4.2.	Anfänge in Australien bis zum Kriegsende und die Internierung in Tocumwal 388
	B.4.3.	Beruflicher Aufstieg in Australien und Indien sowie der Kontakt zur I.G. Farben in der Nachkriegszeit (1945–1954) 405
B.5.	Deutschland nach der Rückkehr (1954–1963) 428

EPILOG 437

STAMMTAFELN 441

QUELLEN- UND LITERATURVERZEICHNIS 446

PERSONENINDEX 455

Dieses Buch wurde gedruckt mit freundlicher Unterstützung
der Ernst Max von Grunelius-Stiftung,
der Stadt Frankfurt am Main, Amt für Wissenschaft und Kunst,
des Hessischen Ministeriums für Wissenschaft und Kunst.

Ebenso wurde das Projekt mit Hilfe
der Ludwig-Börne-Stiftung von
der Georg und Franziska Speyer'schen Hochschulstiftung
finanziell gefördert.

Allen Sponsoren gilt an dieser Stelle mein besonderer Dank!

DANKSAGUNG

1969 fand ich im Keller der mütterlichen Wohnung, mein Vater war 1963 gestorben und meine Mutter mit mir in ihren Geburtsort Wien gezogen, einen schweinsledernen alten Koffer. Im fahlen Kellerlicht schimmerte auf seinem Deckel ein abgeblättertes Monogramm. Das meines Vaters! Der Griff sah stabil aus und so trug ich diesen wohl schicksalsträchtigen Koffer ehrfürchtig nach oben. Darin fand ich eine Anzahl verstaubter und angegilbter Manuskripte, Briefe und Fotos sowie ein kleines Büchlein. All dies übte auf mich eine starke Faszination aus. Als ich anfing zu lesen, wurde mir schon klar, dass diese Unterlagen eine wichtige Information für uns Nachkommen waren – wie auch eine unvergleichlich spannende Lektüre zum Zeitgeschehen. Die hier ruhende Vergangenheit meiner Familie versetzte mich vorerst in einen undefinierbaren Zustand. Um diesen zu ergründen, ließ ich die Sache zunächst einmal auf sich beruhen. Und eines Tages war es soweit! Ich wollte die Schicksale und Lebensstationen meiner Vorfahren nachvollziehen können. Ich fing an zu recherchieren.

Für das ausführliche Manuskript, das mein Vater uns hinterlassen hat, danke ich ihm vor allen anderen von Herzen. Es hat mein Leben bereichert.

Frau Elisabeth Abendroth, Hessisches Ministerium für Wissenschaft und Kunst, Wiesbaden, vorzügliche Kennerin der Frankfurter Stadtgeschichte, danke ich sehr, dass sie mir bei den ersten Schritten in der Erkundung der Geschichte meiner Familie zur Seite stand. Ebenso danke ich Herrn Professor Dr. Dieter Rebentisch, Institut für Stadtgeschichte, Frankfurt am Main, und Herrn Dr. Georg Heuberger, Direktor des Jüdischen Museums der Stadt Frankfurt am Main, für die großzügige Überlassung der Archivalien zu meiner Familie. Stets aufgeschlossen für Fragen zur Geschichte der Familie Gans zeigte sich Frau Inka Bertz vom Jüdischen Museum Berlin.

Für die vorzügliche Zusammenarbeit besonders hinsichtlich der Entdeckung der noch teilweise verborgenen vielfältigen Spuren meiner Familie in Celle danke ich Frau Dr. Sabine Maehnert vom Stadtarchiv Celle.

Ohne die Hilfe der nachfolgend genannten Personen hätte dieses Buch nicht entstehen können. Ich danke Frau Victoria Reed, New York, Herrn Dr. Roderich von Rhein und seiner Tochter Bettina, München, Frau Elisabeth Haindl, Frankfurt, Herrn Peter von Gans, Isigny, Herrn Prof. Dr. Peter Plesch, Newcastle-under-Lyme, Frau Renate Welp, Wiesbaden, Herrn Prof. Dr. Otto Krätz, Deutsches Museum München, Herrn Prof. Dr. Reinhold Baumstark, Generaldirektor der Bayerischen Staatsgemäldesammlungen München sowie Herrn Dr. Rainer Koch und Frau Patricia Stahl vom Historischen Museum in Frankfurt. Herr Dieter Georg, Frankfurt, half mir unermüdlich und erfolgreich bei der Sponsorensuche. Mein besonderer Dank gilt dem Team des Verlages Regionalkultur.

Unmögliches möglich machte Herr Michael Egger, Archäologische Staatssammlung München, indem er wichtige Teile der mit Familiengeschichten nun einmal verbundenen Einzelrecherchen für mich durchführte.

Meine Co-Autorin Frau Monika Groening half mir nicht nur durch die intensiven Gespräche, sondern auch durch ihre breit gefächerten historischen Kenntnisse, dieses Buch zu schreiben. Dass diese außergewöhnliche Zusammenarbeit auch noch in eine enge Freundschaft mündete, brachte mich soweit, das Schicksal meiner Familie in seiner Bedeutung zu erkennen und anzunehmen. Und dafür danke ich ihr sehr herzlich.

München, September 2006
Angela von Gans

VORWORT DER CO-AUTORIN

Als ich Frau Angela von Gans im Sommer 2001 in München kennen lernte, hörte ich von ihrer Absicht, eine Chronik über die jüdische Familie Gans zu schreiben. Material hierzu war in großer Fülle vorhanden. Frau von Gans hatte, angeregt durch ein Vermächtnis ihres Vaters, über ein Jahrzehnt lang Dokumente zur Geschichte ihrer Familie gesammelt, und glücklicherweise hat sich der Umfang der Sekundärliteratur zur deutsch-jüdischen Elite in den letzten Jahren sehr vergrößert, so dass auch hierdurch für das vorliegende Buch weitere umfangreiche Anregungen und Informationen zur Verfügung standen.

Frau von Gans fragte mich, ob ich ihr als Historikerin und Co-Autorin zur Seite stehen wolle. Im Verlauf unserer Zusammenarbeit wurde klar, dass ein Buch über eine jüdische Familie nicht ohne persönliche Anteilnahme der Autorin niedergeschrieben werden kann. Wir gerieten immer tiefer in Gespräche, die sehr viel mit dem Lebensschicksal von Frau von Gans und ihrer eigenen Befindlichkeit, das heißt mit der Bestimmung ihrer eigenen Lebenseinstellung zur Vergangenheit ihrer Familie und zum Judentum im Allgemeinen, zu tun hatten. Dient die Niederschrift einer Familienchronik oft zur Bewältigung eigener Verlusterlebnisse, so war gerade der Wunsch von Frau von Gans nach einer Aufzeichnung des Lebenswegs ihrer Familie durch die Jahrhunderte umso verständlicher.

Wir entschlossen uns daher, eine Familienchronik zu schreiben, in der die Auseinandersetzung von Frau von Gans mit Fragen nach Identität und Neubeginn nicht ausgespart werden sollte. Aus diesem Grund entschied sie sich, ihre Eindrücke und Reaktionen auf die ihr bis zu ihrer endgültigen Rückkehr nach Deutschland ja kaum bekannten Details des Schicksals ihrer Familie mit in die Chronik einfließen zu lassen.

Als Co-Autorin wurde mir klar, dass in diesem Entschluss die Besonderheit des geplanten Buches liegen konnte. Denn Frau von Gans war ja nicht mehr in der jüdischen Tradition aufgewachsen. Durch die nicht seltene Synthese einer sehr wohlhabenden jüdischen Familie mit der deutschen vermögenden Aristokratie, durch Nobilitierung und Taufe hatten einzelne Familienmitglieder ihre Verbindung zum Judentum aufgegeben und in den Generationen nach 1910 bis heute Anschluss an eine weitere Eliteschicht gefunden, die in Teilen erheblichen Einfluss auf die Familie Gans genommen hat. Dies bewirkte, dass die Familie in einigen Zweigen den höchsten Grad der Integration in die deutsche großbürgerliche Gesellschaft und der persönlichen Unabhängigkeit erreichte.

Den Bemühungen, die enge Verbundenheit mit Deutschland über die Weimarer Republik und die zerstörerische Nazi-Zeit hinweg bis in unsere Zeit gegen alle Widerstände zu erhalten und zu verteidigen, galten insbesondere die Anstrengungen des Vaters von Frau von Gans. Als einer der wenigen Vertreter der in Deutschland akkulturierten jüdischen Familien kehrte er nach dem Zweiten Weltkrieg aus dem Exil nach Deutschland zurück und versuchte in seiner Heimat unter schwierigsten Bedingungen einen Neuanfang. Das hohe Ansehen der Familie und ihre Verdienste für Deutschland waren inzwischen in Vergessenheit geraten und durch das Naziregime mutwillig zerstört worden; die für Politiker und Investoren attraktive finanzielle Unabhängigkeit der Familie war durch Kriege, Inflation und großes industrielles Engagement verloren gegangen.

Mein Eindruck ist, dass die Phase des Neuanfangs andauert. Soziales Ansehen und das Kapital – einst die Attraktivität des führenden Judentums – spielen nun keine Rolle mehr. So lange aber das Judentum in der Beurteilung der Deutschen immer noch die bekannte Sonderrolle spielt, wird eine unvoreingenommene Integration deutsch-jüdischer Familien in die deutsche Gesellschaft – wenn überhaupt – erst in den nächsten Generationen gelingen. In der Person von Frau von Gans zeigt sich jedoch, dass eine Integration auf der Basis von Menschlichkeit, Offenheit, Aufgeschlossenheit und Mut schon heute möglich ist.

Deutlich wird die übergeordnete Zweiteilung der nachstehenden Chronik, sowohl stilistisch als auch inhaltlich. Die Zäsur liegt zwischen der rein historischen Darstellung der jüdischen Geschichte der Familie bis zum Jahr 1850, die die tiefe Verwurzelung des Gans-Clans in der jüdischen Tradition und die notwendige umfangreiche historische Quellenarbeit deutlich macht, sowie der Darstellung der Familiengeschichte nach 1850 mit ihren reichen Facetten während der Phase des industriellen Aufschwungs in Deutschland, der Inflation und der nachfolgenden NS-Zeit. In diesem letzten Teil konnte Frau von Gans schon auf die authentischen Erzählungen ihres Vaters und ihrer Tanten zurückgreifen, die inhaltlich bis in die Mitte des 19. Jahrhunderts zurückreichen. Dieser Teil ist für den zeitgeschichtlich orientierten Leser sicherlich besonders lesenswert.

München, September 2006
Monika Groening

WO BEGINNEN?

Nicht nur, dass immer wieder Fragen in mir auftauchten: Was war geschehen mit der so bedeutenden Familie Gans, die als eine der ältesten und reichsten[1] jüdischen Familien Deutschlands galt und zur jüdischen Aristokratie gehörte[2]? Woher kam sie, welche Werte bestimmten ihren Lebensweg? Wie haben ihre Mitglieder den Holocaust überlebt und überwunden? Wo leben sie heute? Gibt es noch d i e Familie Gans oder verlor sie endgültig ihre einflussreiche Stellung innerhalb der jüdischen und deutschen Gesellschaft mit den verheerenden Ereignissen des Dritten Reiches? Ich fragte mich auch, „lohnt" es sich überhaupt noch, sich und andere an sie zu erinnern?

Der entscheidende Schritt zur systematischen Aufarbeitung all dieser Fragen war zunächst die Suche nach den Vorfahren. Aber wo beginnen?

Die umfangreichen Unterlagen, Fotos und Schriften, in deren Besitz ich war, machten mir die konkrete Entscheidung, wo meine Suche nach dem Ursprung der Familie beginnen sollte, nicht leicht. Doch als eines Tages ein Anruf von Freunden kam, die unbedingt nach Celle fahren wollten, und mich dazu einluden, war mir klar: Celle! Ich hatte ja schon von einigen Ahnen in Celle gelesen. Hier würde ich anfangen, während der Freundeskreis einer Hubschraubervorführung beiwohnte und anschließend das dortige berühmte Landesgestüt näher inspizierte. Ich machte sogleich einen Termin im Celler Stadtarchiv aus, und als ich dort eintraf, wurde ich mit einer gewissen Neugierde betrachtet. Es schien die Frage in der Luft zu liegen: Kann das sein? Ein Nachkomme der Familie Gans? Wie interessant!

Mit großer Intensität erzählte mir Herr Dr. Guenter vom Stadtarchiv unter anderem von dem um 1692 auf dem Hügel in Celle erworbenen und im 18. Jahrhundert „Am Berge" erweiterten, inzwischen stillgelegten jüdischen Friedhof, auf dem meine Vorfahren bestattet waren. Diesen Ort fand ich passend für meinen Einstieg in die Ahnensuche. Vielleicht würde mich dieses Stück Erde, in dem meine Vorfahren ruhten und auf dem ich bald stehen sollte, auf dem weiteren Weg der Familiengeschichte inspirieren.

---

[1] B. Streich: Der Hoffaktor Isaac Jacob Gans (1723/34–1798). Ein Celler Jude am Ende des Ancien Régime, in: B. Streich (Hg.): Juden in Celle. Biographische Skizzen aus drei Jahrhunderten (Schriftenreihe des Stadtarchivs und des Bomann-Museums, 26), Celle 1996, S. 67.

[2] B.W. Linnemeier: „Waßgestalt meine Eltern und Voreltern allhier in dieser löblichen Stadt Minden ihre Wohnung gehabt ...". Die jüdische Familie Gans aus Lippstadt und Minden und ihr verwandtschaftlicher Umkreis vom 16. bis zum ausgehenden 18. Jahrhundert. Ein Beitrag zur Geschichte der jüdischen Oberschicht Nordwestdeutschlands in der frühen Neuzeit (Beiträge zur westfälischen Familienforschung, 53), Münster 1995, S. 323.

Ich organisierte ein Taxi, das mich zum Friedhof brachte und nach einer Stunde wieder abholen sollte. Nun stand ich vor einem großen, verschlossenen Gittertor, dessen Spitzen in die Luft ragten. Weit und breit war niemand zu sehen. Kurz entschlossen – schließlich zwang mich meine Neugierde förmlich dazu – kletterte ich auf das Tor. Oben angekommen, just in dem Moment, als ich über die Gitterstäbe klettern wollte, schoss mir das tragische Schicksal des Sohnes einer berühmten Schauspielerin durch den Kopf, der eben auf diese Weise ums Leben gekommen war. Ich hielt inne. Aus dem Nichts fragte mich plötzlich eine Männerstimme, was ich dort oben zu suchen habe. Als ich mich umdrehte, stand unten ein Mann, den ich sehr kleinlaut bat, mir über die Stäbe zu helfen, da ich unbedingt auf den Friedhof müsse. Der freundliche Mann holte aus seinem nahe gelegenen Haus eine Leiter und nun empfing mich auf der anderen Seite ein eher verwilderter Friedhof mit teils ungewöhnlich schönen Grabsteinen.

Da ich eine Stunde Zeit hatte bis das Taxi mich abholen würde, ging ich konzentriert über den Platz und versuchte, intuitiv die Gräber meiner Vorfahren zu erspüren. Etwas zog mich in einen für mich undefinierbaren Bann. War es die verwilderte Umgebung mit den teils umgestürzten Sandstein-Grabsteinen aus dem 18. Jahrhundert oder waren es die denkmalhaften Bauten mit den eindrucksvollen Beschriftungen und eingemeißelten Zeichen, die alle etwas auszusagen hatten? Vielleicht war es einfach die starke Kraft der nach Süd-Osten gerichteten Gräber.

Klar war für mich, dass hier Schicksal und Tradition – miteinander verbunden – eine große Ausstrahlung ausübten. Mich berührte ebenfalls die eindrucksvolle Schlichtheit des Friedhofs, in der ich aber auch den einstigen Wohlstand der Familien erkennen konnte[3]. Dieser Ort nahm mich gefangen, er fesselte mich. Von Entdeckungsdrang erfüllt und um kein Grab auszulassen, beschloss ich, Reihe für Reihe abzuschreiten und näher zu betrachten. Als ich vor einem besonders imposanten, prunkvollen Stein trat, beugte ich mich vor.

Die auf den oberen Teil des Steins gemeißelte Gans sollte ich später auch auf den Familiengräbern in Prag, Hanau, Frankfurt und auch Hannover finden. Wie ich anschließend herausfand, wurde die Gans als Familienemblem

Das Grabmal des Joshua Dow Feibel, Grab Nr. 39 (Stadtarchiv Celle)

---

[3] N. Bamberger: Der jüdische Friedhof in Celle, Heidelberg 1992, S. 16.

mindestens seit dem Dreißigjährigen Krieg in unserer Familie verwendet[4]. Dies geht auf eine alte jüdische Tradition zurück, nach der die Schilder über dem Hauseingang auch auf den Familiengräbern und den Grabsteinen abgebildet werden, sozusagen als Namenskennung[5]. Schließlich durften Juden bis zu ihrer Emanzipation im 19. Jahrhundert keine Nachnamen tragen[6], und man brachte durch diese Art der Kennzeichnung Ordnung in die unübersichtliche Verschachtelung der Häuser in den engen Straßen der Ghettos.

Nun stand ich hier in Celle vor diesem kunstvoll gemeißelten Grabstein mit der Gans im oberen Teil[7] und der darunter befindlichen hebräischen Inschrift[8]. Ich ahnte, dass es sich um einen geachteten, bedeutenden Verstorbenen handeln musste. Übersetzt lauteten die Worte: *Ein geradsinniger und zuverlässiger Mann, er beschäftigte sich im Dienst Gottes und mit Wohltätigkeit, die Geschäfte betrieb er in Redlichkeit bis zum Abschied seiner Seele von seinem Körper, der vornehme Herr Jehoschua Feibel, Sohn von Jokew Gans, er ging in seine Welt ein am Donnerstagnacht und wurde begraben in gutem Ruf am Donnerstag, 23. Elul 548LFK* [...], *(26. September 1788)*[9].

Auf meinem weiteren Spaziergang über den jüdischen Friedhof in Celle stieß ich zu meiner eigenen Überraschung auf weitere dreißig Gräber der Familie Gans. Die Sterbedaten lagen zwischen 1705 und 1864. Es erschien mir sonderbar, dass seit der letzten Bestattung keine Nachkommen der Familie Gans hier in Celle vorkamen und ich fragte mich, was wohl die Ursache dafür war. Ich war entschlossen, auch dies herauszufinden. Es lag aufgrund der Vielzahl der Gräber gleichen Namens nahe, dass es sich um eine bekannte und sehr einflussreiche Familie handeln musste, und ich war freudig und aufgeregt, da ich nun den Anfang gemacht hatte, um konzentriert weiter recherchieren zu können. Als das Taxi nach der wie im Fluge vergangenen Stunde vor dem Gittertor stand, stieg ich über die Leiter zurück auf die Straße und bedankte mich bei dem freundlichen Herrn, der sie mir geliehen hatte.

Aus den Erzählungen meines Vaters wusste ich, dass die Familie Gans als Industrielle in Frankfurt am Main eine bedeutende Stellung eingenommen hatte. Somit war mein nächstes Ziel auf der Spurensuche Frankfurt am Main. Auch hier hatte

---

4   L. Herz: Die 600-jährige Geschichte der Familie Gans, Sonderdruck, Berlin 1934, S. 1.
5   E. Mayer: Die Frankfurter Juden, Frankfurt am Main 1966, S. 27.
6   R. Chernow: Die Warburgs, Berlin 1996, S. 17.
7   Joshua Dow Feibel war der Vater von Philipp Ahron Gans. Siehe Stammbaum im Anhang sowie N. Bamberger: Der jüdische Friedhof, S. 87.
8   Ebd., S. 47.
9   Ebd. Siehe auch S. 17: „Mit wenigen Ausnahmen hat man für den lebenden Ehepartner neben dem bereits verstorbenen eine Grabstätte reserviert. Mitglieder der zwei Großfamilien Enoch und Gans sind in kleinen Gruppen nebeneinander beigesetzt worden".

ich mich im Institut für Stadtgeschichte angemeldet. Als ich meine Bitte vortrug, mir Einsicht in eventuelle Akten zur Familie zu gewähren, bat man mich, auf dem Gang zu warten. Über die langen Flure wurden immer wieder Metallwägelchen mit Ordnern gerollt. Nach langem Warten kamen zwei Damen mit zwei übervoll beladenen Wagen auf mich zu. Dies schien mir die passende Gelegenheit zu fragen, wie lange ich denn noch ausharren solle und ob es überhaupt Sinn mache, auf Unterlagen zu warten. Verwundert blickten die beiden Damen mich an. Mit einer ausladenden Bewegung deutete die eine der Damen auf die Blechwagen: „All diese Unterlagen gehören zur Familie Gans".

Ich war sprachlos und überwältigt. Das anfängliche ungeduldige Erwarten schlug bei dem Anblick der übervollen Wagen in blankes Entsetzen um. Wie sollte ich diese Berge von Unterlagen in der mir zur Verfügung stehenden, kurzen Zeit durchforsten? Nach zwei Tagen des großen Umrisses fuhr ich mit Informationen gefüttert nach Hause, und nahm mir vor, zu einem späteren Zeitpunkt die Akten genauer durchzuarbeiten.

Aufgrund der nachfolgenden freundlichen Einladung des Instituts für Stadtgeschichte blieb ich dann vierzehn Tage in einem Gästehaus der Stadt, um von morgens bis abends die Geschichte meiner Vorfahren zu studieren. Es war ein wunderbares Gefühl, für das ich äußerst dankbar bin. Wann immer ich wieder an der Taunusanlage 15, dem ehemaligen Frankfurter Stadthaus meines Urgroßvaters, vorbeiging – dort, wo heute zwei Hochhäuser einer Bank stehen – , erfüllte mich das Suchen nach den Familienhintergründen mit Spannung und Energie. An den Wochenenden in Frankfurt, an denen ich nicht im Archiv arbeiten konnte, versuchte ich, die im Taunus gelegenen Häuser der Familie ausfindig zu machen. Aufgrund alter Fotos hatte ich einen Eindruck ihres imposanten Äußeren vor Augen und wusste jetzt um die berühmten Architekten, die sie erbaut hatten. Nur die genaue Lage war mir als einer Ortsunkundigen nicht bewusst. Anfangen wollte ich mit der Suche nach der Villa Gans in Königstein.

Es war ein wenig neblig an diesem Tag, als ich die gewundenen Straßen entlang fuhr. Plötzlich tauchte in der Undurchsichtigkeit ein wunderschönes Tor auf, durch das ich wie geleitet fuhr. Immer weiter führten mich Serpentinen bis zu einer grandiosen Auffahrt vor einem schlossartigen Gebäude. Durch die mich umgebende Dämmerung erkannte ich wenig, ging aber in das Haupthaus, dessen beleuchtete Haustüre offen stand. Dagegen waren sämtliche Zimmertüren verschlossen, und ich fühlte mich als Eindringling in einem fremden Haus, das mich aber sehr interessierte. Als endlich jemand auftauchte und ich fragte, wo ich hier sei, hieß es knapp: „LVA".

Wo beginnen? 21

Die Villa Gans, Hainerberg in Königstein, erbaut von Bruno Paul (Archiv AvG)

Damit konnte ich nun gar nichts anfangen und ging in den angrenzenden, neu erbauten Seitentrakt[10]. In der hier befindlichen Kantine stieß ich auf eine alte Köchin, die mir erzählte, dies sei die berühmte Villa Gans. Sie habe sogar den runden Teppich im großen Salon vor Hitlers Schergen gerettet. Mir rieselte förmlich die Gänsehaut über den Rücken. Damals wurde der gesamte Komplex als Spezialklinik der Landesversicherungsanstalt Hessen genutzt.

Wieder hatte mich das Schicksal an die richtige Stelle gebracht. Hier war eine der vielen Quellen, die ich so dringend benötigte, um meine Familiengeschichte auszuschmücken und Lücken zu schließen. Weiter ging meine erfolgreiche Suche und führte mich nach Oberursel zu dem einstigen Besitz von Ludwig von Gans. Die „Kestenhöhe" wurde bis zum Jahre 2004 als Schule für die Gewerkschaftsjugend genutzt.

In Kronberg fand ich eine weitere aufsehenerregende Villa Gans. Einst wohnte Clara Gans darin, heute dient die umgebaute Bauhausvilla von Peter Behrens drei Familien als Zuhause. Auf all dies werde ich in den einzelnen Kapiteln noch eingehen.

Nicht fündig wurde ich bei dem Haus meines Urgroßvaters Fritz von Gans in Bad Homburg. Hier steht nur noch das kleine, bezaubernde Pförtnerhäuschen

---

10   Die Villa Gans wurde inzwischen von der LVA (Landesversicherungsanstalt) renoviert. Ein viergeschossiger Neubau sowie das alte aufwendig restaurierte Klinikgebäude werden seit Neuestem als Verwaltungssitz der LVA genutzt; siehe Frankfurter Neue Presse vom 15.6.2005, S. 25.

Die „Kestenhöhe" in Oberursel, erbaut von Otto Bäppler (Archiv AvG)

Die Villa Gans in Kronberg, erbaut von Peter Behrens (Archiv AvG)

Das Tor zur ehemaligen Villa Gans in Bad Homburg (Archiv AvG)

mit einem Teil des damals von Siesmayer angelegten Parks. Bei einer gemütlichen Nachmittagseinladung schien den jetzigen Besitzern wie auch mir, als ob der Geist von Fritz von Gans durch die alten großen Bäume ziehen würde.

Ich hatte auf dieser Reise in die Vergangenheit viele Zusammenhänge erkennen können, fragte mich allerdings, woher dieser außergewöhnliche Glanz kam, der Reichtum, der sich in den Häusern widerspiegelte. Ich konnte mir nun gut vorstellen, wo sich die Familie in den Sommerferien und an den Wochenenden getroffen hatte, konnte nachempfinden, wie sehr sie das verwandtschaftliche Netz immer wieder zusammenschmiedete. Und wie geborgen sie sich gefühlt haben müssen, so nahe beisammen zu sein und mit Eifer ihren Interessen, beruflichen Zielen und persönlichen Aktivitäten nachkommen zu können. Aber auch all dies werde ich in den einzelnen Kapiteln näher beschreiben.

Aus den mir vom Institut für Stadtgeschichte zugänglich gemachten Unterlagen konnte ich das Bemühen der Familie ersehen, anderen zu helfen und ihren Reichtum, den sie aus ihrer Pionierarbeit im 19. Jahrhundert während des rasanten industriellen Aufbaus Deutschlands erworben hatten, sozial zu verteilen. Dies zeigte sich in den großzügigen Stiftungen und wohl überlegten Schenkungen. Letztendlich trug dies dazu bei, ein Stück deutsche Kultur- und Industriegeschichte zu schreiben. Auch darauf werde ich später noch näher eingehen.

Besonders hervorzuheben sind hierbei die in ihrer Zeit berühmten Gebrüder Gans, nämlich der Chemiker und Erfinder Dr. Leo Gans und mein Urgroßvater, der Großindustrielle Friedrich Ludwig (Fritz) von Gans und deren früh verstorbener Bruder

Villa Waldfried der Familie Carlo von Weinberg in Niederrad bei Frankfurt, erbaut von Otto Bäppler (Archiv AvG)

Adolf Gans, sowie die durch die Heirat ihrer Schwester Pauline miteinbezogene, verdienstvolle und weit über die Grenzen Frankfurts hinaus bekannte Familie von Weinberg.

Die Frankfurter Häuser der Weinbergs und das von ihnen unter anderem gegründete Gestüt Waldfried[11] mit der dazu gehörenden, großartigen Villa gleichen Namens im Tudorstil[12] in Niederrad waren längst in Vergessenheit geraten. Aber ich hatte mich inzwischen so in die Familiengeschichte eingelebt, dass ich sicher war, beim Besuch des ehemaligen Grundstücks in Niederrad, das nun öffentlicher Park ist, ein wenig den Glanz der früheren Zeiten zu erspüren.

Ich betrat bei meiner Ankunft eine große Grünfläche und schritt bedächtig dieses Terrain ab. Nichts war mehr von der ursprünglichen Pracht, die mir alte Fotos erschlossen hatten, zu erkennen. Allerdings fand ich hinter Büschen verdeckt die Büste meines Großonkels Carlo von Weinberg, des Besitzers und Erbauers des Anwesens. Das ehemalige Grundstück seines Bruders, Dr. Arthur von Weinbergs „Buchenrode", ziert auch nur noch ein Gedenkstein zur Erinnerung an diese für die deutsche Wirtschaft einst so wichtige Persönlichkeit[13].

Wieder fragte ich mich, was war geschehen? Wie war es zu diesem außergewöhnlichen Lebensstil der Weinbergs gekommen? War es der bereits über Jahrhunderte

---

[11] M. Beckmann: Das war Waldfried, Ehlscheid 1988.
[12] Geschenkmappe Fotosammlung Park und Villa Waldfried, Sonderdruck, im Besitz AvG, 1905.
[13] Siehe die nachfolgenden Weinberg-Kapitel.

Villa Buchenrode der Familie Arthur von Weinberg, Architekt A. Günther nach Entwürfen von Arthur von Weinberg unter künstlerischer Mitwirkung von Prof. Hausmann (Institut für Stadtgeschichte der Stadt Frankfurt am Main)

hinweg erworbene Geschäftssinn gewesen, der starke Familienzusammenhalt oder die geistigen Grundlagen des Judentums, die von der Familie über Generationen hinweg vertreten und gelebt worden waren?

Und was hatte diesen Lebensstil zerstört? Wie verhielten sich heute die Menschen, deren Eltern und Großeltern plötzlich ihren glanzvollen gesellschaftlichen Status, ihre deutsch-jüdische Identität, ihre Heimat, ihr Leben verloren hatten? Denen es ähnlich ergangen war, wie einer anderen europäischen Führungsschicht, der deutschen und österreichischen Aristokratie nach 1919 und 1945[14]? War ein Anschluss an die großen Zeiten dieser Familien überhaupt wieder möglich und erstrebenswert?

Meine Gedanken kreisten immer wieder um diese Frage und ich wusste, dass ich es mit Hilfe der nun, wenn auch mühsam und langsam, zusammengetragenen Puzzle-Steinchen herausfinden würde. Mir wurde bewusst, wie wichtig es war, dieses Buch als Gesamtwerk zur Familie zu schreiben und die einzelnen Persönlichkeiten und ihren Lebensweg wieder lebendig werden zu lassen.

Augenscheinlich waren schon andere an der jüdischen Geschichte Interessierte auf dieselbe Idee gekommen, denn meine Besuche in einschlägigen Buchhandlungen zeigten, dass gerade in der letzten Zeit die Literatur über berühmte jüdische Familien angewachsen war, beispielsweise die Biographien zur Familie Warburg,

---

14 G. Walterskirchen: Der verborgene Stand. Adel in Österreich heute, Wien 1999, S. 42.

Bonn, Heine und Rothschild, mit denen die Familie Gans in enger verwandtschaftlicher oder geschäftlicher Beziehung gestanden hat. Der Trend, das Wirken großer jüdischer Familien zu beschreiben, ist also vorhanden.

Die von mir besuchten Archive wie auch einzelne Aufsätze zur Familie Gans, die ich im Verlauf meiner Suche nach Archivalien durchforschte, wiesen meist erhebliche Lücken in den Dokumenten auf, die beim besten Willen der Wissenschaftler und Autoren nicht zu schließen gewesen waren. Es galt also, zunächst auf Dokumentensuche zu gehen. In meinen Gesprächen mit geschichtskundigen Menschen wurde aber immer wieder bekundet, dass ein zusammenfassendes Werk über die bedeutende Familie Gans mit ihren weiten familiären Verzweigungen das größte Interesse erzielen würde. Das machte mir Mut, dieses Buch zu verfassen.

ERSTER TEIL:
DIE FAMILIE GANS VON IHREN ANFÄNGEN BIS 1800

A. Die Ursprünge als mittelalterliche Fernhändler in Köln, Worms, Mainz und Frankfurt am Main (1350–1550)

In Frankfurt war die Suche nach den Vorfahren für mich mit einer gewissen Leichtigkeit verbunden gewesen, da durch die diversen Häuser und Fotos, die ich gesehen hatte, Lebendigkeit vermittelt worden war, und mir das gefühlsmäßige Nachempfinden der Lebensart der Vorfahren und das Hineindenken in deren Persönlichkeiten nicht so schwer fiel.

Anders verhielt es sich bei diesem Kapitel zum Ursprung der Familie Gans. Alles schien mir in Dunkelheit und Mystik verborgen. Vor mein geistiges Auge traten die Gräber, Kriege, Pest und der ewige Überlebenskampf meiner Familie. Dazu kam ihre Abhängigkeit vom meist willkürlichen Urteil des jeweiligen Landesherren wie auch der Neid der städtischen, miteinander konkurrierenden Bürgerschaften, die beide über Jahrhunderte leider wie ein Fluch über den Juden und meiner Familie gelegen hatten.

Es war mir allerdings mehr und mehr nachvollziehbar, welch geheimnisvolles, für uns heute fremdes Leben sie im 14. und 15. Jahrhundert führen musste. Wie sehr ihre erzwungene, aber teilweise auch selbst gewählte, zumeist auf ihrem Glauben und ihrem Traditionsbewusstsein beruhende Absonderung von der bürgerlichen Gesellschaft notwendig war, um zu überleben. Ein wenig Licht fiel durch die Memoiren der Glückel von Hameln[15] in die spätere Zeit. Gedankliche Ordnung wurde mir auch durch das Testament[16] von Isaac Jacob Gans (1723–98) vermittelt.

Wie ich bei den ersten Schritten meiner Familienforschung erkennen konnte, gehört die Familie Gans zu den ältesten jüdischen Familien Deutschlands mit festem Familiennamen[17]. Von einem in jüdischen Fragen bewanderten Wissenschaftler wurde mir erklärt, dass die Übersetzung des Namens Gans = Gerschon Nazig Zibur *Vertreter der jüdischen Gemeinde* lautet. Das könnte auf einen gelehrten Ursprung der Familie hindeuten.

Obwohl es fast keine Unterlagen zu den ersten Namensträgern gibt, finden sich im spätmittelalterlichen Frankfurt am Main Anzeichen für eine rheinische

---

[15] Glückel von Hameln: Denkwürdigkeiten. Aus dem Jüdisch-Deutschen übersetzt, mit Erläuterungen versehen und herausgegeben von A. Feilchenfeld, Nachdruck der 4. Aufl. 1923, Frankfurt am Main 1987, sowie Glückel von Hameln: Die Memoiren. Aus dem Jüdisch-Deutschen übersetzt von B. Pappenheim, Weinheim 1994.
[16] Testament des Hofagenten Isaac Jacob Gans, Stadtarchiv Celle, B 10/18.
[17] H. Haushofer: Haushofer Traditionen, München 1979, S. 252.

Herkunft des ältesten Familienstammes[18]. In den Jahren 1381 bis 1404 lebte in Frankfurt Seligmann Gans von Lechenich Kolon[19], Schwiegersohn des Josef von Miltenberg[20]. Seligmann Gans nannte sich nach seinem früheren Herkunftsort Lechenich, einem Ort südwestlich von Köln gelegen. Vermutlich sind Mitglieder der Familie ursprünglich im Zuge der frühen römischen Besiedlung nach Deutschland eingewandert und haben ihr Auskommen im internationalen Handel gefunden.

Die Familie Gans muss sich, wie die mit ihnen verwandten Bonns[21], entlang des Rheins, zunächst in oder in der Nähe von Köln, aber auch in Worms und Mainz angesiedelt haben, wo sie Ende des 15. Jahrhunderts zu finden sind. In Köln gab es schon seit dem vierten Jahrhundert eine jüdische Gemeinde, die – trotz aller Verfolgungen und Kompromisslosigkeit in Glaubensfragen auf beiden Seiten[22] – bis ins 14. Jahrhundert hinein überlebte. Mitglieder der Familie verließen Köln und ihren Wohnsitz Lechenich frühzeitig genug, denn sie entgingen dem Kölner Judenpogrom und der Pestverfolgung von 1349[23], die sich im Jahr 1350 bis zu den westfälischen Städten, wo sich meine Vorfahren später ansiedelten, ausdehnte.

Die sephardischen Juden hingegen, die – wie die Bonns – aus Spanien stammten, wurden durch das um 1492 von den habsburgischen Königen erlassene *Edikt* aus ihrer Heimat vertrieben. Bald darauf folgten die aus Portugal ausgewiesenen Juden. Obwohl die bedeutenden jüdischen Handelsfamilien damals eine aristokratische und politisch einflussreiche Stellung innerhalb der iberischen Bevölkerung für sich in Anspruch nehmen konnten, stellte man sie vor die Alternative Taufe oder Auswandern. Ein Teil, der sich nicht taufen ließ, siedelte sich auf der Suche nach einer neuen Heimat zunächst in Ländern um das Mittelmeer an. Der Großteil dieser vertriebenen Juden zog allerdings nach Osteuropa, meist nach Polen. Andere

---

[18] B.W. Linnemeier: „Waßgestalt ...", S. 324.

[19] L. Herz: Die 600-jährige Geschichte, S. 13, sowie B.W. Linnemeier: „Waßgestalt ...", S. 324. Siehe auch A. Dietz: Stammbuch der Frankfurter Juden, Frankfurt am Main 1907, S. 181.

[20] Lt. freundlicher Auskunft von Aaron Karl-Walter Apfelbaum, Gründer und Leiter des Arthur-Custos-Gedächtnis-Archivs (Geldern/Ndrh) zur Erforschung u.a. der jüdischen Genealogie. Im Gegensatz zu L. Herz: Die 600-jährige Geschichte, S. 13, stimme ich der Meinung von Herrn Apfelbaum zu, dass ein Zusammenhang zwischen der hier beschriebenen Familie mit der im 14. Jahrhundert in Frankfurt ansässigen Familie Gans bestehen könnte. Der in meiner Familie tradierte Vorname Seligmann könnte als weiteres Indiz für diese These herangezogen werden. – Siehe auch A. Dietz: Stammbuch, S. 202 sowie S. 99 (Gans I.). – Mit der von A. Dietz: Stammbuch, auf S. 99 unter Gans II. erwähnten Familie scheint indessen kein direkter Zusammenhang zu bestehen.

[21] H. Trenkler: Die Bonns (1520–1920), Frankfurt am Main 1998, S. 15ff.

[22] M. Zimmermann (Hg.): Die Geschichte der Juden im Rheinland und in Westfalen (Schriften zur politischen Landeskunde Nordrhein-Westfalens, 11), Köln 1998, S. 42ff.

[23] Ebd.

wanderten in die Niederlande aus, das wie Spanien zur habsburgischen Hausmacht gehörte. In Amsterdam bildeten sie alsbald eine jüdische Zentrale[24].

Die Familie Gans ist nach ihrem Wegzug von Köln und Lechenich nun für kurze Zeit in Frankfurt am Main zu finden, wo sie zumindest mit Seligmann Gans in den beiden letzten Jahrzehnten des 14. Jahrhunderts ansässig war[25], bis sie auch von dort wieder ausgewiesen wurde. Vielleicht zog sie ja auch aus Worms und Mainz zu, wo es ebenfalls zu Unruhen gekommen war. Später wandten sich meine Vorfahren dann endgültig nach Lemgo und Lippstadt[26], die aus den weiter unten geschilderten Gründen für jüdische Ansiedler attraktiv wurden.

Von Ausnahmen wie Worms, Mainz, Speyer und Frankfurt einmal abgesehen gab es nach dem Zeitalter der Vertreibungen der Juden zwischen 1350 und 1500 in den großen Städten des Reiches keine jüdischen Gemeinden mehr[27]. Ein Grund hierfür kann in der zunehmenden finanziellen Unabhängigkeit dieser Städte gesehen werden, in denen der Fernhandel, ehemals eine Domäne der Juden, nunmehr von den vermögenden patrizischen Ratsgeschlechtern und das Geld- und Wechselgeschäft von den lombardischen Städten übernommen wurden[28]. Eine Ausnahme machte – wie gesagt – Frankfurt, das ab 1360 aus Gründen der eigenen Verschuldung gegenüber dem Mainzer Erzbischof und anderen adligen Herren wieder Juden ansiedelte, um sich an ihnen wegen der zu leistenden Zahlungen in etwa schadlos zu halten[29]. Ein anderer Grund waren die Verluste durch die Pest. Es mussten neue Mieter für die leer stehenden Häuser der Stadt gefunden werden.

Am 13. Juli 1360 erhielt daher die Stadt von Kaiser Karl IV. (1316–78) nach langen Verhandlungen das Privileg, wieder Juden anzusiedeln. Die Hälfte der Einnahmen aus der Judensteuer sollte zur Ausbesserung der Mainbrücke verwendet werden, die zweite Hälfte sollten sich Kaiser und Frankfurter Rat teilen[30].

---

24 H. Trenkler: Die Bonns, S. 14ff.
25 Es ist davon auszugehen, dass die Familie Gans, ähnlich wie die Familie Hameln/Goldschmidt, zu derjenigen jüdischen Oberschicht des Reiches – eng verwandt mit den Familien der bedeutendsten Hoffaktoren und Handelshäuser – gehörte, die über viele Jahrhunderte in Mainz, Worms und in der Metropole Frankfurt ansässig war und von dort aus ihre Handelstätigkeit im eigenen Familienverband bis in den westfälischen und Hannoveraner Raum ausdehnte. Siehe in diesem Zusammenhang auch K. Pohlmann: Der jüdische Hoffaktor Samuel Goldschmidt aus Frankfurt und seine Familie in Lemgo (1670–1750), Detmold 1998, S. 16f.
26 H. Trenkler: Die Bonns, S. 14ff.
27 M. Zimmermann (Hg.): Die Geschichte, S. 55.
28 Ebd., S. 70 und S. 74.
29 I. Kracauer: Geschichte der Juden in Frankfurt am Main (1150–1824), Frankfurt 1925, Bd. I, S. 45f.
30 Ebd.

Der Zuzug der Juden vollzog sich zunächst schleppend. Jakob von Miltenberg[31] beispielsweise zog 1362 als sechster Jude nach Frankfurt. Denn nur bis auf Widerruf des Kaisers, der mehr oder weniger willkürlich erfolgen konnte, durften die Juden in der Stadt bleiben, und dann war ihnen zur Abwicklung ihrer Geschäfte bis zum Auszug nur eine zweimonatige Frist gewährt. Eine erneute Geldzuwendung hätte dann wieder zur Erlangung der Aufenthaltsverlängerung aufgebracht werden müssen.

Ab 1363 verlängerte der Kaiser die Aufenthaltsbewilligung für die Juden auf garantierte sechs Jahre. Bereits im Jahr 1365 sind daher 20 Juden in Frankfurt nachweisbar. Diese treten in der Hauptsache aus den oben genannten Gründen als Geldgeber für den hoch verschuldeten Adel auf. Nachweislich gehörte die Familie Gans mit meinem frühesten Ahnen Seligmann seit 1381 zu dieser Gruppe der Geldgeber. Doch die hohe Politik veränderte sehr bald wieder ihre Lage.

Zum Schutz für den verarmten Adel und um den ständigen Fehden mit diesem Einhalt zu gebieten, setzte die Stadt in einem Vertrag aus dem Jahr 1390 einen Schuldenerlass beim Kaiser Wenzel (1361–1419), dem Sohn Kaiser Karls IV., durch. Das hieß, sämtliche Forderungen der Juden an den bei ihnen verschuldeten Adel mussten an die Stadt Frankfurt abgetreten werden[32] und die jüdischen Gläubiger gingen leer aus. Dies könnte meine Vorfahren veranlasst haben, Anfang des 15. Jahrhunderts mit anderen jüdischen Familien wieder aus Frankfurt abzuwandern.

Aus der dem Vertrag beigefügten Liste jüdischer Gläubiger und ihrer Schuldner aus dem Jahr 1390 ist auch Seligmann Gans zu ersehen, der unter anderem Gottfried von Dorndorf und Richard von Winden Geld geliehen hatte. Weiterhin sind als jüdische Gläubiger mit ihren Schuldnern genannt Seligmann von Gelnhausen und Seligmann von Linnich, wahrscheinlich von Lechenich und identisch mit Seligmann Gans[33], ebenso ein Mose, Sohn des mit der Familie Gans verwandten Josefs von Miltenberg und viele andere mehr.

Wie ich schon weiter oben schildern konnte, gehörten meine Vorfahren zu denjenigen jüdischen Fernhändlerfamilien, die sich entlang der Handelsstraßen am Rhein in den dort aufblühenden Städten, wie Köln, Worms und Mainz, niederließen. In Worms taucht zwischen 1490 und 1505 der Name Josel Gans auf, der dort als „Judenbischof" – gleichzusetzen mit dem Vorsteher der dortigen bedeutenden jüdischen Gemeinde – fungierte[34]. In Josel als Diminutivform von Josua, der als doppelter Vorname bei dem nachweislich ersten Josua Seligmann Gans (gestorben vor

---

[31] A. Dietz: Stammbuch, S. 202 (Miltenberg II.). Jakob von Miltenberg war vermutlich ein Verwandter des oben erwähnten Josef von Miltenberg, des Schwiegervaters von Seligmann Gans.

[32] Ebd., S. 61ff.

[33] Ebd., S. 419. In Seligmann Gans ist einer der frühesten Mitglieder der Familie Gans zu erblicken. Der Vorname Seligmann setzte sich in weiteren Generationen fort. Siehe in diesem Zusammenhang auch die weiteren Kapitel.

[34] B.W. Linnemeier: „Waßgestalt ...", S. 324.

A. Die Ursprünge als mittelalterliche Fernhändler (1350–1550)

1609) meiner Ahnenreihe aus Lippstadt vorkommt, könnte ein verwandtschaftlicher Zusammenhang zwischen den verschiedenen Familienzweigen zu sehen sein[35].

Kurz nach 1550 wanderten dann aus Mainz kommend wieder drei Brüder Gans nach Frankfurt ein[36]: Manes, Moses und Seligmann Isaak Gans, eine Priesterfamilie, die mit Wolf Beer Gans im Jahr 1825 in Frankfurt ausstarb. Ich vermute sogar, dass zwischen den Frankfurter, den rheinischen und den westfälischen Mitgliedern der Familie immer ein wirtschaftlicher Austausch, also das berühmte jüdische Netz, bestanden hat.

Im Verlauf des 16. Jahrhunderts wurden dann jüdische Darlehen mehr und mehr in den zunächst nur agrarisch orientierten Markt- und Kleinstädten, wie beispielsweise Minden und Lippstadt, nachgefragt, wohin die Frankfurter und rheinischen Juden, unter ihnen auch Mitglieder der Familie Gans, im Verlauf des 16. Jahrhunderts nach und nach zogen[37].

Hierdurch nahmen die Bindungen der Juden an den Kaiser und seinen Hof ab, jedoch an die Territorialfürsten, in deren Herrschaftsbereich diese kleineren Städte lagen, mehr und mehr zu. Minden hatte schon vor der Katastrophe von 1350 Juden beherbergt und gehörte mit Lemgo nach 1500 von den dreißig westfälischen Orten, für die vor dem Jahr 1350 schon jüdische Familien bezeugt worden waren, zu den zwölf westfälischen Städten, die nunmehr ein zweites Mal jüdische Familien aufnahmen[38]. Warum wurden diese kleinen westfälischen Landstädtchen nun plötzlich so bedeutsam für den Handels- und Geldverkehr?

Ab dem 17. Jahrhundert, das vor allem vom Dreißigjährigen Krieg geprägt worden war, wurden vor allem die ausgeprägten jüdischen Fernhandelsbeziehungen wichtig für die Landesherren. Diese Beziehungen wurden gestützt von dem sich immer mehr verfestigenden jüdischen Netz – einer Mischung aus verwandtschaftlichen und geschäftlichen Verbindungen –, das sich segensreich auch für meine Familie über viele Generationen auswirkte, wie ich noch schildern werde.

Mitglieder der Familie Gans haben sich, wie gesagt, von Mainz, Worms und/oder Frankfurt aus in den ersten Jahrzehnten des 16. Jahrhunderts in den ab der Mitte des 15. Jahrhunderts von den Landesherrn teilweise neu gegründeten westfälischen Städten niedergelassen, bevor sie über Lemgo, Lippstadt und Minden nach Hannover und Celle und schließlich im 19. Jahrhundert wieder nach Frankfurt verzogen[39].

---

[35] Als Herkunftsort des Salomon Gans, Vater des oben erwähnten Lippstädter Josua Selichmann = Seligmann Gans, wird Lemgo genannt, siehe E. Mühle: Zur Geschichte der jüdischen Minderheit, in: W. Ehrbrecht (Hg.): Lippstadt. Beiträge zur Stadtgeschichte, Lippstadt 1985, S. 562, Fn. 12.

[36] A. Dietz: Stammbuch der Frankfurter Juden, Frankfurt am Main 1907, S. 99 (Gans II).

[37] Siehe hierzu auch K. Pohlmann: Der jüdische Hoffaktor, S. 3 und 9.

[38] Ebd., S. 70 und S. 74.

[39] Siehe auch die Stammbäume im Anhang. Diese wurden nach neueren Forschungsergebnissen erstellt und weichen in Teilen von der älteren Forschung ab.

B. Handelsherren in Lippstadt, Minden und Hannover (1550–1650)

B.1. Die Familie Gans in Lippstadt

B.1.1. Josua Seligmann Gans (um 1535–1609) und die feindliche Lippstädter Bürgerschaft

Aus der Literatur erfuhr ich, dass die in der ersten Hälfte des 15. Jahrhunderts aus den rheinischen Städten in einer ersten Welle nach Westfalen zugewanderten Juden sich in den dort an den wichtigsten Verkehrswegen neu entstehenden Handelszentren eine wirtschaftliche Zukunft versprachen. Durch das den Christen auferlegte kirchliche Zinsverbot wurden, wie allgemein bekannt, die Juden mit der Kreditbeschaffung betraut, die von den aufstrebenden Städten dieser Region, den ehrgeizigen Landesherrn und dem landsässigen Adel insbesondere ab der Mitte des 15. Jahrhunderts vermehrt in Anspruch genommen wurde[40].

Insbesondere versuchten diese Städte ab der zweiten Hälfte des 14. Jahrhunderts, das lukrative Judenregal an sich zu bringen. Der Schutz der Juden vor Übergriffen rückte leider immer mehr zugunsten ökonomischer Motive der Städte in den Hintergrund. Denn das Recht, aus dem Schutz der Juden Einnahmen abzuleiten, wurde nun zu einer veräußerlichen Einnahmequelle, das von den Städten nach und nach von den finanzschwachen Landesherren erworben werden konnte[41]. Seit dem 16. Jahrhundert versuchten die Landesherren jedoch, das Judenregal wieder an sich zu bringen und die finanzielle Ausnutzung der Juden noch zu verstärken[42]. Mitglieder meiner Familie gerieten in Lippstadt und in Minden in die Auseinandersetzungen zwischen Landesherren und Stadt und hatten, obwohl sich die Städte lange Zeit gegenüber dem Landesherrn durchsetzen konnten und den Schutz meiner Familie aufrechterhielten, in diesem Fall das Nachsehen und wurden unglücklicherweise in beiden Fällen vom Stadtrat ausgewiesen[43], was sie in große Not brachte. Hierüber werde ich noch genauer berichten.

Die ununterbrochene Ahnenreihe meiner Familie beginnt, soweit dies aus der von mir untersuchten Sekundärliteratur erkennbar ist, ab 1535 mit Josua Seligmann Gans in Lippstadt. Zu einem kleinen Kreis von jüdischen Familien, die in der

---

[40] E. Mühle: Zur Geschichte, S. 519ff., sowie B.W. Linnemeier: „Waßgestalt ...", S. 324.
[41] B. Streich: Einführung: Zur Geschichte der Juden in Celle, in: B. Streich (Hg.): Juden in Celle, S. 15, hier auch ausführlich zu den rechtlichen Rahmenbedingungen jüdischen Lebens in Deutschland.
[42] Ebd.
[43] Siehe das nächste Kapitel.

zweiten Hälfte des 16. Jahrhunderts nach Lippstadt zugewandert waren, gehörte die Familie Gans mit Vater Salomon Gans aus Lemgo, seinem 1561 erstmals in den Lippstädter Urkunden erwähnten, oben genannten Sohn Josua Seligmann Gans (gestorben in Minden vor 1609) sowie dessen jüngerem, 1541 in Lippstadt geborenen und 1613 in Prag verstorbenen berühmten Bruder David Gans[44].

Die Familie des Salomon Gans aus Lemgo und seiner Nachkommen in Lippstadt und Minden gehörte, wie die Forschung herausfand, offensichtlich im 16. und 17. Jahrhundert aufgrund ihrer weitreichenden Fernhandelsbeziehungen zur jüdischen Elite Nordwestdeutschlands und seiner Nachbargebiete[45]. Das lässt darauf schließen, dass meine Familie bereits vorher von Köln, Mainz, Worms und Frankfurt aus Erfahrungen im internationalen Handel hatte sammeln können, was den kleineren westfälischen Städten jetzt zugute kam. Ihre wirtschafts- und sozialgeschichtliche Bedeutung ist aber trotz ihrer Erfolge offenbar bisher nur ungenügend hinterfragt und beschrieben worden. Die jüdische Familienforschung war bisher ganz allgemein wegen der starken Streuung des Archivmaterials mehr oder weniger auf Zufallsfunde angewiesen[46], was sich offenbar erschwerend auch auf die Erforschung meiner Familie ausgewirkt hat.

Glücklicherweise erwiesen sich etliche, erst jetzt durch meine intensiven Recherchen in Archiven sowie in der einschlägigen Literatur aufgefundene Dokumente als so ergiebig, dass die oben, in der Fachliteratur erwähnten Lücken hinsichtlich meiner Familie inzwischen weitestgehend geschlossen und ein umfangreiches Familienarchiv angelegt werden konnten[47].

Die bereits veröffentlichte Literatur zeigt, dass 1561 der oben erwähnte Josua Seligmann Gans, Sohn des aus Lemgo stammenden Salomon Gans, die Aufenthaltsgenehmigung in Lippstadt für sich, seine Frau und sogenannte Hausgenossen für zwölf Jahre erhalten und in erster Linie vom Geld- und Pfandleihgeschäft gelebt hatte[48].

Diese Aufenthaltsbewilligung wurde damals vom Bürgermeister und Rat jedoch entgegen deren Befugnisse erteilt, denn das Geleitrecht für die Juden war damals noch ausdrücklich und ausschließlich dem Landesherrn vorbehalten[49]. Möglicherweise versuchte hier der Lippstädter Rat, ermutigt durch erreichte wirtschaftliche Erfolge, sich vom Landesherrn politisch zu emanzipieren und das Geleitrecht in eigene Regie zu übernehmen, um sich dadurch weitere wirtschaftliche Vorteile zu verschaffen[50].

---

44 Siehe Stammbaum.
45 B.W. Linnemeier: „Waßgestalt ...", S. 323ff.
46 Ebd.
47 Dieses Material steht der Forschung auf Anfrage zur Verfügung.
48 E. Mühle: Zur Geschichte, S. 522.
49 Ebd., Fn. 13.
50 In Form von Schutzbriefen gewährte der Landesherr einem einzelnen Juden oder der jüdischen Gemeinde ein zeitlich befristetes Niederlassungsrecht. Dies entwickelte sich zur bedeutenden Einnahmequelle der landesherrlichen Kasse.

1573 verlängerte der Magistrat das Geleit für Josua Seligmann Gans, das heißt, er erneuerte seine Aufnahmebewilligung, für die er teuer bezahlte, und zwar wiederum gegen den Einspruch des Landesherrn. Erstaunlich ist aber, dass Josua Seligmann Gans dann noch vor Ablauf der neuerlich zugestandenen zwölf Jahre Lippstadt verließ. Ausschlaggebend waren wohl die ihm entgegengebrachte Judenfeindlichkeit und die Konkurrenzangst der Lippstädter Bürgerschaft, die so stark gewesen sein müssen, dass der Rat ihn – um des lieben Friedens willen – aus der Stadt verwies und sich Josua Seligmann Gans in Minden niederließ. Aus dem dortigen Geleitbrief geht hervor, dass er mit *zweyen seiner Kinder, sohnen oder tochtermannen* sowie deren Ehepartnern und Kindern nach Minden zog[51].

Der Ratsbeschluss, der damals auf Drängen der mit der jüdischen Einwohnerschaft möglicherweise noch unerfahrenen Lippstädter Bürgerschaft oder auch auf Initiative des Landesherrn getroffen worden war, hatte bewirkt, dass sich keine jüdische Familie mehr bis zum Ende des 16. Jahrhunderts für einen längeren Zeitraum in Lippstadt aufhielt[52]. Zu groß muss der wirtschaftliche Abstand zwischen dem handelserfahrenen, jüdischen Kaufmann Gans und den „zünftigen" Handwerkern der Stadt gewesen sein, um ein friedliches Zusammenleben zu ermöglichen. Der zum Überleben notwendige, demzufolge stark ausgeprägte Erwerbssinn[53] der damaligen Judenschaft könnte sich bedrückend auf die übrige Bürgerschaft ausgewirkt haben[54].

Der Auszug aus Lippstadt war für meine Familie wahrscheinlich bereits die Fortsetzung einer über Generationen andauernden Kette von Wohnsitzwechseln, Existenzverlusten und unvermittelten Neuorientierungen, die nur durch den festen Zusammenhalt eines großen jüdischen Familiennetzes zu bewältigen waren, wie noch gezeigt werden wird.

Neid, Hass, Verfolgung, aber auch finanzielle Ausnutzung dieser in Geldgeschäften so erfahrenen und in der Regel erfolgreichen gesellschaftlichen Minderheit, Willkür höher gestellter Personen und politische Abhängigkeiten, die insbesondere bis zum Ende des 18. Jahrhunderts andauerten, bestimmten fast durchgehend ihren Werdegang. Der im Weiteren beschriebene Lebensweg der Familie Gans war diesbezüglich sicherlich kein Einzelfall, sondern kann als durchaus exemplarisch für viele jüdische Schicksale in Europa gelten.

---

51   B.W. Linnemeier: „Waßgestalt ...", S. 324. Siehe aber S. 337, Fn. 12, wonach „bereits drei Söhne – Isaak, Sostmann und Salomon d.Ä. – im Jahre 1579 zusammen mit dem Vater nach Minden kamen ...".
52   E. Mühle: Zur Geschichte, S. 522f.
53   „Der materielle Besitz musste aber notwendig bei den damaligen Juden eine große Rolle gespielt haben, da das Recht zu leben und zu atmen und der Schutz für ihre Habe und ihren Erwerb ihnen nicht als etwas Selbstverständliches vom Staat gewährt wurde, sondern stets durch große Opfer erkauft werden musste", Glückel von Hameln: Denkwürdigkeiten, S. 6.
54   E. Mühle: Zur Geschichte, S. 562, Fn. 21.

B.1.2. Der Astronom und Philosoph David Gans (1541–1613) und seine Prager Lehrer Tycho Brahe und Johannes Kepler

Aus der Literatur[55] erfuhr ich überraschenderweise, dass David Gans, der auch heute noch zu den berühmten Astronomen und Gelehrten der frühen Neuzeit gezählt wird, einer der Söhne jenes Salomon Gans aus Lemgo und Lippstadt und der jüngere Bruder meines oben erwähnten, nach Minden verzogenen Vorfahren Josua Seligmann Gans war[56]. Schon früh hatte ich auf eine für Familienforscher scheinbar so typische Art und Weise Bekanntschaft mit einem Nachkommen dieses David Gans gemacht. Es schien eine zufällige Begegnung zu sein, die mich aber wieder auf eine interessante Spur meiner Vorfahren führte. Durch eine Internet-Recherche erfuhr ich von einer Familie Gans in Israel. Eine Diskussion über die gemeinsamen Vorfahren zeigte mir, dass mein Verwandter, Michael Gans aus Israel, sich bereits intensiv mit David Gans beschäftigt hatte und mir interessante Einzelheiten über dessen Leben berichtete. Unter anderem erzählte er mir bei einem Treffen in München von der Lippstädter „David-Gans-Straße", die auch er rein zufällig anlässlich eines Geschäftsbesuches in Lippstadt entdeckt hatte[57].

Wer war nun David Gans? Er war eindeutig das erste berühmte Mitglied der Familie Gans: David ben Salomon Awsa = Gans[58], jüngerer Sohn des oben erwähnten Seligmann Salomon Gans, geboren 1541 in Lippstadt/Westfalen und gestorben in Prag im Jahr 1613[59].

David hatte bei den Rabbinern Ruben Fulda in Bonn und Eleasar Treves in Frankfurt talmudische Bildung erhalten, ehe er in Krakau bei dem berühmten Rabbi[60] Moses Isserls (Rema) seine Bildung vervollkommnete. Allein die Tatsache des langen Studiums und der damit verbundenen Reisen lässt auf eine gewisse finanzielle Unabhängigkeit schließen, die ihm offenbar sein Elternhaus ermöglicht hatte.

Der berühmte Rabbi Maharal Löw (1525–1609) aus Prag hielt während eines kurzen Aufenthalts in Krakau Vorträge über Philosophie, Mathematik und Astronomie, von denen David so angetan war, dass er sich 1564 in Prag niederließ, um dort weiter zu studieren. Der Rabbi war jüdischer Theologe und Kabbalist, eine

---

[55] B.W. Linnemeier: „Waßgestalt ...", S. 323f. sowie E. Mühle: Zur Geschichte, S. 562, Fn. 12.
[56] Siehe Stammbaum im Anhang.
[57] Lippstädter Zeitung: „Die David Gans Straße führte Israeli auf die Spur der Vorfahren. Kaufmann aus Jerusalem erlebt auf Geschäftsreise handfeste Überraschung", vom 5.6.1983.
[58] L. Herz: Die 600-jährige Geschichte, S. 13.
[59] ADB, Berlin 1968, 8. Bd., S. 360f.
[60] Rabbi = Gelehrter im Gegensatz zu Rabbiner, der mit gottesdienstlichen Funktionen Betraute.

fast heilige Gestalt und Initiator vieler Legenden. Unter anderem wurde ihm die Herstellung des „Golem", eines mystischen stummen, künstlichen Menschen aus Lehm nachgesagt.

David Gans befasste sich in den folgenden Jahren mit profanwissenschaftlichen Studien, die er veröffentlichte, womit er die bisher ganz auf religiöse Themen abgestellte jüdische Gelehrsamkeit beträchtlich erweiterte[61]. Er bemühte sich um die verständliche Darstellung von neugesehenen geschichtlichen Zusammenhängen, die zu jener Zeit unter seinen Glaubensgenossen aber wenig Interesse fand[62].

1592 veröffentlichte er, der nun Schüler des berühmten Rabbi Löw geworden war, ein für diese Zeit ungewöhnliches Buch in Hebräisch über die jüdische und universelle Weltgeschichte von Anbeginn der Menschheit bis 1592. Es war zugleich seine erste größere Publikation, die er seinem älteren Bruder Josua Seligmann Gans, meinem Vorfahren, widmete[63].

Bereits diese Veröffentlichung von David Gans in Prag ließ ahnen, wie profund seine nächsten Bücher werden würden, die zunächst als Manuskripte im Bereich Mathematik und Geometrie vorlagen. Sie wurden später unter dem Titel „Migdal David"[64] veröffentlicht. Als Kopernikus (1475–1543) starb und seine Position als offizieller Mathematiker unter dem habsburgischen Kaiser Rudolf II. (1552–1612) nach längerer Vakanz am Prager Hof wieder besetzt werden sollte, hielt der Däne Tycho Brahe (1546–1601), der seine Heimat 1597 verlassen hatte, einen triumphalen Einzug im Schloss Benatek nahe Prag, um das von Rudolf II. zur Verfügung gestellte Observatorium zu übernehmen. Zwölf Schüler arbeiteten mit ihm; einer von ihnen war David Gans. Im Schloss wurden zwölf Zimmer eingerichtet, aus denen man in verschiedenen Perspektiven die Position und Bewegung der Planeten und viele der Sterne beobachten konnte.

Seinem Interesse für Astronomie konnte David Gans mit Tycho Brahe, dem damals wohl berühmtesten Astronomen Europas, in persönlichen Gesprächen nachgehen. Er war drei Mal über jeweils fünf aufeinander folgende Tage in dessen Observatorium. In seinem Buch schwärmte er von den seltenen Messgeräten, die dort zur Verfügung standen. Weder die jüdische Welt noch irgendeine andere Nation besaß damals solche Geräte.

David Gans erlebte den Höhepunkt seines Forscherlebens in einer so bedeutenden Stadt wie Prag, die im 16. Jahrhundert das Zentrum für die Wissenschaften war und in der die Juden im Exil eine neue Hochburg fanden. Als Tycho Brahe

---

[61] E. Mühle: Zur Geschichte, S. 520.
[62] ADB, Bd. 8, S. 361.
[63] A. Neher: Jewish Thoughts and the Scientific Revolution of the Sixteenth Century. David Gans and his Times, Jerusalem 1985, S. 53ff.
[64] Werke des David Gans „Zemah David", Prag 1592, sowie „Nechmad we-Naim", im Druck erschienen 1743.

1601 starb, trat Johannes Kepler dessen Stelle bis zum Tode Rudolf II. im Jahre 1612 an[65].

Im Prinzip wurde David Gans, der mit Rabbi Löw, Tycho Brahe und Kepler einige Jahre in Prag zusammen gearbeitet hatte, aus welchen Gründen auch immer von seinen jüdischen Zeitgenossen nicht recht verstanden und für seine Wissenschaftsgeschichte auch nicht anerkannt, ja fast undankbar behandelt. Schließlich hatte David die Ergebnisse der Arbeiten von Kopernikus, Tycho Brahe und Johannes Kepler als Erster ins Hebräische übersetzt, was ihm schon zu Lebzeiten zur Ehre hätte gereichen sollen. Aber sein Name wurde totgeschwiegen. Selbst die jüdische Gemeinde in Prag, wo er fast ein halbes Jahrhundert lebte und die außergewöhnlichen Forschungen in der Astronomie erarbeitete, hüllte sich über David Gans[66] in Schweigen. Möglicherweise wurden seine modernen geisteswissenschaftlichen Studien als Gefahr für die jüdische Orthodoxie empfunden. Zwei Jahrhunderte später konnten zwei seiner Nachfahren zumindest auf juristischem Gebiet ganz andere Akzente setzen[67].

Heute ist sein Name in der gebildeten, wissenschaftsinteressierten Welt allgemein bekannt und sein Grab, das in der Nähe seines Lehrers Rabbi Löw liegt, gehört zu den Sehenswürdigkeiten des jüdischen Friedhofs in Prag[68/69].

Auf dem Grabstein ist eine auf einem Davidstern stehende Gans zu sehen.

Die hohe Stellung, die David Gans in Prag einnahm, sollte sich noch segensreich für den weiteren Lebensweg der Familie Gans auswirken. Es wurde nämlich Josua Seligmann Gans, dem älteren Bruder von David Gans, in Minden ein Vorrecht zuteil, das für seine Handelstätigkeit von ausschlaggebender Bedeutung werden sollte.

---

[65] A. Neher: Jewish Thoughts, S. 24.
[66] B.W. Linnemeier: „Waßgestalt ...", S. 336, Fn. 6: „Davids zweiter Schwiegervater war der für seine Quecksilberkuren bei der Syphilistherapie bekannte Arzt Samuel Rofe". Siehe dort auch weitere Literaturhinweise zu David Gans.
[67] Siehe die Salomon Philipp und Eduard Gans-Kapitel.
[68] M. Breuer: A Chronicle of Jewish and World History, Jerusalem 1983, S. 25.
[69] Die Linie von David Gans setzte sich u.a. mit A. Gans fort, der 1882 eine Daunendeckenmanufaktur in Wien gründete. Bald zählten die Aristokratie, das gehobene Bürgertum der Stadt und die Nobelhotellerie der gesamten Monarchie zu den Stammkunden des Unternehmens. Bereits um die Jahrhundertwende stand der Name Gans für Daunendecken und Bettwäsche in feinster Qualität. 1938 musste die Familie emigrieren. Die Firma wurde übernommen und existiert noch heute als weltweit tätiges Geschäft für Daunen und Wäsche. Siehe die Firmenschrift „Fa. Gans, gegr. 1882", Wien 2001, S. 6.

Das Grab des David Gans in Prag (1541–1613)

B.2. Die Familie Gans in Minden

B.2.1. *Josua Seligmann Gans und seine drei Söhne Isaak, Sostmann I und Salomon d.Ä.*

In Minden waren seit 1270 Juden nachweisbar, und die Gemeinde verfügte damals schon über eine eigene Synagoge. Während der Pestpogrome 1350 wurden die Mindener Juden ermordet. Danach waren nur einzelne Juden hier sesshaft geworden. Erst ab 1550 vergeleitete der Rat der Stadt wieder einzelne jüdische Familien, darunter die des Gemeindevorstehers Josua Seligmann Gans aus Lippstadt. Hier hat meine Familie also durch ihren frühen Zuzug eine Art Pionierarbeit geleistet. Bei dem Familienumzug von Lippstadt nach Minden 1579 hatte mein Vorfahr Josua Seligmann Gans dem Rat der Stadt die Summe von 1.000 Talern als einmalige Zahlung geleistet und sich verpflichtet, ein jährliches Schutzgeld von 100 Talern zu entrichten. Dies deutete auf einen beträchtlichen Wohlstand hin, den er offensichtlich bereits in Lippstadt erworben hatte[70].

Aufgrund der schlechten Erfahrungen, die Josua Seligmann in seiner ehemaligen Heimatstadt Lippstadt gemacht hatte, und seiner daraus entstandenen gesteigerten Vorsicht wusste er wie auch seine drei Söhne, dass sie durch harte Arbeit, Geschick, Leistung und Tüchtigkeit sowie der Zuhilfenahme ihres tiefen religiösen Glaubens einen Neuanfang schaffen mussten. Sei der Weg noch so hart, es galt finanzielle Sicherheiten und Grundlagen zu schaffen und sie zu bewahren. Denn so, wie die Familie es in Lippstadt erlebt hatte, konnten sie der Neid der Bürgerschaft und die Willfährigkeit eines politisch vorsichtig agierenden städtischen Rats wieder der häuslichen und beruflichen Existenz berauben. Der innige Glaube an ihre Religion verhinderte offenbar Mutlosigkeit und stärkte ihren Willen weiterzumachen.

Um den Rat der Stadt und den Landesherren zufrieden zu stellen, kam die Familie mit gesteigerter Arbeitskraft nunmehr auch den ausgefallensten, teilweise mit hohem Risiko behafteten geschäftlichen Forderungen ihrer Auftraggeber nach, wozu die Stadt Minden als Handelszentrum im ostwestfälischen Raum offensichtlich gute Voraussetzungen schuf. Dies ging selbstverständlich einher mit der immer wieder nach zwölf Jahren aufzubringenden Leistung eines hohen Geldbetrags zum Schutze der Familie und zur Sicherung ihrer Aufenthaltsbewilligung und Stellung als Schutzjuden. In den ersten Jahren ihres Aufenthalts in Minden arbeiteten Mitglieder der Familie Gans als Lieferanten und Geschäftspartner der Stadt im Holzhandel großen Stils. Später gelang ihnen der Aufstieg zu den bedeutendsten Kreditgebern der Stadt[71]. Josua Seligmann Gans, dem man großes

---

[70] B.W. Linnemeier: „Waßgestalt ...", S. 324.
[71] Ebd.

Vertrauen entgegenbrachte und dessen Verantwortungsbewusstsein bekannt war, hatte inzwischen den Posten des Gemeindevorstehers der anwachsenden jüdischen Gemeinde Mindens übernommen.

Als 1591 die Frist abgelaufen war und, wie damals üblich, den jüdischen Familien ein neues Geleit durch Bezahlung gewährt werden sollte, kamen vermutlich die guten Beziehungen von David Gans, dem jüngeren Bruder Josua Seligmanns, in Prag für ihn und seine Familie zum Tragen. David konnte mit seinen engen Verbindungen zum Hof Rudolfs II. das kaiserliche Privileg *de non arrestando*[72] für seinen Bruder und dessen Angehörigen unter Zahlung einer zusätzlichen Summe Geldes erwirken. Dieses Privileg regelte allem Anschein nach die Möglichkeit, sich frei zu bewegen und mit kaiserlicher Schutzgewährung überall hin zu reisen. Eine Ausweitung der Geschäftsbeziehungen der Familie Gans auch zu jüdischen Häusern anderer Städte über Westfalens Grenzen hinaus ist vorstellbar.

Die wirtschaftlichen Erfolge des Josua Seligmann Gans und seiner Söhne beruhten nun unter anderem auf dem immer mehr an Bedeutung gewinnenden Kreditwesen der damaligen Zeit, das sie mit aufbauten und das sich der Rat der Stadt während der ersten Jahrzehnte des Dreißigjährigen Krieges für eigene politische Vorhaben zu Nutze machte. Schließlich mussten den politisch-militärischen Führern jener Zeit „Verehrungen" entgegengebracht werden. Das war eine Art finanzieller „Beistand" für gewährten Schutz im Krieg. Hier traten Mitglieder der Familie Gans für Minden als Lieferanten großer Gold- und Silberschmiede-Präsente auf[73].

Nicht umsonst hatte die Stadtverwaltung gezwungenermaßen schon früh ihre Fühler nach tüchtigen Juden ausgestreckt. Wie auch in anderen Städten war dem weitblickenden Rat der Nutzen der jüdischen Einwanderer für die Entwicklung des städtischen Gemeinwesens bewusst geworden[74]. Hinzu kam im ausgehenden 16. Jahrhundert ein gesteigertes Repräsentationsbedürfnis des ostwestfälischen Adels sowie ein großer Bedarf an Bargeld, denn ein neues Lebensgefühl, ausgelöst durch die kulturelle Blüte Nordwestdeutschlands, verführte auch hier zu gesteigertem Konsum und erhöhtem Bedarf an Luxusgütern. Hierfür gelang es der Familie Gans, die notwendigen finanziellen Mittel zu beschaffen[75]. Durch ihre zahlreichen Handelsbeziehungen führte diese bevorzugt in Anspruch genommene Tätigkeit mehr und mehr zu einer beträchtlichen Verbesserung der eigenen finanziellen Situation sowie einer engen geschäftlichen und persönlichen Beziehung der Familienmitglieder zu ihren Auftraggebern. Auch dem Edelmetallhandel zugunsten des landesherrlichen Münzwesens verschloss sich die Familie Gans nicht, obwohl er mit Risiken verbunden war[76].

[72] Ebd.
[73] Ebd., S. 337, Fn. 13.
[74] Glückel von Hameln: Denkwürdigkeiten, S. 2.
[75] B.W. Linnemeier: „Waßgestalt ...", S. 324.
[76] Ebd., S. 325.

In jener Zeit, in der es beschwerlich und gefährlich war, zu reisen und Frau und Kinder oft wochenlang alleine zuhause blieben, war es daher von großer Bedeutung, sich auf ein familiäres, fest gespanntes Netz zu stützen. Die Hilfestellung der Verwandten war lebensnotwendig während der Abwesenheit der meist männlichen Familienmitglieder. Diese Haltung ist für mich noch immer nachvollziehbar, obwohl sie heute wenig gebräuchlich ist.

B.2.2. Sostmann I Gans (um 1570–1625/29) und Josef von Hameln

Im Jahre 1612 gerieten die drei Söhne Josua Seligmanns, der vor 1609 gestorben war, Isaak, Sostmann I und Salomon d.Ä. Gans auch in Minden in die politischen Auseinandersetzungen zwischen der Stadt und dem Landesherrn bezüglich des zu gewährenden und zu erneuernden Geleites für die städtische Judenschaft, aus denen die Stadt Minden letztlich siegreich hervorging.

Isaak, Sostmann I und Salomon d.Ä. Gans waren inzwischen zu Zentralfiguren im Münzwesen des Landes aufgestiegen. Herzog Christian von Braunschweig-Lüneburg (reg. 1611–1633) hatte sie nämlich 1612 aufgefordert, bei der Einwechslung kleiner Münzsorten – oft geringhaltige Groschen und anderes Kleingeld – in hochwertige Talerwährung behilflich zu sein. Diesem extrem risikoreichen und vom Herzog unter Ausnutzung der Abhängigkeit der Juden erzwungenen Wechselgeschäft verweigerten sich zunächst die Gans-Brüder und die Mindener Judenschaft. Der darüber erzürnte Landesherr kündigte ihnen seinen Schutz auf und wollte sie des Landes verweisen lassen.

Plötzlich milder gestimmt, wohl in Hinsicht auf seine eigenen pekuniären Interessen, verhängte er eine Geldstrafe von 3000 Talern, die aber unter dem vehementen Veto des Stadtrats nicht bezahlt wurde. Da in diesem Falle die Geleiterteilung nachweislich in der Hand der Stadt Minden lag, schritt das Reichskammergericht Speyer ein, und der Fall schien zu Gunsten der jüdischen Gemeinde und der Brüder Gans auszugehen. Doch da wurde plötzlich das Kind meines Vorfahren Sostmann I Gans 1613 mit Hilfe einer christlichen Amme in den Sitz der fürstbischhöflichen Regierung Petershagen entführt, wohl mit der Absicht, den Vater und die Brüder dorthin zu Verhandlungen zu locken und unter politischen Druck zu setzen[77].

Erneut schaltete sich der Rat ein und untersagte den Brüdern Gans bei einer hohen Geldstrafe, sich der Erpressung zu stellen. Die Schikanen des Landesherrn ließen dennoch nicht nach. Obwohl die Brüder Gans nunmehr mit einem großzügigen Geschenk versuchten, das Wohlwollen des Landesherrn für die jüdische Gemeinde und sich selbst zu sichern, zeigte sich die Ungnade des Fürsten letztendlich darin, dass für die Brüder Gans der landesherrliche Schutzbrief seit

---

[77] Ebd., S. 326.

jener Zeit versagt blieb, so dass sie sich nur auf den städtischen Geleitbrief stützen konnten[78]. Fast gleichzeitig, nämlich im Jahr 1613, war in Prag David Gans gestorben, so dass die wohltuende Unterstützung der Verwandtschaft nicht mehr gegeben war. Der Geleitbrief der Stadt Minden, deren politische Macht offenbar zwischenzeitlich angewachsen war, scheint aber für den Schutz meiner Familie ausgereicht zu haben.

Isaak Gans, der älteste Sohn von Josua Seligmann Gans, starb zwischen 1618 und 1621 in Minden[79]. Seine Witwe Hintgen wurde 1621 in das städtische Geleit aufgenommen.

Salomon d.Ä. (gest. 1639), der dritte Sohn von Josua Seligmann Gans, ist spätestens seit dem letzten Jahrzehnt des 16. Jahrhunderts in Minden als selbstständiger Geschäftsmann belegt. Er wie auch seine Frau Richell traten noch im Jahre 1626 als Geldbeschaffer und Kreditgeber für die Stadt auf, ebenso wie für Christoph von Münchhausen.

Mein direkter Vorfahr Sostmann I Gans, um 1570 in Lippstadt geboren und zwischen 1625 und 1629 in Minden verstorben, war der zweite Sohn von Josua Seligmann Gans. Er heiratete 1621 Blümchen Appel, die nach seinem Tod in zweiter Ehe den Rabbi Phoebus aus Minden ehelichte. Durch diese zweite Ehe und den dadurch erzwungenen Vermögensverlust der nächsten Generation, vertreten durch Salomon d.J. Gans (1613–1654), dem Sohn von Sostmann I Gans, geriet die Familie Gans zeitweilig in große finanzielle Schwierigkeiten, wie weiter unten beschrieben wird.

In die risikoreichen Geldgeschäfte der Gebrüder Gans für die Stadt Minden wurde nämlich auch Nathan Spanier aus Altona verstrickt[80]. Nathan Spanier, dessen Tochter Freudchen den berühmten jüdischen Handelsmann Josef von Hameln, genannt Goldschmidt, geheiratet hatte, wurde später durch die Heirat von deren Tochter Jente mit dem oben erwähnten Salomon d.J. Gans ein Verwandter der Familie. Beispiele dieser Art für das verwandtschaftliche Netz der jüdischen Familien, das insbesondere auch den geschäftlichen Beziehungen über den Heimatort hinaus diente, lassen sich beliebig fortsetzen und werden in meinen Aufzeichnungen noch häufig erwähnt werden.

Inwieweit nun die Geschäftsbeziehungen, das oben erwähnte familiäre Netz oder die um jene Zeit gängigen Heiratsvermittler die Verbindung zwischen meinem Vorfahren Sostmann I Gans und Josef von Hameln, genannt Goldschmidt, als zukünftige Schwiegerväter mit sich brachten, sei dahingestellt. Josef von Hamelns

---

[78] Ebd.
[79] Ebd., S. 325.
[80] Ebd., S. 338, Fn. 25. – Nathan Spanier aus Stadthagen war Vorsteher der Gemeinde Altonas bei Hamburg und der Erste, der bewirkt hatte, dass Juden in Altona wohnen durften, siehe auch Glückel von Hameln: Denkwürdigkeiten, S. 24.

Tochter Jente heiratete, wie gesagt, meinen Ahnen Salomon d.J. Gans und sein Sohn, Chaim von Hameln, heiratete die berühmte Glückel von Hameln, die Tochter des vermögenden Diamanten- und Metallhändlers Loeb Pinkerle aus Hamburg[81]. Dadurch wurde Glückel von Hameln die Tante der Gans-Kinder aus der Ehe zwischen Jente von Hameln und Salomon d.J. Gans. Vorausgegangene Geschäftsbeziehungen im Metallhandel im weitesten Sinne zwischen den Familien Hameln, Pinkerle und Gans sind in diesem Zusammenhang zu vermuten.

Für mich scheint die Heirat Jentes von Hameln mit meinem Vorfahren Salomon d.J. Gans[82], geboren um 1613 in Minden und gestorben 1654 in Hannover, dem Sohn von Sostmann I Gans, insofern nahe gelegen zu haben, da schon, wie oben erwähnt, Nathan Spanier aus Altona mit den Brüdern Gans in finanzielle und somit sicherlich auch familiäre Berührung gekommen war. Die enge Verbindung meiner Familie mit der Familie Hameln/Goldschmidt erwies sich für mich als Familienforscherin als großer Glücksfall, ließen sich doch die in der Literatur ausgiebig erwähnten Informationen über die Familie Hameln/Goldschmidt sehr gut mit dem Lebensschicksal meiner Familie verbinden.

B.3. Die Familie Gans in Hannover

B.3.1. Die Literatin Glückel von Hameln (1645–1724)

Wie schon erwähnt, bin ich durch die Memoiren der Glückel von Hameln, der Schwägerin von Jente von Hameln, verheiratete Gans, in das politische Geschehen der ereignisreichen Jahrzehnte nach dem Dreißigjährigen Krieg hineingezogen worden. Durch eine der eindrucksvollsten Schilderungen jüdischen Lebens, die sich glücklicherweise auch mit dem Leben meiner Vorfahren befasst, wurde ich auf anschaulichste Weise wieder mit der eigenen Familiengeschichte konfrontiert. Die Entdeckung der Verbindung der Familien Hameln/Goldschmidt und Gans gehörte zu den aufregendsten Erlebnissen während der Suche nach meinen Vorfahren!

In der Aufbauphase nach dem verheerenden Dreißigjährigen Krieg waren das Geld- und Wechselgeschäft sowie der Handel mit Luxusgütern der jüdischen Großkaufleute für die Landesherren wieder besonders wichtig geworden. Inwieweit die Familie Gans an diesem wirtschaftlichen Aufschwung in den deutschen Ländern in der Nachkriegszeit beteiligt war, möchte ich im Folgenden schildern.

---

[81] Loeb Pinkerle, Vorsteher der jüdischen Gemeinde Hamburgs, war Glückels Vater; Glückel war die Schwägerin von Jente Hameln, Schwester ihres Mannes, die Salomon d.J. Gans heiratete.

[82] Siehe Stammbaum.

Glückel von Hameln gilt mit ihren Aufzeichnungen als bedeutende Vorläuferin der deutsch-jüdischen Literatur. Bevor der berühmte Moses Mendelssohn (1729–86) mit seinen philosophischen Schriften in die Literatur einging, hat Glückel in ihrem einfachen, liebevollen, aber auch bedacht geschriebenen Tagebüchlein Zeitgeschichte aufgezeichnet. Das Interesse daran war später so stark, dass ihr Buch in vier verschiedenen Ausgaben erschienen ist: 1896 herausgegeben von David Kaufmann, 1910 von Bertha Pappenheim, 1913 von Alfred Feilchenfeld und 1929 von Erich Toeplitz, wobei der Vollständigkeit halber auch die Londoner Ausgabe von 1962 und die dreißig Jahre zuvor erschienene New Yorker Edition mit Marvin Löwenthals begeisterter Einleitung, sowie die hebräische Version, die in Tel Aviv erschien, erwähnt werden müssen[83].

Trotz der vollen Beanspruchung, die Glückel von Hameln nach dem Tod ihres Mannes im Jahr 1689 mit mindestens zwölf Kindern zu meistern hatte, arbeitete sie[84] unermüdlich an ihren lebensnahen und auch heute noch lesenswerten Memoiren.

1645 wurde Glückel Pinkerle als Tochter des vermögenden Diamantenhändlers Loeb Pinkerle in Hamburg geboren. Ihr Vater war einer der ersten Juden, der sich das Wohnrecht nach der Vertreibung aus Hamburg im Jahr 1648 wieder in der lutherischen und an sich zutiefst judenfeindlichen[85] Stadt erkaufen durfte. Er erreichte damit, dass wieder mehr jüdische Familien nach Hamburg zogen, außer denjenigen, die sich vor der Vertreibung aus Hamburg in Altona, das unter dänischer Schutzherrschaft stand, angesiedelt und eingerichtet hatten. Hier wurde damals auch im Gegensatz zu Hamburg eine Synagoge erbaut[86].

Glückel wurde schon mit zwölf Jahren an Chaim von Hameln, dem Bruder von Jente Gans und Sohn des Josef von Hameln[87] (1597–1677), auch Jobst Goldschmidt[88] genannt, versprochen und heiratete ihn zwei Jahre später um 1660. Sie zogen nach Hameln in eine Kleinstadt, wo nur zwei jüdische Familien, unter anderem die Familie ihres Mannes, ansässig waren[89]. Bald darauf schon bemerkten die Ehepartner, dass dies kein Handelsplatz war, in dem sie erfolgreich sein konnten,

---

[83] Glückel von Hameln: Denkwürdigkeiten, S. 2 der Gedanken zur Neuauflage.
[84] Erklärung des Gemäldes auf dem Buchtitel, das B. Pappenheim in der zeitgenössischen Tracht zeigt, auf S. 85 in Glückel von Hameln: Die Memoiren.
[85] Glückel von Hameln: Die Memoiren, S. VIII.
[86] Glückel von Hameln: Denkwürdigkeiten, S. 14f. und S. 17f.
[87] Josef von Hameln war verheiratet mit Freudchen Spanier, Tochter des Nathan Spanier aus Altona, Sohn des Moses Spanier (1550–1617); siehe weiter oben. Siehe auch das Kapitel: Jente von Hameln und Salomon d.J. Gans, in dem die Hintergründe der Familie Hameln geschildert werden.
[88] Sohn des Samuel Stuckert = Stuttgart, aus Witzenhausen, Kurhessen, Vorsteher der gesamten kurhessischen Judenschaft seit 1622, gest. nach 1655, siehe L. Herz: Die 600-jährige Geschichte, S. 6.
[89] Glückel von Hameln: Denkwürdigkeiten, S. 38.

B: Handelsherren in Lippstadt, Minden und Hannover (1550–1650)

und zogen nach dem ersten Ehejahr nach Hamburg. Um dem arbeitswilligen und aufstrebenden jungen Ehepaar zu helfen, hatte Glückels Vater, Loeb Pinkerle, ihnen eine schriftliche Bestätigung gegeben, die nach jüdischer Sitte besagte, dass sie bei ihm für zwei Jahre freie Kost und Wohnung erhalten würden.

Chaim von Hameln hat sich in Hamburg mit der Zeit zu einem ebenso erfolgreichen Gold- und Juwelenhändler mit internationalen Geschäftsbeziehungen bis nach Polen, Russland[90] und Amsterdam[91] entwickelt, wie sein Schwiegervater[92] es war, wobei ihn Glückel aktiv und mit weisen Ratschlägen zum Geldverleih und zu Kompagniegeschäften[93] beriet. Als 1664 die Pest in Hamburg ausbrach, zogen sie voller Angst mit den Kindern für einige Monate wieder nach Hameln zu ihren Schwiegereltern Josef[94] und Freudchen, geborene Spanier[95].

Ihre Schwiegereltern zogen einige Jahre später nach Hildesheim und von dort aus nach Hannover in das Haus ihres Schwiegersohnes, des zu seiner Zeit hochberühmten Hof- und Kammeragenten des Herzogs von Braunschweig-Lüneburg, Leffmann Behrens, des zweiten Mannes ihrer Tochter Jente, meiner Vorfahrin. Da Jente von Hameln in erster Ehe mit Salomon d.J. Gans verheiratet gewesen war, wurde Leffmann Behrens der Stiefvater ihrer Kinder aus erster Ehe[96], was sich besonders prägend auf deren Schicksal auswirken sollte[97], wie ich noch ausführlich schildern werde.

Im Laufe der sorgenvollen Jahre mit diversen Schwierigkeiten, die ihre Kinder durchlebten, sei es privater oder finanzieller Natur, schrieb Glückel in ihr Tagebüchlein immer wieder fromme Worte und verteilte liebevolle und kluge Ratschläge sowie althergebrachte jüdische Weisheiten, einmal um ihren Kindern Trost zu spenden und um andererseits auch von ihrem schweren Überlebenskampf zu berichten. Sie erwähnte auch immer wieder, dass die Niederschrift ihres Lebens ihrem traurigen Gemüt gut tat, insbesondere, nachdem ihr geliebter Mann Chaim Hameln 1689 gestorben war und sie mit acht unversorgten und vier verheirateten Kindern zurückgelassen hatte[98].

[90] Ebd., S. 72.
[91] Ebd., S. 89.
[92] Ebd., S. 48. Jobst Hameln/Goldschmidt stammte aus der Frankfurter Familie Goldschmidt, die sich noch einmal, und zwar im 19. Jahrhundert, mit der Familie Gans verbinden sollte.
[93] Ebd., S. 88f.
[94] L. Herz: Die 600-jährige Geschichte. Herz bezeichnet Josef Hameln (nach S. Gronemann: Genealogische Studien über die alten jüdischen Familien Hannovers, Berlin 1913) als Getreidehändler.
[95] Glückel von Hameln: Denkwürdigkeiten, S. 64ff.
[96] Glückel von Hameln schreibt in ihren Denkwürdigkeiten, S. 44: *Aber für meinen Schwager, den reichen Leffmann, hat es sich gut gefügt, dass Salomon Gans vor ihm hat weichen müssen* [...]
[97] Siehe die nachfolgenden Kapitel sowie Stammbaum.
[98] Chaim Hameln ist auf dem alten jüdischen Friedhof in Altona an der Königsstraße begraben.

Mit größtem Geschick verheiratete sie ihre *herzelieben* Kinder mit den teils wohlhabendsten und einflussreichsten jüdischen Familien in nächster Umgebung wie auch in Berlin und im Ausland. Sie arbeitete hart, reiste viel, fuhr auf Messen, sogar ins Ausland, unterhielt eine Strumpffabrik und stand an der Hamburger Börse in hohem Ansehen[99]. Sie handelte vorausschauend, um das Überleben ihrer großen Familie zu sichern.

Trotz zahlreicher Angebote durch Heiratsvermittler lehnte sie eine Heirat ab, da sie erst alle Kinder versorgt wissen wollte, denn selbst die Jungverheirateten benötigten noch ihre finanzielle Unterstützung. Erst elf Jahre später entschloss sie sich, wieder zu heiraten. Ihre Sehnsucht nach Ruhe und Geborgenheit, der Gedanke, mit einem fürsorglichen Mann den Rest ihres Lebens in Beschaulichkeit verbringen zu dürfen, führte sie um 1700 in das Haus des Witwers Hirz Levy nach Metz, obwohl sie schon 54 Jahre alt war[100].

Doch das Schicksal wollte es anders. Noch einmal musste sie ihre Stärke beweisen. Ihr Stiefsohn Rabbi Samuel aus zweiter Ehe hatte sich geschäftlich beim Herzog Leopold Joseph von Lothringen engagiert, dessen Münze übernommen und den Herzog und seinen Hof mit Handelsgütern beliefert. Dies war selbstverständlich mit einer großen finanziellen Vorleistung verbunden gewesen[101].

Glückels jetziger Mann investierte sein Vermögen wie auch Glückels Mitgift in diese Unternehmungen, welche sich anfänglich sehr gut und zu aller Zufriedenheit entwickelten. Ebenso beteiligte sich der reiche Vorsteher Moses Krumbach, Glückels Schwiegersohn, an dieser Firma[102]. Als das Unternehmen expandierte, nahm Rabbi Samuel seine beiden Schwager aus Metz, Isai Willstätt und Jakob Krumbach, mit nach Lothringen. Ein halbes Jahr lang haben die drei Verwandten den Handel mit betrieben, als sich Moses Rothschild mit seinem Sohn, der wiederum der Schwiegervater von Rabbi Samuel war, dank seiner guten Verbindungen auch nach Lothringen absetzte und in das Münzgeschäft mit einstieg.

Der 1701 beginnende Spanische Erbfolgekrieg zwischen dem französischen König Ludwig XIV. und dem deutschen Kaiser Joseph I. brachte das Verbot mit sich, Lothringer Geld nach Frankreich ein- oder auszuführen. Die an den Geschäften mit dem Herzog von Lothringen beteiligten Juden, inzwischen fünf, mussten sich entscheiden, ob sie im französischen Metz oder in Lothringen bleiben wollten[103].

Der Neid der Bürgerschaft, der Rabbi Samuel verfolgte, ließ ihn die Entscheidungen zugunsten Lothringens treffen, was bewirkte, dass er die Aufenthaltsbewilligung in Metz, seinem Heimatort, verlor. Sein Vater, Glückels jetziger Ehemann

---

[99] Glückel von Hameln: Die Memoiren, S. VIII.
[100] Glückel von Hameln: Denkwürdigkeiten, S. 251f., siehe auch Stammbaum.
[101] Ebd., S. 285ff.
[102] Glückel von Hameln: Die Memoiren, S. 296ff.
[103] Ebd., S. 298.

Hirz Levy, der inzwischen von seinen Kreditoren zum Bankrott gedrängt worden war, starb bald darauf voller Kummer über seinen finanziellen Verlust wie auch den Wegzug seines Sohnes. Glückel blieb einsam und verarmt auf die Hilfestellung ihrer Tochter Ester und ihres Schwiegersohnes Moses Krumbach in Metz bis zu ihrem Tode 1724 angewiesen[104].

B.3.2 Salomon d.J. Gans (um 1613–1654), „ruiniert und ins verderb gesetzt"

In die Zeit der Aufzeichnungen der Glückel von Hameln, nämlich in die zweite Hälfte des 17. Jahrhunderts, fallen einige der ereignisreichsten politischen Geschehnisse um die Familie Gans, die von Glückel als Teil ihrer eigenen Lebenschronik in ihren Denkwürdigkeiten beschrieben wurden. Die Familie Gans hatte darüber hinaus Anteil an Finanzaktionen großen Stils, in die sie durch ihre Heiratsverbindung mit dem bedeutenden, seine jüdischen Konkurrenten an Tüchtigkeit weit überragenden Hof- und Handelsjuden Leffmann Behrens (1634–1714) mit hineingezogen wurde und die durch die willkürliche Geschäftspolitik der Landesherren ebenso desaströs endeten wie diejenigen, die Glückel aus eigener Erfahrung in ihrem Tagebuch beschrieb.

Im Hause des Sostmann I Gans in Minden, dem ältesten Sohn des oben bereits mehrfach erwähnten Josua Seligmann Gans[105], und seiner aus Minden stammenden Frau Blümchen, geborene Appel[106], wuchs deren um 1613 in Minden geborener Sohn Salomon d.J. Gans heran, der der Ehemann von Jente Hameln und damit der Schwager von Glückel Hameln werden sollte. Wie in gut situierten jüdischen Familien üblich, legte man Wert auf eine fundierte Bildung. In Anbetracht dessen wurde der noch sehr junge Salomon d.J. Gans vor seiner Heirat zum Studium nach Polen geschickt, das für das Talmudstudium soviel wie Padua für die christliche Wissenschaft im Mittelalter galt[107]. Meist blieb ein Talmudstudent bis zu seinem 18. Lebensjahr an dem Platz seiner Ausbildung, heiratete und setzte dann sein Studium zu Hause bzw. in seiner Gemeinde fort.

Gleichzeitig galt es, auch für ihn eine passende Frau zu finden, und da um jene Zeit Ehen früh beschlossen wurden, sondierte die elterliche Familie das Terrain. Die Hauptmerkmale zur einverständlichen Schließung einer Ehe waren zu jener

---

104   Ebd., S. 287ff.
105   Siehe Stammbaum.
106   B.W. Linnemeier: „Waßgestalt ...", S. 338, Fn. 20; Blümchen war schon 1612 in Minden gemeldet, und hat um diese Zeit Sostmann I Gans geheiratet.
107   Glückel von Hameln: Die Memoiren, S. 39, besagt, dass das Talmudstudium in Polen für reiche jüdische Familien in Deutschland Sitte war.

Zeit Familientradition, die Mitgift und der ähnliche geschäftliche Hintergrund der Elternhäuser. Da die zukünftigen Eheleute kein Mitspracherecht hatten – manchmal kannten sie sich noch nicht einmal – machten in diesem Falle die Väter die Verlobung unter sich aus. Glückel von Hameln schildert in ihren Aufzeichnungen eindrucksvoll die Hintergründe für die bevorstehende Heirat und ihre Folgen[108].

Eines Abends, im Jahre 1627, traf Sostmann I Gans mit Josef von Hameln zusammen. Es wurde ein feuchtfröhlicher Abend, an dem Josef von Hameln seine junge Tochter Jente dem reichen – er wurde nach Aussagen von Glückel auf 100 000 Taler geschätzt – Mindener Kaufmann Sostmann I Gans für dessen Sohn Salomon versprechen sollte. Zunächst sagte Sostmann I Gans begeistert zu. Schließlich kannte man sich, die beiden Familien würden nach den vorgenannten Prioritäten in jeder Weise gut zusammen passen.

Josef von Hameln, von den Behörden und jüdischen Glaubensgenossen auch Jobst Goldschmidt genannt, stammte aus der weit verzweigten Frankfurter Familie Goldschmidt[109]. Die Familie hatte sich nach der Vertreibung der Frankfurter Judenschaft aus der Stadt im Jahr 1614 in zwei Teile gespalten. Ein Zweig war nach Kassel gezogen, wo mehrere Mitglieder zu einflussreichen Hoffaktoren aufstiegen. Der andere ließ sich in Hameln nieder. Josef von Hameln/Jobst Goldschmidt trat dort als Juwelen- und Getreidehändler auf. Er verlieh Geld und galt somit als Hoffaktor ohne Patent[110]. Bereits während des Dreißigjährigen Krieges war er wieder zu großem Vermögen gekommen[111]. Die Familie war ab 1634 in mehreren Zweigen nach Frankfurt zurückgekehrt und hatte sich im Handel mit Tuchen, Leinwand und Seidenwaren etabliert[112]. Die Frankfurter Zentrale der Familie hat möglicherweise positiv auf die Geschäftsbeziehungen von Jobst Goldschmidt eingewirkt.

Was die geschäftlichen Erfolge anging, mag zunächst eine gewisse Überlegenheit der Mindener Familie Gans als städtische und landesherrliche Geldgeber gegen-

---

108 Ebd., S. 41ff., sowie Glückel von Hameln: Die Memoiren, S. 56ff.
109 H. Schnee: Die Hoffinanz, Berlin 1954, S. 14: „Auch Maximilian Goldschmidt, der die letzte Erbin des Frankfurter Hauses Rothschild heiratete und von Kaiser Wilhelm II. als Freiherr von Goldschmidt-Rothschild nobilitiert wurde, gehörte dieser Familie an". (Eine Generationen vor diesem Ereignis, nämlich im Jahr 1828, hatte sich Rosette Goldschmidt mit Ludwig Ahron Gans vermählt. Rosettes Vater war Mayer Salomon Goldschmidt, verh. mit Hendle geb. Cassel, Schwester von Leopold Cassella. Dessen Bruder, Harum Salomon Goldschmidt, heiratete Gelchen Gans. Deren Enkel war der oben erwähnte Maximilian Goldschmidt, verheiratet mit Minka Freiin von Rothschild). Zur Familie Goldschmidt siehe ausführlich K. Pohlmann: Der jüdische Hoffaktor, S. 8–23 sowie A. Dietz: Stammbuch, S. 109ff.
110 H. Schnee: Die Hoffinanz, Bd. II, S. 218.
111 B. Schedlitz: Leffmann Behrens. Untersuchungen zum Hofjudentum im Zeitalter des Absolutismus (Quellen und Darstellungen zur Geschichte Niedersachsens, 97), Hildesheim 1984, S. 24.
112 A. Dietz: Stammbuch, S. 115ff.

über der erst wieder zu Wohlstand gelangenden Hamelner Familie Goldschmidt bestanden haben. Denn schon am nächsten Tag, sozusagen im nüchternen Zustand, bereute Sostmann I Gans diese so hingesagte Vereinbarung bezüglich der Verlobung ihrer beider Kinder[113]. Da beide Väter angesehene Männer waren, ließ sich die Verabredung aus moralischen Gründen aber nicht mehr rückgängig machen[114].

Während sich der junge Bräutigam Salomon d.J. Gans zum Talmudstudium in Polen aufhielt[115], starb sein Vater Sostmann I Gans um 1629 in Minden. Bei der Rückkehr Salomons d.J. war der Reichtum seines Vaters nicht mehr verfügbar, denn Sostmann I Gans *hatte keine Freunde, die nach seiner Hinterlassenschaft gesehen hätten*[116]. Salomon d.J. Gans hatte den Großteil seines Vermögens verloren. Dies bedrückte natürlich den zukünftigen Schwiegervater, der Salomon d.J. in der durchzechten Nacht seiner Tochter Jente zugedacht hatte, sehr. Zu diesem Zeitpunkt wurde Josef von Hameln schon wieder als wohlhabender Mann angesehen, und er wünschte demzufolge auch in dieser Hinsicht einen standesgemäßen Ehepartner für seine Tochter.

Salomon d.J., der gestärkt und vorbereitet durch sein Talmudstudium offenbar vor dem Jahr 1639[117] von Polen zurückkehrt war, fand sich in Minden nicht nur seiner finanziellen Basis beraubt, sondern stand auch dem neuen Ehemann seiner Mutter Blümchen Gans, geborene Appel (gest. 1654), gegenüber.

Ausschlaggebend für ihre neuerliche Ehe war gewiss ihr Witwendasein mit kleinen Kindern gewesen, die es zu versorgen galt. Da sie keine unvermögende Frau war, erschien es nicht so schwer, einen Ehemann zu finden. Ob es nun die Gemeinde war, ein Heiratsvermittler oder die Verwandtschaft, die Blümchen und Fibes/Phoebus[118] zusammengebracht hatten, sei dahingestellt. Phoebus[119], dessen Herkunft nicht bekannt ist, hatte sich schon um 1625/28 in Minden niedergelassen und verblieb als erfolgreicher Geschäftsmann bis in die sechziger Jahre dort. Nun sprach die Gemeinde nach der Rückkehr von Salomon d.J. aus Polen eben davon, dass dieser Mann, sein Stiefvater, das Erbe des verstorbenen Sostmann I Gans durchgebracht haben soll[120].

---

[113] Glückel von Hameln: Denkwürdigkeiten, S. 41.
[114] Ebd.
[115] Ebenso waren seine späteren Schwäger Abraham Hameln und Samuel Hameln/Goldschmidt zu Talmudstudien nach Polen geschickt worden, siehe K. Pohlmann: Der jüdische Hoffaktor, S. 10f.
[116] Glückel von Hameln: Denkwürdigkeiten, S. 41.
[117] B.W. Linnemeier: „Waßgestalt ...", S. 327.
[118] Schwiegersohn des Phoebus war Levi Joel, Sohn des Joel ben Moshe Wetzlar.
[119] L. Herz: Die 600-jährige Geschichte, S. 16, nennt Phoebus auch Gans.
[120] B.W. Linnemeier: „Waßgestalt ...", S. 339, Fn. 47.

Aber nicht nur Phoebus schien daran beteiligt gewesen zu sein, sondern auch ein anderer Verwandter und Vormund Salomons d.J. namens David Schaye[121] in Hildesheim, der Sohn von Nathan Schaye, des Hoffaktors des Bischofs Ernst von Bayern[122]. David Schaye hielt sich in der finanziellen Auseinandersetzung um das Erbe seines Neffen Salomon d.J. sehr bedeckt, was erklärlich war, denn er war mit der Schwester des um 1629 verstorbenen Vaters von Salomon, Sostmann I Gans, verheiratet[123]. Belastend kam noch hinzu, dass David Schayes Sohn, Israel David Schaye, mit der Schwester Salomons, also mit seiner eigenen Cousine, seit 1629 vermählt war.

Sicherlich war Phoebus, der neue Ehemann Blümchens, die 1629 mit einer Schar Kindern in die Ehe ging, darauf bedacht gewesen, eine gewisse Summe für die Mitgift der heranwachsenden Jungen und Mädchen zurückzubehalten. Und wie wir sahen, wurden in doppelter verwandtschaftlicher Hinsicht solche Ehen zusammengefügt, ein unter den jüdischen Religionsvorschriften nicht unüblicher Zug[124]. Salomon d.J. hatte daher kaum eine Chance, sein väterliches Erbe in Empfang zu nehmen.

Mit aller Deutlichkeit schrieb der verarmte Salomon d.J. an die Stadt Minden, dass eben Phoebus *wider alle vätterliche trew und glauben meine haeredität (Erbe) zu* [sich] *gerissen und dabeneben mich dermassen ruiniret und ins verderb gesetzt,* [...][125].

All dies milderte sicherlich nicht den Zorn des Josef von Hameln, des nunmehrigen Schwiegervaters von Salomon, über die verlorene Mitgift. Es fingen langjährige Streitigkeiten zwischen Salomon d.J. Gans, seinem Stiefvater Phoebus[126] und dem Brautvater an. Das ging so weit, dass sie sich gegenseitig kurzfristig ins Gefängnis brachten. Aber Josef von Hameln versuchte erbittert, das in Aussicht gestellte Vermögen zurückzubekommen, um einen Ausgleich für seine Aufwendungen für das junge Paar zu erhalten, denn ohne seine Hilfe hätte sein Schwiegersohn *Todes verschmachten*[127] müssen. Auch das Frankfurter Rabbinatsgericht konnte den sich immer mehr verhärtenden Streit nicht schlichten. Als den Familien durch das ewige Streiten und die kostspieligen Prozesse das Geld auszugehen drohte, wurde das Verfahren schließlich eines Tages eingestellt[128].

121	Nathan Schayes Sohn in Hildesheim, David, war mit einer Schwester der Gans-Brüder Sostmann, Isaak und Salomon d.Ä., verheiratet. David Schaye war der Vormund und Onkel von Salomon d.J.
122	B.W. Linnemeier: „Waßgestalt ...", S. 339, Fn. 36.
123	Ebd., S. 326.
124	Ebd., S. 340, Fn. 54.
125	Ebd., S. 328.
126	Der auch Gans hieß (nicht zuzuordnen), siehe ebd., S. 327f., stirbt vor 1682.
127	Ebd., S. 327.
128	Glückel von Hameln: Denkwürdigkeiten, S. 43.

Einer der Anwälte, so erzählte man sich, ließ sich von dem vielen Geld, das er durch die Konflikte verdient hatte, ein wunderschönes Lehrzimmer bauen; auf der Decke prangten vier Rabbiner, die einer Gans die Federn ausrupften[129].

Josef von Hameln, der später von Hameln[130] nach Hildesheim[131] und von dort nach Hannover verzog, wo er im Jahre 1677 starb, sorgte sich um das Wohl seiner Tochter Jente, ihres Ehemannes und deren Kinder und *hat sie* – nach alter jüdischer Sitte auf eigene Kosten – *in Hannover wohnen lassen*[132]. Das bedeutet, dass er für seinen mittellosen Schwiegersohn und seine Familie die Aufenthaltsgenehmigung in Hannover zahlte[133], denn Glückel von Hameln schreibt in ihren Aufzeichnungen, dass der Aufenthalt der jungen Familie in Hannover ihren Schwiegervater viel Geld gekostet hat und er viel Mühe gehabt hat, ihn zuwege zu bringen[134].

Es ist daher festzustellen, dass die Familie Gans durch den erst kürzlich wieder erworbenen Reichtum der Familie Goldschmidt-Hameln einen neuen Anfang in der Hannoverschen Neustadt wagen konnte, wo auch Jentes Schwager[135] zu Reichtum gekommen war. Lewin Goldschmidt hatte sich wie der zukünftige, zweite Ehemann Jentes, der große Leffmann Behrens, in der Neustadt Hannovers niedergelassen, wo er in der Bergstraße 5 ein eigenes Haus besaß[136].

Salomon d.J. Gans, der ganz alleine von seiner alten Verwandtschaft in Minden übrig geblieben war, ist offensichtlich wegen seiner aussichtslosen finanziellen Lage, in die er durch seine eigene Verwandtschaft geraten war, im Frühjahr 1654 mit seiner Frau und sieben kleinen Kindern auf Anraten seines Schwiegervaters Joseph von Hameln nach Hannover gezogen und nicht, weil er in Minden von Ausweisung bedroht gewesen ist[137]. Salomon d.J. ist somit der Begründer der Gans-Linie in Hannover.

Glückel von Hameln schreibt in ihren Denkwürdigkeiten: *Hannover ist schon damals ein mächtiger Ort gewesen. Salomon Gans war daher sehr froh,* [dorthin zu kommen] *und gelangte dort zu großem Reichtum. Aber die Freude dauerte nicht lange und er starb in seinen besten Jahren*[138]. Salomon d.J. starb kurz nach seinem Umzug

129 Ebd.
130 Josef hatte sein Hab und Gut verkauft, um dem Sabbatai Zewi nach Israel zu folgen. Glückel von Hameln: Denkwürdigkeiten, S. 60ff.
131 Glückel von Hameln: Die Memoiren, S. 75f.
132 Glückel von Hameln: Denkwürdigkeiten, S. 44.
133 In gleicher Weise sorgte Josef von Hameln für seinen Enkel Samuel Goldschmidt, als er diesem zur Niederlassung in Detmold verhalf, K. Pohlmann: Der jüdische Hoffaktor, S. 9, 16.
134 Glückel von Hameln: Die Memoiren, S. 59.
135 B. Schedlitz: Leffmann Behrens, S. 180: „Personen aus dem Umkreis Leffmann Behrens". Lewin Goldschmidt nannte sich auch Loeb Hannover und Juda Loeb.
136 Ebd., S. 17.
137 B.W. Linnemeier: „Waßgestalt ...", S. 328.
138 Glückel von Hameln: Denkwürdigkeiten, S. 44.

nach Hannover im Jahr 1654 und hinterließ drei Töchter und drei Söhne: Zippor, Gela[139], Hanna sowie Nathan[140], Samuel und Sussmann II[141], auch Sostmann II genannt, meinen Vorfahren. Im gleichen Jahr starb seine Mutter Blümchen Appel in Minden.

Phoebus und seine Familie blieben auf Dauer in Minden. Trotz der langwierigen Streitigkeiten mit dem Stiefsohn und dessen Schwiegervater, die ihm wirtschaftlich hart zugesetzt hatten[142], konnte Phoebus seine gehobene Stellung dort behalten. Sein Schwiegersohn Rabbiner Levi Joel[143] wurde später Vorsteher der Mindener jüdischen Gemeinde.

Die nachfolgenden Generationen taten sich als Juwelenhändler und Textilhändler mit besten Beziehungen nach Amsterdam hervor – ganz in der alten Tradition der Familie Gans, von der kein Mitglied mehr in Minden lebte, und die durch Phoebus' übles Verhalten, geprägt von Neid und Machtgier, ins Unglück gestürzt worden war. Es schien, als sollte sich das Schicksal der Familie wiederholen. Salomon d.J. musste mit Mut und Schaffenskraft wieder von vorne anfangen – wie schon zwei Generationen vorher, als die Familie aus Lippstadt geflohen war.

Jente war seit dem plötzlichen Tod ihres Mannes von Trauer und Sorge über die Zukunft ihrer Familie erfüllt. In Gedenken an ihren tapferen Salomon d.J. war sie sich bewusst, dass sie einen gebildeten und zielstrebigen Mann und Vater für ihre sechs Kinder – eines war inzwischen verstorben – heiraten musste. Sie bekam die Hilfe des großen jüdischen Netzes in Hannover zu spüren, man half ihr weiter, indem eine zweite Ehe zwischen ihr und dem um fünf Jahre jüngeren, Erfolg versprechenden Leffmann Behrens[144] gestiftet wurde, der zu einem der mächtigsten Hoffaktoren seiner Zeit aufsteigen sollte.

Im Falle Jentes kann man annehmen, dass die Eltern, besonders ihr Vater Josef, darauf bedacht waren, einen vornehmen und tüchtigen Mann zu finden. Ein hinzugezogener Heiratsvermittler könnte eine Klausel in den Ehevertrag gebracht haben, die besagte, dass Leffmann seine Stiefsöhne im Erwachsenenalter in seine „Firma" aufzunehmen habe. Um diese aufzubauen, dürfte er verständlicherweise

[139] Gela knüpft später durch ihre Heirat das Band zur Familie Heinrich Heines, indem sie Salomon Levi Düsseldorf heiratete, siehe S. Gronemann: Genealogische Studien, S. 22 sowie Stammbaum H. Heines Vorfahren im Anhang.

[140] S. Gronemann: Genalogische Studien, S. 29. Nathans Tochter Blümchen heiratet auch in die Familie Levi Düsseldorf, siehe Stammbaum H. Heines Vorfahren (erstellt von AvG).

[141] Siehe das nachfolgende Kapitel.

[142] B.W. Linnemeier: „Waßgestalt ...", S. 328.

[143] Die Fa. Joel, im 20. Jahrhundert das größte Versandhaus Deutschlands, wurde von Neckermann arisiert.

[144] Hof- und Kammeragent des Herzogs von Braunschweig-Lüneburg aus: Glückel von Hameln: Denkwürdigkeiten, S. 44.

zunächst an Jentes Finanzen und Mitgift interessiert gewesen sein. Dies alles entsprach dem gelehrten Leffmann in seiner Fürsorge nicht nur für seine Stiefkinder, sondern auch für die jüdische Gemeinde Hannovers[145], für die er später durch großzügige finanzielle Unterstützung über viele Jahre sorgte.

Leffmann Behrens stand erst am Anfang einer großen Karriere als Handelsjude. Er wird Jente Gans/Goldschmidt etwa im Jahr 1656[146] mit 22 Jahren geehelicht haben. Es war Leffmann damit gelungen, in eine bekannte traditionsreiche jüdische Familie und ihr verwandtschaftliches Umfeld einzuheiraten. Für Leffmann sprach, dass er dem vornehmen Cohen-Stamm angehörte und sein Großvater und Vater einen guten Ruf als Talmudkundige besaßen, was im Übrigen auch fast alle Angehörige der Familie Gans auszeichnete[147].

Obwohl Jente das gleiche Schicksal wie ihre Schwiegermutter Blümchen Appel erlitten hatte, nämlich als Witwe mit vielen Kindern zurück zu bleiben, gab es einen großen Unterschied. In dieser Ehe mit Leffmann Behrens fand Jente Geborgenheit bei einem fürsorglichen, geschäftlich überdurchschnittlich erfolgreichen Mann. Leffmann Behrens sollte in den nächsten Generationen durch seine außerordentliche Persönlichkeit das Schicksal unserer Familie bestimmen und Jente wurde die Urmutter vieler Berühmtheiten[148], in allen reichen und vornehmen jüdischen Familien Hannovers fließt ihr Blut[149], unter anderem auch in der Familie Gans.

B.3.3. Leffmann Behrens (1634–1714) und sein Finanzimperium

Jente lebte mit ihren Kindern und Leffmann, von den Glaubensgenossen auch Lippmann Cohen[150] oder Elieser Berens Cohen[151] genannt, in Hannover, wohin sie und ihr erster Mann, Salomon d.J. Gans, von Minden aus im Jahr 1654 hin gezogen waren und wo Salomon im gleichen Jahr verstorben war. Auch Jente verstarb in Hannover, und zwar über vierzig Jahre später im Jahr 1695[152].

---

[145] Siehe B. Schedlitz: Leffmann Behrens, Kap. 16.4., S. 140: „Leffmann Behrens als Schöpfer des Landrabbinats" sowie Kap. 16.5., S. 141: „Leffmann Behrens als Synagogenstifter".
[146] Zur Schwierigkeit der Feststellung des richtigen Heiratsjahres siehe B. Schedlitz: Leffmann Behrens, S. 25.
[147] Ebd., S. 26.
[148] Siehe Stammbaum.
[149] H. Schnee: Die Hoffinanz, S. 14ff.
[150] Glückel von Hameln: Die Memoiren, nennt Vater Issachar Bärmann und Mutter Lea Cohen.
[151] B. Schedlitz: Leffmann Behrens, S. 16.
[152] Nach Jentes Tod heiratete Leffmann noch zweimal, zunächst Elkele, Tochter des Rabbi Jakob, und nach deren Tod im Jahr 1710 Feile (gest. 1727), Tochter des Jehuda Selkele Dilmann, siehe B. Schedlitz: Leffmann Behrens, S. 26.

Aus der Verbindung mit Leffmann Behrens entstammten zwei Söhne, Naphtali Herz (gest. 1709)[153] und Moses Jakob (gest. 1697)[154] sowie eine Tochter Gnendel (gest. 1712)[155]. Leffmann wurde 1634 in Bockum geboren und starb 1714 in Hannover, überlebte also seine beiden Söhne. Auch durch die Heiraten dieser drei Kinder in die Bankiersfamilien Gomperz in Emmerich und Oppenheimer sowie Wertheimer in Wien verfestigte Leffmann später sein internationales Geschäftsnetz. Jente Hameln, verwitwete Gans, muss einigen Einfluss auf die geschäftliche Entwicklung ihres zweiten, bei ihrer Verheiratung noch relativ jungen Mannes gehabt haben, denn Glückel von Hameln schreibt in ihren Denkwürdigkeiten: *Als er meine Schwägerin Jente bekommen hat, ist er freilich noch nicht der Mann gewesen, der er jetzt ist*[156].

Der Aufstieg Leffmanns zum erfolgreichen und mächtigen Hofjuden des Herzogtums Braunschweig und Kurfürstentum Hannover verlief langsam. Sein Einfluss und seine fast einzigartige Monopolstellung waren aber von langer Dauer. Insgesamt hat die Familie den obigen Herrscherhäusern ein halbes Jahrhundert lang, nämlich von 1670 bis 1721, als Hofjuden gedient.

Leffmanns Eltern[157], Behrens Isaak und Lea Jakob, waren mit ihm von Bockum aus nach Hannover eingewandert[158], wohin Herzog Georg von Braunschweig-Lüneburg-Calenberg 1636 seinen Hof verlegt hatte. Leffmanns Vater Behrens Isaak (gest. 1675) war der Enkel des Talmudkundigen Isaak Cohen[159] aus Bockum. Er gehörte zu den Ersten, die sich um die Mitte des 17. Jahrhunderts in der neu entstehenden jüdischen Gemeinde von Hannover-Neustadt ansiedelten. Seine finanziellen Umstände müssen noch sehr bescheiden gewesen sein[160], aber auch er ist als talmudkundiger, gebildeter Jude bekannt.

Leffmanns Mutter entstammte ebenfalls einer bekannten Familie. Ihr Bruder, Elieser Liebmann, war der Vater des Berliner Hofjuweliers Jost Liebmann[161] und des

---

[153] Herz ehelichte Serchen, die Tochter des bedeutenden kaiserlichen Oberhoffaktoren Samson Wertheimer aus Wien, ebd. S. 25.
[154] Jakob heiratete Siese Gomperz, Tochter des Elias Gomperz, Bankier in Emmerich und Heereslieferant des Großen Kurfürsten, ebd.
[155] Gnendel war verheiratet mit David Oppenheimer (1644–1736), der im Jahr 1689 in Hannover als Rabbi und Weinhändler geführt wurde, seit 1702 Oberrabbiner in Prag war und zu der einflussreichen Familie des Wiener Oberhoffaktors Samuel Oppenheimer gehörte, ebd. S. 18 und 24.
[156] Glückel von Hameln: Denkwürdigkeiten, S. 44f.
[157] H. Schnee: Die Hoffinanz, S. 14.
[158] Ebd.
[159] B. Schedlitz: Leffmann Behrens, S. 24.
[160] Ebd.
[161] Jost Liebmann war der Schwiegersohn von Josef von Hamelns Enkelin Malka, Tochter von Samuel von Hameln und erste Gattin von Jost Liebmann, Verwandter von Chaim Hameln. Er lebte für einige Zeit in Glückels Haus.

Berliner Rabbiners Isaak Benjamin Wolf. Hierdurch entstand die verwandtschaftliche Verbindung zwischen den mächtigsten und reichsten Hoffaktorenfamilien Liebmann und Behrens, auf die sich Leffmann später stützen konnte. Obgleich seine Anfänge eher klein und bescheiden waren, wusste er die familiären Beziehungen und geschäftlichen Verbindungen zu nutzen, wie es auch gedacht und üblich war.

Sicherlich hat ihn die fundierte jüdische Bildung seines Vaters bei seinem beruflichen Aufstieg beeinflusst. Interessant ist in diesem Zusammenhang, dass die jüdische Oberschicht damals in ihren Sprachgepflogenheiten mehr vom Jüdischdeutschen und Hebräischen zum Hochdeutschen und anderen Sprachen wie zum Beispiel Französisch hin tendierte. Dieser jüdisch-deutsche Sprachgebrauch ist nicht gleichzusetzen mit dem jiddisch der osteuropäischen Juden. Leffmann Behrens gesamter erhaltener Schriftwechsel ist auf Deutsch abgefasst, und er selbst sprach sogar im Umgang mit Nichtjuden ein fehlerfreies Deutsch[162]! Darin könnte man bereits eine frühe Synthese zwischen Judentum und deutschem Bürgertum erkennen, wie sie dann im 19. Jahrhundert zum Ziel der gebildeten Kreise wurde.

Obwohl Leffmann später auch als Manufakturist von Tuchen und Besitzer einer Tabakfabrik in Celle auftrat, lag seine Haupttätigkeit im Handel. Dieser war meist orts- und länderübergreifend. Aus Gründen dieser Internationalität der Geschäfte waren die Hofjuden auf vielfältige persönliche Beziehungen angewiesen, die sich auch in einer ausgeklügelten Heiratspolitik niederschlugen[163]. So gesehen war auch Jente, geborene Goldschmidt und verwitwete Gans, sicherlich als Ratgeberin für Leffmann nicht ohne Bedeutung und von ihm mit Bedacht erwählt worden. Ihre eigene Familie Goldschmidt-Hameln verfügte über reiche internationale Handelsbeziehungen, die Familie Gans, eine der ältesten und reichsten jüdischen Familien Deutschlands[164], wird in ihrem Traditionsbewusstsein und ihrer Bildung zum Selbstbewusstsein Jentes und ihrer Kinder beigetragen haben. Jente kann als Gewinn für Leffmann Behrens angesehen werden, der ja noch am Anfang seiner Karriere stand.

Andererseits haben die in die Ehe gebrachten Kinder Jentes aus ihrer ersten Ehe mit Salomon d.J. Gans mit Sicherheit von den späteren, außergewöhnlichen Beziehungen Leffmanns und seinen besonderen Fähigkeiten profitiert. Insbesondere waren sie in der Lage, den späteren Niedergang des Leffmann-Imperiums noch positiv für sich zu nutzen und als eigenständige Unternehmer einen neuen Anfang zu wagen.

Nach der Gründung einer Handelsfirma in der Neustadt von Hannover – in der Altstadt war es Juden seit 1588 untersagt zu leben[165] – bekam Leffmann

---

162	B. Schedlitz: Leffmann Behrens, S. 19.
163	Ebd., S. 27.
164	Ebd., S. 24.
165	H. Schnee: Die Hoffinanz, S. 13.

1694 gemeinsam mit seinem Schwager Lewin Goldschmidt und seinem Stiefsohn Samuel Gans einen weiteren Schutzbrief auf zehn Jahre ausgestellt. Diese Schutzbriefe unterschieden sich im Tenor nicht voneinander, obwohl Leffmann als Hofjude bereits sehr erfolgreich aufgetreten und zu einigem Vermögen gelangt war. Leffmann wurde bestätigt, dass er mit seiner Frau und seinen unverheirateten Kindern sowie seinem Dienstpersonal in der Neustadt zu Hannover wohnen und dass er in einem bestimmten, festgelegten Maße Handel treiben durfte. Im Grunde bedeutete der Schutzbrief wohl die juristische Anerkennung seiner Ansässigkeit in Hannover[166].

Bereits im Jahr 1669 war es Leffmann gestattet worden, ein Haus auf der Langen Straße (Nr. 8) zu erwerben, in dem er mit seiner Familie wohnte und in dem auch das Geschäftskontor untergebracht war, in dem tagsüber mehrere Angestellte beschäftigt waren[167]. Auch sein Sohn und Kompagnon Herz besaß ein eigenes Haus in der Langen Straße[168]. Dies galt für die Juden jener Zeit bereits als hohe Auszeichnung und zeigt die Bedeutung, welche die Familie Leffmanns für den Hof hatte. Ebenfalls in der Langen Straße wohnten damals seine Stiefsöhne, nämlich Samuel Gans, Nr. 16 und Nathan Gans, Nr. 19, neben dem oben genannten Haus Herz Behrens' in Nr. 20.

1668/9 gibt es auch die erste quellenmäßig erfassbare Nachricht von Leffmanns Geschäftsbeziehungen zum Hannoverschen Hof. Bis dahin wird er, wie sein Schwager Chaim Hameln, Pfandleihgeschäfte betrieben, Gold und Perlen eingekauft und an Goldschmiede oder Kaufleute verkauft haben[169]. Im Rahmen dieser Geschäfte wird er, wie die Familie Goldschmidt-Hameln und deren Anhang, über gute Beziehungen zu jüdischen Kontoren in Amsterdam verfügt haben, die ihm bei der Herstellung von Kontakten zu den hannoverschen Hofkreisen geholfen haben. Durch seine Heirat mit Jente Hameln/Goldschmidt könnte er darüber hinaus mit dem nötigen Kapital für seine Handelstätigkeiten ausgestattet worden sein[170].

Da kein deutscher Fürstenhof im 17. und 18. Jahrhundert ohne Hofjuden auskam, ließ der jeweilige Landesherr die Lage nach geeigneten Kräften sondieren. Man trug ihm zu, wer besonders tüchtig war. Entscheidend waren die internationalen geschäftlichen und verwandtschaftlichen jüdischen Beziehungen, bei denen Glaubensgenossen und Verwandte als Geschäftsfreunde auftraten. All dies war bei Leffmann Behrens gegeben. Die Beziehung zum Hof kam daher relativ schnell in Gang. Es war üblich, dass der Agent sich erst profilieren musste, um nach jahrelanger Zufriedenheit des Landesherrn das Patent als Hoffaktor und damit die

---

[166] B. Schedlitz: Leffmann Behrens, S. 28.
[167] Ebd., S. 17f.
[168] Ebd.
[169] Ebd., S. 43.
[170] Ebd., S. 44.

Stellung eines Hoffaktors am Hofe zu erhalten, die mit einem jährlichen Gehalt einherging[171].

Indem er zunächst Luxusgegenstände – beispielsweise Juwelen aus Antwerpen[172] – für den Landesherrn lieferte, stieg Leffmann in den Jahren 1670–80 unter dem Herzog Johann Friedrich von Braunschweig-Calenberg (1665–79) zum einflussreichen Hofjuden auf, ehe er später zum bedeutendsten Finanzmann der Welfen wurde und damit zur deutschen jüdischen Handels-Elite gehörte[173]. Leffmann konnte seine Stellung insbesondere durch die Übernahme des Geldverkehrs im Rahmen der europäischen Subsidienpolitik für das Fürstenhaus ausbauen. In diesem Zusammenhang vermittelte er die Hilfsgelder, welche Frankreich dem Fürstenhaus zur Verfügung stellte. Zu diesem Zweck zog Herz, Leffmanns und Jentes Sohn, nach Paris. Mit der Vereinnahmung von ca. 5 % Provision für seine Vermittlung machte Leffmann nach unseren heutigen Vorstellungen ein Millionenvermögen[174].

In der Zeit des Absolutismus hing es von der Energie des Fürsten und seiner Berater ab, inwieweit die Zentralisierung der Verwaltung zur staatlichen Finanz- und Wirtschaftspolitik gedieh. Bestimmt wurde dies durch die aristokratische Bürokratie wie auch durch den Hoffaktor, der gleichzeitig Lieferant des Hofes war.

Als Ernst August Herzog von Braunschweig-Lüneburg als Landesfürst folgte (1679–98), wurde der große Finanzbedarf auch dieses prachtliebenden und geltungsbewussten Landesherrn durch jüdisches Leihkapital gedeckt. Durch den ansteigenden Kapitalbedarf erweiterte sich das Tätigkeitsfeld Leffmanns. Er trat nunmehr als Hofbankier, Hoflieferant, Hofjuwelier, Hofmünzer und Heereslieferant und außerdem als Geldgeber für weitere zahlreiche auswärtige Fürstenhäuser auf[175].

Die meisten Fürstenhäuser und der Adel schienen sich in ihren Ansprüchen gegenseitig höher zu schrauben. Ihr Ziel war es offenbar, besser dazustehen als andere Höfe. Dies gehörte zum politischen Repräsentations- und Konkurrenzbedürfnis der damaligen Zeit. In diesem Sinne gehörte der Hof zu Hannover zu den luxuriösesten Deutschlands. Besonders der aufwendige Lebensstil, die prächtige Hofstaatskleidung wie auch der Bedarf an Juwelen waren stark gestiegen.

Es war außerdem naheliegend, dass Leffmann sich durch die Tüchtigkeit seines Vetters Jost Liebmann in Berlin inspirieren ließ und mit ihm zusammenarbeitete. Denn dieser war inzwischen zu dem mächtigen Edelstein- und Schmuckhändler

---

171 H. Schnee: Die Hoffinanz, S. 16; siehe dagegen B. Schedlitz: Leffmann Behrens, S. 30, der keinen beamtenrechtlichen Charakter in dieser Titelverleihung sieht.
172 G. Simon (Hg.): Genealogical Tables of Jewish Families. 14th–20th Centuries. Forgotten Fragments of the History of the Fraenkel Family, Bd. 1: Text und Indexes, 2. durchgesehene und erweiterte Aufl. München 1999, S. 16.
173 H. Schnee: Die Hoffinanz, S. 16ff.
174 Ebd.
175 Ebd., S. 19.

für den preußischen Hof und die Hofgesellschaft aufgestiegen, seine Geschäftsbeziehungen gingen auch nach Amsterdam, einem Umschlagplatz für Gold und Juwelen. Nachdem der geschickte Lieferant Leffmann dank seiner guten Beziehungen offensichtlich eine Monopolstellung[176] am Hofe seines Landesfürsten erhalten hatte, waren seine Einnahmen auf Jahre gesichert.

Bei der Hochzeit von Prinzessin Sophie Dorothea mit Kronprinz Friedrich Wilhelm von Preußen beispielsweise wurde er 1706 beauftragt, Kleider aus Paris im Werte von 19.946 Talern und Juwelen für 26.801 Taler zu besorgen[177]. Der Vertrag mit dem Landesherren besagte, dass bei der Lieferung zur Hofstaatskleidung Leffmann das Geld vorstrecken musste, und falls die Ware gefiel, wurde sie ein halbes Jahr später bezahlt. Anderenfalls hatte Leffmann das Risiko zu tragen, indem er die Ware wieder zurückzunehmen hatte.

Da er auch die Stellung eines Heereslieferanten einnahm, d.h. Proviant und Getreide wie auch „Röcke" zu beschaffen hatte, gründete Leffmann Behrens eine Tuch- und Lakenfabrik in Lüneburg, die sein Sohn Moses Jakob leitete, und trat damit auch als eigener Unternehmer auf. Von 1682–94 hatte Leffmann mit einem Drittel der gesamten Heeres- und Kriegslieferungen den größten Anteil von allen Lieferanten in diesem Geschäft.

Auch mein Vorfahr, Leffmanns Stiefsohn Sostmann II Gans (um 1650 Minden – 1724 Hannover), der sich zwischenzeitlich in Hameln[178] niedergelassen hatte, trat in diesem Zusammenhang als Heereslieferant auf[179]. Man könnte in Sostmann II Gans sogar eine Art Filialleiter in der Gesamtstruktur der Leffmann-Unternehmungen und somit ein Mitglied der „Firma" Leffmann Behrens' sehen.

Damit setzte Leffmann neben einem großen Netz von Agenten, Korrespondenten und befreundeten jüdischen Geschäftsleuten auch seine nähere und weitere Verwandtschaft für seine weitreichenden Geschäfte ein. Die Aufgaben seiner „Filialleiter" bestand unter anderem darin, im Namen Leffmanns Geldgeschäfte zu tätigen, Kontakte zu Geschäftspartnern zu suchen und auszubauen und die Geschäftszentrale in Hannover über neue Markttrends zu informieren[180].

Da die beiden Brüder meines Vorfahren, des obigen Hamelner Sostmann II Gans, zwei weitere Stiefsöhne Leffmanns aus der ersten Ehe meiner Vorfahrin Jente mit Salomon d.J. Gans, nämlich die bereits oben erwähnten Nathan und Samuel Gans[181],

---

[176] Zur Frage der Monopolstellung siehe jedoch B. Schedlitz: Leffmann Behrens, S. 218, Fn. 30.
[177] H. Schnee: Hoffinanz, S. 20.
[178] Siehe das folgende Kapitel.
[179] B. Schedlitz: Leffmann Behrens, S. 89, sowie H. Schnee: Die Hoffinanz, S. 25.
[180] Ebd., S. 34.
[181] Ob Samuel Gans mit dem von I. Kracauer: Geschichte der Juden, auf S. 202A, genannten jüdischen Baumeister der Stadt Frankfurt, Samuel Gans, identisch ist, konnte abschließend nicht geklärt werden.

in Hannover ansässig blieben, kann davon ausgegangen werden, dass auch diese beiden auf irgendeine Weise für ihren Stiefvater Leffmann tätig gewesen sind.

Interessant ist auch, dass die Tochter von Nathan Gans, Blümchen, also eine Stiefenkelin Leffmanns, mit Salomon Düsseldorf verheiratet wurde, der ebenfalls seit 1719 als Hofjuwelier und Vorsteher der jüdischen Gemeinde in Hannover tätig war. Salomon Düsseldorf war der Sohn des Gottschalk Levi Düsseldorf und der Gela Gans, der Tochter meiner Ahnin Jente aus deren ersten Ehe mit Salomon d.J. Gans, und damit Stieftochter Leffmanns. Es heirateten hier demnach Vetter und Cousine, die beide Vorfahren Heinrich Heines waren[182]. Es kann vermutet werden, dass Leffmann beim Zustandekommen dieser Heiratsverbindungen mitgewirkt hat.

Ferner ist interessant, dass der Sohn von Samuel Gans, dem oben erwähnten dritten Stiefsohn Leffmanns, Joseph Gans, eine Tochter hatte, die mit Simon Heine, dem Urgroßvater Heinrich Heines, verheiratet wurde[183]. Auch deutet die Tätigkeit des Sohnes meines Vorfahren Sostmann II Gans, Salomon II in Celle, auf eine weitere verwandtschaftlich genutzte Geschäftsverbindung Leffmanns hin. Wie weiter unten noch ausführlicher geschildert werden wird, übernahm Salomon II Gans in Celle die Tabakfabrik seines Stiefgroßvaters Leffmann, die später Eigentum der Familie Gans wurde.

Aus der Unsicherheit heraus, wie lange er wohl in der Gunst seines Landesherrn stehen würde, waren die Zinsen Leffmanns naturgemäß beim Geldverleih ziemlich hoch. Dies ist nicht als Wucher zu verstehen, wie ich aus der Literatur erfuhr, sondern resultierte vielmehr aus der Erfahrung, dass, wenn der Landesherr überraschenderweise starb, sein Nachfolger sich in der Regel nicht verpflichtet fühlte, die Schulden seines Vorgängers zu begleichen.

Ebenso konnte ein Kreditbedürftiger, der Geld von Leffmann erhalten hatte, später überhaupt nicht in der Lage sein, dieses wieder zurückzuzahlen. Der Verlust musste vorsorglich zum Teil durch den hohen Zinsbetrag ausgeglichen werden. Dazu kam, dass jeder Hoffaktor, der im Schutze eines Fürsten stand, trotz und wegen des unsicheren Standes regelrecht verpflichtet war, Geld zu beschaffen, wollte er seine Stellung bei Hofe behalten.

Aber es kamen auch umgekehrt Leistungen von Seiten des jeweiligen Fürsten zustande. Schließlich achtete dieser aus gutem Grund darauf, dass sein Hoffaktor immer liquide blieb und half ihm bisweilen auch mit Geld aus. Nur mit Geld, das zur Verfügung stand, konnte der einflussreiche Leffmann geschickt taktieren und seinen Einfluss, auch für den Erhalt seiner Familie, geltend machen.

---

182 Siehe den Heinrich-Heine-Stammbaum im Anhang. Siehe ebenso bei B. Schedlitz: Leffmann Behrens, S. 116, die Geschäftsbeziehungen zwischen Leffmann Behrens und Isaac Heine, einem Vorfahren Heinrich Heines, als weiteres Beispiel für das „jüdische Netz".
183 Ebd.

Aufgrund der internationalen Verflechtungen, der überstaatlichen Organisation des Judentums und des familiär verzweigten Netzes konnte Leffmann sogar seit 1692 als politischer Agent für das Fürstenhaus agieren[184]. Durch seine wichtige diplomatische und beratende Tätigkeit gelang es Herzog Ernst August, den politischen Einfluss seines Herzogtums im Reichstag zu Regensburg beträchtlich zu erweitern[185].

Auch meine Ahnin Jente wurde der besonderen Stellung ihres Ehemannes gerecht, indem sie die Armen großzügig unterstützte und sogar jährlich eine beträchtliche Geldsumme nach Jerusalem schickte, um den bedürftigen Juden dort zu helfen[186].

Im Jahr 1698, also ungefähr vierzig Jahre nach dem Beginn der geschäftlichen und diplomatischen[187] Aktivitäten Leffmanns für das Haus Braunschweig, unterzeichnete Herzog Georg Wilhelm von Braunschweig-Celle[188] in seiner Residenzstadt die Bestallungsurkunde, die Leffmann Behrens und seinen Sohn Herz, damals Hof- und Schutzjuden, zu *Hoff- und Cammeragenten* machte[189].

Als der Stern des Hauses Leffmann Behrens nach 1700 zu sinken begann, übernahm die jüdische Familie David die Stellung Leffmanns in Hannover. Um 1700 bestand die Hannoversche jüdische Gemeinde nur aus dem Anhang des Leffmanns und Michael Davids[190].

Die „Firma" hatte sich diesen späteren „Rivalen" selbst ins Haus geholt, indem Leffmann um die Aufenthaltsbewilligung eines Buchhalters ohne selbstständige Handlung angesucht hatte. Zunächst Angestellter bei Leffmann brachte es Michael David 1713, also ein Jahr vor dem Tod Leffmanns, zum Hof- und Kammeragenten in Hannover und später zum königlich-großbritannischen und kurfürstlich braunschweig-lüneburgischen Kammeragenten[191]. Dieser Michael David erwarb nach

---

[184] Siehe die ausführliche Beschreibung der alles überragenden, internationalen Geschäftstätigkeit Leffmanns für mehrere Fürstenhäuser mit weitreichender politischer Bedeutung bei B. Schedlitz: Leffmann Behrens, S. 83ff. sowie H. Schnee: Die Hoffinanz, S. 25ff.

[185] G. Simon (Hg.): Genealogical, S. 19.

[186] Ebd., S. 16.

[187] Siehe hierzu ausführlicher ebd., S. 18f. Siehe dort auch die über das Herzogtum Hannover hinausgehenden, internationalen Geschäftsbeziehungen Leffmanns, S. 21–23.

[188] Georg Wilhelm von Braunschweig-Celle hatte nach dem Tod seines Vetters Ernst August von Braunschweig-Lüneburg-Calenberg 1698 die Regentschaft in Hannover übernommen, nachdem 1692 die Fürstentümer Braunschweig-Calenberg, Braunschweig-Lüneburg und Braunschweig-Celle sich miteinander vereinigt hatten und aus ihnen das Kurfürstentum Hannover hervorgegangen war.

[189] B. Schedlitz: Leffmann Behrens, S. 29. Siehe hier auch die Beschreibung der Bedeutung dieser Stellung, die offensichtlich keinen beamtenrechtlichen Charakter hatte und Leffmann und seinem Sohn auch relativ spät, nämlich erst nach 40-jähriger Tätigkeit Leffmanns, verliehen wurde.

[190] H. Schnee: Die Hoffinanz: S. 67ff.

[191] B. Schedlitz: Leffmann Behrens, S. 175–198. – Die Frau von Michael David, Hindchen Düsseldorf, war die Urenkelin von Jente Gans.

dem Zusammenbruch der Leffmannschen Firma unter anderem die von Leffmann gestiftete Synagoge aus der Konkursmasse und schenkte sie erneut der jüdischen Gemeinde Hannovers.

Leffmann hatte schon 1687 bei seinem Landesherrn die Anstellung eines Landesrabbiners durchsetzen können. In seinem prächtigen Haus bot er Talmudgelehrten freie Unterkunft und Verpflegung, ebenso finanzierte er die Drucklegung ihrer Schriften[192]. 1703 hatte er zusammen mit seinem Sohn Herz eine Synagoge bauen lassen, deren Finanzierung sein Sohn übernahm, und sie der Gemeinde geschenkt, allerdings behielten sie sich damals das Besitzrecht vor[193]. Leffmanns Einsatz für die Glaubensgenossen war außergewöhnlich groß; ebenso strikt konnte er allerdings auch gegen Mitglieder der Familie sein, die das Judentum verlassen wollten[194].

Leffmann Behrens hatte in relativ kurzer Zeit ein bedeutendes Handels-Imperium aufgebaut. Mit gleicher Intensität stand er seiner Familie bei und war in der jüdischen Gemeinde geachtet. Seinen Stiefsohn Sostmann II Gans bewegte er geschickt dazu, die Geschäfte zunächst in Hameln und dann in Hannover zu leiten, bevor dessen Sohn Salomon II ab 1689 in Celle für Leffmann tätig wurde[195]. Dies unterstützte er offensichtlich umso mehr, nachdem er bemerken musste, dass sein Sohn Moses Jakob sich eher zum Talmudstudium hingezogen fühlte. Da sein zweiter Sohn Herz Behrens in Paris die Subsidiengeschäfte betrieb, baute Leffmann auf seinen Stiefsohn Sostmann II für die internen Angelegenheiten. Als Moses Jakob und später Herz, die beiden Söhne von Jente und Leffmann[196], im Jahr 1697 und 1709 verstorben waren, übernahmen deren Söhne, die Enkel Leffmanns, die Hannoverschen Geschäfte. Die Gans-Enkel und Urenkel verlegten ihre Geschäfte für etwa ein Jahrhundert nach Celle.

Als Leffmann 1714 starb, hinterließ er ein ungesundes Unternehmen, das seine beiden Enkel, Gumpert und Isaak Behrens, zunächst nur notdürftig weiterführten. Der greise Leffmann hatte bereits den Überblick über seine weit verzweigten Geschäfte verloren und war auch wegen konjunktureller Veränderungen in Liquiditätsschwierigkeiten geraten. Seit 1710 existierte beispielsweise eine Baisse auf dem Juwelenmarkt[197]. Der plötzlich einsetzende Aktienboom führte zur Rückgabe der geliehenen Kapitalien an die Gläubiger. Neues Kapital konnte nur mit höheren Zinsen aufgenommen werden[198].

---

192 Aus: Neues Lexikon des Judentums, Gütersloh/München 1998, S. 106.
193 B. Schedlitz: Leffmann Behrens, S. 141.
194 H. Schnee: Die Hoffinanz, S. 38f.
195 Siehe das nachfolgende Kapitel: Die Familie Gans in Hameln und Celle.
196 H. Schnee: Die Hoffinanz, meint, Leffmann sei vier Mal verheiratet gewesen.
197 B. Schedlitz: Leffmann Behrens, S. 152.
198 H. Schnee: Die Hoffinanz, S. 52ff.

Im Todesjahr Leffmanns begann außerdem eine bis 1837 währende Personalunion Hannovers mit England. Die Übersiedlung des hannoverschen Hofes nach London und die damit verlorenen Geschäftsaufträge trugen vermutlich mit zum Bankrott der Firma bei.

1720 wurden beide Enkel durch Bestallungsurkunde des St. James Palastes durch den nunmehr in London residierenden Kurfürsten von Hannover und König von Großbritannien, Georg I. Ludwig, zu Oberhoffaktoren ernannt. Sie arbeiteten wie schon ihr Großvater Leffmann in der Geldleihe und dem Juwelenhandel unter Hinzuziehung ihrer Verwandten Behrend Lehmann in Halberstadt, Herz Lehmann und Max Hirschel in Wien, der Firma Gomperz in Berlin und Amsterdam sowie den van Geldern in Düsseldorf[199].

1721 kam es zum vollständigen Konkurs der Firma. Beide Enkel wurden ins Gefängnis gebracht und erst nach fünf Jahren entlassen. Sie hatten ihr gesamtes Vermögen verloren. Die Schulden der Firma Leffmann Behrens wurden mit 822.533,– Talern beziffert[200]. Den Enkeln wurde eine eidliche Verpflichtung auferlegt, ihre Gläubiger zu befriedigen, sobald sie wieder zu Geld kommen würden. Zwischenzeitlich mussten sie das Land verlassen. Leffmanns Witwe und die Witwen der beiden Söhne Leffmanns erhielten allerdings Alimente aus der Konkursmasse[201].

Leffmanns letzte Frau Feile musste ebenfalls nach dem Bankrott Hannover verlassen und ging nach Kopenhagen. Gumpert und Isaak Behrens, die Enkel Leffmanns, zogen später nach Halle, dann nach Hamburg und zuletzt nach Altona und Schleswig[202].

---

[199] Ebd., S. 46f.
[200] B. Schedlitz: Leffmann Behrens, S. 154.
[201] H. Schnee: Die Hoffinanz, S. 49f.
[202] B. Schedlitz: Leffmann Behrens, S. 249, Fn. 14.

C. Hoffaktoren und Tabakunternehmer in Hameln und Celle (1650–1800)

C.1. Die Familie Gans in Hameln

C.1.1. Sostmann II Gans (um 1650–1724) und der Beginn des selbständigen Unternehmertums der Familie Gans

Sostmann II, auch (Eliser) Sussmann II genannt, ältester Sohn meines Ahnen Salomon d.J. Gans und seiner Ehefrau Jente Hameln-Goldschmidt, hatte die Höhen und Tiefen des Imperiums seines Stiefvaters Leffmann Behrens von Jugend an mitbekommen und bemühte sich offenbar, nicht in die großen internationalen Geldtransaktionen und -verstrickungen mit einbezogen zu werden. Er blieb als Textil-, Leder und Tabak-Unternehmer bodenständig und mied risikoreiche Geldgeschäfte. Man könnte sagen, dass mit ihm das bodenständige Unternehmertum der Familie Gans seinen Anfang nimmt. Er war verheiratet mit Schendel Schmalkalden.

Die Verbindung zum familiären Netz in Hannover, wo er zunächst wohnte, hatte ihn offensichtlich bewogen, zunächst in die großväterliche Heimat mütterlicherseits, Hameln, zurückzukehren, wo er 1673 in Erscheinung trat und bis 1682 blieb und, wie bereits oben erwähnt, als Heereslieferant für den Bekleidungsbedarf der Armee und Teilhaber an den Geschäften seines Stiefvaters agierte. Hierin eingeschlossen waren die Lieferungen von Röcken[203] und auch Lederwaren[204], denn Sostmann II tritt in Hameln auch als Lederhändler auf. Dieser Handel zog ihm allerdings die fortwährenden Anfeindungen der Hamelner Bürgerschaft zu, die sich 1673 in einer Eingabe, offensichtlich mit Erfolg, über seinen Eingriff *in ihre Handlung und Nahrung* beschwerte[205].

Aufgrund seines guten finanziellen Standes konnte er in einem eigenen Haus leben und zahlte 6 Goldflorint Schutzgeld[206]. Dies deutete schon auf seinen besonderen Status hin. Anzunehmen ist, dass sein Entschluss von Hannover nach Hameln zu gehen auch darauf beruhte, einmal das Netzwerk des Familienunternehmens auszuweiten, und zum anderen ließ offensichtlich die große Zahl der Familienmitglieder in Hannover, unter anderem seine Brüder Nathan und Samuel, ihn dort beruflich nicht so erfolgreich werden, wie er sich das vorstellte.

---

[203] H. Schnee: Die Hoffinanz, S. 25.
[204] B. Linnemeier: „Waßgestalt ...", S. 330.
[205] L. Herz: Die 600-jährige Geschichte, S. 16.
[206] M. Zuckermann: Kollaktanien zur Geschichte der Juden in Hannover, Hannover 1912, S. 9, No. 15.

Herzog Johann Friedrich von Braunschweig-Calenberg (1665–1679) hatte den Stadtvogt von Hameln 1678 aufgefordert, Sostmann II mit 100 Gulden zu bestrafen, da er trotz des Verbots von 1673 seinen Leder-Handel fortführte[207]. Möglicherweise erhoffte er sich im Stiefsohn des berühmten Hoffaktors Leffmann Behrens einen ebenso tüchtigen Hofjuden und wollte ihn auf diese Art zwingen, von Hameln wegzuziehen und sich anderweitig und risikobereiter zu orientieren. Ein anderer Grund für die „Bestrafung" des Stiefsohnes seines einflussreichen Agenten Leffmann Behrens ist kaum vorstellbar. Aber Sostmann II wollte offensichtlich den Weg des großen Aufstiegs nicht gehen. Vermutlich war er damals im Auftrag Leffmanns als Firmenangestellter nach Hameln gegangen, hatte dort fundierte Kenntnisse erworben und war deshalb später von dem finanziellen Untergang der Leffmann-Familie persönlich weniger betroffen.

Andererseits war das Strafgeld auf die Beschwerden der Schuster Hamelns zurückzuführen, die sich durch den Lederhandel Sostmanns II benachteiligt fühlten[208]. 1681 wurde das Verbot seitens der fürstlich-osnabrück-lüneburgschen Geheimräte nochmals wiederholt. Daraufhin wandte sich Sostmann II in Hameln dem Tabakhandel zu, einer Branche, in der später sein Sohn und seine Enkel in Celle Furore machen sollten[209] und die wegen der für die Fürstenhäuser einträglichen Luxussteuer von diesen ausgeweitet und unterstützt wurde. Bis 1795 wurde die Celler Tabakfabrik von Mitgliedern der Familie geleitet.

Aber auch der Tabakhandel wurde ihm in Hameln untersagt[210]. Nachdem die Schikanen der Hamelner Bürgerschaft nicht aufhörten, verzog er um 1682 nach Hannover, dem Zentrum des Leffmannschen Imperiums, wo er drei Jahre nach dem verheerenden finanziellen Zusammenbruch seines Stiefvaters 1724 starb.

Hameln war für jüdische Händler wohl auch deswegen ein schwieriges Pflaster, weil die dortige Handwerkerschaft sich zumindest seit 1685, vielleicht auch schon früher, mit den in Hameln vom Landesherrn angesiedelten Hugenotten auseinandersetzen musste. Die Kolonie zählte 1690 schon 306 Köpfe, fast ausschließlich Textilhandwerker, aber auch Lederverarbeiter. Ab 1691 wurde auch das Militär mit Textil- und Lederwaren von den Hugenotten beliefert. Dieser Vertrieb lag ab dieser Zeit nicht mehr in jüdischer Hand[211], so dass sich Leffmann Behrens offensichtlich vorausblickend mit seinen Handelsinteressen aus Hameln frühzeitig zurückzog und seinen Stiefsohn, Sostmann II Gans, nach Hannover in seine Zentrale zurückrief.

Man kann sich gut vorstellen, dass Sostmann II neben seinen in Hannover ebenfalls ansässigen Brüdern Nathan und Samuel dort weiterhin für seinen Stiefvater

---

[207] S. Gronemann: Genealogische Studien, S. 27.
[208] Ebd.
[209] Siehe das nachfolgende Kapitel.
[210] S. Gronemann: Genealogische Studien, S. 27.
[211] G. Schnath: Geschichte Hannovers, Bd. 2, Hildesheim 1976, S. 426ff.

C: Hoffaktoren und Tabakunternehmer in Hameln und Celle (1650–1800)

Leffmann tätig gewesen ist. Sein Sohn Salomon II trat in die Fußstapfen seines Vaters, indem er 1689, also nur wenige Jahre nach der Rückkehr seines Vaters nach Hannover, von Leffmann in ein weiteres Handelszentrum der Firma, nämlich Celle, versetzt wurde, um dort die Geschäfte im Handel und in der Tabakherstellung zu übernehmen und die Celler Linie der Familie Gans zu begründen, wie wir im nächsten Kapitel ausführlich lesen werden.

C.2. Die Familie Gans in Celle

C.2.1. *Salomon II Gans (um 1670–1733)*

Die Anfänge der jüdischen Gemeinde Celles sind erst in den letzten Jahren des 17. Jahrhunderts zu finden. Sie gehen, wie bereits oben erwähnt, in der Hauptsache auf die geschäftlichen Aktivitäten von Leffmann Behrens zurück[212]. Im Jahr 1691 wird von vier zugezogenen jüdischen Familien berichtet[213], zu denen auch die Familie von Salomon II Gans gehörte, der sich im Jahr 1689 in Celle angesiedelt hatte.

Die Ansiedlung von jüdischen Familien in Celle war offensichtlich eine von Ernst August Herzog von Braunschweig-Lüneburg (1679,1692–1698) langfristig geplante Maßnahme zur Steigerung des wirtschaftlichen Lebens in Celle. Denn die Stadt war bis zum Jahr 1705 Sitz des Herzogtums Lüneburg und verlor danach bei der Vereinigung von Lüneburg mit Hannover ihre Stellung als Residenzstadt. Das hatte folgenschwere Auswirkungen auf Handel und Gewerbe. Hinzu kam, dass die Bevölkerung in andere Gebiete abwanderte. Dagegen nahm aber die jüdische Bevölkerung, die dankbar für einen geschützten Wohnsitz war, zu. Ihre weitgespannten Geschäftsbeziehungen erwiesen sich offenbar als relativ unabhängig vom Wohn- und Geschäftssitz. Von fünf Familien um 1700 stieg die jüdische Bevölkerung auf 32 Familien fünfzig Jahre später an[214].

Die Celler Juden wohnten in der Altenceller Vorstadt oder sogenannten Blumlage. Der Erwerb von Immobilien war den Juden zunächst untersagt. Dennoch konnten einige jüdische Familien dieses Verbot umgehen. Um 1725 besaß beispielsweise Samuel Gans ein Haus in der Blumlage[215], was auf ein solides Auskommen der Familie schließen lässt.

Ebenso ist Herz Warendorf dort als Hausbesitzer genannt, offenbar ein Verwandter meines Vorfahren Salomon II Gans. Dieser war mit Gela Warburg, der

---

[212] Siehe auch N. Bamberger: Der jüdische Friedhof, S. 5.
[213] Ebd.
[214] B. Streich (Hg.): Juden in Celle, S. 20.
[215] Ebd., S. 20f.

Tochter von Jacob Warburg, verheiratet. Pessa Warendorf war die Tochter von Herz Warendorf. Sie war mit Isaac Jacob Gans verheiratet[216].

Der Zuzug in die eigentliche Altstadt Celle blieb den Juden bis zur Mitte des 18. Jahrhunderts verwehrt. Aber es gab Ausnahmen. Bereits 1814 wohnten der Hofagent Philipp Gans sowie Itzig Gans und Salomon Philipp Gans[217] in der Celler Altstadt[218]. 1858 hatten 69 Personen jüdischen Glaubens dort einen Wohnsitz, und im Zuge der Emanzipation nach 1866 zogen fast alle jüdischen Familien in die Stadt[219].

Salomon II Gans ließ sich 1689 als letzter der vier in Celle ansässigen Schutzjuden in der Vorstadt Celles nieder. Sicherlich geschah dies auf Initiative seines Stiefvaters Leffmann Behrens, der sich für das Auskommen seiner Söhne und Stiefsöhne und deren Nachkommen verantwortlich fühlte. Leffmann Behrens besaß eine Tabakfabrik in Celle und hatte bereits 1683 seinen Neffen Philipp Aaron als zweiten Schutzjuden nach Celle gebracht[220].

1698 erhielt dieser Neffe Philipp Arendt (Aaron) Cohen, der auch der Begründer der Celler Cohen-Familie war[221], unter Ernennung zum Oberfaktor die Erlaubnis[222], in Celle die von Leffmann Behrens in der von Herzog Georg Wilhelm (1660–1727) geplanten Neustadt vor dem Westceller Tor errichtete Tabakmanufaktur[223] zu betreiben. Doch bereits nach sehr kurzer Zeit muss die Konzession auf Herz Behrens, den Sohn Leffmann Behrens', übergegangen sein. Dieser erhielt ein staatliches Monopol zum Verkauf der Erzeugnisse seiner Fabrik für den Süden des Landes Lüneburg. Die Packungen der Manufaktur trugen das Markenzeichen des „Wilden Mannes".

1705 verlegte Herz Behrens die Fabrik von dort in das von ihm im gleichen Jahr erworbene Haus Fortuna in der Celler Vorstadt „Auf der Blumlage", wo sie bis 1795 bestand. Nach dem Erlöschen der Firma Behrens im Jahre 1721 kam sie in den Besitz der Familie Gans[224]. Als Herz Behrens 1709 starb, wird zunächst die Leitung der Fabrik in die Hände von Salomon II Gans übergegangen sein. Um 1716 sind auch bereits zwei seiner Söhne im Celler Handel tätig[225]. Auf diese Weise waren er und seine Familie mit der Tabakherstellung bestens vertraut, als die Manufaktur 1721 endgültig in den Besitz der Familie Gans überging.

---

[216] Siehe die Inschrift ihres Grabes bei N. Bamberger: Der jüdische Friedhof, S. 93, Grab Nr. 112.
[217] Siehe den Familienzusammenhang im Stammbaum im Anhang.
[218] B. Streich (Hg.): Juden in Celle, S. 21.
[219] Ebd.
[220] Ebd., S. 68.
[221] B. Schedlitz: Leffmann Behrens, Stammbaum S. 251.
[222] Ebd., S. 229, Fn. 7.
[223] B. Streich (Hg.): Juden in Celle, S. 67.
[224] B. Schedlitz: Leffmann Behrens, S. 95.
[225] B. Streich (Hg.): Juden in Celle, S. 68.

Die Tabakfabrik „Fortuna" in Celle (Stadtarchiv Celle)

Salomon II Gans gehörte zu den tonangebenden Mitgliedern der jüdischen Celler Gemeinde[226] und war einer ihrer Pioniere. Man kann sich vorstellen, wie schwierig es gewesen sein muss, vom verwaisten Celle aus, einem Vorposten des Hofes von Hannover und London, neue für das Fürstenhaus lukrative Erwerbszweige mit nur wenigen und ungeschulten Arbeitskräften zu entwickeln. Hier kommt den Celler Juden eine herausragende Rolle zu. Erst dem Enkel von Salomon II Gans, dem Hoffaktor Isaac Jacob Gans (1723, 1734–1798)[227] gelang es wieder, durch Heereslieferungen während des Siebenjährigen Krieges sein Unternehmertum auf höchste Höhen zu heben und an die Leistungen von Leffmann Behrens anzuknüpfen, wie ich weiter unten schildern werde.

Salomon II Gans starb im Jahr 1733. Sein Grab ist das erste von über dreißig Gräbern unserer Familie auf dem jüdischen Friedhof in Celle[228].

C.2.2. Jakob Josef (Jokew) Gans-Zell (um 1700–1770), Celler Gemeindevorsteher und großzügiger Betreuer der Armen

Von den Söhnen des Salomon II Gans ist nur wenig überliefert. Jakob Josef Gans-Zell, der zweite Sohn von Salomon II und mein direkter Vorfahr, wurde um 1700

---

[226] Siehe die Inschrift seines Grabes bei N. Bamberger: Der jüdische Friedhof, S. 92, Grab Nr. 111.
[227] Siehe das diesbezügliche Kapitel.
[228] N. Bamberger: Der jüdische Friedhof, S. 92.

in Celle geboren und starb dort im Jahr 1770[229]. Er ist aber wohl mit Sicherheit im Familienunternehmen tätig gewesen. Im Jahr 1759 wird er als *Vorsteher und Ältester der Zellischen Judenschaft* bezeichnet. In dieser Eigenschaft richtete er ein Gesuch an die Geheimen Räte in Hannover[230]. Er war in erster Ehe verheiratet mit Fradchen[231], der Tochter des Abraham Joshua Cohen Behrens aus der Leffmann/Behrens/Cohen Familie, auch Cohn-Katz genannt, die 1734 in Celle verstarb. Die hebräische Bezeichnung für „Kohen Zedek" („Frommer Priester") wurde häufig mit den Anfangsbuchstaben KZ wiedergegeben. Daraus entstand der häufig vorkommende Familienname „Katz".

Möglicherweise war Jakob Josef Gans-Zell in erster Ehe verheiratet mit einer Tochter der Sarah, Witwe des Celler Schutzjuden Philipp Aaron Cohen[232]. Hierbei kann es sich nur um den oben erwähnten Neffen von Leffmann Behrens gehandelt haben, den dieser bereits 1683 als zweiten Schutzjuden nach Celle gebracht hatte. Mein Vorfahr wäre damit auch mit seiner ersten Heirat eine für das jüdische Netz typische Verwandtenehe eingegangen.

Jakob Josef Gans-Zell war als Gemeindevorsteher und ehrenamtlicher Vorbeter für die jüdische Gemeinde tätig. Die von der Gemeindeversammlung gewählten Vorsteher gehörten stets zu den finanzkräftigsten Mitgliedern der Gemeinde. Zu den Aufgaben von Jakob Josef zählten die Vermögensverwaltung, die Armenfürsorge, die Organisation des Ritus und die Vermittlung zwischen Gemeindemitgliedern und Obrigkeit[233]. Jakob Josef hinterließ drei Söhne: Salomon Gans, sodann meinen Vorfahren Joshua Dow Feibel Gans, der ihm in seinem Amte folgte, und Isaac Jacob Gans, mit dem wir uns zunächst beschäftigen wollen.

C.2.3. *Isaac Jacob Gans (1723/34–1798), sein Sohn Philipp Isaak (um 1753–1828) und sein Enkel Salomon Philipp Gans (1788–1843)*

C.2.3.1. *Isaac Jacob Gans (1723/34–1798), Hoffaktor, Fabrikant und königlicher Finanzberater*

Das Höchstmaß an Achtung und Ansehen erreichte der zweite Sohn von Jakob Josef Gans-Zell, nämlich Isaac Jacob Gans[234]. Dieser war verheiratet mit Pessa Warendorf

---

[229] Siehe die Inschrift seines Grabes ebd., S. 43, Grab Nr. 31.
[230] B. Streich (Hg.): Juden in Celle, S. 68.
[231] Siehe die Inschrift ihres Grabes bei N. Bamberger: Der jüdische Friedhof, S. 42, Grab Nr. 30.
[232] B. Streich (Hg.): Juden in Celle, S. 68f.
[233] Ebd., S. 26.
[234] Siehe ausführlich zu seinem Leben und Wirken B. Streich: Der Hoffaktor Isaac Jacob Gans (1723/34–1798). Ein Celler Jude am Ende des Ancien Régime, in: B. Streich (Hg.): Juden in Celle, S. 67–87.

aus Celle, die am 1.12.1821 in Hannover verstarb. Sie war Tochter des Naftali Herz Warendorf[235], mit dem zusammen Isaac Jacob einträgliche Geschäftsbeziehungen mit der französischen Garnison in Celle unterhielt[236]. Isaac Jacobs Jugend war durch den Einfluss seines Vaters Jakob Josef Gans-Zell bestimmt, der als Vorsteher und Ältester der Celler Judenschaft ihn zu großer Gelehrsamkeit brachte. Als Erwachsener unterhielt Isaac Jacob später einen eigenen „Stiftsrabbiner" für seine Privatstudien. Er kannte die Bibel und ihre Kommentare und hatte den Talmud studiert[237].

Dieser Isaac Jacob Gans[238] fing mit einigen hundert Talern als Handelsmann an. Die Grundlage für seinen wirtschaftlichen Erfolg hatte er als Heereslieferant im Siebenjährigen Krieg gelegt. Als er am 15. September 1772 um den Titel eines Hofagenten[239] bat, wollte er seine Reputation befördert sehen. Der Burgvogt von Celle bestätigte, dass Gans *einige hundert Thaler gesammelt hat und Brot und Grütze für die Armen und Kranken gekauft habe. Durch fleißigen Betrieb seiner Geschäfte, hauptsächlich aber durch übernommene Lieferungen während des letzten Krieges habe er ein ansehnliches Vermögen erworben, welches dem Gerüchte nach, sich auf 20.000 bis 30.000 Reichsthaler erstrecken soll [...]*[240].

Letzteres bezog sich offensichtlich auf den Getreidehandel, den er nachweislich seit Anfang 1760 im großen Stil betrieb. Der finanzielle Aufschwung begann allerdings schon früher und hing wiederum mit seinem Schwiegervater Naftali Herz Warendorf zusammen. Nicht nur der Weißwarenhandel, wie auch der Handel mit Seide und englischen Kurzwaren, sondern auch die Lieferung von Brennholz sorgten für den geschäftlichen Aufschwung. Den größten Gewinn warfen aber die Getreidelieferungen für die hannoversche Armee ab, die er offenkundig ohne seinen Schwiegervater vornahm[241]. Das Getreide wurde über die Aller in die Magazine in Verden transportiert. Der Handel war so bedeutend, dass Gans zeitweise alle verfügbaren Kornböden in der Stadt und selbst den Celler Ratskornboden angemietet hatte[242]. Somit ging der großartige Aufschwung des Handelshauses Gans an Naftali Herz Warendorf vorbei, und dieser erlitt geschäftliche Einbußen, die ihn zum Konkurs und Verkauf seines hoch verschuldeten Hauses zwangen[243].

---

235 Die Mutter von Pessa Warendorf war Matel Wetzlar, deren Mutter Brendl Gans war.
236 B. Streich (Hg.): Juden in Celle, S. 69.
237 Ebd.
238 H.G. Reissner: Eduard Gans, Tübingen 1965, S. 10ff.
239 N. Bamberger: Der jüdische Friedhof, S. 19. In Celle waren es die Hoffaktoren der Familie Gans, die nach außen und innen die Gemeinde führten und versorgten.
240 Testament des Hofagenten Isaac Jacob Gans, Stadtarchiv Celle, B 10/18.
241 B. Streich (Hg.): Juden in Celle, S. 71.
242 Stadtarchiv Celle: Jüdische Spuren im Stadtbild Celles. Die Familie Gans. Ausstellung des Stadtarchivs Celle, o.J., S. 2 (Sonderdruck).
243 B. Streich (Hg.): Juden in Celle, S. 72.

Neben dem ertragreichen Getreidehandel wollte Isaac Jacob Gans den Betrieb der Tabakmanufaktur, wie es in der Familie schon üblich war, fortsetzen. Unklar ist, welche Besitzergeschichte hinter dem Haus *Fortuna* liegt, denn es werden nach Leffmann Behrens seine direkten Nachkommen und ab 1721 Mitglieder der Familie Gans sowie Isaac Wetzlar als Besitzer genannt[244].

Einerseits konnten wir nachlesen, dass nach dem Zusammenbruch der Behrens-Firma die Familie Gans die Fabrik übernahm, andererseits werden auch die oben erwähnten Wetzlars genannt, die ebenfalls eine verwandtschaftliche Beziehung zur Familie Gans hatten, denn die Mutter von Isaac Jacobs Frau Pessa war Matel Wetzlar. Der berühmte Reformer und Aufklärer Isaac Wetzlar, dessen berufliche Orientierung im Juwelen- und Wechselgeschäft lag, war mit Brendel, der Tochter von Salomon Gans, also demnach einer Tante unseres Isaac Jacob Gans, verheiratet[245]. Zumindest eine finanzielle Beteiligung der Familie Wetzlar an der Tabakmanufaktur im Haus *Fortuna* ist denkbar[246].

Auf alle Fälle war der Erwerb und Ausbau der Fabrik, die später wohl ganzheitlich im Besitz der Familie Gans war und um die sich Isaac Jacob kümmerte, ein erheblicher Faktor des Familienvermögens, der aber andererseits wegen des einzusetzenden hohen finanziellen Aufwandes zum späteren Konkurs der Firma Gans führte[247]. Dazu kam, dass die öffentlichen Lasten der Fabrik im Vergleich zu normalen Gebäuden um das Sechsfache höher waren.

Die überaus kostspieligen Umbauten und Erweiterungen, die Isaac Jacob hier vornahm, haben ihn ca. 16.000 Reichstaler gekostet und waren im Jahre 1789 abgeschlossen. Isaac Jacob hatte selbst schon Bedenken, ob er sich mit seinen Investitionen nicht finanziell übernommen habe, und schaltete zur Ankurbelung des Umsatzes Annoncen, die besagten, welch große Auswahl an Sorten Rauchtabak nun vorrätig seien[248].

Die *Fortuna* geriet jedoch später in die Konkursmasse der Gans´schen Söhne, und das Grundstück mit allen Gebäuden wurde im Jahr 1799 schließlich zur Versteigerung angeboten, ging aber offensichtlich nicht sogleich in andere Hände über. Mit der *Fortuna* hatte Isaac Jacob Gans eine der zwölf teuersten Immobilien Celles besessen[249]. Das Anwesen blieb bis 1812 im alleinigen Besitz der Brüder Gans und wurde im Jahre 1822 von einem Kupferhändler übernommen[250].

[244] Ebd., S. 73.
[245] Ebd., S. 38, Fn. 15 sowie S. 39.
[246] Die *Fortuna* soll sich 1760 im Besitz von Isaac Wetzlar befunden haben und um 1780 von Isaac Jacob Gans von den Wetzlar-Erben erworben worden sein, siehe: Jüdische Spuren im Celler Stadtbild. Die Tabakfabrik Fortuna. Eine Dokumentation des Stadtarchivs Celle, o.J. (Sonderdruck).
[247] B. Streich (Hg.): Juden in Celle, S. 73.
[248] Ebd., S. 74.
[249] Siehe die genaue Beschreibung des Anwesens in: Jüdische Spuren im Celler Stadtbild. Die Tabakfabrik Fortuna. Eine Dokumentation des Stadtarchivs Celle, o.J.
[250] B. Streich (Hg.): Juden in Celle, S. 75.

Außer der Tabakfabrik *Fortuna* besaß Isaac Jacob Gans noch eine Reihe weiterer Immobilien in der Altenceller Vorstadt, darunter ein Haus in der Masch, das daran angrenzende Haus des Strumpfwirkers Bruns, sodann das ehemalige königliche Forsthaus „die Tanne" sowie das Grundstück „Im Kreise 11" und das „Haus Blumlage 4"[251].

Am 15. September 1772 hatte, wie oben berichtet, Isaac Jacob Gans um die Verleihung des Titels eines Hofagenten angesucht. Trotz der Befürwortung durch den Celler Burgvogt und den damaligen Stadtkommandanten von Celle, Prinz Ernst von Mecklenburg-Strelitz, zog sich die Entscheidung fünf Jahre lang hin.

Am 16. Oktober 1777 wurde Isaac Jacob Gans dann tatsächlich das Patent eines Hofagenten durch König Georg III. (1760–1820) am Hof zu St. James erteilt[252]. Für dieses nun erteilte Patent musste der neu ernannte Hofagent 50 Reichstaler zur Unterhaltung armer Soldatenkinder an die Kriegskanzlei zahlen. Irgendwelche Sonderrechte erhielt er aber nicht. Als er sich der Gerichtsbarkeit des Celler Burgvogts mit der Begründung, er sei nun Hofagent, entziehen wollte, wurde entschieden, dass er auch weiterhin dem Gerichtsforum der Schutzjuden unterstellt bleibe. Für die jüdische Gemeinde war er für die interne und externe Führung und Versorgung zuständig[253].

Wie muss man sich nun die Aufgaben von Isaac Jacob Gans für das Fürstenhaus vorstellen? Diese wichtige Position hatte ihre Glanzzeit zwischen dem Dreißigjährigen Krieg bis hin zur Französischen Revolution. Die vielseitige und bedeutende Rolle der Hofagenten bestand darin, geistliche wie auch fürstliche Häuser als Finanziers und Lieferanten von Luxus- und Konsumgütern sowie Heeresausrüstungen zu beliefern. Die Hofagenten erhielten Kredite von anderen, mit ihnen durch eine langjährige geschickte Heiratspolitik verwandtschaftlich verbundene Juden. Sie verliehen Beträge gegen Zinsen und vermittelten Kapital rundum mit großem Geschick, das sich eben jene finanziell nicht so gut dastehenden regierenden Häuser bei ihnen liehen.

Der dem Landesherrn unterstellte Schutzjude, der auf Grund seiner Tüchtigkeit und verzweigten familiären Netzwerke sogar internationale Verbindungen pflegte, war wiederum aufgrund seiner Stellung als politischer Informant des jeweiligen Landesfürsten von Interesse; schließlich kamen den Fürsten diese Nachrichten für ihre politischen Entscheidungen sehr zugute. Schon immer haben die Landesherren und Fürsten die unter ihrem Schutz stehenden Juden – gegen Bezahlung selbstverständlich – auch als geschickte Münzhersteller gesehen und anerkannt. So mancher Fürst konnte mit Druck den Hoffaktor bewegen, ihm eine Münzverschlechterung zu arrangieren, die vom Volk nur zum Nachteil des Hoffaktors bewertet wurde. Aber somit konnten Fehlbeträge in der Kasse des Landesherrn ausgeglichen werden[254].

---

251 Ebd., S. 76.
252 Ebd., S. 78f.
253 N. Bamberger: Der jüdische Friedhof, S. 19.
254 W. Treue: Wirtschaft, Gesellschaft und Technik vom 16. bis zum 18. Jahrhundert, in: B. Gebhardt, Handbuch der deutschen Geschichte, Bd. 12, München 1974, S. 158ff.

Der Hoffaktor hatte direkten Zugang zum Fürsten, wie für Leffmann Behrens überliefert ist; er konnte dadurch auch für seine jüdische Gemeinde vermitteln. Dadurch entzogen sich die Fürstenhäuser der Verantwortung für die ärmeren Juden und übergaben dem reichen – reich im Vergleich zu anderen jüdischen Familien – Vorsteher Isaac Jacob Gans die Haftung für die Gemeinde.

Und schließlich bildeten die Hofjuden in ihrer wirtschaftlichen wie auch großunternehmerischen Stellung die Aristokratie des Judentums. Damit einhergehend stieg die Bildung in ihren Familien an[255]. Sie waren weitgehend den christlichen Kaufleuten gleichgestellt. Im 19. Jahrhundert, als die Bedeutung der kapitalistischen Wirtschaft wuchs, ging, wie allgemein bekannt, aus dem Hoffaktorentum die Etablierung großer Bankhäuser und Wirtschaftsunternehmen hervor. An letzterem waren meine Vorfahren im großen Stil beteiligt, wie ich noch berichten werde.

Im Falle von Isaac Jacob Gans kann man die Verleihung des Titels eines Hofagenten sicherlich seinen Diensten als Heereslieferant zuordnen. Es tauchen bei ihm keine großen finanziellen Transaktionen in der Art des Leffmann Behrens auf, aber es besteht die Vermutung, dass die Ernennung auch etwas mit seiner Vermögensverwaltungs- und Finanzberatung für die Schwester Georgs III., nämlich Königin Caroline Mathilde, die in Celle in der Verbannung lebte, zu tun haben könnte.

Georg III. war seit 1760 König von Großbritannien und Irland[256] sowie Kurfürst von Hannover und seit 1814 König von Hannover. Königin Caroline Mathilde (1751–1775) war mit Christian VII., König von Dänemark (1749–1808), verheiratet. Dieser hatte auf einer Europareise den ehrgeizigen Arzt Johann Friedrich Struensee kennen gelernt und ihn zu seinem Hofarzt ernannt. Später wurde Struensee auch Erster Minister. Da dieser aber seine Macht ausnützte, um gravierende Reformen in Dänemark durchzudrücken, wurde er gestürzt und 1772 hingerichtet. In den vorangegangenen Verhören hatte Struensee Andeutungen eines Verhältnisses mit der Königin geäußert, wohl in der Meinung, damit seinen Kopf retten zu können[257]. Königin Caroline Mathilde wurde gefangen genommen, schuldig geschieden und nach Celle verbannt, wo ihr Bruder, der englische König Georg III., ihr und ihrem Hofstaat gestattete, im Celler Schloss zu leben. Ihre beiden Kinder musste sie in Dänemark zurücklassen.

Die Hofhaltung von Caroline Mathilde soll recht stattlich gewesen sein. Die Königin war sehr beliebt und befreundet mit zahlreichen niedersächsischen Adels-

---

[255] B. Streich (Hg.): Juden in Celle, S. 84.
[256] Siehe die Gräfl. Isenburgischen Stammtafeln der europäischen Häuser.
[257] M. v. Nerée-Loebnitz: Das Leben der Königin Caroline Mathilde. Bericht über einen Vortrag von J.Schmieglitz-Otten, in: Deutsches Adelsblatt, 41. Jg., Nr. 3 vom 15.3.2002, S. 60–62.

C: Hoffaktoren und Tabakunternehmer in Hameln und Celle (1650–1800)   73

familien[258] und auch mit Isaac Jacob Gans[259]. Diesen berief sie, wie schon erwähnt, zu ihrem Vermögensberater. Diese Position wurde unter anderem als Grund für die Verleihung des Hoffaktorenpatentes anerkannt. Caroline Mathilde starb 1775 mit vierundzwanzig Jahren.

Nach dem Tode Isaac Jacob Gans' im Jahre 1798 lebte seine von ihm in seinem Testament so wohl bedachte und gelobte Frau Pessa, geborene Warendorf, noch einige Jahre in Celle. Ihr vorbereitetes Grab neben Isaac blieb leer. Sie starb 1822 in Hannover, einige Tage nach ihrer Tochter Madel Gans. Dorthin hatte wohl der Zusammenbruch der Firma Gans um 1800 sie umziehen lassen, sowie auch der Tatbestand, dass ihre Tochter dort lebte und mit dem gut situierten Kammeragenten Abraham Herz Cohen, einem Nachfahren des Leffmann Behrens und Mitbegründer des Bankhauses Leffmann und Cohen, verheiratet war. Außerdem lebte Pessas Schwester Rahe in Hannover[260].

Isaac Jacob Gans war ein weit schauender Mann, der wohl schon den Zusammenbruch seines Handelsunternehmens und den durch die Französische Revolution hervorgerufenen politischen und wirtschaftlichen Wandel vorausahnte. Er legte vor allem Wert auf den Erhalt der jüdischen Tradition, die durch die sozialen Veränderungen gefährdet war. Seine testamentarischen Verfügungen beziehen sich in der Hauptsache auf die Anlage und Verzinsung seines Vermögens. Man gewinnt den Eindruck, als ob Isaac Jacob in der Handelstätigkeit der jüdischen Familien keine großen Zukunftschancen mehr sah. Inzwischen hatten sich die Wirtschaftsressorts der landesfürstlichen Regierungen auch so weit entwickelt, dass Geld- und Handelsgeschäfte im Auftrag der deutschen Staaten von den einzelnen Hofkammern in eigener Regie übernommen worden waren. Die Mehrzahl seiner Nachkommen nahm später die Vorteile von Studium und anderer Bildungsmöglichkeiten des „aufgeklärten" 19. Jahrhunderts wahr oder gründeten Industrieunternehmen wie die Farbenfabrik Cassella & Co.[261].

In seinem berühmten Testament[262] zeigt sich sehr anschaulich der für jüdische Familien so typische Zusammenhalt der Familie, den es aus Sicherheitsgründen zu erhalten galt, sowie die überlegte Fürsorge Isaac Jacobs für seine Familie und

---

258 Ebd.
259 Gemäß Familienüberlieferung soll Isaac Gans von Caroline Mathilde einen Lederkoffer für seine Verdienste erhalten haben, der leider von einem Familienmitglied in Unkenntnis seiner Bedeutung vor einigen Jahren weggeworfen worden ist, siehe B. Streich (Hg): Juden in Celle, S. 79, Fn. 62.
260 Ebd., S. 80f.
261 Siehe die diesbezüglichen Kapitel.
262 Eine ausführliche Würdigung dieses außergewöhnlichen Dokumentes findet sich bei B. Streich (Hg.): Juden in Celle, S. 79–87. – Das Original des Testamentes liegt im Stadtarchiv Celle, B 10/18. Siehe dort auch die Abbildungen von Isaac Jacob Gans und seiner Tochter Fradchen.

die Gemeinde, ebenso die Verantwortung für diejenigen, denen es nicht so gut ging. Isaac Jacob hatte die dortige Gemeinde mit reichen Legaten bedacht. Ebenso in der Synagoge der Nachbargemeinde Burgdorf wurde sein Name durch einen mit dem Familienwappen geschmückten Opferstein aus dem Jahre 1785 verewigt[263]. Auch hatte er eine Familienstiftung, ein sogenanntes Fideikommiss, auf ewige Zeiten eingerichtet, die besagte, dass ein Kapital von 30.000 Reichstaler zur Verfügung gestellt werde, von dessen Zinsen seine familiären wie auch sozialen Vermächtnisse zu bestreiten waren.

Eines seiner Häuser, die Tabakfabrik *Fortuna*, sollte seinen beiden älteren Söhnen als Wohnung dienen, allerdings mit der Auflage, Miete zu zahlen, die wiederum in die Zinsen floss, aus denen Arme, die Synagoge und Kranke Unterstützung bezogen, aus denen aber auch der Erhalt der Häuser bestritten werden sollte. Das zweite Haus „die Tanne" war dem Rabbiner, seinem engen Freund und Gelehrten Abraham Asch[264] bestimmt, der darin zwei Kinder auf Kosten Isaac Jacobs erziehen sollte. Kosten der Kleidung, Ernährung, das Kerzenlicht für die Synagoge, Reparaturen des Hauses sowie der Feuerung sollten von den Zinsen seines Fideikommisses bestritten werden. Unter Aufsicht eines Inspektors und Administrators wurde in dem Testament auch festgelegt, die Gelder nur brauchbaren, rechtschaffenen Familienmitgliedern zu überlassen. Dies galt demnach nicht für den verschwenderischen jüngsten Sohn Berend. Hier sorgte sich Isaac Jacob um den Erhalt seines Erbanteils und ordnete an, dass nur ein gewisser Betrag aus dem vererbten Vermögen für ihn jährlich zur Verfügung stehe. Sobald aber seine Tauglichkeit geprüft sei, könne er sein Geld selbst verwalten.

In diesem großartig und großzügig durchdachten Testament des Isaac Jacob werden auch die Domestiken bedacht. Der größte Dank gilt in seiner Niederschrift seiner Frau Pessa Warendorf und ihrer Tüchtigkeit und Sparsamkeit. Er beschwört die Familie, in Ruhe und Eintracht miteinander auszukommen und jedem Menschen aufrichtig und rechtschaffen zu begegnen. Es ist interessant zu sehen, dass mit dem Tod Isaac Jacob Gans' im Jahre 1798 nicht nur einer der frömmsten und unerschütterlich in der jüdischen Tradition stehenden Männer verstarb, sondern die jüdische Tradition insgesamt sich einer neuen „modernen" Epoche stellen musste, die mit dem Beginn des neuen Jahrhunderts einerseits die jüdische Emanzipation heraufbeschwor, andererseits aber auch das deutsche Judentum in eine der größten Katastrophen der Weltgeschichte stürzen sollte. Etliche Passagen des Testamentes von Isaac Jacob Gans weisen hierauf hin. Man könnte meinen, er habe den kommenden Umbruch erahnt, den er möglicherweise durch sein beharrliches Festhalten an den jüdischen Traditionen noch aufhalten wollte.

Die Charakterisierung durch seinen Enkel, den Advokaten Salomon Philipp Gans, erscheint als durchaus zutreffend. Dieser schrieb in seinen um 1810 abge-

---

263 S. Gronemann: Genealogische Studien, S. 27.
264 B. Streich (Hg.): Juden in Celle, S. 84.

fassten Aufzeichnungen, sein Großvater sei ein…..*höchst liebenswürdiger, munterer, in Handlungen der Wohltätigkeit fast zu weit gehender und in sehr großem Ansehen stehender Greis*[265] gewesen.

C.2.3.2. Philipp Isaak Gans (um 1753–1828) und der zweite Vermögensverlust der Familie Gans

Philipp Isaak Gans, der älteste Sohn von Isaac Jacob, wurde in dem berühmten Testament seines Vaters zum „Senior" der Familie bestimmt. Auch er verhielt sich in der vom Vater vorgegebenen Art und Weise, indem er sich für die Einhaltung traditioneller Werte einsetzte, jederzeit eine Opferbereitschaft für Arme zeigte und die Leistungen, die ihm letztendlich vom Adel des Königreichs Hannover auferlegt wurden, aufrecht hielt. Es lag ihm aber ebenso am Herzen, für die integre Ordnung seiner jüdischen Großfamilie zu sorgen.

Nach dem Tode seines Vaters bat nun Philipp Isaak Gans am 15. April 1798 um den Status eines Hofagenten, den er am 25. Mai 1798 auch erhielt. In seiner Eingabe wies er darauf hin, dass sein Vater den Dank für den gewährten Schutz im Testament in jener Weise abgestattet habe, dass er auf ewige Zeiten ein Kapital von 30.000 Reichstaler und zwei Häuser mit Fideikommiss[266] belegt und die Revenuen daraus zur Erziehung von Judenknaben und zur Unterstützung armer Judenfamilien bestimmt hatte.

Er, als ältester Sohn, so schrieb er, handele mit seidenen und englischen Waren und sei dem Wucher gänzlich abgeneigt. Mit seinen Lieferungen wären das englische Kommissariat und die Lüneburger Landschaft zufrieden gewesen. Er genieße Achtung bei der Bürgerschaft und dem Adel. Auch habe er vor, die Tabakfabrik seines Vaters weiterzuführen und damit vielen Armen Arbeit und Brot zu verschaffen[267]. Auch hier sieht man den einzigartigen Hinweis auf das jüdische Denken und dem Trachten nach Gerechtigkeit und Wohlwollen, das mir beim Nachdenken über meine jüdischen Vorfahren immer wieder bewusst wird.

Da man damals befürchtete, Gans könnte mit dem vielen ererbten Geld an einen anderen Ort ziehen, befürwortete der Burgvogt den Titel eines Hofagenten, nicht ohne am 27. April 1798 einen Bericht über den Supplikanten zu erstatten. Daraus konnte man ersehen, dass Philipp Isaaks Vater ein Vermögen von 250.000 Reichstaler hinterlassen hatte, in dem ein beträchtlicher Betrag festgelegt war, der zur Beleuchtung des Tempels, zur Unterstützung und Erziehung sowie Aussteuer für Arme und deren Kinder dienen sollte[268].

---

[265] Stadtarchiv Celle: Jüdische Spuren, S. 5.
[266] H.G. Reissner: Eduard Gans, S. 13ff.
[267] H. Schnee: Die Hoffinanz, Bd. 1, S. 81f.
[268] Ebd., S. 82.

Der Handelstätigkeit von Philipp Isaak Gans war offensichtlich kein großer Erfolg beschieden. Die Aufhebung des von Isaac Jacob Gans verfügten Fideikommisses auf die Tabakfabrik beantragte Philipp Isaak Gans bereits im Jahr 1799 und bot das Unternehmen zur Versteigerung an. Er wollte hiermit wohl die Zahlungsunfähigkeit abwenden, in die er mit seinem Bruder Susmann kurz nach dem Tod seines Vaters geraten war[269]. Durch unglückliche Spekulationen, den Kauf französischer Staatspapiere, und die um 1800 häufigen Bankrotte Hamburger Handlungshäuser war im selben Jahr der Bankrott der Firma Gans nicht mehr aufzuhalten. Mit dem Geld seiner Frau Ester Wallich[270] versuchte Philipp Isaak Gans ein Wechselgeschäft zu etablieren, aber der vorige Wohlstand war verloren gegangen[271]. Die unruhigen Zeiten der Revolutionskriege hatten sich auch auf die Familie Gans ausgewirkt.

Das übrige Fideikommiss existierte fast 150 Jahre fort. Erst am 28. Mai 1941 wurde die zwangsweise Übertragung seines Kapitals auf die „Reichsvereinigung der Juden in Deutschland" angeordnet[272]; das Kapital wurde später von der Inflation fast vernichtet. 1928 war noch ein „aufgewerteter" Betrag von 11.250,– Reichsmark übrig.

C.2.3.3. Salomon Philipp Gans (1788–1843), Hofadvokat in Celle, und Wegbereiter der deutschen Aufklärung

Ein Enkel des Hofagenten Isaac Jacob Gans und Sohn des Philipp Isaak war der spätere Hof-Advokat sowie juristische und politische Schriftsteller Salomon Philipp Gans (1788–1843)[273].

Das Lebensschicksal dieses Familienmitglieds ist deshalb so bedeutend für die Geisteshaltung der Familie Gans, weil es als ein Beispiel für das idealistische Emanzipationsbestreben der Elite des deutschen Judentums im 19. Jahrhundert gelten kann.

Mir wurde beim Betrachten des Lebensweges von Salomon Philipp Gans bewusst, dass meine Familie eigentlich in jeder Generation Persönlichkeiten gestellt hat, die die Möglichkeiten einer führenden Position im sozialen Leben ihrer Zeit für sich zu nutzen wussten, sei es als international tätige Handelsjuden, als verdienstvolle Vorsteher jüdischer Gemeinden, als großzügige Stifter bedeutender Vermögenswerte

---

[269] B. Streich (Hg): Juden in Celle, S. 75f. Der auf S. 75 von Frau Streich als ältester Sohn von Isaac Jacob zitierte Philipp Aaron Gans müsste richtig Philipp Isaak Gans heißen.
[270] Siehe Gans-Stammbaum im Leo Baeck Institute, New York. Möglicherweise war Ester Wallich eine Nachkommin des Kammerzahlmeisters Wallich (H. Schnee: Die Hoffinanz, Bd. 2, S. 104), mit dem der berühmte Leffmann Behrens Handelsbeziehungen unterhielt.
[271] B. Streich (Hg): Juden in Celle, S. 76.
[272] H.G. Reissner: Eduard Gans, S. 12ff.
[273] N. Bamberger: Der jüdische Friedhof, S. 64. Der Enkel des Hofagenten und Sohn des Feibel (Philipp) Gans, Salomon Philipp, wird in dem Jahr geboren, als sein Groß-Onkel Joshua Dow Feibel, Bruder des Hofagenten Isaac Jacob Gans, starb (siehe Stammbaum).

für die Allgemeinheit als Gelehrte oder als erfolgreiche Erfinder und Vorkämpfer der industriellen Entwicklung des Deutschen Reiches. Dennoch konnte auch meine Familie ihrem Schicksal als deutsche Juden unter den Nazis nicht entgehen.

Meine Familie gehörte damals zu den angesehendsten und reichsten Norddeutschlands, zu dem sonst s.g. jüdischen Adel, und war auch nur mit solchen Familien verschwägert. Mit diesen Worten beschreibt Salomon Philipp Gans, ein Jude des Vormärz, seine Herkunft aus einer jüdischen Hoffaktorenfamilie[274].

Salomon Philipp schrieb in seinem letzten Lebensjahr, also im Jahr 1843, eine „Erklärung" und zwar wahrscheinlich im Hinblick auf deren Veröffentlichung in dem auf politische Reformen hinarbeitenden Wochenblatt „Der Israelit des 19. Jahrhunderts". Es wurde ein Rechenschaftsbericht über sich selbst und über sein öffentliches Wirken[275]. Er fühlte sich einer 1841/42 entstandenen radikalen jüdischen Reformbewegung verbunden. Sein gesamter Lebenslauf weist von Anfang an auf eine strikte Abkehr von der noch von seinem Großvater Isaac Jacob Gans insbesondere in dessen oben mehrfach zitierten Testament vertretenen jüdischen Orthodoxie hin.

Wie es in den Familien der Hoffaktoren üblich war, wurde Salomon Philipp zunächst im jüdischen Religionsgesetz von jüdischen Hauslehrern unterrichtet, mit denen er allerdings unzufrieden war. Der Unterricht schien ihm zu „roh", ihm fehlte der „moderne" Blick auf Kunst und Wissenschaft. Immerhin bekam er auch bald Nebenunterricht von christlichen Lehrern in Lesen, Schreiben, Rechnen, Geographie, Geschichte und in Französisch, wodurch er schon früh mit der außerjüdischen Welt in Berührung kam. Diese Tendenz einzelner jüdischer Familien, sozusagen in Einzelaktionen die Emanzipation des Judentums in das deutsche Bürgertum zu bringen und voranzutreiben, wurde zu gleicher Zeit von den jüdischen Salonières in Berlin, wie Henriette Herz und Rachel Levin, verheiratete Varnhagen, praktiziert. Auf diese jüdischen Salons werde ich noch weiter unten im Zusammenhang mit der Schilderung der Lebenswege der Berliner Mitglieder der Familie Gans eingehen. Nach dem Tode seines Großvaters 1798 wurden auch die christlichen Hauslehrer entlassen und Salomon Philipp besuchte als erster Jude das Gymnasium in Celle, nachdem er sich endgültig vom talmudischen Unterricht befreit hatte[276].

Gleichzeitig mit dem Tod von Isaac Jacob Gans, *dem gestrengen, religiösen, fanatischen Orthodoxen,* so schrieb Salomon Philipp 1843 in seinen Lebenserinnerungen, *trat plötzlich eine gänzliche Veränderung in der äußeren und inneren Gestalt unseres Hauswesens ein, wir wurden sogenannte moderne Juden, die unter selbst genugsamer Verachtung aller Ceremonial- und insonderheit der Speise-Gesetze, nur mit schwachen, dünnen Fäden am äußeren Judenthum hengen blieben*[277].

[274] B. Streich (Hg): Juden in Celle, S. 129.
[275] Ebd., S. 128.
[276] Ebd., S. 131.
[277] Ebd., S. 129.

Wie schon früher beschrieben, waren diese Wandlungen einst die Hauptsorge des gestrengen Isaac Jacob Gans gewesen. Er schien die kommende Moderne, die vor den jüdischen Häusern nicht Halt machen sollte, geahnt zu haben und hatte sein Testament vorsorglich wohl auch in dieser Richtung mit deutlichen Hinweisen zum Verbleib bei den jüdischen Riten und Regularien versehen.

Für Salomon Philipp Gans, seinem Enkel, der diese strenge Privatlehre nicht mehr genoss, kamen bald nach der Besetzung Celles 1803 durch französische Truppen seine Französischkenntnisse bei Geschäftsverhandlungen seines Vaters zum Tragen, da niemand in der Familie oder von den Angestellten diese Sprache verstand oder gar sprach. Seine Neigung nach weiterer, christlich-bürgerlicher Bildung drängte ihn indessen zu einem Universitätsstudium. Unterstützt wurde er durch seinen in Bayonne[278] in Frankreich lebenden älteren Bruder Jacob, der ihm zum Studium in Halle riet. Allerdings wurde er hier im Oktober 1806 durch Napoleon vertrieben, der die Universität schließen ließ, woraufhin er in Göttingen Rechtswissenschaften studierte. Göttingen gehörte von 1807 bis 1813 wie auch das Kurfürstentum Hannover mit Celle von 1810 bis 1813 zum neu geschaffenen Königreich Westfalen bzw. unmittelbar zu Frankreich, in dem die rechtliche Gleichstellung der Juden unter dem politischen Einfluss Napoleons vollzogen worden war, und der Zugang zu den Universitäten und akademischen Berufen den Juden vollständig freistand.

Salomon Philipp Gans hatte das Glück der frühen Geburt. Ganz im Gegensatz zu den Karrieremöglichkeiten seines 1797 in Berlin geborenen Vetters Eduard Gans[279], die wegen der aufkommenden antijüdischen Tendenzen nach 1815 mehr oder weniger eine Taufe voraussetzten, absolvierte er sein Studium in genau jener kurzen Zeitspanne der auf liberalen Reformen beruhenden Herrschaft Napoleons in Europa. Hierdurch wurden ihm als Mitglied einer jüdischen Familie schon früh völlig neue berufliche Perspektiven aufgezeigt[280]. Sein juristisches Examen legte er 1810 ab und begann eine Tätigkeit im selben Jahr als Advokat und Prokurator am Distrikttribunal Celle. Das war eine für die damalige Zeit außerordentlich liberale Regelung der französischen Regierung. Denn Salomon Philipp Gans trat in eine bislang den Juden verwehrte juristische Laufbahn ein.

Durch die damalige Zugehörigkeit Hannovers zum Königreich Westfalen und die französische Besatzung im Kurfürstentum Hannover war den Juden schon damals die bürgerliche Gleichberechtigung gewährt worden. Diese wurde aber später nach Beendigung der napoleonischen Herrschaft mit der Proklamation Hannovers zum selbstständigen Königreich im Jahre 1815 wieder aufgehoben und die alten diskriminierenden Verordnungen wurden wieder eingeführt. Erst seit 1842

---

278 Siehe Gans-Stammbaum im Leo Baeck Institute, New York.
279 Siehe das nachfolgende Kapitel.
280 B. Streich (Hg.): Juden in Celle, S. 134.

C: Hoffaktoren und Tabakunternehmer in Hameln und Celle (1650–1800)   79

unternahm Hannover Schritte in Richtung auf eine volle Gleichberechtigung. Nach der Annexion des Königreichs durch Preußen im Jahre 1866 erfolgte, wie überall im Reich, dann die volle staatsbürgerliche Emanzipation der Juden.

Salomon Philipps zahlreiche bedeutenden Veröffentlichungen spiegeln den Zeitgeist seiner Epoche wider. Einige von ihnen seien im Folgenden aufgezählt. Mit einundzwanzig Jahren veröffentlichte er 1809 sein Werk über das *Erbrecht im Code Napoléon* in Deutschland, das den dominierenden Einfluss der französischen Rechtsprechung kritisch beurteilte und die deutsche Gesetzgebung wieder stärker in den Vordergrund schob. Seine 1820 bzw. 1827 erschienene Schrift *Von dem Amte der Fürsprecher vor Gericht* diente der Verbesserung des Ansehens und der Würde des Advokatenstandes. In seiner 1824 erschienenen Studie *Von dem Verbrechen des Kindermordes* plädierte er gegen die bislang praktizierte Todesstrafe für Kindesmörderinnen[281]. Dieses letzte Werk brachte ihm die Große Goldene Medaille für Kunst und Wissenschaft, ebenso einen Brillantring des russischen Zaren Alexander I. ein. Seit der Veröffentlichung des Buches wurden keine Kindesmörderinnen in Hannover, Preußen und Russland mehr hingerichtet[282]. Eine breite Wirkung erzielten seine Schriften aus dem Revolutionsjahr von 1831 und zwei Flugschriften zur Bedeutung der Eisenbahn[283].

Das 1840 in Kraft getretene *Criminalgesetzbuch für das Königreich Hannover* wurde grundlegend beeinflusst durch Salomon Philipps diesbezüglichen zweibändigen Kommentar, der fast neunhundert Seiten umfasste und nach seinen eigenen Worten den beinahe uneingeschränkten Beifall der Revisionskommission fand. Die bekannteste Schrift Salomon Philipp Gans' war indessen *Über die Verarmung der Städte und des Landmanns und den Verfall der städtischen Gewerbe im nördlichen Deutschland, besonders im Königreiche Hannover*. In dieser 1831 erschienenen Arbeit setzte sich Gans für die Selbstverwaltung der Städte sowie für die Förderung des Bauerntums ein. Insbesondere zog er gegen die Landstände zu Felde, die keine echte Repräsentation des Volkes garantierten. Mit den Mitgliedern der beiden Kammern der Königlichen Regierung repräsentierten diese nach Auffassung von Gans schließlich nur sich selbst[284].

Insgesamt lässt sich sagen, dass Salomon Philipp mit seinen bahnbrechenden Veröffentlichungen ganz in der Tradition der Aufklärung und des anbrechenden Liberalismus stand und zu einem ihrer erfolgreichsten Vertreter zu zählen ist. Dies ist umso erstaunlicher, als er der Erste in der Familie war, der viele Jahre vor der dann offiziellen staatsbürgerlichen Eingliederung der jüdischen Familien im Königreich Hannover vom 30. September 1842 sich aus der Tradition lang gelebter,

---

[281] Ebd., S. 136f.
[282] L. Herz: 600-jährige Geschichte, S. 18.
[283] Stadtarchiv Celle: Jüdische Spuren, S. 10.
[284] B. Streich (Hg.): Juden in Celle, S. 139.

Portrait des Salomon Philipp Gans
(Stadtarchiv Celle)

jüdischer, ihn offensichtlich einengender Rituale zu lösen gewusst hatte und sich allgemeinen politischen Themen zuwandte. Er ist damit ein Vorreiter und Verbündeter des sich gleichzeitig allmählich emanzipierenden deutschen Bürgertums und schon durch die Wahl eines bürgerlichen Berufes für mich ein frühes Beispiel für den gesellschaftlichen Aufstieg der Juden in Deutschland.

Salomon Philipp erlebte jedoch auch tiefe politische Enttäuschungen, als das Staatsgrundgesetz von 1833 erlassen wurde und die Reformbewegung der liberal gesinnten Regierungen des deutschen Reiches durch das Wiedererstarken der Reaktion gestoppt wurde. Danach zog er sich verbittert aus der Politik zurück. Möglicherweise verhalf ihm seine Advokatur zu der besonderen Erlaubnis der Königlichen Regierungskommission vom 12. Dezember 1814 – womit das Ende der liberalen napoleonischen Ära in Hannover markiert wurde –, mit seinem betagten Vater in Celle zurückzubleiben und nicht ausgewiesen zu werden[285].

Das Schicksal der Ausweisung ereilte allerdings seinen Vetter Ludwig Ahron Gans (Celle 1793–1871 Frankfurt), der Celle 1814 wie alle Handelsjuden verlassen musste und als Lehrling in die Firma Leopold Cassella in Frankfurt eintrat, womit er den bürgerlichen Aufstieg der Familie Gans zu höchsten wirtschaftlichen Höhen im 19. Jahrhundert einleitete und den einmal von meiner Familie sehr früh eingeleiteten Weg in die Emanzipation fortsetzte. Ludwig Ahron Gans' Schicksal wird in einem der nächsten Kapitel ausführlich geschildert. Am 18. November 1819 hatte Salomon Philipp Gans seine Cousine Amalie Madel (1797–1868) geheiratet, die Tochter seines Onkels Susmann. Aus dieser Ehe gingen sechs Töchter hervor[286]. Im Kreise seiner Familie starb er am Abend des 1. November 1843 als ein auch außerhalb Hannovers bekannter und geschätzter Mann. Er wurde auf dem Celler Judenfriedhof als Letzter des beschriebenen Zweiges der Familie Gans begraben[287].

---

[285] N. Bamberger: Der jüdische Friedhof, S. 209.
[286] B. Streich (Hg.): Juden in Celle S. 129f.
[287] N. Bamberger: Der jüdische Friedhof, S. 64, Grab 68.

C.2.4. Joshua Dow Feibel Gans (um 1737–1788) und sein Sohn Philipp Ahron Gans (1759–1835), die letzten Vertreter der Familie Gans in Celle

Um wieder zur direkten Linie meiner Vorfahren zu gelangen, die dann 1814 in die Handelsmetropole Frankfurt führt, werde ich zu dem Bruder des berühmten Hofagenten Isaac Jacob Gans, Joshua Dow Feibel Gans, zurückkehren. Dieser war mit Miriam, deren Familienname unbekannt ist, verheiratet. Er hatte sich im Gegensatz zum erfolgreichen Hoffaktor Isaac Jacob dem Talmud verschrieben. Joshua übernahm ein wichtiges Amt im Rahmen der „Heiligen Bruderschaft", wo er Vorstand der Kasse für Wohltätigkeit war. Er verwaltete außerdem die Gemeindefinanzen der gesamten jüdischen Bürgerschaft der Stadt Celle, übte diverse weitere Gemeindeämter aus[288], führte die Bücher der Gemeinde, auch das „Memorbuch" und beglaubigte Urkunden. Es ist zu vermuten, dass er mit Zustimmung seines wohlhabenden Bruders, dessen Wohltätigkeit für die Gemeinde gerühmt wurde, in diese Ämter eingesetzt worden war. Denn es waren eigentlich die Hoffaktoren der Familie Gans, die nach außen und intern die Gemeinde führten und versorgten[289].

Man kann annehmen, dass Joshua Dow Feibel Gans die Celler jüdische Gemeinde als Gemeindevorsteher auch nach außen hin vertrat, dass er verantwortlich war für die kollektiv auferlegten Steuern, die Finanzierung der Gemeindeinstitutionen und die Versorgung der Bedürftigen und dass er sich als berechtigt ansah, die Gemeinde nach seinem Gutdünken zu leiten[290].

Neben der aristokratischen Oberschicht der Hoffaktoren, wie sein Bruder Isaac Jacob es war, hatte bekanntlich im innerjüdischen Leben der Rabbinerstand die größte Bedeutung. Die Ausübung von Gemeindeämtern wurde nach damaliger Auffassung ebenfalls als Tätigkeit „im Dienste Gottes" verstanden[291]. Man könnte die Meinung vertreten, dass Joshua Dow Feibel Gans seine Stellung innerhalb der Gemeinde aus der Würde der oben beschriebenen Ämter bezog.

Wissen galt bei den jüdischen Familien mehr als Reichtum. Der Rabbiner beispielsweise war der angesehenste Mann der Gemeinde und eine Autorität in Streitigkeiten, die zwischen den Gemeindegenossen entstanden waren. Seine Machtfülle wurde erhöht durch das Recht, Widerspenstige mit Geld oder dem Banne zu bestrafen. Er konnte sie aus der Gemeinschaft ausschließen, so lange, bis sie reumütig wiederkehrten[292]. Joshua Dow Feibel Gans wird auf dem Gebiet der Finanz- und allgemei-

---
[288] Ebd., S. 47.
[289] Ebd., S. 19.
[290] L. Trepp: Geschichte der deutschen Juden, Stuttgart 1996, S. 47.
[291] Ebd.
[292] H. Haushofer: Haushofer Traditionen, S. 202.

nen Verwaltung eine ähnlich bedeutende Stellung in der Gemeinde eingenommen haben.

Er starb am 26.9.1788. Sein Grab auf dem Celler Judenfriedhof ist bemerkenswerterweise eines der imposantesten!

Joshua Dow Feibel hatte sieben Kinder[293], von denen drei Kinder früh starben. Einer der überlebenden Söhne war mein Vorfahr Philipp Ahron, der Fanny Hanau (1775–1834/38) heiratete.

In Celle trieben Anfang des 19. Jahrhunderts die meisten in der Judenansiedlung *Blumlage* den Hausierhandel, bis auf drei Familien, die eine besondere Konzession für den Verkauf feiner ausländischer Tuche erhalten hatten. Dazu gehörte offensichtlich Philipp Ahron Gans mit seiner Frau Fanny Hanau[294].

Philipp Ahron Gans (1759–1835) (Archiv AvG)

Fanny Hanaus Vater war Ahron Hanau, der 1811 in Celle verstarb. Dabei könnte es sich um einen Verwandten des Frankfurter Tuchhändlers Lehmann Isaak Hanau gehandelt haben, der in erster Ehe seit 1758 mit Täubche Goldschmidt-Hameln, Tochter des Isaac Heyum Goldschmidt[295], und in zweiter Ehe mit deren Nichte Sara Goldschmidt, Tochter des Löb Isaak Goldschmidt [296], verheiratet war. Mit letzterem errichtete er eine bedeutende Tuchhandlung in Frankfurt und nahm in dieses Unternehmen seine Schwäger und späteren Schwiegersöhne Joseph Isaac und Amschel Isaac Goldschmidt auf[297].

Auf ein enges sowohl verwandtschaftliches als auch geschäftliches Verhältnis zwischen den Familien Gans und Goldschmidt/Hanau bereits in Celle deutet die Tatsache hin, dass Philipp Ahron Gans offensichtlich vom Tuchhandel lebte und eine geschäftliche Verbindung zu dem Frankfurter Tuchhändler Lehmann Isaak Hanau nahe lag. Unter dem Schutz der französischen Regierung war in Celle der freie Handelsaustausch unter den jüdischen Kaufleuten bis zum Jahr 1814 möglich.

---

293   Siehe Gans-Stammbaum im Leo Baeck Institute, New York.
294   N. Bamberger: Der jüdische Friedhof, S. 87 und 209.
295   A. Dietz: Stammbuch, S. 125.
296   Ebd., S. 123.
297   Ebd., S. 145.

Philipp Ahron Gans *lebt von der Handlung und hat die Concession, Vermögensumstände: sehr gut und hat ein eigenes Haus,* so steht es im Einwohnerverzeichnis aus dem Jahre 1814 unter Nr. 20[298]. Anscheinend hatte sich die Handelserlaubnis aus der napoleonischen Zeit positiv auf sein Einkommen ausgewirkt, ebenso die Billigung, in der Alt-Stadt Celle leben zu dürfen und nicht außerhalb des Stadtkerns leben zu müssen. Der 1759 geborene Philipp Ahron konnte ebenso wie sein Vetter, der Advokat Salomon Philipp Gans, die kurze liberale Öffnung Celles für seine berufliche Laufbahn positiv nutzen. Eine Auswanderung in eine andere jüdische Gemeinde von Celle aus war am Ende der liberalen Periode Celles für den 55-jährigen nicht mehr naheliegend. Vermutlich hat er seine Handelstätigkeit 1814 vollständig eingestellt.

Fanny Gans geb. Hanau (1775–1834/38) (Archiv AvG)

1814 wurde den jüngeren, aktiven jüdischen Händlern die Handels-Genehmigung vom Bürgermeister und Rat Celles, die in ihrem Bleiben eine Gefahr für die beiden privilegierten ansässigen Handelsgilden sahen, abgesprochen und sie wurden am Ende der napoleonischen Ära aus der Stadt verwiesen[299], unter ihnen auch, wie bereits erwähnt, Ludwig Ahron Gans, der Sohn meines Ahnen Philipp Ahron Gans.

Hiermit endete in Celle eine fast 150 Jahre andauernde Gemeinschaft von traditionbewussten Männern der Familie Gans, Gelehrten, Hoffaktoren und tüchtigen Frauen. Die Fortsetzung und der Aufstieg der Familie zu höchsten Rängen sollte in Frankfurt am Main, der Stadt mit der längsten und intensivsten jüdischen Tradition, durch Ludwig Ahron Gans, Sohn von Philipp Ahron und Fanny Gans geb. Hanau, den geeigneten Rahmen finden. Verwandtschaftliche Beziehungen zu den Goldschmidts und Hanaus und der Wohlstand der aufstrebenden Messe- und Handelsstadt hatten Ludwig Ahron augenscheinlich veranlasst, Frankfurt als beruflichen Standort zu wählen. Die Darstellung seines und des Lebens seiner Nachfahren führt in direkter Linie zur Schilderung des Lebens und Überlebens meines Vaters, der in letzter Minute dem Holocaust im Dritten Reich durch seine Flucht nach Australien entkam. Doch davon berichte ich später.

[298] N. Bamberger: Der jüdische Friedhof, S. 87 und 209.
[299] Ebd., S. 209.

ZWEITER TEIL:
DIE FAMILIE GANS UND DIE ZEIT DER JÜDISCHEN EMANZIPATION IN BERLIN UND FRANKFURT AM MAIN (1800–1850)

A.   Abwanderung aus Celle in die Metropolen des Alten Reiches um 1800

Man kann wohl davon ausgehen, dass die allgemeine Diskussion über die Bürgerrechte und die Gleichstellung aller Staatsbürger im Deutschen Reich infolge der französischen Revolution und der bereits früher publizierten Schriften deutscher Aufklärer ein gesellschaftspolitisches Klima geschaffen hatte, das auch Mitglieder meiner Familie veranlasste, ihre Heimat in Celle bereits in den neunziger Jahren des 18. Jahrhunderts aufzugeben und in die deutschen Metropolen des Handels, des Geldes und der Bildung, wie Berlin, Hamburg und Frankfurt, zu ziehen. In diesen Metropolen lösten sich vereinzelt Juden schon früh von ihrem orthodoxen Judentum und durchschritten über die Auseinandersetzung mit deutschem und europäischem Bildungsgut bereits um die Jahrhundertwende einen Teil des Emanzipationsweges.

1782 hatte Kaiser Joseph II. ein Toleranzedikt für die österreichischen Juden erlassen, in dem er die Verbesserung ihrer rechtlichen und sozialen Stellung mit einem umfangreichen Erziehungsprogramm verband. Die Juden sollten zu „nützlichen Gliedern der bürgerlichen Gesellschaft" erzogen werden. Dieser Gedanke beeinflusste auch die Emanzipationsvorstellungen deutscher Staatsmänner[300]. Die Personen jüdischen Glaubens sollten in die beginnende Staats- und Gesellschaftsreform der deutschen Regierungen einbezogen werden.

In Preußen hatte schon immer die religiöse Toleranz seiner Könige eine flexible Einwanderungspolitik ermöglicht, die mit zum Aufstieg Preußens beitrug. Um die industrielle Entwicklung zu fördern, hatte das Land im 17. Jahrhundert aus Frankreich vertriebene Hugenotten und 1671 aus Wien fünfzig, darunter einige der reichsten jüdischen Familien *zur Beförderung des Handels und Wandels*[301] aufgenommen. Damit hob der Große Kurfürst für Berlin das seit einem Jahrhundert bestehende Ansiedlungsverbot für Juden auf. Die Wiener Finanziers sollten flüssiges

---

[300]   R. Heuberger/H. Krohn: Hinaus aus dem Ghetto ..., Juden in Frankfurt am Main 1800–1950, Frankfurt am Main 1988, S. 16.

[301]   A. Nachama (Hg.): Juden in Berlin, Berlin 2001, S. 18.

Kapital und Auslandsbeziehungen mitbringen, um die Staatsfinanzen aufzubessern, Geld in Umlauf zu bringen und die Projekte des Hofes zu finanzieren. In den folgenden Generationen zogen Adelige und Hugenotten, Juden und Intellektuelle in großer Zahl nach Berlin[302].

Das mag ein Grund dafür gewesen sein, dass der weitsichtige Isaac Jacob Gans, obwohl dem orthodoxen Judentum eng verbunden, seine älteste Tochter Fradchen (um 1762–?) im Jahre 1789 in die aufstrebende Metropole Berlin verheiratete, und zwar mit Heimann Ephraim Marcus. Hiermit verschwägerte sich die Familie Gans mit der bedeutenden jüdischen, dem preußischen Hof nahestehende Familie des Münzentrepreneurs Veitel Heine Ephraim[303].

Zu den zu großem Reichtum gelangten „Münzjuden" gehörten die Itzigs, Isaac-Fliess' und Ephraims. Insbesondere Veitel Heine Ephraim gelangte wegen seines luxuriösen Stadtpalais zu einiger Berühmtheit. Die Häuser, die sich die jüdischen Münz-Millionäre bauen ließen, lagen im elegantesten Viertel der Stadt und wurden 1769 sogar in die Liste der Sehenswürdigkeiten Berlins aufgenommen. Sie waren nach dem höchsten damaligen Lebensstandard eingerichtet, hatten Privatsynagogen, wertvolle Gemäldesammlungen und Bibliotheken[304].

Aus demselben Grund mag auch der Bruder Fradchens, der jüngere Sohn Isaac Jacobs, Abraham (1766–1813), auf den Gedanken gekommen sein, nach Berlin zu ziehen. Dort verheiratete er sich mit Zippora Marcuse (1776–1839), Tochter des Berliner Bankiers Jacob Marcuse und der Gutel, Tochter des Berliner Bankiers Elias Hirsch Fraenkel. Der Familie Marcuse war bereits vom Großen Kurfürsten im späten 17. Jahrhundert das Geleit zugesprochen worden. Sie gehörte damit zu den ältesten damaligen jüdischen Familien der Kurmark[305].

Abraham und Zippora Gans waren die Eltern des Professors der Rechte an der Universität Berlin, Eduard Gans (1797–1839), über den ich in einem der nachfolgenden Kapitel ausführlich berichten werde. Die Familie Gans war demnach bereits zu Beginn des großen gesellschaftlichen Aufschwungs der reichen jüdischen Familien in Berlin zahlreich vertreten.

Außer Fradchen und Abraham verließ deren Bruder Susmann Gans (1765–?) ebenfalls die Stadt Celle und zwar vermutlich, nachdem im Jahre 1814 die gesetzlichen Erleichterungen für die Juden im Königreich Hannover wieder rückgängig gemacht worden waren. Er siedelte sich als Witwer mit seinen Kindern in Stolpe in der Nähe von Berlin an, wo später sein Sohn Simon die Stellung eines Ökonomen

---

[302] Einen gründlichen Überblick über das kulturelle und soziale Berlin des ausgehenden Ancien Régime gibt D. Hertz: Die jüdischen Salons im alten Berlin, Frankfurt am Main 1991.
[303] B. Streich (Hg.): Juden in Celle, S. 89f.
[304] A. Nachama (Hg.): Juden in Berlin, S. 38.
[305] H.G. Reissner: Eduard Gans, S. 11 und 165.

innehatte. Seine Tochter Amalie Madel Gans (1797–1868) heiratete den in Celle mit Sondererlaubnis zurückgebliebenen Advokaten und Rechtsgelehrten Salomon Philipp Gans, über den ich schon berichtet habe[306].

Ein weiteres Beispiel für die Bereitschaft meiner Familie, auf die nun beginnende, epochale Emanzipations- und Akkulturationsbewegung im Deutschen Reich zu reagieren, ist Jacob Philipp Gans (Celle 1768–1835 Hamburg), eines der sieben Kinder des Joshua Dow Feibel, meines direkten Vorfahren, der sich in Hamburg niederließ, wo seine Nachkommenschaft bis weit in das 19. Jahrhundert zu finden ist.

Kehren wir aber nun zu Ludwig Ahron Gans zurück, der wie oben beschrieben, 1814 ebenfalls Celle verließ und als Lehrling in die Firma Leopold Cassella in Frankfurt eintrat. In Frankfurt hatten sich, wie bereits berichtet, über Jahrhunderte immer wieder Mitglieder der Familie Gans niedergelassen, wie beispielsweise auch die verwandten Familien Goldschmidt[307], Hanau[308] und Wetzlar[309], und so ist anzunehmen, dass der aufstrebende Ludwig Ahron (1793–1871) aus Celle in die große Handelsstadt wollte, um der Familie mit Hilfe der dortigen Verwandtschaft eine neue finanzielle Grundlage zu verschaffen. Es ist ja nicht zu übersehen, dass die Mitglieder der Familie Gans am Ende des 18. Jahrhunderts die großen, noch aus der Zeit Leffmann Behrens' stammenden Vermögen verloren hatten und eine neue Grundlage für wirtschaftliche Prosperität gefunden werden musste. Es war allerdings zu der damaligen Zeit nicht vorauszusehen, dass die Familie Gans mit dem Zuzug nach Frankfurt zu Beginn des 19. Jahrhunderts durch ihr unternehmerisches Können und ihren Erfindungsreichtum die Voraussetzungen dafür schaffen sollte, dass sie am Anfang des 20. Jahrhunderts gemeinsam mit der mit ihr verwandtschaftlich verbundenen Familie Weinberg mit zu den größten Industriemagnaten des Deutschen Reiches zählen würde.

Der nun 21-jährige Ludwig Ahron hatte mit dem Umzug nach Frankfurt sichtlich die richtige Wahl getroffen und wurde in der Judengasse in Frankfurt bei der Familie Goldschmidt aufgenommen. Durch die bald darauf folgende Begegnung mit Leopold Cassella sollte Ludwig Ahrons Leben eine außergewöhnliche Wende erfahren[310]. Leopold Cassellas Schwester Hendle war mit dem aus der Frankfurter Judengasse stammenden Handelsmann Mayer Salomon Goldschmidt (1775–1854) verheiratet. Deren Tochter Rosette Goldschmidt (1805–1868) wurde die Frau von Ludwig Ahron Gans (1779–1871). Ludwig Ahron stieg bald zum Teilhaber der Farbengroßhandlung seines angeheirateten Onkels und Schwiegervaters

---

[306] Siehe Kapitel C.2.3.3.
[307] Siehe A. Dietz: Stammbuch, S. 109–127.
[308] Ebd., S. 144–47.
[309] Ebd., S. 323–26.
[310] H.E. Rübesamen: Ein farbiges Jahrhundert – Cassella, München 1970, S. 47.

Leopold Cassella auf und wurde 1847 der Inhaber der Firma, nachdem sein Onkel gestorben war.

Warum aber Frankfurt immer wieder die Basis für die wirtschaftlichen Erfolge jüdischer Familien wurde, ist wohl mit seiner langen jüdischen Tradition zu erklären, an der meine Familie zwar in zeitlichen Abständen, aber immer wieder teilhaben konnte. Hierauf gehe ich in den nachfolgenden Kapiteln über den rasanten Aufstieg der Fechenheimer Cassella-Werke und der an ihr beteiligten Unternehmerpersönlichkeiten der Familien Gans und Weinberg ausführlich ein. Zunächst wende ich mich aber Berlin zu.

B. Berlin

B.1. Friedrich der Große (1712–1786) und das vermögende Judentum

Auf welche politische und wirtschaftliche Situation trafen nun die Mitglieder der Familie Gans als frühe jüdische Bürger Berlins, als sie dort in den neunziger Jahren des 18. Jahrhunderts Fuß fassten? Ein Vergleich bietet sich an, da doch meine Frankfurter Verwandten, die Reiss, Goldschmidt und Cassel und seit 1814 auch Ludwig Ahron Gans, zu etwa derselben Zeit ihre unternehmerische Karriere in Frankfurt begannen.

Die Berliner jüdische Gemeinde hatte unter der Regentschaft des preußischen Königs Friedrich II. (1712–1786) noch vielfältige Einschränkungen hinnehmen müssen. Insbesondere kam es dem König darauf an, die Zahl der jüdischen Gemeindemitglieder Berlins möglichst zu verringern und auch gering zu halten sowie deren Handel wegen der Beschwerden der christlichen Kaufleute zum Teil einzuschränken. Ihre Wohnberechtigung hing allein von ihrer „Nützlichkeit" für den preußischen Staat ab! 1750 erließ Friedrich II. das *Revidierte General-Privilegium und Reglement für die Judenschaft im Königreich Preußen,* das bis 1812 in Kraft blieb. Hiernach wurden die Juden in sechs Gruppen eingeteilt, wobei die dünne Oberschicht der Reichen als erste Gruppe ein „Generalprivileg" besaß. Das hieß, sie konnte frei handeln, überall Grundbesitz erwerben und ihr Privileg vererben. Unter Friedrich dem Großen gab es etwa 100 Familien mit einem Generalprivileg.

Und das Kalkül des Königs ging auf! Die wohlhabenden jüdischen Familien verdankten ihm ihren außergewöhnlichen Reichtum, er ihnen aber auch die solide finanzielle Staatsgrundlage.

1750 lebten bei einer Gesamtbevölkerungszahl von 113.000 Personen ungefähr 2.190 Juden in Berlin, um 1800 waren es ungefähr 3.500. Bereits beim Zuzug nach Berlin wurde streng darauf geachtet, dass nur reiche Juden aufgenommen wurden. Daher galt Berlin als Sitz einer reichen jüdischen Gemeinde. Für die sozial schwachen Juden wurde mit dem Bau eines Kranken- und eines Armenhauses sowie der Einrichtung einer *anonymen Sparbüchse* schon früh ein soziales Netz eingerichtet[311]. Das 1755 eröffnete neue Krankenhaus gehörte zu den modernsten Häusern der Stadt. Daneben gab es eine Anzahl von Vereinen, die sich der Wohlfahrt und Fürsorge mittelloser Juden widmeten.

Die ersten deutlichen Veränderungen in der Berliner jüdischen Gemeinde sollten mit dem Siebenjährigen Krieg (1756–1763) eintreten. In dieser Zeit kam eine kleine Gruppe jüdischer Kaufleute zu außergewöhnlich großem Reichtum, unter ihnen befanden sich vor allem die „Münzjuden", die Itzigs, Isaac-Fliess' und die Ephraims. Mit ihren auch in früheren Zeiten üblichen und bewährten Diensten, auf Geheiß des Fürsten den Silbergehalt der Münzen zu reduzieren und diese dann unters Volk zu bringen, bewahrten sie Friedrich den Großen und damit Preußen vor dem Staatsbankrott und finanzierten darüber hinaus mit dem Gewinn 25 Prozent der Kriegskosten[312]. Veitel Heine Ephraim (1703–1775), mit dem die Familie Gans in verwandtschaftliche Beziehung trat, soll vor allem den Krieg finanziert haben. Die Münzen, deren Edelmetallgehalt reduziert worden waren, nannte man daher auch „Ephraimiten".

Die jüdischen Münzpräger waren außerdem zu unverzichtbaren Lieferanten des Metalls geworden. Den nichtjüdischen Kaufleuten fehlten die internationalen Beziehungen der Juden, die für den Handel mit Metallen und Münzen wichtig waren. Im Siebenjährigen Krieg machten diese jüdischen Familien so große Gewinne, dass Privatbanken aus ihren Handelsunternehmungen hervorgingen, die die Kredite und ehrgeizigen Investitionen der Krone organisierten.

In anderen deutschen Städten mit reichen jüdischen Gemeinden war daher um diese Zeit die Oberschicht der Juden nirgendwo so groß und derart vermögend wie in Berlin und im Vergleich mit der allgemeinen Sozialstruktur der nichtjüdischen Bevölkerung gab es in Berlin viele reiche Juden. Ihr Einfluss in der Gesellschaft muss dementsprechend groß und vor allem relativ unangefochten gewesen sein. Mit den durch den Siebenjährigen Krieg von Preußen annektierten Gebieten Schlesien und Posen vergrößerte sich der Anteil der jüdischen Bevölkerung in Berlin noch beträchtlich. Die Struktur des deutschen Judentums veränderte sich ganz allgemein. Der Schwerpunkt verlagerte sich nun vorübergehend von Westen, beispielsweise von Frankfurt, nach Osten, mit Berlin als neuem Zentrum[313].

---

[311] A. Nachama (Hg.): Juden in Berlin, S. 34ff.
[312] Ebd.
[313] L. Trepp: Geschichte der deutschen Juden, Stuttgart 1996, S. 78.

B.2. Jüdische Aufklärung

Berlin gehörte darüber hinaus mit seiner Königlichen Akademie zu den Zentren der deutschen Aufklärung, derjenigen Bewegung, die auf die Befreiung von überkommenen Institutionen, Begriffen und Traditionen gerichtet war, damit sich die Gesamtsituation aller Stände der Bevölkerung im Sinne des Fortschritts ändern konnte. Damit wurde Berlin auch zum Mittelpunkt für die jüdische Aufklärung, die sogenannte *Haskala*, die sich der allgemeinen aufklärerischen Bewegung der deutschen Bevölkerung anschloss.

Die jüdische Aufklärung, deren Hauptvertreter in Berlin Moses Mendelssohn (1729–86) war, wurde bestimmt von den sogenannten *Maskilim*, den „Einsichtigen", den Vertretern der *Haskala*. Diese *Maskilim* traten etwa seit den sechziger Jahren des 18. Jahrhunderts auf und zeichneten sich neben ihren Torakenntnissen durch die Beherrschung der deutschen Sprache, also ihres nichtjüdischen Umfeldes, durch eine breite Allgemeinbildung und durch ihr besonderes Interesse an den Vorgängen innerhalb der nichtjüdischen Welt aus. Diese Gruppe versuchte, eine führende Rolle in den jüdischen Gemeinden einzunehmen und beanspruchte das Recht auf Führung und Wegweisung innerhalb des Lebens dieser Gemeinden.

Diese Umstellung auf neue *bürgerliche* Ideale, mit denen sich auch das erstarkende deutsche Bürgertum auseinandersetzte, der Gemeindeorganisation und der Gemeindeleitung führte zwangsläufig zu einer Krise innerhalb des deutschen Judentums, zumal zu gleicher Zeit auch die äußeren Lebensumstände des jüdischen Umfeldes, wie oben ausgeführt, sich zu verändern begannen. Man kam zu der Überzeugung, dass sich die bestehende, bisherige jüdische Gesellschaft auflösen werde und dass man daher das Recht und die Pflicht habe, „außerhalb des Gefüges der sich auflösenden [jüdischen] Gesellschaft Zuflucht zu suchen"[314].

Die Gründe für die Veränderung des jüdischen Lebens waren zu suchen in der fundamentalen Veränderung der deutschen Gesellschaft im ausgehenden Ancien Régime. Solange die deutschen Staaten ständisch gegliedert waren, konnte man den jüdischen Gemeinden *als eigenen Stand* eine Stellung innerhalb dieser Ständestruktur zuweisen. Lösten sich diese Strukturen auf, waren damit auch die jüdische Gemeinschaft und ihre Traditionen betroffen. Die bisherigen führenden Vertreter der jüdischen Gemeinden, zumeist die reiche jüdische Oberschicht, bewährten sich als Träger der neuen Fortschrittsbewegung, unter ihnen auch Mitglieder meiner Familie. Bei ihren Vorhaben wurden sie interessanterweise zunächst von den modern denkenden deutschen Regierungen unterstützt.

---

[314] J. Katz: Tradition und Krise. Der Weg der jüdischen Gesellschaft in die Moderne, München 2002, S. 247.

Bereits im ausgehenden 18. Jahrhunderts versuchten nämlich die monarchisch geprägten Regierungen ihre Staatsmacht auszudehnen, d.h. die Autonomie der unterschiedlichen Stände aufzuheben und deren einzelne Mitglieder als Bürger in die neue Staatsbürgergesellschaft einzuordnen. Hiervon war auch der jüdische Stand betroffen, auch wenn der Charakter der Gemeinschaft der Juden sich von dem der anderen Stände unterschied und vor allem ihr Aufenthaltsrecht auch weiterhin von immer wieder auszuhandelnden Privilegien oder dem Wohlwollen der Herrscher abhing[315].

An der Umwandlung der ständischen in die bürgerliche Gesellschaft partizipierte aber insgesamt das Judentum. Denn die jüdische sah nun in der nichtjüdischen Gesellschaft nicht nur ein Betätigungsfeld für ihr wirtschaftliches Auskommen, sondern erkannte in der neuen sozialen ständelosen Struktur Vorteile für die eigene Entwicklung und Möglichkeiten für eine längst fällige Integration. Die Aufforderung der aufgeklärten Monarchen an die Staatsbürger, die eigene „Glückseligkeit" zu suchen und zu finden, förderte die freie wirtschaftliche und bildungsbürgerliche Entfaltung des Einzelnen, die Entstehung des freien Marktes und einer bürgerlichen Mittelschicht[316], in die die jüdischen Familien unter Aufhebung des orthodoxen Judentums eingegliedert werden mussten.

Diese rationalistische Einstellung des Einzelnen, die von den Verfassungsrechtlern und Wirtschaftsphilosophen der damaligen Zeit zu Recht heraufbeschworen wurde, bezog seit den letzten drei Jahrzehnten des 18. Jahrhunderts die Juden mit ein. Es ist erwiesen, dass bei der Schaffung einer neuen bürgerlichen Schicht die Vertreter der wohlhabenden jüdischen Familien eine herausragende Rolle gespielt haben. In der Generation nach Moses Mendelssohn war dies vor allem ein Mitglied meiner Familie, nämlich der Rechtsgelehrte Eduard Gans (1797–1839) mit seinen vielfältigen sozialen Aktivitäten und Beziehungen, durch die er in den Mittelpunkt der jüdischen Aufklärung und der damit zusammenhängenden Emanzipationsbestrebungen der führenden jüdischen Familien rückte.

Vor diesem Hintergrund der außergewöhnlichen jüdischen Initiative, insbesondere in Berlin mit seiner vergleichsweise jungen, sich gerade etablierenden Gesellschaft, verschmolz diese neue bürgerliche Intelligenz, jüdisch und nichtjüdisch, vorübergehend zu einer eigenen Schicht, die für sich nunmehr einen Platz jenseits der oben erwähnten Stände beanspruchte. Man las dieselben Bücher und Zeitschriften, besuchte dieselben Veranstaltungen und diejenigen sozialen Kreise und Salons, in denen der Geist der Aufklärung Fuß gefasst hatte[317]. Vor allem die wohlhabenden jüdischen Familien glichen sich in Kleidung, Haartracht und Benehmen immer mehr ihrer christlichen Umwelt an.

[315] Ebd., S. 247.
[316] Ebd., S. 251.
[317] Ebd., S. 253.

Die Zulassung von Juden zu jenen neuen bürgerlichen, intellektuell hoch stehenden und exklusiven Kreisen, wie sie beispielsweise in den berühmten Berliner jüdischen Salons um 1800 praktiziert wurde, empfanden sie als zutiefst revolutionär. Berühmtester Vertreter für die hier geschilderte soziale Erscheinung war, wie bereits erwähnt, Moses Mendelssohn (1729–1786), der als jüdischer Denker weltberühmt wurde und Berlin, weit über sein jüdisches Engagement hinaus, zu einem geistigen Zentrum machte. Mendelssohn war seit 1754 eng mit Gotthold Ephraim Lessing befreundet, dem er sein geschliffenes Deutsch verdankte und den Mut, seine philosophischen Arbeiten zu veröffentlichen[318] wie beispielsweise seine *Philosophischen Gespräche*. Mendelssohn gilt als Vorbild für Lessings Nathan in dessen 1779 erstmals gedrucktem Schauspiel *Nathan der Weise*.

Mendelssohn und andere *Maskilim* bewahrten aber immer noch ihre Bindung an die ursprüngliche jüdische Kultur und lebten in einer Art Dualismus. Mendelssohn wollte nichts von einer vollständigen Assimilation wissen. Seine Übersetzung der fünf Bücher Moses in die deutsche Sprache diente nicht den Christen, sondern seinen jüdischen Glaubensgenossen, denen er Zugang zur christlichen Gesellschaft schaffen wollte, der ohne die Beherrschung der deutschen Sprache nicht möglich war. Erst in den nachfolgenden Generationen führte der Kontakt zur nichtjüdischen Gesellschaft teilweise zur vollkommenen Trennung vom orthodoxen Judentum und nicht selten, vielleicht aus eigennützigen Gründen, zum Übertritt zum Christentum. Auch Eduard Gans trat zum Christentum über.

Die generelle Umwandlung der deutschen und somit auch der Berliner Gesellschaft um 1800 führte zur Entstehung von neuartigen Verbindungen zwischen sozialen Gruppierungen, die über unterschiedliche Ressourcen an Geld, Macht und Status verfügten. Zu diesen Gruppierungen gehörte einmal die Aristokratie, die wegen zunehmender Finanzprobleme teilweise ihre Güter verließ und sich in Berlin als neues Finanz- und Bildungszentrum niederließ. Hintergedanken, sich über die von wohlhabenden Jüdinnen gegründeten und geleiteten Salons und ihren gesellschaftlichen Möglichkeiten die notwendigen Finanzmittel zu besorgen, können bei den nach Berlin zugezogenen Adligen wohl nicht ausgeschlossen werden.

Hinzu kam die neue Bürgerlichkeit als zweite Gruppierung, die wegen ihres attraktiven Reichtums in der Hauptsache von der jüdischen Oberschicht vertreten wurde. Zum Schutz der preußischen Aristokratie hatte Friedrich der Große das nichtjüdische Bürgertum nicht befördert, sondern eher die verhältnismäßig kleine Gruppe der sehr reichen jüdischen Familien unterstützt, die ja von der königlichen Gunst abhängig war und nach den wirtschaftspolitischen Vorstellungen des Monarchen handelte. Diese Verbindung der Aristokratie mit der reichen jüdischen Oberschicht könnte ein autonomes, nur für Berlin zutreffendes Phänomen der

---

[318] L. Trepp: Geschichte, S. 81ff.

Aufklärungsbewegung um 1800 gewesen sein, das sich von derjenigen in anderen Städten, wie beispielsweise in Frankfurt, unterschied.

Adlige und reiche Juden trafen sich hauptsächlich in den neuen gesellschaftlichen Kreisen, vorwiegend in den jüdischen Salons. Das Verlangen reicher jüdischer Familien, den hohen Status ihrer Lebensführung durch die Heirat ihrer Töchter mit einem Aristokraten zu legitimieren, konnte möglicherweise durch das gemeinsame gesellschaftliche Auftreten in den jüdischen Salons verwirklicht werden. Beide Stände ähnelten sich, da sie einen Großteil des Land- und Geldbesitzes in ihren Händen hielten[319].

Es gilt als erwiesen, dass der große Reichtum der jüdischen Elite in Berlin maßgebend für ihre soziale Integration war und dass vor dem Hintergrund dieser außergewöhnlichen Wohlhabenheit auch anderen Gruppen der jüdischen Bevölkerung, vor allem den Intellektuellen, zu denen Eduard Gans und Heinrich Heine gehörten, eine bedingte Annäherung an das neue gehobene deutsche Bürgertum gelang. Als dritte Gruppierung einer sich neu konstituierenden bürgerlichen Schicht sind demnach die aufstrebenden Intellektuellen zu nennen, die in Berlin als Staatsbeamte, Lehrer, Privatdozenten zu finden waren; Eduard Gans als jüdischer Professor an der Berliner Universität blieb ein Einzelfall. Auch das in Berlin praktizierte Geistesleben bot also Möglichkeiten für einen sozialen Aufstieg.

B.3. Eduard Gans (1797–1839), Begründer des *Vereins für Cultur und Wissenschaft der Juden*

In dieser sich neu formierenden Berliner Elite wurde Eduard Gans (1797–1839) durch seine vielfältigen Aktivitäten selbst zum Begründer einer wichtigen jüdischen Vereinigung. Im Jahr 1792 gründeten einige reformbewusste Juden, unter ihnen Joseph Mendelssohn, der Sohn von Moses Mendelssohn, die *Gesellschaft der Freunde*, die bis zu ihrer zwangsweisen Liquidierung in der Hitlerära fortbestand[320], um insbesondere unverheirateten jungen Juden die Möglichkeit eines geselligen Zusammentreffens zu verschaffen[321]. Zu dieser Gesellschaft der Neuerer stieß im Jahr 1820 auch Eduard Gans, nachdem er selbst mit Freunden ein Jahr vorher den *Verein für Cultur und Wissenschaft der Juden* ins Leben gerufen hatte, der die „eminent akute und konstruktive soziale und politische"[322]Aufgabe darin sah, den Zustand der Juden im Deutschen Bundesstaat zu verbessern. Man wollte *im*

---

[319] D. Hertz: Die jüdischen Salons, S. 63.
[320] H. Reissner: Eduard Gans, S. 54.
[321] A. Nachama (Hg.): Juden in Berlin, S. 56.
[322] H. Reissner: Eduard Gans, S. 51.

offenen Kampf gegen den Talmud auftreten und dessen verderblichen Einfluss für unser Zeitalter vernichten[323].

Dies war eine radikale Absage an die religiösen jüdischen Traditionen und der Versuch eines Aufbruchs der jungen jüdischen Intellektuellen in eine areligiöse, neu zu schaffende bürgerliche Welt[324], in die die jüdische Intelligenz in den Bereichen Philosophie und Naturwissenschaften Eingang finden sollte. Eduard Gans vertrat hier wohl eine äußerst extreme Form der jüdischen Aufklärung.

Da sich die Popularität des Vereins nur langsam entwickelte, nahm Eduard Gans mit seinen Freunden Kontakt zur oben erwähnten *Gesellschaft der Freunde* auf. Die Mehrzahl der Freunde gehörte dem Kaufmannsstand an und war gut situiert. Ganz wenige hatten, wie Eduard Gans, einen gelehrten Beruf. Die Identifizierung mit den teilweise äußerst radikalen Zielen des *Culturvereins* hielt sich daher unter den Freunden in Grenzen. Dennoch erwies sich die Mitgliedschaft von Eduard Gans in der *Gesellschaft der Freunde* als vorteilhaft; er wurde durch sie sozusagen „gesellschaftsfähig"[325]. Türen taten sich ihm auf, die verschlossen geblieben waren, seit der Vater unter Hinterlassung von Schulden gestorben war. Man empfand nunmehr eine Art kooperativen Stolz auf den Dr. juris, der Bücher geschrieben und Antrag auf Zulassung zur Universitätslaufbahn gestellt hatte und der noch dazu ein Berliner „jüdisch Kind" war.

Seither war er in den Häusern David Friedländers, der Brüder Mendelssohn und Philipp Veits wohlgelitten, ebenso wie er selbstverständlich ein- und ausging in den intellektuellen Salons der Rachel Varnhagen, die im Oktober 1819 von Karlsruhe aus wieder nach Berlin zurückgekehrt war, oder der Elise von Hohenhausen, die von 1820 bis 1824 in Berlin Cercle hielt[326]. Die berühmten Salons jüdischer Frauen in Berlin, die offensichtlich Eduard Gans in seiner Einstellung zu den angestrebten Veränderungen im Judentum stark beeinflussten, waren besondere Zentren für einen solchen „Entfremdungsprozess" im Judentum in der Generation nach Moses Mendelssohn.

Interessanterweise kollidierte der gesellschaftliche Stil dieser Salons weit stärker mit der bisherigen Lebensweise sowohl der jüdischen als auch der nichtjüdischen Welt als jener der intellektuellen Kreise, in denen noch Moses Mendelssohn verkehrt hatte. Im Grunde spiegelten diese Salons den traditionellen und eigentlich veralteten Gesellschaftsstil der höfischen und aristokratischen Welt wider. Sie erwiesen sich jedoch vorübergehend als assimilatorisches gesellschaftliches Gefüge für die reichen jüdischen und bildungsbürgerlichen nichtjüdischen Eliten, in dem die nichtjüdische Welt dominierte und sich auch der Adel wohl fühlte[327].

---

[323] Ebd.
[324] A. Elon: The Pity of it all, London 2003, S. 110f.
[325] Ebd., S. 55.
[326] Ebd.
[327] J. Katz: Tradition, S. 251.

Es ist jedoch festzustellen, dass diese ersten frühen Schritte der Emanzipation und Integration jüdischer Familien in das neue deutsche Bürgertum nicht ausreichend waren, um in die Zukunft zu wirken. Letztlich waren die Mitglieder der jüdischen Oberschicht zwar reich und gebildet, „doch die jüdische Gemeinde stand, wenn man ihre bürgerlichen Rechte und Privilegien zum Maßstab nimmt, weit unter den meisten Bürgerlichen und weit unter allen Adligen"[328]. Es musste eine politische Lösung gefunden werden, die von Leuten wie Eduard Gans durch seine guten Beziehungen zur preußischen Regierung vorangetrieben wurde[329]. Alle Bemühungen des Liberalen scheiterten jedoch später an der „Reaktion" der Regierung.

Es ist interessant zu sehen, dass die Heiratsverbindungen zwischen Adligen und Mitgliedern der jüdischen Elitefamilien gleich nach deren politischer Emanzipierung im Jahr 1862 zunahmen und zunächst als nicht außergewöhnlich empfunden wurden. Voraussetzung hierfür war aber wohl auch der Übertritt zum christlichen Glauben und die zunehmende industrielle Entwicklung des deutschen Reiches nach 1873, die von den jüdischen Elitefamilien in besonderer Weise genutzt worden war. Bekanntlich pflegte der deutsche Kaiser Wilhelm II. eine Reihe von Kontakten auch zu jüdischen Beratern, die in puncto Reichtum und Fachwissen über moderne Führungsqualifikationen verfügten, die dem alten deutschen Adel nicht zugänglich waren[330]. Diese Kontakte gerieten später in die Kritik des sogenannten alten Kleinadels, der Neuen Rechten und schließlich der rechtsradikalen „völkischen" Deutung unter den Nationalsozialisten[331].

Zahlreiche Beispiele für diese Heiraten zeigt der sogenannte Semigotha[332], der der Forschung heute als wertvolles Beweismaterial für solche Verbindungen, unter anderen auch der meiner Familie mit den adligen Fabrice[333], dienen kann. Selbst die Hocharistokratie verschloss sich diesen Allianzen nicht[334].

Berühmt als Orte der Geselligkeit von jüdischen und nicht jüdischen Bürgern waren um 1800, wie erwähnt, die Salons der Dorothea Veit-Mendelssohn, der späteren Frau Wilhelm Schlegels, der Henriette Herz, Frau des Arztes und Philosophen Marcus Herz und der Rachel Varnhagen, die im Ruf stand, eine der geistreichsten Frauen ihrer Zeit zu sein. Im „Salon" der Rahel Varnhagen verkehrte auch Eduard Gans. Die Beziehung beider zueinander versuche ich im nächsten Kapitel näher zu erläutern.

[328] D. Hertz: Die jüdischen Salons, S. 249.
[329] Siehe das Eduard-Gans-Kapitel dieser Arbeit.
[330] S. Malinowski: Vom König zum Führer. Deutscher Adel und Nationalsozialismus, Frankfurt am Main 2004, S. 134.
[331] Ebd., S. 135.
[332] Semigotha, 1930.
[333] Siehe das Kapitel Familie Fabrice.
[334] Ebd.

B.4. Der Einfluss von Rachel Levin (Varnhagen von Ense) auf Eduard Gans

Rachel Levin verband eine offensichtlich schon in der Elterngeneration begründete Bekanntschaft mit Eduard Gans. Sie stand ihm als um 26 Jahre ältere und lebenserfahrene Freundin nicht unkritisch gegenüber, mahnte Geduld und insbesondere Aufrichtigkeit im geschäftlichen Umgang an und war ihm beim Zustandekommen gesellschaftlicher Beziehungen behilflich[335].

Die geistige Gewandtheit und Schnelligkeit von Eduard Gans waren offenbar Grund genug, dass Rachel ihrem Freund die Vorteile eines beständigen Fleißes – *Il n'y a rien de tel, croyez-le, si vous ne le savez encore!*[336] – vor Augen hielt, als sie ihm im September 1825 nach Paris schrieb.

Gleichzeitig bewunderte sie die *schärfsten, genauesten, treffendsten, flüchtigsten, erschöpfendsten Zeichnungen,* die Eduard Gans in der Beschreibung seiner gelehrten Zeitgenossen abgab, *die aber ihre Richtigkeit und Schärfe nur aus Talent und Gründlichkeit haben, ohne ein Gränchen jener Ungerechtigkeit, Aufgebrachtheit, aigreur – nicht Bitterkeit – der sonstigen scharfen Urteile!*[337]. Auch in dieser Textstelle zeigen sich die „Erziehungsbemühungen" der älteren Freundin!

Rachel Levin lernte den 27-jährigen Eduard Gans 1824 im Alter von 53 Jahren kennen, also in einer Zeit, als sie nicht mehr als Berlins berühmteste Salonière in Erscheinung trat, sondern bereits seit 1814 als verheiratete Frau nunmehr im regen Briefwechsel mit ihren früheren Freunden stand[338]. In den folgenden Jahren verkehrte Eduard Gans regelmäßig bei den Varnhagens.

Ein Jahr nach der ersten Begegnung wurde Eduard Gans zum Professor für Jura an der Universität Berlin berufen, nachdem er sich zuvor in Paris vergeblich um eine Anstellung bemüht hatte. Es hat den Anschein, als ob Eduard Gans den Integrationsschwierigkeiten der jüdischen Gesellschaft in Preußen schließlich auswich und im sich in jüdischen Fragen weit liberaler erweisenden Frankreich, insbesondere in Paris, Fuß fassen wollte.

Interessanterweise traute man Eduard Gans die notwendige Konsequenz in seinen beruflichen Angelegenheiten nicht zu. Die Berliner Freunde kannten Gans' Eigenschaft, *sich das Schwerste sehr leicht vorzustellen und mit geistreichen Wendungen immer auf eine interessante, wenn auch keine genugtuende Weise durch die Bahn zu schreiten*[339]. Diese Charaktereigenschaft hat die beruflichen Erfolgsmöglichkeiten von

---

[335] H.G. Reissner: Eduard Gans, S. 109f.
[336] F. Kemp (Hg.): Rahel Varnhagen. Briefwechsel, Bd. IV, München 1979, S. 276.
[337] Ebd.
[338] B. Hahn: „Antworten Sie mir!". Rahel Levin Varnhagens Briefwechsel, Frankfurt am Main 1990.
[339] H.G. Reissner: Eduard Gans, S. 110.

Eduard Gans im Ausland vielleicht geschmälert. In Berlin brachte sie ihm dagegen begeisternden Zulauf bei seinen Studenten ein, wie noch gezeigt wird. Rachel Levin schrieb ihm: *Ihr schöner Fleiß entzückt mich. Wenn er nur wahr i s t ; wahr b l e i b t ! ... Halten Sie sich gerade und unserer elterlichen, brüderlichen Freundschaft gewiss!*[340]

Rachel Levin war die Tochter des Berliner Juwelenhändlers und Bankiers Markus Levin. Sie hatte schon als junges Mädchen im Haus des in Europa berühmtesten und gefragtesten jüdischen Intellektuellen Moses Mendelssohn prominente und interessante Nichtjuden getroffen und dadurch schon früh Bekanntschaft mit der jüdischen Aufklärung gemacht. Gemeinsam mit der Tochter von Moses Mendelssohn, ihrer Freundin Brendel, der späteren Dorothea Schlegel, griff sie eines Tages mit Begeisterung die Idee gesellschaftlicher Zusammenkünfte auf[341].

Von der jüdischen Gemeinde Berlins entfernte sie sich dabei immer mehr und weigerte sich, einen von ihrem Vater vorgeschlagenen jüdischen Geschäftsmann zu heiraten[342]. Sie heiratete nach dem Übertritt zum christlichen Glauben erst 1814 mit 42 Jahren, was als außergewöhnlich galt, nachdem sie zuvor zweimal mit deutschen Aristokraten, unter anderem 1795/96 mit Karl Graf von Finckenstein, verlobt gewesen war, ohne dass es zu einer Ehe gekommen wäre. Dies lässt auf einen gewissen gesellschaftlichen Ehrgeiz, aber auch auf die gleichwohl noch immer bestehende gesellschaftliche Unvereinbarkeit zwischen elitären jüdischen und adligen Kreisen schließen.

Weil in der jüdischen Gemeinde Reichtum und eine rechtlich unsichere Lage aufeinander trafen, wurde der sorgfältigen Auswahl der Ehepartner normalerweise große Bedeutung zugemessen. In diesem Sinne wird auch Rachels Vater zunächst bei seinem frühen Heiratsvorschlag vorgegangen sein. Neben Wohlstand und Ansehen spielte bei der Suche nach dem geeigneten Partner noch eine Tatsache eine wichtige Rolle: Es galt die königliche Erlaubnis und damit das Privileg zu erhalten, in Berlin leben zu dürfen[343].

Da Töchter jüdischer Familien den Schutzbrief ihrer Väter nur unter bestimmten Bedingungen erben konnten, waren Väter darauf bedacht, ihre Töchter mit in Berlin ansässigen, wohl zumeist der intellektuellen Elite angehörenden Männern zu verehelichen. In allen, selbst in den privilegierten Familien, musste der Schutzbrief an den ältesten Sohn weitergegeben werden. Dies war in allen Familien nicht nur üblich, sondern eine Verpflichtung[344]. Es mag sein, dass diese an sich erneuerungsbedürftigen Vorschriften Rachel Levin von einer frühen Ehe mit einem jüdischen Ehemann abgehalten haben.

---

[340] Ebd., S. 109.
[341] D. Hertz: Die jüdischen Salons, S. 136.
[342] Ebd., S. 14.
[343] Ebd., S. 229.
[344] Ebd., S. 229ff.

Die gesellschaftlichen Treffen im eigenen Haus, aus denen sich die Berliner Salons zwischen 1780 und dem frühen 19. Jahrhundert entwickelten, resultierten auch daraus, dass die meisten jüdischen Bankiers und Kaufleute ihre Büros in ihren Häusern etabliert hatten. Dadurch wurden die persönlichen Kontakte mit Geschäftspartnern leichter möglich, und für diejenigen, die sich zum Beispiel bei Rachels Vater finanzielle Unterstützung erbaten, wurde der Bittgang durch diese in privater Atmosphäre geführten Verhandlungen erleichtert. Es existiert eine Beschreibung des Levinschen Hauses, wonach die abendlichen Gesellschaften sich in einem Eckzimmer hinter einem Saal versammelten, einem offenbar recht großen Zimmer, denn im Laufe des Abends bewegten sich dort ungefähr 20 Personen, die sich in immer wieder neuen Gruppierungen zusammenfanden. Es konnte geschehen, dass Gäste am nächsten Morgen zwei Treppen hinaufgeführt wurden, um in Rachels Zimmer mit „schrägen Dachfenstern" zu gelangen[345], wo die Gespräche fortgeführt wurden.

Nachdem sich Rachel Levin zunächst gegen die Ehe entschieden hatte, fing sie an, sich mit Hilfe eines Hofmeisters, wie dies damals üblich war, weiterzubilden. Dabei verfuhr sie ganz im Sinne der oben geschilderten Assimilationsbemühungen der intellektuellen jüdischen Elite. Sie vervollkommnete ihre Sprachkenntnisse in Deutsch und Französisch und lernte nebenbei Mathematik. Es war üblich, dass adlige wie auch wohlhabende bürgerliche Familien ihre Kinder, die sie nicht in öffentliche Schulen gehen lassen wollten, von Hofmeistern stundenweise gegen Entgelt unterrichten ließen. So mancher der Hofmeister lebte und wohnte in den Häusern der Arbeitgeber. Da viele der Hofmeister Zugang zu bürgerlichen Intellektuellen hatten, war es ihnen möglich, ihre Schützlinge zu den jeweiligen Vorträgen, die meist in deren Häusern stattfanden, mitzunehmen. Ein fähiger Hofmeister konnte somit adlige Familienmitglieder in ein ihnen fremdes gesellschaftliches Gefilde einführen[346]. Sie konnten aber auch durch ihr vielseitiges Arbeitsfeld den Integrationsbemühungen der wohlhabenden jüdischen Familien dienen.

Als Rachel Mitte Zwanzig war, eröffnete sie 1796 in dem oben beschriebenen Dachgeschoss ihres großen Elternhauses ihren eigenen Salon, der zu Berühmtheit gelangen sollte. Als Salon verstand man damals eine häusliche Zusammenkunft, die meist von jüdischen Frauen angeführt wurde, und deren Hauptanliegen intellektuelle Gesprächsthemen waren. In Rachels Salon trafen sich wohlhabende Bürgerliche und Adlige, wie auch einfache Schriftsteller, die wiederum hofften, in ihrem Salon Intellektuelle zu treffen, darunter auch Mäzene und Verleger. Es verkehrten bei ihr unter anderem die Brüder Humboldt, Friedrich Gentz, Friedrich Schleiermacher, Jean Paul, die Brüder Ludwig und Friedrich Tieck, Prinz Louis Ferdinand von Preußen und seine Geliebte Pauline Wiesel.

---

[345] B. Hahn: „Antworten Sie mir!", S. 58, Fn. 20.
[346] D. Hertz: Die jüdischen Salons, S. 97f.

Hinzu kam, dass für Juden Vereine nicht zugänglich waren, es sei denn, sie gründeten ihre eigenen, wie es beispielsweise Eduard Gans mit der Gründung des *Culturvereins* getan hatte. Hier in Rachels Salon aber wurden Treffen zwischen allen Gesellschaftsschichten und Lebensbereichen möglich. Es entstand langsam eine Art „offene Gesellschaft", in der man einen „damals fast sensationellen Verkehr von Adligen und Bürgerlichen, Christen und Juden, Männern und Frauen pflegte"[347]. Rachel, mit Charme und Geist brillierend, versammelte schon bald eine so illustre Gesellschaft, die sie in den Ruf brachte, einen der kultiviertesten Salons in Berlin zu führen. Dieses Renommée durchzog schon bald verschiedene Länder Europas. Intellektuelle erkoren Rachel, neben ihrer Jugendfreundin Dorothea Mendelssohn und Henriette Herz, zur berühmtesten jüdischen Salonière.

Die Berliner Gesellschaft war über die rasche Assimilation der jüdischen Salonières mehr als erstaunt, gerade um jene Zeit, da die meisten Juden arme Händler und Hausierer waren, teils auf dem Lande lebten und Jiddisch sprachen. So schien es, als ob die von den führenden jüdischen Familien Berlins erstrebte Emanzipation und Integration in die bürgerliche Gesellschaft in den Räumlichkeiten der kultivierten Berliner Jüdinnen verwirklicht werden könnte[348].

Inzwischen fand der Kreis der Adligen immer mehr Gefallen an der luxuriösen, gebildeten Umgebung im stilvollen Ambiente, den die Berliner jüdische Oberschicht prägte und den sie für die geselligen Zusammenkünfte zur Verfügung stellte. Diese Form des geselligen Umgangs war einst in der europäischen Überlieferung nur dem Adel vorbehalten. Und so setzte der jüdische Salon offenbar einen Rahmen, in dem sich jüdische Frauen und adlige Männer näher kennen lernen konnten[349].

Hinzu kam, dass in den letzten Jahrzehnten des 18. Jahrhunderts viele adlige Familien in Preußen hohe finanzielle Verluste hatten hinnehmen müssen und nach neuen Geldgebern suchten. Vorausgegangen war der schnelle Bevölkerungszuwachs im Deutschen Reich, der die Nachfrage nach Getreidepreisen in die Höhe hatte schnellen lassen. Das Angebot der heimischen Produktion war zu gering, man brauchte mehr Land, und dies führte zu einer Grundstückspreiserhöhung, die eine gewinnbringende Spekulation nach sich zog, an der sich die adligen Familien wegen des Mangels an ausreichendem Kapital ohne fremde Hilfe nicht beteiligen konnten.

Da es um jene Zeit kein öffentliches Bankwesen gab und der Geldhandel auch damals noch vorwiegend den Juden vorbehalten war, führte der Weg unweigerlich zu einem jüdischen Bankier. Dies wiederum brachte einen engen Kontakt mit der

---

[347] S. Volkov: Die Juden in Deutschland 1780–1918 (Enzyklopädie Deutscher Geschichte, 16), München 2000, S. 13.
[348] D. Hertz: Die jüdischen Salons, S. 16.
[349] Ebd., S. 254ff.

jüdischen Finanzwelt mit sich. Trotz mancher antisemitischen Stimmung wurde dieser Weg beschritten und führte für eine bestimmte Zeit zu einer Abhängigkeit der Adligen vom jüdischen Kapital[350], womit eine Fülle alter Vorurteile jedoch nur überdeckt wurde[351]. Der Besuch von Adligen beim jüdischen Bankier, der ja noch von zu Hause agierte, wird oft als Ursprung der Salons bezeichnet. Sicher ist, dass es eine große Ehre war, einen Adligen bei sich zu empfangen, und dass auf der anderen Seite die Hochschätzung noch stieg, wenn ein Jude zu Adligen eingeladen wurde, in deren Haus meist nur Aristokraten anwesend waren[352].

Inzwischen hatte der Wohlstand der Berliner Juden einen viel größeren Anteil als jede andere jüdische Gemeinde in Deutschland und Europa erreicht, und man kann annehmen, dass durch die Verknappung der Geldmittel adliger und jüdischer Wohlstand zueinander fanden. Die Statistik beweist, dass damals während der kurzen Zeit der gesellschaftlichen Annäherung zwischen wohlhabenden jüdischen Familien und Intellektuellen sowie Adligen der Salonbesuch offenbar generell mit gesellschaftlichem Aufstieg verbunden war, denn es wechselten anteilig anschließend mehr männliche Salonteilnehmer in eine höhere Einkommensstufe als Nichtsalonbesucher[353].

Adlige besuchten die jüdischen Salons, die ja nun kein neutraler Boden waren, nicht nur weil ihr Wohlstand in Gefahr war, oder es spektakulär war, ihre Freizeit in jüdischen Häusern zu verbringen, sondern auch, weil der Kontakt in den Salons mit einer ausgewählten intellektuellen Schicht ihre Freizeit bereicherte. Gefallen fanden sie an den exotisch wirkenden jüdischen Damen, die mit der besten Erziehung und Bildung, die ihnen ihr wohlhabendes Elternhaus geboten hatte, ausgestattet waren und ihnen intellektuelle Fähigkeiten und Interessen vermittelten[354].

Doch im Grunde dominierten wohl das Streben nach Wohlstand und der Zugang zum kaufmännischen Geschäftsleben bei nichtjüdischen und adligen Männern. Es reizte sie, jüdische Frauen, die konvertiert waren, zu heiraten. Vielleicht veranlasste dies auch manche Tochter eines jüdischen wohlhabenden Kaufmannes, zu konvertieren[355], hatten sie selbst Geld oder Zugang zu Vermögen, das sie in die Ehe einbrachten und das dann der neuen, gesellschaftlich hoch anerkannten Familie zur Verfügung stand[356]. Diese Ehen blieben aber immer als sogenannte Mischehen bestehen, denn eine konvertierte Jüdin blieb in den Augen der Zeitgenossen eine Jüdin[357].

[350] Ebd., S. 165f.
[351] S. Volkov: Die Juden in Deutschland, S. 14.
[352] D. Hertz: Die jüdischen Salons, S.164f.
[353] Ebd., S. 182.
[354] Ebd., S. 253.
[355] Ebd., S. 269.
[356] Ebd., S. 252ff.
[357] Ebd., S. 247.

Rachel erhielt zwar eine geringe Erbschaft, sie konnte dennoch ihre „Gesellschaften" nicht weiterführen; die stilgerechte Bewirtung und die großzügige Aufnahme von Gästen erwiesen sich als unmöglich. Schließlich folgte sie dem Vorbild anderer jüdischer Frauen, konvertierte 1814 zum Christentum und heiratete im gleichen Jahr in ihrem 42. Lebensjahr den jüngeren, nichtjüdischen Diplomaten und Schriftsteller Karl August Varnhagen von Ense[358] aus aristokratischer Familie.

Eine Fortsetzung des Salons der Rachel Varnhagen geschieht ab 1820 nun unter anderen Voraussetzungen. Der Freundeskreis strukturiert sich um, und es entstehen – ganz im Gegensatz zu den flüchtigen, abendlichen Versammlungen einer sehr gemischten, soziale Kontakte suchenden Gesellschaft in den Salons – tiefer gehende Freundschaften, die Rachel bis zu ihrem Tod begleiten[359], unter anderem seit 1824 mit Eduard Gans. Zu ihren Gästen zählten jetzt Bettina von Arnim, Heinrich Heine, Hermann Fürst von Pückler-Muskau, Georg Wilhelm Friedrich Hegel und Leopold von Ranke, mit denen möglicherweise auch Eduard Gans dort zusammentraf.

Für Eduard Gans war Rachel Varnhagen seine weibliche Vertraute. Er schätze ihre Lebensklugheit, ihren Intellekt und ihr Einfühlungsvermögen. Man kann sich gut vorstellen, dass Rachel Varnhagens geschäftliche Erfahrungen und das breite Netz ihrer gesellschaftlichen Beziehungen sich vorteilhaft für das berufliche Fortkommen von Eduard Gans ausgewirkt haben.

B.5. Eduard Gans als Person und Wissenschaftler

Während in Frankfurt am Main 1798 Leopold Cassella und sein Schwager und Kompagnon Isaac Elias Reiss die Spezereiwaren-Handlung „Cassel & Reiss" gründeten, war Eduard Gans gerade ein Jahr alt. Er kam in Berlin in dem Jahr zur Welt, das auch als Geburtsjahr von Heinrich Heine gilt. Man kann annehmen, dass Eduard Gans nie über die enge Blutsverwandtschaft zu Heinrich Heine informiert gewesen war[360], sonst hätte er sicher im Laufe der langen Freundschaft eine Andeutung hierüber gemacht[361], die auf irgendeine Weise überliefert worden wäre.

Eduard Gans, dessen Verdienste um die deutsche Wissenschaft bekannt sind, war ein *beweglicher Feuergeist, dessen Witzfunken vortrefflich zündeten oder wenigstens herrlich leuchteten*, schrieb einst Heinrich Heine[362]. Eduard Gans war ein gebil-

---

[358] D. Hertz: Die jüdischen Salons, S. 138.
[359] B. Hahn: „Antworten Sie mir!", S. 65.
[360] Siehe den Heinrich-Heine-Stammbaum im Anhang.
[361] H.G. Reissner: Eduard Gans, S. 10.
[362] Ebd., S. 2.

deter, deutscher Jude, der ein nicht unbedeutendes Leben im Berlin jener Tage geführt hat und als einer der ersten Juden gilt, die zu einer juristischen Professur in Deutschland gelangten[363].

Der Großvater von Eduard Gans, Isaac Jacob Gans, wurde, wie bereits oben erwähnt wurde, 1723 in Celle geboren und galt als altfrommer Jude, der seine Kinder vor neumodischen Philosophien warnte und sie noch streng in der orthodoxen jüdischen Tradition erzog[364]. Isaac Jacob beriet als geschickter Finanzmakler führende Familien in Vermögensfragen, wie zum Beispiel die nach Celle verbannte dänische Königin Caroline Mathilde, eine Schwester Georgs III., König von Großbritannien und Hannoverscher Kurfürst, von dem Isaac Jacob am 16. Oktober 1777 das Patent als Hofagent[365] erhalten hatte.

Isaac Jacobs jüngerer Sohn Abraham, Eduard Gans' Vater, verließ Celle noch zu Lebzeiten seines Vaters und versuchte ein berufliches Fortkommen im Alter von 29 Jahren in Berlin, wo er, wie bereits erwähnt, 1795 die 20-jährige Zippora Marcuse heiratete.

Wie auch sein Schwiegervater Marcuse, verdiente Eduards Vater Abraham Gans sein Geld als Bankier in Berlin und nutzte dabei die guten geschäftlichen Beziehungen seines Schwiegervaters zum norddeutschen Adel. Eduard Gans wuchs daher in außergewöhnlich guten Lebensumständen auf. Sein Vater war Mitglied der neu geschaffenen *Vereinigten Börsenkorporation*, zu der auch jüdische Kaufleute kraft eines Königlichen Schutzprivilegs zugelassen waren. Die Vereinigung galt als Beweis für die fortgesetzten Bemühungen der Berliner Judenschaft und der christlichen Bürger Berlins, die Sonderstellung der Juden im Staat aufzuheben[366] und ein ausgewogenes Zusammenleben zu praktizieren.

Eduard Gans wurde als ältestes Kind am 23. März 1797 geboren; es folgten noch zwei Töchter und ein Sohn. Die Familie seiner Mutter gehörte wie die Familie Gans zu den führenden Hofagenten-Familien Deutschlands und galt als eine der ältesten jüdischen Familien der Kurmark. Mitglieder der Familie waren bereits im 17. Jahrhundert vom Großen Kurfürsten als Handelsjuden zugelassen worden[367].

Dank der engen geschäftlichen Beziehungen von Zipporas Vater mit dem Mecklenburg-Schwerinschen Hof, die er von seinem Vater, Abraham Marcuse, als Hofagent und Bankier übernommen hatte, wurde 1793 Zippora die Ehrenrolle als Ehrenjungfer der Prinzessin Luise von Mecklenburg-Strelitz und ihrer Schwester als Bräute des preußischen Kronprinzen und späteren Königs Friedrich Wilhelm III.

---

[363] J. Braun: Judentum, Jurisprudenz und Philosophie. Bilder aus dem Leben des Juristen Eduard Gans, Baden-Baden 1997, S. 45.
[364] H.G. Reissner: Eduard Gans, S. 12.
[365] Ebd., S. 4.
[366] Ebd., S. 14f.
[367] Ebd., S. 8ff.

sowie von dessen Bruder[368] zuteil. Dies deutet auf die hohe gesellschaftliche Stellung und auf eine bereits eingeleitete Emanzipation hin, die die reichen jüdischen Familien Preußens gegen Ende des 18. Jahrhunderts in Berlin einnahmen und vertraten.

Nach 42 Jahren im Jahre 1839 sollte Zippora Marcuse als verwitwete Mutter den inzwischen alten König Friedrich Wilhelm III. in der gleichen Straße Unter den Linden wieder treffen. Sie allerdings folgte jetzt dem Trauerzug ihres Erstgeborenen Eduard Gans in Begleitung einer großen Menschenmenge[369].

Trotz des Stadtbürgerrechts, das er als privilegierter Jude am 9. April 1809 erhalten hatte, musste Abraham Gans, wie die anderen Schutzjuden auch, sowohl das übliche Schutzgeld als auch die neu verordneten städtischen wie auch die Gewerbesteuern bezahlen.

Am 11.3.1812 wurde in Preußen unter dem liberalen Staatskanzler Karl August Fürst von Hardenberg (1750–1822) das Edikt *die bürgerlichen Verhältnisse der Juden im preußischen Staat betreffend* erlassen, womit die staatsbürgerliche Emanzipation der Juden im unten geschilderten Umfang in Preußen nunmehr besiegelt wurde. Die in den preußischen Staaten wohnenden privilegierten Juden wurden zu preußischen Staatsbürgern erklärt und erhielten die gleiche privatrechtliche Stellung wie die übrigen Staatsbürger. Das hieß, sie konnten sich überall niederlassen, jede Art von Grundstücken erwerben und auch jedes Gewerbe betreiben. Sonderabgaben entfielen jetzt zugleich mit den Resten interner jüdischer Gerichtsbarkeit. Jeder Jude war militärpflichtig, ohne jedoch zum Offizierkorps zugelassen zu sein; die Annahme eines festen Familiennamens war gesetzlich vorgeschrieben; geschäftliche Aufzeichnungen und rechtlich bedeutsame Erklärungen mussten in deutscher Sprache ausgefertigt werden; das akademische Lehramt wurde ihnen erschlossen. Künftigen Gesetzgebungen wurde allerdings die Entscheidung über die Ausübung von *anderen öffentlichen Bedienungen und Staatsämtern* durch Juden vorbehalten[370]. Zu dieser Zeit war die staats- und stadtbürgerliche Emanzipation der Juden in den Vereinigten Staaten (1789), in Frankreich (1789, 1791) und in den Niederlanden (1796) bereits eine vollendete Tatsache.

Abraham Gans, Eduards Vater, galt als gewandter und äußerst erfolgreich agierender Kaufmann[371], der sich pflichtbewusst seinen Geschäften und der Familie gegenüber verhielt und großen Wert auf die Erziehung seiner Kinder legte[372]. Im Zusammenhang mit der sich im Stillen vollziehenden Aufrüstung gegen Napoleon in den Jahren 1812/13 hatte er sich aber wohl zu enthusiastisch als Bankier an Geldgeschäften mit zu hohem Risiko beteiligt, die ihn nach Prag brachten und ihn

---

[368] Ebd., S. 5.
[369] Ebd., S. 160.
[370] Ebd., S. 17.
[371] Genaueren Aufschluss über seine Handelstätigkeit ebd., S. 18ff.
[372] Ebd., S. 18.

schließlich – trotz der zeitweiligen finanziellen Unterstützung des ihm gewogenen Ministers Hardenberg mit staatlichen Tresorscheinen – in beträchtliche Schulden stürzten. Sein plötzlicher Tod am 6.9.1813 versetzte die Familie, die mit ihm nach Prag gezogen war, vorübergehend in große finanzielle Schwierigkeiten[373].

Da der preußische Staatskanzler von Hardenberg die *nicht unbedeutenden Dienste* von Abraham Gans unter zum Teil *sehr schwierigen Umständen* in einem Schreiben aus berechtigten Gründen[374] lobend anerkannt hatte[375], fühlte sich die Familie politisch offensichtlich sicher und von hoher Staatsstelle aus geschützt. Sie zog trotz der knappen Geldmittel von Prag nach Berlin zurück[376]. Für den Unterhalt der Witwe und der vier Kinder kamen der Vater von Zippora Gans, geborene Marcuse, und ihre Brüder auf[377].

Eduard Gans lebte nun mit seiner Mutter und den drei Geschwistern bei der Familie seiner Mutter Marcuse, die ihn durch beste Erziehung in die geistige Welt einführte. Das Familienoberhaupt schlug ihm vor, die Berufswahl in Richtung Handel anzugehen, denn der Eintritt in ein Staatsamt war den Juden, wie oben erwähnt, verwehrt, ein akademisches Studium daher nach wie vor nicht besonders aussichtsreich. Es war nun an dem heranwachsenden Eduard Gans, seine Mutter und die Geschwister durch eigene geschickte Geschäfte und gute Handelsführung, wie sie traditionell in der Familie Gans gepflegt worden waren, zu versorgen.

Eduard Gans wählte aber schließlich doch das juristische Studium, wobei er sich offenbar aus guten Gründen auf das Erbrecht spezialisierte. Immer noch waren Prozesse wegen der hohen Schuldenlast der Familie anhängig. Andererseits kann man davon ausgehen, dass die guten Beziehungen der Familien Marcuse und Gans zum preußischen Kanzler Fürst Hardenberg auch für Eduard Gans eine gewisse Gewähr für eine erfolgreiche akademische Laufbahn bedeutet haben. Eduard studierte drei Jahre lang, die ersten drei Semester an der 1810 vom Minister für Kultus und Unterricht Wilhelm Freiherr von Humboldt (1767–1835) gegründeten Universität in Berlin, und zwar von Sommer 1816 bis Ende 1817. Während dieser Zeit gehörte er einem Kreis von aus der Provinz und den Nachbarstaaten zugezogenen jüdischen Intellektuellen an, die sich in

---

[373] Ebd.
[374] Bei den von Abraham Gans für den preußischen Staat getätigten Geschäften handelte es sich unter anderem um die mit hohem Risiko einhergehende Beschaffung von über die Grenze geschmuggeltem Kriegsgerät aus Österreich, Ungarn, Siebenbürgen und Galizien, siehe H.G. Reissner: Eduard Gans, S. 21.
[375] Ebd.
[376] Der von der Familie ihm zu Ehren gesetzte Grabstein in Prag mit der eingemeißelten Gans beschreibt seine guten Absichten und dass er *im Besitz eines guten Namens* gestorben sei, ebd.
[377] H.G. Reissner: Eduard Gans, S. 25.

der Hauptsache mit Fragen zur politischen Stellung des deutschen Judentums auseinandersetzten[378].

Nach einer ersten erfolgreichen Phase der jüdischen Aufklärung und Assimilation während der zwei letzten Jahrzehnte des 18. und dem ersten Jahrzehnt des 19. Jahrhunderts war das Judentum durch die Suche nach einer neuen Definition des Christentums durch die Philosophen Fichte und Schleiermacher in die Diskussion geraten. Es wurde ein „Geist" des Judentums konstruiert, wobei das Judentum nicht mehr im Kontext des Religiösen definiert wurde, sondern nun alte Vorurteile der vormals ständischen Gesellschaft, wie Wucher, in die neue bürgerliche Gesellschaft hineingetragen wurden[379]. Seit dem Vormärz, der schwierigen Periode politischer Unterdrückung liberaler Ideen in Deutschland, wurde in der Auseinandersetzung um die bürgerliche Assimilierung der Juden ihr Charakter als eigenständiges Volk und schließlich als Rasse betont. Hiermit erschien den Gegnern einer jüdischen Emanzipation die Vorstellung unmöglich, ein fremdes Volk könne in ein anderes Volk quasi „hineinemanzipiert" werden.

Es war daher nur folgerichtig, dass Eduard Gans als Berliner Jude und Liberaler von Anfang an an der Universität eine Sonderstellung einnahm, und dass dieser Kreis jüdischer Studenten und Gleichgesinnter, in dem Gans eine Führungsrolle übernahm, einen Ausgleich für die immer noch vorhandenen oder neu entflammten Anfeindungen von Seiten der christlichen Studentenschaft schaffen wollte. Schließlich gehörte Eduard Gans zu den Pionieren unter den jüdischen Studenten an deutschen Universitäten. Nicht zuletzt schufen die aus den siegreichen Befreiungskriegen gegen Napoleon heimkehrenden, national gesinnten „Frontkämpfer" unter der neuen Studentenschaft eine antijüdische Stimmung, die wenig mit der von Humboldt empfohlenen *engen Gemeinschaft mit Gleichgesinnten* zu tun hatte[380]. Es folgten zwei weitere Semester in Göttingen, dann belegte Eduard Gans das letzte Semester in Heidelberg, dem führenden und als liberal geltenden Platz für Jura, und kehrte 1819 als Dr. jur. Eduard Gans nach Berlin zurück[381].

Berlin galt damals in der Jurisprudenz als Mittelpunkt der sogenannten *Historischen Schule,* deren führender Kopf Friedrich Carl von Savigny (1779–1861) war. Savigny vertrat die Lehrmeinung, dass sich das Recht nicht aus allgemein gültigen abstrakten Prinzipien, wie beispielsweise dem Naturrecht, herleiten ließe, sondern in einem langen historischen Prozess durch den *Volksgeist* entstünde und daher nur historisch verstanden werden könne. Eduard Gans wurde später als Professor für

---

[378] M.H. Hoffheimer: Eduard Gans and the Hegelian Philosophy of Law, Dordrecht 1995, S. 3.

[379] Th. Nipperdey, R. Rürup: Antisemitismus, in: O. Brunner u.a. (Hg.): Geschichtliche Grundbegriffe. Historisches Lexikon zur politisch-sozialen Sprache in Deutschland, unv. Nachdruck der 4. Aufl., Stuttgart 1994, S. 129–153, hier: S. 131f.

[380] H.G. Reissner: Eduard Gans, S. 28.

[381] Dissertation über das Reuerecht, siehe ebd., S. 44ff.

Jura in Berlin zum bekanntesten Gegner Savignys und seiner Lehre, offensichtlich verursacht durch seine Studien bei dem Rechtsgelehrten Anton Friedrich Thibaut (1722–1840) in Heidelberg. Es ist wahrscheinlich, dass Gans nach Heidelberg ging und sich von den Lehren Thibauts, mit dem er befreundet war, angezogen fühlte, und zwar gerade wegen seiner politischen Überzeugungen und seinen persönlichen Erfahrungen als junger deutscher Jude[382].

Die Gegnerschaft zwischen den Rechtsgelehrten Thibaut und Savigny war ausgelöst worden durch die 1814 von Thibaut erhobene Forderung nach sofortiger Kodifizierung des in Deutschland geltenden zivilen Rechts. Thibaut legte der historischen Rechtsschule Savignys eine übermäßige Verzettelung in irrelevante Details zur Last[383], eine Meinung, die von Gans später in seinen Vorlesungen an der Berliner Universität nachhaltig vertreten wurde. Dennoch obsiegte zu Zeiten der Lehrtätigkeit von Eduard Gans die *Historische Schule*, der Gedanke der Rechtskodifizierung wurde energisch und erfolgreich bekämpft. Als ein halbes Jahrhundert nach dem Tod von Eduard Gans die Rechtskodifizierung schließlich durchgeführt wurde, erinnerte man sich nicht mehr an die diesbezüglichen Bemühungen eines jüdischen Berliner Professors[384].

Obwohl die Judenfrage wegen des geringen Prozentsatzes immatrikulierter Juden an den Universitäten an sich nicht öffentlich diskutiert wurde, reagierte Eduard Gans doch sehr gereizt auf die veröffentlichte Stellungnahme des Göttinger Professors Friedrich Rühs zu einer Finanztransaktion des mecklenburgischen Staates, an der sein verstorbener Vater beteiligt gewesen war und die zu ungunsten der mecklenburgischen Regierung ausgegangen war. In diesem Gutachten war vom vermuteten *Wucher* eines *Juden* die Rede. Gans verwahrte sich gegen die antijüdischen Anfeindungen und stand auf dem Standpunkt, dass ein Staatsbürger nicht für die schlechten Gesetze einer Regierung verantwortlich gemacht werden könne, wenn er diese nicht veranlasst hatte[385]. Das von Gans vertretene Prinzip, dass statuarische Rechtssicherheit vor materieller Gerechtigkeit gehe, war damals allgemeine Auffassung, geriet aber später durch die von Savigny vertretene *Historische Schule* mehr und mehr in die negative Diskussion.

Im Jahre 1819 hatte sich das allgemeine politische Klima durch die restriktiven Beschlüsse der deutschen Bundesversammlung wieder verschärft, die durch Österreich und Preußen infolge der Ermordung des Staatsrates August von Kotzebue vorbereitet worden waren. Die nationale und liberale Bewegung wurde durch diese Beschlüsse eingeschränkt; ein neues Presse- und Universitätsgesetz leitete die Demagogenverfolgung ein, das bis 1848 galt. Das bedeutete, dass die Universitäten

---

[382] M.H. Hoffheimer: Eduard Gans, S. 4.
[383] Ebd., S. 45.
[384] Ebd., S. X.
[385] H.G. Reissner: Eduard Gans, S. 42ff.

hinsichtlich möglicher politischer Aktivitäten der Professoren- und Studentenschaft von hierzu eingesetzten Kommissionen überwacht wurden.

Eduard Gans vertrat aber in seinen Schriften und mit der Unterstützung der Philosophie des mit ihm befreundeten Georg Wilhelm Friedrich Hegel (1770–1831) liberale politische Werte, die im Widerspruch zur einsetzenden Restauration der deutschen, insbesondere der preußischen Regierungen standen. Mit dem Versuch, einen Ausgleich zwischen nationalen Bestrebungen bestimmter Gruppen und traditionellen deutschen politischen Institutionen bei kontrollierter Unterstützung von mehr Freiheit und Demokratie herbeizuführen, stand Eduard Gans in seiner Zeit isoliert da[386]. Sein Judentum, das auf die liberale, offene Bewertung der politischen Zeitströmungen der damaligen Zeit angewiesen war, stand dem restaurativen Zeitgeist entgegen.

Zwei weitere Themenbereiche interessierten Eduard Gans besonders. Er vertrat die Auffassung, dass die politische Opposition in einem Staat systematisiert und dass dem Bemühen König Friedrich Wilhelms III. (1770–1840) um eine Konstitution die Parlamentarisierung, also die Volksvertretung, zur Seite gestellt werden müsse, ein Ansinnen, das mit dem Beginn der Restauration in Preußen auf Ablehnung der Regierung stieß. Ferner nahm sich Eduard Gans in seinen Vorlesungen der sozialen Frage an. Auf seinen Reisen durch England und Frankreich war Gans hierauf aufmerksam geworden und hatte sich daraufhin mit dem Problem der „Proletarier" und der aufkommenden Sozialkritik beschäftigt[387].

Bereits im Winter 1819 hatte Eduard Gans einen Antrag auf Zulassung zum akademischen Werdegang gestellt, es wurde vom preußischen Kultusminister ein Gutachten der juristischen Fakultät verlangt. Eduard Gans musste vier Monate auf eine Antwort warten[388]. Im April des Jahres 1820 erging dann eine negative Antwort, die besagte, dass die wissenschaftliche Qualifikation des Antragstellers für die Ausübung einer Lehrtätigkeit an der Berliner Universität bisher nicht unter Beweis gestellt worden war. Während dieser Zeit hatte er aus seiner Dissertation ein Büchlein *Über Römisches Obligationenrecht* (1819) verfasst, dieses dem preußischen Kultusminister Altenstein vorgelegt und seine Zulassung als erster deutscher Jude zur akademischen Laufbahn beantragt[389].

Bezüglich dieser Arbeit wurde ihm aber von der Juristenfakultät, mit seinem wissenschaftlichen Gegner Savigny an der Spitze, *vorschnelle Urteilslust* bescheinigt und die Frage aufgeworfen, ob er persönlich zur christlichen Kirche übergetreten

---

[386] M.H. Hoffheimer: Eduard Gans, S. X.
[387] R. Blänkner: Berlin–Paris. Wissenschaft und intellektuelle Milieus des *l'homme politique* Eduard Gans (1797–1839), in: R. Blänkner, G. Göhler, N. Waszek: Eduard Gans (1797–1839). Politischer Professor zwischen Restauration und Vormärz, Leipzig 2002, S. 367–408, hier: S. 395f.
[388] H.G. Reissner: Eduard Gans, S. 49.
[389] J. Braun: Eduard Gans, S. 46f.

sei. Obwohl das Judengesetz aus dem Jahr 1812 eine akademische Lehrtätigkeit für Personen jüdischen Glaubens vorsah, pochte die juristische Fakultät auf ihr Recht, richterliche Funktionen als eine mit öffentlichen Gewaltzwecken bekleidete Korporation auszuüben. Eine Person jüdischen Glaubens war aber von der Ausübung einer solchen staatlichen Funktion durch das Gesetz von 1812 ausdrücklich ausgeschlossen worden. Mit der Bemerkung, der akademische Unterricht bezwecke *nicht bloß Förderung des Wissens, sondern auch Bildung des Charakters*, hob die Fakultät offensichtlich auf die begonnene öffentliche Diskussion über den *jüdischen Geist* ab, wie dies weiter oben bereits erläutert wurde[390].

Eduard Gans reagierte im Jahr 1821 nach einer langen Reihe von Eingaben und darauf erfolgten demütigenden Bescheiden des Kultusministeriums mit dem folgenden Ausspruch auf die für ihn so aussichtslose Lage: *Ich gehöre zu der unglücklichen Klasse, die man haßt, weil sie ungebildet ist, und die man verfolgt, weil sie sich bildet.* Unterdessen hatten infolge der im Sommer und Frühherbst 1819 in Karlsruhe, Heidelberg, Darmstadt und Frankfurt stattgefundenen Ausschreitungen gegen Juden Eduard Gans und sechs seiner Freunde beschlossen, einen *Verein zur Verbesserung des Zustands der Juden im Deutschen Bundesstaat* zu gründen, dessen Urkunde am 7. November 1819 ausgestellt wurde[391]. Ziel des Vereins war, wie weiter oben erläutert, die religiöse Reform der Judenschaft und die Umschichtung der Berufsausbildung von der Handelstätigkeit zu „produktiven" Berufen[392].

Diese Idee verfeinerte sich und führte wiederum zum *Verein für Kultur und Wissenschaft der Juden*[393]. Nunmehr wurde der Zweck des Vereins wie folgt definiert: *die Juden durch einen von innen heraus sich entwickelnden Bildungsgang mit dem Zeitalter und den Staaten, in denen sie leben, in Harmonie zu setzen*. Vorgesehen waren die *Errichtung von Schulen, Seminaren, Akademien* [und] *tätige Beförderung schriftstellerischer oder anderer Arbeiten*.

Es ging um das Programm einer Reformation des gesamten jüdischen Lebens, von der Eduard Gans meinte, es könnte sich ein Zukunftsbild formen, das auf *Selbstvollendung durch Aufgabe seiner Besonderheit und Aufgehen in die allgemeine Kulturbewegung* hinauslief. Hierin kam die Philosophie von Hegel zum Ausdruck, mit der Eduard Gans sich intensiv beschäftigte. In seinen späteren Vorlesungen versuchte er, den Einfluss von Hegels Philosophie auf die allgemeine juristische Ausbildung auszubauen. Eduard Gans veröffentlichte Hegels Schriften nach dessen Tod und versah sie mit einleitenden Texten[394]. Im Jahr 1833 erschien als Band 8 die Rechtsphilosophie Hegels mit von Eduard Gans zusammengestellten mündlichen Zusätzen Hegels.

---

[390] H.G. Reissner: Eduard Gans, S. 55ff.
[391] Ebd., S. 50ff.
[392] Ebd., S. 51.
[393] Ebd., S. 63. – Heinrich Heine schloss sich dem Verein 1822 an.
[394] M.H. Hoffheimer: Eduard Gans, S. X und S. 87–92 sowie 97–106.

Hegels Philosophie gilt als die Philosophie des deutschen Bürgertums zu Anfang des 19. Jahrhunderts: „Sie deckt sowohl sein Selbstverständnis als auch seine Widersprüche auf, konfrontiert seine Ansprüche mit seiner Wirklichkeit und zeigt seine Leistungen ebenso wie seine Unzulänglichkeiten"[395]. Die Methodik, die Hegel bei der Entwicklung seiner Philosophie anwandte, war die Dialektik, mit der die systematische Entwicklung des Weltganzen in der wechselseitigen Verflochtenheit seiner Einzelgegenstände und der sie verknüpfenden Entwicklungsgesetze aufgedeckt werden sollte[396].

Hegels Philosophie eignete sich besonders dazu, das Bestreben des deutschen Judentums zu erklären, sich durch die freiwillige Aufgabe seiner jahrhundertelang praktizierten kulturellen Eigenheiten in die bürgerliche Gemeinschaft zu integrieren, um dadurch zu einer neuen Vollendung zu gelangen. Obwohl die von Eduard Gans vertretenen abstrakten philosophischen Ansätze für die Integrierung des deutschen Judentums in die bürgerliche Gesellschaft an sich utopisch blieben, gilt er als ein bedeutender Pionier für die jüdische Sache in einer Zeit des Umbruchs und der Neuanfänge.

Eduard Gans konnte nicht verhindern, dass gleichzeitig mit den Integrationsbemühungen vereinzelter jüdischer Intellektueller der Widerstand bürgerlicher Kreise gegen eben diese Assimilierung begann und sich bis zum Ende des 19. Jahrhunderts zu einem veritablen Antisemitismus auswuchs. Bei den Treffen ihres Vereins[397], dem auch Heinrich Heine (1797–1856) beigetreten war, kam die Sprache auf eine eventuelle Auswanderung nach Amerika, um den Juden die Möglichkeit eines eigenen Staats zu geben.

Im Jahre 1823 erwähnte Heine zum ersten Mal den Namen *Ganstown*. So wollte er die neue Heimatstadt für jüdische Auswanderer in den Vereinigten Staaten, in der *eine neue jüdische Literatur emporblüht*, taufen[398]. Der *Ganstown*-Plan des *Verein für Kultur und Wissenschaft der Juden* blieb allerdings utopisch, wurde aber als Lösung für die Probleme der deutschen Judenschaft im Verein ausgiebig, aber mit wenig Hoffnung auf Verwirklichung diskutiert. Auch waren die Tage des Vereins bereits im Jahr 1824 gezählt. „Er zerrann in einem allmählichen Auszehrungsprozess"[399].

Eduard Gans wollte sich nun ganz aus dem Bann der Familie lösen, die seiner akademischen beruflichen Laufbahn nach wie vor ablehnend gegenüberstand. Er verließ Berlin und ging 1825 nach Göttingen, wo auch Heine war. Die Heine-Familie hatte dem Sohn und Neffen nahe gelegt, sich taufen zu lassen, um eine ihm gemäße

---

[395] E. Braun u.a.: Politische Philosophie. Ein Lesebuch. Texte, Analysen, Kommentare (rororo enzyklopädie), Reinbeck 1991, S. 221.
[396] Ebd.
[397] H.G. Reissner: Eduard Gans, S. 63ff.
[398] Ebd., S. 83ff sowie S. 96.
[399] Ebd., S. 102.

akademische Laufbahn einschlagen zu können. Da die Vorurteile gegenüber getauften Juden sanken, man sie akzeptierte, ihnen sogar Zugang zu vielen Arbeitsmöglichkeiten verschaffte und gewährte, ließen sich viele darauf ein, den dornenreichen Weg als ungetaufter Jude zu verlassen. Position und gesellschaftliches Ansehen sowie geschäftliche Beziehungen waren dann sozusagen garantiert. Bisher waren die Hürden für ungetaufte Juden doch sehr hoch gesteckt, die Demütigungen hatten auch bei Eduard Gans tiefe Einschnitte hinterlassen.

Vielleicht hatte Heine in Göttingen seinem Freund und Verwandten Eduard Gans von seinem Vorhaben, sich taufen zu lassen, berichtet; jedenfalls beschloss Eduard Gans, vielleicht aus innerer Überzeugung aber sicher erst recht in Bezug auf die ablehnenden Bescheide der Universität in Berlin, das Gleiche wie Heinrich Heine zu tun.

Beide ließen sich im Jahre 1825 taufen. Heine allerdings etwas früher[400], was ihn vielleicht aus Unmut über das eigene „Versagen" dazu verleitete, zu Eduards Taufe während eines Aufenthaltes in Paris, wo Gans auf der Suche nach geeigneten beruflichen Verbindungen nicht sehr erfolgreich gewesen war, einen kleinen Vers zu schreiben:

Und du bist zu Kreuz gekrochen
Zu dem Kreuz, das du verachtest,
Das du noch vor wenig' Wochen
In den Staub zu treten dachtest!

Eduard Gans mag seinen Schritt auch dieses Mal[401] mit der Überlegung gerechtfertigt haben, dass „der Einzelne" für bedenkliche Handlungen des Staates nicht verantwortlich ist, so lange er diese nicht veranlasst hat[402]. Eine beschwerliche Karriere im Ausland war mit den bereits geschaffenen und noch zu schaffenden beruflichen Aussichten in Berlin wohl nun doch nicht vergleichbar und nicht anzustreben. Er musste sich also anpassen! Mit dem Glaubenswechsel ihres Sohnes wurde Eduards Mutter Zippora gut fertig. Sie machte sich allerdings mit einer spitzen, an Heine angelehnten Bemerkung darüber lustig, indem sie zu Eduard, der immer auf seinem Stuhl hin und her wippte, sagte: „Gewöhn' dir das ab; du bist noch schwach im Kreuz!"

Den Übertritt zum Christentum nahmen jetzt die Berliner Behörden zur Kenntnis und am 13. März 1826 wurde Eduard Gans zum außerordentlichen Professor ernannt. Die Aufnahme der Lehrtätigkeit durch Eduard Gans bedeutete den Einzug von Hegels „Dialektik" in die juristische Fakultät der Berliner Universi-

---

[400] Heine ließ sich am 28.6.1825 taufen, H.G. Reissner: Eduard Gans, S. 109.
[401] Ebd., S. 42ff.
[402] Ebd., S. 113.

tät[403]. Schon seit längerem arbeitete er an seinem mehrbändigen Werk *Das Erbrecht in weltgeschichtlicher Entwicklung* und hielt in übervollen Sälen Vorträge[404] und Vorlesungen. Dieses Werk war nicht nur ein Bekenntnis zur Philosophie Hegels, sondern rechnete auch mit der *Historischen Schule* Savignys ab[405].

Gans war ein vorschneller Redner, der sehr empfindlich auf Kritik reagierte, der aber durch seine Dynamik eine Menge junger Leute für seine Ansichten an der Berliner Universität gewinnen und leiten konnte. 1828 wurde Eduard Gans zum Ordinarius ernannt und 1831 zum Dekan der juristischen Fakultät. Im Wintersemester 1832/33 hatten sich 837 Hörer bei Gans eingeschrieben; für die damalige Zeit war das etwas ganz Außergewöhnliches! Gans galt als brillanter Redner, der wegen des republikanischen Tenors seiner Vorlesungen den Unwillen des preußischen Kronprinzen erregte[406] und offenbar mindestens so sehr Politiker wie Wissenschaftler war[407].

Die Verdienste von Eduard Gans für die Rechtswissenschaften lagen in seinen Versuchen, diese mit Hilfe der Hegel'schen Philosophie zu systematischen und als am *Begriff* orientierten Wissenschaften umzugestalten[408]. Er versuchte, sie von ihrer politischen Abstinenz zu befreien und den Graben zwischen Theorie und Praxis zu schließen[409]. Das Recht müsse von dem Punkt her erfasst werden, von wo es in der Gegenwart sein reales Leben bezog. Das waren für eine Zeit des Umbruchs und einer gänzlich neuen Gesetzesgestaltung zu Beginn des 19. Jahrhunderts bahnbrechende und hilfreiche Ideen.

Eduard Gans war so sehr mit seinen Ideen und der Politik vom Katheder beschäftigt, dass er für Frauen offensichtlich keine Zeit zu haben schien, bis er eines Tages im Hause Mendelssohn-Bartholdy[410] die 1811 geborene Schwester seines Schülers, Freundes und Verwandten Felix Mendelssohn-Bartholdy (1809–1847) kennen lernte. Rebekka war die Tochter des Hamburger Bankiers Abraham Mendelssohn (1776–1835), Sohn von Moses Mendelssohn, und der Lea Salomon, Enkelin des berühmten Bankiers Daniel Itzig. Zwei Jahre war Rebekka seine Auserwählte, und man glaubte schon an eine Heirat, als sie sich entschloss, den Mathematiker Gustav

---

[403] Ebd., S. 117.
[404] J. Braun: Eduard Gans (1797–1838). Ein homo politicus zwischen Hegel und Savigny, in: Judentum, Jurisprudenz und Philosophie, S. 49.
[405] Ebd., S. 48.
[406] Ebd., S. 51.
[407] Ebd. – Siehe auch das Zitat Treitschkes zu den *orientalischen Chorführern*: „Börne und Heine, Eduard Gans und die Rahel … dazu als Fünfter etwa noch Dr. Zacharias Löwenthal, der betriebsame Verleger …", in: H. von Treitschke: Deutsche Geschichte im 19. Jahrhundert, IV. Band, Leipzig 1889, S. 434.
[408] Ebd.
[409] Ebd., S. 54.
[410] Siehe Stammbaum.

Lejeune Dirichlet zu ehelichen. Trotz der lebenslangen Freundschaft zwischen den dreien konnte Eduard ihre Absage nie recht verwinden.

Zu einem Gemälde von Wilhelm Hensel gab es die Beschreibung von Eduard Gans als einen mittelgroßen, rot und gesund aussehenden Mann, der mit leicht hervortretenden Augen und krausem schwarzen Haar immer im schwarzen Frack langsam herumging und Ruhe ausstrahlte.

Trotz diverser Briefe zwischen Heinrich Heine und Eduard Gans, in denen Heine seine freundschaftliche Zuneigung zu Gans erwähnte[411], entstanden Spannungen zwischen den beiden. Bedauerlicherweise brach der freundschaftliche Kontakt ab, denn es kamen von Heines Seite immer wieder Anspielungen über den eloquenten Eduard, wie z.B. *„mein Freund Gans ist sozusagen ein kleiner Rothschild in Zitaten"* oder auch Anspielungen auf Eduard Gans in der „Harzreise" und in den „Bädern von Lucca". Der einst rege Briefwechsel zwischen ihnen fand nun keine rechte Fortsetzung mehr. Heine hielt Eduard Gans für zu „schwatzhaft".

Inzwischen hatte sich Eduards Gesundheitszustand durch einen leichten Schlaganfall verschlechtert, es überfiel ihn das plötzliche unverständliche Aufbegehren, das vielleicht mit seinem Krankheitszustand zu tun hatte, jedenfalls wollte er an der Universität keine Juden mehr sehen. 1839 starb Eduard Gans in seiner Wohnung Charlottenstraße 36 zweiundvierzigjährig nach zwei weiteren Schlaganfällen. Sein Grab befindet sich in unmittelbarer Nähe der drei ersten Philosophen der Berliner Universität – Fichte, Solger und Hegel[412]. Eduards Mutter starb im Dezember des gleichen Jahres.

Eduard Gans hatte drei berühmte, gelehrte Neffen, die in Hamburg geboren wurden: Julius Oppert, geb. 9. Juli 1825, der als Orientalist und Assyriologe und als Entzifferer der Keilschrift berühmt wurde. Sein Bruder Emil Jakob Oppert, Kaufmann in China, war einer der Ersten, der das „verschlossene Land" Korea betreten durfte, und dessen Bruder Gustav Salomon Oppert war als Sanskritist angesehen; er wurde Bibliothekar in Windsor und Privatdozent für dravidianische Sprachen und indische Vorgeschichte.

---

[411] H.G. Reissner: Eduard Gans, S. 116.
[412] Siehe auch Gans, Eduard, in: Meyers Konversations-Lexicon, 1902.

Eduard Gans (Portrait von Wilhelm Hensel, 1829;
Collection of the Israel Museum, Jerusalem, Fotograf: Jens Ziehe)

C. Die Geschichte des alten jüdischen Frankfurt bis zum Ende des 18. Jahrhunderts

Wie bei den meisten alten Familien hat es auch bei der Familie Gans mehrere Zweige gegeben, von denen, wie ich weiter oben schildern konnte, zumindest einer gegen Ende des 14. Jahrhunderts in Frankfurt lebte und von dort aus teilweise in die westfälischen Städte abwanderte, bis im 17. und Anfang des 19. Jahrhunderts wieder Mitglieder meiner Familie nach Frankfurt einwanderten oder dahin zurückkehrten. Es ist auch nicht ausgeschlossen, dass Mitglieder des alten Zweiges immer in Frankfurt ansässig geblieben sind, ohne dass sie durch große Aktionen in den Quellen zutage getreten sind.

Schon gegen Ende des 8. Jahrhunderts war Frankfurt ein wichtiger politischer und auch jüdischer Mittelpunkt, denn Karl der Große (ca. 747–814) hatte den Winter 793 hier verbracht, ehe der Frankfurter Reichstag 794 zu einem historischen Ereignis wurde. Er, der Kaiser, hatte beizeiten Juden als Handelsagenten beschäftigt[413]. Somit kann man annehmen, dass bereits unter den Merowingern einige Juden diesen Schnittpunkt internationaler Handelsstraßen für sich entdeckt und eingenommen hatten.

Vom 11. Jahrhundert an erscheint das Vorkommen jüdischen Lebens im Römischen Reich Deutscher Nation nachvollziehbarer, denn Kaiser Heinrich IV. (1050–1106) erließ im Jahre 1074 gewisse Privilegien für seine in Worms und anderen Orten seiner Herrschaft lebenden Bürger und Juden. Im Jahr 1157 wurden diese Privilegien von Friedrich I. Barbarossa (ca. 1122–1190) erneuert. Sie sicherten den Juden Schutz ihres Eigentums zu und verliehen ihnen die Freiheit, Handels- und Geldgeschäfte zu betreiben. Für den vom König gewährten Schutz mussten die Juden Abgaben an die königliche Kammer zahlen. Kaiser Friedrich II. (1194–1250) verlieh 1236 obige Privilegien allen im Reich verstreut lebenden Juden und unterstellte sie als königliche Kammerknechte (*servi camerae nostrae*) seinem Schutz, wofür sie die Judensteuer entrichten mussten. Seit dem 13. Jahrhundert überließ das Reich den Judenschutz, das sogenannte Judenregal, den Landesherren und Städten.

Die Juden besaßen keine Rechtsfähigkeit im Reich, da diese die volle Zugehörigkeit zur staatlichen und religiösen Gemeinschaft des deutschen Volkes erforderte. Da die christliche Religion Staatsreligion war, verfiel derjenige kirchlicher und weltlicher Strafen, der sich von der christlichen Religionsgemeinschaft ausschloss[414]. Es bedurfte daher Sonderregelungen, die den Schutz der Juden gewährleisteten. Die Juden unterstanden in privatrechtlicher Hinsicht ihrem eigenen national-jüdischen Recht. Sie konnten eigene Gemeinden mit eigenen Vorstehern bilden.

---

[413] E. Mayer: Die Frankfurter Juden, S. 8ff.
[414] H. Conrad: Deutsche Rechtsgeschichte, Bd. 1, Karlsruhe 1962, S. 306 und 396.

Man kann davon ausgehen, dass die Frankfurter jüdische Gemeinde in der ersten Hälfte des 12. Jahrhunderts, nachdem die Epoche der Judenverfolgungen während der Zeit der Kreuzzüge beendet war, sich endgültig in der Stadt eingerichtet hatte. Während dieser ersten Zeit ihrer Niederlassung in Frankfurt lebte sie mit der christlichen Bevölkerung zusammen. Ihre Mitglieder waren als Bürger anerkannt, wenn auch als „Schutzjuden"[415].

Der erste Angriff auf die Frankfurter Juden nach dieser Friedenszeit, die sogenannte „Judenschlacht", fand 1241 statt. Ausgelöst wurde diese zweite allgemeine Judenverfolgung im deutschen Reich durch den Mongoleneinfall, für den die Juden verantwortlich gemacht wurden. Die etwa 200 Menschen zählende Gemeinde wurde durch diesen Massenmord an den Juden vollständig ausgelöscht[416].

Kaiser Friedrich II. hatte nach der Vernichtung der Gemeinde in der „Judenschlacht" eine lang andauernde Untersuchung angeordnet, die mit einer „Entschuldigung" endete. Wiederum begannen die Juden sich in Frankfurt niederzulassen, wo ihnen ihre Sicherheit mit dem Rheinischen Landfrieden von 1254 garantiert wurde[417]. Um 1270 entstand nun ein eigenes jüdisches Viertel in der Nähe des Doms; der zugehörige Friedhof lag am Stadtrand. Nach und nach bildeten wichtige Einrichtungen, wie zum Beispiel die Synagoge im Jahre 1288, ein öffentliches Bad seit 1323, Krankenhäuser für Einheimische und Auswärtige und ein „Tanzhaus", das für Hochzeiten und andere Veranstaltungen genutzt wurde, große Vorteile für die Frankfurter Juden, in deren Genuss beispielsweise die vergleichsweise junge Berliner jüdische Gemeinde erst im 18. Jahrhundert kam[418].

In der ersten Hälfte des 14. Jahrhunderts waren die Bedingungen für den Erwerb der Bürgerrechte denen der Christen gleichgestellt. In ihren jüdischen Angelegenheiten vertrauten die Gemeindemitglieder der Selbstverwaltung. Selbst das Rabbinergericht war dem der weltlichen Gerichtsbarkeit gleich geordnet.

Die neuerliche Zerstörung der Gemeinde stand bevor, als der „Schwarze Tod" in der Mitte des 14. Jahrhunderts Einzug hielt. Man hatte, wie bekannt, die Schuld an der Pest den Juden zugeschrieben und, obwohl Kaiser Karl IV. versuchte, die Gemeinde zu retten, wurde das jüdische Wohnviertel niedergebrannt und die Frankfurter jüdische Gemeinschaft wiederum vernichtet. Diese erneute „Judenschlacht" von 1349 sollte für längere Zeit der letzte Todesstoß sein. Vom Jahr 1360 an entwickelte sich eine neue Gruppe von ungefähr 200 jüdischen Familien, die zu den Zentren Worms, wo sich um diese Zeit auch Mitglieder meiner Familie aufhielten, Mainz und Speyer in enger Verbindung stand und fähig war, die auferlegten Steuern und sonstigen Abgaben zu bezahlen.

415 E. Mayer: Die Frankfurter Juden, S. 12.
416 Ebd., S. 10.
417 Ebd., S. 14ff.
418 A. Nachama (Hg.): Juden in Berlin, S. 36.

Ihr Festhalten am Glauben sogar in Zeiten der Vernichtung und Verfolgung, die einzigartige Ordnung in der Verwaltung ihrer kleinen Gemeinde, die Zähigkeit, mit den Widerständen umzugehen und diese zu überwinden, verfestigte sich und wurde zu jenem typischen Charakterzug der Juden, der für ihr Überleben so wichtig war und den ich an meiner Familie im Verlauf meiner Studien immer wieder feststellen konnte.

Die Rückkehr der jüdischen Familien 1360 nach der Vernichtung von 1349 wurde nun in der sogenannten *Stättigkeit* durch den Rat der Stadt Frankfurt geordnet. Diese *Stättigkeit* beinhaltete Verträge zwischen Rat und jüdischer Gemeinde, unter anderem ging es um das Aufenthaltsrecht der Juden, die zu entrichtenden Abgaben, Einzelbestimmungen, um allgemeine Rechte und Pflichten, besonders in der Ausübung der Leihgeschäfte, die schließlich den finanziellen Hintergrund der jüdischen Gemeinde bildeten[419]. Unter den neu hinzu gezogenen jüdischen Familien befand sich, wie oben bereits beschrieben, auch meine Familie, die sich nach ihrem früheren Aufenthaltsort Lechenich bei Köln Gans Lechenich Kolon nannte.

Im Jahre 1442 wurde vor der alten Stadtmauer, der sogenannten Neustadt, eine Gasse für die jüdische Gemeinde vorgesehen, denn der nun regierende Kaiser Friedrich III. (1415–1493) hatte vor, die bisherigen jüdischen Wohnstätten in der unmittelbaren Nähe des Doms zu entfernen. Hier in dieser engen, etwa zwölf Fuß breiten Gasse, die zwischen Stadtmauer und Graben eingeengt lag – sie gilt als eine der ältesten jüdischen Ansiedlungen in Deutschland – entwickelte sich das Gemeindeleben nun vielfältiger und intensiver und hatte zur Folge, dass die Zahl der registrierten jüdischen Einwohner stark anwuchs. Im Jahre 1520 lebten im „Ghetto" 250 Personen, im Jahre 1600 waren es bereits 2200.

1612 kam es erneut zum Ausbruch der wohl ständigen, latenten Abneigung gegen die Juden. Die Barrikaden an den drei Toren des Ghettos wurden erstürmt und 1614 die Judengasse geplündert. Die meisten Mitglieder der jüdischen Gemeinde – 1390 Menschen – flüchteten auf das Gelände ihres Friedhofs, bis ihnen letztendlich erlaubt wurde, die Stadt zu verlassen. Der Rädelsführer und Hetzer gegen die Judenschaft, Vinzent Fettmilch, wurde mit seinen Kumpanen 1616 öffentlich hingerichtet. Unter militärischem und kaiserlichem[420] Geleit durften nun die Juden in das Ghetto wieder zurückkehren. Als Zeichen ihres Schutzes wurden an den drei Toren Wappenschilder aufgestellt – darstellend den kaiserlichen Adler sowie die Aufschrift *Römischer Kaiserlicher Majestät und des Heiligen Reiches Schutz*[421]. Unter dem Schutz des Kaisers hat der Rat der Stadt Frankfurt versucht, die jüdischen Familien vor Fanatismus und Ausbeutung zu bewahren und ihnen

---

[419] E. Mayer: Die Frankfurter Juden, S. 18.
[420] R. Heuberger/H. Krohn: Hinaus aus dem Ghetto …, Frankfurt am Main 1988, S. 13.
[421] E. Mayer: Die Frankfurter Juden, S. 22.

C: Die Geschichte des alten jüdischen Frankfurt bis zum Ende des 18. Jahrhunderts

ein gesichertes Dasein zu bieten. Die Judenverfolgungen der Jahre 1241, 1349, 1614 wurden nicht von ihm veranlasst, sondern sie beruhten offensichtlich auf allgemein im deutschen Reich auftretenden „Wellen" von Vertreibungen und Verfolgungen[422].

Die Frankfurter jüdische Gemeinde galt im Alten Reich als die erste und vornehmste. Es gilt als erwiesen, dass sie bis ins 16. Jahrhundert nicht uneigennützig, aber immerhin unter dem besonderen Schutz des deutschen Kaisers stand, bis sich endgültig der Rat der Stadt – nicht immer zum Vorteil der jüdischen Gemeinde – ab 1616 durchsetzen konnte und die Handelstätigkeit der jüdischen Familien mehr oder weniger einzuengen und anzupassen versuchte. Der Erlass der neuen *Stättigkeit* von 1616 besagte, dass die Juden in Frankfurt nunmehr ein Wohnrecht auf alle Zeiten hatten, allerdings wurde die Höchstzahl der Haushaltungen auf 500 festgesetzt. Nicht mehr als sechs auswärtige Juden sollten jährlich aufgenommen werden, und nur 12 Paare durften jährlich heiraten. Es war den jüdischen Mitbürgern verboten, an Sonn- und Feiertagen die Gasse zu verlassen, bei Krönungen, Festlichkeiten und Hinrichtungen waren die Tore der Gasse, möglicherweise zu ihrem eigenen Schutz, geschlossen. Die Altstadt Frankfurts durften die jüdischen Handelsleute nur zu geschäftlichen Zwecken betreten, bestimmte Straßen und Plätze waren ihnen versperrt. In ihren Häusern sollten die Juden *still und bescheiden sein*[423]. Im Gegenzug wurde die Plünderung der Judengasse verboten und alle Angriffe auf Juden untersagt[424].

Während des Dreißigjährigen Krieges wurden der Frankfurter jüdischen Gemeinde hohe Kontributionen auferlegt. Erneute Debatten über ihre Privilegien entstanden, und der Rat der Stadt meinte, dass die Juden nicht mehr dem Kaiser, sondern ihm „botmäßig" seien[425]. Das war eine neue Sprache! Damit begann eine politische Auseinandersetzung der Stadt Frankfurt und anderer Reichsstädte mit der durch die Glaubenskriege erlahmenden kaiserlichen Gewalt im Deutschen Reich, aus der die Städte letztlich als Sieger und Profiteure hervorgingen.

Als Leopold I. (1640–1705) 1658 zum Kaiser gekrönt wurde und der jüdische Hoffaktor Oppenheimer die nötigen finanziellen Anleihen für dessen Krieg mit den Türken besorgte, entschied er noch einmal zugunsten der jüdischen Gemeinde Frankfurts, jedoch vergeblich, weil sich der Rat in den nächsten Jahren mit einer noch schärferen Durchführung der noch geltenden Beschränkungen bei der jüdischen Gemeinde durchsetzte. Dies muss wohl im Zusammenhang mit dem ehrgeizigen Frankfurter Handelspatriziat gesehen werden, das als beherrschende Elite im Stadtrat saß und die erfolgreiche jüdische Konkurrenz auf Distanz hielt.

---

[422] Ebd., S. IX.
[423] R. Heuberger/H. Krohn: Hinaus aus dem Ghetto ..., S. 13.
[424] E. Mayer: Die Frankfurter Juden, S. 24.
[425] Ebd.

Langsam trug der Handel, das Pfand- und Wechselgeschäft Früchte, und trotz der 34 verschiedenen Steuern und Abgaben brachten es einige, insbesondere während und nach dem Dreißigjährigen Krieg nach Frankfurt eingewanderte jüdische Familien, auch infolge der fast monopolistischen Beherrschung des Kreditwesens, zu großem Wohlstand.

Zu Beginn des achtzehnten Jahrhunderts war die jüdische Bevölkerung in Frankfurt schon auf etwa dreitausend Menschen angestiegen. Die Mehrzahl der Juden war arm und lebte vom Trödel und dem Wechselgeschäft[426]. Die Quellen des 18. Jahrhunderts weisen jedoch auf einige sehr wohlhabende Familien hin. Zu diesen gehörten an erster Stelle die drei Familien Speyer, die mit den jüdischen Bankiersfamilien Oppenheim und Wertheimer verwandt waren und im 18. Jahrhundert durch Waffenlieferungen und Geldgeschäfte für den kaiserlichen Hof zum größten Vermögen gelangten, das bis dahin Frankfurter Juden besessen hatten[427].

Der Frankfurter Rat hat in der Emanzipationsphase des 19. Jahrhundert die bürgerliche Gleichstellung der Juden leider besonders erschwert und sich damit nicht anders als die meisten deutschen Landesherren verhalten. Hierbei spielten sicherlich die lang praktizierte Reglementierung des jüdischen Lebens seit dem Mittelalter und die politische Machtstellung des alten Frankfurter Patriziats eine Rolle. Diese Machtstellung war jedoch infolge der beginnenden Neuaufteilung der deutschen Staatenwelt in Gefahr und wurde wahrscheinlich deshalb auch in Sachen der Verwaltung der jüdischen Gemeinde mit allen Kräften verteidigt.

Die Emanzipation der Juden in Berlin, wo jüdische Familien erst gegen Ende des 17. Jahrhunderts angesiedelt wurden und der Adel kaum eine Rolle spielte, vollzog sich auch durch den beständigen Zuzug von Nicht-Juden und Juden vergleichsweise interessanter und wesentlich schwungvoller, obwohl auch hier die dirigistischen Maßnahmen des preußischen Königs gegen die Juden, wie ich in Bezug auf den Berliner Zweig meiner Familie bereits geschildert habe, eine wesentliche Rolle spielten.

D. Das Entstehen des „emanzipierten" jüdischen Frankfurt im 19. Jahrhundert und die Rolle der Familie Gans während dieser Zeit

Durch ihre geschäftlichen Kontakte, Messebesuche und Reisen sowie Briefe und Korrespondenzen waren die Frankfurter Juden schon früh über die beginnenden Diskussionen der Gleichstellung für Juden und die Aufklärungsbewegung deutscher Gelehrter informiert worden. Es erwies sich für beide Seiten jedoch als besonders

---

[426] Ebd.
[427] A. Dietz: Stammbuch, S. 290.

schwierig, die über einen Zeitraum von fünf Jahrhunderten entwickelten Traditionen des Frankfurter jüdischen Lebens aufzugeben.

Während man in Berlin gegen Ende des 18. Jahrhunderts bereits den gesellschaftlichen Umgang zwischen allen bürgerlichen Schichten, die vornehmen jüdischen Familien einbezogen, pflegte, drängten die jüdischen Familien Frankfurts um die gleiche Zeit überhaupt erst einmal aus dem Ghetto, der schmalen Judengasse, hinaus. Sie kämpften um die Öffnung der Tore und sprachen die menschenunwürdigen Lebensbedingungen, die letztlich zu den miserablen Gesundheitszuständen in der Gemeinde geführt hatten, offen aus. Man sehnte sich nach frischer Luft, die in der engen Gasse, den schmalen zusammengepferchten Häusern und auf Grund der verschlossenen Tore nicht vorhanden war[428]! Trotz ärztlicher Gutachten, unter anderem von dem jüdischen Arzt Hayum Goldschmidt, die die jüdischen Antragsteller beilegten, um ihr Ansuchen zu untermauern, wurden die Gesuche vom Rat der Reichsstadt abgelehnt. Erst nach dreijährigen Auseinandersetzungen erlaubte der Rat im Jahre 1795 die Öffnung eines Tores!

Die Frankfurter Patrizier, Kaufleute und Handwerker wünschten aus guten Gründen keine Veränderung und vor allem keine bürgerliche Gleichheit für die Juden Frankfurts. Hier erscheint ein Hinweis auf die ganz ähnlichen Erfahrungen der Familie Gans mit den Bürgerschaften der Städte Lippstadt, Minden, Hameln und Celle in den vorausgegangenen Jahrhunderten angebracht, wo sich ebenfalls die Bürger aus Konkurrenzneid gegen die Handelstätigkeit der Familienmitglieder gewandt hatten. Aber es waren inzwischen zwei Jahrhunderte vergangen, in denen sich zumindest in Frankfurt nichts verändert hatte.

Ein Ghettoleben wie in Frankfurt hatte die Familie Gans, deren hier besprochener Zweig Frankfurt bereits im 15. Jahrhundert wieder verlassen hatte, nicht erleiden müssen. Dies könnte damit zusammenhängen, dass die kleineren westfälischen und braunschweigischen Städte viel mehr auf die wirtschaftlichen Fähigkeiten und Erfolge der jüdischen Familien angewiesen waren und diese auch zu nutzen wussten, als das ohnehin vermögende Frankfurter Patriziat.

Das Toleranzedikt Kaiser Josephs II. (1741–1790) veranlasste die Frankfurter Judenschaft, immer wieder Gesuche und Delegierte an den kaiserlichen Hof zu schicken. Jedes Schreiben, jeder Besuch wurde wohlwollend aufgenommen, blieb aber ohne Resonanz. Nachdem Joseph II. 1790 gestorben war, versuchten die Frankfurter Juden ihr Glück bei dessen Nachfolger Leopold II. (1747–1792), seinem Bruder, der im gleichen Jahr in Frankfurt gekrönt wurde. Und nicht nur nach Wien schickte man Bittgesuche, sondern auch nach Frankreich. Dort hob die Nationalversammlung 1791 in einem Dekret alle Ausnahmegesetze für die jüdische Bevölkerung auf und gab den Juden alle Rechte und Pflichten eines französischen Bürgers[429].

---

[428] R. Heuberger/H. Krohn: Hinaus aus dem Ghetto…, S. 15f.
[429] Ebd., S. 17.

Trotzdem änderte sich nicht viel an der unguten Situation der Frankfurter Juden. Erst ein kämpferischer Angriff veränderte einiges: In der Nacht vom 13. auf den 14. Juli 1796 wurde Frankfurt von den Truppen des französischen napoleonischen Generals Kleber beschossen, und die in der schmalen Judengasse aneinander gepferchten Häuser gingen teilweise in Flammen auf. Man entschloss sich, gezwungenermaßen die Tore zu öffnen.

In den einst etwa 140 Häusern wohnten damals 1800 Personen, die bei dem Angriff obdachlos wurden[430]. Zunächst bekamen sie „Permissionsscheine" auf ein halbes Jahr, mit denen sie sich außerhalb der Judengasse aufhalten durften, doch es kam nach und nach zur Auflösung des Ghettos, wobei die Geschädigten obendrein für das Abtragen der Mauer zwischen Judengasse und Allerheiligengasse zahlen mussten. In der Zwischenzeit hatten sie sich bemüht, Wohnungen und Läden außerhalb der alten Grenze zu finden. Mein Vorfahr, der vermögende Seidenwaren- und Tuchhändler Elias Löb Reiss, gehörte zu denjenigen, die im Jahr 1795 ihre Geschäftsräume außerhalb des Ghettos einrichten konnten, wo er meinen Ahnen, seinen Geschäftsfreund David Löb Cassel, empfing. Dieser hatte die Gunst der Stunde umgehend genutzt und im Jahr 1798 eine Spezereiwarenhandlung gegründet. Die Kinder der beiden Geschäftsleute Cassel und Reiss gingen später die Ehe ein, womit mit beiden „Amtshandlungen" die ersten Grundsteine für den Aufstieg des Weltunternehmens Cassella gelegt wurden. Davon werde ich später ausführlich berichten.

Die nunmehr zumindest räumlich befreiten jüdischen Familien baten zusätzlich um eine Schule und Räume für Lesegesellschaften außerhalb der Judengasse. All dies trug zu keiner wesentlichen Besserung ihrer rechtlichen und wirtschaftlichen Situation bei. Wie schon so oft kamen die Vorurteile, der Neid, die Intoleranz und die Angst vor Veränderung der alten Frankfurter Bürgerschaft wieder zum Zug. Trotzdem dehnten sich die Geschäfte der jüdischen Familien allmählich aus, und in dem allgemeinen *Handlungs-Adreß-Calender von 1801* finden sich nunmehr auch jüdische Handelsleute, unter anderem die Adressen der Familie Goldschmidt mit ihren Juwelen – und der Familie Schuster[431] mit ihren Wechselgeschäften[432].

Bewegung kam in die starre Haltung der Frankfurter Bürgerschaft erst, als Napoleon als Vertreter der neuen bürgerlichen Rechte auftrat, 1806 Frankfurt zur Residenzstadt des Rheinbundes erklärte und den Fürst-Primas Karl Theodor von Dalberg (1744–1817) mit der Regierung beauftragte. Nun erwarteten die Juden eine Gleichstellung aller Einwohner entsprechend den Regelungen in Frankreich und im Königreich Westfalen. Diese hatte Napoleons Bruder Jérôme dort 1807 in seiner Verfassung verankert[433]. Dalberg, der aufgeklärte Regent, gestattete den

---

[430] Ebd.
[431] H. Trenkler: Die Bonns, dort Stammbaum der Familie Schuster im Anhang.
[432] E. Mayer: Die Frankfurter Juden, S. 28.
[433] R. Heuberger/H. Krohn: Hinaus aus dem Ghetto …, S. 20.

Juden, sich jederzeit auf den Promenaden und dem Wallgraben der Stadt aufzuhalten. Ende 1807 unterschrieb er die *Neue Stättigkeits- und Schutzordnung der Judenschaft zu Frankfurt am Main*. Zum Entsetzen der Juden sollten sie aber wieder in einem Judenviertel leben, größer zwar als die ehemalige Gasse. Wieder war die Anzahl der jährlichen Ehen angegeben, sowie eine Höchstzahl von jüdischen Familien, die hier leben durften. Den Kindern war es nicht erlaubt, verheiratet zu werden, ehe der Nachweis zum vorschriftsmäßigen Erlangen eines Schulabschlusses erbracht worden war. Sie sollten Deutsch, Lesen und Schreiben sowie Rechnen können[434]. Diese Regelungen wurden im Allgemeinen von den aufgeschlossenen und vorwärtsstrebenden Juden begrüßt, die sich der immer stärker werdenden Assimilationsbewegung des Judentums angeschlossen hatten.

Seit Jahrhunderten gewöhnt, für ihre Sonderrechte zu bezahlen, mussten die Frankfurter Juden jährlich 22.000 Gulden Schutzgeld aufbringen. Sie erhielten wie einst den Namen „Schutzjuden". Damit hatten sie einen Pass, konnten auf den Promenaden und am Wallgraben spazieren gehen und waren gegen Beleidigungen und Beschimpfungen geschützt. Ende des 18. Jahrhunderts drängten die aufgeschlossenen und vermögenden Juden allerdings aus der neuen Judengasse für immer heraus, denn wie schon erwähnt, hatten Briefe von Verwandten, die über die Aufklärungsbewegung berichteten, sowie Reisen, die sie selbst unternahmen, die Vorstellungen von den Chancen einer politischen Neuorientierung in Schwung gebracht[435].

Als Napoleon Frankfurt zum Großherzogtum erhob und es 1810 nunmehr der vollen Souveränität Dalbergs unterstellte, kam es zu weiteren politischen Veränderungen für die Juden. Dalberg verfügte die Einführung des französischen Gesetzbuches und die Organisation des Großherzogtums nach dem Vorbild der anderen rheinischen Staaten[436]. Er veröffentlichte ein weiteres Organisationspatent, das die *Gleichstellung aller Untertanen vor dem Gesetze und die freie Ausübung des Gottesdienstes der verschiedenen verfassungsmäßig aufgenommenen Religionsbekenntnisse* festlegte. Aber er zögerte die volle Gleichstellung der Juden heraus. Wieder war es der Konkurrenzneid und die Angst der Kaufleute und Handwerker vor wirtschaftlichen Einbussen, die Dalberg zu diesem Schritt veranlasste. Vorerst verlangte man von den Juden den Beweis ihrer Fähigkeit, sich in die bürgerliche Gesellschaft zu integrieren, was verständlich war und den Vorstellungen der aufgeklärten jüdischen Gesellschaft auch entsprach.

Alle Bemühungen, den Zustand zu verändern, führten trotzdem bis 1811 zu keiner grundsätzlichen Neuregelung ihrer Situation[437]. Erst als die gewaltige Summe von 440.000 Gulden aufgebracht und an die Stadt Frankfurt gezahlt wor-

---

[434] Ebd., S. 21f.
[435] Ebd., S. 14.
[436] Ebd., S. 23.
[437] Ebd.

den war, wurde den Frankfurter Juden das Bürgerrecht verliehen. Diesen großen Geldbetrag herbeizuschaffen, der das Zwanzigfache des in der Stättigkeit von 1807 geforderten Schutzgeldes ausmachte, fiel der jüdischen Gemeinde schwer. Deshalb streckte Amschel Rothschild[438], der in Frankfurt außerhalb des Ghettos wohnte, 150.000 Gulden vor, die als Anzahlung von der verschuldeten Regierung Dalbergs gefordert worden waren. Selbst die nichtjüdische Bank Bethmann sagte finanzielle Hilfe zu. Am 28. Dezember 1811 trat die *Höchste Verordnung, die bürgerlichen Rechte der Judengemeinde zu Frankfurt betreffend* in Kraft[439].

1812 leisteten 645 Frankfurter Juden in 15 Gruppen den Bürgereid, wozu auch mein Vorfahr David Löb Cassel[440], der zukünftige Arbeitgeber und Schwiegervater von Ludwig Ahron Gans aus Celle, gehörte. Trotzdem blieb die Frankfurter Bevölkerung in ihrer Ablehnung gegen die Juden befangen. Man sah mit gemischten Gefühlen auf die nun neu entstehenden prachtvollen Häuser, die sehr vermögende Juden sich bauen ließen. Schließlich nahmen manche reiche Juden wegen ihrer finanziellen Unabhängigkeit auch eine gesellschaftliche Stellung ein, die den christlichen Geschäftsleuten Unbehagen bereitete, da sie wieder einmal um ihren eigenen Vorteil fürchteten.

Nach dem Abzug der Franzosen im Jahre 1814, dem Jahr des Zuzugs von Ludwig Ahron Gans nach Frankfurt, forderten der wieder eingesetzte Frankfurter Rat und die Bürgerschaft die Wiederherstellung der bis 1803 gültigen, reichsstädtischen Verfassung, eine Beschränkung der politischen und wirtschaftlichen Rechte der Juden und die Beschränkung ihrer Wohnerlaubnis auf ein Judenviertel im Anschluss an die Judengasse. Ihre über die Jahre andauernde Angst, wirtschaftliche Einbußen durch die jüdische Konkurrenz erleiden zu müssen, ließ sie offenbar jegliches Menschenrecht und jegliche Toleranz vergessen[441]. Der Rat der Stadt setzte tatsächlich den Code Napoléon außer Kraft und hob die Gleichstellung der Juden wieder auf.

Eine Chance sahen die Frankfurter jüdischen Familien nunmehr in der „Judenfreundlichkeit" der Regierungen von Preußen[442] und Österreich und hofften darauf, dass der Wiener Kongress die Entscheidungen zugunsten der Gleichstellung mit politischem Druck auf den Frankfurter Senat herbeiführen würde. Im Juni 1815 verabschiedete der Wiener Kongress einen Kompromiss, der besagte, dass die Juden ihre Gleichstellung nicht *von* der Frankfurter Regierung erhalten hatten, sondern *in* Frankfurt durch die französische Herrschaft und diese durch deren

---

[438] Ebd., S. 24ff.
[439] Ebd., S. 24.
[440] A. Dietz: Stammbuch, S. 50f.
[441] R. Heuberger/H. Krohn: Hinaus aus dem Ghetto …, S. 31.
[442] Siehe das sogenannte Emanzipationsedikt vom 11.3.1812 betr.: Die bürgerlichen Verhältnisse der Juden im preußischen Staate.

Zusammenbruch nun verloren war. Gleichzeitig beschloss der Kongress aber für Frankfurt die Rechtsgleichheit aller christlichen Konfessionen und gab Frankfurt den politischen Status einer Freien Reichsstadt[443].

1816 wurde eine Verfassungsänderung durch den selbstbewussten Frankfurter Senat durchgeführt, die die Ausgrenzung der Juden wiederum gesetzlich fixierte. Jedoch ließ die israelitische Gemeinde diesmal nicht locker, sondern wandte sich immer wieder mit Bittgesuchen an die in Frankfurt unter dem Bundespräsidium Österreichs tagende Bundesversammlung. Erst im Jahre 1824 wurde ein Kompromiss gefunden.

Auf Druck der Bundesversammlung erhielten die Juden zumindest das Recht, überall in der Stadt und deren Umgebung zu wohnen, Häuser und Gärten zu erwerben und offene Läden zu halten[444]. Um auch den Streit bezüglich der Bezeichnung für Juden zu beenden, wurde im gleichen Jahr bestimmt, dass alle Juden *als israelitische Bürger in dem Staatsunterthanen-Recht der freyen Stadt Frankfurt* stehen sollten. Von allen öffentlichen Ämtern und Verwaltungspositionen blieben sie aber auch weiterhin ausgeschlossen.

Als sogenannte „israelitische Bürger" waren sie nun den anderen Bürgern gleichgestellt. Das hieß jedoch, die Juden Frankfurts waren noch weit von ihrer Emanzipation im Sinne einer vollständigen Gleichstellung mit der deutschen bürgerlichen Gesellschaft und Aufhebung aller Rechtsungleichheiten entfernt[445].

Infolge des Gesetzes von 1824 wurden jüdische Juristen 1825 als Rechtsanwälte zugelassen, jedoch vom Notariat ausgeschlossen, da ein Notar staatliche Funktionen wahrzunehmen hatte.

Manche Juden hatte sich vor 1824 taufen lassen, um ihren Beruf ausüben zu können[446]. Die Taufe galt damals noch als ein Mittel, die Trennung der Religionszugehörigkeiten aufzuheben, die von den Gegnern einer rechtlichen Gleichstellung der Juden immer noch als ein Hindernis für die vollständige soziale Integration der Juden in die bürgerliche Gesellschaft angesehen wurde. Ebenfalls zur Taufe entschied sich am 12. Dezember 1825 der Berliner Rechtsgelehrte Eduard Gans, weil ihm die Anstellung an der dortigen Universität verweigert worden war, und im gleichen Jahr Heinrich Heine. Als schließlich die nationale Anpassung der Juden Fortschritte machte, beriefen sich Assimilationsgegner immer stärker auf den Unterschied der „Rassen", der dann keine „Emanzipation" der Juden mehr erlaubte[447].

Im März 1848 kam es infolge der Beeinflussung der Bundesversammlung in Frankfurt durch die Revolution 1848/49 endlich zu einer positiven Regelung auch

---

443 R. Heuberger/H. Krohn: Hinaus aus dem Ghetto …, S. 32.
444 Ebd., S. 33ff.
445 Ebd., S. 41.
446 Ebd., S. 53.
447 K.M. Grass/R. Koselleck: Emanzipation, in:, O. Brunner u.a. (Hg.): Geschichtliche Grundbegriffe. Historisches Lexikon zur politisch-sozialen Sprache in Deutschland, unv. Nachdruck, 3. Aufl., Stuttgart 1994, S. 153–197.

für die Frankfurter Juden. Am 21. Dezember verabschiedete die Nationalversammlung, die zur Ausarbeitung einer Verfassung zusammengetretene Volksvertretung, in der Paulskirche die „Grundrechte des deutschen Volkes", die unter anderem vorsahen, dass „durch das religiöse Bekenntnis der Genuß der bürgerlichen und staatsbürgerlichen Rechte weder bedingt noch beschränkt wird". War die Judenschaft in den einzelnen Landrechten bisher religiös nur geduldet, so sollte ihr nunmehr hieraus keine politischen und rechtlichen Nachteile mehr erwachsen. Dieses Recht blieb jedoch zunächst ohne Wirkung, da im Mai 1849 die Nationalversammlung scheiterte und durch das preußische Militär aufgelöst wurde[448].

Im Jahre 1864 schließlich endeten die mehr als sechzigjährigen Auseinandersetzungen der Juden um die gesetzliche Gleichstellung. Senat und gesetzgebende Versammlung der Stadt Frankfurt verabschiedeten eine Verfügung, welche die bisher noch bestandenen Beschränkungen der staatsbürgerlichen Rechte der Bürger israelitischer Religion endgültig aufhob. Die freie Stadt Frankfurt hatte diese politischen Maßnahmen ins Werk gesetzt nur zwei Jahre, bevor 1866 die Gesetze des Norddeutschen Bundes und des Deutschen Reiches die rechtliche Gleichstellung der Juden im Deutschen Reich verfügten[449]. Das Prinzip der Emanzipation war jetzt staatlich festgeschrieben und damit jeder einzelstaatlichen Revision entzogen. Die Emanzipation war rechtsstaatlich abgesichert.

Zieht man den rasanten Aufstieg der nach 1864 insbesondere im Rheinland sowie in und um Frankfurt gegründeten Weltfirmen beispielsweise auf dem Gebiet der Chemie in Betracht, an dem meine Familie großen Anteil hatte, so wird klar, dass die langwierige Entwicklung des deutschen Bürgertums und die immer wieder unterbrochene Emanzipationsbewegung der Juden ein großes Hindernis für die industrielle Entwicklung des Deutschen Reiches gewesen sind.

Ludwig Ahron Gans fand vorerst Unterkunft in der Judengasse bei seinen Verwandten Goldschmidt, einer seit dem 15. Jahrhundert bekanntermaßen immer mit einem Zweig in Frankfurt ansässigen Familie. Da Mayer Salomon Goldschmidts (1775–1854)[450] zweite Frau Hendle Cassel (1769–1827) die Schwester von Leopold Cassella war, kann man davon ausgehen, dass hier über den zukünftigen Arbeitsplatz des jungen Mannes aus Celle mit David Löb Cassel, wie Leopold Cassella damals noch hieß, verhandelt wurde. Dies war wieder ein Zeichen des großen Zusammenhalts in den alten jüdischen Familien. Das unternehmerische Engagement des jungen Ludwig Ahron und der bemerkenswerte Aufschwung der im Jahr 1798 zunächst als Spezereiwarenhandlung gegründeten Firma des David Löb Cassel zur Weltfirma werden weiter unten ausführlich beschrieben.

---

[448] R. Heuberger/H. Krohn: Hinaus aus dem Ghetto …, S. 64.
[449] Ebd., S. 66.
[450] A. Dietz: Stammbuch, S. 119.

DRITTER TEIL:
DIE FIRMA CASSELLA UND DIE FAMILIEN GANS UND WEINBERG IN DEN JAHREN 1850–1938

A. Die Pioniere Isaac Elias Reiss und David Löb Cassel alias Leopold Cassella

Der Weg zur Emanzipation war in Frankfurt im Vergleich zu Berlin ein schwieriger und mühsamer. Während das liberalere Leben in Berlin seinen Einzug hielt, standen in und um Frankfurt diese Wege noch nicht zur Verfügung. Umso heftiger gestaltete sich in Frankfurt der Aufschwung in der Gründerzeit nach 1871, und die Pioniertaten der nun nachfolgenden Familienmitglieder sind eng mit dieser Epoche verbunden. Mit meinem Vorfahren David Löb Cassel (1766–1847), dem Gründer der Farben- und Spezereigroßhandlung Leopold Cassella, wurden die Grundsteine zu einem Weltunternehmen der Farbenindustrie gelegt, so dass es nahe liegend erscheint, auf die Hintergründe der Geschichte der Familie Cassel kurz einzugehen.

Als David Löb Cassel am 8. Dezember 1766 in Friedberg in Hessen geboren wurde, trug man ihn als drittes Kind des Löb Benedict Cassel und seiner Frau Leiza in das dortige jüdische Register ein. Löb Benedict Cassel (um 1720/35–1808) wurde in Offenbach als Sohn des Hayum Cassel, genannt Bing (?–1772), geboren. Seine Schwester Rechle (1746–1810), die Tante von David Löb Cassel, die ebenfalls aus Offenbach stammte, heiratete Salomon Benedict Goldschmidt (1758–1812) und zog nach Frankfurt, wo die Familie Goldschmidt schon seit langem ansässig war[451]. In Frankfurt gingen in der nächsten Generation beide Familien eine weitere wichtige Heiratsverbindung ein, wie ich noch schildern werde.

Im Jahre 1759 war Vater Löb Benedict Cassel mit seiner Frau Leiza mitten in den Wirren des Siebenjährigen Krieges zwischen Preußen und Österreich von Offenbach nach Friedberg verzogen, da die immer schärfer werdende Handhabung der Schutzgelder durch die Offenbacher Behörden offensichtlich die Juden der Stadt mehr und mehr bedrückte[452]. Hier beantragte Löb Benedict bei der jüdischen Gemeinde Aufnahme, die ihm auch gestattet wurde und ihn

---

[451] Siehe die diesbezüglichen Kapitel.
[452] Magistrat der Stadt Offenbach am Main (Hg.): Zur Geschichte der Juden in Offenbach am Main, Bd. 2: Von den Anfängen bis zum Ende der Weimarer Republik, Offenbach 1990, S. 59.

in den Status eines Schutz- und Handelsjuden brachte. Löb Benedict Cassels Name erscheint zum ersten Mal im Friedberger Rentmanual, dem städtischen Finanzregister von 1763. 1776 ist er Judenbaumeister dort[453]. Für sich und seine Familie baute er einige Häuser in der Judengasse, die später die zwei ältesten seiner Söhne erbten[454]. Diese waren Benedict (1760/65–1842) als Erstgeborener, der in zweiter Ehe im Jahr 1825 Fanny, geborene Krohn und verwitwete Feuchtwangen, heiratete. Der zweite Sohn war Ignaz, der bis 1846 in Friedberg gemeldet war. Als dritter Sohn Löb Benedict Cassels kam David Löb, auch Leopold genannt, in Friedberg auf die Welt, der bereits oben erwähnte Begründer der Firma Leopold Cassella.

Die Schwester der drei oben genannten Söhne, Hendle (1769–1827), war in erster Ehe mit Nathan David Landau (?–1800) verheiratet. Das Ehepaar bekam zwei Söhne, David (1793–1862) und Benedikt (1796–1866). David Landau heiratete 1822 Sara Weiswe iler (1799–?). Aus dieser Familie entstammte anscheinend auch die Mutter von Auguste Ettling, der späteren Ehefrau von Fritz Gans, meinem Urgroßvater.

Nach einjährigem Witwendasein heiratete Hendle 1801 in zweiter Ehe Mayer Salomon Goldschmidt[455], der offensichtlich ihr Vetter, nämlich Sohn aus der oben erwähnten Ehe zwischen Rechle Cassel und Salomon Benedict Goldschmidt war[456]. Hier haben wir wieder ein Beispiel der starken inneren Verflechtung der jüdischen Familien vor uns. Interessant ist, dass eigentlich immer wieder dieselben Elitefamilien untereinander heirateten.

Man sagte dem Vater von David Löb, Löb Benedict Cassel, nach, dass er in Geldgeschäften ein nicht unbedeutender Mann gewesen sei. Dadurch besaß er das Vertrauen des Burggrafen von Friedberg. Aus Unterlagen des Friedberger Archivs geht hervor, dass Löb Benedict ansehnliche Beträge Geld verliehen hat. Schließlich waren die jüdischen Handelsleute auf diese Art der Geschäfte angewiesen. Das war auch der Grund, warum sich mehrere deutsche Fürsten einen Finanzbeauftragten

[453] Stadtarchiv Friedberg.
[454] Stadtarchiv Friedberg: Schreiben des Herrn Friedrichs von 1955.
[455] Der Sohn von Mayer Salomon Goldschmidt und Hendle Cassel war Hayum (Hermann) Mayer Goldschmidt (1802–1866 Fontainebleau), Maler und Astronom, ursprünglich Kaufmann, dann Schüler von Cornelius und Schnorr von Carolsfeld in München, seit 1836 in Paris ansässig, 1842–46 in Rom. Seine Malerei (Portrait und Genre) lieferte ihm die Mittel zu astronomischen Forschungen. Besondere Erscheinungen der Sternenwelt hat er auch im Bilde festgehalten. Zwei Kopien von Goldschmidt nach Leonardo hängen im Altenburger Museum, weitere Bildniskopien im Museum zu Versailles. (U. Thieme/F. Becker (Hg.): Allgemeines Lexikon der bildenden Künstler von der Antike bis zur Gegenwart). Er war mit Adelaide Moreau verheiratet und hatte zwei Töchter. Seine Schwester Rosette Goldschmidt heiratete meinen Ur-Ur-Urgroßvater David Löb Cassel.
[456] L. Herz: Die 600-jährige Geschichte, Tafel II.

in der Judengasse in Frankfurt hielten; wie zum Beispiel Kurfürst Wilhelm I. von Hessen den Juden Mayer Amschel Bauer (1744–1812), der sich nach seinem Haus später Rothschild nannte.

Etwas ungewöhnlich war der Wohnort der Familie, denn das Haus der Familie Cassel befand sich ab 1803 in dem vornehmen Teil der Friedberger Burg, der sonst nur adeligen Burgmannen und dem Burggrafen selbst vorbehalten war. Ignaz Cassel (auch Igel oder Ichel genannt) konnte das Haus auf der Burg, Nummer 34, käuflich erwerben. Das überaus stattliche Gebäude hatte vorher dem Burgmannen Johann Wilhelm August Schütz von Holtzhausen gehört. Heute beherbergt es die Schillerschule[457]. Offensichtlich hatte Löb Benedict, der 1808 starb, seinen Kindern nicht nur ein beträchtliches Vermögen hinterlassen, sondern auch die guten Beziehungen zur „Burg", der er als Finanzberater zur Verfügung gestanden hatte.

Durch das zwischen Frankfurt und Friedberg bereits seit zwei Generationen eng verwobene Familiennetz hatte Löb Benedict Cassel anscheinend den Frankfurter Seidenhändler Elias Löb Reiss kennen gelernt, der als Hoffaktor und später als Hofagent des sachsen-weimarischen Hofs fungierte. Die Kinder von Cassel und Reiss, David Löb Cassel und Nannette Reiss, gingen später die Ehe ein, wodurch der Aufschwung des Familienunternehmens in Gang gesetzt wurde.

Zu meinem Vorfahren Elias Löb Reiss fällt mir in diesem Zusammenhang die folgende Geschichte ein. Geheimrat Johann Wolfgang von Goethe, der auch vom weimarischen Herzog Karl August (1757–1828) unter anderem die Würde eines Präsidenten der Finanzkammer in Weimar bekam, war sozusagen der Vorgesetzte unseres Hofagenten Elias Löb Reiss, mit dem Löb Benedict freundschaftliche Beziehungen pflegte. Reiss hatte sich im Jahre 1782 mit der Bitte an Goethe gewandt, beim Frankfurter Senat ein Wort für ihn einzulegen, denn er wollte unbedingt den Sonntagspaß erhalten. Das Ghetto in Frankfurt durfte nämlich von den Juden an Sonntagen nicht verlassen werden, womit sie von der übrigen Bevölkerung getrennt waren. Reiss hoffte, durch die Intervention Goethes diese Sondererlaubnis zu erhalten. Goethe schrieb einen Brief mit folgendem Text an seinen Onkel Textor, der Mitglied des Frankfurter Senats war: *Nun hat sich dieser Mann* [Reiss] *um die Angelegenheiten der Eisenachischen und Apoldischen Kaufleute jederzeit besonders bemühet, so dass Durchlaucht der Herzog, ihm wohl einige Distinction und Gnadenbezeugung von ihrer Seite mögten widerfahren lassen; da sie aber auch nicht gerne durch ihre Interceßion etwas gegen die Verstattung der Stadt verlangen und so sich entweder einer abschlägigen Antwort ausstellen oder einen ansehnlichen Magistrat etwas wiewohl ungern zu gewähren in die Verlegenheit setzen wollen, so habe ich den Auftrag erhalten, bei EW. Wohlgeboren privatim anzufragen, in wie ferne Sie glauben,*

---

[457] Laut Auskunft des Stadtarchivs Friedberg. Dagegen schreibt H. Gerlach: Leopold Cassella. Ein Frankfurter Handelsmann der Goethezeit, (Ms ohne Ort und Datum bei AvG), S. 47–55, dass dieses Haus 1812 Eigentum der Familie Cassella wurde.

dass und auf was Art für gedachten Juden etwas günstiges zu thun seyn mögte[458]. Doch der Senat willigte nicht ein. Elias Löb Reiss musste weiterhin am Sonntag in den engen Gassen des Ghettos bleiben[459]!

Die Auflösung des Ghettos durch den Beschuss der Franzosen im Jahre 1796 nutzte Elias Löb Reiss, der bis dahin in der Judengasse im Haus „Zum Goldenen Hahn und Fuchs" gewohnt hatte, im gleichen Jahr, um in die Fahrgasse in das Haus „Goldener Stern" einzuziehen[460]. Überhaupt hätte Frankreich als Beispiel für die staatlich gelenkte Judenemanzipation dienen können, denn dort hatten die Juden bereits im Jahre 1790/91 die volle Emanzipation erlangt. Erst nachdem ihnen dieses Recht zugesprochen worden war, mussten sie sich als echte französische Staatsbürger beweisen.

Die Entwicklung in Deutschland vollzog sich dagegen in gänzlich anderer Weise, hier unterschied man drei Stufen der Emanzipation: Die liberale Vorstufe in den Jahren 1781 bis 1815, während der sich die Familien Cassella und Gans bereits als Unternehmer etablieren konnten; sodann die Stufe der Restauration von 1815 bis 1848, in der die Öffnung zur Judenemanzipation zum Teil wieder rückgängig gemacht wurde, bis hin zur Periode der endgültigen rechtlichen Gleichstellung in den deutschen Staaten, die immerhin noch die Jahre 1848 bis 1871 umfasste und bekanntermaßen von einem anwachsenden Antisemitismus begleitet war.

In das Frankfurt der frühen Emanzipation kam nun Löb Benedict Cassel immer wieder zu Besuch zu Elias Löb Reiss und brachte des Öfteren seinen Sohn David Löb mit. Anscheinend begrüßte man die Zusammenführung der beiden Familien, denn am 13. November 1798 heiratete die Tochter Nannette Reiss unseren David Löb Cassel, den späteren Leopold Cassella. Im selben Jahr gründete David Löb Cassel mit seinem Schwager Isaac Reiss in der Judengasse in Frankfurt, in dem „Haus zum Lindwurm" eine Großhandlung in Spezereiwaren unter dem Namen „Cassel und Reiss"[461]. Auch in den folgenden Generationen wurde diese feste Verknüpfung von Heirats- und Geschäftsbeziehung zwischen meinen Frankfurter Vorfahren fortgesetzt.

Diese Gründung war der Beginn eines Handelshauses, das sich im Zusammenhang mit der späteren Firma „Cassella & Comp." bis zum Ende des zwanzigsten Jahrhunderts zu einem der bedeutendsten Unternehmen der deutschen chemischen Industrie entwickeln sollte. Bis dahin war aber noch ein weiter Weg zurückzulegen.

David Löb Cassel beobachtete in der Firma seines angesehenen Schwiegervaters Elias Löb Reiss mit Interesse den blühenden Seidenhandel und wandte sich

[458] Ebd.
[459] Ebd.
[460] Ebd.
[461] H. Gerlach: Leopold Cassella, S. 47f. und FAZ Nr. 278 vom 30.11.1966 sowie MS bei AvG.

mehr und mehr dem damit verbundenen Farbenhandel zu. Dies schien dem aufstrebenden jungen Unternehmen sehr zu Gute zu kommen. Vor allem unterstützte sein Schwiegervater Reiss in der üblichen jüdischen Tradition die beiden jungen Leute durch wertvolle geschäftliche Verbindungen[462].

Glücklicherweise ist uns ein Foto eines Gemäldes von Leopold Cassella überliefert, das ihn als ungefähr dreißigjähriger Mann zeigt. Das Original des Gemäldes hing in der gleichnamigen Firma in Frankfurt am Main[463], ist aber seit Ende des Zweiten Weltkrieges verschollen.

Der „Handlungs-Addreß-Calender" aus dem Jahre 1805 zeigt, dass die Firma „Cassel & Reiss" in die „Schnurgasse am Eck der Borngasse" umgezogen war, wo sie wahrscheinlich größere Geschäftsräume vorfand. 1811 bekam David Löb Cassel die Chance, ein wichtiges Ereignis in Frankfurt für sich zu nützen. Dieses Ereignis versetzte die Gemüter in helle Aufregung, und die „Geschichte der Handelskammer zu Frankfurt am Main" wusste Folgendes zu berichten[464]: Napoleon hatte die Kontinentalsperre verhängt, das hieß, jeder Handel kontinentaler Staaten mit England war verboten, es durften keine englischen Waren eingeführt oder verkauft werden. Wie streng dies gehandhabt wurde, beschrieb Salomon Philipp Gans[465] aus Celle in seinem Tagebüchlein[466].

Leopold Cassella, 1766–1847 (CiB, S. 8)

Nicht nur, dass französische Kürassiere die Waren beschlagnahmten, die Leute mussten auch auf der Straße die englischen wollenen Socken ausziehen. Eines Tages aber ließ der französische Gesandte Graf Hedonville den Behörden mitteilen, dass er wisse, es befänden sich *englische Cotons, Filés und Percales* in Frankfurt. Sie seien nachweislich über Hamburg aus England hierher gelangt. Vor allem jedoch wollte er die Schuldigen benannt haben und als nächster Schritt galt es, die Ware auszuliefern. Die Behörden der Stadt Frankfurt bekamen es mit der Angst zu tun, sie ließen die Frachtwagen kontrollieren, ebenso die Lieferungen von Haus zu

---

[462] H.E. Rübesamen: Ein farbiges Jahrhundert, S. 47.
[463] Ende des II. Weltkriegs wurde das auf einem Mainschiff ausgelagerte Archiv geplündert und ist seither verschwunden. H. Gerlach: Leopold Cassella, S. 47.
[464] H. Gerlach: Leopold Cassella, S. 50ff.
[465] Siehe das Salomon Philipp Gans-Kapitel dieser Arbeit.
[466] L. Herz: Die 600-jährige Geschichte, S. 20.

Haus, die Stadttore wurden von Soldaten bewacht, sie legten Siegel an die Lager, die verdächtig schienen. Ein Abgesandter der Handelsdeputation wurde nach Aschaffenburg zum Großherzog geschickt, um die Lage zu beschreiben und die Zustimmung der Durchsuchungsmaßnahmen zu erbitten. Der Großherzog wollte Namen sehen, aber eine Durchsuchung von 40.000 Personen, ohne Anhaltspunkt auf den Verdächtigen, schien unmöglich. Es hieß: *Der Endzweck der Untersuchung, der redliche Eifer, dem Kaiser Napoleon gefällig zu sein und seine erhabene Absicht wider das Handlungsmonopol der Engländer zu befördern, werde so erschwert.*

Ein „Prügelknabe" musste her. Und dieser fand sich in David Löb Cassel, auf den die Wahl gefallen war. Er erklärte sich bereit, *7 Colli und 2 Päckchen* englischer Baumwollwaren zur Verfügung zu stellen. Somit konnte man in Ruhe erklären, englische Ware gefunden zu haben. Man beschloss, die nun beschlagnahmte Ware jetzt durch eine feierlich inszenierte Verbrennung großartig darzustellen, da man froh war, einen Ausweg gefunden zu haben. Der Maire Guiolett gab selbst den guten Tipp, die Ware auseinanderzuzupfen um *viel Zeug daraus zumachen, so als sei eine gewaltige Menge Baumwolle zu verbrennen*. Am 18. Juni 1811 fand das Spektakel auf dem Fischerfeld statt. Auf einem Stich kann man sehen, wie Militär und Behörden die einzelnen Stücke dem Feuer übergaben.

Nach dieser Leistung versprach der Maire Guiolett, sich für das „Opferlamm" David Löb Cassel bei einer späteren Gelegenheit einzusetzen[467]. Und die sollte bald kommen. Wie wir wissen, hatte am 16. August 1810 Karl Theodor von Dalberg, Fürstprimas des napoleonischen Rheinbundes und von 1810 bis 1813 Großherzog von Frankfurt, die Gleichberechtigung aller Einwohner verkündigt, also auch der Juden, die allerdings mit einer beträchtlichen Zahlung von 440.000 Gulden verbunden worden war. In einem offiziellen Schreiben vom 19. Januar 1811 war der entscheidende Satz enthalten: *Alle am 1. Januar 1811 im Großherzogtum als wirkliche Untertanen Wohnende sind Staatsbürger geworden und jedes Eigentums und Gewerbes gleich fähig.* Am 7. März 1812 meldete der Maire Guiolett dem „Präfekten", dass 645 Juden den Bürgereid abgelegt hätten[468]. In der Liste der Juden, die nach der Meldung an den Präfekten den Bürgereid abgelegt hatten, erschien nun der neue Familienname Leopold Cassella[469], den auch die Offenbacher Familienmitglieder annahmen, und nicht mehr David Löb Cassel[470].

---

[467] H. Gerlach: Leopold Cassella, S. 47–55.
[468] Ebd.
[469] Der jüdische Name David Löb Cassel erschien am 17. Februar 1812 in einer Liste zusammen mit dem neuen Namen Leopold Cassella, nachdem David Löb Cassel den Bürgereid ablegt hatte. Man kann annehmen, dass in der Bestimmung des Bürgereids die Klausel enthalten war, sich einen deutsch klingenden Familiennamen zu suchen. Andererseits könnte die Namensänderung auch allein dem Wunsch des Vereidigten entsprochen haben, womit eine endgültige Abkehr von der jüdischen und eine Hinwendung zur deutsch-bürgerlichen Gesellschaft dokumentiert worden wäre.
[470] H. Gerlach: Leopold Cassella, S. 53.

Die Chance der Gleichstellung sowie die Aufhebung der Kontinentalsperre, die Napoleon über England verhängt hatte, nutzte David Löb Cassel/Leopold Cassella, um mit seinem Schwager am 30. Oktober 1812 die Zuckerraffinerie „Cassel & Reiss" in einem stattlichen Haus mit einem großen Garten, dem Holzhausenschen Anwesen in der Allerheiligenstraße, beziehungsweise in der Rittergasse[471] zu gründen. Es galt, aus der durch die Kontinentalsperre hervorgerufene Zuckerschwemme zu profitieren und den Zucker zu veredeln. Man sagte damals dem Frankfurter Zucker eine erstklassige Qualität nach, die sich mit der des Auslands messen konnte. Hiermit begann ein neuer Abschnitt in den Unternehmungen der beiden Handelsleute, nämlich die Verarbeitung eines Rohstoffes[472].

Die Fabrik wurde von Dalberg genehmigt und blieb bis 1826 bestehen. Allerdings blieb auch die alte Firmenbezeichnung „Cassel & Reiss" bis 1819 bestehen, obwohl wir wissen, dass in der Liste vom 17. Februar 1812 bereits der neue Familienname „Cassella" aufscheint. In einer Schrift ist nachzulesen, dass Isaac Reiss sich am 1. Januar 1820 von Leopold Cassella trennte, und dieser nun die alleinige Verantwortung, Rechnung und Verbindlichkeit für die Firma trug[473].

Nicht nur in der Rittergasse betrieben „Cassel und Reiss" ihre Geschäfte. Vom Vorstand der israelitischen Gemeinde hatten sie 1814 das in der Predigergasse gelegene, „Zum Husarenstall" genannte Haus gekauft. Dies war eine Häusergruppe des bekannten „Compostellhofes", jenes ehrwürdigen Baues in unmittelbarer Nähe des Doms, den schon Goethe im ersten Buch von „Dichtung und Wahrheit" als „Festungen in der Festung" erwähnt. Das große gewölbte Tor gewährte Einblick in den mittelalterlichen Hof. 1821 kaufte Leopold Cassella die Anteile an dem Anwesen von seinem Compagnon dazu[474].

Während in Celle infolge des Zusammenbruchs der napoleonischen Herrschaft 1814 die Juden ausgewiesen wurden, und die Familie über Ludwig Ahrons Fortgang nachdachte, baute Leopold Cassella in Frankfurt schon an ihrer beider Schicksale. Und als Ludwig Ahron 1814 Celle verlassen musste und zu seinen Verwandten nach Frankfurt zog, konnte Leopold Cassella dem jungen Mann, der bei ihm als Lehrling anfing, die neue Arbeitsstätte bereits vorweisen, nämlich das Anwesen im Compostellhof. Einst hatten hier Pilger gerastet, ehe sie in das spanische Santiago de Compostella weiter gewandert waren. Nun diente dieser Neuerwerb Leopold Cassella als Wohnung und Lagerräume.

---

[471] Ebd., S. 52. – H. Gerlach berichtet außerdem, dass eben in diesem Haus der berühmte Dichter Friedrich Maximilian Klinger bis zu seiner Abreise aus Frankfurt 1774 gewohnt haben soll. „Hier traf er Goethe und andere Genossen". Siehe außerdem H.E. Rübesamen: Ein farbiges Jahrhundert, S. 44.
[472] Ebd., S. 44.
[473] H. Gerlach: Leopold Cassella, S. 54.
[474] H.E. Rübesamen: Ein farbiges Jahrhundert, S. 44.

Als Leopold Cassella dann um 1830 einen Einfuhrhandel mit Naturfarben anfing, lagerten unter anderem nun an der ehemals frommen Stätte Fässer mit Indigo, Kisten mit Farbhölzern, Cochenille und Krapp. Cassella handelte also damals schon mit Farben. Die Herstellung von chemischen Farben war in jenen Jahren sicherlich noch nicht vorauszusehen. Die alten Verbindungen zu den Abnehmern und Verarbeitern von Naturfarben werden später aber bei der Planung der chemischen Produktion von Farbstoffen der Firma Cassella eine wichtige Rolle gespielt haben.

Schon in der Antike wurde das Purpurrot als Zeichen höchster Würde gewertet. Allerdings überforderte die Purpurgewinnung fast die menschliche Geschicklichkeit und Ausdauer, denn das Drüsensekret der Purpurschnecke musste erst einen langwierigen Umwandlungsprozess durchlaufen, ehe man es als Purpur erkennen konnte. Die Schnecken wurden in großen Mengen mit Netzen eingefangen, zerschnitten, gesalzen und etwa 10 Tage gekocht. Den Farbwünschen entsprechend wurde der Sud verdünnt oder verstärkt, wobei die Farbtöne zwischen dunkelrot, rot- und blauviolett schwankten. Der Aufwand und der geringe „Rohstoffanfall" ließen Purpur zu einem äußerst kostbaren Handelsobjekt werden und dienten, wie schon erwähnt, der Repräsentation höchster Würden[475].

Nach dem Zusammenbruch des Römischen Reiches fehlte es danach an repräsentationsfreudigen Potentaten, die die außergewöhnlichen Preise bezahlen wollten. Aus Ersparnisgründen wandte man sich der Kermesschildlaus zu, deren Scharlachfarbstoff nun zur Färbung diente. Die Zeit des Purpurs war vergangen. Im Orient und im ganzen Herrschaftsgebiet der Araber blühte dagegen der Handel mit der Kermesschildlaus. Aber auch deren Zeit war abgelaufen, denn als im Jahre 1512 Cortez Mexiko eroberte und die Spanier bei den Azteken prächtige karminrote Gewebe fanden, kam ihnen ein neuer „Lieferant" gelegen.

Den wunderbaren Farbstoff lieferten die sogenannten Cochenille-Läuse, die auf Kakteen schmarotzten. Sie wurden dort abgefegt, in der Sonne getrocknet und zu Pulver vermahlen. Man hatte die Bereitung zu einem schöneren und haltbareren Rot als dem der Kermesläuse gefunden. Ein schwungvoller Handel begann, an dem auch das Frankfurter Haus Cassella Anteil hatte – vor allem nachdem die Cochenille-Laus samt ihrer Wirtspflanze nach Algerien und auf die Kanarischen Inseln verpflanzt worden war. Aber den Züchtern wie auch Händlern verblieben genau 24 Jahre für dieses Geschäft. Denn als 1894 die Formel für das synthetische Karmin gefunden wurde, war das Interesse an Cochenille nicht mehr vorhanden.

Ähnlich katastrophal endete der Anbau von Krapp, mit dem Leopold Cassella zunächst ebenfalls handelte. Krapp ist eine Wurzel, die geschnitten, gedörrt und aufgekocht, das beliebte „Türkischrot" lieferte und im Orient beheimatet war. Seit Karl dem Großen wurde Krapp auch in Mitteleuropa angebaut und es entwickelte

---

[475] Ebd., S. 19f.

sich zu einem einträglichen Landwirtschaftsprodukt. Auch hier war die Erfindung des synthetischen Farbstoffs Alizarin um 1860 der Grund, warum Krapp in kürzester Zeit vom Markt verdrängt wurde. Die roten Hosen der Franzosen waren 1870/71 noch mit dem Saft der Krappwurzel gefärbt.

Ebenso nachteilig wirkte sich der neue Erfindungsgeist auf die Erfurter Waidjunker aus. Die Blätter der Waidpflanze lieferten im Mittelalter das einzig brauchbare Blau. Als nach der Entdeckung des Seeweges nach Indien der Indigo in immer größeren Mengen nach Europa gelangte, war die Erwerbsquelle der Waidjunker erloschen. Obwohl man in Frankreich unter Androhung der Todesstrafe den Verbrauch von Indigo verbot, war dessen Siegeszug nicht aufzuhalten. Die Indigopflanze färbte in einem klareren Blau als der Waid und war um das Dreißigfache ertragreicher. Erst um die Jahrhundertwende gelang es Chemikern der BASF und Hoechst, synthetisches Indigo großtechnisch herzustellen.

Aber noch war in Frankfurt Leopold Cassella mit seinem Farbhandel beschäftigt und der Erfolg von Jahr zu Jahr absehbarer. Er sollte die Voraussetzung für den späteren Aufschwung nicht nur als Handels-, sondern als Herstellungsunternehmen für Anilinfarben werden. Leopold Cassella war fleißig und umsichtig. Er wollte zu gerne sein Lebenswerk mit jemandem teilen und fortgesetzt wissen. Zu seinem großen Kummer konnte er mit seiner Frau Nannette, geborene Reiss, keine Kinder bekommen, und so beschloss das Ehepaar, die Tochter seiner Schwester Hendle (1769–1827), die am 9. August 1801 Mayer Salomon Goldschmidt[476] geheiratet hatte, bei sich aufzunehmen. Rosette Goldschmidt kam als Pflegetochter in das Haus Cassella und wuchs auf das liebevollste umsorgt von Onkel und Tante, die sie ja nun als eigene Tochter ansahen, auf.

Neben seinem unerschöpflichen Arbeitsdrang und dem steten Erfolg hatte sich Leopold Cassella inzwischen einer Loge angeschlossen, denn der aufgeklärte Teil der Juden hatte 1807 die Loge „Zur aufgehenden Morgenroethe" gegründet, da die Freimaurerlogen in der Stadt die Aufnahme von Juden abgelehnt hatten. Die von den aufstrebenden Juden gegründete Loge war bereits als Lesegesellschaft aktiv gewesen. Die vielen christlichen Mitglieder waren bis dahin überwiegend nichtfrankfurter Ehrenmitglieder. Obwohl der Zweck darin bestehen sollte, den gesellschaftlichen Kontakt zwischen Juden und Christen zu ermöglichen und vor allem zu intensivieren, bestand die Loge auf einer restriktiven und nur auf angesehene Juden beschränkten Aufnahme. Somit kamen die prominenten und aufgeschlossenen Frankfurter Juden, wie z.B. Leopold Cassella, in den Genuss, Mitglieder jener Loge zu werden, die man als Diskussionsmittelpunkt ansah.

Ludwig Ahron Gans, mein Ur-Urgroßvater aus Celle[477], der sich nach seiner Lehrzeit während dieser Jahre als tüchtiger und zuverlässiger Mitarbeiter in der

[476] Siehe die Goldschmidt-Rothschild Verbindung.
[477] Siehe das nachfolgende Kapitel.

Rosette Goldschmidt und Ludwig Ahron Gans (Archiv AvG)

Firma Cassella erwiesen hatte, wurde 1822 im Alter von achtundzwanzig Jahren mit der Prokura versehen. Es kam wie es kommen musste: im Jahre 1828 heiratete Ludwig Ahron die Nichte und Ziehtochter seines Lehrherrn Leopold Cassella und dessen Frau Nannette, Rosette (Rösge) Goldschmidt (1805–68), und der nun Vierunddreißigjährige wurde im gleichen Jahr Teilhaber der Firma[478].

Es scheint in der Tat so gewesen zu sein, dass zwischen Teilhaberschaft und Einheirat in ein Unternehmen in der Familie Cassella eine Art Junktim bestanden hat, das hieß, ein Schwiegersohn oder Schwager übernahm bei seiner Einheirat auch immer die Mitverantwortung für das Unternehmen. Damit verblieben die Anteile der weiblichen Familienmitglieder in der Firma. Den gleichen Prozess erlebten wir in der vorhergehenden und werden wir in der nächsten Generation erleben. Rosette und Ludwig Ahron Gans bekamen sechs Kinder, Henriette, Marianne, Friedrich (Fritz) Ludwig, Pauline, Adolf und Leo, von denen ausführlich in den folgenden Kapiteln berichtet werden wird.

1838 spezialisierte sich die Firma, die sich jetzt Leopold Cassella & Comp. nannte, auf den Handel mit natürlichen Farbstoffen en gros und importierte Farbhölzer aus Indien, China und Südamerika. Die Spezereiwaren wurden offenbar ganz aufgegeben. Durch die Erfindung der Dampfmaschine hatte die Textilindustrie einen schnellen Aufschwung genommen. Farblieferanten wie auch Färber, die einst ihre eigenen Rezeptbücher besaßen, profitieren davon. Die Folge war ein mächtig expandierender Markt für Farbstoffe[479]. Die Farbenfreude in der Kleidung sollte von nun an kein Privileg mehr für Aristokraten sein.

Um den Vertretern der Firma Cassella einen leichteren Verkauf zu ermöglichen, gab man ihnen kleine Farbmustertafeln mit auf den Weg. Sie waren mit einer Beschreibung der einzelnen Farbvorgänge versehen. Die Firma hatte die gesamte Farbpalette in kleinen Stoffmustern in einem Büchlein bereitgestellt[480].

---

[478] H.E. Rübesamen: Ein farbiges Jahrhundert, S. 44.
[479] Ebd., S. 47.
[480] L. Cassella & Co. Immedialfarben auf Baumwollstückware, Frankfurt am Main, nach 1847 (im Besitz von AvG).

Der weit blickende Leopold Cassella wusste am Ende seines Lebens die Firma in besten Händen. Die Anteile der Familie Reiss waren vermutlich in die Firma durch Kauf vom früheren Teilhaber eingebracht worden. Die Firma selbst war durch den Übergang an den Schwiegersohn-Neffen Ludwig Ahron Gans, der von der Pike auf sein Handwerk im Unternehmen gelernt hatte, auf solide Fundamente gestellt worden. Die nächste Generation im Unternehmen war durch die Geburt von drei Söhnen gesichert.

Als Leopold Cassella im Jahre 1847 starb, wurde er auf dem Frankfurter Jüdischen Friedhof begraben[481]. Ich stelle mir seine Beerdigung nach altem jüdischem Ritus wie folgt vor[482]: Wie es die jüdische Überlieferung verlangte, sollte aus Ehrfurcht vor dem Toten die Bestattung so rasch und einfach wie möglich vor sich gehen. Der Verstorbene wurde in ein weißes Sterbehemd gehüllt und in einen einfachen Holzsarg gelegt. Nach uraltem Brauch gab man jedem Leichnam eine Hand voll Erde aus Erez Israel, wenn möglich vom Ölberg, mit in den Sarg. Damit sollte der Verstorbene noch im Tode mit dem Heiligen Land verbunden sein, in dem zu ruhen der Wunsch der Juden seit jeher war; denn damit gehörte er zu denen, die zuerst den Posaunenschall des Messias vernehmen und denen die mühsame Wanderung ins Gelobte Land erspart blieb. So die Überlieferung. Die Füße des Toten wurden nach Osten gerichtet. Waren nach der Totenfeier Reden und Gebete verklungen, wurde das Gewand der Trauernden, zumeist der nahen Verwandten, als Symbol der Wunde im Herzen an einer sichtbaren Stelle zerrissen.

Juden gehen nicht oft auf den Friedhof, allerdings wird am Jahreszeitentag ein Licht am Grab entzündet und das Gebet (Kaddisch) gesprochen. Ansonsten sollen sich das Gedenken und die Verehrung für den Toten im Herzen abspielen. Zwölf Monate später wurde der Grabstein senkrecht zum Haupt des Toten gesetzt. Blumen wurden weder zur Bestattung noch als Grabschmuck verwendet. Man kann kleine Steinchen auf das Grabmal legen, manchmal findet man Zettel oder Briefchen zum Zeichen des Gedenkens darunter[483]. Dies ist ein schöner Brauch, der nicht in Vergessenheit geraten sollte.

---

[481] K. Meier-Ude/V. Senger: Die jüdischen Friedhöfe in Frankfurt, Frankfurt am Main 1985, S. 54. Wir finden Leopold Cassellas Grab in Block 2, Grab 4 des Frankfurter jüdischen Friedhofs. – Fälschlicherweise nennt V. Senger Leopold Cassella als Gründer der Farbenwerke Mainkur, die aber erst viele Jahre nach seinem Tod im Jahre 1870 gegründet wurden.
[482] Ebd., S. 26ff.
[483] Ebd.

B. Ludwig Ahron Gans (1794–1871) und der Aufstieg der Farbenfabrik Leopold Cassella zum Weltunternehmen in den Jahren 1848 bis 1904

Bereits im Jahre 1848 wurde der Neffe von Leopold Cassella, mein Ur-Ur-Großvater Ludwig Ahron Gans, Alleininhaber der Firma Cassella & Comp., nachdem er zunächst eine Sozietät mit der Witwe Leopold Cassellas, Nannette geb. Reiss, (1780–1869) gegründet hatte. Ungefähr zwei Wochen nach dem Tode Leopold Cassellas wurde ein Schriftstück von Nannette Reiss und Ludwig Ahron Gans verfasst, das besagte, dass: *wir Endbenannten in einer solchen Handlungs-Societät, worin wir die Geschäfte mit gesammter Hand selbst verrichten, unter dem Namen Leopold Cassella & Comp stehen. So haben wir zur schuldigen Befolgung diese Urkunde nach solcher Vorschrift im Beiseyn des Wechselnotars Dr. Karl Jacob Schurig eigenhändig unterschrieben und besiegelt*[484].

Das obige Schreiben lässt erkennen, dass die Firma Leopold Cassella auf soliden Beinen gestanden haben muss, denn neben den beiden Namen der neuen Sozietät wird die Seriosität der Firma durch den Eintrag beim Rechnerei-Amte bestätigt. Dieses billigte nämlich das Geschäft des Unternehmens mit Wechseln. Das Wissen

Das Geschäftshaus in der Lange Str. 29 (CiB, S. 55)

[484] Original der Urkunde bei AvG.

um die gute finanzielle Grundlage der Firma wie auch das solide Geschäftsgebaren trug offensichtlich zur Gewährung dieses Privileges bei. Außerdem lässt es auf breite Geschäftsbeziehungen schließen.

Ein Jahr später übernahm Ludwig Ahron Gans die Anteile seiner 68-jährigen Schwiegermutter, die er vermutlich ab diesem Zeitpunkt finanziell zu unterstützen hatte.

Schließlich wurden einige Räume in einem großzügigen Gebäude in der Langestraße 29 als neuer Sitz der Firma „Leopold Cassella & Comp." bezogen, wie sie sich nach der Aufnahme von Ludwig Ahron Gans als Teilhaber im Jahre 1828 nannte[485]. Der Ausdruck des beginnenden Wohlstands fand sich jetzt in diesem typischen bürgerlichen Geschäftshaus wieder. Es war ein schönes geräumiges Gebäude mit klarer Linienführung der Fassade[486].

Im Jahr 1848, der alleinigen Besitzübernahme der Firma durch Ludwig Ahron Gans, trat zugleich die nächste Generation in Erscheinung. Ludwig Ahron nahm seinen ältesten Sohn, meinen Urgroßvater, Fritz Gans (1833–1920), als 15-jährigen Lehrling in die Firma auf, denn familiäre Hilfe war für das expandierende Unternehmen von Nöten. Fritz sollte später in die Fußstapfen seines Vaters treten, ja, was die Geschäftstüchtigkeit angeht, ihn sogar noch übertreffen. Es galt zunächst, den ganzen Betrieb von Grund auf zu erkunden.

In der Folge der langen Betriebszugehörigkeit von Fritz Gans als aktives Mitglied, die 56 Jahre lang von 1848 bis 1904 dauerte, wurde dieser Zeitzeuge eines außergewöhnlichen industriellen Fortschritts im Deutschen Reich, insbesondere auf dem Gebiet der Chemie. Er konnte mir daher vorzüglich als Protagonist für die nun zu schildernde Geschichte meiner Familie und ihres Unternehmens über fast ein dreiviertel Jahrhundert dienen.

Bisher wurden nämlich, wie bekannt, alle Stoffe, die man zum Färben, zum Anstreichen und Malen verwandte, aus der Natur gewonnen[487]. 1856 erfand in England in aller Stille der 18-jährige Chemiestudent am Royal College of Chemistry in London, William Henry Perkin, den ersten synthetischen Farbstoff rein zufällig, indem er auf der Suche nach synthetischem Chinin war und mit Steinkohlenteer laborierte. An diesem College lehrte seit 1845 auch der Deutsche Chemiker Wilhelm von Hofmann. Zu seinen Schülern gehörte eben jener begabte Student Perkin. Damit kam es zu einer der außerordentlichen Begegnungen, die zuweilen zwischen großen Persönlichkeiten stattfinden, und die danach eine ebensolche außergewöhnliche Entwicklung in Gang setzen: Wilhelm von Hofmann begegnete in Paris einige Jahre später Leo Gans, dem Bruder meines Urgroßvaters Fritz, der

---

[485] Frankfurter Zeitung vom 28.4.1927.
[486] Cassella im Bild, S. 11.
[487] J. Borkin: Die unheilige Allianz der I.G. Farben. Eine Interessengemeinschaft im Dritten Reich, Frankfurt/New York 1978, S. 9f.

dort als Chemiker einige praktische Jahre absolvierte und von Hofmann in diejenige „neue" Wissenschaft eingeweiht wurde, die den Grundstock für den Aufstieg der späteren Cassella-Werke zu Weltruhm bilden sollte[488].

Bei einem seiner Experimente gewann Perkin durch die Behandlung von Anilin mit Kaliumdichromat und mit Hilfe von Lösungsmittel eine hellviolette Flüssigkeit, eher eine Farbe der Malvenblüten und benannte sie daher *Mauvein*. Dieser Farbstoff eignete sich zum Färben, worauf nach anfänglichem Zögern die französischen Seidenverarbeiter feststellten, das dieser preiswerter als die natürlichen Farbstoffe war[489].

Zur kommerziellen Nutzung seiner Erfindung gründete Perkin eine Fabrik in London. Man erkannte in seinem Heimatland damals aber weder die wissenschaftliche Bedeutung noch die industrielle Verwertbarkeit dieser Entdeckung. Man sah sogar keinen Anlass, die synthetischen Farbstoffe zu fördern, da der Außenhandel Englands mit Naturstoffen viermal so groß war wie der Frankreichs, Deutschlands und Italiens zusammen.

Mit dem Erscheinen der ersten Anilinfarbe war jedoch eine neue Industrie geboren worden[490]. Im Vergleich zu England sah man in Deutschland sofort die große Zukunft der synthetischen Farbstoffe voraus. Es waren die jungen Naturwissenschaftler, die mit Wagemut, Elan und Begeisterung das Gespür für die neuen Märkte entwickelten. Die Nachfrage nach synthetischen Farbstoffen schritt derart Erfolg versprechend fort, dass bereits 1863 in Hoechst und Elberfeld sowie in Biebrich und 1865 in Ludwigshafen Chemiefabriken entstanden. Im Jahr 1877 betrug der deutsche Anteil an der Welterzeugung von synthetischen Farbstoffen bereits 50%[491]. Zu Beginn des 20. Jahrhunderts hatten die großen Firmen BASF, Bayer und Hoechst sich zu den Spitzenreitern bei der Herstellung und Verbreitung von synthetischen Farbstoffen entwickelt.

Nun war das Zeitalter der aus Teer gewonnen Chemiefarben angebrochen. Diese Farben leuchteten bunter und verkauften sich günstiger als die bisherigen Naturfarben. Anilinpräparate und Imprägnierungsmittel entstanden. Die kleineren Unternehmen wie Cassella, Agfa und Kalle sollten dem Boom folgen. Aber es war noch ein weiter Weg, bis die Firma Cassella gleichzog und 1870 ihre eigene Anilinfarbenfabrik besitzen sollte[492].

Im Frankfurter Handelshaus wurde etwa zur gleichen Zeit der neuen bahnbrechenden Erfindungen, und zwar im Jahre 1858, zunächst wieder ein neuer

---

[488] Siehe Kapitel Leo Gans.
[489] Cassella AG (Hg.): Im Wandel. 125 Jahre Cassella, Firmenschrift, Frankfurt am Main 1995, S. 10ff.
[490] J. Borkin: I.G. Farben, S. 10.
[491] Im Wandel. 125 Jahre Cassella, S. 12, Firmenschrift.
[492] Siehe Kapitel Leo Gans.

Teilhaber aufgenommen. Bis zu diesem Zeitpunkt hatte Ludwig Ahron mit Hilfe seiner beiden heranwachsenden Söhne Fritz, 25 Jahre, und Adolf, 16 Jahre alt, das Familienunternehmen geleitet. Beide Söhne sollten im kaufmännischen Bereich des Unternehmens tätig werden, während für den dritten Sohn Leo offensichtlich bereits damals schon die Ausbildung zum Chemiker vorgesehen war. Denn im gleichen Jahr findet Leo Gans mit 15 Jahren als Schüler Beschäftigung im Laboratorium des Chemikers Dr. J. Löwe, Frankfurt, ehe er nach dem Chemiestudium in Heidelberg seine eigene kleine Farbenfabrikation ins Leben rief, an der später seine Brüder beteiligt waren.

Der inzwischen fünfundsechzigjährige Ludwig Ahron Gans wird sich der Diskrepanz zwischen seinem Alter und der relativen Jugend seiner Söhne bewusst gewesen sein. 1858 nahm er daher als Teilhaber Bernhard Otto Weinberg (1815–1877) aus Escheberg bei Kassel auf[493]. Dieser hatte mit seinen dreiundvierzig Jahren sicherlich bereits eine unternehmerische Karriere hinter sich gebracht, die der Firma von Nutzen sein konnte.

Wir wissen fast nichts über den früheren beruflichen Lebensweg von Bernhard Otto Weinberg. Möglicherweise hatte er Kontakte nach England gehabt und dort von unternehmerischen Möglichkeiten gehört, die die neuen Erfindungen auf dem Gebiet der Farbenentwicklung boten. Vielleicht ist sogar auf ihn die Entscheidung, den jüngsten Sohn von Ludwig Ahron Gans zum Chemiker auszubilden, zurückzuführen. Ludwig Ahron Gans wird seinen zukünftigen Teilhaber und Schwiegersohn mit Bedacht ausgewählt und Wert auf die passende berufliche Qualifikation gelegt haben.

Denn auch hier kam es wieder zu dem oben mehrfach geschilderten familiärgeschäftlichen Junktim: Bernhard Weinberg hatte am 18. Juni 1858 Pauline Gans (1836–1921), die jüngste Tochter von Rosette und Ludwig Ahron, zur Frau genommen, wodurch die finanziellen Anteile der Braut in der Familie und im Unternehmen blieben. Bernhard Weinbergs Vater, Salomon Maximilian Weinberg (1782–1825), war bereits in der zweiten Generation Gutspächter der Herren von der Malsburg in Escheberg (Kreis Wolfshagen bei Kassel) gewesen. Nebenher betrieb er eine Brennerei, so dass er auch manchmal als Handelsjude beschrieben wurde[494]. Das Wissen um Pferde und Zucht, das er als Gutsverwalter erworben hatte, sollte später seinen Enkeln, den Söhnen von Bernhard Weinberg und Pauline Gans, zu großen Erfolgen im Rennsport führen, wie ich noch weiter unten berichten werde.

Es kann vermutet werden, dass Bernhard Weinberg den bisherigen Status seiner Familienmitglieder als Landjuden verlassen hatte und infolge der allgemeinen

[493] H.D. Kirchholtes: Cassella und die Weinbergs. Hoffnung und Tragik einer jüdischen Industriellenfamilie, Kuratorium Kulturelles Frankfurt e.V. 1997 (Vortrag am 18.2.1997).
[494] J.U. Heine: Verstand & Schicksal: Die Männer der I.G. Farbenindustrie AG, Weinheim 1990, S. 255.

Pauline Weinberg (Archiv AvG)

Abwanderung der jüdischen Familien aus den ländlichen Gemeinden in die Großstadt Frankfurt am Main gezogen war. Diese Abwanderungsbewegung resultierte aus den frühen Diskriminierungen der Landjuden, die durch ihren Erfolg für ihre christliche Umgebung zu einer zu großen Konkurrenz herangewachsen waren. Da bot die Großstadt den größeren Schutz als die kleine Landgemeinde, wo jeder jeden kannte[495].

Aus der Ehe mit Pauline Gans entsprangen eine Tochter und zwei überlebende Söhne, Carl (Carlo) Weinberg und Arthur Weinberg, später von Weinberg, die den erfolgreichen Aufstieg der Firma Cassella in großartiger Weise unterstützten und mit ihren Onkeln Fritz, Adolf und Leo Gans Cassella zur Weltfirma ausbauten. Darüber wird in gesonderten Kapiteln berichtet[496].

Die Zusammenarbeit des Familienverbandes verlief sehr harmonisch. Die Firma wurde in den aufregenden Jahren der chemischen Erfindungen, wie z. B. die von E. Virgin, der 1858 den Farbstoff Fuchsin erfand, von dem Senior des Unternehmens Ludwig Ahron Gans und seinen Söhnen Fritz und Adolf sowie dem neu hinzu gekommenen Schwager Bernhard Weinberg gemeinsam geleitet[497].

C. Die Entwicklung der chemischen Industrie in Deutschland im 19. Jahrhundert

Man gewinnt den Eindruck als habe Ludwig Ahron Gans die bahnbrechende Entwicklung der Chemieindustrie vorausgeahnt, als er relativ früh die Weichen für den

---

[495] M. Brenner: Vorlesung „Die deutschen Landjuden" (Beispiel Floß) vom 8.5.2003, LMU München.
[496] Siehe Kapitel Carlo und Arthur v. Weinberg.
[497] Bernhard Otto Weinberg liegt auf dem jüdischen Friedhof in Frankfurt in der Rat-Beil-Straße, Block 12, begraben. Wir danken Herrn D. Georg, Frankfurt, für diese Information.

geschäftlichen Aufschwung seines bisherigen Unternehmens stellte. Dazu gehörten die Ausbildung seines jüngsten Sohnes zum Chemiker und die Ausweitung des Kundenstammes für Farben ganz allgemein, der neben den Naturfarben zunächst mit Anilinfarben der Konkurrenz beliefert wurde, bevor die eigene Produktion von Anilinfarben gestartet werden konnte.

Denn nur einige Jahre nach der Erweiterung der Geschäftsbasis von Cassella kam es zu einer Fülle von Neugründungen in Deutschland, in denen die neuen synthetischen Farbstoffe mit großem Erfolg hergestellt wurden und letztendlich Deutschland zur führenden Nation in der Welt auf dem Gebiet der Farbenproduktion machte.

Im Jahre 1863 wurde beispielsweise die offene Handelsgesellschaft Friedrich Bayer et Comp. zur Herstellung von Anilinfarbstoffen zusammen mit dem Färbermeister Johann Friedrich Weskott gegründet. 1865 wurde bereits eine erste Beteiligung in den USA erworben, der 1882 eine weitere folgte. Ausländische Niederlassungen entstanden ab 1884 in Moskau, Belgien und England. 1888 wurde die pharmazeutische Abteilung eingerichtet, und 1894 wurde der Gesamtbetrieb nach Leverkusen verlagert.

Bereits ab 1865 arbeitete die Badische Anilin & Sodafabrik in Mannheim. 1878 wurden bei Lyon, 1879 bei Moskau Fabrikationsstätten errichtet. 1889 wurde die BASF Verkaufsorganisation nach Ludwigshafen verlegt. Ab 1910 erzielte das Unternehmen herausragende Erfolge in der Hochdruckchemie und zwar auf dem Gebiet der Düngemittel und Sprengstoffe.

Der Chemiker Dr. Eugen Lucius und die Kaufleute Wilhelm Meister und August Müller gründeten im gleichen Jahr die Firma Meister Lucius & Co. in Hoechst am Main. Anstelle des letzteren trat 1864 der Chemiker und technische Direktor Dr. Adolf Brüning in die Firma ein. 1871 wurde die Anilinproduktion aufgenommen. Es entstanden Produktionsstätten 1878 in Moskau, 1881 bei Paris und 1908 in England. 1904 erwarben die Hoechstwerke einen Anteil an der Cassella und 1907 eine Beteiligung an Kalle & Co.

Ebenfalls im Jahre 1863 eröffneten Jacob und Wilhelm Kalle die Firma Kalle & Co. zur Herstellung von Farbstoffen. 1884 wurde eine Filiale in New York gegründet und 1892 entstand in Russland eine Fabrik zur Farbstoffherstellung, 1897 eine in Warschau. 1904 erfolgte die Umwandlung in die Kalle & Co. Aktiengesellschaft, und 1907 erwarb Hoechst einen Kapitalanteil, der in den Folgejahren zur Mehrheit wurde.

1865 wurde Leo Gans bei Prof. Bunsen, Heidelberg, zum Dr. phil. promoviert. Dr. Leo Gans gründete 1868 in Frankfurt am Main ein chemisch-technisches Labor. Es wurde dort zunächst nur Naturindigo verarbeitet. Jedoch erregte seine Versuchsfabrikation für Teerfarbstoffe bald die Aufmerksamkeit des Handelshauses seines Vaters, und so errichtete er zwei Jahre später in Mainkur eine Fabrik, die die

Das Werk im Gründungsjahr 1870 (CiB S. 21)

Produktion von Naphtalinfarbstoffen aufnahm. Es wurden Fuchsin und andere Anilin-Farben und diejenigen Chemikalien, die für die Fabrikation der genannten Farben sowie für deren Anwendung in der Industrie erforderlich waren, hergestellt[498].

Nach Vereinigung im Jahre 1894 mit der väterlichen Farbengroßhandlung in Frankfurt firmierte das Unternehmen als Anilinfarbenfarbik Leopold Cassella & Co. Dr. Leo Gans erzielte als Betriebschemiker, Analytiker, Ingenieur und Färber einen großen technischen Durchbruch dank seiner Erfindungen auf dem Gebiet der Alizarinsynthese und der damit verbundenen Herstellung von Azofarbstoffen.

In den Jahren von 1890 bis 1894 wurden für die Cassella-Anilinfabrik weit über 100 Patente erteilt, davon allein 98 für Azofarbstoffe, wodurch die Firma Cassella zu einem der bedeutendsten Farbstofflieferanten der Textilindustrie wurde.

Die Firma Leopold Cassella & Co. war um die Jahrhundertwende die größte Azofarbenfabrik der Welt. Diese Farben eigneten sich insbesondere für das Färben von Wolle, Seidenstoffen und Leder. Viele Marken, die später Allgemeingut von

---

[498] Im Wandel. 125 Jahre Cassella, Frankfurt am Main 1995, S. 11.

C: Die Entwicklung der chemischen Industrie in Deutschland im 19. Jahrhundert 143

Musterfärberei (CiB S. 35)

Laboratorium (CiB S. 34)

Farbenfabriken wurden, gingen als Pioniererfindungen aus dem Unternehmen in Fechenheim/Mainkur hervor. Cassella beschäftigte im Jahr 1900 über 2000 Chemiker, Techniker, Kaufleute und Arbeiter. Im Jahre 1914 war der Höhepunkt mit 3000 Akademikern, Kaufleuten und Arbeitern erreicht und die Firma verarbeitete 19.000 Tonnen Farbstoffe im Jahr[499].

1904 ging die Cassella eine Interessengemeinschaft mit der Hoechst AG ein. 1907 entstanden zwei Dreierverbände der Chemieindustrie: Auf der einen Seite verbanden sich die Cassella, die Hoechst AG und Kalle & Co. Gleichzeitig entstand der Dreibund aus BASF, Bayer und Agfa. Im Jahre 1916 wirkte Dr. Leo Gans in besonderem Maße an der Vereinigung der beiden Dreiverbände zur I.G. der deutschen Teerfarbenfabriken mit.

Erwähnt werden muss noch die 1867 in Berlin gegründete Agfa, die Aktiengesellschaft für Anilinfabrikation. Hauptbeteiligte an diesem Unternehmen waren der Chemiker Paul Mendelssohn-Bartholdy, Sohn des berühmten Komponisten, und Carl Alexander von Martius. 1889 wurde die Photografische Abteilung gegründet. 1894 wurde die Herstellung von Pharmazeutika und fotografischen Entwicklern aufgenommen. Bei Lyon und Moskau entstanden Betriebsstätten.

In einem interessanten Bericht eines französischen Journalisten aus dem Jahr 1908 werden rückblickend die Gründe für den rasanten Aufschwung der deutschen Chemieindustrie in der zweiten Hälfte des 19. Jahrhundert im Vergleich zu Frankreich geschildert[500]. Demnach profitierte die deutsche Chemieindustrie von der ausgezeichneten Zusammenarbeit zwischen den Laboratorien der Universitäten und denjenigen der Unternehmen. *Bei uns in Deutschland hat alle Welt Zutritt zu unseren Laboratorien. Das war Liebigs Prinzip, als er 1827 seinen ersten Kursus in Gießen eröffnete*[501]. Damals besaß Deutschland auf dem Gebiet der Chemie nicht nur einzelne Forscher, die – wie in Frankreich – meistens ihre Forschungen aus eigenen Mitteln finanzieren mussten, sondern ein ganzes Heer von Wissenschaftlern, die von der Industrie großzügig unterstützt wurden, sowie eine Organisation des Fabrikwesens, die damals derjenigen Frankreichs schätzungsweise um sechzig Jahre voraus war[502]. Dazu kamen die Beharrlichkeit und die Sorgfalt der Deutschen, neben der Produktion auch den Handel voranzutreiben. *Es wurden Reisende ausgesandt, um die Ware in ganz Europa und Amerika zu zeigen und anzubieten. Da diese neue Industrie es gelehrt sein wollte, schickte man keine Kaufleute aus, sondern Fachleute, die imstande waren, die nötigen Erklärungen zu geben*[503]. Weiterhin wird in dem Bericht von dem französischen Journalisten das Zukunfts- und Fortschrittsdenken der deutschen Chemieindustrie gelobt und das Fehlen jeglicher

---

[499] H.E. Rübesamen: Ein farbiges Jahrhundert, siehe Zeittafel S. 152.
[500] J. Huret: In Deutschland, Leipzig 1908, S. 122–133.
[501] Ebd., S. 125.
[502] Ebd., S. 128.
[503] Ebd., S. 133.

staatlicher Einmischung in der Beschaffung der Rohstoffe und der allgemeinen Produktion hervorgehoben. Das waren wahrhaft rosige Zeiten für das Entstehen neuer Fabrikationen, die uns heute bekanntermaßen weitgehend fehlen.

Im Ergebnis lässt sich sagen, dass zweifellos unser Familienunternehmen von dem allgemeinen rasanten Aufschwung der Chemieindustrie profitiert hat. Andererseits hat die glückliche Kombination von intellektuellem Erfindergeist, bereits vorhandenen Erfahrungen im Farbenhandel und lang praktizierter jüdischer Unternehmersinn gerade das Cassella-Werk als Privatunternehmen äußerst schnell nach vorne getragen. Dabei traten auch andere Talente der Familie Gans in Erscheinung. Ich werde in weiteren Kapiteln schildern, inwieweit die Familie Gans auf kulturellem und sozialem Gebiet ein großzügiges Mäzenatentum entwickelte, das vorbildlich war und auch noch in unsere Zeit weiterwirkt. Einige großartige Stiftungen der Familie Gans sind unter dem Eindruck der Kriege und der Judenverfolgungen des 20. Jahrhunderts in Vergessenheit geraten. Sie sind es wert, in dieser Arbeit wieder erwähnt zu werden. In welchem Maß die Familienmitglieder als Einzelpersönlichkeiten aufgrund ihres unternehmerischen und erfinderischen Könnens an dem außerordentlichen industriellen Erfolg des Cassella-Werks beteiligt waren, soll in den nächsten Kapiteln geschildert werden.

D. Friedrich Ludwig von Gans (1833–1920) als Industrieller und Mäzen

Am 15. November 1833 wurde Friedrich Ludwig (Fritz) Gans als erster Sohn von Ludwig Ahron und Rosette nach zwei Töchtern in Frankfurt geboren. Nach Beendigung der Schulzeit fing er 1848 in der elterlichen Firma als Lehrling an. Er fühlte sich „seinem" Frankfurt sehr verbunden und genoss die Entwicklung dieser Stadt zu einer blühenden Geschäftsmetropole. Der Zuzug von geschäftstüchtigen Menschen seit dem vorigen Jahrhundert, die im Handel wie auch im Geldgeschäft tätig waren, hatte ständig zugenommen.

Die intensive Zusammenarbeit mit seinem Vater und seit 1858 mit seinem um 18 Jahre älteren Schwager Bernhard Weinberg (1815–1877) ließ die Erfolge des Frankfurter Handelshauses bereits früh erahnen. Fritz als führender kaufmännischer Kopf lenkte ab 1871 nach dem Tod seines Vaters die Firma behutsam und umsichtig während der Jahre des allmählichen industriellen Aufschwungs des Deutschen Reiches zu immer größer werdender Bedeutung.

Legen wir die vermuteten frühen geschäftlichen Beziehungen von Bernhard Weinberg nach England zugrunde, so ist gut vorstellbar, dass auch Fritz Gans nach seiner Lehrzeit im väterlichen Geschäft eine zusätzliche Ausbildung, vielleicht in chemischen Fabriken oder Färbereien in England erhielt. Wir wissen, dass auch der jüngere Bruder Leo Gans sich bei etlichen Unternehmen in der Schweiz, Belgien und in Frankreich umgesehen hatte, bevor er im väterlichen Frankfurt seine Tätigkeit aufnahm[504].

Das Handelshaus Leopold Cassella wird selbst von Anfang an geschäftliche Verbindungen nach England, dem damals bedeutendsten Herstellerland von natürlichen Farbstoffen, unterhalten haben. Das Cassella-Firmenarchiv spricht im Jahr 1858 von Einfuhren von Rohstoffen aus Java, Honduras, Teneriffa und Indien sowie von auswärtigen Lagern der Handlung. Es werden Reisen nach Holland, London und Paris erwähnt und es wird von Importen auch von Kaffee und Tee berichtet[505]. Wir wissen auch, dass Fritz Gans im Jahre 1896 in London zum ersten Male die Museen besichtigte, *nachdem er jahrelang vorher als Geschäftsmann daselbst tätig war*[506].

Nicht zu unterschätzen sind in diesen Jahren auch die persönlichen Beziehungen, die Fritz Gans zu seinem Vater Ludwig Ahron und dessen noch ganz von der jüdischen Tradition geprägten familiären Umgebung unterhielt. Wir befinden uns um 1850 in den frühen Jahren der Ausbildung von Fritz Gans, als materieller Erfolg und die erst in den Anfängen steckende bürgerliche Assimilation ihre Wirkung in den jüdischen Unternehmerfamilien noch nicht voll entfaltet hatten.

Man könnte daher davon ausgehen, dass die für Großunternehmen so wichtige Bereitschaft zur Übernahme von Risiken und finanziellem Wagemut Eigenschaften waren, die die erfolgreichen jüdischen Familien damals noch in höherem Maße besaßen als ihre Umwelt[507] und die nachfolgenden Generationen. Mein Urgroßvater wird noch hauptsächlich in dieser Tradition seiner Vorfahren erzogen worden sein. Die Hochschätzung des Lernens und Wissens sowohl als Mittel zur Erreichung materieller Ziele wie auch als Selbstzweck hatte in der Familie Gans eine sehr lange Tradition. Auch diese Tugend wird dem Nachfahren der äußerst erfolgreichen Gans'schen Unternehmer und Handelsleute durch eine entsprechend sorgfältige Ausbildung durch seine Verwandten Cassella, Goldschmidt und Gans vermittelt worden sein.

Hinzu kamen die tradierten Auslandsbeziehungen, das sogenannte jüdische Netz insbesondere der Hofjuden, das in der Regel ganz Europa umfasste und auch bei meiner Familie gerade für deren Handelsbeziehungen immer eine besondere

---

504 Im Wandel. 125 Jahre Cassella, S. 11.
505 Cassella-Firmenarchiv Nr. 4.146 und 4.150.
506 Frankfurter Zeitung vom 16.7.1920 (geschrieben von Prof. F. Hausmann, einem engen Vertrauten, siehe Kapitel Mausoleum).
507 A. Prinz: Juden im Deutschen Wirtschaftsleben. Soziale und wirtschaftliche Struktur im Wandel 1830–1914, Tübingen 1984, S. 9.

Rolle gespielt hatte[508]. Die sich mit dem jüdischen Unternehmertum des 19. Jahrhunderts befassende Forschung weist darauf hin, *dass die untereinander vielfach verschwägerten Familien dieser früheren Hoffaktoren mit ihren vielseitigen Kenntnissen und internationalen Beziehungen den Vortrupp der neuen Unternehmerschaft jüdische Abstammung* [im Deutschen Bund] *bildeten*[509]. Die Familien Goldschmidt, Bonn und Gans gehörten ohne Zweifel zu dieser Gruppe, so dass auch sie mit Fug und Recht zu den Pionieren der deutschen Großindustrie des 19. Jahrhunderts zu rechnen sind. Der Kenntnisvorsprung dieser erfahrenen jüdischen Handelsfamilien vor dem sich erst in den Anfängen befindenden deutschen Unternehmertum erklärt unter anderem auch den großen Erfolg, mit dem die Cassella-Werke und ihre jüdischen Direktoren später zur Entstehung der Weltgeltung der deutschen chemischen Industrie beitrugen[510].

Fritz Gans tritt während der Anfangsjahre seiner kaufmännischen Tätigkeit quellenmäßig leider viel zu wenig in Erscheinung. Die mir vorliegenden Unterlagen beschreiben hauptsächlich seine Tätigkeiten während der *Gründerjahre* und seine außergewöhnlich kluge Vorgehensweise in den *Krisenjahren 1873–1879*, die die kleine, von seinem Bruder Leo gegründete chemische Fabrik über die Anfangsschwierigkeiten hinwegrettete und dadurch ihren Aufschwung überhaupt erst ermöglichte. Die mir vorliegenden Quellen beschreiben ferner das überaus großzügige Mäzenatentum meines Urgroßvaters und sein soziales Engagement während der Jahre des großen Aufschwungs der deutschen Wirtschaft zwischen *1894 und 1914*. Hierüber werde ich in den weiteren Kapiteln ausführlich berichten. Die Aufarbeitung des umfangreichen Cassella-Firmenarchivs, das Aufschluss über Einzelheiten der kaufmännischen Aktivitäten meines Urgroßvaters insbesondere in den Jahren während der *großen Depression*, also von *1876 bis 1894*, geben kann, liegt bereits in bewährten Händen[511].

[508] Siehe hierzu das Heidelbach-Bonn-Kapitel.
[509] A. Prinz: Juden im Deutschen Wirtschaftsleben, S. 28.
[510] Moritz Julius Bonn, ein Verwandter der Familie Gans, schreibt in seinem Buch *Wandering scholar*: „For half a century, 1815 to 1866, Frankfort was an independent republic. I doubt whether it was a model state; in fact I know it was not. It was narrow, self-sufficient, and arrogant. It looked down on those who were born abroad as beings of lesser status, and refused them citizenship. It was ruled by a caste of merchants who despised industry and manufactures as something beneath their dignity", M.J. Bonn: Wandering Scholar, New York 1948, S. 6f.
[511] Professor Hansjörg W. Vollmann, Bad Soden, ist zurzeit mit der Aufarbeitung des nur unter großen Mühen auswertbaren Cassella-Firmenarchivs befasst. Die Verfasserinnen danken Herrn Professor Vollmann sehr herzlich für seine Unterstützung bei Fragen zur Firmengeschichte des Cassella-Unternehmens. Leider wurde den Verfasserinnen der Zugang zum Firmenarchiv verwehrt.
Zur Problematik der Zurücksetzung kaufmännischen Könnens des Unternehmertums siehe H.G. Schröter: Jüdische Unternehmer in der deutschen chemischen und elektro-

1862 hatte sich Fritz mit Auguste Ettling (1839–1909), der Tochter eines vermögenden Kaufmanns aus Karlsruhe vermählt. Bereits einige Jahre vor dem Tod seines Vaters im Jahr 1871, vermutlich im Jahr 1868, als auch der jüngere Bruder Leo Gans sein erstes eigenes chemisches Labor gründete, hatte Fritz Gans die Farbenhandlung mit 35 Jahren zusammen mit seinem inzwischen 51 Jahre alten Schwager Bernhard Weinberg übernommen. Es war vorauszusehen, dass bald die nächste Generation Weinberg in die Firma eintreten würde, denn Bernhard und Pauline Weinberg, geborene Gans, waren zwei Söhne geboren worden, Arthur im Jahre 1860 und Carl 1861.

Die Tatsache, dass die Söhne von Fritz Gans, Paul und Ludwig, in den Jahren 1866 und 1869 zur Welt kamen, könnte dazu beigetragen haben, dass die älteren Weinberg-Söhne später die dominanteren Rollen im Weltunternehmen Cassella übernahmen, während Paul und Ludwig Wilhelm Gans eigene innovative Unternehmen gründeten, wobei ihnen die allgemeine gute Wirtschaftslage Deutschlands in den 1890er Jahren sehr zugute kam und die für jüdische Unternehmer augenscheinlich so typischen Eigenschaften, Risiken einzugehen und neue Wege zu beschreiten.

Es kam hinzu, dass die Weinberg-Söhne schon früh das Erbe ihres 1877 verstorbenen Vaters Bernhard Weinberg übernehmen und dieses sichern mussten, während Fritz von Gans erst 1920 im hohen Alter von 87 Jahren starb. Im Todesjahr seines Vaters begann Carl Weinberg seine kaufmännische Lehre in der väterlichen Farbengroßhandlung Cassella. Arthur Weinberg hingegen studierte Chemie, Physik, Mathematik und Alte Sprachen in Straßburg und München, wo er 1882 zum Dr. phil. promovierte und Assistent bei Adolf von Baeyer wurde. 1883 trat auch er in die seit 1870 produzierende Fabrik Leopold Cassella & Comp. in Mainkur/Fechenheim ein[512].

Die Firmenleitung der Farbengroßhandlung hatte die Rückläufigkeit des Bedarfs an Naturfarben festgestellt. Trotzdem waren sich die Firmenchefs nicht sicher, ob

      technischen Industrie 1850–1933, in: W.E. Mosse/H. Pohl (Hg.): Jüdische Unternehmer in Deutschland im 19. und 20. Jahrhundert, Stuttgart 1992, S. 153–76, hier: S. 167: „Wenn über Innovationen des Firmenleiters und Chemikers Dr. Leo Gans zu wenig Konkretes überliefert ist, liegt das nicht an ihrer unzweifelhaften Existenz als an unserer Forschungs- und Archivlage". H.G. Schröter erwähnt die für den Aufschwung des Unternehmens so wichtigen kaufmännischen Aktivitäten von Fritz Gans mit keinem Wort, sondern betont im Gegenteil, dass „chemisches Fachwissen in den meisten Fällen Voraussetzung für den unternehmerischen Erfolg [war]. Wo dieses Wissen fehlte, wurde es gezielt aufgearbeitet (z.B. Leo Gans, Hans Goldschmidt)", ebd., S. 172. Abgesehen davon, dass die Führung eines chemischen Werkes ohne chemisches Fachwissen kaum vorstellbar ist, erscheint kaufmännisches Können eine ebensolche Voraussetzung zu sein, ohne die der außergewöhnliche Erfolg des Cassella-Werkes nicht erklärt werden kann. Die Fähigkeiten von Fritz Gans verdienen in diesem Zusammenhang besondere Erwähnung.

512 H.E. Rübesamen: Ein farbiges Jahrhundert, S. 54.

in Zukunft nur synthetische Farbstoffe bevorzugt würden, wie es im Augenblick den Anschein hatte. Die sorgfältig abwägenden Kaufleute Fritz Gans und Bernhard Weinberg behielten den Handel mit Naturfarbstoffen bei – und machten auch in der Folgezeit gute Geschäfte damit[513]. Um die Nachfrage nach synthetischen Farben befriedigen zu können, deckte man den Bedarf zunächst bei den Konkurrenzfirmen in Höchst und Biberich[514], obwohl es nicht ihr unternehmerischer Geschmack war, sich in die Abhängigkeit der Konkurrenz zu begeben. Daher waren wohl auch beide Kaufleute Fritz Gans und Bernhard Weinberg finanziell an der Gründung des „Fabrikchens" von Leo Gans beteiligt, das dieser 1868 begonnen hatte. Man hielt sich alle Optionen offen und überstürzte nichts.

Friedrich (Fritz) Gans 1908 (Institut für Stadtgeschichte der Stadt Frankfurt am Main)

D.1. Die Gründerjahre 1868–1877

Überhaupt scheint das Jahr 1868 einen Einschnitt in den Anfangsjahren der unternehmerischen Tätigkeit von Fritz Gans bedeutet zu haben. Denn wir sehen ihn nach dieser Zeit unvermittelt als eine Art Public Relations Manager für das Unternehmen in der Öffentlichkeit erscheinen. Mit der offiziellen Übernahme der Farbstoffhandlung und der Förderung des Aufbaus der chemischen Farbenproduktion in eigener Regie bemüht sich Fritz Gans um die Verbesserung des Ausbaus und der Stabilität der deutschen Industrie ganz allgemein. In den Jahren seiner geschäftlichen Tätigkeit nach 1868 hat Fritz Gans dem Handelsstand als Mitglied der Handelskammer als Handelsrichter und der Industrie als Berater beim Entwurf des Patentgesetzes wertvolle Dienste geleistet.

Die bereits im Jahre 1809 gegründete Frankfurter Handelskammer wurde vom Paulsplatz auf das Gelände des Rahmhofes verlegt und erhielt dort in den Jahren 1874–1879 ein neues Gebäude und damit auch eine veränderte Bedeutung.

---

[513] Ebd., S. 50.
[514] Ebd.

Vermutlich hat Fritz Gans seinen Einfluss bei der Neugründung der Handelskammer geltend gemacht, denn es galt, eine schwere Wirtschaftskrise abzuwenden, die zwei Jahre nach der Reichsgründung 1873 Deutschland überzog. 80% der damals mit großem Elan gegründeten Unternehmungen gingen in kurzer Zeit wieder Bankrott.

Verursacht wurde der sogenannte „Gründerkrach" unter anderem durch den Zufluss von 4,2 Milliarden Goldmark an französischen Kriegskontributionen. 50–60% dieses Geldes flossen direkt in die Wirtschaft, was die Liquidität und das anlagesuchende Kapital außerordentlich erhöhte. Die Investitionen und die Preise für Investitionsgüter stiegen überdurchschnittlich an. Es kam daraufhin plötzlich zum Rückzug von Kapital aus der Wirtschaft und zum Zusammenbruch vieler neu gegründeter Unternehmen, insbesondere da, wo Spekulation und Unerfahrenheit eine große Rolle gespielt hatten.

Ob mein Urgroßvater mit dem Zeitpunkt des Einsatzes seiner Investitionen nun besonderes Glück hatte oder ob er sich mit Absicht erst *nach* der Wirtschaftskrise finanziell am Aufbau der eigenen chemischen Fabrik beteiligte, vermag ich nicht zu sagen. Fest steht, dass das Handelshaus und das chemische „Fabrikchen" relativ unbeschadet aus der Krise hervorgingen und danach zum Weltunternehmen aufstiegen.

Im Gefolge der Gründerkrise sank der Kurswert der deutschen Aktien um 46%. Diese Depression hielt bis zum Jahre 1879 an[515]. Erst danach erlebte das Aktienwesen aufgrund einer neuen soliden gesetzlichen Grundlage eine Blütezeit, die bis zum Ausbruch des Ersten Weltkrieges andauerte und auch meinem Urgroßvater Fritz Gans neben seiner unternehmerischen Tätigkeit zusätzlich beim Aufbau eines beträchtlichen Vermögens offensichtlich zugute kam, wie ich noch schildern werde. Es erwies sich als notwendig, nach der überwundenen Wirtschaftskrise zunächst das Unternehmertum und den Erfindergeist seiner Begründer in geordnete Bahnen zu lenken und der Industrie, die sich schließlich mit hohem finanziellen Einsatz engagierte, eine gewisse Monopolstellung bei der Nutzung chemischer und technischer Erfindungen einzuräumen.

Im Jahre 1874 war in Berlin ein Patentschutzverein gegründet worden. Unter den 30 Mitgliedern des Vorstandes des Patenschutzvereines befanden sich zehn Fabrikbesitzer, sechs Professoren und drei Juristen. Im Jahr 1876 veröffentlichte der Verein einen ersten Entwurf für das Patentgesetz. Der Verein war ausnehmend unternehmerfreundlich. Als Berater beim Entwurf des Patentgesetzes hat auch Fritz Gans von Frankfurt aus seine diesbezügliche Einstellung deutlich gemacht. Im Jahre 1877 nahm das kaiserliche Patentamt in Berlin seine Arbeit auf.

Auf diese Weise half Fritz Gans als kluger und abwägender Kaufmann mit, zunächst die Grundlagen für ein solides deutsches Unternehmertum zu schaffen, bevor, wie beispielsweise in seinem eigenen Fall, Geld investiert und die Entwick-

---

[515] Th. Nipperdey: Deutsche Geschichte, Bd. 1, 2. Auflage, München 1991, S. 283ff.

lung neuer Technologien aufgenommen wurden. Denn die Quellen besagen, dass auch das von Leo Gans 1868 begründete „Fabrikchen" zunächst vor sich hin dümpelte und die im Jahre 1870 von den Kaufleuten der Leopold Cassella & Comp. gegründete chemische Fabrik in Fechenheim einen schweren Start hatte[516].

Es dauerte bis 1878, bis die schwersten Schäden überwunden waren und auch dann folgte bis Mitte der 90er Jahre kein entscheidender Aufschwung in Deutschland. Die einsetzende *große Depression* in den Jahren 1876–1894 führte jedoch zu einer Neuorientierung der deutschen Wirtschaft, die auch das jüdische Wirtschaftsleben entscheidend beeinflussen sollte[517].

Die „Frankfurter Anilinfarbenfabrik von Gans und Leonhardt" hatte von den Behörden 1870 eine Gestattungsurkunde zum Betrieb einer chemischen Fabrik in Fechenheim bei Frankfurt erhalten. Das Unternehmen produzierte mit 15 Arbeitern Fuchsin. Augenscheinlich war das kleine Unternehmen ebenfalls in die Wirtschaftskrise geraten. Denn 1879 schied August Leonhardt aus der Firma aus, die in „Frankfurter Anilinfabrik Gans & Co." umbenannt wurde[518]. Im Jahr 1877 hatte Carl Weinberg als Lehrling seine berufliche Laufbahn im väterlichen Betrieb begonnen, der sich im Verlauf seiner Karriere als äußerst dynamischer Kaufmann und Wirtschaftsexperte erweisen sollte.

1879 investierte Fritz Gans, nachdem die Anlaufschwierigkeiten der Deutschen Industrie zunächst überwunden schienen, die gewaltige Summe von 5 Millionen Goldmark – eine Erbschaft meiner Urgroßmutter Auguste – in das kleine Unternehmen seines Bruders Leo, wobei die kaiserliche Patentgesetzgebung mit Sicherheit eine größere Rolle bei dieser Entscheidung gespielt hat. Mein Urgroßvater zählte nunmehr zu den Mitinhabern der Fabrik[519].

Im gleichen Jahr trat Dr. Meinhard Hoffmann (1853–1936) in das Unternehmen ein, einer der fähigsten Mitarbeiter von Leo Gans in der Periode des größten Wachstums von Cassella nach 1894. Ihm verdankte Cassella unter anderem den Aufstieg zur größten Azofarbenfabrik der Welt. Es gelang Dr. Hoffmann alsbald die Anfangsschwierigkeiten der Chemieproduktion, die ja noch Neuland war, durch die Anpassung von wissenschaftlichen Erkenntnissen an die Betriebspraxis im Unternehmen zu überwinden[520].

Wir können also davon ausgehen, dass Fritz Gans das Investment von 5 Millionen Goldmark mit Bedacht gewählt hat. Hier hatte offensichtlich sein persönliches Schicksal die Hände im Spiel: Durch den Tod des Bruders meiner Urgroßmutter, der in Madrid die spanische Filiale der Rothschildunternehmungen geleitet hatte

---

516 Geheimes Staatsarchiv Preußischer Kulturbesitz, Geheimes Hausarchiv, Berlin.
517 A. Prinz: Juden im Deutschen Wirtschaftsleben, S. 70.
518 Im Wandel. 125 Jahre Cassella, S. 12.
519 Cassella-Firmenarchiv Nr. 1.199.
520 Im Wandel. 125 Jahre Cassella, S. 12.

und der kinderlos geblieben war, hatte Auguste Ettling diese große Summe von ihrem Bruder geerbt[521].

Mit diesem großzügigen Investment hatte Fritz Gans seine Begabung als Kaufmann mit dem richtigen Gespür für erfolgreiches kaufmännisches Handeln unter Beweis gestellt und dem Unternehmen zum richtigen Zeitpunkt den finanziellen Antrieb vermittelt[522].

Fritz Gans legte durch seine umsichtige Geschäftsführung den Grundstein für den Aufstieg Cassellas zum Weltunternehmen. Hätte Fritz Gans zu früh investiert und hätte er nicht selbst an der Schaffung von soliden Fundamenten für die Begründung von Unternehmen mitgearbeitet, hätte möglicherweise die Firma Cassella das Schicksal eines frühen Bankrotts erleiden müssen, wie so viele privat geführte Unternehmen des frühen deutschen Gründerbooms nach der Reichsgründung 1870/71.

D.2. Die große Depression 1876–1894

Die Zeit der sogenannten *großen Depression* in den Jahren von 1876 bis 1894 war für die Entwicklung des Cassella-Unternehmens und der Chemie-Industrie wegen des wirtschaftlichen Strukturwandels im Deutschen Reich von besonderer Bedeutung.

Dieser Strukturwandel erwies sich als vorteilhaft für die Herausbildung und Kräftigung der deutschen Groß- und damit auch der Chemie-Industrie, wobei die Sozial- und Lohnfragen der deutschen Arbeiterschaft wegen der außerordentlichen Bevölkerungszunahme allerdings zunehmend politischen Zündstoff lieferten, die Stellung des früher florierenden, auch für jüdische Familien bedeutsamen Einzelhandels zugunsten der Warenhaus-Großbetriebe abnahm und bedauerlicherweise der bisherige Liberalismus in der Politik und in der Wirtschaft gegenüber den zunehmenden Restriktionen und Reglementierungen an Bedeutung verlor.

Das hieß zunächst einmal, dass wegen der enormen Zuwanderung von Arbeitskräften die Lohnkosten beträchtlich sanken, was der Großindustrie insgesamt

---

[521] Das Heroldsamt an Wilhelm II., 6.2.1912, Nobilitierungsakte Friedrich Ludwig Gans, Geheimes Staatsarchiv Preußischer Kulturbesitz, Berlin, I.HA Rep. 176 Heroldsamt, VI G 510: *Er [Fritz Gans] ist Mitbegründer der Chemischen Fabrik Leopold Cassella & Co., die in den ersten Jahren ihres Bestehens mit finanziellen Schwierigkeiten und technischen Mißerfolgen zu kämpfen hatte. Als der Bruder der Frau Gans, der Generalvertreter des Hauses Rothschild in Madrid war, starb, hinterließ er seiner Schwester sein gesammtes, etwa 5 Millionen Mark betragendes Vermögen. Dieses Geld wurde in die Firma Cassella gesteckt, die sich dann schnell zu hoher Blüthe entwickelte.*

[522] Siehe die bedeutende Rolle der jüdischen Unternehmer bei der Gründung der deutschen Chemie-Industrie bei A. Prinz: Juden im Deutschen Wirtschaftsleben, S. 88ff.

zugute kam. Außerdem hatte die frühe Gründerkrise die Befürworter von Kartellen auf den Plan gerufen, was sich besonders für die Produktionsmittelindustrie als vorteilhaft erwies. *Immer mehr wurde das Reich zu einem Lande, das große Mengen von Nahrungsmitteln, vor allem Getreide, sowie Rohstoffe, einführte und dafür industrielle Fertigwaren ausführte*[523].

Diese Entwicklung sprach für den Aufstieg des Cassella-Werkes. Nicht zu unterschätzen für die neuen Industrien in Deutschland – wie die Chemie- und Elektroindustrie – war aber zudem die Risikobereitschaft wirtschaftlich erfahrener jüdischer Kreise, für die rasche Wechsel im Wirtschaftsleben nichts Ungewohntes waren. Ein hohes Maß an Anpassungsfähigkeit war ja über Jahrhunderte und Generationen hinweg erprobt worden. *Weil die Juden länger in der Geldwirtschaft gelebt, mehr an schnell wechselnde Verhältnisse gewöhnt waren, hatten sie, wenn auch nur begrenzt, einen zeitlichen Vorsprung*[524].

Fritz Gans scheint diese für Großunternehmen günstige Zeit genutzt zu haben. Aus einem Bericht des Cassella-Firmenarchivs geht hervor, dass 1885 die Tochtergesellschaft des Cassella-Werkes in der französischen Seiden- und Textilhochburg Lyon, die „Société de Manufacture Lyonnaise de Matières Colorantes", gegründet wurde, zu deren Kapitaleignern neben den anderen Familienmitgliedern auch mein Urgroßvater gehörte. Dieses Unternehmen führte Eduard Löwengard – ein Neffe.

Noch im gleichen Jahr führte die Entwicklung des Unternehmens zur Verlegung der Geschäftsräume in Frankfurt von der Lange Straße 29 in die Liebigstraße 19[525]. 1898 entstand die Niederlassung des Cassella-Werkes in der bedeutenden Hafenstadt Riga. Die Werksleitung hatte sich zu dieser Neugründung zur Versorgung des russischen Marktes wegen der prohibitiven Einfuhrzölle Russlands auf Farbstoffe entschieden. Das Cassella-Firmenarchiv spricht außerdem von Niederlassungen in New York im Jahr 1902 sowie in Bombay, an denen mein Urgroßvater beteiligt gewesen sein muss[526]. Später entstand auch eine Filiale in Tokyo, nämlich die Cassella-Senryo Kaisha. Ich stelle mir vor, dass Geschäftsreisen ihn unter anderem auch nach Amerika geführt haben müssen.

Ins Hintertreffen geraten waren während der *großen Depression* wegen der bevorzugten Förderung der großen Kapitalgesellschaften die Handwerker, kleinen Gewerbetreibenden und die Landwirte. Es verwundert nicht, dass sich aus diesen Schichten der Enttäuschten allmählich der längst in weiten Kreisen latent vorhandene Hass auf die so erfolgreich agierenden Juden entwickelte, der bald zu einer organisierten politischen Bewegung werden sollte. Es war nicht zu übersehen, dass in den Schichten der Reichen die jüdischen Familien überproportional stark

---

[523] Ebd., S. 102.
[524] Ebd., S. 94.
[525] Frankfurter Zeitung, Stadt-Blatt vom 28.4.1927.
[526] Cassella-Firmenarchiv Nr. 4.080.

vertreten waren und dass sie sich auch die neuen Bildungschancen zunutze machten und damit später die einflussreichen Stellen in der Verwaltung des Deutschen Reiches besetzen konnten. Einen direkt gegen meine Familienmitglieder gerichteten Antisemitismus konnte ich in den Quellen nicht ausmachen. Die hohe Stellung, die sie in Gesellschaft, Politik und Wirtschaft insbesondere in den kommenden Jahren einnahmen, wird sie geschützt haben.

D.3. Hochindustrialisierung und Prosperität 1894–1914

Im Jahre 1894 entschied sich mein Urgroßvater gemeinsam mit seinen Teilhabern, die Farbengroßhandlung Leopold Cassella & Co. mit der chemischen Fabrik Frankfurter Anilinfarben-Fabrik Gans & Co. in Fechenheim zu fusionieren und den Vertrieb der in der Chemiefabrik hergestellten Produktion zu übernehmen. Die Leopold Cassella OHG wurde gleichzeitig in eine GmbH umgewandelt.

Für mich ist es immer wieder erstaunlich zu sehen, mit welchem Gespür für das Zeitgeschehen mein Urgroßvater seine geschäftlichen Entscheidungen traf. Denn wir wissen heute im Nachhinein, dass mit dem Jahre 1895 wieder eine deutliche Aufwärtsentwicklung in der deutschen Wirtschaft einsetzte. *Man wird vielleicht sagen können, dass die letzten Nachwirkungen des Gründerkrachs erst damals ganz überwunden wurden*[527].

Die Erfolge des Unternehmens müssen den Teilhabern Fritz, Leo und Adolf Gans, Arthur und Carlo von Weinberg, C. von Hoffmann sowie den Herren A.J. Järnecke, M. Ullmann und A. Ziss[528] insbesondere in den Jahren zwischen 1890 bis 1914 ungeheure Gewinne eingespielt haben. Durch den steten Aufstieg von Cassella zur Weltfirma sah man sich vor die Notwendigkeit gestellt, 1899, also noch vor der Jahrhundertwende, ein großes repräsentatives Handelshaus im Westend zu beziehen. Die Feuerbachstraße Nr. 50 entsprach ganz den Vorstellungen der Firmenleitung.

Mit 61 Jahren scheint Fritz Gans 1894, dem Jahr der Fusion von Farbenhandlung und Produktionsstätte, seine Laufbahn als aktiver Teilhaber an den Cassella-Unternehmen mehr und mehr zurückgestellt zu haben und in den Aufsichtsrat übergewechselt zu sein. Die *Frankfurter Zeitung* berichte anlässlich seines Todes im Jahr 1920, dass er *vor ungefähr dreißig Jahren jüngeren Kräften die Leitung des Geschäftes überlassen* habe[529]. Es begann nun für ihn ab 1894 neben seiner Tätigkeit als Gesellschafter und Aufsichtsratsmitglied eine zweite Karriere. Fritz Gans wandte sich privatwirtschaft-

---

[527] H. Fürstenberg (Hg.): Carl Fürstenberg. Die Lebensgeschichte eines deutschen Bankiers, Berlin 1931, S. 359.
[528] Cassella Firmen-Archiv Nr. 4.210.
[529] Frankfurter Zeitung vom 16.7.1920.

lichen, kulturellen und sozialen Aufgaben zu. Als Kunstkenner und Kunstfreund durfte er später den Ruhm für sich in Anspruch nehmen, den deutschen Museumsbesitz um große ideelle und materielle Werte bedeutend erweitert zu haben.

Fritz Gans scheint dem von Thomas Nipperdey beschriebenen Bild eines Unternehmers der damaligen Zeit entsprochen zu haben. Der Unternehmer diente mit seinen Entscheidungen der Menschheit, der Gesellschaft und der Nation, ebenso wie der späteren Verselbständigung seines Lebenswerkes und dessen Verknüpfung mit der Familie über Generationen. Das war damals deswegen hoch relevant, „weil man hier langfristige Ziele über kurzfristige Gewinne, Kontinuitäten über Spekulation, Werk über Geld stellt"[530].

In diesen Zusammenhang passen die von Fritz Gans während seines langen Lebens getätigten Investments in weitere zukunftsorientierte industrielle Entwicklungen, in ebensolche Immobilien, in soziale Einrichtungen und den Erwerb bedeutender Kunstschätze. Auch diese Tätigkeiten zeigen den Strategen Fritz Gans. Denn es darf nicht vergessen werden, dass die 90er Jahre des 19. Jahrhunderts mit ihren außergewöhnlichen Gewinnen an der Börse die Möglichkeiten für

Die Feuerbachstraße 50, Hauptsitz des Handelshauses Cassella & Co.
(Institut für Stadtgeschichte der Stadt Frankfurt am Main)

[530] Th. Nipperdey: Deutsche Geschichte, S. 251. – „Zum Unternehmer-Sein gehörten bestimmte Talente, zweckrationales kalkulierendes Handeln und Weitblick, Dynamik, Sinn für Innovation, Risikobereitschaft, Fleiß und Nüchternheit, ein ausreichendes Wissen und das Erkennen und Ergreifen unternehmerischer Gelegenheiten, sowie Kapital oder der Zugang dazu", ebd.

großes finanzielles Engagement in vielerlei Bereichen boten, wobei das Investment in Industrieunternehmen nur einen Teil, wenn auch einen besonders wichtigen, darstellte.

Zu diesen Transaktionen gehörte auch die Zusammenarbeit mit Hoechst und die Gründung einer Interessengemeinschaft mit diesem Unternehmen im Jahr 1904. Hoechst war mit 27,5% am Cassella-Unternehmen und seinen Tochterunternehmen beteiligt und umgekehrt war Cassella mit 27,5% an Hoechst beteiligt[531]. Im Rahmen dieses Zweibundes wurde Cassellas Versorgung mit Rohstoffen und Zwischenprodukten gesichert. Die Teilhaber von Cassella wandelten die bisherige offene Handelsgesellschaft in eine GmbH um. Im Jahre 1907 wurde die Gruppe noch um Kalle & Co. in Wiesbaden-Biebrich zum „Dreiverband" erweitert. Im Gegenzug dazu entstand 1904 der „Dreibund" aus BASF, Bayer und Agfa[532].

Es scheint so gewesen zu sein, dass mein Urgroßvater seine Anteile an den Unternehmensgewinnen von Cassella und dem neu entstandenen Zweibund, die sich im Durchschnitt zumindest in den Jahren zwischen 1890 und 1914 jährlich auf ungefähr 1,3 bis 1,8 Millionen Mark belaufen haben[533], über zwanzig außergewöhnlich boomende Börsenjahre hinweg immer wieder in andere Unternehmen durch den Kauf von Aktien investiert hat, wodurch sein Vermögen sich noch einmal vermehrte.

Das gemeinsam mit seiner Frau im Jahre 1908 aufgesetzte Testament zeugt außerdem von seiner weitsichtigen Fürsorge für die nachkommenden Generationen, die er unbedingt versorgt wissen wollte. Damals ahnte Fritz Gans allerdings noch nicht, dass große Teile seines Besitzes der Inflation zum Opfer fallen und damit die Familie in große finanzielle und persönliche Turbulenzen stürzen sollten. Darüber hinaus hatte er offensichtlich bereits in jenen Jahren erkannt, dass seine Söhne Ludwig Wilhelm und Paul zwar mit demselben unternehmerischen Elan, wie er ihn unter Beweis gestellt hatte, in neue Industrien, wie beispielsweise Paul in die Automobilherstellung und die Luftschiff-Fahrt, investierten, dass aber die persönlichen finanziellen Mittel ohne staatliche Hilfen nicht mehr zur Begründung neuer Industriezweige ausreichten. Ich werde hierüber in den nächsten Kapiteln berichten.

Weitere Bereiche des Investments meines Urgroßvaters in jenen Gründerjahren waren der Immobilienbesitz im Handels- und Bankenviertel Frankfurts sowie in einem modernen, exklusiven Kurbad und, wie bereits erwähnt, der Aufbau vor-

---

[531] Cassella-Firmenarchiv Nr. 4.541.
[532] Im Wandel. 125 Jahre Cassella, S. 17.
[533] R. Martin: Jahrbuch des Vermögens und Einkommens der Millionäre in Hessen-Nassau, Berlin 1913, S. 3, sowie Schreiben des Ober-Präsidenten der Provinz Hessen-Nassau in Kassel an das Heroldsamt, 25.1.1912, Geheimes Staatsarchiv Preußischer Kulturbesitz, Nobilitierungsakte, I. HA Rep. 176 Heroldsamt, VI G 510.

bildlicher Kunstsammlungen, die bei Bedarf den neuen, zu gründenden Museen des Kaiserreiches zur Verfügung gestellt und der Öffentlichkeit zugängig gemacht werden konnten. Ohne das großzügige jüdische Mäzenatentum hätten die Berliner Museen den Status von Provinz-Institutionen wahrscheinlich noch lange nicht verlassen können.

Ich kann mir gut vorstellen, dass mein Urgroßvater in der Schenkung einer bedeutenden Kunstsammlung an den preußischen Staat einen adäquaten Beweis für sein erfolgreiches Unternehmertum und eine Art Krönung seines Lebenswerkes gesehen hat. Auch der soziale Aspekt einer solchen Stiftung wird eine nicht unbedeutende Rolle gespielt haben.

Ob mein Urgroßvater mit seinem Übertritt und dem seiner Frau Auguste zum evangelisch-lutherischen Glauben durch die Taufe im Jahr 1895[534] für sein großes finanzielles Engagement eine zusätzliche gesellschaftliche Basis schaffen wollte, die ihm die adäquate Anerkennung verschaffte, wie sie auch Großinvestoren und Industriellen bürgerlicher Abkunft zur Verfügung stand, vermag ich nicht zu beurteilen. Fest steht jedenfalls, dass es nach der Überwindung der Wirtschaftskrise in den 1870er Jahren deutliche Anzeichen von Antisemitismus im Deutschen Reich gab, die möglicherweise mein Urgroßvater zu spüren bekommen hatte. In die gleiche Zeit fiel nämlich Bismarcks Bruch mit den Liberalen und seine erneute Hinwendung zu den Konservativen sowie die fortlaufende und die dadurch erneut zunehmende *staatliche* Diskriminierung des Judentums[535] als Vertreter des vermeintlich ausufernden Liberalismus.

Die Taufe garantierte dagegen, wie sich schon bei Eduard Gans und seinem Verwandten Heinrich Heine gezeigt hatte, gesellschaftliches Ansehen, geschäftliche Beziehungen und den Schutz vor Anfeindungen. Mein Urgroßvater wird daher ganz pragmatisch an die Taufe herangegangen sein und sie in den Dienst seiner geschäftlichen Unternehmungen und seines persönlichen Ansehens gestellt haben. Es ist auch davon auszugehen, dass er die gesellschaftlich richtige Position für den privaten wie auch unternehmerischen Werdegang seiner Söhne sichern wollte. Diese hatten ihn zur Taufe nahezu gedrängt, wie aus der Familienkorrespondenz zu ersehen ist[536]. In diesem Sinn ist wohl auch sein Nobilitierungsantrag vom 4.12.1911 an den deutschen Kaiser zu interpretieren, dem Wilhelm II. am 11. März 1912 nachkam und seine Absicht kundtat, meinen Urgroßvater in den erblichen Adelsstand zu erheben.

---

[534] Auszüge v. 16.2.1938 aus dem Taufregister der evangelisch-lutherischen Gemeinde in Frankfurt am Main v. 28.1.1895 für Friedrich Ludwig Gans, Kaufmann, Teilhaber der Firma Leopold Cassella & Co., und seine Ehefrau Auguste Gans geb. Ettling. Taufpate war jeweils deren Tochter, Frau Adela Wetzlar geb. Gans, ev. lutherisch aus Frankfurt.
[535] Th. Nipperdey: Deutsche Geschichte, S. 409f.
[536] Schreiben von Melitta von Gans an Jozsi von Gans, 1.4.1938.

Fritz Gans in seinem Haus Taunusanlage 15 mit dem Bildnis seiner Frau, Aufnahme Peter Mavrogordato (Archiv AvG)

Auguste Gans geb. Ettling (Archiv AvG)

Es ist für mich irgendwie einleuchtend, dass mein Urgroßvater seine politische Einstellung und seine Reaktion auf den Antisemitismus auch durch die Wahl einer Partei dokumentieren wollte, in der er sich aufgehoben fühlen konnte. Ich sehe daher seine Taufe auch ganz stark im Zusammenhang mit seiner Zugehörigkeit zur fortschrittlich-liberalen Partei[537].

Nipperdey schreibt hierzu, dass die großbürgerliche Orientierung eines Teils der jüdischen Wähler, zu denen auch mein Urgroßvater gehörte, auch nach der Hinwendung Bismarcks zu den Konservativen weiterhin mit dem national-liberal-freikonservativen Lager verbunden war, dass aber die Mehrheit des jüdischen Lagers, 60 bis 70%, für die freisinnige Partei stimmte, was damals auch den Interessen des Handels und der Banken entsprach[538]. Dieser Partei gehörte mein Urgroßvater Fritz Gans an. Er war also niemals ein ausgesprochener Patriot und Anhänger der nationalliberalen Partei, einer Partei, die in Frankfurt *stets in loyaler Weise für die Regierung einzutreten pflegte, d.h. der national-liberalen der Vor-Bassermannschen Richtung*[539].

Das heißt, mein Urgroßvater war nicht kaisertreu und auch nicht rechts-liberal eingestellt, wie beispielsweise die Vertreter des Bündnisses von Großgrundbesitz, Kohle und Stahl, die die Hegemonialpolitik des Kaisers unterstützten. Vertreter der neuen Industrien, wie der deutschen Chemie, die in der Welt sich nun einmal ohne staatliche Hilfe entwickelt hatte, vertrauten mehr auf die eigene ökonomische Stärke zur Durchsetzung ihrer Interessen in Europa. Ich sehe darin ein Charakteristikum meines Urgroßvaters, der entgegen den Ansichten seines national gesinnten und regierungstreuen Bruders Leo eigenständig blieb und ebenso handelte.

Das ergibt sich auch aus überlieferten Familiengeschichten und der Tatsache, dass mein Urgroßvater zu einem sehr eigenwilligen Kunstexperten heranwuchs, der auf einem bisher noch relativ unerforschten Gebiet Kunstgegenstände zu sammeln begann, die er 1912 dem preußischen Staat schenkte. Auch hierauf und auf den Zusammenhang zwischen der Schenkung und der Nobilitierung meines Urgroßvaters im gleichen Jahr komme ich noch gesondert zurück.

Inzwischen waren dem Ehepaar Auguste und Fritz Gans drei Kinder geboren worden: Adela, genannt Fanny (1863), die später nach London heiratete, sowie mein Großvater Paul (1866) und Ludwig Wilhelm (1869). Während der Zeit der Familiengründung wohnte Fritz Gans bis zum Jahre 1899 in seinem Haus in der Niedenau 67 im Frankfurter Westend, wo auch andere Familienmitglieder domili-

---

537 *Friedrich Ludwig Gans soll vielmehr der deutsch-freisinnigen Partei angehören und ganz im Gegensatz zu seinem Bruder, dem geheimen Kommerzienrat Leo Gans, bei den Landtagswahlen in der Opposition gestanden haben.* Schreiben des Oberpräsidenten der Provinz Hessen-Nassau in Kassel an das Heroldsamt, 25.1.1912, Geheimes Staatsarchiv preußischer Kulturbesitz, Nobilitierungsakte, I. HA Rep. 176 Heroldsamt, VI G 510.
538 Th. Nipperdey: Deutsche Geschichte, S. 410.
539 Siehe Fußnote 537.

Das Haus von Fritz Gans in der Taunusanlage 15 im Jahre 1960, links davon das Reichenbach-Palais (Institut für Stadtgeschichte der Stadt Frankfurt am Main)

zierten[540]. 1899 konnte mein Urgroßvater das 1848 erbaute Haus seines Verwandten Julius Goldschmidt-Landau, einem Kunsthändler, der ihn eventuell später beim Erwerb seiner großen Sammlungen beriet oder Kontakte herstellte, erstehen. Es lag direkt an der Taunusanlage 15, dort, wo nach dem Zweiten Weltkrieg American Express Einzug hielt und heute die Doppeltürme einer großen deutschen Bank stehen. Ferner erwarb Fritz Gans die Grundstücke und Gebäude Taunusanlage Nr. 4 und Nr. 6, aus denen er offensichtlich Mieten bezog.

Wie auch bei der angeheirateten Familie Bonn hatte die Familie Gans ihre Vorliebe für das Landleben im Taunus entdeckt. Fritz Gans hatte sich im Gegensatz zu Kronberg, wo sich die Familie Bonn niederließ, für Bad Homburg entschieden. Dieser inzwischen mondän gewordene Kurort hatte durch die große Nachfrage und das Interesse der Gäste Mitte des 19. Jahrhunderts eine Blütezeit der Bautätigkeit erfahren, obwohl der Ort erst 1912 das Prädikat „Bad" erhielt. Bereits 1860 war die Bahnstrecke Frankfurt–Homburg

[540] „Die wirtschaftlich selbständigen, kaufmännisch-unternehmerischen, vermögenden und erfolgreichen Bürger leben in Häusern, alten Stadthäusern ursprünglich, aber dann gerade seit der Gründerzeit in den neuen Villen. [...] später, nach 1880, wie andere in der Stadt, zumal am Stadtrand, in den Villenvierteln, vom Tiergarten bis zum Grunewald in Berlin, im Westend in Frankfurt [...]", Th. Nipperdey: Deutsche Geschichte, S. 138.

errichtet worden, so dass die internationalen Gäste bequem hierher reisen konnten. 1899 kam eine innerstädtische elektrische Straßenbahn dazu[541].

Nachdem auch der Kaiser den Ort als Sommersitz auserkoren hatte, kamen der Adel und die Industriellen in den eleganten Badeort. Der erste Golfplatz Deutschlands, der vor dem Ersten Weltkrieg eine Mitgliederzahl von 2000 Personen hatte, wurde im Kurpark von Bad Homburg erbaut. 1899 wurde der Homburger Golfclub gegründet[542], nachdem englische Kurgäste dieses Spiel eingeführt hatten. Hier zeigte sich der Prince of Wales, später König Eduard VII., der mit seinem Hofstaat Homburg 32 Mal zur Kur besuchte und dafür sorgte, dass der „Homburger", wie man seine Kopfbedeckung nannte, weltweite Anerkennung fand[543]. Dass auch Mitglieder meiner Familie zu den ersten Benutzern des Golfplatzes gehörten, zeigt ein Foto der Tochter Wera von Weinberg, der späteren Markgräfin von Pallavicini[544].

Der blühende Kurort mit der Homburger Diät, die der jüdische Arzt Dr. Curt Pariser als Leiter eines Sanatoriums erarbeitet hatte, bewirkte einen großen Zulauf und veranlasste auch viele Juden, sich hier aufzuhalten[545].

Die vornehme Gesellschaft, der Hochadel, reiche Amerikaner und Maharadschas logierten im „Ritters-Park-Hotel", das nach Bauplänen des Architekten und Geheimen Baurats Louis Jacobi (1836–1910) umgebaut worden war[546].

Jacobi war schon als junger Mann mit der Bauleitung des Kurhauses betraut worden. Auch hatte er den Bau des Kaiser-Wilhelm-Bades übernommen. Danach wurde er mehr und mehr in die architektonische Planung des Ortes mit einbezogen. Er ließ die Wandelhalle am Elisabethbrunnen sowie die Marktlauben an der Luisenstraße entstehen. Auch überwachte er den Wiederaufbau der Saalburg, dem ersten vollständig wiederhergestellten Römerkastell Deutschlands[547].

Damals hatte Fritz Gans eben diesen Architekten auch für die Konzeption seines Hauses gewählt, da offensichtlich das Interesse Jacobis für die Antike, wie seine obigen Bauaufträge zeigen, möglicherweise auch maßgebend für den Antikensammler Fritz Gans war, ihn als Architekten zu beschäftigen. Denn wie die unten gezeigten Pläne Jacobis sowie des Neffen meines Urgroßvaters, Alfred Leopold Löwengard[548], zu der großräumigen Villa aus dem Jahre 1890 zeigen, sollte sein Haus in Bad Homburg offensichtlich gleichzeitig als eine Art Museum für seine

---

[541] 1200 Jahre Bad Homburg v.d. Höhe, Bad Homburg 1982, S. 57.
[542] Ebd., S. 58.
[543] 90 Jahre H.G.C., 1989, S. 5.
[544] Siehe das Weinberg-Kapitel.
[545] 1200 Jahre Bad Homburg v. d. Höhe, S. 62.
[546] H. Fechtner: Das alte Bad Homburg (1870–1920), Villingen-Schwenningen 1994, S. 78.
[547] Ebd., S. 40.
[548] Zur Bautätigkeit von Alfred Löwengard, Sohn von Marianne Gans, Schwester meines Urgroßvaters Fritz Gans, siehe auch das Kapitel Heidelbach/Bonn.

großen Sammlungen dienen. Mein Urgroßvater hatte 1893, ein Jahr vor der Beendigung seiner aktiven Tätigkeit als Unternehmer, in Homburg endlich den geeigneten Bauplatz für seine großen Pläne gefunden, nämlich ein großes Grundstück auf der gegenüberliegenden Seite der Kaiser-Friedrich-Promenade, links von dem im Kurpark wunderschön gelegenen Schwanensee, am Victoriaweg 6.

Hier fühlte sich mein Urgroßvater wohl, geborgen und unter Gleichgesinnten. Inmitten des großen Parks, der von den bekannten Gartenarchitekten, den Brüdern Franz Heinrich und Nikolaus Siesmayer, angelegt worden war – sie hatten unter anderem auch den Frankfurter Palmengarten gestaltet –, sollte nun das große Bauwerk von Louis Jacobi und Alfred Leopold Löwengard entstehen. Die Zufahrt zur Villa Gans führte vom Pförtnerhäuschen über Serpentinen den Hügel hinauf zum Haupteingang des schlossartig wirkenden Hauses mit annähernd 60 Zimmern[549]. Zu der Gesamtanlage gehörten das Haupthaus, ein Gartenpavillon, ein Portiershaus, ein Gewächs- und ein Weinhaus sowie Stallgebäude und eine Kegelbahn.

Wie aus einem Briefwechsel[550] sowie aus umfangreichen Unterlagen im Homburger Stadtarchiv hervorgeht, erwarb mein Urgroßvater 1897 auch den dahinter gelegenen Hardtwald von ca. 1,4 ha[551].

In der Bad Homburger Villa Gans konnte Fritz nun einen Teil insbesondere seiner Gemäldesammlung unterbringen, denn das Haus in der Taunusanlage 15 hatte trotz einer neu angebauten Galerie keine Kapazität mehr, da mein Urgroßvater im Laufe der Jahre sich zusätzlich dem Sammeln antiker Kleinkunst zugewandt hatte, die nun Aufnahme in seiner Frankfurter Villa fand.

Die Familie traf sich regelmäßig an den Wochenenden im Taunus. Schließlich lebte der Bruder meines Urgroßvaters, Adolf Gans, in Königsstein[552], die Familie Bonn in Kronberg[553], und Freunde und Verwandte zogen nach und nach in die Umgebung[554]. Unglücklicherweise konnten nach dem Tode von Fritz Gans im Juli 1920 seine Erben diesen großartigen Besitz in Bad Homburg wohl wegen der hohen Unterhaltungskosten nicht halten. Die Homburger Villa nebst Grundstücken wurde bereits im Februar 1921 – wegen der schlechten wirtschaftlichen Umstände der damaligen Nachkriegszeit möglicherweise unter Wert – verkauft und geriet danach in verschiedene Hände, bis sie zwangsversteigert wurde und in den Besitz der Rheinischen Hypothekenbank AG, Mannheim, gelangte. Diese unglückliche Transaktion hatte wahrscheinlich etwas mit der ihrem Höhepunkt zustrebenden Inflation in diesen Jahren zu tun.

---

[549] Plan aus dem Archiv im Gotischen Haus in Bad Homburg.
[550] Bei AvG.
[551] Schreiben des Stadtarchivs im Gotischen Haus Bad Homburg vom 9.7.1990.
[552] Siehe Kapitel Adolf Gans.
[553] Siehe Kapitel Familie Bonn.
[554] H. Sturm-Godramstein: Juden in Königstein, Königstein/Taunus 1983.

D: Friedrich Ludwig von Gans (1833–1920) als Industrieller und Mäzen

Kutsche vor dem Eingang Villa Gans (Archiv AvG)

Pläne der Villa Gans in Bad Homburg 1890 (Stadtarchiv im Gotischen Haus, Bad Homburg)

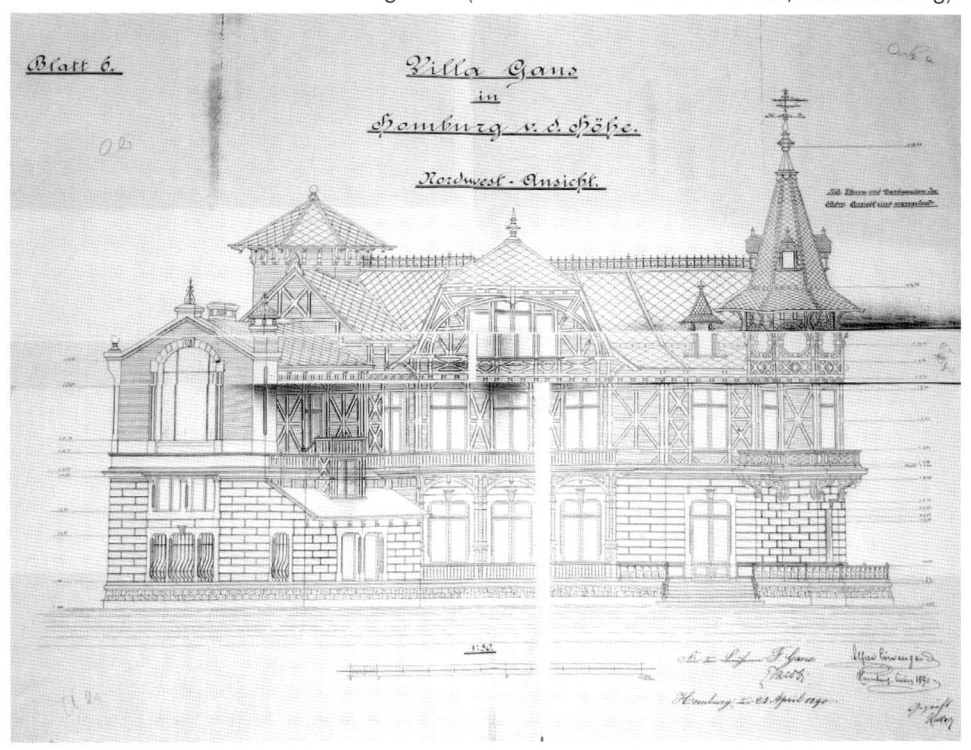

Fritz Gans in seinem Gewächshaus in Bad Homburg (Archiv AvG)

Gemäldegalerie in der Taunusanlage 15 (Institut für Stadtgeschichte Frankfurt am Main)

1929 wurde die Villa schließlich abgerissen, der Park parzelliert, und die neuen Besitzer machten später ein Vermögen mit dem Verkauf der einzelnen Grundstücke. Als einzige Erinnerung an den kultivierten, traditionsbewussten, kunstliebenden Auftraggeber und ehemaligen Besitzer Fritz Gans blieben das herrliche Einfahrtstor, ein kleiner Teil des Parks sowie das schmucke, von den heutigen Besitzern liebevoll umhegte Pförtnerhäuschen erhalten[555].

D.4. Das Kinderkrankenhaus in der Boettgerstraße 20–22 im Frankfurter Nordend

Fritz Gans hatte, wie wir wissen, seine aktive Mitarbeit in dem Familienunternehmen Cassella 1894 beendet. Trotz der beruflichen Beanspruchung als Beirat des Aufsichtsrates, der Suche nach Kunstgegenständen, die er für seine Sammlungen, die später zu einer *ganz bedeutenden Mehrung des deutschen Kunstbesitzes*[556] führen sollten, benötigte, gab es noch ein weiteres Vorhaben, das Fritz und seiner Familie am Herzen lag. Er wollte sich, wie viele wohlhabenden Unternehmer seiner Zeit, vermehrt den sozialen Verpflichtungen auch außerhalb seines Unternehmens widmen.

Schon im 18. und 19. Jahrhundert kam es durch Aufklärung und Rationalismus zu großen Stiftungen der wohlhabenden, bürgerlichen Welt, die Erziehung, Bildung und Kunst fördern sollten. Einen großen Anteil an dieser Entwicklung hatten die jüdischen Einwohner Frankfurts, die auch nichtjüdischen Bürgern zugute kamen. Diese Form des sozialen Engagements war schon immer in der langen religiösen und gesellschaftlichen Tradition des Judentums begründet. Es ging um Wohltätigkeit und Gerechtigkeit. Darin ist die ganze Philosophie der jüdischen Sozialethik enthalten. Sie wurde nicht unbedingt auf „freiwilliger" Basis eingesetzt, sondern galt als natürlicher Pflichtanteil des Wohlstandes der Reichen gegenüber den Bedürftigen[557], zumal es eine staatliche Fürsorge für die jüdischen Gemeinden früher nicht gab, die reichen jüdischen Familien also für die Armen in den Gemeinden aufkommen mussten.

Aus diesem Antrieb heraus war auch das vorbildliche soziale Fürsorgeprogramm der Firma Cassella für ihre Mitarbeiter entstanden, das ein Franzose, der 1908 die Firma besuchte, lobte und in einer eingehenden Beschreibung folgendermaßen

---

[555] Die Verfasserinnen danken der jetzigen Eigentümerin des ehemaligen Pförtnerhauses, Frau Renate Welp, für ihre freundlichen und umfassenden Auskünfte zur Geschichte des Anwesens nach 1920.
[556] Frankfurter Nachrichten vom 14.11.1913 sowie vom 15.7.1920.
[557] A. Lustiger (Hg.): Jüdische Stiftungen in Frankfurt am Main, Frankfurt am Main 1998, S. 8.

Cassella Werksiedlung (CiB, S. 56)

darstellte: *Ich bin in Höchst und Mainkur gewesen. Cassella & Co beschäftigt 2000 Arbeiter, in Höchst sind es sogar 5000 Arbeiter und außerdem 1000 Angestellte. [...]. Das rasche und geradezu unwahrscheinliche Aufblühen der chemischen Industrie, und die Notwendigkeit, ihre ausgebildeten Arbeiter festzuhalten, veranlasste die industriellen Gesellschaften, für das Wohlergehen dieser Arbeiter zu sorgen. Es gibt heutzutage übrigens in Deutschland kaum noch eine Fabrik von irgendwelcher Bedeutung, die nicht ihre „philanthropischen Einrichtungen" besitzt.*

In Hoechst hat man z.B. Arbeiterwohnungen gebaut, für welche der Arbeiter 20, 25 oder 30 Mark im Monat bezahlen. Der Lohn beläuft sich auf ca. 4,50 Mark täglich [je nach Leistung]. *Die Frauen verdienen ca. 1,75 Mark täglich. Es gibt auch ein Speisehaus, dort erhält jeder Arbeiter für 20 Pfennig Mittagessen, nämlich Gemüse-Suppe, 125 g Fleisch und einen Liter Zichorienkaffee, von dem sie sich einen Teil zum Vesperbrot aufheben. Die Fabrikverwaltung zahlt für jedes Mittagessen 10 Pfennig zu und trägt die Kosten für Personal, Geschirr usw.*

Die Angestellten haben ein eigenes Kasino mit einem Spielzimmer und Tanz- und Theatersaal, den man ihnen unentgeltlich zur Verfügung stellt, wenn sie Hochzeiten feiern. In dem damit verbundenen Restaurant können sie für eine Mark und sogar schon für 40 Pfennig Mittag essen. Die Verwaltung legt bei jeder Mahlzeit für den allgemeinen Kostenaufwand 25 Pfennig zu.

Die alte Badeanlage (CiB, S. 51)

Die Chemiker und Ingenieure haben eigene Bade- und Massageräume, die Frauen eine Entbindungsanstalt mit Einrichtung für Kaltwasserkuren. Für die Arbeiter sind 500 Badekabinen mit Dusch-Apparaten und unentgeltlicher Seife- und Handtuchlieferung eingerichtet worden, die je nach den Farben in verschiedene Abteilungen zerfallen. Alizarin-Abteilung z.B. rot.

Den Arbeitern der blauen Abteilung ist es streng verboten, bei den Gelben zu baden, und ebenso umgekehrt. Die Notwendigkeit, sich den Farben entsprechend zu spezialisieren, führt manchmal allerlei kleine Komödien herbei, die ich den Possendichtern hiermit zu Verfügung stelle. Ein blauer Arbeiter entdeckt eines Tages bei seiner Frau auf der Wange einen roten Fleck; die Augen gehen ihm auf – Scheidung! Ein anderes Mal glaubt ein blauer Arbeiter auf seiner Hausstandswäsche Spuren von einem anderen Blau zu erkennen, er bittet den Chemiker der Farbwerke um ein Gutachten und erfährt, dass er betrogen wurde. Man versicherte mir, dass er seiner ungetreuen Frau verziehen hat. Es waren nur Schattierungen der Farbe!

Die Verwaltung hat auch einen Konsumverein gegründet, der alles liefert, was Arbeiter und Angestellte nötig haben. Um zur Arbeit zu gelangen, hat man ihnen auch einen Schuppen für ihre Räder zur Verfügung gestellt. Die Räder wiederum liefert die Verwaltung, sie bezieht sie en gros vom Fabrikanten und verkauft sie so gegen Abzahlung an die Arbeiter. Sie verdient dabei nicht, sondern verliert durch die Zinsen des Vorschusses [....].

Ein kleines, aus ca. 40 Häuschen bestehendes Dorf wird von alten Arbeitern bewohnt, die nach zwanzigjähriger Dienstzeit freie Wohnung erhalten.

Die Verwaltung liefert den Arbeitern auch die blauleinenen Anzüge, die sie morgens bei der Ankunft anlegen und abends nach dem Bad ablegen.

Und noch weitere Stiftungen der Gesellschaft nenne ich: eine unentgeltliche Haushaltsschule für die Töchter der Angestellten, eine Invaliden-, Witwen- und Waisenanstalt mit einem Kapital von 1 1/2 Millionen, eine Sparkasse, außerdem unterstützt sie die Krankenkasse, bezahlt die Medizin, und überdies Entschädigungs-Zuschüsse für Krankheiten, stiftet in den Sanatorien Freibetten für Kranke und Rekonvaleszente usw.

Und dessen ungeachtet verteilen die Werke von Mainkur und Höchst Dividenden von 10 bis 20 Prozent an ihre Aktionäre[558].

Ich kann mir gut vorstellen, dass mein Urgroßvater Fritz, der sich in seinem langen Berufsleben für das Wohl der Arbeiter in der Firma Cassella eingesetzt hatte, nun, nachdem er nicht mehr aktiv tätig war, einen Beitrag zu dem langsam entstehenden Gesundheitswesen leisten wollte und sich dem *Verein Kinderheim e.V.* anschloss.

Es hatte sich nämlich in den letzten Jahrzehnten eine neue Einstellung zur Gesundheit und Hygiene herausgebildet, die mit der Entstehung eines umfassenden, teilweise staatlich gelenkten Gesundheitswesens zu tun hatte. Der ärztliche Beruf hatte an Attraktivität zugenommen, die Zahl der Ärzte sich zwischen 1876 und 1913 mehr als verdoppelt[559]. Obwohl man ursprünglich nur den Hausarzt rufen konnte, bildeten sich langsam Fachgebiete heraus, wie zum Beispiel Haut-, Augen-, Hals- und Ohrenärzte, erst später kamen die Kinderärzte hinzu.

In den Städten wurden die Forderungen nach neuer Hygiene, nach Versorgung mit sauberem Wasser und Kanalisation, nach Müllabfuhr trotz finanzieller Schwierigkeiten immer dringlicher. Seit 1880 wurden in den Städten Wannen- oder Brausebäder erbaut, die von der Bevölkerung einmal die Woche benutzt werden konnten.

Langsam entwickelte sich auch die Säuglingsberatung, die einherging mit Mütterberatung und dem Bau von Säuglingsheimen, Wöchnerinnenasyle und Kinderkrippen. Erst nach 1900 gab es Tuberkulosefürsorgestellen. Langsam gingen aufgrund besserer Ernährung und besserer Hygiene die Krankheiten wie Typhus und Tuberkulose, die Volksseuche, zurück. Das Risiko zu erkranken blieb aber in den unteren Schichten deutlich größer. So fanden sich junge ledige Frauen vom Lande oder auch sozial gefallene Mütter, die teils aus dem Osten kamen und als Dirnen auf der Straße arbeiten mussten, um sich und ihre Kinder durchzubringen, oft in der Stadt wieder. Meist waren sie mit Syphilis und anderen Krankheiten angesteckt[560].

---

[558] J. Huret: In Deutschland, Leipzig 1908.
[559] Th. Nipperdey: Deutsche Geschichte, S. 151ff.
[560] Ebd.

D: Friedrich Ludwig von Gans (1833–1920) als Industrieller und Mäzen

In diese Situation traten nun Christian Wilhelm Pfeiffer[561] und eine Anzahl Herren und Damen als Initiatoren des *Kinderheim e.V.* in Frankfurt auf, die während ihrer Tätigkeit in der städtischen Waisen- und Armenpflege erkannten, wie wichtig es war, der Säuglingspflege einen festen Stand zu geben.

1901 hatte man einen notdürftigen Erstbetrieb in der Rüsterstraße gegründet, galt es doch die Säuglingssterblichkeit zu reduzieren, wie auch die teilweise ledigen Mütter unterzubringen. Da die Stadtgemeinde bzw. das Städtische Waisen- und Armenamt nur 1,50 Mark pro Verpflegungstag für die bedürftigen Pfleglinge zuschießen konnte, wurden in diesem Zusammenhang dringend private Sponsoren gesucht. Schon 1902 hatten sich Fritz Gans, meine Urgroßmutter Auguste sowie seit 1903 der jüngere Bruder meines Urgroßvaters, Dr. Leo Gans, als Mitglieder dem Verein angeschlossen. Da die wenigen Mitglieder immer wieder um finanzielle Unterstützung gebeten wurden, entschlossen sich Fritz und Auguste daraufhin zu einer Schenkung, um endlich eine konstruktive Basis zu schaffen.

1904 wurde nach den fachlichen Angaben des ersten Anstaltsarztes Dr. E. Kirberger mit Hilfe des Architekten Alfred Engelhardt, der auch schon für Fritz Gans in der Taunusanlage die Galerieräume für seine Kunstsammlungen errichtet hatte und ebenso verantwortlich für die Arbeiten am Gans'schen Mausoleum auf dem Frankfurter Hauptfriedhof war[562], das Kinderheim in der Boettgerstraße gebaut. Dieses heute noch bestehende große Haus umfasste mit seinen Nebengebäuden ca. 2000 m².

In ihrer Urkunde vom 1. Februar 1904 schenkten meine Urgroßeltern dem Verein das Grundstück *Bornheimer Gemarkung mit den darauf im Ausbau befindlichen und auf unsere Kosten fertig zu stellenden Gebäulichkeiten zu Eigentum*[563]. Beide, Auguste wie auch mein Urgroßvater, hatten bei der Überlassung des Hauses an den Verein zur Bedingung gemacht, dass jedes Kind unabhängig von Religion, Nationalität oder Herkunft aufgenommen werden sollte[564]. *Nach dem Glaubensbekenntnis darf nicht gefragt werden und die Zugehörigkeit zu einer bestimmten Religion oder Konfession darf keinen Grund für die Verweigerung der Aufnahme bilden.* In der Schenkungsurkunde heißt es weiter: *Es sollen auch zur Aufrechterhaltung der Eintracht alle Erörterungen auf religiösem Gebiete vermieden werden und wir bestimmen daher weiter, dass in die zur Verwaltung oder Aufsicht dieses Vereins berufenen Organe, Geistliche, Religionsdiener, Mitglieder von religiösen Orden und dergleichen nicht berufen oder auch nur vorübergehend mit Verwaltungs- oder Aufsichtshandlungen betraut werden dürfen.*

Der immer wieder aufkeimende Antisemitismus mag damals eine Rolle gespielt haben, warum meine Urgroßeltern so strikte anti-religiöse Bedingungen

---

561 E. Pfeiffer-Belli: Junge Jahre im alten Frankfurt, Wiesbaden und München 1986, S. 122f.
562 Siehe Kapitel Mausoleum der Familie Gans.
563 Schenkungsurkunde vom 1.2.1904 bei AvG
564 Schenkungsurkunde vom 1.2.1904 und vom 8.10.1904 bei AvG.

für die Aufrechterhaltung ihrer Schenkung gestellt haben. Vielleicht folgte mein Urgroßvater auch seinen liberalen politischen Vorstellungen als Mitglied der von Eugen Richter (1838–1906)[565] 1893 gegründeten, politisch relativ kompromisslosen Freisinnigen Volkspartei und forderte in seiner Urkunde deshalb eine strikte Trennung von Religion und Staat. Die Kirchen sollten keinen Einfluss auf die neue Einrichtung nehmen können.

Von meinem Urgroßvater ist im Zusammenhang der oben beschriebenen Schenkung ferner der Ausspruch überliefert, *dass der Erhalt dieses Unternehmens nicht von der finanziellen Unterstützung eines Einzelnen abhängig zu machen sei, sondern es der Allgemeinheit zu überlassen sei, den Kinderverein zu unterstützen [...]*[566]. Damit lehnte er jede weitere Schenkung von seiner Seite ab und verwies auf die Pflichten eines jeden Staatsbürgers, sich für die Gemeinschaft einzusetzen. Auch diese Haltung dokumentiert die sozialliberale Einstellung meines Urgroßvaters. Wie richtig diese Meinung war, konnte man aus dem immer größer werdenden Verzeichnis der Stifter und ewigen Mitglieder des Vereins *Kinderheim e.V.* ersehen.

Hier sollen einige Anmerkungen zum neu gegründeten Kinderheim folgen, die die außerordentliche Modernität der Anlage zeigen: Zur Vermeidung der ansteckenden Krankheiten, die die teilweise unterernährten Mütter mit sich brachten, hatte man einige Räume als Isolierräume abgetrennt. Eine vollständig verglaste, beheizbare Veranda diente dazu, die Säuglinge an sonnigen Tagen dorthin zu bringen. Auch konnte dieser große Raum, der ca. 50–60 Leute fasste, für Vorträge, Demonstrationen und für Prüfungen der auszubildenden Kinderkrankenschwestern benutzt werden. Es gab drei Säuglingssäle, deren Wände abwaschbar waren und die jeweils zwölf Kinder aufnehmen konnten. Der erste Saal, der die meiste Sonne hatte, wurde für die schwächlichen Kinder genutzt. Diesen Sorgenkindern, deren Mütter schlecht ernährt und vernachlässigt waren, wurden Ammen zugeführt.

Meine Urgroßmutter Auguste selbst hatte die Einrichtung des großen Hauses in der Boettgerstraße 20–22 übernommen[567]; auch war es ihr eine große Freude, aufgrund der neuen Hygienevorschriften dafür zu sorgen, dass die Kinder jeweils ihr eigenes Waschläppchen sowie Handtuch und abwaschbare Bettchen hatten. Um wiederum die Ansteckungsgefahr durch ein gemeinsames Badezimmer zu unterbinden, entschloss man sich, das Baden, Ankleiden und Trockenlegen der Säuglinge unmittelbar neben den einzelnen Krippen vorzunehmen. Wert legte man auch darauf, dass jedes Kind ein eigenes Fieberthermometer mit Namensschild

---

[565] Der liberale Politiker Eugen Richter gehörte auch zu der Gruppe der Begründer des 1891 geschaffenen nichtjüdischen *Vereins zur Abwehr des Antisemitismus*.

[566] Aus dem Bericht eines unbekannten Journalisten um 1906, der den nachfolgenden Ausführungen der Verfasserinnen hauptsächlich zugrunde liegt. Kopie des Berichts liegt bei AvG.

[567] Nach Erzählungen aus der Familie.

Das Kinderkrankenhaus Boettgerstraße (Archiv AvG)

bekam. Dadurch, so war man überzeugt, könne man das Übergreifen von Krankheiten verhindern. Die Sauberkeit sollte einen großen Anteil bei der Gesundung übernehmen. Meine Urgroßmutter Auguste unterstützte finanziell diese Anliegen in Zusammenarbeit mit ihrem Mann Fritz auch in den folgenden Jahren.

Die Frauen, die größtenteils vom Lande kamen, keine richtige Arbeit fanden, vielleicht in ein illegitimes Verhältnis rutschten und durch die Schwangerschaft ihre Basis verloren, fanden oft Zuflucht bei jemandem, der ihre Lage ausnutzte. Dies führte die werdenden Mütter meist in Situationen, die obendrein manche dieser verzweifelten Frauen knapp vor der Entbindung in den Selbstmord trieben. Hier versuchte man durch das Kinderheim Hilfe anzubieten, indem man diese unglücklichen Frauen schon zwei Monate vor der Entbindung für eine Gegenleistung von 50 Pfennig am Tage aufnahm.

Solange sie im Tagesablauf mithelfen konnten, war es ihnen freigestellt, anfällige Hausarbeiten zu erlernen, die ihnen für den späteren Lebensweg hilfreich sein sollten. Aus dieser Überlegung heraus wurde ein Nähsaal eingerichtet, ebenso konnten die jungen Frauen in der Küche und in der Waschküche wie auch der Bügelstube mitarbeiten, einige der Mütter baten sogar darum, den Beruf einer Krankenschwester erlernen zu dürfen.

Das Personal des Kinderheims bestand aus einer Oberin und einer Schwester, die sie vertreten konnte, sowie aus ca. 26–27 weiteren Personen. Es waren

10 Schwestern darunter, Schülerinnen, eine Köchin, zwei Hausmädchen und der Hausmeister, der den Garten und die Heizung versorgte sowie alle anfallenden schweren Hausarbeiten übernahm.

Meine Urgroßmutter Auguste hatte das Haus nach dem neuesten technischen Stand ausstatten lassen. Warmes fließendes Wasser, Licht und Dampfheizung waren somit selbstverständlich. Schon damals wurden die riesigen Mengen an Wäsche mit der Maschine getrocknet, da der große Dachboden die Feuchtigkeit der hier aufzuhängenden Wäsche nicht schnell genug beseitigen konnte. Manchen Müttern wäre es wie ein Erholungsurlaub erschienen, hätten sie gewusst, dass es dergleichen gab.

Nach der Entbindung war die Verpflegung für Mutter und Kind kostenlos, solange die Mutter mindestens sechs Monate bei ihrem Kind blieb. Die Verantwortlichen des Vereins legten großen Wert darauf, denn sie wollten deren soziale Bindung festigen. Üblich war bisher in den städtischen Entbindungsheimen, dass die Mütter ihre Babys zehn Tage nach der Entbindung verließen, um sich Arbeit zu suchen und die Kinder irgendwo unterbrachten, was in dieser Stress-Situation die Zuneigung zum Kind belastete. Hier aber, in dieser Anstalt, wurden die Mütter ausgebildet, und wenn sie mit ihrem Kind nach ca. sechs Monaten weggingen, hatten sie meist schon eine Stelle in einem Haushalt durch oder bei den Mitgliedern zugedacht bekommen.

Die Kinder wiederum, deren Mütter keine Stelle angenommen hatten und die ihre Kinder auch nicht bei den Großeltern oder bei Verwandten unterbringen konnten, wurden an eine Pflegestelle vermittelt. Es gab auch Fälle, bei denen das Kind bis zum dritten Lebensjahr im Verein bleiben durfte, falls die Mutter in Frankfurt blieb und eine ordentliche Stelle hatte. Da sich dadurch immer wieder eine Zahl von um die 20 dieser gleichaltrigen Kinder ergab, hatten diese die Möglichkeit, miteinander aufzuwachsen und das soziale Gefüge kennen zu lernen. Um finanziell wirtschaftlicher zu arbeiten, hatte man sich entschlossen, auch Kinder von besser gestellten Leuten, die durch Tod oder Krankheit der Mutter in Not gekommen waren, aufzunehmen.

In der Anstalt wurden selbstverständlich die Schwesternschülerinnen ausgebildet und einer Prüfung unterzogen. Bei diesen Examen ging es um den Aufbau des menschlichen Organismus, den Bau der einzelnen Organe, deren Aufgabe in der Zusammenarbeit, die Art der Nährmittel und deren Verdauung. Ebenso wurden die Arten der Infektionen und Desinfektionen gelehrt. Man legte bei diesen Prüfungen im Hause unter anderem großen Wert auf das richtige Anlegen der Verbände und den Umgang der Pflege und Säuglingsernährung. Die Vielseitigkeit in der Ausbildung war fast einzigartig, man wollte von der sogenannten Ammenweisheit wegkommen, die Schwestern sollten selbstständig agieren und aus ihrem Wissen heraus die Behandlung erklären können.

Sensationell war um diese Zeit die Gründung einer tuberkulosefreien Milchküche. Diese sogenannte Milchkur-Anstalt lieferte die Milch von Schweizer Kühen, die in sauberen Ställen standen, aus. Hierzu gehörte auch die Kampagne im Jahre 1911 am „Margueritentag"[568], eine Art Wohlfahrtstag, für dieses Haus mit seiner Säuglings- und Kleinkinderfürsorge Werbung durch ehrenamtlich arbeitende Ärzte flächendeckend über die Stadt Frankfurt zu betreiben. Dazu gab es für das Publikum kostenlose Milch.

Im Keller des geräumigen Hauses in der Boettgerstraße entstand eine Milchküche, in der täglich 200 Portionen Milchmischungen hergestellt wurden. Nachdem die Kleinen fünf Mahlzeiten pro Tag bekamen, war es äußerst wichtig, dass der Arzt des Kinderheims in der Boettgerstraße die richtige, dem Säugling individuell zugeordnete Mischung, teils auch unter Zusatz von Nährmitteln, verschrieb. Um auch außerhalb des Heims lebenden Kindern gesunde Milch verabreichen zu können, wurde zusätzlich im später dazugekommenen Haus der Kinderschwestern, in der Hallgartenstraße, eine Milchabgabestelle errichtet.

Es sollte sich aber erst in den 1930er Jahren zeigen, dass bestrahlte Milch die weit verbreitete Rachitis rückgängig macht. Schon nach einiger Zeit stellte sich heraus, dass die Kindersterblichkeit durch die fortschrittliche Fürsorge um ein Drittel zurückgegangen war. Nach und nach bekam der Verein *Kinderheim e.V.*, dem Fritz und Auguste Gans das Haus in der Boettgerstraße geschenkt hatten, mehr und mehr Mitglieder, denn die Frankfurter Gesellschaft wusste die vorbildliche Arbeitsweise zu schätzen und den großzügigen Gedanken, den meine Urgroßeltern umgesetzt hatten, nämlich den vernachlässigten und benachteiligten Kindern sowie deren Müttern zu helfen.

Mit der steigenden Anzahl der Mitglieder – 1911 waren es 428 – hatte sich der Ruf dieses mustergültigen Hauses herumgesprochen und langsam reichten die Isolierräume nicht aus. Durch die Verbreitung von Keuchhusten und Masern konnte teilweise die Aufnahme von Neuzugängen lahm gelegt werden, was erhebliche Einnahmeeinbußen mit sich zog.

Bis zu ihrem Tode im Jahre 1909 war meine Urgroßmutter Auguste fast jeden Tag ins Kinderkrankenhaus gefahren. Mit Freude las sie immer wieder die Dankesbriefe von Müttern, deren Lebensweg durch ihre Unterstützung geebnet wurde. Vom Garten ihrer Bad Homburger Villa brachte sie oft Marillen mit. An Ostern gab es Riesenosterhasen. An Weihnachten konnte man den Geschenklisten der Mitglieder entnehmen, in welcher Vielfalt Präsente in Form von Kleidungsstücken, Spielzeug oder auch schokoladenen Nikoläusen den Kindern zugedacht wurden. Noch in dem Jahr, in dem Auguste Gans starb, gründeten meine Urgroßeltern die Fritz- und Auguste-Gans-Stiftung zugunsten erholungsbedürftiger Krankenpflegerinnen, die mit einem Vermögen von 25.000 Mark ausgestattet war[569]. Der Verlust,

---

568   E. Pfeiffer-Belli: Junge Jahre im alten Frankfurt, S. 13.
569   Ferner spendeten meine Urgroßeltern der Unterstützungskasse der Polizisten in Frankfurt.

den der Kinderheim-Verein durch den Tod meiner Urgroßmutter erlitten hatte, wurde in einer Ansprache anlässlich ihres Begräbnisses deutlich[570].

Im selben Jahr hatte nun der Verein die Möglichkeit, das in der angrenzenden Hallgartenstraße gelegene Miethaus und ein kleines Hinterhaus im Garten zu erwerben. Das kleine Haus im Garten diente als Isolierstation und gleichzeitig dazu, die notwendig gewordenen Erstuntersuchungen vorzunehmen, wogegen das große Miethaus die Kinderkrankenschwestern beherbergte[571].

Als Stifter und zugleich ewige Mitglieder hatte sich unter anderem 1903 auch Henriette Heidelbach, die älteste Tochter von Fritz und Auguste Gans, in die Vereinsliste eingetragen. Durch die Inflation kam das Kinderheim in Bedrängnis und wurde 1920 verstadtlicht. Nach dem Ersten Weltkrieg hatten sich wieder Volksseuchen gebildet, wie z.B. TbC, Krätze und Läuse. 80% der Stadtkinder waren bedürftig. Dank einer großzügigen Spende von Dr. Baerwald – Fritz Gans war im selben Jahr verstorben und konnte nicht mehr als Spender in Erscheinung treten – konnte ein Arzt im Kinderheim angestellt werden und die größte Not nach dem Krieg lindern.

1922 wurde das neu gegründete Stadtgesundheitsamt Träger des Hauses. 1934 wurde das Kinderheim „Städtisches Kinderkrankenhaus" und konnte unbeschädigt durch den Zweiten Weltkrieg kommen. Glücklicherweise wurde auch die Stiftungsinschrift *Auguste und Fritz Gans schenkten dieses Haus dem Kinderheim e.V. im Jahre 1904* auf einer Marmorplatte in der Eingangshalle gerettet, die von dieser großzügigen Schenkung erzählt und die heute wieder zu besichtigen ist. Eine kluge, mitfühlende und mutige Frau hatte diese Inschriftplatte vor der Zerstörungswut der Nazis gerettet und während des Krieges an einem sicheren Ort versteckt.

1944 waren die verbliebenen Kinder aufs Land geschickt und das große Haus als Verwaltungsgebäude genutzt worden. Erst nach dem Kriege 1947 begann man mit der Wiedererrichtung als Heim- und Klinkbetrieb. 1975 wurde allerdings amtlich verfügt, das Kinderkrankenhaus zu schließen und nun steht der ehrwürdige Bau samt einem Neubau als Gesundheits- und Beratungszentrum e.V. den Menschen der Umgebung zur Verfügung.

Hier sei eine Anmerkung in eigener Sache erlaubt: Im November 1994 entschloss sich die Stadt Frankfurt, das von meinen Urgroßeltern gestiftete Gebäude Boettgerstraße 20–22 zu verkaufen, was gegen die Bestimmungen der Schenkungsurkunde verstoßen hätte. Dort heißt es nämlich unter Ziffer VI: *Für den Fall der Auflösung des Kinderheim Vereins ist das Grundstück nebst den Gebäulichkeiten in dem alsdann vorhandenen Zustande nach besonderem Beschluss der Mitgliederversammlung einem anderen gemeinnützigen Verein in Frankfurt a/Main zuzuweisen, wenn sich dieser Verein ausdrücklich der Einhaltung der von uns unter I. bis V. vorgeschriebenen Bestimmungen*

---

[570] Bericht des Vereins „Kinderheim" vom 17.10.1910 aus dem VIII. Jahresbericht des Vereins, erstattet in der 9. Hauptversammlung, bei AvG.
[571] IX. Jahresbericht vom 16. 3. 1911, bei AvG.

verpflichtet. Sollte diese Zuweisung an einen solchen Verein nicht möglich sein, so fällt das Grundstück nebst dem Gebäude dem Armenverein zu Frankfurt a/Main, und falls dieser nicht mehr bestehen sollte, der Stadtgemeinde Frankfurt a/Main zu, und zwar mit der Auflage, Grundstück und Gebäude zur Aufnahme von kranken, siechen oder sonst hülfsbedürftigen Personen ohne Unterschied der Religion oder Konfession unter Befolgung der unter I. bis IV. gegebenen Vorschriften zu verwenden. Und unter Ziffer VII. heißt es weiter: *Der Anspruch der Rückgewährung der Schenkung nach V. und VI. steht zu unseren Lebzeiten jedem von uns, nach unserem Ableben zunächst unseren etwaigen Testamentsvollstreckern und, soweit wir solche nicht bestellen oder deren Amt erlöschen sollte, jedem unserer Erben zu.*

Hiernach ist ein Verkauf des Grundstücks sowie der darauf stehenden Gebäude durch die Stadt Frankfurt nicht zulässig. Es war für mich eine erstaunliche Erfahrung, dass die von meiner Familie über viele Generationen gepflegte philanthropische Tradition, *der Gemeinschaft nach ihrem jüdischen Glauben in größter Demut und Bescheidenheit zu dienen*[572], von den städtischen Behörden gar nicht mehr wahrgenommen wurde, ganz zu schweigen von der Absicht der Stadt, ein für viele Menschen der Umgebung notwendiges und gewünschtes Gesundheitszentrum zu schließen und den Erlös eines auf mehrere Millionen Euro geschätzten Objektes ohne Umschweife der Stadtkasse zuzuführen[573].

Der Initiative des Vereins Gesundheitszentrum e.V. ist es zu verdanken, dass die Öffentlichkeit durch eine Ausstellung zur Geschichte des Hauses im Januar 1995 auf die Verkaufspläne der Stadt Frankfurt aufmerksam gemacht wurde. Glücklicherweise besann sich die Stadt Frankfurt auf das ursprüngliche Anliegen meiner Familie und gab die Verkaufspläne nach Aufforderung durch unseren Rechtsvertreter, die Liegenschaften an die Familie zurückzugeben oder aber mit der Hälfte des Geldwertes des Objektes auszugleichen, auf[574]. Das Gesundheitszentrum blieb dankenswerterweise bis heute erhalten[575]. Ein Beratungszentrum für Eltern und Jugendliche wurde zusätzlich eingerichtet.

---

[572] Die Verfasserinnen danken Helga Heubach, Historikerin, für ihre diesbezüglichen Hinweise auf ein Zitat von L. Brentano in L. Curtius: Deutsche und antike Welt, Stuttgart 1950, S. 326–328.

[573] In einem Aufruf (bei AvG) des Vereins Gesundheitszentrum an die Frankfurter heißt es: *Wir wenden uns entschieden gegen eine Politik, die auf Kosten der sozial Schwachen, Kranken und Behinderten die leere Stadtkasse zu füllen versucht. Es darf nicht sein, dass wichtige soziale Einrichtungen Spekulationsobjekten zum Opfer fallen, und das in einer Zeit, wo die Diskriminierung und Verfolgung von Minderheiten immer häufiger zum Thema wird.*

[574] *Und letztlich ist es doch weder im Interesse des verstorbenen Friedrich von Gans noch seiner Rechtsnachfolger, dass sozial Bedürftige ihrer Einrichtung beraubt werden*, s. Schreiben der Stadt Frankfurt v. 3.3.1998 (bei AvG).

[575] Eine von der Stadt Frankfurt angestellte Überlegung, *was es ihr wert sein könnte, falls die Erben die Schenkungsauflagen aufheben* (Neue Presse vom 27.1.2000, S. 13), wurde von meiner Familie nicht weiter verhandelt. Der Zweck der bisherigen Verhandlungen, einen Verkauf zu verhindern, scheint bis jetzt erreicht zu sein.

D.5. Das Mausoleum der Familie Gans auf dem Frankfurter Hauptfriedhof[576]

Wie schon erwähnt, hatte mein Urgroßvater um die Jahrhundertwende sein Hauptinteresse zuerst auf das Sammeln von Gemälden und Kleinkunst aus dem 16. – 18. Jahrhundert verlegt. Obwohl er sich anfangs mit großer Vorsicht und wenig Erfahrung an das Aufspüren von Kostbarkeiten herantastete, wies ihm sein guter Geschmack die Richtung. Schließlich hatten ja seine Vorfahren in den vergangenen Jahrhunderten mit Antiquitäten und Juwelen gehandelt, auch mussten sie mit Geschick, Geschmack und angelerntem Wissen damals die Aristokratie beliefern.

Fritz Gans suchte schon bald Fachgelehrte und Kenner auf, trat in internationale Kunsthandels-Verbindungen ein und bildete sich zu einem beachtenswerten Kenner heraus, indem er zusätzlich eine bedeutende Bibliothek anlegte. Sein größtes Wohlwollen und Interesse waren im weiteren Verlauf seiner Sammeltätigkeit Kleinkunstgegenstände der Antike gewidmet[577].

Es ist wohl anzunehmen, dass Fritz Gans[578] beim Austausch mit kompetenten Fachleuten auch auf Prof. Friedrich Christoph Hausmann stieß, der 1860 in Wien geboren wurde. Im Jahre 1891 wurde Prof. Hausmann nach Frankfurt an die Kunstgewerbeschule als Leiter der Bildhauerabteilung berufen, wo er bis 1922 blieb. Ab dem 1. Oktober 1892 wurde er daneben von der Administration des Städel'schen Kunstinstitutes zum Leiter der Bildhauerklasse der Städelschule ernannt und bekleidete in den folgenden Jahren somit zwei Lehrstühle[579]. Mein Urgroßonkel Dr. Leo Gans wurde um diese Zeit zum Administrator des Städels gewählt und behielt diesen Posten über dreißig Jahre bei[580]. Sicherlich war es dieser Konstellation zu verdanken, dass Prof. Hausmann die Familien Gans, Bonn und Weinberg kennen lernte und regen Kontakt zu ihnen wie auch zu Fritz Gans hatte.

Inzwischen war Dr. Franz Adickes zum Oberbürgermeister von Frankfurt gewählt worden. Er setzte als Vorsitzender des Kunstfonds, den mein Urgroßonkel Dr. Leo Gans 1899 gegründet und mit reichen finanziellen Mitteln ausgestattet hatte, mit seinem hohen künstlerischen Interesse und der geschickten Aktivierung des Mäzenatentums und dem Stiftungswesen viel in Bewegung[581]. Während Prof. Hausmann noch an dem von der Kommission des Städtischen Kunstfonds finanzierten Schau-

---

[576] Siehe: www.frankfurter-hauptfriedhof.de (Suche: Mausoleum Gans)
[577] F. Hausmann in Frankfurter Zeitung vom 16.7.1920 anlässlich des Todes von Friedrich Ludwig von Gans.
[578] Siehe die Kapitel über die Kunstsammlungen Fritz Gans.
[579] E. Schlagehan: Der Bildhauer Friedrich Christoph Hausmann (1860–1936). Leben und Werk in Frankfurt, Magisterarbeit, Frankfurt 1995.
[580] Siehe Kapitel Dr. Leo Gans.
[581] E. Schlagehan: Der Bildhauer, S. 19.

spielhausbrunnen arbeitete (von 1899 bis 1910), war mein Urgroßvater Fritz mit einem großen Auftrag an den Familienfreund Hausmann herangetreten. Fritz Gans hatte etwa um 1908 auf dem Hauptfriedhof ein Grundstück von der Stadt Frankfurt erworben und besprach mit dem Bildhauer Prof. Hausmann nun sein neues Bauvorhaben. Mein Urgroßvater wollte ein Mausoleum für seine Familie bauen lassen.

Die gemeinsamen Besprechungen im Jahre 1908 führten dazu, dass Fritz Gans Prof. Hausmann den Auftrag gab, eine genaue Kopie des im Jahre 1504 von Bramante erbauten „tempietto" in San Pietro in Rom zu errichten, das der Legende nach auf jenem Platz, an dem Petrus gekreuzigt wurde, entstanden war. Bauleiter sollte der Architekt Alfred Engelhard sein, der auch schon im Hause Taunusanlage 15 und in der Boettgerstraße tätig war. Nun wollte der Bauherr, dass es eines der schönsten Bauwerke dieser Art in Deutschland werden sollte. Der Kunsthistoriker Prof. G. Popp[582] nannte später diesen Bau *den schönsten auf dem hiesigen Friedhof und wohl auch die schönste Urnenbeisetzungsstätte aller deutschen Friedhöfe*[583].

Das Frankfurter Mausoleum hat ein Fundament von zwölf Metern Durchmesser. Diese Fundamente, schrieb Prof. Popp, stammten aus der antiken Zeit, ebenso die 16 Säulen aus ägyptischem grauen Marmor, welche das Bauwerk umschließen. Im Inneren ist heute noch Mosaikpflaster aus dem 12. Jahrhundert zu sehen[584]. Das Äußere ist aus Muschelkalkstein gestaltet, die weiteren Säulen sind Monolithe aus Fichtelgebirgs-Granit, die Basen und Kapitelle aus Sterzinger Marmor. Da Fritz Gans ebenso den Stil der Renaissance liebte, sind das Dach wie auch die Eingangstüre nach einem ebensolchen Vorbild aus Bronze gefertigt worden.

Der herrliche Innenraum, der auf Wunsch meines Urgroßvaters seine Büste und sechs Bronzeurnen beherbergt, ist ganz im ravennatischen Stil gehalten und mit Nassauer Marmor getäfelt. Die acht Säulen, die den Innenraum in genau so viele Flächen unterteilen, sind Giallo di Siena Monolithen. Um dem Raum die Nüchternheit zu nehmen und in ein warmes Licht zu tauchen, wurden die Fenster in dem Kuppeldach mit gelben Alabasterplatten geschlossen. Die Bögen über den Säulen sind Mosaiken nach Vorbildern aus der antiken Schmucksammlung meines Urgroßvaters[585]. Noch heute schillern die Mosaiken in Blau und Gold – den Nachtfarben eines klaren Himmels.

Prof. Hausmann und Fritz Gans hatten besprochen, dass der obere Raum für eine möglichst große Urnenzahl zur Aschenbeisetzung der Familie gestaltet werden sollte. Das Untergeschoss, das man über ein paar Stufen, die unterhalb der Büste angebracht sind, betreten kann, würde jedoch für Sarkophage reserviert bleiben.

---

[582] Kopie der Beschreibung durch Prof. Dr. G. Popp 1933, aus dem Insitut für Stadtgeschichte Frankfurt, M. S 3/P 12140 Friedrich Ludwig von Gans (bei AvG).
[583] Ebd.
[584] Ebd., S. 9.
[585] Siehe das Kapitel Kunstsammlung und Schenkung nach Berlin.

Das Mausoleum der Familie von Gans auf dem Frankfurter Hauptfriedhof.
Der Innenraum des Mausoleums (Archiv AvG).

Somit stand jedem Familienmitglied offen, seinen eigenen Wunsch der Bestattung zu realisieren.

Der Kostenaufwand war immens, obwohl der untere Raum noch nicht ausgestattet war, denn zwei Kinder meines Urgroßvaters lebten nicht mehr in Frankfurt und es schien, als ob niemand Interesse gehabt hätte, sich im unteren Teil des Bauwerks bestatten zu lassen.

Als Fritz von Gans 1920 starb, waren allerdings schon seine Frau Auguste (1909) und sein Sohn Paul (1915) verstorben und in den Urnen, die nach einem antiken Modell aus der Sammlung meines Urgroßvaters gefertigt worden waren[586], seitlich seiner Büste im oberen Raum beigesetzt worden.

Die Inflation hatte die Familie Gans inzwischen so in Bedrängnis gebracht, dass man nach dem Tod von Fritz von Gans darüber nachdachte, dieses im Erhalt teure Gebäude samt den dazugehörigen großzügigen Grünflächen, deren parkähnliche Gestaltung nach der Jahrhundertwende den Friedhof in ein neues, dem Zeitgeschmack entsprechendes Bild tauchte[587], dem Frankfurter Verein für Feuerbestattung e.V. zu schenken.

Hier trat wieder Prof. Hausmann in Erscheinung, nachdem er feststellen musste, dass die Benutzung des Mausoleums durch die Familie, die zum größten Teil im Ausland lebte, wohl kaum in Frage käme. Er übernahm den Ausbau des kargen Untergeschosses in eine Urnenhalle im Sinne des verstorbenen Bauherrn Fritz von Gans. Mit einem Aufwand von 30.000 Reichsmark wurde der Raum im Sinne altchristlicher Bauwerke kostbar und würdevoll ausgestattet.

Am 21. Juli 1932 wurde der Schenkungsvertrag zwischen dem Verein und den Erben *Seiner Exzellenz des Wirklichen Geheimen Rat Fritz von Gans* ausgefertigt[588]. Bedingung war, dass die Erben das dauernde Nutzungsrecht in dem ihnen zustehenden Umfang übertragen bekamen. Der Verein übernahm die Kosten der Unterhaltung des Bauwerks in seinem Äußeren und Inneren, um den vom Erbauer gewünschten Eindruck für die Zukunft zu erhalten. Die Familie behielt sich den oberen Innenraum für die eigene Bestattung vor. Über der Eingangstüre wurde die bisherige Inschrift: „Familie Friedrich Ludwig von Gans" in „Stiftung der Familie Friedrich Ludwig von Gans" verändert.

1941 wurde auf Weisung des damals zuständigen Stadtrats die Beschriftung aus dem Sims über der Eingangstüre entfernt[589]. Es gelang mir, diese durch intensive Behördengänge Anfang der 1990er Jahren wieder anbringen zu lassen[590]. Inzwischen

---

586 Brief des Rechtsanwalts Horowitz vom 29.8.1930, bei AvG.
587 E. Schlagehan: Der Bildhauer, S. 58.
588 Vertrag vom 21.7.1932, bei AvG.
589 Schreiben der Stadt Frankfurt, Der Magistrat, vom 2.2.1987, bei AvG.
590 Schreiben des OB Dr. Volker Hauff vom 7.6.1990 an AvG: *Nach Prüfung des Sachverhalts habe ich den für das Friedhofswesen zuständigen Dezernenten gebeten, die Inschrift am Mausoleum rekonstruieren und wieder anbringen zu lassen.*

hat der Verein für Feuerbestattung aufgehört zu existieren, und die Stadt Frankfurt hat das eindrucksvolle Mausoleum, das seit 1986 unter Denkmalschutz steht, in seine Verwaltung übernommen.

Immer wieder habe ich mich gefragt, warum mein Urgroßvater für sich und seine Familie ein so eindrucksvolles Bauwerk errichten ließ. Möglicherweise folgte er ja den Intentionen seiner Zeit. Hiernach *wies Architektur über sich hinaus auf etwas Unsichtbares, repräsentierte eine „höhere" Idee, eine Form der Humanität [...]*[591].

Durch Kunstsinn und Mäzenatentum erwies sich das deutsche, wohlhabende Bürgertum um die Jahrhundertwende „als Erbe der älteren kulturtragenden Mächte". Dieses Erbe sollte in einer Zeit der industriellen Einflüsse und Veränderungen offenbar „in seiner Symbolik erhalten und für alle vorstellbar und erkennbar bleiben". Die Architekten folgten den Bürgern in dieser humanen Wertvorstellung: Architektur sollte lesbarer Text mit Bedeutung sein[592].

Sollte das der Renaissance nachempfundene Mausoleum in dem oben beschriebenen Sinn Symbol für die alten philanthropischen, jüdischen Tugenden wie Wohltätigkeit und Gerechtigkeit sein und zugleich die Familie mahnen, weiterhin nach diesen Tugenden zu leben? Auch in seiner Kinderheim-Stiftung Boettgerstrasse hatte Fritz Gans jeglichen direkten religiösen Einfluss abgelehnt und auf die *allgemeine* Wohltätigkeit aller Bürger als Pflicht hingewiesen. Dies könnte zugleich als Beitrag meines noch in der jüdischen Tradition aufgewachsenen Urgroßvaters gewertet werden, jüdisches Denken mit den neu entstehenden bürgerlichen Tugenden zu verbinden. Mein wortkarger, ernster[593] und zugleich so außerordentlich zielstrebiger Vorfahr wird auf seine Weise mit diesem Bauwerk uns allen einen Weg der Humanität und gegenseitigen Verständnisses für die Zukunft gewiesen haben.

Es existieren noch weitere Arbeiten, die Prof. Hausmann für die Familie Gans schuf. Schon 1898 hatte Fritz Gans dem Professor den Auftrag erteilt, seine Enkelkinder, nämlich die Kinder seiner Tochter Adela, die in erster Ehe mit Moritz Wetzlar verheiratet war, abzubilden. Dafür erhielt Prof. Hausmann die Goldmedaille auf einer Wiener Ausstellung[594]. Es folgten unter anderem als Büsten 1889 *Melanie Gans*, Tochter von Adolf Gans, als Kind, sowie um 1903 *Frau Gans mit Kindern* und 1924 *Arthur von Weinberg*. Als Silberplaketten schuf Prof. Hausmann 1907 *Fritz Gans*[595] und 1925 *Dr. Leo Gans*.

---

[591] Th. Nipperdey: Deutsche Geschichte, S. 716.
[592] Ebd.
[593] *Er lebte stets sehr zurückgezogen, liebte keine festlichen Aufmachungen, auch nicht im eigenen Hause und trat auch nicht im öffentlichen Leben gern hervor. In seinem ganzen Leben widmete er sich nur ernster Tätigkeit, in seiner Jugend seinem Geschäfte, im Alter seinen Sammlungen*, Auszug aus der Frankfurter Zeitung vom 16.7.1920, Nachruf von Prof. F. Hausmann.
[594] E. Schlagehan: Der Bildhauer, S. 65.
[595] E. Schlagehan spricht davon, dass keine Aufnahme vorhanden sei. Das Original befindet sich bei AvG.

Die drei Enkelkinder von Fritz Gans, Richard, Elizabeth und Margaret Wetzlar, Skulptur von Prof. Friedrich Hausmann (Archiv AvG) Silberplakette Fritz Gans 1903 von Prof. F. Hausmann (Archiv AvG)

D.6. Die Gemäldesammlung

Fritz Gans hatte in der Taunusanlage 15 seine Sammlung von Gemälden aus dem 16. bis 19. Jahrhundert sowie Kunstwerke der Renaissance immer wieder interessierten Kunstexperten gezeigt. Um diese Kostbarkeiten besser ausstellen zu können, hatte er von dem Architekten Alfred Engelhard eine lichtdurchflutete Galerie anbauen lassen[596]. Diese beiden Räume, in welchen mein Urgroßvater seine Sammlungen Fürstlichkeiten wie auch armen Kunstbeflissenen zeigte, machten trotz der Fülle der Kostbarkeiten nie den Eindruck eines Museums[597].

[596] G. Heuberger: Expressionismus und Exil: Die Sammlung Ludwig und Rosy Fischer, München 1990, S. 13.
[597] Frankfurter Zeitung vom 16.7.1920, Artikel von Prof. F. Hausmann zum Tod meines Urgroßvaters.

Gemäldegalerie von Fritz Gans in der Taunusanlage 15
(Institut für Stadtgeschichte Frankfurt am Main)

Die schon erwähnten Ausflüge in die Londoner Museen, die Verbindungen durch Leo Gans, der 1899 den „Staedtischen Kunstfonds, Abteilung für Plastik" gegründet hatte und im selben Jahr die Berufung zum Administrator des Städelschen Museums in Frankfurt erhielt, die Gründung des Städelschen Museum-Vereins im gleichen Jahr sowie das sich langsam aufbauende Netz zu internationalen Kunsthändlern hatten Fritz Gans zu einem ambitionierten und kenntnisreichen Käufer werden lassen.

Entscheidend für das Entstehen und das weitere Anwachsen der großen Gemäldesammlung, die ich hier anspreche, war sicherlich die Verbindung zu englischen Sammlerkreisen. Die Anfänge seiner Sammelleidenschaft lagen offensichtlich auch im zeitlichen Zusammenhang mit seinen Reisen nach Paris, wo die Firma Cassella einen Beitrag zur Weltausstellung im Jahr 1900 lieferte. Ich kann mir gut vorstellen, dass mein Urgroßvater neben den geschäftlichen Besprechungen Kontakte zu Privatsammlern aufgebaut hatte und die übrige Zeit nutzte, um Museen zu besuchen, wahrscheinlich in Begleitung namhafter Kunstexperten oder Händler, die ihn berieten und ebenso Beziehungen zu Verkäufern einfädelten.

Erwähnenswert ist sicherlich in diesem Zusammenhang der Sammler François Kleinberger, der in Paris lebte und nach 1909 drei bedeutende Gemälde an meinen

Urgroßvater verkaufte, die ich hier beispielsweise für die großartige und heute in alle Winde verstreute Gemäldesammlung von Fritz Gans nennen möchte. Es handelte sich hierbei einmal um zwei Bilder von Rembrandt, nämlich das *Portrait d'une vieille femme assise* aus dem Jahre 1661 und die berühmte *La descente du croix* von 1651, eine Replique seines Hauptwerks aus dem Jahr 1633, das damals in der Eremitage in St. Petersburg hing[598]. Das dritte Gemälde war von Gérard Dou *Rembrandt dans son atelier*[599].

Aus der Kollektion des Sammlers Rodolphe Kann[600], der ebenfalls in Paris lebte, stammte ein Bild von Tiepolo *Le Christ et la femme adultère*, dessen Pendant laut Bachstiz 1920 im Museum in Philadelphia hing, sowie das herrliche *Un cheval gris pommelé harnaché dans son écurie* von Aelbert Cuyp[601].

Es ist aus der Liste seiner Sammlung, die von dem zu seiner Zeit berühmten österreichischen Galeristen *Bachstiz* im Jahr 1920 in drei für die Kunstgeschichte noch heute hochinteressanten Katalogen veröffentlicht wurde, erkennbar, dass noch einige andere Galeristen aus Paris in engem Kontakt mit Fritz von Gans gestanden haben müssen, wie beispielsweise Charles Sedelmeyer, E. Fischoff, E. Secrétan, von denen er unter anderem einen van Dyck und einen Wouwermans erwarb[602].

Ebenfalls konnte mein Urgroßvater aus der Sammlung von Maurice Kann aus Paris eines seiner zwei Rubens-Gemälde erstehen. Es handelt sich dabei um das *Portrait d'un vieillard*, von dem eine genaue Replik sich in der Eremitage in Sankt Petersburg befindet[603]. Die englischen Beziehungen scheinen meinem Urgroßvater unter anderem die Möglichkeit eröffnet zu haben, aus der Sammlung des Herzogs von Marlborough im Jahre 1886 das zweite Gemälde von Peter Paul Rubens, *Tête de jeune femme*, zu erwerben[604]. Dieser Herzog von Marlborough war darüber hinaus

---

[598] Katalog „La Collection de la Galerie Bachstiz", Den Haag 1920.
[599] Ebd.
[600] Ebd. sowie W. Bode: Katalog zur Sammlung R. Kann, Paris 1907.
[601] Katalog „La Collection de la Galerie Bachstiz", Volume III: Objects of Art and Paintings.
[602] Ebd., Preface von G. Gronau.
[603] Ebd. Eine stichprobenartige Nachforschung nach dem Verbleib der im Bachstiz-Katalog aufgeführten Gemälde legt den Schluss nahe, dass es sich bei einigen der von meinem Urgroßvater angekauften Gemälde entweder um zeitgenössische Kopien oder aber um Repliquen aus der Schule des jeweiligen Künstlers gehandelt haben muss. Denn gerade die berühmtesten Werke seiner Sammlung sind heute nicht mehr auffindbar. Eine diesbezügliche Überprüfung der in den Bachstiz-Katalogen aufgeführten Kunstwerke muss dem Kunsthandel überlassen bleiben.
[604] Laut Schreiben der Bayerischen Staatsgemäldesammlungen, München, vom 18.11. 2003 handelt es sich bei dem Frauenkopf möglicherweise um eine Teilkopie nach einer Rubens-Madonna. Die Verfasserinnen sind Herrn Landeskonservator Dr. Konrad Renger dankbar für seine präzisen Auskünfte bezüglich einiger Exponate der Gemäldesammlung meines Urgroßvaters.

Kostbarkeiten aus der Sammlung Fritz Gans (Archiv AvG)

berühmt für seine Sammlungen von Juwelen sowie von Miniaturen und Golddöschen, die mit feinsten Miniaturen versehen waren. Die Sammlungen erstreckten sich über einen Zeitraum vom 16. bis zum 18. Jahrhunderts und mögen meinen Urgroßvater in ihrer Qualität und Schönheit so beeindruckt haben, dass er sich auch auf das Sammeln dieser Kleinode aus dem 17. bis 19. Jahrhundert verlegte[605]. Es gelang meinem Urgroßvater, aus der berühmten Marlborough-Sammlung drei der wertvollsten antiken Schmuckstücke zu erwerben[606].

In der Provenienz einiger bedeutender Bilder, die Fritz Gans ankaufte, taucht aber nicht nur der Name des Herzogs von Marlborough auf, sondern auch ein Gemälde von Jan van Goyen aus der Kollektion des Sir Richard Wallace aus London und 1907 ein Bild von Adriaen van Ostade aus der Kollektion des Lord Ashburton. Weitere Sammlungen, aus denen mein Urgroßvater Einzelstücke erwarb, waren Yarkes, New York, L. Goldschmidt, Paris, und Thomas Agnew & Sons in London. Das deutet darauf hin, dass der europäische Kunstmarkt in der Hauptsache während der damaligen Zeit in den Metropolen New York, London und Paris abgewickelt wurde; Wien und Berlin scheinen noch keine große Rolle gespielt zu haben.

Von wem mein Urgroßvater das großartige Gemälde *Jeun homme á son bureau* von Ferdinand Bol (1609–1680), einem Rembrandtschüler, kaufte, ist nicht bekannt. Bachstitz führte dieses von Bol signierte und auf das Jahr 1654 datierte Gemälde in seinem Katalog von 1922 auf.

In einem in der Zeitschrift *Art News* vom 16. Juni 1928 erschienenen Artikel über die Bachstitz-Galerie in Berlin werden zwei Gemälde aus der Sammlung meines Urgroßvaters erwähnt, die Bachstitz zum Verkauf anbot. Es handelte sich dabei um zwei Gemälde von Goya, nämlich um das Portrait der Donna Francesca Candado, von dem sich möglicherweise eine Replik im Museum von Valencia befindet, sowie um das Portrait des Arztes Dr. Stafford[607]. Der Artikel erwähnt außerdem weitere Exponate aus der Sammlung meines Urgroßvaters, nämlich *fine pieces of antique jewellery, emanating for the most part from the famous Gans collection* sowie *glasses including many treasures of the former Gans collection.*

Gleichzeitig mit dem Erwerb der großartigen und weltberühmten Gemälde lenkte Fritz Gans sein Augenmerk anfangs auch auf Glas aus dem 16. und 17. Jahrhundert. Seine Sammelstücke gehörten zu den außergewöhnlichsten Arbeiten dieser Art überhaupt. Der Bachstitz-Katalog sagt darüber, dass man ähnlich wertvolle Stücke nur noch im Wiener Kunsthistorischen Museum, im Louvre und im Prado fände.

Von unermesslichem Wert und Schönheit war jedoch die Juwelensammlung meines Urgroßvaters. Unter anderem gehörte zu dieser Sammlung von griechischem Goldschmuck aus dem 5. Jahrhundert v. Chr. ein außergewöhnlich großer Smaragd

---

[605] Katalog „La Collection de la Galerie Bachstitz".
[606] Ebd., Volume III: Objects of Art and Paintings, Preface, S. 1.
[607] Katalog „La Collection de la Galerie Bachstitz".

Zwei Ansichten der Salons Fritz Gans in der Taunusstraße 15 (Archiv AvG)

sowie ein byzantinisches Kreuz aus massivem Gold, ebenfalls mit einem gewaltigen Smaragden. *Kurz eine Schau, wie sie in einem Privathause Deutschlands, vielleicht auch des Kontinents, nicht wieder zu finden sein dürfte*[608].

Vor 1912 hatte Fritz Gans privat einen Katalog seiner Sammlungen erstellen lassen[609]. Er schien darin die Möglichkeit zu sehen, seine Sammlungen und das Ambiente seines Hauses weiteren Interessierten präsentieren zu können, ohne die Schätze zu seinen Lebzeiten der Öffentlichkeit über gängige Institutionen zugänglich machen zu müssen. Dieses Ansinnen ging aber offensichtlich vom Direktor des Städels aus[610]. Herr Swarzenski, der 1906 von seiner Stellung als Privatdozent der Kunstgeschichte an der Berliner Universität nach Frankfurt auf diesen Posten berufen worden war, war offensichtlich sehr darauf bedacht, einige Teile dieser wunderbaren Sammlung eines Tages für Frankfurt zu erwerben, denn er wollte nicht Gefahr laufen, bei dem kulturellen Wettbewerb der Städte zurückstehen zu müssen. Frankfurt war als Kunststätte damals noch nicht so bekannt. Unterstützung fand er in der Person des Oberbürgermeisters Adickes, der sich sehr um die Stadt Frankfurt bemühte und in engem Kontakt mit Leo und Fritz Gans stand.

Swarzenski wird als *Muster eines außerordentlichen Gelehrten, mit profundem Wissen begabten Museumsdirektor, der zugleich ein glänzender Organisator war*, beschrieben. Er war ein Mann, der an die führenden Familien heran trat, wie auch an das breite Publikum und dieses veranlasste, zu spenden[611]. Im Prinzip war es seiner Initiative zu verdanken, dass eine enge Zusammenarbeit zwischen der Stadt und privaten Sammlern zustande kam. Direktor Swarzenski sah darin eine Bereicherung für beide Seiten, denn mit Hilfe des Städels kauften private Sammler Kunstgegenstände und bildeten sich weiter. Ein Teil kam als Stiftungen später wieder zurück ins Museum, wie offensichtlich auch im Falle Fritz von Gans, wenn auch nicht in dem erwünschten Umfang. Mit diesen Überlegungen hatte Georg Swarzenski wahrscheinlich auch den bekannten Kunstexperten und Sammler Peter Mavrogordato, der Herzoglich Meiningenscher Hofrat war und meist in Berlin lebte, meinem Urgroßvater vorgestellt.

Dieser sah die Vollkommenheit der Gemälde- und der Kleinodien-Sammlungen. Während der vielen Begegnungen und Besuche im Hause meines Urgroßvaters, bei denen dieser dann Teile aus der Sammlung Mavrogordato erstand, führte dieser ihn nicht nur in ein neues Sammelgebiet ein, wie wir im Anschluss lesen werden, sondern diese beiden Sammler verband eine enge Freundschaft. Denn selbst nach dem Tode meines Urgroßvaters im Jahre 1920 half Peter Mavrogordato mit seiner Kunstkenntnis bei der Auflösung und Verteilung des so wertvollen Nachlasses.

---

[608] Frankfurter Nachrichten, Beiblatt, 15.7.1920.
[609] Original bei AvG.
[610] Frankfurter Zeitung vom 15.7.1920.
[611] R. Heuberger/H. Krohn: Hinaus aus dem Ghetto …, S. 147. Georg Swarzenski musste 1937 emigrieren.

Der intensive Austausch, die Freundschaft zu Hofrat Mavrogordato und dessen guten Beziehungen nach Berlin, die durch die Schenkung der Antiken-Sammlung meines Urgroßvaters an den preußischen Staat von 1912 auch diesem zugute kamen, veranlassten meinen Urgroßvater vermutlich, dass er dem in diese freundschaftliche Beziehung involvierten Galeristen und Kunsthändler Bachstitz, der in der Tiergartenstraße seinen Kunsthandel betrieb, beauftragte, 1918, also nach Kriegsende, die *wertvollste Sammlung Frankfurts*[612] in Berlin versteigern zu lassen. Bachstitz besaß neben Berlin noch eine weitere Galerie in München.

Es ist leider heute nicht mehr nachvollziehbar, warum es nie zu dieser Versteigerung kam, aber Herr Bachstitz sollte in den unruhigen Nachkriegsjahren einen großen Anteil an der Sicherstellung zumindest der unschätzbar wertvollen Gemäldesammlung meines Urgroßvaters haben.

Es gab möglicherweise mehrere Gründe, die meinen Urgroßvater veranlasst haben könnten, über den Verkauf seiner wertvollen Sammlungen – Gemälde, Glas und Juwelen – nachzudenken. Er hätte sie ja auch schließlich behalten und der nächsten Generation vererben können. Aus den mir vorliegenden Unterlagen geht hervor, dass ein Grund hierfür *die Angst des alten Herren bildete, dass entweder bei eventuellen Krawallen diese Sachen vernichtet werden oder eventuell durch die deutsche Regierung beschlagnahmt werden würden. Deshalb trachtet er auch, dass die Kunstsachen möglichst bald ins Ausland kämen, wozu er sich der Hilfe des Bachstitz bediente, der ausgezeichnete Beziehungen zu Berliner Kreisen zu haben scheint*[613]. Bachstitz war es augenscheinlich gelungen, die deutschen Ausfuhrbehörden zur Erteilung der Ausfuhrerlaubnis der kostbaren Exponate zu bewegen, wobei nur Rembrandts *La descente du croix* sowie einige Stücke alten Goldschmucks im Lande verblieben, da sie auf der deutschen Sperrliste von Kunstwerken aufgeführt wurden[614].

Offensichtlich hatte nach den gescheiterten Versteigerungsverhandlungen mit Bachstitz zunächst der Münchner Antiquitätenhändler Hugo Helbing ein Angebot gemacht, die auf ursprünglich 10 oder 15 Millionen Goldmark geschätzte Sammlung für 5 Millionen zu kaufen. Allerdings hätte der höhere Betrag auch die wertvolle Juwelensammlung beinhaltet, die Fritz Gans dann aber dem bekannten Frankfurter Juwelier Koch verkaufte.

Helbing trat aber auf Veranlassung meines beunruhigten Urgroßvaters gegen eine Abschlagszahlung von 750.000 Mark von diesem Kaufvertrag zurück, was man später als Glück bezeichnete, denn der Betrag von in Deutschland zu zahlenden

---

[612] Frankfurter Nachrichten, Beiblatt, 15.7.1920.
[613] Bericht des Rechtsanwalts Petz, München, an die Fritz von Gans Erben, 31. Oktober 1922.
[614] Voss'sche Zeitung vom 17.8.1920 sowie Berliner Tageblatt vom gleichen Tag. – Siehe auch den Bericht über die Übernahme der Sammlungen meines Urgroßvaters durch die Bachstitz-Galerie in Het Vaderland vom 7.9.1920.

5 Millionen wäre zwischenzeitlich in Papiermark verwandelt worden und in der sich ihrem Höhepunkt nähernden Inflation kaum mehr etwas wert gewesen[615].

Nach wie vor galt die Fürsorge des alten Herrn, seinen Erben die unschätzbaren Werte zu sichern. Es war zu befürchten, dass die deutsche Regierung im Zuge der Wiedergutmachungszahlungen an die Siegermächte aufgrund des Versailler Vertrages die Sammlungen meines Urgroßvaters beschlagnahmen würde.

Um dies zu verhindern, kamen mein Urgroßvater und die ihn beratenden Herren, wie schon berichtet, zu dem Entschluss, die Sammlung außer Landes zu bringen, wobei nun der Antiquar Bachstitz, der in Den Haag 1920 seine Galerie eröffnet hatte, als Käufer auftrat. Mein nun 87-jähriger Urgroßvater hatte mit ihm, einem ehemaligen österreichischen Kavallerieoffizier jüdischer Herkunft, im Juni 1920 einen Vertrag geschlossen, der besagte, dass Bachstitz die Kunstsammlung um den Betrag von 5 Millionen Mark und einer jährlichen Rente von 30.000 holländischen Gulden erwarb. Letzteres hätte für die Familie den Erhalt wertvoller Devisen bedeutet.

Diese Rente wurde aber, da mein Urgroßvater wenige Wochen nach Vertragsabschluss starb, nie bezahlt[616]. Dass mein Urgroßvater überhaupt in seinem hohen Alter eine Rentenzahlung vereinbart hat, lässt auf die Kompliziertheit des Vertragsabschlusses und der allgemeinen politischen Lage nach Kriegsende schließen. Bachstitz war ihm aber offensichtlich hinsichtlich des Kaufpreises noch entgegengekommen.

Nach dem so schnellen Dahinscheiden von Fritz griff der Justizrat Dr. Baer als Nachlassverwalter die Angelegenheit auf und schloss eine neue Vereinbarung mit dem Kunsthändler Bachstitz ab. Unter Mithilfe des Kunstsachverständigen und Freundes der Familie, Hofrat Mavrogordato, versuchte man, die schlechte Lage auf dem Kunstmarkt mit einem durchdachten Vertrag zu umgehen, um die Werte der Sammlung trotz der miserablen Marktlage im Nachkriegs-Deutschland für die Erben zu retten. Man überlegte, die einzelnen Kunstwerke mit ihrem jeweiligen Verkaufspreis dem Vertrag zugrunde zu legen, da andererseits Bachstitz den in der Rente angelegten Betrag nach dem plötzlichen Tod meines Urgroßvaters ohne Zahlung einbehalten hätte.

Daher wollte Justizrat Baer Bachstitz zur Abänderung des Vertrages bewegen, wodurch dem Nachlass zumindest 85% des Reinerlöses gesichert wurden, da dieser scheinbar den großen Betrag der zuvor vereinbarten 5 Millionen in einer Summe nicht aufbringen konnte. Damit hätte man allerdings einiges erreicht, wenngleich die Valorisierung der Kunstsammlung zu Gunsten des Nachlasses auf eine unbekannte Reihe von Jahren hinaus durch Bachstitz hätte verzögert werden können[617].

[615] Bericht des Rechtsanwalts Petz, München, an die Fritz von Gans Erben, 31. Oktober 1922.
[616] Ebd.
[617] Ebd.

Fritz Gans, Foto Peter Mavrogordato
(Archiv AvG)

Diese klugen Überlegungen des Nachlassverwalters veranlassten Bachstitz ein Angebot von zuerst 20 und dann 40 Millionen (offensichtlich Inflationsmillionen), zahlbar bis Ende 1922, abzugeben, um möglichst schnell an den freien Eigentumsübergang auf ihn zu gelangen. Dies wurde wiederum abgelehnt, denn die Nachlassverwaltung wollte in Devisen bezahlt werden, wie es offensichtlich im Sinne des alten Fritz von Gans gedacht war, denn die aufscheinende galoppierende Inflation am Beginn der Zwanziger Jahre hätte den Wert der Sammlungen zunichte gemacht.

Man bedenke: Um die Reparationszahlungen gegenüber den Siegermächten in Höhe von 134 Milliarden Reichsmark leisten zu können, erhöhten Reichsbank und Reichsdruckerei den Geldumlauf durch immer größere Summen gedruckten Geldes. Bereits 1920 setzt die Inflation ein und Anfang 1922 war der Wert einer Mark auf 1/10 des Vorkriegswertes gesunken, im Sommer 1922 waren es nur noch 1/100 und Ende Juli 1923 bekam man für 1 Million Mark lediglich einen einzigen US-Dollar.

So einigte man sich auf folgende Lösung: Man überließ 1922 schweren Herzens die gesamte Sammlung Herrn Bachstitz zu freiem Eigentum gegen eine Bezahlung von insgesamt 450.000 Devisen-Gulden, die in Raten bezahlt werden sollten[618]. 100.000 Gulden wurden als Anzahlung gezahlt, wobei durch die Testamentsvollstrecker sicherlich in legaler Weise, aber für die Erben wahrscheinlich zu einigem Nachteil, 100.000 Gulden in ca. 10 Millionen Inflations-Mark umgewandelt und ausgezahlt wurden, um zumindest einen Teil des Erbes sofort auszuschütten. Die restlichen 350.000 Gulden blieben einer nächsten Barausschüttung vorbehalten.

Man gab Herrn Bachstitz zwei Jahre Zeit, also bis Juli 1924, die einzelnen Raten, die mit 6% verzinst wurden, zu begleichen. Wie wir heute mit einiger Sicherheit annehmen können, verließ Bachstitz etwa im Jahre 1931 Deutschland und emig-

---

[618] Im Internet scheint Verwirrung zu bestehen zwischen den Begriffen „Sammlung Bachstitz" bzw. „Sammlung von Gans". Bezieht sich der Begriff der „Sammlung Bachstitz" auf die Sammlung meines Urgroßvaters, so ist dazu zu bemerken, dass K.W. Bachstitz für das Entstehen der Sammlung meines Urgroßvaters nicht verantwortlich ist.

rierte nach New York, wo er bereits seit 1922 eine Galerie besaß, und zwar im *Ritz Carlton Hotel*. 1931 verlegte er seine Galerie in das *Sherry Netherlands Hotel*[619].

Später erzählte man sich, dass Herr Bachstitz für den Rembrandt meines Urgroßvaters soviel bekommen habe, wie ihn die ganze Sammlung gekostet hatte. Obwohl der alte Herr von Gans alles retten wollte, um seinen Erben zumindest einen gewissen Betrag aus der Sammlung zu sichern, wirkten nach seinem Tod die zähen Verhandlungen mit Herrn Bachstitz und der Nachlassverwaltung sich in soweit noch günstig aus, als trotz des Verlustes der kostbaren Erbmasse der Devisenbetrag dafür sorgte, dass die Erben noch einige Jahre gut davon leben konnten.

D.7. Die Antikensammlung

Mein Urgroßvater hatte seit seinem Rückzug aus dem Geschäftsleben damit begonnen, besonders kostbare Kunstwerke der Antike zu sammeln, die bis zum Jahre 1910 nur einen kleinen Teil seiner Schätze ausgemacht hatten, allerdings sein Sammelinteresse übermäßig weckten. Darunter befanden sich Seltenheiten aus dem 5. und 1. Jahrhundert v. Chr.

Wie Prof. Hausmann 1920 schrieb[620], waren *darunter Gläser, die an Schönheit und Fülle wohl von keiner öffentlichen oder privaten Sammlung erreicht werden dürfte. Große öffentliche Museen bewahrten einzelne Scherben/Scheiben von Objekten auf, die bei Fritz Gans in unberührter Schönheit zu sehen waren. Man wohnte in der Sammlung und hatte nie das Gefühl von pflichtgemäßem Schauenmüssen, sondern nur die Freude des Genießens.*

Mit dem berühmten New Yorker Bankier John Pierpoint Morgan und einem anderen Sammler in Großbritannien teilte sich Fritz Gans dann im Jahr 1909 den Ankauf des sensationellen Goldfunds von Assiut[621]. Es ist nie ganz geklärt worden, ob Morgan und mein Urgroßvater sich gekannt haben. Sicherlich haben sie aber voneinander gehört, denn die Welt der Sammler und deren Zuträger war klein.

Es ist durchaus möglich, dass der Londoner Kunsthändler Joseph Duveen, seit 1933 Sir Joseph und endlich Lord Duveen of Millbank (1869–1939), seine Hände bei der Vermittlung der Assiut-Kunstschätze im Spiel hatte: er selbst verkaufte bis zum Ende seines Lebens Objekte aus der berühmten, von ihm 1906 erworbenen

---

[619] Victoria Reed vom Museum of Fine Arts, New York, danken wir für ihre freundlichen und ausführlichen Auskünfte vom 14.11.2003 bezüglich des Geschäftsverlaufs der Bachstitz-Galerie.

[620] Frankfurter Zeitung vom 16.7.1920, Artikel von Prof. F. Hausmann zum Tod meines Urgroßvaters.

[621] G. Platz-Horster: Der Goldschmuck von Assiut, Ägypten, in: L. Wamser (Hg.): Die Welt von Byzanz – Europas östliches Erbe, Austellungskatalog, München 2004, S. 286ff.

Der Schatzfund von Assiut, AvG bei der Ausstellungseröffnung 2004 vor dem großen Kragenschmuck.
(Foto M. Eberlein, München)

Berliner Hainauer-Sammlung unter anderem an John Pierpoint Morgan[622]. Diese Sammlung eines vermögenden Berliners wurde von Wilhelm von Bode, Direktor der Berliner Museen und der bekannteste Kunsthistoriker seiner Zeit, katalogisiert. Wilhelm von Bode trat auch als Berater anderer Kunstsammler, wie des jüdischen Privatiers Wilhelm Gumprecht, auf. Der bedeutende Kunstsammler Morgan sowie Joseph Duveen und Wilhelm von Bode, der unter anderem die Berliner Antikensammlung bei ihrem Aufbau unter Wilhelm II. beriet, kannten demnach einander. Gerade die engen Verbindungen meines Urgroßvaters zu Herrn Generaldirektor von Bode machte es den Frankfurter städtischen Behörden nahezu unmöglich, die Sammlungen in Frankfurt zu halten und den dortigen Museen zuzuführen[623].

Ich kann mir gut vorstellen, dass die Initiative, meinen Urgroßvater zum Ankauf wertvollster Antiken zu bewegen, von Berlin ausging und von den dortigen erfahrenen Museumsleuten „eingefädelt" wurde. Wie aber kam es zur Verbindung zwischen Berlin, meinem Urgroßvater und den internationalen Kunstexperten?

Wie ich schon berichtet habe, kam der Direktor des Städels, Georg Swarzenski, wie viele andere öfter in die Privat-Galerie in der Taunusanlage, um die dortigen Schätze zu begutachten. Er vermittelte meinem Urgroßvater eines Tages den Kunsthändler

---

[622] P. Blom: Sammelwunder, Sammelwahn, Frankfurt am Main 2004, S. 209f. – An dieser Stelle dankt Angela von Gans Herrn Michael Egger von der Archäologischen Staatssammlung, München, für die vielen Informationen bezüglich der Kunstsammlungen ihres Urgroßvaters und die liebenswürdige Unterstützung bei der Beschaffung von diesbezüglichen Arbeitsunterlagen, ohne die dieses Kapitel nicht hätte geschrieben werden können.

[623] *[...] habe ich bei jeder Gelegenheit auf die Sammeltätigkeit des Herrn von Gans hingewiesen und den Wunsch ausgesprochen, dass auch von dritter Seite nichts unversucht bleiben möge, was Herrn von Gans zu einem Interesse für die Frankfurter Sammlungen bewegen könne. Ich tat dies umsomehr, als durch die Verbindung des Herrn von Gans mit dem Generaldirektor von B o d e es immer unmöglicher wurde, dass Herr von Gans durch mich selbst für die Frankfurter Sammlungen mit Erfolg interessiert werden könne,* Schreiben des Herrn Swarzenski vom 19.1.1917 an den Oberbürgermeister der Stadt Frankfurt, Abschrift, Archiv der Stadt Frankfurt am Main.

und Herzoglich Meiningenschen Hofrat Peter Mavrogordato, einen 1870 in Odessa geborenen Griechen aus einer wohlhabenden Familie, der mit einer russischen Aristokratin verheiratet war[624].

Fritz Gans und er wurden bald Freunde, und Mavrogordato fand in meinem Urgroßvater den außerordentlich großzügigen Abnehmer der seltenen Antiken, sei es Schmuck, Glas oder Terrakotten, unter anderem auch aus dem Assiutfund[625], zu dem er möglicherweise über seine russischen Verbindungen[626] zu den ägyptischen Händlern Zugang hatte. Mavrogordato war es auch, der meinem Urgroßvater in kürzester Zeit den systematischen wissenschaftlichen Aufbau seiner Sammlung ermöglichte, der ihr einen ganz besonderen Charakter gab[627].

In einem späteren Schreiben an den Frankfurter Oberbürgermeister vom 19.1.1917 beklagte sich Georg Swarzenski bitter über den plötzlichen Verlust seiner

Fritz Gans in Ägypten, rechts (Archiv AvG)

---

[624] *Herr von Gans scheint vergessen zu haben, dass ich es bin, der ihm Herrn Mavrogordato, den er in dem Briefe als seinen „Freund" bezeichnet, empfohlen habe. Ich erinnere mich genau, wie ich Herrn Mavrogordato in seinem Hotel, in dem er mit Antiquitäten abgestiegen war, ein Empfehlungsschreiben an Herrn von Gans schrieb – beide Herren kannten einander nicht einmal dem Namen nach – indem ich Herrn von Gans bat, Herrn Mavrogordato zu empfangen und ihn ihm für antike Ausgrabungen etc. besonders empfahl. Bald darauf brach Herr von Gans den Verkehr mit mir ab, auch Herr Mavrogordato ließ sich nicht mehr bei mir sehen,* Schreiben des Herrn Swarzenski vom 19.1.1917 an den Oberbürgermeister der Stadt Frankfurt, Abschrift, Archiv der Stadt Frankfurt am Main.

[625] *Auch der hier zu besprechende [Assiut]-Schatz ist in den Ruinen eines Klosters vor einigen Jahren gehoben worden [...]. Auch von dem ägyptischen [Assiut]-Schatze haben einige Stücke den Weg nach Amerika gefunden. Doch dürfen wir uns des Besitzes gerade der hervorragendsten freuen. Ferner ist es Herrn von Gans gelungen, noch nachträglich einige zugehörige Stücke zu erwerben, die sich jetzt in seiner Sammlung in Frankfurt befinden. Der ganze Fund wird bald wenigstens im Bilde vereint der Wissenschaft zugänglich gemacht werden. Unsere Sammlung enthält zwei Paare von Armbändern, einen Brustschmuck und ein breites Halsband,* R. Zahn: Die Sammlung Friedrich Ludwig von Gans im Antiquarium. Amtliche Berichte aus den Königl. Kunstsammlungen, Berlin 1913, XXXV. Jg., Nr. 3, Spalte 65–130, hier: Spalte 89f. (siehe auch die Abbildungen dieser Stücke in L. Wamser (Hg.): Die Welt von Byzanz – Europas östliches Erbe, S. 286-288, 294f.).

[626] Peter Mavrogordato besaß wie Theodor Wiegand ein Haus am Bosporus. In dem dortigen Wiegand'schen Haus *fand sich bald aus Kleinasien und Südrußland der Kunsthandel ein [...],* Theodor Wiegand zum 140. Geburtstag aus Antike Welt, Heft 5/ 2004, S. 71.

[627] R. Zahn: Die Sammlung, Sp. 66.

ihm bisher zugetanen Freunde Fritz von Gans und Peter Mavrogordato[628]. Dieser aber hatte vor seiner Kontaktaufnahme mit meinem Urgroßvater wohl seine Fühler auch ausgiebig nach Berlin ausgestreckt, und nach dem dortigen Bekanntwerden der inzwischen angewachsenen unschätzbaren Sammlung von Fritz von Gans in Frankfurt lenkten die maßgeblichen Herren der Antikensammlung in Berlin immer öfter die Sprache darauf, die inzwischen gewaltige Kollektion leihweise nach Berlin zu holen, damit einmal der Öffentlichkeit die einzigartigen Schätze gezeigt werden könnten.

Nach den seit 1911 intensiv geführten Gesprächen mit dem Direktor der Antikensammlung, Herrn Theodor Wiegand (1864–1936), willigte mein Urgroßvater, der seinem griechischen Freund Mavrogordato voll vertraute, in eine *befristete Leihausstellung* nach Berlin ein. Diese Entscheidung verursachte große Aufregung in Frankfurt. Man befürchtete zu Recht den Verlust der Sammlung an die Hauptstadt, die Oberbürgermeister Adickes ebenso wie der Direktor des Städels, Georg Swarzenski, unbedingt in der Heimatstadt belassen wollten. Um später die Wogen zu glätten, entschloss sich Fritz, zwei Gemälde dem Städel zu schenken, die selbstverständlich nicht im Vergleich zur Schenkung nach Berlin stehen konnten. Eines davon war von Franz von Lenbach: „Otto, Fürst von Bismarck" und das andere von Anton Burger: „Alte Frankfurter Ansicht".

Aber Berlin als Hauptstadt und der gute Ruf des schon vorhandenen großen Museums trugen 1911 endgültig zu dem Entschluss meines Urgroßvaters bei, die damals wohl größte Privatsammlung antiker Kunst in Deutschland und eine der größten in Europa als Leihgabe auszustellen. Fritz von Gans ließ eigene Vitrinen bei der Firma Armbruster in Frankfurt bauen, und Hofrat Mavrogordato leitete deren Aufstellung in einem großen Saal des Museums; er hatte viel Mühe, aus über 1200 höchst qualitätsvollen Exponaten die richtige Auswahl zur Präsentation zu treffen.

Die Antiken-Sammlung meines Urgroßvaters bestand *aus einem grossartigen Schatz griechischer und römischer Goldschmiedearbeiten der verschiedensten Jahrhunderte, aus einer Sammlung so hervorragender antiker Gläser, dass es ganz unmöglich wäre, eine solche auf dem heutigen Kunstmarkte selbst mit den höchsten Preisen zu erstehen, sowie aus Alterthümern und speciellen Pretiosen der ostgotischen, arabischen und persischen Kunst von auserlesener Seltentheit*[629].

---

[628] Schreiben des Georg Swarzenski vom 19.1.1917 an den Oberbürgermeister der Stadt Frankfurt, Abschrift, Archiv der Stadt Frankfurt/Main.

[629] Hs. Entwurf eines Antrages zur Schenkung von Theodor Wiegand vom 22.11.1911, Geheimes Staatsarchiv Preußischer Kulturbesitz, Berlin, I HA Rep. 176 Heroldsamt VI G 510.

D.8. Schenkung der Antikensammlung nach Berlin

Wie es letztlich zur Verwandlung von einer Leihgabe in eine Schenkung kam, möchte ich im Folgenden schildern: Mein Urgroßvater Fritz Gans hatte dem Leiter des Antiquariums der Berliner Museen, Robert Zahn, die Bearbeitung der außergewöhnlich kostbaren und ausgewählten Sammlung von antiken Gläsern, Terrakotten und Goldschmuck zu einem wissenschaftlichen Katalog übertragen.

Durch ihn lernte Fritz Gans den Direktor der Antikensammlung, Herrn Theodor Wiegand, ein Jahr vor der Schenkung kennen. Die Begeisterung von Robert Zahn für die Sammlung, die er ein Ereignis in der Geschichte der Königlichen Museen nannte, musste sich auf Herrn Wiegand übertragen haben.

Zahn schrieb in einem späteren Bericht aus dem Jahre 1913: *Die Tätigkeit des Herrn Gans steht in Deutschland ganz einzig da. Wohl fehlt es auch bei uns nicht an bedeutenden Sammlern der verschiedensten Richtungen, nur die Antike ist bisher zu kurz gekommen. Ihr hat Herr von Gans seine ganze Liebe zugewendet, mit sicherem Blicke erkennend, was Not tat. Möge sein Vorgehen bahnbrechend und vorbildlich wirken. Immer wird sein Name unter den Gönnern und Förderern unserer archäologischen Wissenschaft glänzen*[630].

Ich möchte hier der Anregung von Adolph Greifenhagen[631] folgen und Auszüge aus einem Bericht wiedergeben, der von C. Watzinger in seinem Buch über den Direktor der Antikensammlung mit dem Titel *Theodor Wiegand* über die Schenkung meines Urgroßvaters veröffentlicht wurde. Hierin heißt es: *In Zusammenhang mit den häufigen, längeren Besuchen in Frankfurt in der Taunusanlage 15 zum Studium der Gegenstände entstand der Gedanke einer Stiftung der Sammlung nach Berlin. Mit Zahn war auch Wiegand der Überzeugung, dass eine solche Gelegenheit, die Museen durch eine einzigartige Sammlung, deren Wert auf eineinhalb Millionen (1911) geschätzt wurde, zu bereichern, niemals wiederkehren würde. Wiegand gelang es dann in persönlichen Verhandlungen, bei denen ihn Mavrogordato wirksam unterstützte, seine Schätze nach Berlin zu überführen, wo sie als Leihgabe im Antiquarium ausgestellt werden sollten. Wiegand gedachte, sie dort auch dem Kaiser vorzuführen und diesen für den Erwerbungsplan zu gewinnen. In der Zwischenzeit hoffte er mit Herrn Gans über die Stiftung der Sammlung einig zu werden; denn er hielt sich als Museumsdirektor für verpflichtet, nichts unversucht zu lassen, um eine so kostbare Sammlung für den preußischen Staat und die Öffentlichkeit zu gewinnen.*

Im November konnte er dem Kaiser nach einer Abendtafel im Neuen Palais in Potsdam über den Plan der Erwerbung der Sammlung Bericht erstatten und ihn zu

---

[630] R. Zahn: Die Sammlung, Sp. 65.
[631] A. Greifenhagen: Geschichte der Sammlung und Einleitung, Berlin 1970, S. 9–14, hier S. 10f. Siehe auch ders.: Schmuck der alten Welt, Berlin 1979, 3. Auflage.

einer Besichtigung im Museum einladen. Der Kaiser sagte seinen Besuch sofort zu. Die Ausstellung der Sammlung durch Zahn in einem Saal der Antikensammlung brachte die Kostbarkeiten zu glänzender Wirkung. Als der Kaiser zur Besichtigung kam, war er aufs höchste begeistert und erklärte spontan: „Diese Sammlung wollen wir doch festhalten".

In Frankfurt verbreitete sich bald die Kunde von der Ausstellung und von dem grossem Interesse des Kaisers, und der alte Herr, um den man sich bisher wenig gekümmert hatte, wurde nun von vielen Seiten bestürmt, seine Sammlung der Stadt Frankfurt zu erhalten. Bald traten auch andere Schwierigkeiten ein, die schließlich im Februar ein persönliches Eingreifen Wiegands nötig machten, wenn nicht die ganze Stiftung scheitern sollte, da Herr Gans nahe daran war, sich zurückzuziehen. Nach schwierigen Unterhandlungen, deren Erfolg vor allem wieder der geschickten Vermittlung von Mavrogordato zu verdanken war, gab er dem Drängen Wiegands nach und unterzeichnete schließlich am 2. März 1912 die Stiftungsurkunde. So war eine der wertvollsten Schenkungen zustande gekommen, die je der Antikensammlung zuteil geworden sind, und der Stifter hat auch später noch den Berliner Bestand durch kostbare, von ihm neu erworbene Stücke ergänzt[632].

Tatsächlich unterzeichnete Fritz Gans die Schenkungsurkunde zugunsten des Antiquariums der Königlichen Museen zu Berlin schon am 30. Dezember 1911[633]. Später stiftete er auch noch die „Gehäuse" der Sammlung, vier einheitliche mächtige Wandschränke, zwei entsprechend große freistehende Schränke und zwei aus Bronze und Glas gebaute Pulte[634]. Die Schenkung war an zwei Bedingungen geknüpft: die Sammlung sollte für sich allein in einem dafür geeigneten Raum gezeigt und der Name des Stifters sollte über den Türen deutlich sichtbar angebracht werden[635]. Weiterhin sollten die bereits eingeleiteten Maßnahmen zur Erhebung meines Urgroßvaters in den Freiherrnstand und nachfolgend zum erblichen Freiherrn-Titel für meinen Großvater Paul Gans und für dessen Nachkommen nunmehr abgeschlossen werden[636].

---

[632] A. Greifenhagen: Geschichte der Sammlung, S. 11.

[633] Schenkungsurkunde vom 30.12.1911, Geheimes Staatsarchiv Preußischer Kulturbesitz, Berlin, Inv. Z 442. Hier muss C. Watzinger ein Fehler unterlaufen sein.

[634] R. Zahn: Zur Sammlung Friedrich L. von Gans, Amtliche Berichte aus den Königl. Kunstsammlungen, XXXVIII. Jg., Nr. 1, Berlin 1916, Sp. 1.

[635] Diese erste Bedingung ist zurzeit nicht erfüllt. Der großartigen Sammlung Friedrich von Gans wieder einen ihrer Bedeutung gemäßen Platz einzuräumen wurde aber AvG nach einer Anfrage in Aussicht gestellt. Schreiben der Antikensammlung Berlin vom 20.6.2002 (bei AvG).

[636] Schenkungsurkunde vom 30.12.1911, Geheimes Staatsarchiv Preußischer Kulturbesitz, Berlin, Inv. Z 442.

D: Friedrich Ludwig von Gans (1833–1920) als Industrieller und Mäzen

Der Prunkraum der Sammlung in Berlin

D.9. Die Nobilitierung von Fritz Gans und die Adelspolitik Kaiser Wilhelms II.

Mein Urgroßvater hatte kurz vor der Schenkung, und zwar am 4. Dezember 1911, ein offizielles Nobilitierungsgesuch an den Kaiser gerichtet, nachdem bereits am 22.11.1911 der Kaiser von diesem Vorhaben durch ein Schreiben des Direktors der Antikensammlung der Berliner Museen, Theodor Wiegand, unterrichtet worden war[637]. Er beabsichtige, so schrieb Fritz Gans an Wilhelm II., ein Fideikommiss auf dem ca. 4.300 Morgen großen Rittergut Niessen bei Warburg zu errichten. Er habe zwei Söhne, von denen der älteste mit einer Freiin von Fabrice verheiratet sei. *Es ist mein Wunsch, mit diesem befestigten Besitz in den titulierten Adel Eurer Majestät Monarchie einzutreten und bitte ich unterthänigst, mir den erblichen Adel und den Freiherrn-Titel, diesen geknüpft an den Besitz des Fideicommisses nach dem Recht der Erstgeburt verleihen zu wollen*[638].

[637] Hs. Entwurf eines Antrages zur Schenkung von Theodor Wiegand v. 22.11.1911, Geheimes Staatsarchiv Preußischer Kulturbesitz, Berlin, Inv. Erw. 117.
[638] Geheimes Staatsarchiv Preußischer Kulturbesitz, Berlin, I HA Rep. 176 Heroldsamt VI G 510, Schreiben von Friedrich Ludwig Gans vom 4.12.1911.

Mein Urgroßvater hatte einen äußerst günstigen Zeitpunkt für seinen Antrag gewählt. Mit der Reichsgründung nahm nämlich in Preußen die Zahl der Nobilitierungen stärker, unter Wilhelm II. sogar sprunghaft zu[639]. Der Kaiser versuchte offenbar, mit seiner Nobilitierungspolitik eine neue Elite aus Geld und Adel in Preußen ins Leben zu rufen, welcher der alte Kleinadel zwar ablehnend gegenüberstand, die aber aus staatswirtschaftlichen Gründen wohl insbesondere das Groß-Unternehmertum begünstigen sollte[640].

Es ist bekannt, dass „flexible" Teilgruppen des reichen alten *Grandseigneurs*-Adels und neue jüdische Großunternehmer- und Bankiersfamilien zur Regierungszeit Wilhelm II. von 1888 bis 1918 sich gerade in wirtschaftlichen Fragen ergänzt und in ihren unternehmerischen Plänen gegenseitig gestützt haben. In dieser dünnen Oberschicht war „jene Kombination von Qualitäten, die der weitaus größte Teil des alten Kleinadels nicht besaß, in höchster Konzentration versammelt: Tradition, Reichtum, Bildung, Fachkenntnisse sowie familiäre und professionelle Netzwerke in genau den Bereichen, die für die Schaltstellen des modernen Kapitalismus immer wichtiger wurden"[641].

Meine Großmutter Ellinka von Fabrice war die Urenkelin des Kurfürsten Wilhelm II. von Hessen und durch das Fideikommiss des Hauses, das durch das Talent der Rothschilds entstanden und in ungeahnte Höhen vermehrt worden war, Miterbin eines Teils des dort angesammelten Vermögens[642]. Die Familien Gans und Fabrice passten zur Zeit der Heirat meiner Großeltern im Jahr 1896 in dem von Wilhelm II. gewünschten Sinn also zusammen. Als Kriterien für eine Adelsverleihung durch Wilhelm II. galten in der Reihe ihrer Wichtigkeit: berufliche Leistung, großer Grundbesitz, konservative Gesinnung und Wohltätigkeit. Als wenig relevant erschien – zumindest bis zur Regierungszeit Wilhelm II. – der „bloße Reichtum"[643].

Das jüdische Großbürgertum besaß durch seinen Reichtum und seine Stellung in der Wirtschaft große Integrationschancen für den sozialen Aufstieg unter anderem in den Adel, wenn es diesen überhaupt anstrebte. Denn eine diesbezüglich forcierte Heiratspolitik scheint es nicht gegeben zu haben[644]. Die Nobilitierungspolitik ging eben aus guten Gründen vom Staat aus, der damit die Richtlinien für die gehobene Gesellschaft ausgab.

[639] H. Reif: Adel im 19. und 20. Jahrhundert (Enzyklopädie deutscher Geschichte, 55), München 1999, S. 63.
[640] Ebd., S. 34.
[641] S. Malinowski: Vom König, S. 141.
[642] Siehe das Fabrice-Kapitel, in dem die Einzelheiten der Entstehung des Großvermögens des Hauses Hessen-Kassel geschildert werden.
[643] H. Reif: Adel, S. 64.
[644] „Selbst das jüdische Großbürgertum verspürte alles in allem keinen großen Drang, durch Heirat in den Adel aufgenommen zu werden", H. Reif: Adel, S. 62. – Siehe auch: S. Malinowski: Vom König, S. 122–127.

Mein Urgroßvater erfüllte alle oben genannten Kriterien für eine Nobilitierung – mit Ausnahme der konservativen Gesinnung. Er hatte als Mitbegründer des Cassella-Werkes und dessen Ausbau zur Weltfirma beruflich und wirtschaftspolitisch Außerordentliches für den Staat geleistet. Mit dem Kauf des über 1000 ha großen Rittergutes Niessen für 2 Millionen Mark in bar im November 1911 verfügte er wahrlich über großen Grundbesitz. Seine Wohltätigkeit hatte er mit der Stiftung des Kinderheims an der Böttgerstraße in Frankfurt sowie mit seinen Wohlfahrtseinrichtungen im Cassella-Unternehmen bereits hinlänglich unter Beweis gestellt. Darüber hinaus war er fest entschlossen, seine Antikensammlung nicht an den preußischen Staat zu verkaufen, *sondern die Sammlung für das Museum hinzugeben, um dafür vom Kaiser in den erblichen Adels- und Freiherrnstand erhoben zu werden*[645].

Es gab Gegner, die als Informanten zu den beruflichen und persönlichen Verhältnissen meines Urgroßvaters befragt wurden und ihm in einem Bericht an den Kaiser vom 6. Februar 1912 vorwarfen, dass er in seinem geschäftlichen Leben viel Glück gehabt habe und zu großem Reichtum gelangt sei[646]. Das war ein bekannter Vorwurf bürgerlicher und kleinadliger Kreise gegen die sogenannten *Geldjuden*, die jüdischen Bankiers und Großhändler[647]. Dieser Vorwurf traf aber auf meinen Urgroßvater, der den Aufstieg des Cassella-Werkes zur Weltfirma mit großem Fleiß und mit viel Umsicht vorangetrieben hatte, trotz der für ihn günstigen industriellen Entwicklung Deutschlands nicht zu und hat den Kaiser in seinem Entschluss glücklicherweise auch nicht beeinträchtigt.

Wie mehrfach angedeutet, war aber mein Urgroßvater kein Anhänger der nationalliberalen Partei, *die in Frankfurt stets in loyaler Weise für die Regierung einzutreten pflegte*[648] und er galt auch nicht als königstreuer Patriot, wie bisweilen behauptet wurde. *Friedrich Ludwig Gans soll vielmehr der deutsch-freisinnigen Partei angehören und ganz im Gegensatz zu seinem Bruder, dem Geheimen Commerzienrat, Dr. Leo Gans*[649]*, bei den Landtagswahlen in der Opposition gestanden haben*[650]. Die freisinnige Volkspartei vertrat einen extrem liberalen Kurs, der gerade die Wirtschaft von

---

645 Schreiben des Regierungspräsidenten von Borries vom 21.1.1912 an den Oberpräsidenten in Münster, Geheimes Staatsarchiv Preußischer Kulturbesitz, Berlin, I HA Rep. 176 Heroldsamt VI G 510.
646 Ebd.
647 S. Malinowski: Vom König, S. 123f.
648 Schreiben des Oberpräsidenten der Provinz Hessen-Nassau vom 25.1.1912, Geheimes Staatsarchiv Preußischer Kulturbesitz, Berlin, I HA Rep. 176 Heroldsamt VI G 510.
649 Mein Urgroßonkel, Dr. Leo Gans, hoffte durch die Stiftung eines Roten-Kreuz-Hauses für den Frauenverein in Potsdam in Höhe von 800.000 Mark ebenfalls darauf, in den erblichen Adelsstand erhoben zu werden, ebd. Wie nachstehend beschrieben, engagierte sich Leo Gans aber für die Gründung der Freien Universität Frankfurt, die nicht zu den Lieblingsobjekten des Kaisers gehörte.
650 Ebd.

jeglichen staatlichen Einschränkungen freihalten wollte. Insbesondere gehörten zu Vertretern dieser Auffassung die führenden Unternehmer der chemischen Industrie, wie Fritz Gans es nun einmal war.

Mein Urgroßvater erfüllte also nicht das Kriterium, politisch konservativ zu sein. Er war und blieb vor allem ein Vertreter des freien unternehmerischen Bürgertums. Auch dieses Argument der prüfenden Instanzen hatte interessanterweise keine Wirkung auf den Kaiser. Trotz der immer wieder vorgebrachten Bedenken entschloss sich Wilhelm II. nämlich bereits mit Reskript vom 11. März 1912, meinem Urgroßvater den erblichen Adelstand zu verleihen[651], und er blieb trotz der oben geschilderten Einwände bei seinem Entschluss. Möglicherweise handelte es sich hierbei aber um einen Kompromiss, denn mein Urgroßvater wurde nicht in den von ihm gewünschten Freiherrnstand erhoben. Der Kaiser wird Vor- und Nachteile der Persönlichkeit meines Urgroßvaters sowie die Einreden seiner Berater sorgfältig abgewogen und eine Art Zwischenlösung akzeptiert haben.

Wahrscheinlich hatte sich auch die Öffnung des vermögenden Altadels gegenüber einer jüdischen Familie, nämlich die Einheirat meiner finanziell völlig unabhängigen Großmutter Ellinka Freiin von Fabrice in die bekannte Unternehmersfamilie Gans, als vorteilhaft für den Entschluss des Kaisers erwiesen, meinem Urgroßvater den Adelstitel zu verleihen. In einer Zeit, da der alte reiche Adel sich vom Neuadel eher abgrenzte und sich von ihm fern hielt[652], verfehlte dieses Konnubium zwischen vermögendem Adel und jüdischem Großbürgertum innerhalb meiner Familie seine Wirkung auf den Kaiser sicherlich nicht, denn es entsprach ja seinem Ziel, eine neue Elite aus Altadel und neuem Großbürgertum ins Leben zu rufen.

Man kann es allerdings dahingestellt sein lassen, ob wohl der alte Adel und seine tradierten Lebensmaximen sich langfristig wirklich positiv auf das jüdische Unternehmertum und Großbürgertum auswirken konnten, das immerhin den alten Adel an Erfindungsreichtum, Risikobereitschaft und mit seinen internationalen Verbindungen weit in den Schatten stellte. Es dürfte wohl eher umgekehrt gewesen sein: der Kaiser wünschte eine Aktivierung des vermögenden, investitionsbereiten alten Adels durch die Verbindung mit dem neu entstandenen – jüdischen – Großbürgertum[653]. Inwieweit diese beiden gesellschaftlichen Gruppierungen aufgrund der übereinstimmenden Interessenslage – nämlich durch Investitionen in neue Technologien die Vermögen zu halten oder auch auszubauen – zusammenarbeiteten, wird im Kapitel über die Familie Fabrice näher erläutert werden.

Dem Kaiser wird darüber hinaus der fürsorgliche Wunsch von Fritz Gans gefallen haben, der Schwiegertochter wieder in denjenigen Stand zu verhelfen, *aus dem*

---

[651] Reskript des Kaisers vom 11.3.1912, Geheimes Staatsarchiv Preußischer Kulturbesitz, Berlin, I HA Rep. 176 Heroldsamt VI G 510.
[652] H. Reif: Adel, S. 63.
[653] S. Malinowski: Vom König, S. 127–143.

*sie stammt und an dem sie hängt*⁶⁵⁴. Er selbst stellte sich mit diesem Argument ja in den Hintergrund, was dem Kaiser, der angestrengten Nobilitierungsversuchen ablehnend gegenüberstand, entgegenkam.

Ich vermute aber, dass meine Großmutter, die 1916 in zweiter Ehe Haupt Graf zu Pappenheim⁶⁵⁵ heiratete, zwischen den beiden Gesellschaftsschichten geschwankt und sich im Gegensatz zu ihren Schwestern, die teilweise bürgerlich geheiratet hatten und dem Künstlertum zuneigten, in adliger Gesellschaft besonders wohl gefühlt haben muss. Sie wurde, als in Deutschland auf beiden Seiten die großen Vermögen zu schrumpfen begannen, also „rückfällig" und ihr Verhalten ist vielleicht ein Beweis dafür, dass die neue Elitebildung, die „composite elite"⁶⁵⁶, wegen der Zurückhaltung insbesondere des deutschen „Kleinadels", der zumeist nicht mehr über große materielle Werte verfügte, gegenüber dem Bürgertum eben doch scheiterte⁶⁵⁷, wie auch die neuere Forschung zu diesem Thema zu berichten weiß⁶⁵⁸.

Die hohe Bürgerschaft Frankfurts war begreiflicherweise entsetzt über die Tatsache, dass eine der wertvollsten Kunstsammlungen Deutschlands für immer aus Frankfurt abwandern und nach Berlin übersiedeln würde. Sie unterstellte meinem Urgroßvater in nachträglichen Beurteilungen der Sachlage nunmehr *Kunstschacher* im Austausch gegen die erstrebte Nobilitierung. Interessanterweise war man in Frankfurt der Meinung, dass *das Ansehen der Krone und die Autorität des Staates hier in Frankfurt erheblich leiden würde, sollte tatsächlich Gans sein übrigens von ihm selbst nicht geheim gehaltenes Ziel erreichen*⁶⁵⁹, womit die Stadt indirekt den Kaiser und preußischen König angriff.

In dem diesbezüglichen Schriftverkehr zwischen den Honoratioren der Stadt Frankfurt in den Monaten April bis August 1912 wird deutlich, dass mein Urgroßvater ein sehr unabhängig handelnder Mann war, der sich keineswegs ausschließlich den regierungskonformen Unternehmungen des Frankfurter Oberbürgermeisters Adickes für Kunst und Kultur verpflichtet fühlte, sondern – ganz im Gegensatz zu seinem Bruder Leo – eigene Wege ging.

---

654   Schreiben des Regierungspräsidenten von Borries vom 21.1.1912 an den Oberpräsidenten in Münster, Geheimes Staatsarchiv Preußischer Kulturbesitz, Berlin, I HA Rep. 176 Heroldsamt VI G 510.
655   H. Graf zu Pappenheim: Geschichte des gräflichen Hauses zu Pappenheim 1739–1939, München 1940, hier: S. 122–134.
656   S. Malinowski: Vom König, S. 596.
657   Ebd.: „Das Scheitern der hier begonnenen „Elitensynthese" [...] [lag] in der faktischen Entfernung des Kleinadels von den bürgerlichen Eliten. Durch die fortlaufend radikalisierte ideologische Abgrenzung vom bürgerlichen Kulturmodell wurde diese Entfernung zusätzlich vergrößert".
658   H. Reif: Adel, S. 63.
659   Schreiben des Polizeipräsidenten zu Frankfurt vom 4.7.1912, Geheimes Staatsarchiv Preußischer Kulturbesitz, Berlin, I HA Rep. 176 Heroldsamt VI G 510.

Fritz von Gans hatte den Kaiser auf seiner Seite, denn Wilhelm II. ließ mit Schreiben vom 17.8.1912 seinem Innenminister und dem Heroldsamt endgültig mitteilen, dass er sich nicht in der Lage sähe, die Nobilitierungsordre vom 11.3.1912 etwa wieder rückgängig zu machen. Auch würde er der angeblichen Verstimmung Frankfurter Kreise kein erhebliches Gewicht beilegen[660]. Diese übersahen ganz offenbar, dass es auch bei der klug eingesetzten Nobilitierungspolitik der Standesherren des Deutschen Reiches und seines Kaisers – wie bei der Zunft der Kaufleute – um Ehre und Gewinn für beide Seiten ging.

Meine persönlichen Überlegungen zu dem gesamten Vorfall gehen aber dahin, dass mein Urgroßvater noch ganz andere Beweggründe für sein Nobilitierungskonzept hatte. Wie sich immer wieder in seinem Lebenslauf zeigte, war er ein großer Stratege. Möglicherweise wusste er, dass die große Zeit der Monarchien vorüber war und der beständig schwelende Antisemitismus[661] jener Jahre den jüdischen Familien großen Schaden zufügen würde. War es da nicht naheliegend, der Familie zu einem gesellschaftlichen Schutz zu verhelfen und noch einen weiteren Schritt auf dem Weg der jüdischen Akkulturation und Assimilierung zu gehen? Die Nobilitierung bedeutete die Erhebung in einen anderen „Stand", der jüdischen Familien in der Regel trotz hoher Verdienste und Talente relativ selten zugebilligt wurde. Im Verlauf dieser Arbeit wird gezeigt werden, dass die Nobilitierung meiner Familie durch den Kaiser aber unglücklicherweise nicht ausreichte, um sie gegen politische Anfeindungen und „völkische" Bedrohung zu schützen[662].

D.10. Auseinandersetzung der Brüder Leo und Fritz Gans im Jahr 1912

Meine Familie trat aber auch durch das großzügige Engagement meines Urgroßonkels, Dr. Leo Gans, des Bruders von Fritz Gans, gegenüber dem Kaiser und dem

---

[660] Brief Kaiser Wilhelms II. vom 17.8.1912, Geheimes Staatsarchiv Preußischer Kulturbesitz, Berlin, I HA Rep. 176 Heroldsamt VI G 510.

[661] S. Malinowski: Vom König, S. 120: „Die jüdische Bourgeoisie übernahm im Annäherungsprozess zwischen Grandseigneurs [die reichsten und sozial stabilsten Gruppen des landsitzenden alten Adels] und Großbürgertum eine Scharnierfunktion. Die grotesk verzeichnete Wahrnehmung dieses Prozesses beschleunigte die Ausbreitung des Antisemitismus im Kleinadel [adlige Familien mit für die Existenzsicherung der nachgeborenen Generationen nicht ausreichendem Landbesitz sowie adlige Familien, deren Mitglieder seit Generationen in Beamten- und Militärkarrieren reüssierten, ebd., S. 36f.], wo er noch vor der Jahrhundertwende zu einer der wichtigsten Deutungslinien für die Interpretation des eigenen Niedergangs wurde".

[662] Siehe das Jozsi von Gans-Kapitel.

preußischen Staat in Erscheinung. Im Gründungsjahr der Universität 1912 gehörte Dr. Leo Gans mit seiner Stiftung von 1 Million Goldmark zu den großzügigsten privaten Spendern für dieses ehrgeizige Vorhaben der Stadt.

1912 war wohl ein Schicksalsjahr für die beiden Brüder Fritz und Leo Gans gewesen, denn die Familienpapiere sprechen von einem regelrechten Bruderzwist zwischen den beiden. Die Meinungsverschiedenheiten hatten sich schon lange zwischen ihnen aufgebaut. Das hatte mit den politischen Verhältnissen der Stadt Frankfurt zu tun. Im Jahre 1866 war die Stadt preußisch geworden, ein Umstand, mit dem Frankfurt, das über Jahrhunderte eine Freie Reichsstadt gewesen war, nicht zurecht kam. Dies spiegelte sich in dem Bemühen wider, ohne staatliche Einwirkung eine Freie Universität zu gründen und sowohl für die zu lehrenden Fächer als auch für die zu berufenden Professoren verantwortlich zu zeichnen. Damit sollte Frankfurt vermutlich nach Meinung der Stadtväter für seine verlorene staatliche Selbständigkeit entschädigt werden.

Preußens Minister wandten sich gegen einen zu großen Einfluss der Stifter. Sie waren auch gegen die Idee einer *Großstadtuniversität* mit all ihren Gefahren und sie waren gegen den *jüdisch-demokratischen Geist* Frankfurts. Nur der Staat könne die Freiheit in den Wissenschaften und die Objektivität in der Lehre garantieren.

Unwillkürlich kam da eine Interessenkontroverse zwischen den Brüdern auf: Leo Gans hatte sich um des Kaisers Bewilligung für die Gründung einer freien Universität bemüht und bewies damit in den Augen der Vertreter der Stadt Frankfurt seine vorbildliche, selbstlose bürgerliche Geisteshaltung. Fritz Gans dagegen bemühte sich um eine vermeintlich eigennützige Nobilitierung, die – was der Bruder Leo offensichtlich nicht wahrnahm – allerdings mehr seiner Familie und deren Schutz als ihm selbst Vorteile bringen sollte. Er „bezahlte" mit seiner Antikensammlung, die damit der Stadt Frankfurt zwar entzogen wurde, aber andererseits dem jungen preußischen Staat und seinen Bürgern als wertvolles Kulturgut dienen konnte. Dies wurde aber von der Stadt Frankfurt damals so nicht gesehen.

Aber im Falle der Universitätsgründung wie im Fall der Schenkung der Antikensammlung meines Urgroßvaters an den preußischen Staat erwies sich der Kaiser letztlich als „Sieger" in diesem Konflikt durch seine durchaus pragmatische, fast kaufmännisch-bürgerliche Einstellung: er genehmigte die Einrichtung der Universität Frankfurt am Main im Jahre 1912, nachdem die vorwiegend jüdischen Bürger der Stadt in kürzester Zeit die gewaltige Summe von 14 Millionen Goldmark aufgebracht hatten. 50 Spender zahlten Beträge von 20.000 bis 1 Million Mark. Die höchsten Beträge stammten unter anderem von Dr. Arthur von Weinberg und meinem Urgroßonkel Dr. Leo Gans. Insgesamt stifteten die Familien Gans/Weinberg eine Summe von über 2 Millionen Goldmark[663]. Die Staatsfinanzen blieben durch diese mehr als großzügigen Stiftungen nahezu unbelastet.

---

663 A. Lustiger (Hg.): Jüdische Stiftungen in Frankfurt am Main, S. 74–78.

Es finden sich jedoch keine Geldstiftungen von Fritz Gans für die Universität, was seltsam erscheint, denn er hatte seine Heimatstadt bisher mit seinen wohltätigen Stiftungen aufs Großzügigste unterstützt. Das deutet auf eine tief greifende Auseinandersetzung zwischen den Brüdern und zwischen meinem Urgroßvater und der Stadt Frankfurt hin.

Seither musste Fritz mit der Ächtung leben – und auch mit dem Unverständnis der harten Kämpfer für Frankfurts Aufbau, zu denen sein Bruder Leo gehörte. Es mag sein, dass das mangelnde Verständnis der Brüder füreinander dazu führte, dass mein Urgroßvater sich im Jahre 1914 entschloss, seinen Bruder Leo, der noch aktiv im Berufsleben stand und der bislang zu seinen Beratern in Finanzdingen gehörte, später auszuschließen.

Hinzu kam aber auch noch ein Generationenkonflikt: Fritz und Leo Gans trennten zehn Lebensjahre, Fritz Gans und Arthur sowie Carlo von Weinberg sogar annähernd 30 Jahre. Fritz hatte in seinen Jugendjahren noch das altehrwürdige jüdische traditionelle Leben in der Frankfurter Judengasse kennen gelernt, das ihn zumindest in Erinnerungen bis zum Jahre 1871 begleitete, dem Jahr, in dem sein aus dem jüdischen Celle zugereister Vater Ludwig Ahron verstarb.

Sein Bruder und seine Neffen vertraten dagegen bereits die Moderne mit ihren internationalen Geschäftsverbindungen, weiten Reisen und gesellschaftlichen Ambitionen, an der mein zurückgezogen lebender Urgroßvater in den beiden letzten Lebensjahrzehnten nur selten Anteil nahm. Hierzu passt eigentlich auch die testamentarische Verfügung meines Urgroßvaters aus dem Jahre 1908, dass die ihm und meiner Urgroßmutter gehörenden Geschäftsanteile an der Firma Leopold Cassella & Co. sowie die seit 1904 im Familienbesitz befindlichen Aktien der Farbwerke Hoechst den Erben direkt oder in Form von Bar-Erlösen nach ihrem Ableben überwiesen werden sollten.

Es war wahrscheinlich bereits 1908 zu einer gewissen Distanzierung von den Geschäften gekommen, an denen mein Urgroßvater seit 1894 nicht mehr aktiv teilnahm. Hinzu kam die Überlegung, dass es unklug sein könnte, neben den fest in die Geschäftsabläufe integrierten Weinbergs auch noch deren Vettern aus der Familie Gans geschäftlich an den Unternehmungen teilhaben zu lassen. Dies führte allerdings dazu, dass die ausbezahlten Vermögenswerte in Form der Firmenanteile später der verheerenden Inflation zum Opfer fielen, wogegen die Anteile der Familie Weinberg offensichtlich bis heute im Familienbesitz blieben[664].

[664] „Schon wenige Monate nach der Neugründung [im Jahre 1952] lassen die Notierungen der Cassella Aktien die der drei großen Nachfolger weit hinter sich und locken viele Interessenten an. Um Cassella vor fremdem Einfluss zu schützen, erwerben Hoechst, Bayer und die BASF je 25,1% der Aktien und verständigen sich darauf, dass ein Verkauf ohne Zustimmung aller drei Großaktionäre nicht möglich ist. Die Restaktien [24,7%?] verbleiben im Besitz der ehemaligen Eigentümer, der Nachfahren der Weinbergs", Im Wandel. 125 Jahre Cassella, S. 22. – Da die Cassella-Werke im Jahre 1995 mit der Hoechst AG

D.11. Fritz von Gans stirbt

Wie starb mein Urgroßvater Fritz von Gans? Als gebrochener Mann, resigniert, enttäuscht, einsam? Seine Frau und sein ältester Sohn Paul lebten nicht mehr, sein Sohn Ludwig stand vor dem Bankrott seines Chemieunternehmens, seine Tochter Adela (Fanny) Coit war im Ausland verheiratet. Und wie war es seinen zahlreichen Enkeln ergangen, zu denen er zumeist keinen oder nur wenig Kontakt hatte? Das jüdische Netz, das über Jahrhunderte hinweg der Familie Schutz und Identität vermittelt hatte, war zerrissen. Man könnte fast meinen, dass in dieser Auflösung des alten Judentums schon Vorboten der sich ankündigenden Katastrophe zu spüren waren.

Die wirtschaftlichen und politischen Verhältnisse in Deutschland waren in seinem Todesjahr 1920 nahezu katastrophal. Fritz von Gans hatte miterleben müssen, dass sein großes Vermögen sich mehr und mehr verringerte, dass seine Vorstellungen vom Werteerhalt keinen Bestand hatten. Nur mit Mühe war es ihm möglich gewesen, über den Ersten Weltkrieg hinweg Teile seines großen Besitzes für die Nachwelt zu erhalten.

Wir wissen heute, dass sein Todesjahr 1920 eine Trennung zwischen traditionellem und modernem Leben in Deutschland bedeutet hat. Mein Urgroßvater gehörte sicherlich nicht zu den Persönlichkeiten, die dem deutschen Volk als Träger moderner Ideen zur Verfügung gestanden haben. Seine Verdienste lagen im klugen und bedächtigen Ausbau der kaufmännischen Seite des Familienunternehmens des 19. Jahrhunderts, wobei ihn sicherlich noch die alten jüdischen Traditionen gelenkt und geleitet hatten.

Hinzu kam, dass mein Urgroßvater wegen seines relativ hohen Alters nach 1900 ja nicht nur keine Perspektiven bezüglich der weiteren politischen und wirtschaftlichen Entwicklung Deutschlands mehr hatte, sondern dass seine persönliche Identität auch durch den Verlust seiner jüdischen Wurzeln infrage gestellt war. Kaum ein anderer aus dem großen Familienclan wird dies deutlicher gespürt haben als mein Urgroßvater.

Die Familie war während seiner aktiven Berufszeit noch in Frankfurt vereint gewesen, und das Privatleben verlief in der großen Gemeinschaft der zahlreichen Verwandten, die sich zumeist im Westend niedergelassen hatten. In der Niedenau 67 wohnte Fritz von Gans und in unmittelbarer Nähe hatte die angeheiratete Familie Bonn ihr Zuhause[665]. Pauline und Bernhard Weinberg waren in die heutige Siesmayerstraße an den Palmengarten gezogen und Leo Gans lebte alle Jahre in der Barckhausstraße 14.

---

verschmolzen und diese in der AVENTIS AG aufgingen, werden die Einzelaktionäre nun vermutlich Anteile an der letztgenannten Firma halten.

665 Siehe Kapitel Henriette Heidelbach und die Familie Bonn.

Man legte, sobald es die Zeit zuließ, viel Wert auf gegenseitige Besuche, die auch dazu dienten, den familiären Zusammenhalt zu stärken. Allein die Geburtstagsfeiern, Taufen und Hochzeiten und auch Begräbnisse, die in diesem großen Familienclan stattfanden, brachten fast wöchentliche Treffen mit sich. Mit dem Todesjahr meines Urgroßvaters war diese erinnerungsreiche alt-jüdische Zeit in unserer Familie vorbei.

D.12. Ludwig Wilhelm von Gans (1869–1946) und die „Pharma-Gans"

Ludwig von Gans war der jüngste Sohn meines Urgroßvaters Fritz von Gans. Er hatte wie sein älterer Bruder Paul von Gans Chemie studiert und zunächst für einige Jahre im väterlichen Unternehmen Cassella, möglicherweise im Außendienst, gearbeitet. Es ist eine Geschäftsreise von ihm für Cassella im Jahr 1895 durch den Balkan, von Budapest bis nach Izmir, überliefert, von der aus Ludwig an seine Eltern über seine Erlebnisse berichtete[666]. In einem dieser Briefe aus dem Jahr 1895 beglückwünschte Ludwig Gans seine Eltern, die Religion ihrer Kinder angenommen zu haben: Sie hätten das bereits dreißig Jahre früher tun sollen, schrieb er, aber es sei ja nie zu spät, das Richtige zu tun.

Es sei daran erinnert, dass Ludwig Gans 1869 geboren wurde. Nach seiner Ansicht wäre er wohl gern – bei einer frühen Taufe der Eltern – bereits als Christ geboren worden, wie dies beispielsweise für die Weinberg-Brüder Arthur und Carlo zutraf, die schon kurz nach ihrer Geburt christlich getauft wurden[667]! Möglicherweise hat dies in den 90er Jahren des 19. Jahrhunderts zu ihrem schnellen beruflichen Erfolg beigetragen.

Wie schon berichtet, hatten sich Fritz und Auguste Gans erst 1895 taufen lassen. Ihre Söhne Paul und Ludwig waren aber bereits einige Zeit davor zu diesem Schritt bewogen worden und hatten den christlichen Glauben angenommen. Dies zeigt ganz allgemein die Aufgeschlossenheit der Söhne und Enkel der jüdischen, noch lange traditionell denkenden Gründergeneration gegenüber dem neuen deutschen Bürgertum, in das sie sich zu integrieren hofften. Die jüngeren Mitglieder der Familie Gans hatten sich offensichtlich inzwischen gänzlich von den jüdischen Traditionen entfernt und waren im deutschen Großbürgertum aufgegangen. Den älteren Generationen fiel dies schwerer. Konflikte zwischen den Generationen sind zu vermuten und es ist anzumerken, dass die gänzliche Aufgabe des Judentums sich später nicht immer als vorteilhaft erwies, von den Konflikten während der Nazizeit ganz zu schweigen!

---

[666] Schriftwechsel bei Peter von Gans, dem Enkel von Ludwig Gans.
[667] Siehe das Arthur und Carlo Weinberg-Kapitel.

Ludwig Gans blieb nicht im väterlichen Unternehmen. Die Familiensaga weiß zu berichten, er habe seine eigene Firma nur deshalb erhalten, weil die bereits fest im Cassella-Chemieunternehmen verankerten Vettern Arthur und Carl von Weinberg, Söhne von Pauline Gans und dem Firmenmitbegründer Bernhard Weinberg, ihm nicht Platz hätten machen wollen. Ludwig Gans investierte – zweifellos mit finanzieller Hilfe seines vermögenden Vaters Fritz und mit der Erbschaft nach seiner 1909 verstorbenen Mutter mit großem Elan und Talent ebenfalls in ein Chemieunternehmen und gründete in Frankfurt die damals sehr bekannte Pharma-Gans.

1910 war Ludwig Wilhelm Gans nach Oberursel gezogen und hatte dort 1911 ein „Pharmazeutisches Institut" aufgebaut. 1912 verlegte er auch sein Unternehmen, die Pharma-Gans, von Frankfurt nach Oberursel. Hier wurde Serum aus Pferdeblut hergestellt, das der chemischen Arzneiindustrie als Grundstoff für die Human-Medizin, unter anderem gegen Wundstarrkrampf, diente. Es stand zu befürchten, dass auch dieser Markt nach Beendigung des Krieges zurückgehen würde. Ludwig Gans geriet später in geschäftliche Schwierigkeiten, nachdem die Firma im Ersten Weltkrieg große Gewinne erzielen konnte.

Leider wurde die Ausübung seiner eigenen bedeutenden Erfindungen durch einen Patentstreit und durch die gerichtlichen Auseinandersetzungen zwischen seiner Firma, die Pharma-Gans, und Cassella bzw. der I.G. Farben in den Jahren 1929 und 1930 unterbunden, so dass Ludwig von Gans in den zwanziger Jahren wohl auch aus diesen Gründen in große finanzielle Schwierigkeiten geriet. Hinzu kamen möglicherweise Börsenspekulationen „à la Baisse" während des Booms vor dem Crash im Oktober 1929.

Ich vermute, dass es bei den Streiterein mit der Cassella auch um die Herstellung des einige Jahre zuvor erfundenen *Insulins* ging, das bis zum April 1924 auch von der Firma meines Großonkels hergestellt wurde. Die Fabrikation wurde nunmehr nach Absprache innerhalb der I.G. Farben nur noch von der Firma Hoechst vorgenommen, mit der Cassella seit 1925 in der I.G. Farben verbunden war. Auch die Firma Bayer, ebenfalls ein Teil der I.G. Farben, stellte die Produktion von Insulin zu Gunsten von Hoechst ein. Hoechst hatte das in Kanada entwickelte Insulin ab 1923 unter vorausgegangenem, großem finanziellen Forschungseinsatz in den deutschen Markt eingeführt und wollte nun verständlicherweise auch den Gewinn einfahren.

Aus diesen Gründen ging die Firma Pharma-Gans 1931 endgültig in Konkurs, da sie sich logischerweise gegen die Dominanz und die notwendig gewordenen Rationalisierungsmaßnahmen der I.G. Farben nach der desaströsen Hyperinflation von 1923 nicht durchsetzen konnte. Der Versuch meines Großonkels, die Firma an Beiersdorf zu verkaufen, schlug aus denselben Gründen fehl. Auch die I.G. Farben winkte ab.

Interessant ist vielleicht in diesem Zusammenhang, dass bereits im Jahre 1925 die Cassella-Werke – durch die Fusion nun nur noch eine Zweigniederlassung der

I.G. Farben – sämtliche Patente in die I.G. Farben einbringen mussten. Es könnte so gewesen sein, dass in der Firma meines Großonkels noch nach alten Cassella-Erfindungen fabriziert wurde, was durch die Fusion nunmehr aufzuhören hatte.

Bereits 1929 entschied sich Ludwig von Gans, das Inventar seines Hauses zu versteigern und seine wunderschöne Villa „Kestenhöhe" mit Park sowie die Fabrik an die Deutsche Bank und Diskont-Gesellschaft zu verkaufen und wieder in die nahe gelegene Stadt Frankfurt, seinen Geburtsort, in den Kettenhofweg 125 zu übersiedeln. Eine Enteignung des Besitzes durch die Nazis fand offensichtlich nicht statt[668], so dass auch eine spätere Wiedergutmachung durch seine Erben nicht in Anspruch genommen werden konnte. Seit der Machtergreifung durch die Nazis diente der Besitz allerdings ab 1934 bis Kriegsende der nationalistischen Arbeitsfront als Schulungsstätte.

Nachdem mein Großonkel durch unglückliche Umstände sein Vermögen verloren hatte, traf ihn auch noch die schwere Bürde der Nazizeit. Er emigrierte 1938 in die Schweiz, nachdem er sich pro forma von seiner in Monte Carlo geborenen Frau Elisabeth Keller hatte scheiden lassen. Die weitläufige Verwandtschaft seiner Schwester Adela Coit in London versuchte, ihn finanziell zu unterstützen. Seine

Die Villa Gans „Kestenhöhe" in Oberursel 1927 (Archiv AvG)

[668] P. Gräble u.a.: Beschreibung, Bestandsaufnahme und Bewertung eines historischen Gartens. Der Park des Hauses der Gewerkschaftsjugend Oberursel, Studienarbeit der Gesamthochschule Kassel 1989, S. 5.

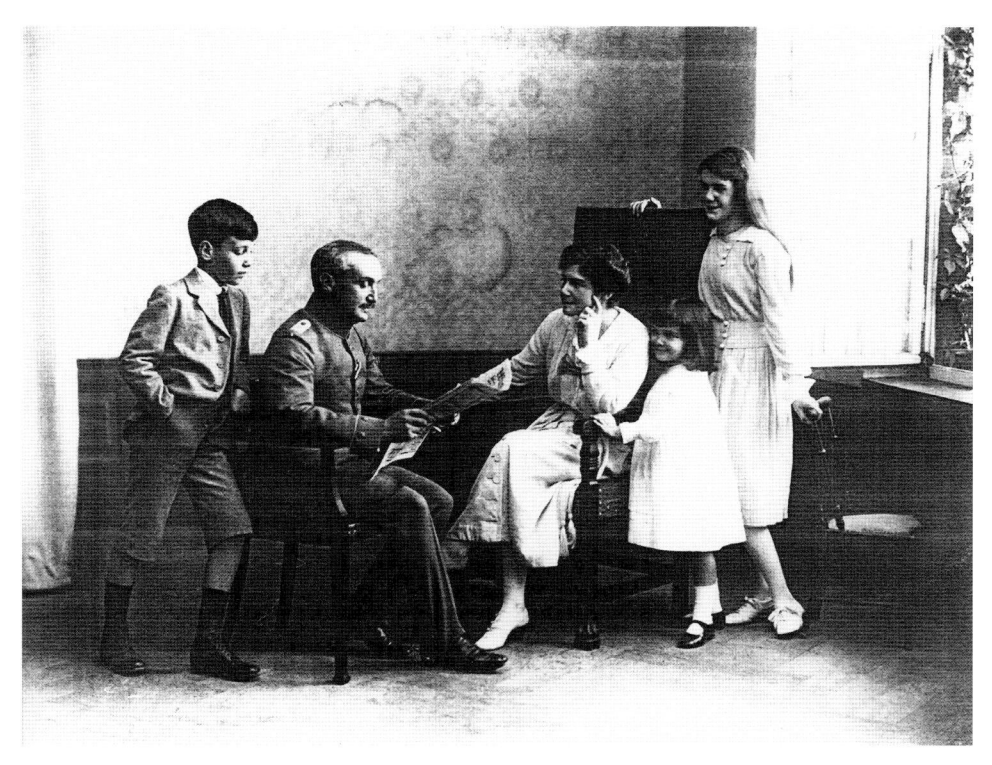

Herbert von Gans, Vater Ludwig und dessen Frau Elisabeth sowie die beiden Töchter Gertrud und Marguerite 1915 (Archiv AvG)

Frau lebte bis 1940 in Frankfurt und danach neun Jahre in Kitzbühel/Österreich. Ab 1951 bis zu ihrem Tod 1964 lebte sie wieder in Frankfurt. Ob sie sich zwischendurch haben sehen können, konnte ich nicht in Erfahrung bringen.

Während des Zweiten Weltkriegs war Ludwig von Gans im festen Glauben, dass ihm als gutem Deutschen nichts passieren würde, über die Schweiz für kurze Zeit nach Dänemark gereist, wo ihn die Nazischergen aufspürten und verhafteten. Am 6. Oktober 1943 wurde der 74-Jährige mit dem Transport XXV/2 aus Dänemark nach Theresienstadt deportiert[669], wohin auch sein Vetter Arthur von Weinberg und seine Cousine Emma Bonn[670] verbracht worden waren. Es soll ein Journal von Ludwig über seine Haftzeit geben. In Theresienstadt hat er seinen Vetter Arthur von Weinberg, eine Frau von Schlieper und einen Fritz Gutmann mit seiner Frau getroffen. Mehr konnte ich darüber nicht in Erfahrung bringen.

Als das Schwedische Rote Kreuz ihn im Mai 1945 aus der Haft in Theresienstadt befreite, war Ludwig von Gans halb verhungert und durch die schrecklichen

---

[669] Schreiben der Verwaltung Theresienstadt vom 5.2.1996.
[670] Siehe die Kapitel Weinberg und Bonn.

Haftbedingungen geistig verwirrt, was zur Folge hatte, dass er sich nicht mehr an die Adresse seines Aufenthaltsortes in der Schweiz erinnern konnte und daher das Schwedische Rote Kreuz bat, ihn wieder nach Dänemark zurückzuschicken. Dort starb er eineinhalb Jahre nach der Freilassung im Jahre 1946 durch Selbstmord.

Sein Sohn Herbert überlebte unentdeckt von 1940 bis 1948 unter dem Schutz einer befreundeten dänischen Familie in Köln, wobei er sich jedoch zwischenzeitlich in Wien versteckt hielt und 1945 vor der Roten Armee wieder nach Westen flüchtete. Herbert von Gans kehrte 1948/49 nach Frankfurt zurück, wo er eine eigene Im- und Export-Firma für chemische Erzeugnisse, vorwiegend in Zusammenarbeit mit der BASF, aufbaute und leitete. Sein Sohn Peter von Gans lebte lange als Anlageberater in Deutschland und in der Schweiz.

Bevor ich das Kapitel über meinen Großonkel schließe, möchte ich noch auf die Besonderheiten seines wunderschönen Besitzes, die „Kestenhöhe", eingehen. Schon um die Jahrhundertwende war die „Kestenhöhe", ein kleiner Hügelzug mit alten Kastanien, ein beliebtes Ausflugsziel. Besonders begehrt war der selbst gekelterte Apfelwein. Den circa zehn Hektar großen, wunderbaren dendrologischen Park, ein „flächendeckendes Naturdenkmal", hatte Charles Keller, ein berühmter Landschaftsgestalter und interessanterweise der spätere Schwiegervater meines Großonkels Ludwig von Gans, angelegt, nachdem er das Gelände einige Jahre davor erworben hatte. Nach seinem Studium in Kew Gardens/England zeichnete er später für Gärten, Parks und Anlagen in Monaco und Monte Carlo verantwortlich. Hier wurde auch seine Tochter Elisabeth, die spätere Frau meines Großonkels, geboren. Als Ludwigs Schwiegervater um 1906 wieder nach Oberursel zurückkehrte, bezog er auf dem großen Grundstück ein kleines Haus.

Die Villa Gans „Kestenhöhe" in Oberursel 1927 (Archiv AvG)

Ludwig und Elisabeth Gans geborene Keller ließen gemeinsam 1909/10 von dem bekannten Frankfurter Architekten Otto Bäppler[671] auf dem ihnen von Elisabeths Vater übereigneten Grundstück an der Königsteiner Straße in Oberursel die „Villa Gans Kestenhöhe" errichten, eine im Tudor-Stil des englischen Landhauses gehaltene, prachtvolle Villa mit Stallgebäude, Gewächshaus, Gesindehaus, Reithalle und Jägerhaus. 1922 kam noch ein Arbeiterwohnhaus dazu. Die Villa, 30 m lang und 21 m tief, wurde mit kostbaren Holzvertäfelungen, Schränken und bleiverglasten Fenstern ausgestattet. Auch eine Orgel und eine Vakuum-Telefonanlage gehörten zur Einrichtung.

1965 wurde der Park zum flächenhaften Naturdenkmal erklärt[672]. Nach Aufzeichnungen seines Gestalters Charles Keller diente der Garten dazu, die Natur in „erhöhtem idealen Zustand" nachzubilden. Landschaftsbilder des Hochbarock waren Vorbilder für die Behandlung der gärtnerischen Elemente. Der Park „Kestenhöhe" umfasste 8,3–10 ha und war vor der Übernahme durch Ludwigs Schwiegervater ein groß angelegter Esskastanienhain, der auf Grund der sehr schlechten Bodenverhältnisse und der Nordhanglage landwirtschaftlich nicht anderweitig genutzt werden konnte. Die ältesten Kastanien wurden vor rund 200 Jahren gepflanzt[673].

Die Amerikaner benutzten nach Ende des Zweiten Weltkriegs das herrliche Anwesen „Kestenhöhe" zeitweise als CIA-Dienststelle und Offiziersclub („Country-Club")[674]. Anschließend erwarb der Deutsche Gewerkschaftsbund den Besitz mit dem dendrologischen Park und errichtete eine Bildungsstätte für die Gewerkschaftsjugend des DGB in der Villa[675].

Mit der Nobilitierung seines Vaters Fritz von Gans im Jahre 1912 ging der Adel auch auf meinen Großonkel Ludwig Wilhelm über. Als hätte er es geahnt, konnten Park und Villa für einige glückliche Jahre als weiteres standesgemäßes Anwesen der geadelten Familie Gans dienen. Berühmt war die ‚Kunstsammlung' meines Großonkels, die er allerdings nicht, wie sein Vater Fritz, als Sammlung zusammengetragen hatte, sondern sie bildete den künstlerischen Schmuck seines Hauses. „Gegenüber dem geradezu musealen Ausmaß und Anspruch der einstigen Sammlung Fritz von Gans hat der Sohn nichts anderes erstrebt, als eine künstlerisch wertvolle Umgebung zu schaffen, in der die einzelnen Kunstwerke einen persönlichen, interessanten, auch das geschulte Auge anregenden und befriedigenden

---

[671] Siehe auch die Beschreibung der Villa Waldfried im Weinberg-Kapitel.
[672] P. Gräble u.a.: Beschreibung, S. 5.
[673] Ebd.
[674] Villa Gans in Kronberg und Villa Gans Hainerberg wurden ebenfalls von den Amerikaner benutzt. Siehe Kapitel Adolf Gans und Clara Gans.
[675] Die Bildungsstätte wurde inzwischen geschlossen. Die wertvolle Immobilie wird zurzeit von der Vermögenstreuhandgesellschaft (VTG) des DGB zum Verkauf angeboten, siehe Taunuszeitung vom 9.6.2005.

Rahmen ergeben", so schrieb der Direktor des Frankfurter Städel, Georg Swarzenski, in seiner Einleitung zum Ausstellungskatalog der Sammlung des Ludwig Wilhelm von Gans aus dem Jahre 1929. Dieser Katalog diente der Versteigerung der persischen Fayencen, Plastiken, Gemälde, Möbel, Kamine, Gobelins und Teppiche aus dem Haus meines Großonkels, die unglücklicherweise aus den oben dargelegten Gründen notwendig wurde[676].

Die „Kestenhöhe" überlebte das schreckliche Schicksal meines Großonkels Ludwig von Gans und kann heute den Nachkommen seiner und der weiteren Familie Gans sowie anderen interessierten Personen als Erinnerung an die erfolgreiche und glückliche Zeit der Familie Gans und des deutschen Judentums dienen.

E. Leo Gans (1843–1935), Pionier der chemischen Industrie und Mäzen

Der Vorteil der späten Geburt – es lagen 10 Jahre zwischen ihm und seinem Bruder Fritz Gans – machte sich für den am 4. August 1843 in der Predigerstraße in Frankfurt am Main geborenen Leo Gans durchaus bemerkbar. Wie ich schon berichtet habe, wollte Vater Ludwig Ahron seinem jüngsten Sohn die Möglichkeit bieten, Chemie zu studieren. Dies lag schließlich im Interesse der aufstrebenden Farbstoffhandlung und sollte der Entwicklung der Firma Leopold Cassella dienen.

Schon als Schüler begann Leo mit seinen ersten chemischen Studien in einem Laboratorium des Frankfurter Privatgelehrten Dr. Julius Löwe, ehe er zum Pionier der chemischen Industrie wurde. 1860 ging Leo Gans vorerst zum Studium an das Polytechnikum nach Karlsruhe. Doch Karlsruhe brachte ihn auf Dauer nicht weiter und er beschloss zwei Jahre später (1862), an die Universität Heidelberg zu wechseln, wo neben dem mit ihm eng befreundeten Emil Erlenmeyer (1825–1909) auch die bedeutenden Naturwissenschaftler Bunsen und Helmholtz lehrten.

Erlenmeyer, der bekannte Chemiker, war nicht nur ein Freund, sondern auch maßgeblich an Leos wissenschaftlicher Entwicklung beteiligt. Erlenmeyer hatte sich ein eigenes Labor errichtet, denn Bunsen duldete keine Privatdozenten in seinem Institut. 1863 wurde er Professor und 1868 an die Polytechnische Schule in München berufen. Als Hochschullehrer war Erlenmeyer außerordentlich erfolgreich. Er setzte sich nachdrücklich für das Promotionsrecht und die Gleichberechtigung der Technischen Hochschule gegenüber der Universität ein. Von 1877 bis 1880 war er zudem Direktor der Technischen Hochschule München.

---

[676] H. Helbing: Sammlung Ludwig W. von Gans, Frankfurt am Main, Katalog 1929, bei AvG.

Leo Gans am Schreibtisch (Institut für Stadtgeschichte Frankfurt am Main)

Später führte der Freund und Lehrer einen jahrelangen regen Briefwechsel mit Leo Gans, in dem sie sich gegenseitig ihre außergewöhnlichen Erfolge bestätigten. In schwachen Momenten war Leo geneigt, die ernsthafte Wissenschaft auf ein geringeres Maß herunterzuschrauben. Als sein Verbündeter und Dozent Erlenmeyer dies herausfand, sandte er ihm gleich den fachlichen Rat, *dass ein Chemiker, der in der industriellen Praxis erfolgreich arbeiten wolle, sich in der Chemie so weit ausbilden müsse, als ob er wissenschaftlicher Forscher zu werden beabsichtige* [...][677].

1863 wurde Leo Gans Erlenmeyers Assistent. Gemeinsam arbeiteten sie an der „Zeitschrift für Chemie, Pharmazie und Mathematik", die ebenfalls zur Förderung seines breiten Wissens beitrug. Das Sommersemester verbrachte Leo Gans in Marburg. Die Marburger Universität war in jener Zeit eines der wichtigsten Forschungszentren der Chemie. Sein Vater Ludwig Ahron wünschte jedoch, wie Leo zitierte, *er solle den Weg der technischen Geldmacherkunst erringen* [...]. So nahm Leo Gans 1865 nach seiner Promotion bei Bunsen eine praktische Stellung in einer chemisch-pharmazeutischen Firma in Wyl in der Schweiz an. Immer wieder erzählte Leo damals, wie er aus der eintönigen Atmosphäre des kleinen Ortes regelrecht flüchtete – und zwar in die Berge.

---

[677] A. Lustiger (Hg.): Jüdische Stiftungen in Frankfurt am Main, S. 333.

Leo Gans in jungen Jahren (Archiv AvG)

Mit gestärkten Muskeln, aber wohl leichten Herzens verließ er dann das von ihm so bezeichnete Schweizer „Bergdorf" und praktizierte kurz in Köln, Aachen und in Belgien, ehe er sich nach Paris begab. Die Fabrik von Monsieur Fourcade, die als „Manufacture de Javelle" wohlbekannt war, produzierte als erste auf dem europäischen Kontinent Chlorkalk.

Doch selbst das erlebnisreiche Leben in Paris konnte Leo nicht halten. Sein Ehrgeiz, sein starker Wille weiterzukommen trieben ihn an. Kurz tauchte im Jahr 1866 ein abenteuerlicher Gedanke in ihm auf: Er wollte nach Übersee gehen und eine Zuckerfabrik in Havanna betreiben[678]!

Erlenmeyer brachte neue Konflikte in das Leben von Leo Gans, indem er ihm vorhielt, *mit keiner Stelle zufrieden zu sein*. In seinem Antwortbrief schrieb Leo jedoch: *tadeln Sie diesen Trieb nicht, denn ich werde es stets als meine Pflicht betrachten, nach Unabhängigkeit der Stellung zu streben, ohne welche eine volle Verantwortlichkeit für alle Handlungen nicht möglich ist* [...][679].

Nach meiner persönlichen Interpretation glaube ich daher, dass meinen Urgroßonkel die wissenschaftliche Laufbahn trotz hoher Begabung weniger reizte. Ihm lag das Gans'sche Unternehmertum wohl näher. Später sollte sich zeigen, dass er gleichwohl auf seinen wissenschaftlichen Erfindergeist nicht zu verzichten brauchte. Viele der bahnbrechenden chemischen Erfindungen auf dem Gebiet der Farbstoffgewinnung gingen später auf ihn zurück.

Unter Mithilfe seiner Familie gründete er, wie ich bereits berichtete, 1868 in der Sömmerringstraße 24 ein „Fabrikchen" und reihte sich damit gerade noch rechtzeitig in die bedeutenden Neugründungen der deutschen Chemieindustrie ein. Hier in der Sömmerringstraße wurde nun als Gegensatz zur Handelsfirma der Start des chemisch-technischen Laboratoriums gefeiert. Es sollte zunächst der Fabrikation von Indigocarmin und dem Studium der Teerfarbstoffe dienen.

Noch ein anderer Farbstoff interessierte Leo Gans, denn er sagte damals, *hier will ich den Leuten ein blaues Wunder vormachen. Es ist nur noch die große Frage zu erledigen, ob die Leute meine Produkte auch kaufen wollen*[...][680].

[678] Ebd.
[679] Ebd.
[680] A. Lustiger: Jüdische Stiftungen in Frankfurt am Main, S. 334.

E: Leo Gans (1843–1935), Pionier der chemischen Industrie und Mäzen   215

Dr. Meinhard Hoffmann, Dr. Leo Gans, Dr. Arthur von Weinberg in einer Besprechung
(CiB S. 28)

Das „Blaue Wunder" hatte Leo durch Wilhelm von Hofmann[681], den er bei seinen Studien anlässlich der Weltausstellung in Paris 1867 kennen gelernt hatte, schon erlebt[682]. Die Sensation jener Zeit war der Farbstoff „Hofmann-Violett". Er wurde damals bereits von Dr. Wilhelm Kalle in Biebrich hergestellt, und nachdem Fritz Gans und Bernhard Weinberg das Produkt getestet hatten, beschlossen sie, den kostbaren Farbstoff, der wie Indigo und Cochenille gehandelt wurde und ebenso wertvoll war, selbst zu produzieren[683] und die entsprechenden Finanzmittel zu investieren.

Da kam Leos „Fabrikchen" gerade recht. Obendrein konnte dieser den praktisch erfahrenen Chemiker August Leonhardt als Mitarbeiter gewinnen, der über ein großes Wissen auf dem Gebiet der künstlichen Farbstoffe verfügte. Es galt nämlich, den Anschluss an die bereits seit einigen Jahren experimentierende und produzierende Konkurrenz - wie Kalle, BASF und Bayer - zu finden.

[681] Wilhelm von Hofmann gilt als der eigentliche Begründer der Teerfarbenchemie in Deutschland.
[682] Zweites Beiblatt der Frankfurter Nachrichten vom 4.8.1928. – Siehe Kapitel Ludwig Ahron Gans, in dem die schicksalhafte Begegnung zwischen den drei Chemikern Wilhelm von Hofmann, W.H. Perkin und Dr. Leo Gans geschildert wird.
[683] Geheimrat Dr. Leo Gans, zu seinem 85. Geburtstag, Frankfurter Zeitung Nr. 515 vom 2.8.1928.

Dr. Leo Gans und seine Mitarbeiter nahmen noch ein anderes erfolgreiches chemisches Mittel, nämlich „Fuchsin" mit in die Fabrikation und beschäftigten inzwischen fünfzehn Arbeiter. Schon nach zwei Jahren war der Erfolg so erheblich, dass sie aus der Stadt zogen und nördlich des Dorfes Fechenheim eine chemische Fabrik erbauten.

Vorerst hielt es Vater Ludwig Ahron Gans allerdings für klüger, zumindest solange das Gelingen des neuen Werks nicht gesichert war, die außerhalb gelegenen Teerfarben-Fabrik nicht mit dem gut dastehenden Handelshaus in Frankfurt in Zusammenhang zu bringen. Aus diesem Grund wurde 1870 die Fechenheimer Fabrik erst einmal „Frankfurter Anilinfabrik von Gans und Leonhardt" benannt. Die Stadt Frankfurt bedauerte allerdings später, einen der größten Steuerzahler vor die Stadt geschickt zu haben, doch seinerzeit war die Angst vor einer rauchenden und lärmenden Fabrik größer gewesen, als der Blick in die Zukunft[684].

Damit war das Fundament für die später „Leopold Cassella & Co." genannte Teerfarbenfabrik gelegt, die Dr. Leo Gans in Gemeinschaft mit seinem Bruder Fritz, der die kaufmännische Leitung übernahm, am 22.5.1870 gründete[685]. Die rund 1500 Fechenheimer Bürger nannten Leos Fabrikationsstätte „Schemisch". Sie waren erst gar nicht angetan von der Gans'schen Fabrik. Doch schon bald merkten sie, dass nicht nur durch den Verkauf von Land, sondern auch durch Arbeitsplätze in den neu entstandenen Zulieferbetrieben und Handwerksfirmen, wie in der Fabrik selbst, der Wohlstand in ihrer Gemeinde immer größer wurde.

An Stelle des 1877 verstorbenen Schwagers Bernhard Weinberg war dessen Sohn Carlo als kaufmännischer Lehrling in das von Leopold Cassella gegründete Familienunternehmen, der Farbenhandlung in Frankfurt am Main, eingetreten. Nach Beendigung des Chemiestudiums arbeitete auch sein Bruder Arthur[686] erfolgreich in Fechenheim mit, allerdings gemeinsam mit Leo Gans und dem wissenschaftlich talentierten Chemiker Meinhard Hoffmann. Sie bildeten ein Triumvirat, das bahnbrechende Erfindungen machte und sozusagen auf Hochtouren arbeitete – angetrieben von ihrem gemeinsamen Unternehmensgeist und Erfolg.

Um die Jahrhundertwende war die Cassella Belegschaft auf achtzig Chemiker und Techniker angewachsen, einhundertsiebzig Kaufleute und eintausendachthundert Arbeiter kamen auf dem inzwischen über 7500 qm großen, bebauten Fabrikgelände schließlich zusammen. Als im Jahr 1904 die Cassella-Werke eine Interessengemeinschaft mit Hoechst eingingen und gleichzeitig die Gesamtleitung

---

[684] „Fabriken mit rauchenden Schornsteinen, schmutzigen Abwässern, Geruchsbelästigung sowie der Zuzug mittelloser Arbeiter passte nicht in das Gefüge der Bürgerlichkeit", F. Koch: Geschichte der Chemie in Frankfurt (Förderkreis Industrie- und Chemiegeschichte), Internetauszug: www.fitg.de.

[685] Transcript Dr. Leo Gans-Feier, aus den Vereinsannalen des Physikalischen Vereins, 1913, in: P. Collonia: Die Hausgeschichte, Teil 4, S. 4.

[686] Siehe Kapitel Weinberg.

E: Leo Gans (1843–1935), Pionier der chemischen Industrie und Mäzen

der Cassella auf seine Neffen Arthur und Carlo von Weinberg überging, wurde Dr. Leo Gans Vorsitzender des Gesellschafterrates.

1906 gingen die Cassella-Werke auf Initiative von Leo Gans eine Interessengemeinschaft mit Kalle ein und 1916 wirkte er an der Vereinigung des Dreiverbandes aus Cassella, Hoechst und Kalle mit dem Dreibund aus Bayer, BASF und Agfa mit. Innerhalb dieser Interessengemeinschaft blieben die Firmen rechtlich selbständig. Es konnten jedoch durch die Kartellbildung enorme Profite erzielt werden.

1925 trat mein Urgroßonkel als entscheidender Berater bei der großen Fusion der genannten Firmen zur I.G. Farben auf. Carl Bosch von der BASF war erster Vorstandsvorsitzender und 1926 wurde Dr. Leo Gans Mitglied des Aufsichtsrates der I.G.-Farben[687].

Die Einzelfirmen, wie eben auch die Cassella, waren nun nur noch Zweigniederlassungen der I.G. Farben. Das Stammkapital betrug nach der Fusion im Jahre 1926 rund 1,1 Milliarden Reichsmark, die Anzahl der Beschäftigten über 80.000. Der Konzern war führend in der Luftstickstoff-Industrie sowie in der Erzeugung von Teerfarben, Sprengstoffen und Fasern.

Leo Gans war ein sehr großzügiger, stilvoller Herr, dessen Interessen vielseitig gelagert waren. Einmal wurde er als „Wirtschaftsführer mit sozialem Verständnis" genannt, ein andermal „einer von Frankfurts besten Männern"[688]. Die Stadt Frankfurt verdankte ihm beispielsweise die Errichtung eines Erweiterungsbaues des Städel Museums zur Unterbringung von Teilen der Städtischen Kunstsammlungen. Als sich herausstellte, dass die Unterbringung der Gemälde und grafischen Werke der Städtischen Galerie im Galeriegebäude des Städel'schen Kunstinstituts nicht mehr gewährleistet war, war es Leo Gans, der den Magistrat der Stadt Frankfurt dringend zur Errichtung eines Erweiterungsbaues riet, wobei augenscheinlich die Bereitstellung der Finanzmittel für dieses Projekt wieder einmal von Leo Gans in die Wege geleitet worden war.

Wir sind bereit, den Bau jetzt zu beginnen sobald die städtischen Behörden den Vertrag, dessen Entwurf diesem Schreiben beiliegt, mit uns abgeschlossen haben und uns damit die Sicherheit geben, dass dem Städel'schen Kunst-Institut für die Unterbringung der Kunstwerke der Städtischen Galerie (Malerei, Graphik und moderne Plastik) eine alljährlich zu zahlende Entschädigung geleistet wird, die einem Teile der Zinsen des aufzuwendenden Baukapitals und den hierdurch veranlassten erhöhten Verwaltungskosten entspricht[689].

In seiner Rede anlässlich der hundertjährigen Städel Gedenkfeier im Jahre 1921 mahnte Leo Gans den Stadtrat ein weiteres Mal, seinen finanziellen Verpflichtungen

---

[687] J.U. Heine: Verstand & Schicksal, Weinheim 1990, S. 198f.
[688] H.O. Schembs: In dankbarer Anerkennung. Die Ehrenbürger der Stadt Frankfurt, Frankfurt am Main 1987, darin: Leo Gans, S. 53–57, hier: S. 53.
[689] Schreiben von Leo Gans im Auftrag der Administration des Städel'schen Kunst-Instituts vom 10.7.1913 an den Magistrat der Stadt Frankfurt.

gegenüber der Bürgerschaft nachzukommen. *Seit Gründung unseres Instituts hat sich die Einwohnerzahl Frankfurts reichlich verzehnfacht. Aus der berühmten, aber bescheidenen kleinbürgerlichen Reichsstadt, wie sie uns Goethe so anschaulich schildert, ist eine reiche Weltstadt mit pulsierendem Leben geworden. Aber die vornehme Pflicht einer städtischen Verwaltung, den Kunstsinn der Bevölkerung zu fördern, die Liebe zur Kunst in der Jugend zu erwecken und den Einwohnern Gelegenheit zum Schauen, Genießen und Studieren von Werken der Kunst zu geben, die drückte unsere Behörden nicht. Frankfurt erhob sich zur Kunststadt, ja zeitweilig zu einer Führenden in Deutschland, ohne dass der Stadtsäckel dafür irgendwie in Anspruch genommen wäre.*

Mit diesen Ausführungen bezog sich Leo Gans auf die Tatsache, dass die Stadt Frankfurt fast ausschließlich durch die großzügigen Spenden seiner – zumeist jüdischen – Bürger zu einer bedeutenden Kunstmetropole herangewachsen war. Leo Gans stiftete beispielsweise 1899 der Stadt Frankfurt 150.000 Mark zur Gründung eines „Städtischen Kunstfonds, Abteilung für Plastik" und sprach dabei die Hoffnung aus, dass sein Vorgehen andere Mitbürger gleichfalls zur Unterstützung dieses Fonds veranlassen würde und dass auch die städtischen Behörden *sich der werktätigen Beihülfe nicht entziehen werden*[690].

Während der ersten Sitzung der inzwischen gewählten Kommissionsmitglieder des Fonds im Jahre 1901 wurde zunächst beschlossen, einen Zierbrunnen westlich des Schauspielhauses zu errichten und Prof. Hausmann[691] mit dieser Arbeit zu betrauen. Das Werk, für das die Kommission im Ganzen 59.000 Mark bewilligte, wurde am 25.8.1910 enthüllt und kann heute noch dort besichtig werden[692]. Weitere Kunstankäufe folgten[693].

Ich kann mir gut vorstellen, dass ohne die für die Familie Gans so typische unternehmerische Initiative meines Urgroßonkels bereits kurz vor und nach dem Ersten Weltkrieg sich die Stadt Frankfurt nicht so schnell und eindrucksvoll zu dem Aufbau ihrer kulturellen Einrichtungen in dem oben erwähnten Ausmaße entschlossen hätte. Als Dr. Leo Gans zur Erhaltung von Goethes Geburtshaus 100.000 Mark(!) stiftete – denselben Betrag wie die Stadt Frankfurt – erhielt er deren Ehrenabzeichen – wie auch schon Gerhart Hauptmann, Albert Schweitzer, Thomas Mann, Paul von Hindenburg und die jeweiligen Frankfurter Oberbürgermeister vor und nach ihm.

Als damaliger Vorsitzender des Physikalischen Vereins oblag es meinem Urgroßonkel auch, in der Bürgerschaft die sehr erhebliche Summe zusammenzubringen,

---

[690] Institut für Stadtgeschichte der Stadt Frankfurt am Main, Stiftungsabteilung Nr. 552, Nr. 143/27.
[691] Siehe das Mausoleum Kapitel.
[692] Institut für Stadtgeschichte der Stadt Frankfurt am Main, Stiftungsabteilung Nr. 552, Nr. 144.
[693] A. Lustiger (Hg.): Jüdische Stiftungen in Frankfurt am Main, S. 50f.

E: Leo Gans (1843–1935), Pionier der chemischen Industrie und Mäzen   219

Der Märchenbrunnen vor dem Schauspielhaus in Frankfurt am Main
(Institut für Stadtgeschichte Frankfurt am Main)

Luise Gans geb. Sander, Ehefrau von Dr. Leo Gans und Dr. Leo Gans (Archiv AvG)

die für den Neubau des Physikalischen Instituts an der Viktoria-Allee erforderlich war. Bei der Einweihung dieses Gebäudes bahnte sich eine enge und für Frankfurt sehr wichtige neue Beziehung zwischen ihm und dem Grafen Zeppelin an, die dazu führte, dass der Geheimrat Gans den Vorsitz und die Organisation der „ILA" im Jahre 1909 übernahm, jener unvergessenen großartigen ersten Schau des gesamten Luftfahrtwesens[694].

Damit beteiligte sich Leo Gans am Zustandekommen der inzwischen berühmt gewordenen *Internationalen Luftschiffahrt-Ausstellung*, deren Gründungsidee jedoch auf meinen Großvater, Dr. Paul Gans-Fabrice, zurückgeht, was ich in einem gesonderten Kapitel noch genauer schildern werde. 1908 plante mein Großvater diese Ausstellung schon für München, traf aber dort auf wenig Gegenliebe.

Mein Urgroßonkel hatte Graf Zeppelin in sein Haus in der Barckhausstraße 14 eingeladen. Anlässlich eines Essens im Restaurant der ILA zu dessen Ehren brachte Leo Gans als Präsident ein Hoch auf den Grafen aus und überreichte ihm nach einer begeisterten Ansprache eine Plakette für besondere Verdienste um die Motorluftschiffahrt[695]. Sein Elan bestärkte sicherlich seinen Neffen, meinen Großvater Dr. Paul Gans-Fabrice, seine Bemühungen um die Entwicklung des transatlan-

---

[694] Institut für Stadtgeschichte Frankfurt am Main MAG, Akte R 502, S. 2/351, Dr. Leo Gans.
[695] A. Lustiger (Hg.): Jüdische Stiftungen in Frankfurt am Main, S. 333–338.

Dr. Leo Gans mit Georg v. Tschudi bei der ILA (Institut für Stadtgeschichte)

tischen Luftverkehrs fortzuführen und bis zu seinem Tod im Jahr 1915 bedeutende Finanzmittel in diesen neuen Industriezweig Deutschlands zu investieren[696].

Anlässlich des siebzigsten Geburtstags von Dr. Leo Gans 1913 wurde ein Fest im Physikalischen Verein gegeben. Bei dieser Gelegenheit verlas Dr. Brendel folgenden Artikel: *Dr. Palisa in Wien entdeckte den Planeten Nr. 728. Bei der Internationalen Astronomenversammlung in Hamburg im August 1913 beschloss man, diesen Planeten zu benennen. Es entstand der Vorschlag, diese Namensgebung mit einer Ehrung des Vorsitzenden des Pysikalischen Vereins Herrn Geheimrat Dr. Leo Gans in Verbindung zu bringen. Der Vorschlag wurde angenommen. Demgemäß haben sich die Mitglieder der Internationalen Planetenkommission und der Entdecker auf den Namen LEO-NISIS für den Planeten Nr. 728 geeinigt, und bei der Feier anlässlich des Geburtstages des Dr. Gans wird nun der Name öffentlich zur Kenntnis gebracht. In dem Namen LEONISIS ist der Vorname des Vorsitzenden Leo mit dem Namen des Symbols des Vereins in ein Wort zusammengefasst. Der Physikalische Verein führt bekanntlich in seinem Wappen das Bild der ägyptischen Göttin Isis*"[697].

Die Dankesrede, die Leo Gans dann hielt, die Ovationen, die ihm an diesem Abend entgegengebracht wurden, waren fast zu viel für ihn. Alles hatte ihn zwar

[696] Siehe das Paul Gans-Fabrice Kapitel.
[697] Vereins-Bericht (1913) des Physikalischen Vereins zu Frankfurt am Main, S. 2, Transcript, bei AvG.

mit freudiger Befriedigung erfüllt, er spürte auch, dass er die Freude an seinem Forschungsdrang weitergeben konnte, aber in seiner Bescheidenheit empfand er die Ehrung als unerwartet und unverdient. Immer wieder sprachen ihn Menschen auf seine Zurückhaltung an, und er erwiderte meist: *vielleicht bin ich sogar ein seltener Mann, aber ich bin gerne der Förderer der Wissenschaft*[698].

Nebenbei war Leo Gans Mitbegründer der Frankfurter chemischen Gesellschaft (1869) und der Deutschen Bunsen-Gesellschaft für physikalische Chemie (1894). Er war Vorstand des Senckenbergischen Instituts und der Rothschild-Bibliothek. Erst im Jahre 1928 rang sich die Stadt Frankfurt durch, Dr. Leo Gans zum Ehrenbürger zu ernennen. Er war der neunte Bürger – aber der erste gebürtige Frankfurter, dem diese hohe Auszeichnung zuteil wurde[699]. Nach Dr. Leo Gans folgte als zehnter Ehrenbürger sein Neffe Dr. Arthur von Weinberg, ebenfalls im Jahre 1928.

Dr. Leo Gans wurden unter anderem folgende weitere Ehrungen zuteil: Er wurde Geheimer Kommerzienrat, Ehrenbürger von Fechenheim; er erhielt die Silberne Plakette der Stadt Frankfurt; er war Ehrenbürger und Ehrensenator der Frankfurter Universität sowie Ehrendoktor der medizinischen und naturwissenschaftlichen Fakultät. Während seines langen Lebens traf mein Urgroßonkel mit vielen bedeutenden Persönlichkeiten zusammen, unter anderem mit dem Deutschen Kaiser Wilhelm II.

Leo Gans war seit 1876 mit Luise Sander (1854–1927), Tochter des Carl Sander, verheiratet. Seinen Wohnsitz hatte er immer in Frankfurt, und zwar in der Barckhausstraße 14, den sein Neffe Alfred Löwengard erbaut hatte. Dem Ehepaar wurde im Jahre 1880 ein Sohn Richard (1880–1943) geboren, der sich nach dem Studium der Chemie jedoch der Juristerei zuwandte. Dies hatte zur Folge, dass kein Nachkomme von Leo Gans in das Cassella Unternehmen eintrat. Dieses Phänomen trifft auch auf die Nachkommen meines Urgroßvaters Fritz und meines Großonkels Ludwig Wilhelm von Gans zu. Im Gegensatz zu den Nachkommen der Gebrüder Weinberg endet für meine direkten Vorfahren die Verknüpfung mit der Firma Cassella noch vor 1925, dem Gründungsjahr der I.G. Farben. Und auch mit dem Schicksal der I.G. Farben in den 30er Jahren war die Familie Gans glücklicherweise nicht mehr verbunden.

Leo Gans hatte in Bayern 1917 das Schloss und Gut „Wallenburg" in der Nähe von Miesbach – wahrscheinlich infolge der Kriegszeit zu einem nicht ungünstigen Preis – gekauft; es war ein um 1270 erbautes Haus, das von Johann Graf Maxlrain

---

[698] Ebd., S. 6.
[699] Vor ihm hatten 1795 der Erbprinz Friedrich Ludwig von Hohenlohe-Sindelfingen, dann 1796 der österreichische General-Feldmarschall Graf zu Elerfaht, dann Freiherr vom Stein, der sächsische Geheimrat von Carlowitz 1828 sowie der Bildhauer L. von Schwanthaler 1844, der Hamburger Vincent Rumpf 1863 und Oberbürgermeister Dr. von Miquel 1890 sowie Oberbürgermeister Adickes diese Auszeichnung erhalten.

im 17. Jahrhundert nach einem Brand wieder aufgebaut worden war. Den bisherigen Park gestaltete man damals zu einem herrlichen Barockgarten um. Damals stattete Johann Baptist Zimmermann (1680–1758) das Schloss mit einem glanzvollen Plafond im Rittersaal aus. 1830 wurden die Seitenflügel des Vierflügelbaues abgetragen. Später zerstörte ein Brand die Brauerei und einen Teil des Gehöfts.

Heute ist das Schloss glücklicherweise noch im Besitz der Nachkommen meines Urgroßonkels Leo, der Familie seiner Tochter Hedwig (1877–1947), die mit Kartz von Kameke (1866–1942)[700] verheiratet war und mit ihm – möglicherweise bis zu seinem Tod im Jahr 1942 oder bis zum Kriegsende – zunächst auf einem der pommerschen Gütern der Familie Kameke lebte. Die Familie von Kameke nutzt das Gut „Wallenburg" noch heute für biologischen Gemüse- und Obst-Anbau.

Das Gut – so vermute ich – wird der Familie von Richard Gans und ihm selbst geholfen haben, die Nazi-Kriegszeit relativ wohlbehalten zu überstehen. Richard Gans starb im Jahr 1943 und entkam damit wohl gerade noch dem Zugriff der Nazis. Seiner Ehe mit Elfriede Bosin entsprang eine Tochter Beate (1909–1980), die ihren Vetter Dobimar von Kameke (1910–1985), einen Sohn ihrer Tante Hedwig, heiratete, nachdem sie von ihrem ersten Mann, Herrn von Welser, geschieden worden war. Der Leo-Gans-Zweig der Familie starb damit in männlicher Linie aus.

1933 musste Dr. Leo Gans nach über vierzigjähriger Tätigkeit für die chemische Industrie Deutschlands und seinem außergewöhnlichen Einsatz für seine Vaterstadt Frankfurt auf alle Ehrenämter verzichten. Das Schicksal meinte es gut mit ihm, als er 1935, einen Tag vor Erlassung der Rassengesetze, im Alter von 92 Jahren in Frankfurt starb. Er hinterließ ein Testament[701], aus dem hervorgeht, dass Dr. Leo Gans im Jahre 1925 über nur wenig Grundbesitz verfügte.

Schloss „Wallenburg" bei Miesbach in Oberbayern war wohl bereits vor 1925 in den Besitz seines Sohnes Richard und seiner Tochter Hedwig übergegangen. Sein Vermögen 1925 bestand in der Hauptsache aus Wertpapieren, Bankguthaben und Geschäftsanteilen in Höhe von ca. 10 Millionen Reichsmark. Mit einiger Sicherheit war er als Aufsichtsratsmitglied an der neu entstandenen Fusion der I.G. Farben mit Geschäftsanteilen beteiligt gewesen. Die vier Söhne seiner 1947 verstorbenen Tochter Hedwig von Kameke, Leo Gert, Hans Rolf, Tesmar und Dobimar, treten im oben genannten Testament als Nacherben in Erscheinung, ebenso die Tochter seines 1943 verstorbenen Sohnes Richard, Beate, sowie deren Tochter Edith von Welser.

1913 hatte sich sein Gesamtvermögen noch auf 22–23 Millionen Mark belaufen. Das jährliche Einkommen wurde damals auf 1,7 Millionen Mark geschätzt[702]. Ein Teil seines Vermögens wird der Inflation zum Opfer gefallen sein. Sein Ehrengrab

---

700   Die Familie Kameke war in Pommern und Böhmen begütert.
701   Kopie im Besitz von AvG.
702   R. Martin: Jahrbuch des Vermögens und Einkommens der Millionäre, Berlin 1913.

befindet sich auf dem Frankfurter Hauptfriedhof. Der Familienfreund Prof. Hausmann, der das Mausoleum für Fritz von Gans unweit der späteren Grabstätte von Leo erbaut hatte, wurde auch für den Entwurf des Grabsteins herangezogen. Hausmann schuf einen schlichten Stein, auf dem nur die Namen von Leos Ehefrau Luise Gans geb. Sander und sein eigener eingemeißelt sind.

Trotz der Zusicherung der Behörden, Straßennamen bedeutender und verdienter Bürger der Stadt Frankfurt nicht umzubenennen, wurde 1938 die „Leo Gans Straße" in Fechenheim aus politischen Gründen mit einem anderen Namen versehen. Die Erinnerung der Bürger nach dem Krieg war jedoch noch so stark, dass die Fechenheimer darauf drängten, Leos Andenken in der Öffentlichkeit aufrecht zu halten. Heute gibt es den Namen „Leo Gans Straße" in Fechenheim wieder[703]!

F. Jüdisches Netz: Die Schwestern Henriette und Marianne Gans

Wenden wir uns nun der Lebensbeschreibung der weiteren drei Kinder – Henriette, Marianne und Adolf – von Ludwig Ahron Gans und seiner Ehefrau Rosette zu. Dies ist deshalb so interessant, weil die Heiraten dieser Kinder der weiteren internationalen Verknüpfung des jüdischen Netzes mit der Familie Gans dienten, das bis in die USA und nach England reichte. Ich möchte mit dem ältesten Kind, der Tochter Henriette, beginnen.

Am 13. Juni 1829 kam Henriette als erstes Kind von Ludwig Ahron und Rosette in Frankfurt zur Welt. Mit 21 Jahren heiratete sie den New Yorker Kaufmann Marum (Max) Heidelbach[704] (1819–75), der ebenso in London tätig war[705]. Henriette Heidelbach war die Begründerin der amerikanischen Linie der Familie Gans.

F.1. Henriette Heidelbach und die Familie Bonn

Schon zwei Jahre nach der Hochzeit wurde ihr Sohn Alfred Heidelbach geboren. Er heiratete später Julie Picard aus Paris, deren Vater geschäftlich in New York tätig war. Hier zeigte sich das für jüdische Elitefamilien so typische familiäre und geschäftliche Beziehungsgeflecht. Lucien Picard, der Vater von Julie, war

---

[703] Die Arthur von Weinberg-Straße befindet sich auch wieder in Frankfurt.
[704] J.U. Heine: Verstand & Schicksal, S. 198f.
[705] H. Trenkler: Die Bonns, S. 53.

Mitgesellschafter der Bank J. Dreyfus, Frankfurt-Berlin, und von 1909 bis in die 20er Jahre Mitinhaber des Bankhauses Speyer-Ellissen in Frankfurt, der Bank, für die Henriettes späterer Schwiegersohn, Wilhelm Bernhard Bonn, der Ehemann ihrer Tochter Emma, lange tätig sein sollte[706]. Das international tätige Bankhaus Speyer-Ellissen hatte schon immer in enger Geschäftsbeziehung zu den Familien Goldschmidt-Cassella-Gans gestanden.

Als zweites Kind von Henriette Heidelbach, geborene Gans, folgte 1856 eben jene Emma. Die oben erwähnten engen Familienverbindungen führten dazu, dass sie später Wilhelm Bernhard Bonn (1843–1910) aus Frankfurt zum Ehemann nahm, der fast 22 Jahre für Speyer-Ellissen[707] in New York arbeitete und unter anderem die Aufgabe hatte, in Amerika die Bürgerkriegsanleihen vorzubereiten[708].

Die Familie Bonn war offensichtlich ebenso wie die Familie Gans eine der ersten Familien, die sich im 16. Jahrhundert in Frankfurt niedergelassen hatten und später zu den einflussreichen Bankiers und bedeutenden Mäzenen gehörte. Der Name *Bonn* lässt sich auf die damalige Haupt- und Residenzstadt des Kurstaates Köln zurückführen, in der die Familie einst Zuflucht gefunden hatte. In diesem Umfeld finden wir auch die Familie Gans. Bei der Aufnahme des Ehepaares Jakob und Sprinz Bonn[709] in der Frankfurter Judengasse[710] Anfang des 16. Jahrhunderts wurde anscheinend von der städtischen Behörde der Zuname nach dem letzten Wohnsitz Bonn vergeben[711].

Man lebte in der Judengasse. Als Vater Jakob früh verstarb, heiratete Sprinz Jakob Jesse von Landau. Bei der Beschreibung der Familie Leopold Cassella im 18. Jahrhundert tauchte der Name Landau wieder auf. Hendle Cassella war in erster Ehe mit einem Nathan David Landau (?–1800) verheiratet, ehe sie Mayer Salomon Goldschmidt heiratete[712].

Der Sohn Jakob Bonns, Mosche, wurde als erfolgreicher Händler schon im 16. Jahrhundert ein vermögender Mann, der es sich leisten konnte, Geld zu verleihen. Die nächste Generation konnte im Ghetto eines der stattlichsten Häuser

---

[706] Ebd., S. 49.
[707] Ebd., S. 46. Lazarus Speyer heiratete die Tochter des Bankiers Isaak Gumpertz (kaiserl. Hoffaktor, siehe Kapitel Leffmann Behrens), der sich später Ellissen nannte. Um 1800 übertraf das Vermögen der Familie Ellissen noch beträchtlich das der Familie Rothschild.
[708] Ebd., S. 43.
[709] „The Bonns had settled in Frankfort at least as early as 1535. An old tombstone commemorates the grave of one of the ancestors at that date. Her name was Sprinz. This may have been an abbreviation of 'Speranza'. She and her husband may have fled from Spain, going up the Rhine, after the expulsion of the Jews from that country in 1482, we do not know", M.J. Bonn: Wandering Scholar, S. 12.
[710] H. Trenkler: Die Bonns, S. 17. Die Unterbringung der Juden in Ghettos wurde erstmalig 1527 in Venedig und 1555 von Papst Paul V. in Rom angeordnet.
[711] H. Trenkler: Die Bonns, S. 27.
[712] Familienregister, Register des Ephraim Grödel und des Löb Cassel (Cassella) und deren Nachkommen. Fürth 1884, Stadtarchiv Friedberg, Nr. 14204.

in unmittelbarer Nähe des Stammhauses der Familie Schuster erwerben. In diesem Haus wuchs viele Generationen später Baruch Bonn (1810–1878) auf und heiratete 1835 Betty Schuster. Baruch gründete 1862 aus einer Manufakturwarenhandlung en gros und en detail ein Bankhaus in der Schützenstraße 12.

Aus der Ehe von Baruch und Betty geborene Schuster gingen zehn Kinder hervor. Das sollte die letzte Generation dieser Familie sein, die mit der ebenso großen Familie von Baruchs Schwester Sarah Bonn und ihrem Mann Lazarus Beer Schuster in Frankfurt und Kronberg aufwuchs[713], bevor man endgültig im Ausland Fuß fasste und nicht mehr nach Deutschland zurückkehrte.

Wilhelm Bernhard Bonn (1843–1910) war das sechste Kind von Baruch und Betty. Nach seiner Ausbildung im Bankfach wurde er in das seinerzeit sehr bedeutende, oben erwähnte Bankhaus Lazard Speyer-Ellissen aufgenommen. Aufgrund seiner hervorragenden Englischkenntnisse hatte man ihn bereits als 19-jährigen nach New York geschickt, wo die Bank 1837 gegründet worden war.

Eben hier traf Wilhelm Bernhard Bonn, nun schon Teilhaber der Bank, auf Henriettes Tochter Emma, die er 1876 heiratete. Ein Jahr später kam ihr Sohn Max Julius auf die Welt, gefolgt von einer Tochter 1879, die ebenfalls den Namen Emma erhielt. Die damals 23-jährige Frau von Wilhelm Bernhard, Emma, starb allerdings zehn Tage nach der Geburt ihrer Tochter. Die Schicksalsschläge für Wilhelm Bernhard Bonn hatten sich in den letzten zwei Jahren schon auf tragische Weise gehäuft, da seine Eltern 1877 und 1878 im fernen Frankfurt verstorben waren. Nun kam noch der frühe Tod seiner geliebten Frau hinzu[714].

Die Familie Heidelbach, das heißt Henriette, ihr Sohn Alfred mit seiner Frau Julie Picard, die ihre Mädchenjahre in Paris verbracht hatte und deren Ehe kinderlos blieb, wie auch Wilhelm Bernhard Bonn als Witwer mit seinen beiden Kindern, lebten in nahe gelegenen Häusern in New York, unmittelbar am Central Park[715].

Henriette Heidelbach, die „große starke Dame"[716], sah es nun als Pflicht an, die Entwicklung und Erziehung ihrer Enkelin Emma übergenau zu überwachen, obwohl das Kind unter der Obhut einer fürsorglichen, wenn auch fremden Frau stand. Wilhelm Bernhard Bonn hatte dieser Ersatzmutter sein vollstes Vertrauen geschenkt und sie gebeten, Hausfrau und Hausmutter zu sein und sie jeder kleinlichen Kontrolle enthoben.

Allerdings schien es dem Kind allzu oft, als ob die Forderung an sie gestellt wurde, die Mutter zu ersetzen und deren Tod, der durch ihre Geburt hervorgerufen wurde, wieder gutzumachen[717]. Die verlorene Mutterliebe machte dem

---

[713] H. Trenkler: Die Bonns, S. 40.
[714] Ebd., S. 59.
[715] E. Bonn: Das Kind im Spiegel, Zürich 1935, S. 15ff.
[716] Ebd., S. 16.
[717] Ebd., S. 17.

jungen sensiblen Mädchen sehr zu schaffen. Obendrein wurde ihre Jugendzeit durch eine seltsame Krankheit, die später fast zur Lähmung führte, zusätzlich erschwert.

Emma, die später zu einer bekannten Schriftstellerin avancierte, beschrieb in ihrem Buch „Das Kind im Spiegel" auf sensible Art und Weise das Leben in New York und später in Frankfurt und Kronberg. Vor allem kam ihre Disziplin zum Durchbruch, mit der sie die Sehnsucht nach ihrer verstorbenen Mutter zu verdrängen versuchte. Die immer wieder unterdrückte Lebensfreude manifestierte sich in ihrem jungen Körper und führte zu einem schrecklichen Leiden. Um ihren Traum vom Landleben zu erfüllen, zog sie 1916 von Frankfurt nach Feldafing an den Starnberger See. Ihr Bruder Max hatte in München studiert; es gab Familienmitglieder in der Nähe, so dass Emma auch hier den Familienanschluss pflegen konnte.

Während Henriette mit ihrem Sohn und dessen Frau Julie in New York blieb, war Wilhelm Bernhard Bonn im November 1885 nach Frankfurt zurückgezogen, wo er als Anteilseigner der Muttergesellschaft fungierte.

Der jüngere Bruder von Wilhelm Bernhard, Leopold (1850–1929), war nach seiner Frankfurter Schulzeit und einer Ausbildung als 17-Jähriger beim damals führenden Bankhaus Königswarter in die Schweiz gezogen. Das hatte seinen Grund darin, dass die gesetzliche Möglichkeit bestand, junge Männer vor ihrem vollendeten 17. Lebensjahr durch eine Auswanderung der Wehrpflicht zu entziehen[718]. Leopold Bonn zog dann von Lugano weiter nach Paris, wo er das Studium des Bank- und Börsenwesens abschloss. Schon im Alter von 21 Jahren, nach dem Ausbruch des deutsch-französischen Krieges, entschloss er sich, nach London zu gehen und fungierte bald als anerkannter Banker bei der „German Bank of London Ltd.". 1877 trat Leopold bei Speyer Brothers ein. Damit saß noch ein Mitglied der Familie Bonn in derselben Bank, diesmal in London; sein Bruder Wilhelm Bernhard war in New York.

Die älteste Schwester von Wilhelm Bernhard und Leopold war Charlotte Betty. Sie heiratete mit 17 Jahren den Kaufmann J.G. Wetzlar. Ihrer beider zweitältester Sohn Moritz heiratete 1884 seine Cousine Adela Gans, die Tochter von Fritz Gans, meinem Urgroßvater, und wieder bildete sich eine neu verwobene Generation[719].

Um aber zu Wilhelm Bernhard Bonn zurückzukehren, lebte dieser bei seiner Rückkehr nach Frankfurt vorerst mit seinen beiden Kindern Emma und Max im Hause der Witwe seines Bruders Julius Philipp Bonn in der Niedenau 86, das den Mittelpunkt der Frankfurter Familie Gans bildete. 1886 entschloss sich Wilhelm

---

[718] Siehe das Paul von Gans-Fabrice Kapitel.
[719] H. Trenkler: Die Bonns, S. 101.

Bernhard in die Westendstraße 45 zu ziehen[720], ehe er ein prachtvolles Haus in der heutigen Siesmayerstraße bauen ließ[721].

Die Wochenenden wurden durch Fahrten in die Besitzungen der eigenen sowie der Familie Gans im Taunus bestimmt. Was den Luftkurort Kronberg[722] betraf, hatte der inzwischen verstorbene Vater Baruch Bonn 1862 dort einen großen Garten erworben. Für die hier verbrachten Sommermonate beschränkte man sich vorerst auf ein eher bescheidenes Landhaus. Erst als Wilhelm Bernhard Bonn ständig in Frankfurt wohnte, beschloss das jetzige Familienoberhaupt nach Absprache mit seinen Geschwistern, ein großes und komfortables Sommerhaus für die zahlreichen Familienmitglieder errichten zu lassen.

Aber vorerst sollte für die geliebten Eltern eine Erinnerungsstätte errichtet werden. Da es religiöse Pflicht der Juden ist, Wohltätigkeit zu üben[723], ließ 1891 Wilhelm Bernhard Bonn auf dem oberen Teil des großen Gartens[724] ein Versorgungshaus erbauen, das den Zweck hatte, Arme und Altersschwache unentgeltlich aufzunehmen. Aus dem von ihm zusätzlich angelegten verzinsten Stiftungsgeld konnten die anlaufenden Kosten beglichen werden. Diese Stiftung, genannt *Baruch und Betty Bonn'sches Versorgungshaus der Gemeinde Cronberg*, hielt sich, finanziell von der Familie Bonn unterstützt, bis 1922. Dann wurde sie von der Stadt Kronberg in eigener Verwaltung übernommen.

Zehn Jahre nach der Einweihung des Versorgungshauses ließ der Ehrenbürger Wilhelm Bernhard Bonn, zeitgleich zum Bau seiner großen neuen Villa, in Kronberg ein Erholungsheim für Kinder errichten[725]. Als Architekten beauftragte er Alfred Leopold Löwengard (1856–1929), der wiederum ein Verwandter war. Die Schwester von Wilhelm Bernhards Schwiegermutter Henriette, Marianne Gans, heiratete 1854 im Alter von 22 Jahren in Frankfurt Leopold Löwengard[726] (1817–80) aus Hamburg. Aus dem Trauregister geht hervor, dass er in Hohenems geboren wurde. Mit ihm hatte sie acht Kinder. Einer ihrer Söhne, Alfred Leopold, erbaute nun von 1901 bis 1903 diese architektonisch eindrucksvolle Villa, die 1922 – vermutlich in Folge der Inflation – von der Familie an die Stadt Kronberg verkauft wurde und heute als Rathaus der Stadt Kronberg dient.

In einem Zeitungsartikel aus dem Jahre 1922 konnte ich nachlesen, wie sehr die Zuneigung der Familie Bonn zu Kronberg durch den günstigen Kaufpreis

---

[720] Dieses Gebäude steht nicht mehr, das Grundstück gehört der Frankfurter Jüd. Gemeinde und ist inzwischen wieder bebaut (H. Trenkler: Die Bonns, S. 59).
[721] Heute Frankfurter Gesellschaft für Handel, Wirtschaft und Wissenschaft (H. Trenkler: Die Bonns, S. 63).
[722] W. Jung: Kronberg von A bis Z, Oberursel 1982, S. 23.
[723] H. Trenkler: Die Bonns, S. 73f.
[724] Ebd., S. 68.
[725] Ebd., S. 81.
[726] Vater Moses Löwengard, Mutter Zemire geb. Wertheim (Hamburger Gesellschaft für jüdische Genealogie e.V.).

F: Jüdisches Netz: Die Schwestern Henriette und Marianne Gans   229

manifestiert wurde[727]. Der veränderte wirtschaftliche Status Deutschlands veranlasste aber die meisten Familienmitglieder, nach 1920 auch ihre Häuser in Frankfurt zu verkaufen und ihren Berufen im Ausland nachzugehen, was schließlich zum Aussterben der Bonn-Familie in Frankfurt und dem Zweitwohnsitz Kronberg führte.

Alfred Leopold Löwengard hatte nicht nur für Wilhelm Bernhard die herrliche Villa gebaut, sondern noch für andere Familienmitglieder, so das Stadthaus von Dr. Leo Gans in der Barckhausstraße Nr. 14 im Westend. Er war außerdem Mitarchitekt der Villa Gans in Bad Homburg.

Als Wilhelm Bernhard Bonn, dessen Stiftungen[728] zahlreich waren, 1910 im 67. Lebensjahr starb, lebte sein Sohn Dr. Max Bonn bereits in England und wurde nach 1911 britischer Staatsbürger[729]. Max Bonn hatte an der Universität München Volkswirtschaft und Statistik studiert, ehe er als Partner zu seinem Onkel Leopold Bonn nach London in das Bankhaus Ruette & Bonn, später Bonn & Co genannt, eintrat. Diese Bank verschmolz später mit dem Bankhaus Wagg & Co, das wiederum mit der führenden Londoner Geschäftsbank J. Henry Schroder, Wagg & Co vereint wurde[730].

Max Bonn war bereits als Bankier anerkannt, als er zum Vorstandsmitglied der Herbert Wagg Holding berufen wurde. Ebenso hatte er bei der Bank of England and South America diesen Posten inne. Bei der United Glass Bottle Manufacures Ltd. wurde er Aufsichtsratvorsitzender und diente Anfang des Ersten Weltkrieges beim Naval Intelligence Corps. Trotz seiner guten Beziehung nach England und den vielen Ämtern die er dort innehatte, vergaß er niemals, wie fast alle Familienmitglieder, seine Heimat Deutschland. 1926 wurde Max Bonn von König Georg V. zum „Knights Commander" ernannt und hieß fortan Sir Max Bonn[731]. Er starb 1943 in London kinderlos.

Hingegen verbrachte seine Schwester Emma, gezeichnet von ihrer Krankheit, vorerst die Zeit nach dem Tode ihres Vaters, Wilhelm Bernhard Bonn, 1910 in Frankfurt in der Villa Bonn, die von ihrer Stiefmutter Amalie, Wilhelm hatte sie 1894 geheiratet, und deren Tochter Alma Schuster bis ca. 1923 bewohnt war. Emma Bonn blieb als einziges Mitglied der Familie in Deutschland und zog 1916[732], wie schon erwähnt, nach Feldafing am Starnberger See, wo sie bis 1942 ständig lebte. Offensichtlich hat ihr die Gegend besonders gut gefallen und schließlich studierten ihr Bruder und ihr Cousin in München. In ihrem Landhaus betätigte sie sich trotz des langen Aufenthalts im Krankenbett als Schriftstellerin. Ihre Beliebtheit bei den

[727] H. Trenkler: Die Bonns, S. 187.
[728] Ebd., S. 74.
[729] Ebd., S. 54.
[730] Ebd.
[731] Ebd.
[732] Ebd., S. 56.

Dorfbewohnern wurde durch ihre zahlreichen sozialen Tätigkeiten verfestigt. Diese Tradition kannte sie seit ihrer Kindheit in Frankfurt.

Als das Naziregime an die Macht kam, überhörte sie als Jüdin die Warnungen. Bedingt durch ihre Krankheit wäre sie nicht in der Lage gewesen, das Land zu verlassen, denn die Lähmung hatte sie bettlägerig und fast bewegungslos werden lassen. Gepflegt von ihrem Personal, wollte sie bis zum Tode in dem Haus bleiben und bot daher der Stadt München an, ihr den Besitz zu übereignen, falls man sie bis dahin unbehelligt dort wohnen lassen würde[733]. Ihr großzügiges Angebot wurde ausgeschlagen – im Gegenteil – man befahl ihr, sämtliches Edelmetall abzugeben und internierte die Schwerkranke 1942 in Theresienstadt[734], wo sie einen Monat später im Alter von 64 Jahren starb.

Von ihrem Haus nahm der berühmt-berüchtigte NS-Funktionär Christian Weber Besitz. Heute zeugt, dank der Initiative einiger Bürger in Feldafing, eine Tafel an der Villa davon, dass man diese sensible Schriftstellerin nicht vergessen hat. Auf dem einstigen Parkgelände wurde später das Feldafinger Krankenhaus errichtet.

Ein ebenso erwähnenswertes Mitglied der Familie Bonn aus Frankfurt war Moritz Julius Bonn, der Neffe von Wilhelm Bernhard, dessen Vater Julius Philipp Bonn bereits 37-jährig im Jahre 1877 gestorben war[735]. Seine Schulzeit hatte er in Frankfurt verbracht und er lernte bei einem Privatlehrer Englisch. Als er nach dem Abitur beschloss, Volkswirtschaft zu studieren, ging er für ein Semester nach Heidelberg und dann zur Münchner Universität, an der Prof. Lujo Brentano Nationalökonomie lehrte. Dieser verstärkte den Entschluss in Moritz Julius Bonn, Nationalökonom zu werden. Nach dem Staatsexamen zog er nach Wien. Die Münchner wie auch Wiener Zeit schildert er in seinem Buch „Wandering Scholar"[736] aufs Eindrucksvollste. Er wurde zum weiteren Studium mit offenen Armen in Wien bei Prof. Carl Menger aufgenommen. Als 23-Jähriger kehrte er nach München zurück und wurde Doktor der Staatswissenschaften. Aber auch ihn zog es nach England, wo ja schließlich ein großer Teil der Familie ansässig war. Er kehrte nach seiner Hochzeit 1905 nach München zurück, wollte dann aber seine Studien in Südafrika fortsetzen. Prof. Moritz Julius Bonns Einsichten und sein Beurteilen der von ihm erkannten südafrikanischen Probleme machten ihn seinerseits zu einem der wenigen kolonialpolitischen Sachverständigen Deutschlands[737].

Von 1910 bis 1920 war Prof. Bonn Direktor der Handelshochschule München. Gleichzeitig wurde er außerordentlicher Professor auf dem Gebiet der politischen

---

[733] Ebd., S. 57.
[734] Arthur von Weinberg, Ludwig von Gans wie auch der Oberrabbiner Leo Baeck waren ebenfalls in Theresienstadt interniert.
[735] H. Trenkler: Die Bonns, S. 89ff. Die nachfolgenden Informationen sind überwiegend der Arbeit von H. Trenkler entnommen.
[736] M.J. Bonn: Wandering Scholar, New York 1948, S. 58-61, S. 150-168.
[737] H. Trenkler: Die Bonns, S. 92ff.

Wissenschaften an der Universität München. Als Bonn einer Einladung nach Amerika folgte, wurde seine Rückkehr durch den Ausbruch des Ersten Weltkriegs unterbunden. Erst 1917 kehrte das Ehepaar mit dem Personal der Deutschen Botschaft nach Deutschland zurück.

Nach Beendigung des Krieges wurde er als wissenschaftlicher Sachverständiger der deutschen Friedensdelegation in Versailles eingesetzt. Sein Studienfreund, der spätere erste Bundespräsident Prof. Dr. Theodor Heuss, meinte später: „Nicht München, sondern Versailles war die Geburtsstätte des Nationalsozialismus"[738].

Als Berater des Reichskanzlers in Reparationsfragen nahm Prof. Bonn außerdem in Spa 1920 an den Verhandlungen teil. Bald darauf wurde er Mitbegründer der Deutschen Gesellschaft für Weltwirtschaft und der Deutschen Hochschule für Politik und saß im Verwaltungsrat der europäischen Zentrale der Carnegie-Stiftung. 1930 kam er von seinen Vorträgen als Gastprofessor an der Stanford University nach Berlin, wo er 1932 Rektor der Berliner Handelshochschule wurde und dann nach Frankfurt zurückging.

1933 musste er emigrieren. Kurz vorher hielt er noch im einstigen Haus der Familie Bonn einen Vortrag vor der Frankfurter Gesellschaft für Handel, Industrie und Wissenschaft, der ja die Villa Bonn nun gehörte. Er zog nach Österreich, aber die prekäre Situation ließ ihn und seine Frau Theres 1934 nach England zurückgehen, schließlich war seine Frau Engländerin. Hier wurde er Hochschullehrer an der London School of Economics wie auch an verschiedenen amerikanischen und kanadischen Universitäten.

1938 wurde Prof. Bonn britischer Staatsbürger und ging ein Jahr später für sechseinhalb Jahre nach Amerika, um dort zu lehren. Trotz des Leides, das ihm mit der Emigration widerfahren war, setzte er sich nach Kriegsende für seine alte Heimat Deutschland ein. 1953 erhielt er das große Verdienstkreuz der Bundesrepublik mit Stern und später ehrte man ihn mit dem Doktor h. c. der politischen Wissenschaften der Freien Universität Berlin. Im hohen Alter von 92 Jahren starb er 1965 in London. Seinem Wunsch entsprechend wurde die Asche in der Wand des Kronberger Rathauses, der ehemaligen Villa Bonn, beigesetzt.

Diese so international verflochtene Familie Bonn ist in Frankfurt nicht mehr zu finden. Das erfolgreiche Bankhaus Bonn schloss formell 1934 seine Pforten. Man erinnerte sich der großzügigen Art und Weise, in der die Familie Bonn handelte. Man konnte einige der Häuser erhalten und gedachte durch Wandtafeln der Erbauer und Mäzene. Aber das Familienband zur in Deutschland verbliebenen Familie Gans war wie der Glaube auseinander gebrochen. Die heute in England lebenden Nachkommen gehören nicht mehr dem jüdischen Glauben an.

---

738   Ebd., S. 96.

F.2. Marianne Nanette Gans

Die zweite Tochter von Ludwig Ahron und Rosette Gans war Marianne, die, wie schon erwähnt, im Jahre 1854 mit Leopold Löwengard (1817–1880) aus Hamburg vermählt wurde. Es kamen acht Kinder auf die Welt, wovon eines jener Architekt Alfred Leopold (1856–1929) war, der das Sommerhaus der Familie Bonn in Kronberg erbaute.

Die während des Krieges verlustig gegangenen Unterlagen der Architektenkammer in Hamburg erschweren die Nachforschungen nach dem sicher nicht unbedeutenden Werk dieses Architekten. Bekannt ist, dass er in Hamburg das Martin-Brunn-Stift, das Martha-Helene-Heim sowie das Anna-Heim baute. Das Martin-Brunn-Stift wurde von vermögenden jüdischen Familien für die Aufnahme und Versorgung bedürftiger Menschen aller Religionen gegründet. Es ist anzunehmen, dass es sich bei den anderen oben genannten Heimen ebenfalls um jüdische Stiftungen handelte, so dass Löwengard insbesondere für jüdische Auftraggeber aus dem weiteren Familienkreis arbeitete. Alfred Leopold Löwengard gilt insbesondere als Architekt für Herrenhaussitze in Hamburg, Frankfurt am Main, Berlin und in Pommern[739].

Sein Bruder Eduard Löwengard übernahm im Jahre 1885 die kaufmännische Leitung der Zweigstelle von Cassella in Lyon, der „Manufacture Lyonnaise de Matières Colorantes". Unter ihm wurde das Geschäft bald das erste seiner Art in Frankreich.

G. Adolf Gans (1842–1912) und die Villa Gans/Hainerberg

Im Gegensatz zu seinem jüngeren Bruder Leo, der vor Erfindergeist sprühte und gemeinsam mit seinem Bruder Fritz und seinen Neffen Arthur und Carlo von Weinberg in Fechenheim Cassella zu großem Erfolg geführt hatte, hielt sich Adolf Gans[740] immer schon im Hintergrund. Er hatte anfangs mit seinem älteren Bruder Fritz das Handelshaus in Frankfurt mitgeleitet und war Mitinhaber des Cassella-Unternehmens, ehe er 1904 mit dem Zusammenschluss von Cassella und Hoechst in den Aufsichtsrat eintrat und sich wie sein Bruder Fritz aus den aktiven Geschäften zurückzog.

Adolf Gans war um die Jahrhundertwende schwer erkrankt, und seine Ärzte rieten ihm aufgrund seines Gesundheitszustands, von der Bockenheimer Landstraße

---

[739] H. Vollmer (Hg.): Allgemeines Lexikon der bildenden Künstler, Leipzig 1929, 23. Bd. S. 327.
[740] Siehe Stammbaum im Anhang.

Martha Gans geb. Pick und Adolf Gans (1842–1912) (Archiv AvG)

in Frankfurt nach Königstein im Taunus zu ziehen; dort würde er die Ruhe und wunderbare Luft genießen können.

Er erwarb 1910 am Hainerberg eine Reihe von Privatgrundstücken, sowie Altenhainer und Neuenhainer Terrain. Die Stadtverwaltung bezeugte lebhaftes Interesse an dem zu erwartenden Bauprojekt – es konnte nie schaden, dass eine wohlhabende Persönlichkeit an der Ortsperipherie wohnte und dort investierte – denn Adolf Gans kam auch beim Tausch der einzelnen Parzellen der Kommune finanziell sehr entgegen.

Damals konnte niemand ahnen, dass dieses Haus nach dem Zweiten Weltkrieg in den Mittelpunkt weltpolitischer Geschehnisse rücken sollte.

Adolf Gans hatte 1910 den zu seiner Zeit berühmten Architekt Bruno Paul (1874–1968) mit dem Bau seiner Villa beauftragt und folgte damit dem Vorbild anderer Familienmitglieder, durch großzügige Architekturaufträge fördernd auf diesem kulturellen Gebiet für Deutschland zu wirken. Bruno Paul hatte in seiner frühen Münchner Arbeitszeit zunächst als Karikaturist gewirkt und mit Olaf Gulbranson und Thomas Theodor Heine bei der politisch-satirischen Zeitschrift „Simplicissimus" zusammengearbeitet.

Im Jahre 1907 zog Bruno Paul nach Berlin. Trotz seiner gezeichneten Angriffe gegen die Außenpolitik Kaiser Wilhelms II. strebte er in den preußischen Staatsdienst und fand es danach klüger, unter dem Pseudonym „Ernst Kellermann" weiterzuagieren. Durch seinen pfiffigen Einfall, anlässlich des Kaiserbesuchs in München die Schwere-Reiter-Kaserne entgegen militärischer Vorschriften zu schmücken, erhielt er eine persönliche Audienz beim Kaiser, der ihn zur Anstellung im Königlichen Kunstgewerbemuseum in Berlin weiter empfahl.

Bruno Paul hatte sich inzwischen dem Möbeldesign zugewandt, was ihn schließlich auf die revolutionäre Idee eines „Anbauprogramms" von Möbeln brachte – eine heute nicht mehr wegzudenkende Konzeption! Auch war er bei der Gründung der „Vereinigten Werkstätten für Kunst und Handwerk" involviert, die so berühmte Männer wie den Architekten Peter Behrens[741], Herman Obrist und Richard Riemerschmied als Mitarbeiter gewinnen konnten.

Um 1910 wandte sich Bruno Paul dann dem Entwurf und der Fertigung von Häusern zu. Er bekam schließlich von Adolf Gans den Auftrag, einen noblen Bau mit prachtvollem Park zu erstellen, eine Anlage, die die *Einheit der Schöpfung und des tätigen menschlichen Geistes*[742] in Form eines Landhauses mit zwei Seitenflügeln auf dem Hügel inmitten der unberührten Natur des Taunus zum Ausdruck bringen sollte.

Es ist anzunehmen, dass einige der herausragenden Ideen von Adolf Gans selbst in den Bau einflossen. Die gesamte, heute noch zu besichtigende Anlage zeigt, dass Adolf Gans sich der Bauleidenschaft seines Bruders Fritz und seiner Neffen Ludwig Gans und der Brüder Arthur und Carlo von Weinberg anschloss und die außergewöhnlichen Gewinne aus dem Cassella-Unternehmen – wie dies damals die deutsche Unternehmerelite ganz allgemein tat – unter anderem in ein prachtvolles Prestigeobjekt investierte. Herausragendes Unternehmertum und außergewöhnliches kulturelles Empfinden gingen auch bei Adolf Gans eine Symbiose ein.

Der Mittelbau diente den Eltern Adolf und Martha Gans geb. Pick als Wohnteil; der Südflügel sollte jedoch als eigenes Landhaus für eine der fünf Töchter und deren Familie und der Nordflügel als Gästetrakt konzipiert werden. Dieser Teil des Komplexes enthielt ebenso eine Anzahl wichtiger Wirtschafts- und Dienerschaftsräume sowie einige Fremdenzimmer und ein Atelier.

Es mussten etliche Felssprengungen vorgenommen werden, um den eigenen Wirtschaftshof anzulegen. Ebenso sollte das Wild, das sich im Park befand, in aller Ruhe in die Nähe der Gebäude kommen können. Um den wunderbaren Blick auf den Taunus und die herrliche Umgebung wie auch die Tiere im zehn Hektar großen Areal genießen zu können, reihten sich Terrassen um die Villa.

Trotz seiner großzügigen Anlage wirkte der reich ausgestattete Bau eher dezent und blieb in Grenzen eines Landhauses großen Stils[743].

Zu beiden Seiten der Landstraße befanden sich die restlichen Personal- und Wirtschaftsgebäude. Ähnlich einem Dorf waren die kleinen Häuschen um einen Platz herum gebaut. Dem Personal, welches hier wohnte, standen Wohn- und Schlafzimmer, Küche und Kammer, Bad- und Nebenräume zur Verfügung.

---

741 Siehe Kapitel Clara Gans.
742 P. Collonia: Die Hausgeschichte (Villa Gans), in: Geschichte einer Sommerresidenz, geschrieben auf Bitten der Familien Seligman in London und New York, 1983, S. 2 (AvG).
743 P. Collonia: Die Hausgeschichte, Teil 2, S. 1.

G: Adolf Gans (1842–1912) und die Villa Gans/Hainerberg 235

Die Auffahrt zur Villa Gans (Archiv AvG)

Villa Gans, Westseite (Archiv AvG)

Das Dorf mit den Wirtschaftshöfen (Archiv AvG)

Insgesamt wurden damals für die Konzeptions- und Bauarbeiten 1,8 Millionen Goldmark aufgewendet.

Obwohl Adolf Gans durch die intensiven Besprechungen mit Bruno Paul kurzfristig von seiner Krankheit abgelenkt wurde, konnte er die Vollendung seines Hauses nicht mehr erleben. Er starb 1912 im Alter von 70 Jahren. Sein Bruder Dr. Leo Gans[744] sprang als Mitbauherr ein, denn er wollte der Familie seines Bruders – seiner Frau und seinen fünf Töchtern – in der Zeit der grundsätzlichen Neuorientierung nach dem Tod des Familienoberhauptes helfen. Er übernahm die Hälfte der Baukosten, ohne selbst irgendwelche Eigentumsansprüche zu erheben[745].

Das fertige Anwesen sollte jedoch Adolfs Witwe Martha geb. Pick[746] in dieser luxuriösen Form nur kurz zur Verfügung stehen, denn 1918 starb auch sie. Danach zeigte es sich, dass die politische und wirtschaftliche Entwicklung Deutschlands keinen Raum mehr zuließ für die Benutzung eines so großen Anwesens für eine einzige Familie.

Inzwischen waren drei der schon verheirateten Töchter ausgezogen und hatten ihre eigenen Haushalte. Dies waren Alice verheiratete Hohenemser, Nelly verheiratete Herz sowie Melanie verheiratete Plesch. Alle drei Familien verließen später rechtzeitig Nazi-Deutschland.

Lala Gans, die ledig blieb, hatte ihre eigene Villa in der Nähe ihres Elternhauses von Peter Behrens erbauen lassen[747]. Marie hatte den Frankfurter Amtsgerichtsarzt

---

[744] Siehe Kapitel Leo Gans.
[745] P. Collonia: Die Hausgeschichte, Teil 2, S. 2.
[746] Martha Pick (1851–1918) entstammte einer angesehenen jüdischen Familie aus Böhmen (siehe auch L. Herz: Die 600-jährige Geschichte, S. 36ff.). Im Todesjahr ihres Mannes 1912 wohnten sie in Frankfurt in der Bockenheimer Landstraße 104. Im gleichen Jahr stiftete sie der Universität der Stadt Frankfurt 250.000 Mark, Institut für Stadtgeschichte Frankfurt am Main, Stiftungsabteilung III/42-19, S. 12.
[747] Siehe Kapitel Clara Gans.

Dr. Milton Chase Seligman⁷⁴⁸ geheiratet und wohnte in einem Seitentrakt der Villa Gans/Hainerberg. Während des Ersten Weltkriegs war die Villa beschlagnahmt worden, wobei die Eigentümer die enormen Betriebskosten selbst tragen mussten. Das große Anwesen bot sich wunderbar als Offiziersheim an, und schon bald wurden verwundete und genesene Offiziere hier aufgenommen und gepflegt⁷⁴⁹.

Villa Gans/Hainerberg als Sonderbriefmarke, Archiv AvG

Nach Beendigung des Ersten Weltkriegs waren zeitweise französische und – zwischen 1926 und 1929 – ständig britische Besatzungsoffiziere in der Villa Gans einquartiert. Nach deren Auszug versuchte die Familie von Adolf Gans' Tochter, Marie Seligman, verzweifelt, den großen, finanziell aufwendigen Bau zu verpachten. Privatleute schreckten allerdings vor der hohen steuerlichen und betrieblichen Belastung zurück, von der sich die Familie auch während der Beschlagnahmung nicht hatte befreien können. Schließlich hatte sich die Weltwirtschaftslage obendrein verschlechtert, und so kam man auf den Gedanken, das Anwesen zur kommerziellen Nutzung freizugeben, was allerdings fehlschlug.

Das „Posterholungsheim" (Archiv AvG)

⁷⁴⁸ Dr. Milton Seligman war ein Sohn des Frankfurter Bankiers Henry Seligman. Die Familie Seligman(n) hatte während der Aufbaujahre der USA in den ersten Jahrzehnten des 20. Jahrhunderts auch in Übersee eine sehr starke Geschäftstätigkeit entwickelt, siehe P. Collonia: Die Hausgeschichte, Teil 2, S. 1.
⁷⁴⁹ Der spätere Reichsaußenminister Joachim von Ribbentrop wurde hier kuriert, siehe ebd.

Im September 1938 wurde unter dem Druck des Dritten Reiches jeglicher Versuch, das Haus zu vermieten, unterbunden. Die jüdische Familie Gans wurde – wie unter den Nazis üblich – gezwungen, diesen Prachtbau für 280.000 Reichsmark „zu verkaufen", was nur einen Bruchteil der 1912 aufgewendeten Bausumme von 1,8 Millionen Goldmark ausmachte. Der Vorzug, mit dem Verkauf des Anwesens auch die Belastung der hohen Unterhaltskosten los zu sein, wird ein ganz kleiner Trost für die Familie meines Urgroßonkels gewesen sein.

Die Reichspost übernahm nun die Villa und stellte sie ihren weiblichen Bediensteten als Erholungsheim zur Verfügung. Der Oberpostdirektor ließ 1938/39 sogar eine Sonderbriefmarke von der ehemaligen Villa Gans drucken!

1938 mussten sich die ehemaligen Besitzer der Villa Gans beeilen, den Weg in die Emigration, vor allem in die USA, zu finden. Es wurde ihnen noch nicht einmal erlaubt, die geringe „Entschädigungssumme", die ihnen aufgezwungen worden war, in die Emigration mitzunehmen, denn dieser Betrag lag ohnehin auf einem Sperrkonto und wurde, wie alles jüdische Vermögen, später noch vom Reich konfisziert.

Spannend und sensationell sind aus heutiger Sicht die Umstände, die ein Journalist bei seinen Recherchen nach dem Zweiten Weltkrieg über das einzigartige Schicksal der Villa Gans/ Hainerberg herausfand und darüber ein Buch schrieb[750]. Hieraus möchte ich kursorisch wie folgt zitieren:

Am Weihnachtsabend 1942 lagen sieben Photos auf dem Schreibtisch General Eisenhowers. Sechs davon zeigten die Villa Gans/ Hainerberg in Königstein, auf dem siebten Photo war das Verwaltungsgebäude der I.G. Farben in Frankfurt zu sehen.

Geheimdienstchef Strong hatte bei den „Landhaus"-Photos sechsmal den unverkennbar britischen Vermerk „Your official stay?" und beim Photo des I.G.-Hochhauses die Worte „Your headquarters?" hinzugefügt. General Eisenhower war mit der in die Zukunft reichenden baulichen Vorsorge seines Geheimdienstchefs einverstanden.

Eisenhower ließ daraufhin dem befreundeten britischen Luftmarschall Tedder mitteilen, dass diese beiden Objekte bei einem Bombenangriff verschont bleiben sollten. Der General hatte nämlich vor, beide Gebäude für seine Zwecke zu nutzen[751].

Und somit fing ein politisch aufregender Abschnitt in der Villa Gans in Königstein an, denn nach Beendigung des Zweiten Weltkriegs wurde die Villa Gans am Hainerberg die offizielle Residenz der Siegermächte und der US-Hoch-Kommission und damit des Oberbefehlshabers der US-Truppen, General Eisenhowers.

Am 26.5.1945 verlegte General Eisenhower sein Hauptquartier von Reims nach Frankfurt am Main. Er hatte im ersten Stock der Villa Gans die Räume, die zur Mainebene schauten, für sich ausgewählt. Das I.G.-Verwaltungsgebäude wurde sein neues Hauptquartier. Zur täglichen Route des späteren Präsidenten der USA,

---

[750] P. Collonia: Die Hausgeschichte, Teil 1, S. 3.
[751] Ebd., Teil 5, S. 11c.

General Eisenhower, gehörte jetzt die Fahrt von der Villa Gans zum I.G. Farben-Hochhaus in Frankfurt. In den sieben Jahren, in denen die Villa Gans als „Victory Guest House" – auch das „Kleine Weiße Haus" genannt – Nutzung fand, war sie ein Begegnungsort höchster Prominenz. Dies geht aus den hochinteressanten Aufzeichnungen des Journalisten Paul Collonia hervor.

Es gab keine Residenz in Europa, schrieb er, in der sich so viele Persönlichkeiten der USA aus Politik, Militär, Wirtschaft, Handel, Finanzen, Kirche und dem künstlerischen Bereich aufhielten. Um nur einige Prominente zu nennen, die hier ein- und ausgingen: Georg C. Marshall, der unter anderem hier seinen Plan zur Unterstützung Berlins ausgearbeitet haben soll, Dwight D. Eisenhower als Hausherr, John D. Rockefeller wie auch Joseph P. Kennedy, J. Paul Getty, ebenso Henry Ford II und Elisabeth Arden als Vertreter der Wirtschaft, James P. Warburg, Harry Warner, Bette Davis, Samuel Goldwyn (der gerne in der Taunuslandschaft wanderte) wie auch Errol Flynn und Rita Hayworth als Repräsentanten des Films. Sie alle genossen vorübergehend die Villa Gans als ihren Wohnsitz. 1949, nach dem Abschied von General Clay, der die Villa ebenfalls als Hauptquartier benutzt hatte, wohnten die führenden militärischen Vertreter der USA hier[752], und zwar bis zu dem Tag, als klar wurde, dass nicht Frankfurt, sondern Bonn die zukünftige Hauptstadt der Bundesrepublik Deutschland sein würde.

Ein aufregender Vorfall, der das Haus gleichzeitig von der offiziellen US-Residenz in eine „Datscha des KGB" verwandelte[753], geschah, als Mitte 1951 ein US General, der in der Villa Gans wohnte, sein Tagebuch mit brisantem Material auf einem Tischchen in seinem Zimmer liegen ließ. Hiermit fing ein zündstoffgeladenes Kapitel an:

Der General konnte nicht ahnen, dass sich kommunistische Agenten seit einiger Zeit in die Villa Gans eingeschlichen hatten, so erzählt P. Collonia. Als sie an jenem Tag das Tagebuch vorfanden, beeilten sie sich, es abzufotografieren und an den KGB weiterzuleiten. Der General wurde mit diesen Tatbeständen später in einem Buch, in dem man das kompromittierende Material veröffentlicht hatte, konfrontiert. Sein Tagebüchlein handelte von der unumwundenen Kriegsabsicht der USA gegen die Russen und enthielt seine persönliche Meinung, die Russen würden den Rüstungsvorsprung immer mehr vergrößern. Die USA seien daher verpflichtet, vertraute er dem Büchlein an, präventiv zuzuschlagen. Auch schrieb er detailliert hinein, wie dieser Schlag zu geschehen habe. Eine Welle der Entrüstung ging um die Welt und verursachte einen nachhaltigen Schaden bei den Normalisierungsbemühungen der beiden Machtblöcke.

Aber das Victory Guest House/Villa Gans hielt auch diesem internen Krieg stand und heute ist die Villa, der außergewöhnliche Bau von Bruno Paul, zusätzlich

---

[752] Ebd., Teil 5.
[753] Ebd.

eine Klinik der Landesversicherungsanstalt, die besichtigt werden kann. Allerdings weist nur ein kleines Schild auf den ursprünglichen Erbauer und Besitzer hin – im Salon liegt aber noch der runde Teppich von damals, der sicherlich viele spannende Geschichten erzählen könnte, schließlich war er schon seit Anfang des vorigen Jahrhunderts Zeuge für die außergewöhnlichen Geschehnisse im Hause Gans!

Es ist nicht viel darüber bekannt, wie die Nachkommen der fünf Töchter von Adolf Gans den Verlust des Hauses aufgenommen haben. Zumindest sind Haus und Garten beeindruckende Beispiele für die herausragende Stellung des jüdischen Unternehmertums in Deutschland bis nach dem Ersten Weltkrieg und ein Beweis für sein hohes kulturelles Engagement.

G.1. Clara Gans (1881–1959) und ihre Kronberger Villa

Die ledige Tochter von Adolf Gans, Clara, auch Lala genannt, wurde am 1.5.1881 in Frankfurt geboren. Der Umzug der Familie in das herrliche Anwesen in Königsstein[754] erfolgte um 1912, allerdings starb im selben Jahr ihr Vater Adolf. Während der intensiven Besprechung mit dem Architekten Bruno Paul, der die Villa Gans am Hainerberg erbaute, fand offensichtlich die junge Lala Gefallen an der Idee, sich ebenso ein eigenes Haus nach ihren Vorstellungen bauen zu lassen. Sie war eine der fünf Töchter von Adolf Gans. Ihre Schwestern[755] hatten inzwischen eigene Familien gegründet, wobei ihre Mutter Martha, geborene Pick, bis zu ihrem Tod 1918 und Lalas Schwester Mietze Seligmann in dem großen Haus in Königstein wohnen blieben.

Anscheinend war schon ein Interesse an Peter Behrens (1868–1940) als Künstler und Architekt bei Adolf Gans vorhanden, den er bei einem Besuch im Jahre 1901 auf der Mathildenhöhe schätzen gelernt hatte[756]. Dennoch entschied er sich später für sein eigenes Haus für Bruno Paul. Anders als seine Brüder Fritz und Leo Gans hatte Adolf damals Künstler der Gegenwart bei sich im Hause empfangen. Dadurch schien auch Lala im Laufe der Zeit immer mehr Interesse an der modernen Kunst und Architektur zu gewinnen. Während der zahlreichen Treffen mit den Künstlern jener Zeit lernte sie auch Peter Behrens näher kennen.

Behrens hatte von 1886–1898 in Hamburg, Düsseldorf und Karlsruhe Malerei studiert und wurde 1893 Mitbegründer der Münchner Sezession. Einige Jahre danach beschäftigte er sich mit Fragen der industriellen Formgebung. Prägen ließ er

---

[754] Siehe Kapitel Adolf Gans.
[755] Seligmann, Plesch, Hohenemser und Herz.
[756] T. Buddensieg: Die Villa Gans heute, in: FAZ vom 13. 8. 1979, Nr. 186, S. 7. Dort wird als Vater fälschlicherweise Leopold Gans statt Adolf Gans erwähnt.

sich in seinen Entwürfen vom Jugendstil. 1903 wurde er Direktor der Düsseldorfer Kunstgewerbeschule und begann nun mit architektonischer Gartengestaltung, die er damit wieder aufleben ließ.

Bekannt wurde Peter Behrens mit seinem Wohnhaus für die Darmstädter Mathildenhöhe um 1900 und dem sensationellen Entwurf zur Turbinenhalle für die AEG 1908 in Berlin[757]. Auch versuchte er durch Lampen-Entwürfe und andere technischen Geräte Kunst und Technik zu verbinden. 1907 gehörte Peter Behrens zu den Mitbegründern des Deutschen Werkbundes und nahm im selben Jahr den Ruf der AEG an, ihr künstlerischer Beirat zu werden. Es war das erste Mal in der Geschichte der Industrie, dass ein Großunternehmen einen derartigen Schritt tat. In den Jahren 1910 bis 1912 konnte er Mies van der Rohe, Walter Gropius und Le Corbusier gewinnen, als Schüler bei ihm im Büro mitzuarbeiten.

Als er von 1920 bis 1924 das Verwaltungsgebäude der Hoechst AG erbaute, konnte man darin seinen Hang zur expressionistischen Architektur bemerken. Nach Beendigung des Baues der Villa Gans im Jahre 1932 stand er als Architekt in Berlin für zwei Geschäftshäuser zur Verfügung. 1934 allerdings arbeitete er gezwungenermaßen mit Hitlers Hauptarchitekten Albert Speer zusammen, „musste sich dabei aber ständig gegen die Bevormundungen des halb so alten „Generalbaumeisters" wehren"[758].

Lala Gans konnte Peter Behrens bewegen, für sie eine zeitgenössische Villa zu bauen und besprach mit ihm ihre Vorstellungen. Sie hatte an einem Grundstück in der Nähe des elterlichen Hauses Gefallen gefunden, das an einer einmaligen Südhanglage oberhalb Kronbergs zwischen Falkensteinerstraße und Kronbergerstraße lag. Das darum liegende Gelände galt und gilt auch heute noch als Naturschutzgebiet[759].

Nachdem Lala Gans Peter Behrens dafür begeistern konnte, trafen sie sich mehrfach, um nach der Idee für das zu erbauende Haus in Kronberg zu suchen. Zurück in Frankfurt arbeitete Peter Behrens die Eindrücke in einen schlichten und eindrucksvollen Bau um. Es gelang ihm ein Meisterstück mit der Villa Gans in der Falkensteinstraße in Kronberg, die heute noch steht, obwohl auch ihr ein nicht unbedeutendes Schicksal widerfuhr.

1928 begann der nun 63-jährige Peter Behrens mit dem Bau des Hauses und er konnte vier Jahre mit unbegrenzten Mitteln seinen sicheren Geschmack mit den Vorstellungen von Lala Gans verbinden. Gemeinsam legten sie ein Zeugnis großbür-

---

[757] Architektur & Wohnen, Heft 1, Januar 1986, S. 72f. (hier schrieb man fälschlicherweise als Familiennamen „Ganz").
[758] J. Engelmann: Von Albert Speer bevormundet. Leserbrief vom 9.9.1999 in: FAZ.
[759] Beschreibung Verkaufsofferte von 1974. AvG dankt Brigitte Zimmer, der langjährigen Besitzerin des Hauses nach dem 2. Weltkrieg, sehr herzlich für ihre Auskünfte. Umfang des Geländes: 1,4 ha Grund, 0,4 ha Park und Acker.

gerlicher Solidarität gemischt mit neuen avantgardistischen Ideen der Architektur ab[760]. Es schien, als wollte er mit diesem Bau in einen Konkurrenzkampf mit seinen einstigen Schülern treten, um ihnen zu zeigen, wie federführend er noch war.

Wie aus einem Bericht, den mir freundlicherweise Prof. Dr. Ing. Till Behrens zur Verfügung stellte[761], hervorgeht, „waren Wohnhäuser für hohe Ansprüche in den letzten Jahrzehnten vor dem Kriege die bezeichnende Aufgabe der Privatbaukunst, es wurden Räumlichkeiten für einen Rahmen der Geselligkeit verlangt, der heute nicht mehr üblich ist". Dieses Haus aber, die von der Bevölkerung sogenannte „Villa Gans" – Lala Gans verwendete nie das Wort Villa –, stellte einen bewussten Gegensatz dar, denn es hatte bequeme Räume und durch eine 240 m² große Terrasse konnte man den Garten ebenso mit einbeziehen, ohne auf das behagliche Wohnen zu verzichten.

Peter Behrens entwarf einen lang gestreckten kubischen Bau mit versetzten Terrassen, relingartigen Geländern und ungeheuer großzügigen, ineinander gehenden Wohnräumen. Die Mauern des Hauses wurden mit Sandstein aus der Nähe von Freiburg a. d. U. verblendet, die Gartenmauern aus Bruchsteinen unmittelbar aus der Umgebung erbaut. Sie leuchteten in allen Farben von grauweiß über gelb und braun bis zu Violett und Schwarz, manche Kalkkristalle schimmerten rosa[762].

Dieses Haus wurde eine der luxuriösten Villen der frühen Dreißigerjahre, denn es steckte voller ungewöhnlicher Details. Zum Beispiel ließ sich das große Wohnzimmerfenster mechanisch öffnen, so dass Raum und Terrasse eins wurden. Das war damals eine völlig neue bauliche Idee. Der Handlauf der Treppe, der wie Elfenbein wirkte, wurde aus Galalith gefertigt, das Geländer selbst war aus poliertem Nickel[763]. Gerade diese Besonderheiten wurden nach dem Kriege von dem neuen Besitzer mit Holz verkleidet. Nachträglich kann man dafür dankbar sein, denn sonst wäre sicherlich auch dieses Unikat während der Verwahrlosung der Villa in den späteren Jahren geplündert worden[764]. Neben einer Zentralheizung, deren Rohre vermessingt, poliert und vergoldet[765] waren, hatte das Wohnzimmer eine separate Umluftheizung, damit kein Heizkörper den ästhetischen Gesamteindruck stören würde.

Da man die üblichen weißen Wände vermeiden wollte, wurden die Wände des Wohnzimmers mit Ziegenpergament bezogen, das einen hellgraugelben Stich

---

[760] T. Buddensieg: Die Villa Gans heute, in: FAZ vom 13.8.1979, Nr. 186, S. 7.

[761] Bauwelt von 1932, Heft 25/ 1932 Berlin, S. 1ff., für das ich Prof. Dr. Ing. Till Behrens danke.

[762] Ebd.

[763] T. Buddensieg: Die Villa Gans heute, in: FAZ vom 13.8.1979, Nr. 186, S. 7 (im Gegensatz zu Bauwelt, S. 4, wo von einem Messinggeländer geschrieben wird).

[764] Ch. Bürkle: Klassiker der Moderne, (18): Peter Behrens, 1931, in: Architektur & Wohnen, Heft 1, S. 72, Januar 1986.

[765] T. Buddensieg: Die Villa Gans heute, in: FAZ vom 13.8.1979, Nr. 186, S. 7.

G: Adolf Gans (1842–1912) und die Villa Gans/Hainerberg

Die Villa Gans von Peter Behrens, Seitenansicht (Archiv Prof. Dr. Till Behrens)

hatte. Die Fußböden waren aus Sumpfeiche mit einem linearen Muster aus Ahornintarsien gefertigt. Die Wände und Decke des Speisezimmers waren dagegen mit Rosenholz verkleidet. Nur dieser Raum hatte glitzernde Kristallschalen, die Lala Gans bei der Firma Lobmayer in Wien fertigen ließ[766]. Die Vorräume wurden, wie Peter Behrens 1932 schrieb, mit Stuccolustro verkleidet, was wohl wegen des großen Aufwandes bei der Herstellung[767] eine Seltenheit war. Von den Balkonen bis hin zu den Treppenanlagen wiederholte sich das von Peter Behrens speziell entworfene relingartige Muster. Worauf es ankam, schrieb er, war nicht das Wahrgenommene, sondern das aus einer Unzahl von Wahrnehmungen sich niederschlagende Vorgestellte. Behrens entwarf nicht nur die Möbel für dieses luxuriöse Haus, sondern auch den grün gekachelten Kamin mit vergoldeten Fugen.

Die Villa Gans war ein Luxusprojekt für eine alleinstehende Dame mit teilweise acht Bediensteten. Sie war eine ungemein zeittypische Kostbarkeit der „schlichten Linie", wie sie nur unbegrenzte Mittel und sicherer Geschmack hervorzubringen vermögen. Sie war ein höchst seltenes Zeugnis großbürgerlicher Solidarität mit der Avantgarde in Architektur und Malerei[768].

[766] Ebd.
[767] Bauwelt Heft 25, 1932, S. 3.
[768] Ebd.

Dieses Haus zeigte vor allem eine unübertreffliche Anpassung an die Landschaft. Es stand in der genau richtigen Dimension zur gesamten Anlage[769].

Auch Lala konnte genau wie andere Familienmitglieder ihr liebevoll durchdachtes und behutsam entworfenes Haus nur einige Jahre genießen. Trotz etlicher Warnungen ihrer Familie und jüdischer Freunde wollte sie nicht glauben, dass ihr etwas Schreckliches geschehen könnte. Sie weigerte sich zu emigrieren, zumal auch die Reichskristallnacht an ihrem Haus vorbei zog, ohne dass es zu Schaden gekommen wäre. Etliche jüdische Villen in ihrer unmittelbaren Nähe waren am 9.11.1938 in Rauch aufgegangen. Lala fühlte sich verschont, allerdings nur bis zum übernächsten Tag[770].

Ein Bekannter und Nachbar machte „im Spaß" einige Nazis mit der Frage hellhörig, warum sie denn die Villa Gans nicht angezündet hätten, so wurde später berichtet. Prompt marschierten etliche Vandalen am 11.11.1938 in die Falkensteinstraße 1. Der Chauffeur des Hauses, selbst ein Nazi, so sagte man später, war informiert. Als sich aber bei ihm ein Funke guten Gewissens regte, rief er vor dem gemeinsamen Gang zur Villa die Feuerwehr. Nun entstand ein erbitterter Streit in der Auffahrt; denn die Feuerwehr wollte, wie auch die Brandstifter, ihrer Aufgabe nachgehen[771]. Das Personal wurde mit gezückten Pistolen in Schach gehalten. Doch einem der Anwesenden gelang es trotzdem, einen Brandsatz ins Haus zu werfen. Obwohl die Feuerwehr sofort eingriff, wurden das Speisezimmer mit der einmaligen Rosenholzvertäfelung und der Salon zerstört[772]. Lala Gans, die zu diesem Zeitpunkt auswärts war, kehrte nicht mehr in das Haus zurück, sondern emigrierte betroffen, verstört und fassungslos in die Schweiz, wo sie in Dornach bei Basel am 7.11.1959 starb.

Wie auch in die väterliche Villa in Königstein Hainerberg zogen nach dem Zweiten Weltkrieg die Amerikaner hier ein. Um die Funktion eines Gästehauses zu untermauern, residierte Dwight D. Eisenhower manchmal hier. Nach dem Wegzug der Amerikaner stand das große, für eine einzelne Dame konzipierte Haus leer, da potentielle Käufer vor dem überaus geräumigen, aber nicht mehr zeitgemäßen Ausmaßen und den damit einherzugehenden Umbauten, sowie der finanziellen Belastung zurückschreckten. Es wurde ausgeplündert und verfiel immer mehr[773].

Erst in den 1960er Jahren erwarb ein Ehepaar mit Kind dieses große Anwesen, da es des neuen Besitzers Jugendtraum gewesen war, in diesem Haus zu leben. Bald nach dem Einzug verstarb er allerdings. Der 1963 erfolgte Denkmalschutz

---

[769] E. Coy: Die Grenzen der Restaurierung der Villa Gans, „Eine Bauherrin", in FAZ vom 21.6.1979, Nr. 141, S. 9.
[770] Ebd. E. Coy schreibt, dass am 20.11.1938 die Villa angezündet wurde.
[771] Gespräch mit Frau B. Zimmer, der ich sehr danke.
[772] W. Jung: Kronberg von A bis Z, Oberursel 1982, S. 138.
[773] Ch. Bürkle: Klassiker der Moderne, (18): Peter Behrens, 1931, in Architektur & Wohnen, Heft 1, S. 72, Januar 1986.

der Villa Gans wurde auf Betreiben seiner Witwe 1970 aufgehoben, um ihr „freie und uneingeschränkte Verfügungsgewalt zu geben"[774]. Dann wurden offensichtlich einige Reparaturen am Haus vorgenommen, die nicht im Sinne des Erbauers waren und das gesamte Ensemble leider zu seinem Nachteil veränderten. Trotzdem zog die Besitzerin mit ihrem Sohn[775] aus dem Haus aus, und die Villa blieb ihrem Schicksal überlassen. 1973/74, nachdem sie fünf Jahre unbewohnt und ausgeplündert war, sollte sie zum Abriss freigegeben werden. Dies verursachte einen wahren Aufruhr, der durch die Presse ging.

Auch der angedachte Kauf der Villa durch die Architektenkammer Hessen 1974, die den Bau zu einem „Haus der Architekten" machen wollte, und deren Instandsetzung von Till Behrens, ebenfalls Architekt, ausgehen sollte, kam aufgrund des hohen Kaufpreises nicht zustande. Prof. Till Behrens, Peter Behrens' Enkel, war so engagiert, die Villa Gans vor dem Verfall zu retten und sie in den ursprünglichen Zustand zu versetzen, dass er 1975 seine Dienste anbot, um mit seinen Erfahrungen die Fehler der Sanierung auszumerzen[776]. Leider wurde dieses Angebot nicht gewürdigt.

Als nun 1975 ein Käufer für die Villa Gans feststand, schien eine neuerliche, nicht sachgemäße Sanierung des Hauses anzustehen. Wiederum bemühte sich Till Behrens, seine Kenntnis in Renovierungsfragen bei diesem Spätwerk seines Großvaters anzubieten. Fest steht, dass nach heutigen Bedingungen keine Familie in einem so aufwendigen, für eine Person konzipierten Haus leben wollte. Erst vor einigen Jahren wurde das Haus soweit umgestaltet, das nun drei Familien bequem darin leben können.

H. Die Gebrüder Weinberg als Großindustrielle und Mäzene

Die beiden Weinberg-Brüder, meine Großonkel, über die ich hier berichten will, wurden auf den vorangegangen Seiten schon des Öfteren erwähnt. Ihre Mutter war Pauline Gans (1836–1921), die Schwester meines Urgroßvaters Fritz und seiner Brüder Adolf und Leo Gans sowie von den im Ausland lebenden Schwestern Marianne Heidelbach und Henriette Löwengard. Pauline Gans hatte am 18. Juni 1858 den um 21 Jahre älteren Bernhard Weinberg (1815–77) aus Escheberg geheiratet. Die berühmten Weinberg-Brüder, hoch qualifiziert und hoch geachtet,

---

[774] Brief von Prof. Till Behrens vom 20.8.1979.
[775] Hier wuchs der heute bekannte Film-Komponist und Oscar-Preisträger Hans Zimmer auf.
[776] Schreiben vom 8.6.1885 an das Landesdenkmalamt (bei AvG).

stiegen mit dem von ihnen geleiteten Weltunternehmen Cassella in die höchsten Ränge des persönlichen Reichtums und gesellschaftlichen Ansehens auf und mussten am Ende ihres Lebens leidvoll den Holocaust erfahren.

Ihr Vater, Bernhard Weinberg (1815–77), der den jüdischen Glauben nicht mehr praktizierte, war auf dem von seinem Vater Salomon (1782–1825) verwalteten Gut Escheberg bei Breuna in Kurhessen, das heute noch im Besitz der Herren von der Malsburg ist, aufgewachsen[777]. Die Tatsache, dass er bereits außerhalb der jüdischen Tradition erzogen worden war und seine Söhne evangelisch taufen ließ[778], könnte bei dem späteren rasanten beruflichen und gesellschaftlichen Aufstieg seiner beiden Söhne behilflich gewesen sein.

Als junger Mann hatte sich Bernhard Weinberg entschlossen, das Gut zu verlassen, um seine kaufmännische Lehre in Frankfurt zu beginnen. *Er wurde vom Permissionisten zum Bürger, vom Kommis zum Handelsmann reüssiert*[779]. Man kann annehmen, dass er später im Ausland seine Ausbildung abschloss – wahrscheinlich in England – , ehe er wieder nach Frankfurt zurückkehrte, um dort als Kaufmann bei der Firma Cassella einzutreten. Bernhard Weinberg wurde 1858 Geschäftspartner seines Schwiegervaters und durch die im gleichen Jahr stattgefundene Heirat mit Pauline, der Tochter von Ludwig Ahron und Rosette Gans, Teilhaber der Firma Leopold Cassella & Comp. Schon ein Jahr später, und zwar am 6.7.1859, kam ihr erstes Kind, eine Tochter mit dem Namen Maria Friederike, auf die Welt, die später den Grafen Claudio Paolozzi di Calboli in Rom heiratete und auch dort lebte[780].

1860 erblickte Arthur Weinberg das Licht der Welt, ehe sein Bruder Carl 1861 geboren wurde[781]. Wie die Gans'schen und Bonn'schen Familienmitglieder wohnten um die Jahrhundertwende auch Pauline und Bernhard Weinberg mit ihren Kindern im schönen Frankfurter Westend[782]. Sie hatten ein 1873 erbautes Haus in der Palmengartenstraße 10–14 bezogen, welches heute Sitz der Römisch-Germanischen Kommission ist. Unmittelbar gegenüber erstreckt sich noch heute der prächtige und berühmte, von Siesmayer[783] entworfene Palmengarten. Hier wuchsen die Kinder

---

[777] Im Gothaischen Genealogischen Taschenbuch der Adeligen Häuser wird 1932 als Bernhards Vater Salomon Weinberg (1782–1825), Eickeberg Kreis Wolfshagen, erwähnt, jedoch in J.U. Heine: Verstand & Schicksal, Salomon Maximillian Weinberg, verheiratet mit Friederike geb. Wäscher (1791–1830).

[778] R. Martin: Jahrbuch, S. 88ff.

[779] H.O. Schembs: In dankbarer Anerkennung, Arthur von Weinberg, S. 58–62.

[780] Siehe Kapitel Carlo von Weinberg.

[781] Ein dritter Sohn wurde 1863 geboren, der offensichtlich früh verstarb, da wir keine Unterlagen zu ihm haben und er nirgends erwähnt wird. Siehe Familien-Register des Ephraim Grödel und Löb Cassel, Fürth 1884.

[782] E. Bonn: Das Kind im Spiegel, S. 172ff.

[783] Franz Heinrich Siesmayer entwarf auch den Park von Fritz Gans in Bad Homburg, siehe Kapitel Fritz Gans.

von Bernhard und Pauline auf. Arthur wurde auf die Musterschule in Frankfurt geschickt, ehe er zum Studium in andere Städte ging. Carlo erhielt eine gründliche Ausbildung zum Kaufmann.

H.1. Arthur von Weinberg (1860–1943)

H.1.1. Ausbildung und persönliches Unternehmertum

Ein Pionier, der aus der Geschichte der deutschen Teerfarbenindustrie nicht mehr wegzudenken ist; ein Forscher von hohem Rang; ein mit seinem deutschen Vaterland auf das Engste verbundener Patriot – das war Arthur von Weinberg.

Als 1877 sein Vater Bernhard starb, begann Arthur mit 17 Jahren das Studium der Chemie, Physik und Mathematik sowie der Alten Sprachen in Straßburg. Schon in seinem dritten Semester wurde er Assistent von Prof. Wilhelm Rudolph Fittig, der ab 1870 in Tübingen als Professor der Chemie lehrte, bis er 1876 an die Universität Straßburg übersiedelte. Hier errichtete Prof. Fittig ein neues chemisches Laboratorium, wurde 1895/96 Rektor der Universität und war bis 1902 Professor dort, ehe er 1910 starb.

1877 gelang Prof. Fittig die Entdeckung des Fluoranthens aus hochsiedenden Teerfraktionen. Später beschäftigte er sich mit der Synthese und Konstitution ungesättigter Säuren sowie aromatischer Verbindungen, die Fittig-Synthese genannt[784]. Dieses Arthur Weinberg vermittelte hochaktuelle Wissen war in besonderer Weise auf seine spätere Tätigkeit als Wissenschaftler und Erfinder im väterlichen Betrieb abgestimmt. Man kann daher sagen, dass Arthur Weinberg eine außergewöhnliche Ausbildung erhielt, die ihn als Pionier für die weitere Entwicklung der Cassella in hohem Maß prädestinierte und die an die ebenso fachgerechte und vorzügliche zielgerichtete Ausbildung seines Onkels Dr. Leo Gans erinnert.

Der Tod des Vaters Bernhard Weinberg, der eine große Lücke in der Firmenführung hinterließ, führte dazu, dass der jüngere Bruder von Arthur, Carlo Weinberg, 1877 ohne Zögern eine dreijährige Lehrzeit im Kontor der Firma Cassella begann, um die Stelle seines Vaters baldmöglichst zu ersetzen. Die notwendig gewordene frühe Tätigkeit Carlos in der Firma verhinderte, dass auch er wie sein Bruder Arthur studierte.

Obwohl beide Onkel der Weinberg-Brüder, nämlich Fritz und Dr. Leo Gans, auch für männlichen Nachwuchs gesorgt hatten – Ludwig, geboren 1865, und Paul, geboren 1866, waren die Söhne von Fritz und Richard, geboren 1880, war der Sohn von Leo Gans – schien der Altersunterschied von fünf und sechs sowie

---

[784] Aus der Schrift des Corps Transrhenania, NF 65, 1985, S. 58ff., Institut für Stadtgeschichte der Stadt Frankfurt am Main.

von sogar 20 Jahren zu den älteren Weinberg-Cousins so bedeutsam zu sein, dass der Familienrat sich dazu entschloss, Arthur und Carlo Weinberg ohne langes Zuwarten in die aufstrebende Firma einzubinden. Schließlich waren fast 15 Jahre vergangen, seit die deutschen Chemiefirmen wie Hoechst, Bayer und BASF die neuen synthetischen Farbstoffe mit großem Erfolg herstellten und weltweit vertrieben. Der Anschluss der Firma Cassella musste so rasch wie möglich geschehen, und hierbei standen die beiden Weinberg-Söhne an erster Stelle und blieben auch an der Spitze der Firmenhierarchie, ehe die Söhne von Fritz und Leo, Ludwig, Paul und Richard, aufschlossen.

In Anbetracht seiner zukünftigen Arbeit bei Cassella wechselte Arthur Weinberg 1880 seinen Studienplatz von Straßburg nach München. Hier wurde er Schüler von Adolf von Baeyer (1835–1917). Es ist zu vermuten, dass diese Verbindung auf Empfehlung seines Onkels Dr. Leo Gans zustande gekommen war, denn Adolf von Baeyer gehörte durch seine Bekanntschaft mit dem Begründer der deutschen Farbstoffindustrie Wilhelm von Hofmann auf diesem Gebiet zu den fortschrittlichsten und modernsten Chemikern seiner Zeit[785].

Diesem 1905 geadelten Wissenschaftler war es gelungen, Indol, Eosin, Zörulin und den Indigo künstlich zu entwickeln. Im Jahr seiner Nobilitierung erhielt Adolf von Baeyer auch den Nobelpreis für Chemie[786], und zwar für seine im Jahre 1880 erfolgte Synthetisierung des Farbstoffes Indigo und der Bestimmung von dessen Molekularstruktur. 1898 brachten die BASF und die Farbwerke Hoechst diesen wichtigen Farbstoff auf den Markt, nachdem sie seit 1890 an dessen technischer Herstellung gearbeitet hatten.

Die Fechenheimer Firma von Leo Gans hatte 1880 mit eigenen Forschungen begonnen und konnte zu dieser Zeit erste Patente anmelden. Mit einer Belegschaft von 146 Personen und einem bebauten Fabrikgelände von 7500 qm wuchs etwas Außerordentliches heran, das den Anschluss an die bereits in Gang gekommene Entwicklung suchte.

1882, im Alter von zweiundzwanzig Jahren, promovierte Arthur Weinberg bei Adolf von Baeyer[787] *Über das Cabostyril* und blieb noch ein Vierteljahr dessen Assistent, ehe er als Einjährig-Freiwilliger beim 4. bayerischen Cheveauxlegers-

---

[785] Wie bereits im Leo Gans Kapitel berichtet, waren sich im Jahre 1867 Leo Gans und der berühmte Erfinder Wilhelm von Hofmann in Paris begegnet, wo Hofmann den jungen Gans in die „neue" Wissenschaft der Chemie aufgrund seiner Erfahrungen mit dem englischen Erfinder Perkin eingeweiht hatte. Auch Adolf von Baeyer war mit Wilhelm von Hofmann in Kontakt gekommen, als er ihm im Jahre 1866 einen Lehrauftrag an der Berliner Universität verschaffen konnte.

[786] Aus der Schrift des Corps Transrhenania, NF 65, 1985, S. 59 (Institut für Stadtgeschichte der Stadt Frankfurt am Main).

[787] Adolf von Baeyer stammte aus der Linie der Jente von Hameln bzw. ihres Sohnes Nathan Gans.

Regiment einrückte. Um weiterhin in einer Studentenverbindung zu bleiben, die seine gesellschaftliche und berufliche Stellung untermauern sollte, wechselte Arthur Weinberg zur Transrhenania in München, wo er am 5. Mai 1880 akzeptiert und schon kurz darauf rezipiert wurde. Später wurde er als *damals völlig ausgereifter Charakter, als gewandter Redner und erfahrener Leiter bei Kneipe und Konvent und gleichzeitig hervorragender Geigenspieler* gewürdigt[788].

Seine Zeit als Einjährig-Freiwilliger endete 1882/83. Während seines Studiums und seiner Assistenten-Stellung bei Adolf von Baeyer in München hatte er zwei Aufsätze in den *Berichten der deutschen Chemischen Gesellschaft* veröffentlicht[789]. Arthur war sich seiner kommenden Stellung als Unternehmer und Pionier auf dem Gebiet der Farbstoffindustrie bewusst, denn er schrieb in Hinblick auf sein künftiges Leben: *mein Streben soll dahingehen, dem Vaterland, der Menschheit zu dienen, etwas zu leisten für deren zukünftiges Glück*[790].

Im Oktober 1883 kehrte Dr. Arthur Weinberg, der hoch ausgebildete Naturwissenschaftler und Chemiker, in seine Heimatstadt Frankfurt zurück und stieg in die 1870 etablierte „Frankfurter Anilinfarbenfabrik Gans & Co" in Mainkur/Fechenheim ein[791], die sein Onkel Dr. Leo Gans als Betriebsleiter, Techniker, Laborchef, Analytiker und Färber aufgebaut hatte und leitete. Arthurs jüngerer Bruder Carlo, der seit seinem sechzehnten Lebensjahr 1877 den kaufmännischen Spuren seines Onkels Fritz Gans gefolgt war, leitete das Handelshaus in Frankfurt an dessen Seite mit großem Geschick mit[792].

Arthur war der wissenschaftlichen Arbeit so verbunden, dass sein Onkel Leo Gans[793] ihn damals sofort nach seiner Rückkehr als Teilhaber und Technischen Leiter aufnahm und ihm ein eigenes Laboratorium einräumte. Arthur erwies sich als Forscher von hohem Rang und erfand gemeinsam mit Meinhard Hoffmann die Naphtol- und Naphtylaminschwarzmarken, die die Verwendung des bisher noch immer in riesigen Mengen aus Süd- und Mittelamerika importierten Blauholzes für die Wollfärberei entbehrlich machten. Beide Produkte waren von großer wirtschaftlicher Bedeutung für das Unternehmen, da die schwarzen Farbstoffe einen überragenden Anteil im Farbengeschäft ausmachten[794].

Durch die Forschungen und die Entwicklung der Azofarben, die sich als besonders lichtecht bewährten, gewann die Firma an Profil und unterschied sich bald

---

[788] Aus der Schrift des Corps Transrhenania, NF 65, 1985 (Institut für Stadtgeschichte der Stadt Frankfurt am Main).
[789] Ebd.
[790] Cassella-Riedl Archiv, 1987, H. 3 (Institut für Stadtgeschichte der Stadt Frankfurt am Main), S. 28.
[791] Siehe Kapitel Leopold Cassella.
[792] J.U. Heine: Verstand & Schicksal, S. 255.
[793] Siehe Kapitel Leo Gans.
[794] Im Wandel. 125 Jahre Cassella, S. 12.

Dr. Arthur von Weinberg in seinem Arbeitszimmer (CiB, S. 53)

vom Programm der Konkurrenz, indem sie durch eigene Erfindungen einen neuen Weg in der Färberei von Baumwoll- und Wollfasern beschritt[795].

Mit dem Eintritt von Dr. Arthur Weinberg und der Zusammenarbeit mit Dr. Leo Gans und Meinhard Hoffmann, dem Erfinder der nach ihm benannten H-Säure, begann auf dem Gebiet der Chemie eine besonders erfolgreiche Ära, die das Werk an der Mainkur durch die ausgewogene Konkurrenz der drei Wissenschaftler untereinander an die Spitze der deutschen Farbenchemie brachte. Dr. Arthur Weinberg wurde *in der Fachwelt als einer der bedeutendsten Pioniere auf dem Gebiet der organischen Chemie gesehen. Eine Fülle der wertvollsten Produkte auf dem Gebiet der organischen Farbstoffe, dem Deutschland Weltruf verdankt, ist aus Weinbergs Händen hervorgegangen* [...][796].

Viele Marken, die später Allgemeingut von Farbenfabriken auf der ganzen Welt wurden, gingen als Pionier-Erfindungen aus den Cassella-Werken hervor. Wie bereits berichtet, hatte sich Fritz Gans vehement für das neue 1877 eingeführte Patentrecht eingesetzt. Nun wurde erstmals das geistige Eigentum der Erfinder genutzt, um ihre wissenschaftlichen Errungenschaften zu schützen. Dadurch fing schlagartig ein Wettstreit der Laboratorien der großen Unternehmen untereinander an. 1887 kam beispielsweise ein Vergleich im Patentstreit Cassellas mit

[795] Ebd., S. 13.
[796] W. Emrich: Bildnisse Frankfurter Demokraten, Frankfurt am Main 1956, S. 18f.

den Farbenfabriken Bayer zustande und diese erwarben ein auf Arthur Weinberg zurückgehendes Diamin-Rot–Patent für 300.000 Goldmark[797].

Fachleute betitelten Arthurs Arbeiten als die Weinberg'schen Synthesen. Diese zeichnen sich durch Originalität aus und haben daher neben ihrer praktischen auch eine wissenschaftliche Bedeutung. Darunter fand sich ein sauer färbendes Violett, das unter dem Namen Formylviolett für die Woll- und Seidenfärberei von großem Nutzen wurde. Die Synthese wichtiger Farbstoffe wie des Neumethylenblaus und des Cyanols wurden grundlegend für die weitere Produktion[798].

Die Firmenleitung investierte unaufhörlich in die Fabrik und schon 1890 war die bebaute Arbeitsfläche auf 24.500 m² gestiegen und die Belegschaft auf 545 Mitarbeiter angewachsen. Dies ließ sich auch auf die kaufmännische Begabung des weit gereisten und kontaktfreudigen, sprachgewandten Carlo von Weinberg zurückführen, der mit dem Ausbau der Auslandgeschäfte im Frankfurter Handelshaus begonnen hatte und große Erfolge erzielte.

Als dann 1894 das Frankfurter Handelsunternehmen „Leopold Cassella & Comp." mit dem von Dr. Leo Gans gegründeten Werk Mainkur in Fechenheim zur „Cassella & Comp."[799] verschmolz und der Firmensitz des Handelshauses in die Feuerbachstraße 50 im Westend zog, führte Arthur von Weinbergs freundschaftliche Zusammenarbeit mit dem späteren Nobelpreisträger Paul Ehrlich, der 1899 Direktor des Kgl. Preußischen Institutes für experimentelle Therapie in Frankfurt am Main wurde, zu außergewöhnlichen Erfolgen in der Herstellung und Verarbeitung neuer pharmazeutischen Produkte, die die Farbenpalette nun um die Arzneimittelbranche der Firma Cassella bereicherte[800].

Wie ich schon im Kapitel Fritz Gans schrieb, hatte sich mein Urgroßvater bereits 1894 mit dem Zusammenschluss des Frankfurter Handelshauses und der Farbenfabrik in Fechenheim aus dem aktiven Geschehen zurückgezogen und war in den Beirat hinübergewechselt. Sein Nachfolger im kaufmännischen Bereich wurde jetzt Arthurs jüngerer Bruder Carlo Weinberg. Der Aufstieg zur Weltspitze war unaufhaltsam.

Zum 25-jährigen Jubiläum der Firma Cassella 1895 zählte man eine Belegschaft von 1100 Arbeitern, das Gelände war auf 38.000 m² angewachsen. Die Gemeinde Fechenheim[801], die anfangs die Firma „Schemisch", wie sie die rund 1500 Fechenheimer Bürger nannten, zurückhaltend betrachtete, wusste inzwischen sehr wohl die Prosperität zu schätzen, die ihr durch die Firma Cassella zuteil geworden

---

[797] Im Wandel. 125 Jahre Cassella, S. 15.
[798] Ebd.
[799] Der alte Firmenname „Frankfurter Anilinfabrik Gans & Co" wurde gelöscht.
[800] H.D. Kirchholtes: Cassella und die Weinbergs. Hoffnung und Tragik einer jüdischen Industriellenfamilie. Vortrag gehalten am 18.2.1997, S. 7 (MS bei AvG).
[801] Fechenheim wurde 1928 nach Frankfurt eingemeindet.

Arthur von Weinberg (CiB, S. 25)

war⁸⁰². Schließlich waren Äcker an die Firma verkauft worden, und viele örtliche Handwerker hatten eigene Betriebe für die Zulieferung gegründet. Um 1900 war der Ort auf 8000 Einwohner angewachsen und stellte die reichste Gemeinde im Landkreis Hessen dar. Man ernannte Dr. Leo Gans zum Ehrenbürger.

Dr. Arthur von Weinberg stellte fast zehn Jahre Dr. Louis Benda, der 1899 in die Firma Cassella eingetreten war, sein Laboratorium für chemotherapeutische Versuche nach Paul Ehrlichs Weisungen zur Verfügung⁸⁰³. Dr. Louis Benda nutzte sowohl das Cassella Labor, wie auch das Labor von Paul Ehrlich. Es gelang ihm, die entscheidende Vorstufe des Salvarsans (heilendes Arsen) herzustellen. Benda war die treibende Kraft, die die Firma Cassella in dem neu aufgebauten Pharmabereich unterstützte. Bis zum Ersten Weltkrieg kam sie mit einer Reihe interessanter Präparate auf den Markt, wie zum Beispiel einem wirksamen Mittel gegen Sepsis⁸⁰⁴.

An den Forschungen von Paul Ehrlich, mit dem Arthur von Weinberg⁸⁰⁵ in enger Freundschaft verbunden war, hatte Arthur auf dem Gebiet farbenanalytischer Arbeiten und Studien großen Anteil⁸⁰⁶. Paul Ehrlich war der Begründer der Chemotherapie. Arthur von Weinberg stellte ihm Farbstoffe zur Verfügung und vermittelte die Zusammenarbeit mit den Farbwerken Hoechst.

Um die Jahrhundertwende begann dann eine aufstrebende Entwicklung der Schwefelfarbstoffe. Die neuen Baumwollfarbstoffe wurden nun unter Verwendung von Schwefel hergestellt und waren ausgereifter als vorher. Arthur von Weinberg witterte eine neue Chance, um das Angebot der Firma facettenreicher zu machen. Es wurde ein junges Team zusammengestellt, das aus den Forschern Dr. Richard Herz, Dr. Georg Kalischer und Dr. Benda bestand. Sie sollten für Jahrzehnte das wissenschaftliche Ansehen der Firma stützen und mehren⁸⁰⁷.

Aber die deutschen Chemiefirmen standen vor großen Markt- und Strukturproblemen, da sie zu schnell gewachsen waren und nun um ihre Stellung auf dem

---

802   Erst 1931 benannte man eine Straße in der Gemeinde Fechenheim nach Leo Gans, die heute noch existiert.
803   Aus der Schrift des Corps Transrhenania, S. 62.
804   Im Wandel. 125 Jahre Cassella, S. 15.
805   Arthur v. Weinberg war Ehrenmitglied des Paul Ehrlich-Instituts.
806   W. Emrich: Bildnisse Frankfurter Demokraten, Frankfurt am Main 1956, S. 19.
807   Im Wandel. 125 Jahre Cassella, S. 15.

in- wie ausländischen Markt kämpfen mussten. Es deutete sich bereits an, dass die großen Unternehmen Rationalisierungsmaßnahmen durchführen mussten, um konkurrenzfähig zu bleiben.

Aus diesem Grund meinte im Jahre 1903 Carl Duisberg, Generaldirektor bei der Bayer AG und eine der herausragenden Persönlichkeiten in der Farbenindustrie, während einer Reise in die Vereinigten Staaten die Lösung des Problems für das durch die vielen Kämpfe untereinander verlangsamte Wachstum der Farbenindustrie gefunden zu haben. Er hatte erkannt, dass durch einen Zusammenschluss der großen Firmen, nach Art von Standard Oil in den USA, die Beendigung der kostspieligen Konkurrenzkämpfe der „Großen Sechs"[808] erreicht werden könnte.

Da diese sechs Firmen aber ihre Eigenständigkeit nach dem amerikanischen Muster wohl nicht aufgeben wollten, kam vorerst keine Einigung zustande[809]. Das Scheitern wurde mit dem Widerstand der Firma Hoechst in Zusammenhang gebracht[810]. Daraufhin fanden sich Bayer, BASF und Agfa in einer losen Form der Zusammenarbeit zu einer Interessengemeinschaft zusammen, wie sie auch in anderen Industriezweigen bestand.

Bald danach zogen auch Cassella und Hoechst im Jahr 1904 in einer vorläufigen Konstellation nach, indem sie ebenfalls eine Interessengemeinschaft bildeten. „Aufgabe dieser Interessengemeinschaften war es, durch ein System zur Aufteilung der Erträge den Konkurrenzkampf zu entschärfen. [...] Nicht ohne Bedeutung war es, dass die Richtlinien der Interessengemeinschaften nur die Farbstoffe erfaßten"[811]. Andere Bereiche, wie beispielsweise die Entwicklung der Arzneimittel, wurden durch die Gemeinschaften nicht beeinflusst.

Mit der Vereinigung zwischen Hoechst und Cassella im Jahr 1904 sollte die Versorgung Cassellas mit Rohstoffen und Zwischenprodukten gesichert werden. Hoechst beteiligte sich mit 27,5% am Stammkapital von 20 Millionen Mark, die Cassella-Eigner, die Familien Gans und Weinberg, übernahmen in gleicher Höhe Aktienanteile an Hoechst[812]. Bis zum Oktober 1904 war die Firma Leopold Cassella & Co. eine offene Handelsgesellschaft, die sich im Besitz von Fritz, Leo und Adolf Gans sowie von Arthur und Carlo von Weinberg befand. Im gleichen Monat wurde die Firma in eine GmbH umgewandelt und ging wenig später die Fusion mit Hoechst ein. Der Unternehmenswert der Cassella bezifferte sich im Jahr 1904 auf 26,5 Millionen Mark[813].

Damit wurde aus dem reinen Familienunternehmen eine Firma mit fremder Beteiligung, was auf den Elan und den Erfindungsgeist der Mitglieder meiner

---

[808] BASF, Bayer, Hoechst, Agfa, Cassella und Kalle.
[809] J. Borkin: Die unheilige Allianz, S. 10f.
[810] Im Wandel. 125 Jahre Cassella, S. 16.
[811] J. Borkin: Die unheilige Allianz, S. 11.
[812] Ebd., S. 17.
[813] R. Martin: Jahrbuch, S. 89.

Familie sicherlich nicht ohne Einfluss geblieben ist und eine neue Ära der „Verschlankung", aber auch der Abhängigkeiten einleitete. Cassella wurde beispielsweise bei der Fusion dazu bewegt, auf die eigene Herstellung von Säuren, Anilin und Soda zu verzichten. Der Schwerpunkt lag damit zunächst weiter auf den Teerfarben und Zwischenproduktionen, die nach eigenen Patenten erzeugt wurden oder im Handel von Hoechst nicht bezogen werden konnten. Ebenso blieb zunächst die Selbständigkeit bei der Erforschung und Verwertung aller anderen Produkte erhalten, was im Gegenzug die Entwicklung der Pharmazie auch bei den anderen Firmen beschleunigte. Die Firma Hoechst fabrizierte andererseits eine Anzahl von Rohmaterialien, welche von der Firma Cassella für ihre Fabrikation benötigt wurden und die sie bisher von Hoechst bezogen hatte[814].

Dieses Zusammenspiel zwischen Cassella und Hoechst war so vielversprechend, dass Arthur Weinberg später sagte: *Selten ist wohl das Problem des Zusammenarbeitens zweier Werke, ohne sich gegenseitig zu hemmen, so glücklich gelöst worden*[815]. Da die Farbstoffe noch immer die größte Einnahmequelle bildeten, schloss sich 1907 die Firma Kalle an die Farben-Spezialisten Hoechst und Cassella an, denn man wollte frei sein für andere innovative Ideen im pharmazeutischen Bereich, wie es Agfa war mit den photographischen Erzeugnissen, Hoechst mit Paul Ehrlichs Mittel gegen Syphilis, Bayer mit Methadon und Aspirin, der heute noch weltbekannten Marke, und BASF mit der Gemeinschaftserfindung der Wissenschaftler Fritz Haber und Carl Bosch von synthetischem Ammoniak im Jahr 1912.

Aus dem ursprünglichen „Zweibund", Cassella und Hoechst, wurde nun der sogenannte „Dreiverband" Cassella, Hoechst und Kalle. 1907 zog sich Arthur Weinbergs Onkel, Dr. Leo Gans, der von 1870 an den Verlauf der Firma bestimmt hatte, von der aktiven Leitung des Unternehmens zurück und wurde Vorsitzender des Beirats, in dem sich schon seine beiden Brüder, mein Urgroßvater Fritz und Adolf Gans, sowie Walther vom Rath, Dr. Gustav von Brüning, Dr. Herbert von Meister, alle drei von Seiten der Hoechst Farbwerke, bereits befanden[816]. Er überließ die Geschäftsleitung des Cassella-Unternehmens nunmehr seinen tüchtigen Neffen Arthur und Carlo Weinberg.

In den folgenden Jahren wurde bei Cassella weiter erfolgreich investiert und erfunden, wobei der Schwerpunkt auch jetzt auf der Produktion von synthetischen Farbstoffen lag. 1908 kam Dr. Richard Herz mit einer Neuentwicklung heraus. Sie wurde Hydronblau R und G genannt und sollte fortan zu den erfolgreichsten Farbstoffmarken der Firma Cassella gehören[817]. Dieser indigoblaue Baumwollfarbstoff, der lichtecht war, wurde zum Färben von Stoffen der Berufskleidung aus

---

[814] Ebd., S. 88.
[815] Im Wandel. 125 Jahre Cassella, S. 17.
[816] Bericht von Kartz von Kameke, dem Urenkel von Dr. Leo Gans (bei AvG).
[817] Im Wandel. 125 Jahre Cassella, S. 15.

Baumwolle genutzt. Man kann sich gut vorstellen, dass der große Marktumfang Cassella hohe Einnahmen einbrachte. Das Hydronblau brach die Alleinherrschaft des Indigos auf seinem ureignen Anwendungsgebiet und brachte den eigentlichen Durchbruch der Firma Cassella zur zeitweilig größten Fabrikationsstätte organischer Farbstoffe[818] in der Welt.

Das junge Team, das Dr. Arthur Weinberg auf die Weiterentwicklungen angesetzt hatte, arbeitete in jeder Hinsicht erfolgreich: Dr. Herz mit dem Hydronblau, Dr. Kalischer widmete sich dem Schwefelschwarz, daraus entwickelte sich Schwefeldirektschwarz. Nun konnten die einst an den Beinen der Damen oxidierenden schwarzen Strümpfe ohne Beeinträchtigungen getragen werden, so erzählten mir die älteren weiblichen Familienmitglieder einst stolz. Dr. Benda verfeinerte zu gleicher Zeit den Pharmabereich.

Arthur Weinberg und seine Wissenschaftler hatten in Zusammenarbeit mit der erfahrenen ersten Generation der Familie Gans[819] der Firma im Bereich der Farbenchemie Weltruf eingebracht. Seine positive Einstellung zu den Mitarbeitern spornte diese zu höchsten Leistungen an. Das große Vertrauen wurde auch durch Arthur Weinbergs Motto für seine Mitarbeiter *Am langen Zügel sich entfalten lassen*[820] bestätigt.

Um ihre Erfindungen besser vermarkten zu können, stellte die Firma Cassella 1900 bei der Pariser Weltausstellung bei der Firma H. Feyl & Co Berlin, mit aus[821]. Noch einmal expandierte die Firma Cassella, indem sie Verkaufsfilialen in New York und Bombay errichtete. Neben den schon 1885 und 1898 etablierten Firmen in Lyon und Riga kaufte man auch noch eine Fabrik in Pommern dazu[822]. Hiermit war nun der Export in die wichtigsten Handel treibenden Länder gesichert.

Die Firma besaß einen eigenen Gleisanschluss, und die über 2000 Mitarbeiter waren durch eine Betriebskrankenkasse und zusätzliche Altersversorgung abgesichert. Ihnen wurden Werkswohnungen zur Verfügung gestellt, auch wurde von meiner Familie eine Stiftung von Studien-Stipendien für Arbeitersöhne errichtet[823]. Die Großzügigkeit der beiden Weinberg-Brüder bestand auch darin, dass jeder Cassella-Mitarbeiter in seinem Arbeitsleben einmal eine größere Reise ins Ausland oder aber in eine interessante Stadt in Deutschland unternehmen konnte. Das waren zu jener Zeit außergewöhnliche soziale Leistungen.

Arthur von Weinberg war der Meinung, dass sich alle Probleme *in vernünftigem Einvernehmen leichter und besser lösen ließen*. Wie er auch einmal erwähnte,

---

[818] Ebd.
[819] H.E. Rübesamen: Ein farbiges Jahrhundert, S. 47.
[820] Cassella-Riedl Archiv, 1987, H. 3 (Institut für Stadtgeschichte der Stadt Frankfurt am Main), S. 28.
[821] Bericht von Kartz von Kameke, dem Urenkel von Dr. Leo Gans (bei AvG).
[822] Fa. Seeger (2525 ha).
[823] Cassella-Riedl-Archiv 1987, H. 3 (Institut für Stadtgeschichte der Stadt Frankfurt am Main), S. 29.

dass man den Klassenkampf dadurch abschaffen sollte, in dem man ihn überflüssig macht[824]. Wegen ihrer sozialen und wirtschaftlichen Leistungen wurden Arthur und Carlo von Weinberg am 16. März 1908 von Kaiser Wilhelm II. in den erblichen preußischen Adelsstand erhoben. Die Erhebung in den Adelsstand wurde damit begründet, dass beide Brüder „zu den Repräsentanten par excellence der Stadt Frankfurt des ausgehenden 19. und beginnenden 20. Jahrhunderts gehörten. Sie prägten diese Stadt, waren Träger des Aufschwungs sowie Unternehmer, die das alte Frankfurter Großbürgertum, die Bankiers und Handelsherren, ablösten, die aber zugleich die jahrhundertealte Tradition des wohltätigen Gemeinsinns weiterführten. Sie gehörten zu den deutschen Unternehmern, die ein neues „Selbstbewusstsein" zeigten und einen besonderen sozialen Stil mit großem Verständnis für Geschichte und Kultur schufen"[825].

Für mich zeigt sich im Verhalten meiner Vorfahren, Fritz und Leo Gans und der Weinberg-Brüder, eine Symbiose zwischen den alten jüdischen Traditionen, Wohltätigkeit und Gerechtigkeit, und dem neuen, inzwischen herangewachsenen deutschen Unternehmertum, die sich in meinem Großvater Paul von Gans und meinem Vater fortsetzte. Mit den letzteren sehe ich die so sehr herbeigesehnte und schwer erkämpfte jüdische Akkulturation für meine Familie als abgeschlossen an. Umso tragischer sollte der Lebensweg einiger ihrer Mitglieder enden.

H.1.2. Der Privatmann

Knapp ein Jahr nach der Nobilitierung, und zwar am 20.2.1909, heiratete Arthur von Weinberg im Alter von 49 Jahren Willemine Huygens, die seit 1904 Witwe des Oberingenieurs Alexander Peschel (1853–1904) aus Augsburg war. Ihr verstorbener Mann war der Sohn des bekannten Geographen Peschel. Alexander Peschel arbeitete bei Hartmann & Braun. Im Hause von Prof. Braun lernten sich Willemine und Arthur kennen[826]. Bis zu seiner Verheiratung lebte Arthur von Weinberg bei seiner Mutter Pauline in der Palmengartenstraße 10–14.

Die nunmehrige Ehefrau von Arthur von Weinberg, Willemine Peschel, geborene Huygens (1872–1935), stammte aus der bereits im 16. Jahrhundert bekannten holländischen Familie des Constantin Huygens[827]. Dieser war seinerzeit Diplomat und Philosoph gewesen. Sein Sohn Christian Huygens (1629–1695) hingegen

---

[824] Ebd., S. 27.
[825] H.O. Schembs: Kommentar zum Adelsdiplom für die Brüder Weinberg 1908 (Institut für Stadtgeschichte Frankfurt am Main), 1983, siehe InvenNr. 10305.
[826] J.U. Heine: Verstand & Schicksal, S. 256.
[827] H.G. Adler: Der verwaltete Mensch. Studien zur Deportation der Juden aus Deutschland, Tübingen 1974, S. 337.

H: Die Gebrüder Weinberg als Großindustrielle und Mäzene 257

wurde ein berühmter Mathematiker, der sich für Astronomie begeisterte und darin zeit seines Lebens erfolgreich arbeitete.

Als Arthur von Weinberg und die Witwe Willemine heirateten, adoptierte er im gleichen Jahr ihre beiden Töchter Marie Elisabeth (1892–1969), die spätere Gräfin Rudolf von Spreti, und Charlotte Frederike (1896–1973)[828], die in erster Ehe den kaiserlichen Korvettenkapitän Paul de Garnerin Graf von Montgelas heiratete und 1932 in zweiter Ehe Ferdinand Prinz von Lobkowicz (1901–1966), der nach dem Zweiten Weltkrieg stellvertretender Aufsichtsrat der „neuen" Cassella wurde[829]. Arthur von Weinberg gewährte seinen beiden Adoptivtöchtern volles Erbrecht[830]. Die Ehe der Lobkowicz blieb kinderlos, in der ersten Ehe war ein Sohn, Thassilo, geboren worden. Marie und Rudolf von Spreti hatten eine Tochter Alexandra, die mit dem Pferderennsport-Spezialisten Uwe Scherping verheiratet war.

Willemine und eine ihrer Töchter (Archiv AvG)

Mit seiner neuen Familie zog Arthur von Weinberg 1909 in das neu erbaute prachtvolle Haus „Buchenrode" in der Niederräder Landstraße 26–28 ein. In unmittelbarer Nähe hatte Ende des Jahrhunderts sein Bruder Carlo bereits die Villa „Waldfried" errichten lassen[831]. Dieses von Arthur um 1908 gebaute „Schlösschen" war einheitlich im deutschen Barockstil gehalten und nach seinen Plänen entstanden und eingerichtet worden. Eine Reihe namhafter Künstler, wie der Familienfreund Prof. Hausmann[832] und der Architekt A. Günther, haben die Entwürfe und Ideen meines Großonkels bearbeitet und ausgeführt[833].

Der berühmte Chemiker Arthur von Weinberg war unter anderem auch eine Künstlernatur mit ausgeprägter Phantasie, und er meinte, dass *ein Künstler ohne diese nicht denkbar ist, denn sie darf im Grunde niemandem, der etwas schaffen will,*

[828]   Siehe Stammbaum.
[829]   J.U. Heine: Verstand & Schicksal, S. 256.
[830]   H.G. Adler: Der verwaltete Mensch, S. 337f.
[831]   Siehe Kapitel Carlo von Weinberg im Anschluss.
[832]   Siehe Kapitel Fritz von Gans (Mausoleum der Familie).
[833]   Die Dame, Heft 16 vom 15.5.1914 (im Besitz von AvG).

Villa Buchenrode um 1930 (Archiv für Stadtgeschichte der Stadt Frankfurt/ Main)

Familienausflug vor der Villa Buchenrode (Institut für Stadtgeschichte der Stadt Frankfurt am Main)

H: Die Gebrüder Weinberg als Großindustrielle und Mäzene

fehlen[834]. Mein Großonkel war auch der Philosophie und der Musik zugewandt. Bekannt war er unter anderem auch für sein hervorragendes Geigenspiel, das schon in seinem Corps in München für Anerkennung gesorgt hatte.

In seiner herrschaftlichen Villa „Buchenrode" hatte mein Großonkel im Erdgeschoss einen großen Raum mit einer eingebauten Orgel versehen lassen, einmal um selbst zu musizieren und zum anderen um Konzerteinladungen geben zu können, denen die Frankfurter Gesellschaft überaus gerne nachkam[835]. Begehrt und berühmt waren Einladungen mit Heinrich Schlusnus oder Gitta Alpa. Man erzählte sich auch, dass Arthur von Weinberg einmal Josephine Baker einlud, die mit einem abenteuerlichen Kostüm aus einer Muschel stieg und die feinen Frankfurter in helle Aufregung versetzte.

Um die herausragende Wohlhabenheit in jenen Jahren der führenden deutschen Unternehmer am Beispiel von Arthur von Weinberg deutlich zu machen, möchte ich aus dem *Jahrbuch des Vermögens und Einkommens der Millionäre in Hessen-Nassau* aus dem Jahr 1913 zitieren, in dem er mit einem Vermögen von 25 bis 26 Millionen Mark und einem Jahreseinkommen von 2,2 Millionen Mark aufgeführt ist. Wenn man dazu rechnet, dass zu dieser Zeit das Monatsgehalt eines Grundschullehrers 300 Mark ausmachte, ein Straßenanzug mittlerer Qualität 200 Mark und 1 m² Gartenland 13 Mark kostete, so halten Vermögen und Jahreseinkommen von Arthur von Weinberg einem Vergleich mit den Euro-Spitzengehältern- und Vermögen der Top-Manager der heutigen deutschen Industrie stand, wobei durchschnittlich ungefähr von einem zwei-, in unserem Fall aber ungefähr von einem fünffachen Multiplikator auszugehen ist. Nach unseren heutigen Vorstellungen wird Arthur von Weinberg vor dem Ersten Weltkrieg und vor der dann einbrechenden Nachkriegsinflation über ein Jahreseinkommen von ca. 10 Millionen Euro und ein Vermögen von ca. 125 Millionen Euro verfügt haben.

---

[834] Zitat nach einer Familienüberlieferung.

[835] Aus der Schrift NS-musisches Gymnasium, Villa Buchenrode (o. Datum und Verfasser), geht Folgendes hervor: Als „Buchenrode" 1939 von den Nazis beschlagnahmt wurde und im Besitz der Stadt Frankfurt war, ließ die Propaganda verlauten, dass „der Führer selbst anregte, das erste Musische Gymnasium" in diesem Haus zu errichten. Es umfasste acht Klassen, in denen die musikalisch Begabtesten des Reichs, sie wurden im Alter von acht und neun Jahren aufgenommen und gehörten als geschlossene Einheit der HJ an, unterrichtet wurden. Die NS ließ den großen Salon im Erdgeschoss, in dem Arthurs eingebaute Orgel stand, für Konzerte und als gemeinsamen Speisesaal umfunktionieren. In den oberen Stockwerken des Prachtbaues waren Unterrichts- und Schlafräume. Ebenso wurde jede Menge kleiner und großer Übungskonzerträume in dem großen Haus eingerichtet (Artikel bei AvG).

H.1.3. Das Vollblutgestüt Waldfried

Eine besondere Vorliebe der beiden Brüder Arthur und Carl Weinberg galt neben dem beruflichen Engagement vor allem der Pferdesport. So kreisten oft die Gedanken der beiden nach der Eröffnung der Rennbahn in Niederrad um die Errichtung eines eigenen Gestüts. Neben den wunderschönen Landsitzen und kostbaren Kunstsammlungen, in die auch Onkel Fritz, Adolf und Leo Gans seit Ende des 19. Jahrhunderts investiert hatten, legten die Weinberg-Brüder ihr Vermögen in den Pferdesport an.

Arthur von Weinberg scheint die Seele des Unternehmens gewesen zu sein, er hatte schon in den 1880er Jahren eigene Rennpferde, mit denen er Rennen erfolgreich absolvierte[836]. Auch liebte er es später, statt eines Wagens mit Chauffeur, sein Pferd satteln zu lassen und von Buchenrode in die Fabrik nach Fechenheim zu reiten[837].

Ab 1891 liefen die Weinberg-Pferde unter den Farben Blau-Weiß auf der neuen Bahn und schon bald errangen sie zahlreiche Siege. 1896 gründeten die beiden Brüder Weinberg schließlich gemeinsam das Gestüt „Waldfried"[838]. Es wurde der Inbegriff der revolutionären Vollblutzucht in Deutschland[839]! Arthurs Ziel war es, für eine bodenständige Mutterstutenherde zu sorgen, die mit der Zeit unter Heranziehen fast nur eigener Hengste in der Lage sein sollte, sich im Kreis der älteren Zuchten zu behaupten[840].

Ein besonderes Pferd sollte gleich von Anfang an für den Ruhm des Gestütes „Waldfried" sorgen und ein Stück Geschichte der deutschen Vollblutzucht schreiben. In England hatte mein Großonkel 1901 für 1000 Guineen die kleine, mit einem Stockmaß von 1,55 ausgestattete „Festa" gekauft, sie großzügigerweise an den Zuchtverein abgetreten, ehe er sie endgültig für 10.000 Mark in den Waldfrieder Besitz brachte[841]. Schon als Zweijährige gewann Festa etliche Rennen, ehe sie ihre beste Form als Vierjährige erreichte, dann in die Zucht kam und für berühmten Nachwuchs sorgte[842].

Festino, Fels, Fabula und Fervor sollten mit 75 Siegen ein Preisgeld von 1.620.000 Goldmark einbringen und das Gestüt „Waldfried" weltweit bekannt

---

[836] M. Beckmann: Das war Waldfried, S. 6.
[837] FAZ vom 16.6.1966 und FR vom 6.8.1949 zum Arthur-von-Weinberg-Erinnerungsrennen.
[838] Diese Bezeichnung wurde offiziell erst 1935 geführt, schreibt M. Beckmann in: Das war Waldfried, S. 124.
[839] Straßen und Plätze in Niederrad, 4. Verdienste um die Heimatstadt, in: Niederräder Anzeiger Nr. 12 von 6.12.1984.
[840] M. Beckmann: Das war Waldfried, S. 8.
[841] Ebd., S. 14.
[842] FAZ vom 26.3.1965: Voller Liebe für Menschen und Pferde.

machen. Nun war „Waldfried" in der Reihe der führenden Rennställe einzugliedern[843]!

Meine Großonkel legten Wert darauf, fast nur selbst gezogene Beschäler zur Zucht aufzustellen, und der Erfolg ihres Gestüts gab ihnen Recht. In der Regel wurden erfolgversprechende Stuten aus dem Ausland importiert, was aber infolge des Ausbruchs des Ersten Weltkrieges für einige Jahre nicht mehr praktiziert wurde. Erst 1925 zeichnete Arthur von Weinberg wieder verantwortlich für verschiedene Käufe dieser Art[844]. In dieser Zeit muss auch der Rennbetrieb, der den gesamten Weltkrieg über nicht vollständig eingestellt worden war, wieder verstärkt aufgenommen worden sein. Das gute Klima zwischen Arthur und Carlo von Weinberg, welches wir schon aus der Arbeit in der Firma Cassella kennen, setzte sich hier im Gestüt und Rennstall fort. Zumindest kamen nur wenige Trainerwechsel vor, was eben dafür spricht.

Bis 1938, dem Jahr des verheerenden Einflusses der Nazis auf das Leben der Weinberg-Brüder, war Arthur von Weinberg Präsident des Frankfurter Rennclubs sowie unter anderem Vorsitzender des Rennschiedsgerichts.

Das Gestüt wurde 1944 durch 83 Sprengbomben zerstört. An einen Wiederaufbau war nicht zu denken. Arthur von Weinbergs Schwiegersohn, Rudolf Graf von Spreti, einer der bekanntesten Reiter unter den bayerischen Offizieren und zweimaliger Gewinner des Preises von Riem[845], war schon seit 1919 mit der Leitung des Gestüts betraut worden. Er hatte seinen Wohnsitz von München nach Hoppegarten verlegt, um einen reibungslosen Ablauf der Zucht und der Rennen zu garantieren.

Nach dem Zweiten Weltkrieg konnte er auf seinem Hochschloss Pähl in Oberbayern nur noch versuchen zu retten, was zu retten war. Vier der besten Mutterstuten mit ihren Fohlen waren dem Angriff auf das Gestüt zum Opfer gefallen, dazu alle neun Jährlingshengste. Diese Katastrophe konnte durch die Nutzung des Geländes auf Schloss Pähl nur geringfügig gemildert werden[846].

Die Erbin von „Waldfried" und Tochter des Grafen Rudolf von Spreti und von Marie von Weinberg, Alexandra von Spreti, führte gemeinsam mit ihrem Mann Uwe Scherping nach dem Krieg unter schwierigen Umständen das Gestüt weiter. 1961 wurde Uwe Scherping Nachfolger seines Schwiegervaters und Stellvertretender Vorsitzender des Direktoriums für Vollblutzucht und Rennen, ein Amt, das er bis zu seinem Tode 1979 bekleidete.

Es ergab sich die Gelegenheit, 1961 ein Gestüt bester Güte zu pachten und 54 Jahre nach der Gründung in Waldfried zog man als Unterpächter in den

---

843 M. Beckmann: Das war Waldfried, S. 19.
844 Ebd., S. 112.
845 Ebd., S. 124.
846 Ebd., S. 125.

„Römerhof" in Nordrhein-Westfalen ein[847]. Nach 1979 vermählte sich Alexandra Scherping wieder und ging als Frau Gutierrez nach Südamerika. Seit 1981 wird der Name „Waldfried" nicht mehr geführt – ein Kapitel der Geschichte deutscher Vollblutzucht war somit beendet. Der Name „Waldfried" hat heute dennoch Bedeutung im Pferderennsport, und seine Nennung lässt uns mit Stolz an die Gründer Arthur und Carlo von Weinberg denken.

H.1.4. Stifter bedeutender Sammlungen

Während des Ersten Weltkrieges war es für die beiden Brüder Weinberg selbstverständlich gewesen, ihre Häuser „Buchenrode" und „Waldfried" zu Lazaretten umzufunktionieren. In „Buchenrode" halfen Arthurs holländische Frau, Willemine von Weinberg, sowie die beiden Töchter bei der Pflege von Verwundeten tatkräftig mit.

Im benachbarten Waldfried waren es Carlos Frau May Forbes und deren Tochter Wera[848], die Hilfe leisteten. Im Taunus hingegen wurde die Villa von Adolf Gans als Offizierserholungsheim zur Verfügung gestellt[849].

Willemine von Weinberg widmete ihre Aufmerksamkeit insbesondere dem sozialen Bereich ihrer Mitbürger. Dem Kinderdorf „Wegscheide" im Spessart stiftete sie neben den bestehenden alten Holzbaracken das erste „Steinerne Haus", das man „Haus Willemine" benannte. Sie richtete das Cassella-Kinderheim in Fechenheim ein und sie finanzierte Erholungsreisen für bedürftige Kinder[850]. Ebenso unterstützte sie unermüdlich die Heilsarmee[851]. In der schweren Zeiten während des Ersten Weltkrieges war sie ebenso eine opferbereite Mitarbeiterin in der Senckenberg'schen Naturforschenden Gesellschaft[852].

In dieser Naturforschenden Gesellschaft[853], dem „Senckenberg", war ihr Mann Arthur von Weinberg schon als 37-jähriger 1897 Mitglied geworden. Beim Neubau des Museums trat er zum ersten Mal als Sponsor in Erscheinung. Hier sollten nun

---

[847] Ebd., S. 126.
[848] Siehe Kapitel Carlo von Weinberg im Anschluss.
[849] Siehe Kapitel Adolf Gans und seine Villa Hainerberg.
[850] E. Klöß: Die Familien von Weinberg und Frankfurt Niederrad. Wissenschaftliche Hausarbeit für das Lehramt an Haupt- und Realschulen, Frankfurt am Main 1992., S. 12.
[851] Frankfurter Generalanzeiger vom 12. 9. 1935, Beisetzung von Frau von Weinberg.
[852] M. Lemberg: Gräfin Louise von Bose, Marburg 1998, S. 156ff.
[853] Louise Gräfin von Bose, eine entfernte Verwandte der Familien Gans und Weinberg, hatte 1880 dem Senckenberg 800.000 Mark vermacht, wie auch der Universität Jena und der Universität Marburg. Auch die Friedrich-Wilhelm Universität in Berlin erhielt diesen Betrag, ohne allerdings Rentenzahlungen aus den Zinserträgen zahlen zu müssen, wie die drei anderen Institutionen.

erstmalig wissenschaftliche Sammlungen und Exponate streng getrennt werden[854]. Dies war die Geburtsstunde des Forschungsinstituts, das nun neben dem Naturmuseum zum Einsatz kam. Als einmal ein besonderes Angebot zum Ankauf einer Gorilla-Familie aus Geldnot vom Institut nicht wahrgenommen werden konnte, sprang Arthur unverzüglich mit einer Stiftung von 50.000 Goldmark ein. Ab 1909 wurde er immer wieder zum Ersten Direktor gewählt, 1923 zum Außerordentlichen Ehrenmitglied ernannt und 1930 zum Ehrenpräsidenten.

Arthur von Weinberg liebte Tiere, interessierte sich für deren Erforschung und freute sich an der Möglichkeit, die Ergebnisse, wie auch die Tiere selbst im Senckenberg-Institut den Besuchern vorzustellen. Da es sein Ziel war, dem Publikum die wichtige Stellung der Natur nahe zu bringen, ließ er dem Institut immer wieder finanzielle Zuwendungen für die Schausammlungen sowie den Ankauf von Tiergruppen zukommen. Eines der wissenschaftlich wertvollsten Exponate war zum Beispiel die Sauriermumie des Trachodon samt Präparation.

Um den ansässigen und den Gastforschern die Möglichkeit zu bieten, ohne große Kosten ihren Arbeiten nachgehen zu können, schenkte Arthur von Weinberg dem Senckenberg teure Sammlungsschränke zum Ausstellen der vielfachen präparierten Tiere, erwarb Lebenssammlungen fleißiger Forscher und rettete damit deren Erkenntnisse, und er schenkte die große Bibliothek Drevermann und Haas dem Institut[855]. Eine seiner unschätzbaren Spenden war in den zwanziger Jahren Alkohol zur Konservierung. Dieses ermöglichte es dem Museum, weiterzuarbeiten und die zu verwaltenden Gegenstände vor dem drohenden Zerfall für künftige Generationen zu bewahren.

Für die 1928 errichtete meeresbiologische Anstalt in Wilhelmshaven, dem Senckenberg am Meer, stiftete er das chemische Laboratorium, die Gasanlage und verhalf zu einem dringend benötigten Boot. Zum 175-jährigen Jubiläum erhielt das große Botanisch-Geologische Institut in Frankfurt den Namen „Arthur von Weinberg-Haus".

Mein Großonkel Arthur war auch einer der Mitbegründer des Vereins zur Förderung der Chemischen Forschung. Zugleich gehörte er der Deutschen Chemischen Gesellschaft als Vorstandmitglied an. Diese Stelle hielt er auch im Physikalischen Verein, den er immer wieder mit finanziellen Zuwendungen unterstützte. Er war außerdem Mitbegründer und langjähriger Schatzmeister der Adolf-von-Baeyer-Gesellschaft zur Förderung der chemischen Literatur.

Überhaupt hat Arthur sich sozial sehr engagiert, wie es in der Familientradition über Jahrhunderte üblich war. Ich kann mir vorstellen, wie wenig Zeit diesem zierlichen, sensiblen Herrn für private Dinge blieb, nachdem er sich so vielen beruflichen, sozialen und sportlichen Aufgaben widmete.

---

[854] Cassella Schrift 1995: Ein bedeutender Mäzen. Wie Arthur von Weinberg die „Senckenberger" förderte. Vortrag von Prof. Ziegler anlässlich des 125-jährigen Firmenjubiläums (Auszug).
[855] Ebd.

Wie schon erwähnt, war die Großzügigkeit, das Mäzenatentum meiner beiden Großonkel von ausgeprägter Feinheit. Dies zeigte sich immer wieder – aber besonders im wissenschaftlichen Bereich. Die Notwendigkeit einer freien Universität in Frankfurt war so zwingend, dass Arthur wie auch sein Bruder Carlo von Weinberg[856] große Beiträge zu ihrer Gründung stifteten. Die Zinsen aus dieser Geldsumme sollten für die Forschungs- und Lehrtätigkeit auf dem Gebiet der Chemie, Physik und verwandter Zweige der Wissenschaft einschließlich der Mathematik ausgegeben werden[857].

1928 wurde Arthur von Weinberg, nach seinem Onkel Leo Gans, zum zehnten Ehrenbürger der Stadt Frankfurt ernannt. Er hatte sein Streben, „ein würdiges Mitglied der menschlichen Gesellschaft zu sein", wie er immer wieder betonte, bei all seinen Unternehmungen in die Tat umgesetzt.

Am 3. Oktober 1933 feierte Arthur von Weinberg unter großer Anteilnahme der Öffentlichkeit sein 50-jähriges Jubiläum im Dienste der Cassella Farbwerke Mainkur. Auch anlässlich dieser Feier war sein wichtigster Gedanke der, den Mit-

Arthur von Weinberg beim Polospiel 1933 (Institut für Stadtgeschichte Frankfurt am Main)

---

[856] Siehe Kapitel Carlo von Weinberg und Kapitel Leo Gans.
[857] E. Klöß: Die Familien von Weinberg, S. 11.

arbeitern zu helfen[858]. Arthur stiftete 50.000 Mark für Notfälle und für wohltätige Zwecke, unter anderem für Menschen, die schon längere Zeit ohne Arbeit waren sowie für die Erholung von Müttern kinderreicher Familien[859]. Er war von der Idee durchdrungen, Deutschlands Anstrengungen nach der Wirtschaftskrise wieder in eine produktive Ära zu steuern, sie in allen Belangen zu unterstützen.

Unfassbar ist sein trauriges Ende.

H.1.5. Erster Weltkrieg, die Nazizeit und das Ende

Die Firma Cassella war kurz vor Ausbruch des Ersten Weltkrieges am absoluten Höhepunkt ihrer Produktion angelangt. Die Belegschaft war auf 3.000 Akademiker, Kaufleute und Arbeiter angestiegen. Der Umsatz an Farbstoff im Jahr 1913 betrug 19.000 Tonnen. Die Firma hatte eine Kapitalerhöhung von 25 auf 30 Millionen Mark vorgenommen. Cassella gehörte zu den größten Fabrikationsstätten von organischen Farbstoffen in der Welt[860]. In Anerkennung seiner Verdienste war Arthur von Weinberg 1913 zum Geheimen Regierungsrat ernannt worden. Durch den Ersten Weltkrieg sollte aber ein gewaltiger Einbruch im Bereich der Chemieriesen stattfinden, der all die mühsam aufgebauten Erfindungen zerschlug und auch die Produktion der Cassella-Werke erheblich einschränkte.

Nicht nur dass die jüngeren Familienmitglieder einrücken mussten, auch Arthur von Weinberg als patriotischer Deutscher zog mit 54 Jahren als Kavalleriemajor der Reserve in den Krieg. Die ersten zwei Jahre war er im Feld an vorderster Front. Er bekam das EK I und II, das Ehrenkreuz für Frontkämpfe, das Bayerische Militärverdienstkreuz mit Krone und Schwertern, den Roten Adlerorden, das Gross-Offizierskreuz des Ordens der Italienischen Krone sowie den Michaelsorden, und er besaß die Ehrenmitgliedschaft des Kriegsbundes Kyffhäuser[861].

Onkel Leo Gans, der sich seit 1907 nicht mehr aktiv an den Firmengeschäften beteiligt hatte, sprang während des Ersten Weltkriegs als Betriebsleiter der Cassella ein. Farbe – außer Feldgrau – war nun nicht mehr gefragt! Die Produktionsstätten wurden nicht mehr genutzt oder schließlich zur Herstellung von Schießpulver zweckentfremdet[862]. Der deutsche Generalstab war zunächst überzeugt gewesen, dass dieser Krieg ein kurzer werden würde, und hatte die Industrie von den Kriegsvorbereitungen ausgeschlossen. Bald schon musste man mit Schrecken feststellen,

---

[858] Siehe Kapitel Fritz Gans.
[859] A. Lustiger (Hg.): Jüdische Stiftungen in Frankfurt, S. 131.
[860] H.E. Rübesamen: Ein farbiges Jahrhundert, S. 58.
[861] H.D. Kirchholtes: Cassella und die Weinbergs. Hoffnung und Tragik einer jüdischen Industriellenfamilie, Vortrag am 18.2.1997 (MS bei AvG).
[862] H.E. Rübesamen: Ein farbiges Jahrhundert, S. 58.

dass die Zulieferung von Schießpulver und die Beschaffung von Rohstoffen bei weitem nicht den Kriegsbedarf deckten.

Walther Rathenau (1867–1922), damals Chef der AEG und ein Industrieller mit Verbindungen zu mehr als hundert in- und ausländischen Firmen, warnte bereits kurz nach Kriegsbeginn eindringlich vor der Ausklammerung der chemischen Industrie von den Kriegsvorbereitungen, denn es gab keine Nachschubpläne für kriegswichtige Materialien wie zum Beispiel Nitrate, Öl und Gummi, die bisher nur vom Ausland bezogen werden konnten.

Inzwischen hatte England diese Schwäche schon erkannt und versuchte, Deutschland mit einer Blockade durch seine Flotte auszuhungern. Es war abzusehen, wie schnell die Rohstoffverknappung eintreten würde. So musste mit Hilfe der führenden Chemiker Deutschlands, unter anderem von Arthur von Weinberg, schnellstmöglich ein Programm entwickelt werden, das die Herstellung synthetischer Alternativen zu den begrenzten natürlichen Rohstoffen unterstützte. Rathenau und Kriegsminister General Erich von Falkenhayn waren sich darin einig, dass man eine Kriegsrohstoffbehörde innerhalb des Kriegsministeriums errichten musste. Leiter dieser Behörde wurde Walther Rathenau[863]. Hier kam eine Gruppe ausgesuchter Wissenschaftler und Industrieller zusammen, die herausfanden, dass die Vorräte tatsächlich nur noch für ein halbes Jahr reichen würden. Vor allem fehlte es an Nitratvorräten zur Schießpulverherstellung, das normalerweise aus Chile kam, nun aber durch die englische Blockade nicht geliefert werden konnte. Der von der BASF unterstützte Chemiker und Erfinder des Ammoniaks, Prof. Fritz Haber[864], wurde in die neue Behörde eingebracht. In dem „Büro Haber" kamen etliche Nobelpreisträger und wissenschaftliche Größen zusammen, um nach einem Ausweg zu suchen.

Das Militär konnte aber erst von dem tatsächlichen großen Handlungsbedarf überzeugt werden, als es 1916 in der Schlacht an der Marne schließlich bemerkte, dass durch den überraschenden Angriff der Franzosen kein kurzer Krieg bevorstehen würde und zudem mehr Schießpulver verbraucht worden war, als angenommen. Es wurde immer deutlicher, wie notwendig die Produktion von Nitrat war. Der „Krieg der Chemiker" hatte begonnen. Prof. Haber schlug einen jungen begnadeten Chemiker und Ingenieur als Mitarbeiter vor, mit dem er zuvor schon bei der BASF AG an der Entwicklung von Nitraten gearbeitet hatte. Sein Name war Carl Bosch[865].

Arthur von Weinberg wurde nach Veröffentlichung seiner umfangreichen Arbeit über die Industrie im besetzten Gebiet aus dem Feld geholt und ebenfalls in das Re-

---

[863] J. Borkin: Die unheilige Allianz, S. 19.
[864] Im Jahr 1933 musste Professor Haber Deutschland verlassen, obwohl er zum Christentum übergetreten war und zu Deutschlands erfolgreichsten Wissenschaftlern gehörte. Er starb 1934 in Basel/Schweiz als gebrochener Mann, Ebd, S. 59.
[865] Ebd., S. 19.

ferat „Chemie im Kriegseinsatz und Arbeitsdepartment" in das Kriegsministerium versetzt. Zusätzlich bot er seine Arbeit im Bereich der Ernährungssicherheit an[866]. 1916 ernannte man ihn zum Geheimen Regierungsrat. Hier konnte er seine Kraft und sein persönliches Verständnis für Deutschland und die deutsche chemische Industrie nutzbringend einsetzen. Der Nutzen, den Arthurs Tätigkeit in jener Zeit einbrachte, kam nicht nur der chemischen Industrie zugute, sondern war auch für die *Interessen des Vaterlandes*, wie man damals überaus patriotisch dachte und formulierte, offenbar von großer Bedeutung[867].

Als 1919 nach Kriegsende der Reichstarifvertrag für die chemische Industrie nach zähen Verhandlungen mit den Siegermächten in Versailles zustande kam, war auch hier das energische, vorbereitende Wirken von Arthur von Weinberg mitentscheidend. Seiner Mitarbeit und gezielten Verteidigung der deutschen Pläne war es zu verdanken, dass der Vertrag vorwiegend der Wahrung kommerzieller Interessen und dem wirtschaftlichen Frieden und nicht der Vernichtung der deutschen Chemieindustrie diente.

Arthur von Weinbergs Ziel war es, den wirtschaftlichen Frieden zu sichern, wobei ihm seine Rechtskenntnisse und sicherlich seine persönliche Integrität zugute kamen, denn man stand ja jetzt den ehemaligen Feinden gegenüber, von denen kein Pardon zu erwarten war[868]. Die schärfsten Forderungen gegen die I.G. Gesellschaften hatten nämlich die Franzosen vorgebracht, die vor allem die totale Demontage der Rüstungsfabriken forderten, auch gerade die der Farben- und Nitratfabriken. Interessant ist, dass die deutsche Delegation mit dem Argument, dass die Alliierten ein starkes Deutschland als Bollwerk gegen den russischen Kommunismus brauchten, sich Vorteile bei den Verhandlungen verschaffen konnte[869]. Es wurde klar, dass zu starke Repressalien gegen die erfolgreiche deutsche Chemieindustrie sich gegen den allgemeinen Frieden wenden würden. Arthur von Weinbergs behutsames und ausgleichendes Auftreten wird hier hilfreich gewesen sein.

Wie wichtig die Einflussnahme der kenntnisreichen Weinberg-Brüder für die Chemieindustrie insgesamt war, zeigen die Zahlen zum allgemeinen Zustand der deutschen Nachkriegsindustrie: „Bei Kriegsende hatte sich die deutsche Industrieproduktion gegenüber dem Vorkriegsstand von 1913 fast halbiert, das Produktions- und Verteilungssystem war zusammengebrochen, die industrielle Leistung nach Kriegsende auf ungefähr 40 Prozent des Vorkriegsstandes abgesunken"[870]. Die von den Siegermächten gestellten Bedingungen brachten auch die deutsche chemische Industrie hart an die Grenze des Zusammenbruchs.

---

[866] E. Klöß: Die Familien von Weinberg und Frankfurt Niederrad. Wissenschaftliche Hausarbeit für das Lehramt an Haupt- und Realschulen, Frankfurt am Main 1992, S. 8.
[867] W. Emrich: Bildnisse Frankfurter Demokraten, S. 19.
[868] Ebd.
[869] J. Borkin: Die unheilige Allianz, S. 34.
[870] H. Möller: Weimar. Die unvollendete Demokratie, 3. Aufl. München 1990, S. 138f.

1922 wurde es für die Deutschen immer schwieriger, den Reparationsauflagen aus dem Versailler Vertrag nachzukommen, was letztlich zur Besetzung des Rheinlandes durch die Franzosen führte. Bis zum Sommer 1923 hatten sich die Zustände in Deutschland derart verschlimmert, dass die seit dem Krieg anhaltende Inflation nunmehr katastrophale Ausmaße erreichte. Im November 1923 gelang es endlich, die Mark wieder zu stabilisieren.

Im Jahre 1924 hatte sich die Cassella wohl infolge der wieder einsetzenden Produktion der deutschen Chemieindustrie und des Einflusses der Weinberg-Brüder für kurze Zeit überraschend schnell von den Kriegsfolgen erholt: die Belegschaft hatte wieder einen Höchststand von 3.190 Mitarbeitern erreicht[871]. Man hatte gleich nach Beendigung des Krieges energisch mit dem Wiederaufbau der Cassella begonnen. Die Fabrikanlagen waren in großem Umfang modernisiert und erweitert, ein neues Verwaltungsgebäude, neue Werkstätten waren errichtet, die wissenschaftlichen Laboratorien vergrößert worden.

Jedoch wurde bald deutlich, dass die deutsche Chemieindustrie ihre Marktstellung gegenüber den neuen Chemiegiganten in den USA nicht ohne radikale Rationalisierung, Zentralisierung und Produktbereinigung würde halten können. Die 1925 erfolgte unumgehbare Fusion mit der I.G. Farbenindustrie AG brachte der Cassella eine schmerzliche Bereinigung ihres Produktionsprogramms. Cassella verlor die mit der Geschichte des Werks so eng verbundenen Triphenylmethan-Farbstoffe, fast sämtliche Azofarben und Schwefelschwarzerzeugnisse sowie ihre gesamte pharmazeutische Produktion. Die Cassella-Wissenschaftler schufen einen Ausgleich vor allem durch das als hochechte, weltberühmt gewordene Indantren-Sortiment[872].

1926 zeigte der Zusammenschluss der I.G. zum größten Konzern Europas und größten Chemieunternehmen der Welt seine Früchte. Die Aktien des Großunternehmens verdreifachten ihren Wert während des Jahres, trotz der allgemein schlechten Lage der deutschen Wirtschaft[873]. Die 1929 ausbrechende Weltwirtschaftskrise brachte jedoch neue Einbrüche trotz der Erweiterung des Produktionsprogramms auf Kunststoffe, Textilhilfsmittel und Veredelungsprodukte. Die Produktion der Cassella verringerte sich beträchtlich, die Zahl der Mitarbeiter sank auf den Tiefststand von ca. 1.000 Beschäftigten[874].

Hinzu kam, dass ab 1931 die I.G. Farben ein bevorzugtes Ziel von Angriffen der Nazis gegen Unternehmen mit hoher jüdischer Beteiligung und gegen Vertreter des „internationalen Finanzkapitals" wurde, wie Arthur von Weinberg, Max W. Warburg, Alfred Merton, Otto von Mendelssohn-Bartholdy und Kurt Oppenheim

---

[871] H.E. Rübesamen: Ein farbiges Jahrhundert, S. 153.
[872] Ebd., S. 60.
[873] J. Borkin: Die unheilige Allianz, S. 47.
[874] H.E. Rübesamen: Ein farbiges Jahrhundert, S. 60.

H: Die Gebrüder Weinberg als Großindustrielle und Mäzene

Der Verwaltungsrat der I.G. 1927. Stehend links aufgestützt Dr. Arthur von Weinberg, in der Mitte mit Papier und Stift Carl von Weinberg. Vorne sitzend Prof. Dr. C. Duisberg. Gemälde von H. Groeber (Bayer-Archiv)

es nun einmal waren[875]. Der Pressereferent Carl Duisbergs, Heinrich Gattineau, schrieb an den von Hitler besonders geschätzten Professor für Geopolitik, Carl Haushofer, und bat um Vermittlung. Er wies darauf hin, dass die Führung der I.G. aus Christen bestehe, die *sich in harter Arbeit als Kaufleute, Ingenieure und Wissenschaftler nach oben gearbeitet hätten*[876]. Als Carl Bosch 1933 während einer Unterredung mit Hitler diesen warnte, *dass die Vertreibung jüdischer Wissenschaftler die deutsche Physik und Chemie um hundert Jahre zurückwerfen* würde, stieß er auf eisige Ablehnung[877], die in den folgenden Jahren anhalten sollte.

1934 durchschaute Arthur von Weinberg endgültig die Machenschaften Hitlers und erahnte die kommende Katastrophe. Am 17.1.1936 richteten die I.G. Farben vorsorglich an die zuständigen Behörden ein Schreiben, dem zwei Lebensläufe meiner beiden Großonkel beigefügt waren.

Dies war unter dem Druck der Nazis geschehen, die von der I.G. Farben verlangten, ihre Verbindungen „zu den hoch geschätzten Brüdern von Weinberg

---

[875] J. Borkin: Die unheilige Allianz, S. 56.
[876] Ebd.
[877] Ebd., S. 58.

aufzugeben und sich von ihnen zu trennen"[878]. In seinem Lebenslauf hatte Arthur als allgemeine Ehrungen die Ernennung zum Geheimen Regierungsrat und zum Ehrenbürger der Stadt Frankfurt sowie die silberne Staatsmedaille für Verdienste um die Volksgesundheit und die Goethe-Medaille des Reichspräsidenten angegeben. Seine Stellung in der Wirtschaft umriss er mit den folgenden Angaben: Dr. phil., Dr. med. hc., Dr. Ing. hc., Dr. hc. der Deutschen Hochschule in Prag, Ehrenpräsident der Senckenbergischen Naturforschenden Gesellschaft, Ehrensenator und Mitglied des Kuratoriums der Universität Frankfurt am Main und Mitglied der Kaiserl. Leopoldina in Halle[879]. Alle Hinweise auf die großen Verdienste meiner Großonkel für die deutsche Industrie und für ihr deutsches Vaterland blieben ohne jede Wirkung. „1936 werden die jüdischen Besitzer des Unternehmens, die Brüder von Weinberg, enteignet. 1937 wird die Firma gelöscht, das Vermögen geht an die I.G. Farben über. Das Werk heißt fortan ‚I.G. Farbenindustrie Werk Mainkur'[...]".

„1952 erfolgte die Neugründung der Cassella Farbwerke Mainkur, an denen Bayer, Hoechst und BASF mit je 25% beteiligt sind"[880], hieß es später. Die restlichen 25% hielten bis zum Verkauf der neuen Cassella bis vor kurzem die Erben von Arthur und Carlo von Weinberg. Dieses sind die Familien Rudolf Spreti und Ferdinand Lobkowicz von Arthurs und die Familie Szilvinyi von Carlos Seite. Alle drei Familien waren angeheiratete Familien, die den verdienstvollen jüdischen Weinberg-Stamm nicht mehr fortsetzten, wie ich weiter unten noch schildern werde.

Ab 1937 wurden die Weichen in die Zukunft jetzt nicht mehr in Mainkur/Fechenheim, sondern im Frankfurter I.G. Farben-Hochhaus gestellt. Die in den alten Werken erzielten Gewinne wurden unter dem Einfluss der Nazis nunmehr für den Ausbau der Werke von Leuna und Schkopau verwendet[881], in denen das Ölsynthese-Projekt des Generaldirektors der I.G., Carl Bosch, verwirklicht werden sollte. Hieran waren die Familien Gans und Weinberg – man kann es einen glücklichen Umstand nennen! – nicht mehr beteiligt.

Die Vermutungen Arthur von Weinbergs in Bezug auf Hitlers Willkürherrschaft bestätigten sich in noch größerem Umfang, als er 1938 aller Ämter enthoben wurde. Schon 1937 hatte er zusammen mit seinem Bruder Carlo von Weinberg, mit Otto von Mendelssohn-Bartholdy, Richard Merton, Ernst von Simson, Alfred Merton, Wilhelm Pelzer und Gustav Schlieper – einem Drittel der gesamten Aufsichtsräte – die I.G. Farben verlassen müssen. Im gleichen Jahr waren führende Direktoren der I.G. der NSDAP beigetreten. Zu ihnen gehörten Dr. Carl Krauch, Fritz ter Meer

---

[878] Cassella-Riedl-Archiv 1987, H 3 (Institut für Stadtgeschichte der Stadt Frankfurt am Main).
[879] Lebensläufe im Institut für Stadtgeschichte der Stadt Frankfurt am Main.
[880] Abenteurer mit Sinn fürs Business, in: Das Trialon Magazin, Heft 1/ 2003.
[881] H.E. Rübesamen: Ein farbiges Jahrhundert, S. 62.

und Georg von Schnitzler (1884–1962)[882], bekannt als „der Diplomat und Erste Verkäufer der I.G.", SA-Hauptsturmführer und seit 1942 Wehrwirtschaftsführer[883] sowie enger Verwandter der Szilvinyi-Erben.

Trotz der Klarstellung Hitlers über seine Ziele, die er in seiner Rede vom 30. Januar 1938 genau definiert hatte, wollte keiner der alteingesessenen jüdischen Deutschen, die Hitler als Juden klassifizierte, an die Drohung ... *der Vernichtung aller Juden in Europa* ... glauben. Bei einer Zählung der in Europa zu vernichtenden Menschen kamen Hitlers Schergen auf die Gesamtzahl von 11 Millionen.

Wie viele andere wollten auch die beiden Brüder Weinberg die Morddrohung nicht wahr haben. Meine beiden Großonkel hatten sich nie gefragt, ob sie Juden in Deutschland oder deutsche Juden waren, sondern sich einfach als Deutsche mit jüdischer Herkunft und zugleich als Christen nach ihrem neuen Glauben gefühlt und auch so gelebt und vor allem danach gehandelt. Sie pflegten immer noch die alten jüdischen Traditionen der bedeutenden jüdischen Elitefamilien, nämlich eine übergroße Fürsorge für Arme, Leidende und Menschen, die ihr Mitgefühl benötigten. Vor allem fächerten sie ihre Hilfe in alle Richtungen. Damit vollendeten sie eigentlich die von Eduard Gans geforderte Verbindung von christlicher und jüdischer Lebensauffassung auf ihre ganz besondere Weise.

Arthur war inzwischen Witwer geworden – seine Frau Willemine war am 8.9.1935 gestorben – und wegen seines hohen Alters auf Pflege und Begleitung angewiesen. Anfang 1939 zog er zunächst zu seiner Adoptivtochter Lotti nach Frankfurt. Aber erst auf eindringliches Bitten seiner Adoptivtochter Marie Gräfin von Spreti[884], Frankfurt zu verlassen und zu ihr zu kommen, verließ er zu Beginn des Krieges seine geliebte Heimatstadt[885]. Nach den 9. November-Pogromen hatten die beiden Weinberg-Brüder noch im Dezember 1938 ihren gesamten persönlichen Grund- und Wertbesitz an die Stadt Frankfurt für einen geringen Preis verkaufen müssen. Unter anderen Umständen hätten sie ihre wertvollen Besitzungen damals wohl überhaupt nicht veräußern können[886].

Arthur wurde am 2. Juni 1942 auf Hochschloss Pähl, dem Wohnsitz seiner Stieftochter Marie Gräfin Spreti, von der Gestapo abgeholt und zur „Befragung" in die Münchner Sammelstelle, dem jüdischen Krankenhaus in der Hermann Schmidtstraße 5, gebracht. Dort wurde Arthur, der weder Gepäck noch sonst etwas dabei hatte, nicht lange „befragt", sondern am 6.6.1942 mit dem Transport Nr. II/3 nach Theresienstadt verschickt, wo er anfangs unter schrecklichsten Be-

---

[882] J. Borkin: Die unheilige Allianz, S. 72.
[883] J.U. Heine: Verstand & Schicksal, S. 135.
[884] Siehe Stammbaum.
[885] Nach mündlichen Überlieferungen in der Familie soll Arthur v. Weinberg seinen beiden Adoptivtöchtern Marie Spreti und Lotti Lobkowicz noch je 4 Millionen Mark vor seiner Gefangenschaft vermacht haben.
[886] H.D. Kirchholtes: Cassella und die Weinbergs, S. 16.

dingungen hausen musste. Man hatte ihm ausgerechnet in dem ehemaligen Stall der Kavalleriekaserne einen Platz auf den Steinfließen zugewiesen[887].

Schon am nächsten Tag schrieb Dr. Carl Krauch (1887–1968), Vorsitzender des Aufsichtsrats der I.G. Farben, ein enger Freund von Carl Bosch und ab 1939 Leiter des Reichsamtes für Wirtschaftsaufbau[888], an den SS-Obergruppenführer Karl Wolff, den Verbindungsmann von Himmler und Hitler, und bat ihn, *zu prüfen, ob es Ihnen möglich ist, in diesem besonderen Fall einzugreifen und eine Änderung der Entscheidung der Geheimen Staatspolizei, Leitstelle München, herbeizuführen, soweit nicht staatspolizeiliche Notwendigkeiten dem entgegen stehen*[889].

Dr. Krauch ließ in seinen Schreiben an den Verbindungsmann durchblicken, welche Leistungen Arthur von Weinberg, dessen Großvater schon den jüdischen Glauben abgelegt habe, für die deutsche chemische Industrie erbracht hatte. Auch unterstrich er die loyale Haltung der beiden Brüder Weinberg selbst nach der Machtergreifung Hitlers, da sie sich als Deutsche fühlten und ihr Streben dem Erhalt der Heimat gegolten habe. Nachdrücklich wies Dr. Krauch darauf hin, dass Arthur, wie auch andere männliche Familienmitglieder, schon im Ersten Weltkrieg als Major an der Front gewesen, das Eiserne Kreuz I. und II. Klasse sowie den bayerischen Militärverdienstorden mit Krone und Schwertern verliehen bekommen hatte.

Wie Dr. Krauch zu verstehen gab, war mein Großonkel in industriellen Kreisen in Deutschland wie auch im Ausland anerkannt und für die chemische Industrie unentbehrlich. Eigentlich konnte Hitler auf solche Persönlichkeiten nicht verzichten. Doch leider blieb die Mitteilung von Dr. Krauch ohne Konsequenzen! Arthur von Weinberg blieb im KZ Theresienstadt. Hier behielt er, wie man später erfuhr, seine würdevolle Haltung bei und versuchte, sich mit wissenschaftlichen Vorträgen das Dahinsiechen zumindest auf geistiger Basis zu erleichtern[890].

Arthur von Weinberg gehörte später zu den sogenannten A-Prominenten dieses KZ's. Dieser Status wurde im Herbst 1942 von den Nazis eingeführt und galt Personen mit herausragenden Leistungen in Wirtschaft, Politik, Wissenschaft und Kultur. Mit dieser Statuseinteilung verfolgte die SS zwei Ziele: Einmal sollten

---

[887] E. Mack: Die Frankfurter Familie von Weinberg, in: „die Port", hrsg. v. Heimat- und Geschichtsverein Schwanheim e.V., Frankfurt am Main 2000, S. 1–105, hier: S. 10.

[888] „Mit Energie, kompetenter Sachkenntnis und Einfühlungsvermögen bewältigte er nicht nur die schwierigen, vielfach auch politischen Aufgaben seines „Staatsamtes", sondern nutzte seinen Einfluss auch zur Mäßigung der Partei gegenüber Personen und Einrichtungen der I.G. Farben; er widersetzte sich allen Pressionen, bewies Zivilcourage und bewahrte sich in dieser schweren Zeit stets seine innere Freiheit"; so die Beurteilung der Person Carl Krauchs durch J.U. Heine in: Verstand & Schicksal, S. 100.

[889] Aus einem Schreiben des Aufsichtsratsvorsitzenden der I.G. Farben, Dr. Krauch, vom 2.6.1942 an Himmler in: H.G. Adler: Der verwaltete Mensch, S. 337.

[890] Ebd., S. 338f.

H: Die Gebrüder Weinberg als Großindustrielle und Mäzene

drängende Nachfragen über den Verbleib der Deportieren zugunsten einzelner Personen mit dem Verweis auf das „Musterlager" Theresienstadt beantwortet werden. Zum anderen verfügte die SS über eine vorzeigbar gehaltene, unter vergleichsweise günstigen Bedingungen lebende Personengruppe, die für propagandistische Zwecke eingesetzt werden konnte[891].

Es darf jedoch nicht vergessen werden, dass auch Arthur von Weinberg, wie viele seiner Mitleidenden, unter der ständigen Angst vor den „so genannten Osttransporten" litt. Mit „diesen gefürchteten Deportationszügen wurden seit dem 9.1.1942 bis zum 28.10.1944 etwa 88.000 Menschen aus dem „Durchgangslager" Theresienstadt in die Vernichtungslager gebracht"[892]. Nach einer Gallenblasenoperation fehlte meinem Großonkel die Kraft, sich wieder zu erholen. Dazu mag schließlich die völlig unzureichende medizinische Versorgung, die mangelhafte Ernährung, die ständige Angst und die schrecklichen hygienischen Verhältnisse im Lager beigetragen haben. Arthur von Weinberg starb im Alter von dreiundachtzig Jahren durch Hunger geschwächt an den Folgen der Gallenblasenoperation am 20. März 1943 in Theresienstadt.

Arthurs Urne Nr. 14104 wurde am 22./23.3.1943 auf Befehl der Nazis in den Fluss Öhre geworfen[893].

Später hieß es, Himmler hätte damals der Freilassung zugestimmt und genehmigt[894], dass Arthur die letzten Lebensjahre als vom Elend und Hunger gezeichneter Mann in Mecklenburg bei seiner zweiten Adoptivtochter, der inzwischen verheirateten Charlotte Prinzessin von Lobkowicz, verbringen konnte. Es war klar, dass ein Mann seines Alters Theresienstadt – unabhängig von der Länge seines Aufenthaltes – nie und nimmer würde überleben können.

Es ist für mich unfassbar und eine unerträgliche Vorstellung, dass man diesen verdienstvollen, alten, vornehmen Herrn überhaupt noch in ein Todeslager geschickt hat.

Eine Woche nach Arthurs Tod starb sein Bruder Carlo im Exil in Rom[895]. Im gleichen Jahr beging Carlos Tochter Wera in London Selbstmord.

---

[891] I. Schultz: „Prominente" und „Privilegierte" in Theresienstadt, Schwerin 2001.
[892] Ebd., S. 2.
[893] Schreiben der Gedenkstätte Theresienstadt vom 25.4.1989 an AvG. Darin heißt es: *Seine Urne mit der Nr. 14104 erhielt sich nicht, sie wurde mit Tausenden Urnen in den Fluss Öhre nach dem Befehl der Nazis hineingeworfen.* – Schreiben der Gedenkstätte Theresienstadt, Dokumentation und Sammlung Departement, vom 22.2.1996: *Die Asche wurde wahrscheinlich 1944 in den Fluss geschüttet. Damals befahlen die Nazis, die Asche der 22.000 Opfer in die Eger zu schütten.* – Dort im Anhang veröffentlichte Liste der in Theresienstadt verstorbenen Mitglieder meiner Familie Gans/Weinberg, aus dem Archiv der Gedenkstätte Theresienstadt.
[894] Andererseits heißt es in den Vernehmungsprotokollen des Nürnberger Prozesses, dass die Genehmigung des für Mecklenburg zuständigen Gauleiters – der Name ist mir nicht bekannt – nicht mehr rechtzeitig hätte eingeholt werden können, J. Borkin: Die unheilige Allianz, S. 133 und Fn. 235, S. 204.
[895] Siehe Kapitel Carlo von Weinberg.

Sowohl in der Entwicklungsgeschichte der Firma Hoechst-Cassella, in den Leistungen der Senckenbergschen Gesellschaft, in der Geschichte der Universität Frankfurt – überall wird Arthurs Gedankengut und sein Einsatz als Wissenschaftler, Mäzen und Philosoph weiter wirken.

Sein Besitz „Buchenrode" wurde im Jahr 1938 enteignet und ging 1939 in den Besitz der Stadt Frankfurt über, die das Haus als erstes in Deutschland bestehendes NS-musisches Gymnasium benutzte[896]. Im Zweiten Weltkrieg wurde das Anwesen völlig zerstört. Eine kleine Säule an der ehemaligen Einfahrt zu seinem Besitz erinnert uns heute noch an die vornehme Erscheinung Arthur von Weinbergs.

Seine Adoptivtochter Charlotte von Lobkowicz verlor mit ihrer Familie das Gut in Mecklenburg und auch ihr Elternhaus „Buchenrode". Ihr Mann Prinz Ferdinand von Lobkowicz wurde nach dem Zweiten Weltkrieg Aufsichtsratsvorsitzender der „neuen" Cassella Farbwerke Mainkur AG.

Das noble Foto von Arthur (Archiv Jüdisches Museum der Stadt Frankfurt am Main)

H.2. Carlo von Weinberg (1861–1943)

H.2.1. Beruflicher Werdegang und persönliches Umfeld

Carl Weinberg, auch Carlo genannt, begann 1877 als 16-jähriger Lehrling in der elterlichen Handelsfirma Cassella in der Langestraße, die sein Onkel Fritz leitete, für vorerst drei Jahre seine Ausbildung. Zu dieser Zeit war das väterliche Handelsgeschäft noch in zwei Zimmern und zwei Lagerräumen untergebracht und beschäftigte insgesamt vier Angestellte und Arbeiter. 1927, im Jahr des 50-jährigen Berufsjubiläums von Carlo von Weinberg, waren die Cassella-Werke in Fechenheim/Mainkur eine kleine Stadt für sich[897]!

---

[896] E. Klöß: Die Familien von Weinberg, S. 39.
[897] Carlo von Weinberg. Zu seinem fünfzigjährigen Berufsjubiläum, in: Frankfurter Zeitung, Nr. 316 vom 28.4.1927.

H: Die Gebrüder Weinberg als Großindustrielle und Mäzene

Um sich aber praktische Erfahrungen anzueignen und die Färbertechnik von der Pike auf zu erlernen, beschloss die Firmenleitung, ihn zur Ausbildung in ein böhmisches Textilunternehmen zu schicken[898]. 1882 kehrte er in das Familienunternehmen zurück und konnte fortan seiner Sprachenbegabung und Reisefreudigkeit nachgehen, indem er lange Jahre im In- und Ausland als Repräsentant der Firma Cassella äußerst erfolgreich auftrat. Nicht nur sein klarer Verstand, sein deutlicher Blick in die Zukunft, sondern auch die diplomatische Art im Umgang mit Menschen mussten zum Erfolg führen. Verhandlungen in schwierigen industriellen Fragen wurden von ihm mit großem Geschick geführt. Ihm allein war es zu verdanken, dass der Vertrieb der Cassella-Produkte weltweit organisiert werden konnte[899]. 1885 wurde er Kollektivprokurist und 1892 Teilhaber der Firma „Leopold Cassella & Comp.". Man zog in die Liebigstraße 19 um und dann, als hier die Räume zu klein wurden, in die Feuerbachstraße 50.

Carlo von Weinberg war in den Jahren bis 1892 hauptsächlich im Ausland tätig. Die Handelsbeziehungen erstreckten sich über Spanien, Portugal, England, Frankreich, Russland, Japan und Zentralasien[900]. Es wurde klar, dass von nun ab der Aufstieg der Firma auch dem geschäftstüchtigen und weltmännischen Kaufmann Carlo von Weinberg, der quasi langsam die Stelle seines fast 60-jährigen Onkels Fritz Gans übernahm, zu verdanken war.

1927, am Tage seines 50-jährigen Dienstjubiläums äußerte er sich über seine menschliche Lebensdevise: *Es ist mein Bestreben von je, immer gerecht zu sein. Ich glaube, es ist die schwerste Aufgabe für jeden, der an der Spitze eines großen Unternehmens steht, sich diese Eigenschaft zu wahren. Man soll nicht nach persönlichen Sympathien und Antipathien entscheiden, wenn man für viele Menschen verantwortlich ist*[901].

Erst 1894 wurde die Farbengroßhandlung, wie bereits erwähnt, mit dem Produktionsbetrieb seines Onkels Leo Gans an der Mainkur vereinigt und hieß jetzt „Leopold Cassella & Co.". Nun konnte Carlo sein Organisationstalent, sein diplomatisches Geschick, seine vielen Sprachen und die inzwischen weltweiten Verbindungen mit dem fachwissenschaftlichen Geist seines Bruders Arthur und der Klugheit und Beschlagenheit seines Onkels, Dr. Leo Gans, zu dem anerkannten „Triumvirat" verbinden.

Es wurden tonnenweise Farbfässer ins ferne Ausland geliefert und eines Tages kam Carlo auf die einfache und doch äußerst praktische Idee, den Behältern farbige

---

[898] Firma Jäger in Asch.
[899] Cassella-Riedl-Archiv, 1987, H. 3 (Institut für Stadtgeschichte der Stadt Frankfurt am Main), S. 28.
[900] Der Firma gelang es beispielsweise, sämtliche Gärtnereien in Japan ausschließlich mit Cassella-Farben zu versogen, die dazu dienten, den Gartenkies haltbar und leuchtend zu färben, E. Mack: Die Frankfurter Familie von Weinberg, S. 10.
[901] Cassella-Riedl-Archiv, 1987, H. 3 (Institut für Stadtgeschichte der Stadt Frankfurt am Main), S. 28.

Schildchen, die die innen befindliche Farbe (z.B. rot oder blau) zeigte, aufzukleben. Es erschien ihm nahe liegend, den vielen nicht lese- und sprachkundigen Arbeitern in Afrika oder Indien die Möglichkeit zu geben, auf Grund der farbenprächtigen Bildchen eine Wiederbestellung zu erleichtern. Manchmal warf Carlo auch eine Goldmünze in eines dieser Fässer und freute sich in Gedanken über das erstaunte und glückliche Gesicht des Finders bei der Leerung des Fasses.

Vor Ausbruch des Ersten Weltkriegs stand Cassella mit fast 3000 Akademikern, Kaufleuten und Arbeitern an der Spitze der großen Fabrikationsstätten für organische Farbstoffe. Doch mit dem Ersten Weltkrieg kam der große Einbruch in die deutsche Chemie. Patente wurden enteignet und da durch die Kriegswirren auch die Zulieferung in andere Länder nicht mehr gegeben war, fingen diese an, sich selbst zu organisieren. Carlo erhielt als Kriegsteilnehmer das Eiserne Kreuz II. Klasse am schwarz-weißen Band, den Königlich Preußischen Kronenorden sowie die Komturen des Deutschen Roten Kreuzes, des Hessischen Sternes von Brabant und des Erlöserordens[902].

Carlo – wie auch sein Bruder Arthur – gestaltete die Neuorganisation der deutschen chemischen Industrie nach dem verlorenen Krieg auf das Intensivste mit. Die Reparationskosten und Beschneidung der Fabrikation in der deutschen Chemie veranlassten Carlo von Weinberg, als Leiter der Delegation der Chemieindustrie in die Versailler Friedens-Verhandlungen einzugreifen. Mit seinen ausgezeichneten Französischkenntnissen konnte er bei den Vertragsverhandlungen Zugeständnisse wirtschaftlicher und politischer Art den Siegermächten abringen[903].

Am Konferenztisch trug er zum Wiederaufbau der chemischen Industrie bei, indem er vorschlug, einen Teil der Reparationskosten durch die Übergabe von Farbstoffen zu kompensieren. Man hoffte, auf diese Weise Arbeitsplätze retten und die Produktion von Farbstoffen aufrechterhalten zu können. Seine Verdienste während der Versailler Verhandlungen wurden später von der deutschen Regierung dadurch besonders gewürdigt, dass ihm der Posten eines Botschafters in Paris angeboten wurde[904].

Carlo von Weinberg gehörte auch zu den Pionieren des Fusionsgedankens der deutschen chemischen Industrie, der dann 1925 zur I.G. führte. „Auch hatte er einen wesentlichen Anteil an den Verhandlungen, die vor reichlich zwei Jahrzehnten zu den ersten Verkaufsverständigungen innerhalb der großen Farbenfabriken führten und die damit die Grundlagen schufen, auf die sich dann die endgültige Zusammenfassung dieser Industrie aufbauen konnte", schrieb die Frankfurter Zeitung in ihrer Ausgabe vom 28.4.1927 anlässlich seines 50-jährigen Berufsjubiläums.

Allerdings mussten Carlo und der Rest der Familie hinnehmen, dass der gesamte Auslandsbesitz der Cassella, wie zum Beispiel auch die auf Initiative von

---

[902] Ebd., S. 9.
[903] V. Mohr: Die Demütigung blieb ihnen nicht erspart, in: FAZ vom 4.1.1990, S. 26.
[904] Carlo von Weinberg, Frankfurter Zeitung, Nr. 316 vom 28.4.1927.

Carlo[905] errichteten Fabriken in Riga und Lyon sowie die wertvollsten Patente in den Nachkriegsverhandlungen mit den Alliierten verloren gingen. Der große Verlust musste erst überwunden werden, ehe wieder die Zeit gekommen war, die Fabrikation weiter zu entwickeln.

Aber das fiel den beiden Brüdern nicht schwer, denn sie arbeiten leidenschaftlich und idealistisch für den Wiederaufbau der Heimat und das Wohl ihrer Mitmenschen, wie sie immer wieder äußerten. Es galt insbesondere die Moral der Arbeitnehmer aufrecht zu halten, Carlo setzte sich für eine bessere Zusammenarbeit mit den Arbeitern und Angestellten ein. Er ließ Werkswohnungen bauen und achtete darauf, dass die Menschen gut ernährt und versorgt waren.

Carlo von Weinberg (CiB S. 26)

Sein Anteil am Erhalt der Cassella-Werke und seine Verdienste für die I.G. Farben werden beim Nachlesen der Ansprache des Frankfurter Oberbürgermeisters Graf anlässlich der bereits zitierten Feiern zu seinem 50-jährigen Dienstjubiläum am 28.4.1927 deutlich. Hieraus möchte ich wie folgt zitieren: *Der durch den schmerzlichen Krieg jäh unterbrochene glänzende Aufstieg des von Ihnen kaufmännisch geleiteten Unternehmens hat Ihnen sicher manch schwere Stunde bereitet. Ihrer Tatkraft und Umsicht ist es mit zu verdanken, wenn trotz der durch den Krieg selbst erwachsenen Schädigungen und der durch den Friedensvertrag geschaffenen Nachteile die deutsche chemische Industrie heute in der Weltwirtschaft wieder einen Faktor darstellt, mit dem ernsthaft gerechnet werden muss. Von Ihrer Arbeitsfreude, Ihrem diplomatischen Geschick, das bei allem sachlichen Tun stets die persönliche Note hat, dürfen wir gerade auf dem schwierigen Gebiet der Auslandsbeziehungen das Beste erwarten*[906].

Später ist Carlo von Weinberg – wie einige andere Vertreter der I.G., die sogar Mitglieder der NSDAP wurden – Hitlers vehementen Machtversuchen im Umgang mit den einflussreichen Männern der I.G. erlegen. Er wurde 1933 offenbar zum „bedingungslosen Parteigänger der Nationalsozialisten"[907]. „Obwohl Weinberg Jude war, erklärte er den Besuchern von Du Pont, dass er dem Nationalsozialis-

---

[905] Cassella-Riedl-Archiv, 1987, H. 3 (Institut für Stadtgeschichte der Stadt Frankfurt am Main), S. 28.
[906] Magistratsakten der Stadt Frankfurt am Main, Entwurf einer Ansprache des Oberbürgermeisters Graf vom 28.4.1927.
[907] J. Borkin: Die unheilige Allianz, S. 61.

mus seine volle Zustimmung gebe. Er fügte hinzu, sein gesamtes Vermögen sei in Deutschland investiert und er besäße außerhalb des Landes keinen Pfennig"[908].

H.2.2. Die Nazizeit und das Ende

1938 wurde Carlo wie sein Bruder Arthur gezwungen, alle Ehrenämter und Mandate abzulegen und seinen Besitz an die Stadt Frankfurt zu verkaufen. Schon 1936 war er nach der Enteignung aus dem Verwaltungsrat der Cassella ausgeschieden, und unter dem Druck der NSDAP wurde er ein Jahr später auch aus dem I.G. Farben Aufsichtsrat hinausgepresst. Doch Carlos Patriotismus war so groß, dass er trotz aller Warnungen und teilweise flehentlichen Bitten seiner inzwischen in England lebenden Tochter Wera das geliebte Heimatland nicht verlassen wollte.

Selbst als die Bedrohung so stark wurde und ihm zugesetzt wurde, seinen gesamten Grund- und Wertbesitz zu verkaufen, wollte er in Frankfurt bleiben und mit seinem Diener eine kleine Wohnung in dem von seiner Frau einst gegründeten Waisenhaus beziehen. Doch engste Freunde brachten den inzwischen Witwer gewordenen Carlo so weit, dass er 1939 gemeinsam mit Hilfe von Freunden und Kollegen der I.G. Farben zu seiner Schwester Maria Gräfin Paolozzi di Calboli nach Italien floh, wo er bis zu seinem Tod über eine Mailänder Firma Pensionszahlungen der I.G. Farben erhielt[909]. Hier lebte er bescheiden, bis er am 14. März 1943, im selben Monat und Jahr wie sein Bruder Arthur, mit 83 Jahren starb. Er ist in den Grabstätten der Familie seiner Schwester, Gräfin Paolozzi, in Chiusi bei Florenz beigesetzt[910].

Nur einige Monate später, nämlich am 9. April 1943, beging sein einziges Kind, seine Tochter Wera, in London Selbstmord. Der einzige Enkel, Alexander von Szilvinyi, geboren 1925, starb als Soldat am 18. Juli 1944 in Frankreich. Mit ihm erlosch auch der zweite Zweig der Frankfurter Weinbergs.

Das Leben von Wera von Weinberg verlief nicht ohne schwere persönliche Enttäuschungen. Sie wurde in ihrer ersten, am 11.12.1915 in Waldfried geschlossenen Ehe im Jahr 1920 von Alfons Alexander Markgraf von Pallavicini geschieden, möglicherweise, weil sie von ihrem Ehemann keine Kinder bekam. Die Ehe wurde kirchlich annulliert. Ihre am 25.8.1921 geschlossene zweite Ehe mit Paul Graf zu Münster blieb ebenfalls kinderlos und wurde am 2.1.1929 geschieden. Während ihrer zweiten Ehe ging sie eine Verbindung mit dem Prokuristen im Hoechster Farbenverkauf, Richard von Szilvinyi, ein und brachte einen Sohn namens Alexander zur Welt. Am 2. März 1929 heiratete sie Richard von Szilvinyi, und ihr Sohn erhielt den Namen Alexander von Szilvinyi.

[908] Ebd.
[909] J.U. Heine: Verstand & Schicksal, S. 259.
[910] I. Iwanowsky u.a. (Hg.): Weinbergkapelle, Niederrad 1989, S. 7.

Wir können nur vermuten, dass Wera von Weinberg sich von Richard von Szilvinyi lediglich aus politischen Gründen scheiden ließ und nach Wien ging, wo sie den dort im Jahre 1892 geborenen jüdischen Zahnarzt Dr. Josef Reiss kennen lernte und ihn am 26.1.1935 in Budapest heiratete. Sie floh mit ihm gemeinsam nach London. Wie schon berichtet, nahm sich dort Wera von Weinberg im April 1943 das Leben, möglicherweise nachdem sie vom traurigen Schicksal ihres Vaters Carlo und ihres Onkels Arthur gehört hatte, die beide im März 1943 verstorben waren - Carlo im Exil in Rom und Arthur im KZ Theresienstadt.

Nachdem ihr Sohn Alexander am 18. Juli 1944 im Felde in Frankreich gestorben war, trat dessen Vater Richard von Szilvinyi als Alleinerbe das Erbe nach seinem Sohn an. Bei der Rückerstattung des unter dem Druck der Nazis an die Stadt Frankfurt verkauften Grundbesitzes erhielt Richard von Szilvinyi die Grundstücke zwischen Harthweg und dem Waldfried Park im Umfang von 2,24 Hektar zurück, während der Rest des großen Waldfriedgeländes von rund 32 Hektar bei der Stadt Frankfurt verblieb.

Die wertvollen Kunstgegenstände aus dem Besitz Carlo von Weinbergs sind gegen Zahlung von 75.000 DM nach dem Krieg an Richard von Szilvinyi zurückgegeben worden. Er musste die Sammlung zum Wert 1:10 von der Stadt Frankfurt zurückkaufen, und diese Verbindlichkeiten der Stadt gegenüber an bestimmten Terminen einlösen. Schließlich zeigte das Museum für Kunsthandwerk in Frankfurt ein solches Interesse an den bei ihm aufbewahrten Stücken der Sammlung von Carlo von Weinberg, dass Richard von Szilvinyi den Kunsthändler W. Henrich beauftragte, die Kunstgegenstände dem Museum wieder zum Kauf anzubieten. Im Verlauf der Verhandlungen einigte man sich auf Preise, die erheblich unter denen durch den Kunsthändler Henrich taxierten Preisen lagen. Das Museum machte dabei offenbar einen guten Schnitt.

In den Jahren 1951–55 stiftete Richard von Szilvinyi dem Historischen Museum, der Städtischen Galerie sowie dem Museum für Kunsthandwerk in Frankfurt weitere Teile der zurückerhaltenen Kunstwerke im Wert von damals 106.600 Mark, darunter so wertvolle Stücke wie sieben große Wandgemälde des bedeutenden Landschaftsmalers des 19. Jahrhunderts, Christian Georg Schütz, eine „Christus-Johannes-Gruppe" aus dem Dominikanerkloster Adelshausen in Freiburg/Breisgau sowie kostbare Wandteppiche und Möbel des 16. und 17. Jahrhunderts[911].

Im Zuge der Wiedergutmachung nach dem Krieg erhielt die Familie Szilvinyi zusammen mit den Erben nach Arthur von Weinberg 25 % der Anteile an der von den Amerikanern wieder ins Leben gerufenen Firma Cassella zurück, die nach der Zerschlagung der I.G. Farben 1952 erneut gegründet worden war. In der „neuen" Cassella übernahm Richard von Szilvinyi den Aufsichtsratsvorsitz.

[911] Institut für Stadtgeschichte Frankfurt am Main, Stiftungsabteilung, III/42-79, 424, Bl. 1–36.

Richard von Szilvinyi heiratete nach dem Krieg in zweiter Ehe Liselotte (Lilo) von Schnitzler, die Tochter des bereits oben erwähnten Georg von Schnitzler (1884–1962), der Vorstandsvorsitzender der I.G. Farben AG in den Jahren von 1926 bis 1945 gewesen war. Georg von Schnitzler war ein enger Parteigänger Hitlers und SA-Hauptsturmführer gewesen[912].

Schnitzler wurde 1945 durch die amerikanische Besatzung verhaftet und 1948 durch das amerikanische Militärtribunal in Nürnberg nach Anklagepunkt „Plünderung und Raub" für schuldig befunden und zu vier Jahren Haft verurteilt[913].

Seine Tochter Lilo war, bevor sie Richard von Szilvinyi ehelichte, mit dem Gesandtschaftsrat und späteren Konsul in Boston, Mailand und Turin sowie SS-Oberführer Dr. Herbert Scholz verheiratet. Da ihre Ehe mit Richard von Szilvinyi kinderlos blieb und dessen einziger Sohn Alexander aus der Ehe mit Wera von Weinberg bereits 1944 im Feld starb, wurden die Söhne aus der ersten Ehe von Lilo von Schnitzler mit Herbert Scholz nach dem Krieg Anteilnehmer am Cassella-Unternehmensvermögen und Erben des Vermögens nach Carlo von Weinberg und Richard von Szilvinyi.

Diese Tatsache ist oft in meiner Familie diskutiert und mit tiefer Resignation registriert worden.

H.2.3. Die Villa Waldfried in Niederrad

Ehe Carlo und seine Frau May in das 1897 erbaute Waldfried einzogen, wohnten sie in der Frankfurter Wöhlerstraße 2[914]. Zwischen Flughafen- und Golfstraße rumpelte einst die Waldbahn durch, um Ausflügler durch den Stadtwald nach Schwanheim zu bringen. Dieses Gelände erwarb Carlo von Weinberg und ließ 1896 durch die Architekten Otto Bäppler und A. von Kauffmann einen prachtvollen Wohnsitz errichten, wobei Kauffmann den linken Teil erbaute, Bäppler den rechten. Der Architekt Bäppler sollte noch für ein anderes Familienmitglied tätig werden. 1910 entwarf und baute er die „Kestenhöhe" in Oberursel, ein sensationelles, romantisches, efeubewachsenes englisches Landhaus, in dem Ludwig von Gans, ein Cousin der Weinberg-Brüder, mit seiner Familie lebte[915].

Der Besitz Waldfried unterschied sich von dem Haus Buchenrode von Arthur von Weinberg durch seine Opulenz und Repräsentanz und weist damit auch auf die unterschiedlichen Charaktere der beiden Brüder hin. Mein Großonkel Arthur war mehr der zurückhaltende Wissenschaftler und Erfinder, während Carlo den souveränen und

---

912 J.U. Heine: Verstand & Schicksal, S. 134f.
913 Ebd., S. 136.
914 Mitgliedsverzeichnis des Homburger Golf-Clubs 1902, Hbg 279.
915 Siehe Kapitel Ludwig von Gans.

Die Villa Waldfried um 1899, links die kleine Wera von Weinberg mit Kindermädchen (Archiv AvG)

weltgewandten Großkaufmann repräsentierte, den einflussreiche Kontakte auszeichneten. Das Anwesen kann mit seiner Ausdehnung und der Erlesenheit seiner Ausstattung heute mit den Besitzungen der regierenden Fürstenhäuser oder reichsten Familien der westlichen Welt verglichen werden. In ihm spiegelte sich der unermessliche Wohlstand, den die deutsche Industrie in den Jahren zwischen 1894 und 1914 vereinzelten Familien einbrachte. Umso schicksalhafter ist deren finanzieller Niedergang, mit dem zugleich eine bedeutende Führungsschicht ihren Einfluss in Deutschland verlor.

In Waldfried entstanden verschiedene Häusertrakte. Die Gästezimmer wurden in immer verschiedenen Stilrichtungen, wie zum Beispiel Regency, Renaissance und Rokoko, Mittelalter oder Empire mit originalen Möbeln, Bildern, Statuen und Wandteppichen kostbarst eingerichtet. Die Weinbergs führten ein großes Haus, wo auch die vielen zu großen Veranstaltungen, wie Bälle, Pferderennen oder Poloturniere geladenen Gäste mit ihrem jeweiligen Personal bequem untergebracht werden konnten. Die bisweilen bis zu einhundert Gäste tafelten an langen Refektoriumstischen[916]. Die sogenannten Junggesellenzimmer bestachen durch ihre rustikale Dekoration[917].

Carlos Frau May, Tochter eines englischen Offiziers – ihr richtiger Name war Ethel Mary Villiers Forbes aus dem Haus der Earls of Granard, die am 15. De-

---

[916] C. Sternberg: Es stand ein Schloss in Böhmen. Wanderjahre einer Europäerin, Hamburg 1979, S. 62.
[917] Brief des B. Graßhoff 1925 an seine Familie. Er war jahrzehntelang Tapezierer in Waldfried.

zember 1866 in Plymouth geboren wurde und am 21. Januar 1937 in Waldfried starb, war 1894 mit englischen Freunden in das elegante Bad Homburg gekommen, wo sie auf einem Fest Carlo von Weinberg kennen lernte. Aus den alten Mitgliedslisten des Golfclubs Bad Homburg lässt sich ersehen, dass ihre Verwandten Villiers und Forbes schon von Anfang an Mitglieder des Clubs waren und offensichtlich mit May häufiger hierher reisten.

Carlo und May heirateten im selben Jahr ihres Kennenlernens, nämlich 1894, in London. Man sagte May nach, das sie zu den schönsten Frauen der Welt gehörte, ihre Eleganz soll überwältigend gewesen sein. Ihr kulturelles Interesse erstreckte sich von der Kunst, Literatur bis hin zum Theaterspiel. May legte bei der Einrichtung des Hauses, das sie bis zum Ausbruch und nach Beendigung des Ersten Weltkriegs immer wieder umgestaltete, sehr viel

May von Weinberg nach einem Gemälde von Tini Rupprecht (Archiv AvG)

Familienausflug, Carl von Weinberg kutschierend (Archiv AvG)

Wert auf antike Stoffe, denn sie gaben ein Zeichen der damals hohen Färberkunst ab. Teile der Räume wurden von Paris aus eingerichtet.

In Waldfried traf man sich während des Krieges mit Freunden und Verwandten. Die bekannte Künstlerin Tini Rupprecht, die May und Wera von Weinberg mehrmals und Arthur von Weinbergs Adoptivtöchter Marie und Charlotte malte, kam zu Besuch, ebenso Betty von Goldschmidt aus der auch mit den Familien Gans und Weinberg verwandten Frankfurter Kaufmannsfamilie, wie auch Mathilde Baronin von Rothschild sowie Dr. Ludwig von Gans mit seiner Frau, ebenso Nelly Herz, Tochter von Adolf Gans, mit ihren Töchtern und Dr. Leo Gans mit seiner Frau.

Wir haben es dem Tapezierer Bruno Graßhoff, der über 20 Jahre im Dienst in Waldfried stand, durch seinen Brief an eine Verwandte aus dem Jahr 1925 zu verdanken, dass wir heute neben den Fotos einen Einblick in ein so herrschaftliches Haus haben können. Er schrieb: *Die Baderäume mitgezählt sind es 125 Zimmer. Nicht mitgezählt sind die Küchen und Vorratsräume, Keller und Bodenräume. Die Kutscherwohnungen usw. sind auch nicht mitgezählt, nur die Zimmer der Diener und Mädchen, die im Haus selbst beschäftigt werden [...]*

Das Haus enthält 22 teils sehr kostbare Baderäume, 1 große Herrschaftsküche mit Nebenräumen, wo früher immer 2, jetzt nur noch 1 Küchenchef mit 3 Mädchen arbeitet, 1 Dienerschaftsküche und 1 Eßsaal für eigene Dienerschaft, sowie ein Eßsaal für fremde Dienerschaft, die Besuch mitbringt. Für solche Dienerschaft sind auch Zimmer da, eine ganze Zimmerflucht sogar und die sind sehr hübsch eingerichtet [...]

Die Halle, das Herrenzimmer und die Galerie sind immer nur als ein Zimmer gezählt, dabei sind sie so groß, dass die Halle allein Platz bietet für achtzehn bürgerliche Zimmer, wie solche gegenwärtig vom Mittelstand bewohnt werden. Das Haus ist kurz vor dem Krieg von einem Kunstkenner einschließlich aller Kunstgegenstände, die es enthält, auf mindestens 20 Millionen Goldmark geschätzt resp. berechnet worden[918].

Diese große Halle und der Speisesaal hatten während des Ersten Weltkrieges als Lazarett gedient. Nach Beendigung des Krieges wurde die Halle in eine Kapelle umgebaut. Die riesigen, prachtvollen Gobelins – die kostbarsten Stücke des Hauses –, die den Saal schmückten, wurden nach dem Ersten Weltkrieg an die Stadt Frankfurt verkauft. Später wurden sie im Frankfurter Römer aufgehängt.

Carlo erfüllte seiner Frau May jeden Wunsch. Als die langersehnte Tochter Wera 1897 auf die Welt kam, ließen die glücklichen Eltern zum Dank ein Waisenhaus in der Waldfriedstraße errichten. Zehn kleine elternlose Mädchen fanden ein Heim, in dem sie versorgt und erzogen wurden. May wollte keinen Verein gründen, die Wohltätigkeit sollte ganz allein von ihr ausgehen.

In Niederrad hielt sie viele Jahre eine „Kinderkrippe", die sie von ihrem Architekten Otto Bäppler in der Odenwaldstraße errichten ließ. Dort wurden

[918] Ebd.

30 Kinder betreut, deren beide Eltern berufstätig waren[919]. Während May und ihre Tochter Wera die Verwundeten des Ersten Weltkriegs betreuten, lernte diese ihren zukünftigen Mann, Markgraf Alfons Alexander Pallavicini, kennen. Sie heirateten im Dezember 1915.

Wie bereits erwähnt, ließ May 1923 in der Haupthalle in Waldfried eine Kapelle und Sakristei einrichten, geschmückt mit kostbaren Kunstgegenständen, wie Madonnen und ein Holzgestühl, die sie auf ihren Reisen mit ihrem Mann erstand. May war vom anglikanischen letztendlich zum katholischen Glauben konvertiert und galt als äußerst fromm[920]. Taufen in der Familie fanden immer hier statt. Die Ausgestaltung dieser Kapelle war auch für die Ortsbewohner, die regelmäßig an der sonntäglichen Messe teilnehmen konnten, so beeindruckend, dass sie sich für die Gottesdienste besonders festlich anzogen. An Feiertagen wurden nach der Messe von May von Weinberg persönlich

Wera von Weinberg als junge Braut 1915 (Archiv AvG)

Geschenke an die Bediensteten und die Messdiener sowie den Chor vergeben. Oft war die Kapelle bis auf den letzten Platz besetzt und manch persönliche Begegnung mit May von Weinberg fand hier statt[921], was sicherlich zu dem sehr guten Verhältnis zwischen der Familie Weinberg und der Niederräder Bevölkerung beigetragen hat.

Die Glasfenster der Kapelle ließ May von ihrer guten Freundin Lina von Schauroth fertigen, die später dafür sorgte, dass die ausgefallenen Gläser über den Zweiten Weltkrieg gerettet wurden. Heute sind sie in der Alten Nikolai-Kirche gegenüber dem Römer eingebaut. Als Erinnerung an die großzügige Familie weist die Beschriftung eines der Fenster auf den Wohltäter Carlo von Weinberg hin. Ein Jahr bevor 1938 Villa und Park Waldfried als jüdischer Besitz enteignet wurden, erhielt die Gemeinde einen Großteil der Ausstattung der ehemaligen Kapelle und Sakristei der Villa Waldfried als Nachlass übereignet[922].

[919] E. Klöß: Die Familien von Weinberg, S. 46.
[920] J. Gelbig: Erinnerungen an die Familie von Weinberg, in: Weinbergkapelle, Frankfurt/Main Niederrad 1989, S. 13.
[921] W. Kinkel: Einführung, in: Weinbergkapelle, S. 6.
[922] W. Kinkel: Einführung, S. 6.

Im Gegenzug zu Mays Waisenhaus hatte Carlo dafür gesorgt, dass in Schwanheim, einem benachbarten Ort, eine Schule errichtet wurde. Als Belohnung für gute Noten gab es auch mal eine Reise nach Paris oder den Aufbau eines Schulorchesters sowie Fahrten durch die deutsche Landschaft. Im Odenwald wurde die Burg Breuberg als Schüler-Ferienheim mit der finanziellen Unterstützung Carlos ausgestattet und hergerichtet.

1928 begann May im nahe gelegenen Walldorf eine großzügige Hühnerfarm zu errichten; sie ließ schon vorher kleine selbst bemalte Hühner- und Entenhäuser für exotische Tieren bauen und dort aufstellen, wo sich heute der Haupteingang zum Weinbergpark befindet. Die Hühnerfarm mit weit über tausend Rassehühnern aber sollte neben dem Hobby der Qualitätszucht auch für die Ernährung und den Erwerb der Niederräder Bevölkerung in Notzeiten sorgen.

Um das große Gelände in Waldfried auszunutzen, wurde ein Gemüsegarten angelegt, in dem May, eine begeisterte Gärtnerin, immer gerne fast täglich arbeitete und mithalf, wie auch im Blumengarten und in den Treibhäusern[923].

Carlo fuhr manchmal Motorrad und blieb auf Grund der folgenden tragikomischen Geschichte einem Aushilfspförtner immer in Erinnerung. Eines Abends kam Carlo mit dem Motorrad angebraust und stellte es am Pförtnerhäuschen ab. „Sie können es behalten, wenn Sie wollen", sagte er zu dem jungen Mann. Dieser konnte es nicht glauben, und lieferte das sauber geputzte Vehikel am nächsten Morgen ab. Als Carlo es sah, meinte er nur: „Ja, wenn Sie es nicht wollen, dann bekommt es ein anderer!" Sicherlich war es für den jungen Mann nicht leicht, eine Erklärung für die ungewöhnliche Großzügigkeit seines Arbeitgebers zu finden, die in der Tat aus der Sicht des sogenannten „kleinen" Mannes unfassbar erschien[924]!

1932 äußerte May, dass sie in Niederrad begraben werden wollte. Carlo ließ beim Bau der Niederräder Kirche an der Bruchfeldstraße eine Begräbniskapelle errichten, in der May von Weinberg in für ihre Familie schwierigen politischen Zeiten 1937 beigesetzt wurde.

Die in Waldfried beherbergten Kunstschätze müssen sehr erlesen gewesen sein. 1938 wurde die Sammlung von Carlo und May von Weinberg auf Verlangen der Nazis für 750.000 Reichsmark an die Stadt Frankfurt verkauft. Heute ist die Sammlung kleiner Möbel im Frankfurter Museum für Kunsthandwerk zu sehen.

Carlo, der weit gereiste Weltmann, war ebenso wie sein Bruder Arthur der Vollblutzucht zugetan, wollte aber noch einer anderen Passion nachgehen und ließ auf seinem Anwesen einen Poloplatz errichten. Hier begrüßte er seine Gäste und gab Feste, die noch Jahre danach in aller Munde waren: Während die Reiter auf dem Poloplatz waren, brachte ein Trupp Chauffeure die Damen in die Stadt zum Juwelier Koch, wo ihnen freistand, sich ein Andenken auszusuchen. Auch

---

[923] K. Abel: Als Meßdiener in der Privatkapelle, in: Weinbergkapelle, S. 22.
[924] E. Klöß: Die Familien von Weinberg, S. 41.

unterstützte Carlo den Bau des in der Nähe befindlichen Golfplatzes, er war Gründungsvorsitzender und von 1918 bis 1933 Präsident. Einen Teil seines Parks hatte Carlo im römischen Stil errichten lassen, unter anderem einen barocken Brunnen aus Florentiner Marmor, der heute im Nebbien'schen Gartenhaus steht.

Carlo veräußerte 1938 notgedrungen einen großen Teil seines Besitzes und ging ins italienische Exil. Das einmalige, prächtige Landhaus Waldfried wurde 1938 von den Nazis enteignet[925] und 1944 von einer Bombe getroffen – obwohl der Angriff dem Eisenbahnknotenpunkt gelten sollte – und zum größten Teil zerstört. Da es unbewohnt war, gingen die Menschen aus der Umgebung daran, Teile, die sie selbst für ihre demolierten Häuser brauchen konnten, abzumontieren. Angeblich befinden sich noch zarte Marmor- und Alabastertafeln als Fußplatten in manchen Gärten.

1956 entschloss sich die Stadt Frankfurt, die restlichen Steine und Mauern zu einem hügeligen Haufen zusammenzuschieben. Heute ist auf dem Platz, an dem das herrschaftliche Haus stand, eine Kinderspielwiese. Die Rückgabe des Parks an die Erben von Carl und May von Weinberg scheiterte wohl an den hohen steuerlichen Auflagen der Stadt Frankfurt, die die Erben hätten übernehmen müssen.

Der große Glanz des herrschaftlichen Lebens von Carlo und May von Weinberg ist erloschen. Bis auf eine Büste von Carlo von Weinberg erinnert heute kaum noch ein äußeres Zeichen an ihren großzügigen und überaus wohlhabenden Lebensstil. Die Tatsache, dass man sich heute noch in der Niederräder Bevölkerung an sie erinnert, deutet auf ihre offenbar beeindruckenden charakterlichen Fähigkeiten hin, durch die sie ihren unternehmerischen und sozialen Aufgaben nachkamen.

[925] W. Kinkel: Einführung, S. 6.

VIERTER TEIL:
DIE GENERATIONEN NACH DEN GRÜNDERN (1900–1963)

A. Paul Gans-Fabrice (1866–1915), Automobil- und Luftfahrtpionier

A.1. Die ersten Jahre

In Frankfurt wurde mein Großvater Paul Gans am 11. Juli 1866 als mittleres der drei Kinder von Fritz und Auguste Gans[926] geboren. Pauls Schwester Adela kam 1863 und sein Bruder Ludwig 1869 auf die Welt. Zunächst wuchsen sie im Frankfurter Westend in der Niedenau auf, ehe sie in unmittelbarer Nähe das große Haus in der Taunusanlage 15 bezogen.

Adela Gans heiratete 1884 den jüdischen Bankier Moritz Wetzlar[927], Sohn des bekannten Investment-Bankers an der Wallstreet, New York, Gustav Wetzlar und verzog mit ihm nach London. Nach dem Tod ihres Mannes im Jahr 1892 heiratete sie Dr. Stanton Coit (1857–1944), der die drei Wetzlar-Kinder adoptierte. Das Ehepaar Coit hatte noch drei weitere Kinder.

Paul Gans als junger Mann (Archiv AvG)

Die nachfolgenden Generationen heirateten unter anderem in die englischen Familien Lloyd George, Gibson, Wickham, Dunlop sowie Flemming ein und kehrten nie mehr nach Deutschland zurück. Adela verstarb am 4.10.1932 in London.

Pauls Bruder Ludwig Gans blieb in Frankfurt und gründete dort – wie bereits berichtet – im Jahr 1909 – vermutlich mit dem Erbe seiner Mutter – mit großem Erfolg die Pharma-Gans, die jedoch im Zuge des zunehmend harten Wettbewerbs unter den Pharmaunternehmen nach dem Ersten Weltkrieg schließlich in den 1930er Jahren in Konkurs ging[928].

---

[926] Siehe Kapitel Fritz Gans.
[927] H. Trenkler: Die Bonns, S. 101.
[928] Siehe Kapitel Ludwig Gans.

Dr. Paul Gans-Fabrice (Archiv AvG)

Vor seinem 17. Geburtstag, das heißt ehe er das wehrpflichtige Alter erreicht hatte, erhielt Paul Gans 1883 die Möglichkeit, Frankfurt zu verlassen und ins Ausland zu gehen; ich vermute, um sein Studium schnellstmöglich zu beginnen[929]. Mein Großvater entschloss sich auf Drängen der Familie, Chemie zu studieren wie sein Bruder Ludwig, sein Onkel Leo und seine Cousins Richard Gans und Arthur Weinberg vor ihm. Im Jahr seines Studienbeginns hatte sein Cousin Arthur Weinberg[930] sein Chemiestudium bereits abgeschlossen und war in die väterliche Firma Cassella eingetreten, in der sein jüngerer Bruder Carlo seit 1877 mit Erfolg als Kaufmann tätig war. Im Alter von 25 Jahren wurde Paul Gans 1891 in Straßburg zum Dr. phil.[931] promoviert.

1894 trat mein Urgroßvater Fritz offiziell aus seiner aktiven beruflichen Laufbahn als kaufmännischer Leiter des Chemieunternehmens Cassella aus und wandte sich verschiedenen neuen Investments zu. Im Rahmen dieser Neuorientierung unterstützte er seine beiden Söhne Ludwig und Paul finanziell, indem er deren nunmehrigen Einstieg in zukunftsorientierte, avantgardistische Industrien ideell und materiell förderte[932]. Dies lag ganz auf der Linie seines bisher praktizierten Unternehmertums und zog sich außerdem wie ein roter Faden durch die vergangenen Generationen der Familie Gans. Sein Entschluss war möglicherweise auch als Entschädigung für die schon von den beiden Weinberg-Brüdern besetzten Stellen im Familienunternehmen Cassella gedacht, denn beide Brüder, Paul und Ludwig Gans, traten nicht ins Familienunternehmen ein.

Ludwig Gans begann in den 1920er Jahren das gerade in den USA erfundene Insulin zu produzieren, und mein Großvater Paul stieg in die ebenfalls gerade in den USA in Gang gesetzte Automobilindustrie ein, der ein beinahe selbstmörderisches Engagement in der Luftfahrtindustrie folgen sollte. Gerade letzteres bedeute absolutes Neuland und war mit dem Risiko behaftet, dass selbst die exorbitanten

---

[929] H. Trenkler: Die Bonns, S. 109: „Mehrere vermögende Bürger in Frankfurt beanspruchten nach 1866 das Auswanderungsrecht für ihre Söhne vor dem Erreichen des wehrpflichtigen Alters. Die meisten gingen in die Schweiz".
[930] Siehe Kapitel Weinberg-Brüder.
[931] Das Thema seiner Dissertation lautete: Über Monobrombrenztraubensäure und Furazancarbonsäure, Straßburg 1891 (Exemplar bei AvG).
[932] Siehe Kapitel Ludwig von Gans.

Gewinne, die mein Urgroßvater Fritz als kaufmännischer Leiter des Anilinfarbenwerks Cassella erworben hatte, sowie die reiche Erbschaft meines Großvaters Paul nach seiner Mutter im Jahr 1909 nicht ausreichen würden, um als Alleinunternehmer und Pionier ohne Hilfe von außen die Entwicklung, Produktion und den Vertrieb von Luftfahrtgeräten – also Luftschiffe und Flugmaschinen – auf den Weg zu bringen und als Mäzen zu unterstützen. Hinzu kam, dass auch noch weitere Pioniere in diese beiden neuen Industriezweige investierten und mit zahlreichen Erfindungen auf den Markt kamen und teilweise vom deutschen Staat unterstützt wurden.

Glücklicherweise hatte mein Großvater Paul den Erfindergeist der Familie Gans geerbt. Er zog nach seinem Studium – also um etwa 1892 – nach Paris, da Frankreich auf dem Gebiet der Flugtechnik bekanntermaßen fortschrittlicher als Deutschland war. Dort muss er schon früh mit dem Erfinder und Unternehmer Louis Blériot (1872–1936) in persönlichen oder auch nur geschäftlichen Kontakt gekommen sein, der nach seinem Betriebswirtschaftsstudium an der École Centrale Paris zunächst eine Firma zur Herstellung von Automobil-Lampen gegründet und sich ab 1902 mit großem Engagement der Produktion von Luftfahrzeugen zugewandt und diese bereits vermarktet hatte. Im Jahr 1910 bestellte mein Großvater Paul bei Blériot vorerst zwei Flugzeuge des Typs Blériot XI für die von ihm in München gegründete Fliegerschule, von der im Weiteren noch berichtet werden soll. Möglicherweise hatte Blériot sein Interesse für die Automobile aufgegeben, weil in den USA bereits schon die Massenproduktion von Ford-Automobilen angelaufen und die Automobilindustrie der Pionierzeit somit entwachsen war.

Blériot hatte sich selbst das Fliegen beigebracht. Er experimentierte unter Lebensgefahr mit eigenen Flugzeugkonstruktionen, bis er – kurz vor dem finanziellen Ruin stehend – schließlich ein flugtüchtiges Gerät erfand, die Blériot XI. Mit diesem Flugzeug gelang es ihm, im Jahr 1909 den Ärmelkanal von Calais nach Dover zu überqueren und damit einen von der Londoner Zeitung *Daily Mail* gestifteten Geldpreis in Höhe von 1000 engl. Pfund zu gewinnen. Diese Leistung machte ihn weltberühmt und weckte auf Anhieb das Interesse des breiten Publikums für die Luftfahrt. Auch mein Großvater Paul wandte sich ab 1909 verstärkt der Luftfahrt zu und reagierte damit auf einen beginnenden Bedarf des Marktes nach Fluggeräten in Deutschland.

Bereits 1910 besaß die Blériot XI die Weltrekorde in den Disziplinen Flughöhe, Entfernung, Geschwindigkeit und Flugdauer und dokumentierte damit überzeugend ihre technische Überlegenheit gegenüber anderen Konstruktionen im Flugzeugbau. Blériot lieferte von 1909 bis Ende 1913 800 Maschinen aus. Hinzu kamen Lizenzbauten in Italien und Großbritannien. Vermutlich wird auch sein Unternehmen von den anwachsenden Aufrüstungsplänen der europäischen Regierungen profitiert haben.

Auch mein Großvater hatte sich – wie Blériot – zunächst der Automobilindustrie und ab 1895 zusätzlich dem Bau von Flugmaschinen zugewandt. Er selbst besaß seit 1895 ein Elektroauto, einen Benzwagen sowie ein Motorrad. Mit dem Benzwagen[933] mit katalytischer Zündung[934] gewann er 1896 das bedeutende Rennen Marseille-Nizza und mit seinem Motorrad 1897 das erste Zweirad-Motorcycles-Rennen (La Coupe de Motorcycles) in Frankreich.

Im Jahr 1896 hatte die Firma Benz & Co. Rheinische Gasmotorenfabrik in Mannheim eine *Zündvorrichtung für Gas-, Benzin und Petroleum-Maschinen* entwickelt, diese beim Kaiserlichen Patentamt zum Patent angemeldet und daraufhin das Patent Nr. 95 244 erhalten.

Ich vermute, dass mein Großvater Paul über die Benutzung eines Benzwagens hinaus mit dem Unternehmen Benz auch als Erfinder zusammengearbeitet hat. Denn er reichte von Paris aus eine Anmeldung seiner Erfindung *Gemischte Zündvorrichtung für Gaskraftmaschinen* beim Kaiserlichen Patentamt in Berlin ein, die am 16. 7. 1899 unter der Nummer 114 803 patentiert wurde[935] und eine Weiterentwicklung der obigen Erfindung der Firma Benz darstellte.

Noch 1902 beschäftigte er sich mit diesem Problem, denn es fand sich in der Schriftensammlung des Deutschen Patentamtes eine Vereinfachung der ersten Konstruktion meines Großvaters, auf die er vom Kaiserlichen Patentamt ein Patent unter der Nummer 142 120 erhielt[936]. Auch diese Erfindung hatte Paul Gans von Paris aus beim Patentamt angemeldet, so dass man davon ausgehen kann, dass er bis einschließlich 1902 in Paris wohnhaft gewesen ist, bis er endgültig nach Bayern übersiedelte, wo er nicht nur für sich, seine Frau und seine drei Kinder in der Schmölz bei Garmisch ein großzügiges Zuhause schuf, sondern gleichzeitig Produktionsstätten für seine zahlreichen Erfindungen und Konstruktionen aufbaute.

Noch in Paris engagierte sich mein Großvater als Gründungsmitglied des *Aero Clubs de France*[937]. Sein Interesse galt neben der Autokonstruktion vorerst der Ballonfahrerei, ehe er sich mit eigenen Erfindungen auch dem Motorflugwesen zuwandte[938].

Leider ist mir nicht bekannt, ob er meine im Jahre 1875 in Marseille geborene vermögende Großmutter Ellinka Freiin von Fabrice[939] in Paris, im faishonable Bad

---

[933] Siehe Braunbeck's Sportlexikon 1912/13, S.134.
[934] Patentschrift Nr. 95244, Klasse 46 Luft- und Gaskraftmaschinen, patentiert im Deutschen Reiche vom 27. September 1896 ab.
[935] Patentschrift Nr. 1114803, Klasse 46 c, patentiert im Deutschen Reiche vom 16. Juli 1899 ab.
[936] Patentschrift Nr. 142120, Klasse 46 c, patentiert im Deutschen Reiche vom 8. Februar 1902 ab.
[937] Braunbeck's Sportlexikon, 1911–12, S. 137.
[938] Auch war Dr. Paul Gans-Fabrice Beisitzer im „Kartell der Deutschen Flug-Vereine" (Deutscher Fliegerbund), MS H. Holzer/L. Löffler „Die Blériot XI im Deutschen Museum".
[939] Siehe Kapitel Familie Fabrice.

A: Paul Gans-Fabrice (1866–1915), Automobil- und Luftfahrtpionier   291

Homburg oder in München oder gar an der Riviera während seiner Laufbahn als Rennfahrer kennenlernte. Neueste Forschungen zeigen nämlich, dass Automobil-Clubs und -Rennen, in denen sich die Bedeutung des Autos als „Luxusobjekt und Ikone des technischen Fortschritts"[940] widerspiegelte, bedeutende „Schnittstellen" für die Verbindungen des alten, vermögenden Adels und des reichen, zumeist jüdischen Unternehmertums bildeten. Hiervon war der „ländlich-provinzielle" Kleinadel Deutschlands ausgeschlossen, der auch gar nicht über die Finanzmittel für eine bestimmte Art des internationalen Gesellschaftslebens verfügte und im Grunde wohl auch nicht an modernen Industrieentwicklungen interessiert war.

Für die Bildung dieser „Elitensynthese"[941] aus vermögendem alten Adel und reichem Bürgertum zeichnete in jenen Jahren des industriellen Aufbaus Deutschlands insbesondere Wilhelm II. verantwortlich, der unter anderen Maßnahmen auch eine „vorsichtige und langsame, in der Tendenz jedoch eindeutige „Modernisierung" der Nobilitierungspraxis"[942] favorisierte, welche die obersten Stufen der auch jüdischen Bourgeoisie zunehmend berücksichtigte, zu der die Familie Gans nun einmal gehörte und die durch die Nobilitierung im Jahr 1912 auch nach außen hin in die neue deutsche Elite aufgenommen wurde, was meine Großmutter Ellinka Freiin von Fabrice gefreut haben soll, wie die Familienpapiere berichten. Denn sie hatte ja zunächst einen Bürgerlichen geheiratet.

Fest steht, dass meine Großeltern am 18.5.1896, das heißt ein Jahr nach der von ihren Kindern Paul und Ludwig gewünschten Konvertierung meiner Urgroßeltern Fritz und Auguste zum Christentum am 28.1.1895, in Konstanz heirateten[943] und zunächst in Paris eine große Wohnung in der Rue der Courcelles 99 bezogen. Die Wintermonate verbrachten sie, wie damals die Mehrzahl ihrer Freunde und Verwandten, an der französischen Riviera. Jahr für Jahr mieteten meine Großeltern ein Haus in Cannes.

Hier kam mein Vater Jozsi im März 1897 zur Welt[944]. Seine Schwester Margot wurde 1899 im französischen Seebad Boulogne s/M geboren, seine Schwester Marie Blanche 1905 in Bayern, und zwar im Ortsteil Schmölz von Grainau bei Garmisch, wo mein Großvater inzwischen erheblichen Grundbesitz erworben und die Familie sich niedergelassen hatte.

Meine Großmutter Ellinka von Fabrice war eine Fast-Bayerin. Sie war mit ihren vier Schwestern am Bodensee aufgewachsen, wo ihr Vater Maximilian von Fabrice seit 1875 als Privatier in der Nähe von Lindau lebte, von wo aus er um

---

[940] S. Malinowski: Vom König, S. 129.
[941] Ebd., S. 124.
[942] Ebd., S. 126. – Siehe auch das Fritz Gans-Kapitel und seine darin beschriebene Nobilitierung durch Wilhelm II.
[943] Genealogisches Handbuch, Bd. 31, 1963, Frhr. Häuser, S. 128.
[944] Siehe Kapitel Jozsi von Gans.

1880 das noch heute existierende Schloss Gottlieben auf der Schweizer Seite des Sees erwarb[945].

Während eines Aufenthaltes in München hatte meine Großmutter auch schon den ersten Heiratsantrag ihres späteren zweiten Ehemannes, Haupt Graf zu Pappenheim, erhalten, der aber von ihrem Vater strikt zurückgewiesen wurde[946]. Es gelang dem kleinwüchsigen Grafen, meine stattliche Großmutter dennoch zu heiraten – wenn auch erst nach vielen Jahren. Die Heirat sollte sich nicht immer positiv auf den Werdegang meines Vaters und seiner Schwestern auswirken, da nach dem frühen Tod meines Großvaters im Jahr 1915 der nunmehrige Stiefvater ein recht eigenwilliges Regiment in unseren Familienangelegenheiten an den Tag legte, wie noch berichtet werden wird.

Um 1890 hatte mein Großvater Paul Grainau, einen kleinen Ort bei Garmisch-Partenkirchen, zum ersten Mal zur Sommerfrische besucht und er kam regelmäßig wieder. Um 1894 erwarb er am sogenannten Rosensee im Ortsteil Untergrainau ein Landhaus mit großem „Umschwung", das heute noch erhalten und bewohnt ist[947]. Später kam noch das Nelkenhaus, ebenfalls mit etlichen Wiesen, hinzu. Dies geschah vermutlich mit dem Geld und auf Anraten meines Urgroßvaters Fritz, der selbst nach 1894 sein Vermögen in Grundbesitz anlegte. Diese vielen Hektar Bauernland sollten in den 1920er Jahren für meinen Vater und seine beiden Schwestern eine wertvolle Stütze beim Versuch des Erhalts der von der Inflation bedrohten sonstigen Vermögenswerte sein.

Schon am 13.8.1895, also offenbar von Paris aus, hatte mein Großvater zusätzlich im heutigen Ortsteil Schmölz in Grainau zusammen mit seinem Schwiegervater Max von Fabrice, Gutsbesitzer aus Gottlieben, neben dem großen Landhaus das sogenannte *Zinkfabrikanwesen*[948] gekauft, das bis 1860 zur Herstellung von Sensen genutzt worden war und ab 1893 bis August 1895 einem Herrn Wertheimer gehört hatte. Folgt man seinem beruflichen Werdegang, so wird deutlich, dass mein Großvater nach einer Produktionsstätte für seine technischen Konstruktionen Ausschau gehalten hatte und dass ihm die Schmölz die geeigneten Voraussetzungen für dieses Vorhaben bot.

Im September 1895 konnte mein Großvater auch den Restanteil des Vorbesitzers erwerben und dann mit Urkunde vom 3.10.1895 auch den Anteil seines Schwieger-

---

[945] Siehe die Ausführungen zur Familie Fabrice weiter unten.
[946] H. Graf zu Pappenheim: Geschichte, S. 124.
[947] P. Schwarz: Der Flugpionier Paul Gans und sein Elektrizitätswerk in der Schmölz, in: Groana. Mitteilungsblatt des Vereins Bär und Lilie, Verein zur Erforschung u. Erhaltung der Grainauer Ortsgeschichte e.V., Grainau 1993, Heft 11, S. 581–87.
[948] Staatsarchiv München. Kat. Besitzer seit 1863 Gidon von Rudhart (angelegt 1865)Kat. 8693, S. 261f., siehe auch S. 265 1/5: 7/10 Anteile für insgesamt 24.000 Mark für Max von Fabrice und Paul Gans; 3/10 Restanteile am 6.9.1895 zu 15.750 Mark noch vom Vorbesitzer Wertheimer.

Ansicht der Schmölz nach einem Gemälde aus dem Jahre 1750 (Archiv AvG)

vaters. Er wurde somit Alleineigentümer[949]. Der Besitz verfügte nunmehr über das 1731/33 erbaute Wohnhaus, das dem vom Kloster Ettal jeweils zur Oberaufsicht abgeordneten Bergpater zur Wohnung gedient hatte[950], und ein Sensenhammerwerk mit Vorratskammern, einem kleinen Fabrikgebäude und einer Schmiede. Schon bald wurde mit der Instandsetzung der Gebäude begonnen.

Es ging die Sage[951] um, dass von einer Kelleranlage, die südwestlich des Herrenhauses in den Hang eingebaut war, ein unterirdischer Gang zu den Sitzen Katzenstein-Hammersbach, nach den Burgen Falkenstein-Werdenfels und zum unbekannten Römerkastell Partenkirchen geführt haben soll[952].

Die ehemaligen ettalischen Gründe mit dem alten Herrenhaus waren Anfang des 19. Jahrhunderts zunächst an einen Herrn von Rudhardt gegangen, der neben dem Herrenhaus ein Wirtshaus mit eigener Schnapsbrennerei erbauen ließ. Bis die Staatsstraße verlegt wurde, hatte es über acht Jahrzehnte großen Zulauf mit den bei ihm einkehrenden Reisenden[953]. Schon 1893 hatte der nachfolgende Besitzer, M. Wertheimer, ein neu errichtetes Kontor, ein Magazin und eine Lackierwerkstatt

---

[949] Ebd., S. 265ff.
[950] Die Geschichte der Ortschaft Schmölz, Privatdruck, Garmisch 1923 (bei AvG).
[951] Ebd., S. 21.
[952] Ebd., S. 22.
[953] Ebd., S. 31.

Herrenhaus Schmölz bei Garmisch (Archiv AvG)

hinzugefügt[954], ehe 1897 mein Großvater einen hübschen Ziergarten mit Wegen anlegen ließ.

1902 ließ er das Wohnhaus mit einem Anbau versehen sowie das frühere Sensenschmiedgebäude zum Elektrizitätswerk umbauen, welches das große Wohnhaus mit Licht und Wärme versorgte und das offensichtlich als Energiequelle für seine umfangreichen Experimente dienen sollte. Paul konnte sogar Strom an den Ort abgeben, teils zur Beleuchtung, teils zum Beheizen nahe gelegener Häuser. Mit dem Neubau eines Wehres und der Sanierung des Zuleitungskanals zur Anlage entstand dort sogar sein eigenes Kraftwerk[955].

Gleichzeitig errichtete er eine Maschinistenwohnung, ein Lagerhaus, ein Maschinenhaus mit Akkumulatorenraum, eine Wagenremise, eine Werkstätte und ein Turbinenhaus[956]. 1906 wurde das Wohnhaus erneut erweitert und 1914 eine Gärtnerwohnung mit einer Autogarage errichtet.

Die gesamte Anlage von ungefähr 9.000 qm mit Haupt- und Nebengebäuden und dem Kraftwerk ging nach dem Tod meines Großvaters im Jahr 1915 infolge seines Testaments vom 5.7.1913 am 17.10.1915 in den Besitz meines Vaters Jozsi und seiner beiden Schwestern Margot und Marie Blanche über[957]. Die Wasserrechte übernahmen später die Isarwerke GmbH München, die jedoch wenige Jahre später Turbine und Generator stilllegten[958].

[954] Haus Nr. 49b in der Schmölz, Kataster 8.695, S. 265 1/6, Staatsarchiv München.
[955] P. Schwarz: Der Flugpionier, S. 586.
[956] Haus Nr. 49b in der Schmölz, Kataster 8.695, S. 265 1/7, Staatsarchiv München.
[957] Ebd., S. 1/7.
[958] P. Schwarz: Der Flugpionier, S. 587.

Durch Erbteilung im Jahr 1921 ist mein Vater für einige Jahre Alleinbesitzer der „Schmölz" gewesen[959]. 1923 sind er und seine Frau Philo gemeinsam eingetragen und es kam zu baulichen Veränderungen. Nach der Scheidung erscheint Philo von Gans vom 7.4.1927 bis 1928 als alleinige Besitzerin. 1930 ging der schöne Besitz in fremde Hände über.

Mein Großvater hatte nun ab 1895 seinen ständigen Wohnsitz in Grainau und, *nachdem die Gemeinde von dem ihr zustehenden Abweisungsrecht keinen Gebrauch gemacht hat,* bat er um Aufnahme in den bayerischen Staatsverband, die ihm 1908 erteilt wurde[960].

Was entwickelte nun mein Großvater in den Jahren zwischen 1895 und 1909 in seinem „Laboratorium" in der Schmölz, bevor er 1909 mehr und mehr in die Öffentlichkeit trat und zunächst die Flugschule auf dem Oberwiesenfeld bei München ins Leben rief, die Einrichtung einer internationalen Luftschifffahrtausstellung (ILA) in Frankfurt anregte und ab 1910 das großartige Projekt der Atlantiküberquerung mit einem Flugschiff vorantrieb?

Aus seiner Erfindung *Vorrichtung zum Verändern der Schräglage von Luftschiffen mit flachem Querschnitt durch Verschieben von Gewichten am Tragkörper,* auf die am 16. September 1908 unter der Nummer 219 442 ein Patent erteilt wurde, geht hervor, dass er in der Schmölz an der Konstruktion eines Flugschiffes arbeitete, mit dem – das zeigen spätere Presseberichte – die erste Atlantiküberquerung von Europa nach Amerika gewagt werden sollte. In der Tat bildete die Lenkbarkeit seit der ersten Fahrt eines Luftschiffes im Jahr 1783, die ebenfalls in Frankreich zum ersten Mal erfolgreich durchgeführt wurde, das Kardinalproblem der Luftschiff-Fahrt.

Interessant ist, dass mein Großvater mit seinen Forschungen exakt zu der Zeit begann, als in den frühen 1890er Jahren Ferdinand Graf Zeppelin den Plan entwickelte, ein Luftschiff zu bauen, das einen regelmäßigen Flugverkehr ermöglichen würde. Graf Zeppelin opferte, wie auch mein Großvater, fast sein ganzes Vermögen, um seine Ziele zu erreichen.

1898 war in Deutschland die Gesellschaft zur Förderung der Luftschiff-Fahrt gegründet worden. 1900 gelang Graf Zeppelin bereits ein erster Start mit einem Luftschiff, das mit zwei leichten Daimler-Motoren ausgestattet war. 1908, ein Jahr vor der ersten, von meinem Großvater angeregten ILA in Frankfurt, auf der Zeppelin und mein Großvater zusammentrafen, wurde von Graf Zeppelin die Zeppelin GmbH gegründet und 1929 gelang ihm die erste Weltumrundung. In

---

[959] Mein Vater Jozsi war gemeinsam mit seinen Schwestern ebenfalls als Erbe der Anwesen Rosensee und Nelkenhaus im Grundbuch eingetragen. Man einigte sich insofern, als seine Schwestern Rosensee und Nelkenhaus, mein Vater aber die gesamte Schmölz übernahm.

[960] Aufnahmeurkunde der Königlichen Regierung von Oberbayern, München, den 25.3.1908 (Archiv AvG).

den Jahren 1931 bis 1937 gab es für die Zeppeline bereits einen regelmäßigen Flugdienst in die USA.

Ich nehme an, dass Graf Zeppelin und mein Großvater sich auf der ILA nicht zum ersten Mal sahen, sondern dass sie als Entwickler desselben Prototyps schon früher in Kontakt gestanden sind. Außerdem hatte mein Großvater mit Ellinka von Fabrice eine Nichte des Grafen von Zeppelin geheiratet[961].

Beide Männer gingen aber von unterschiedlichen Zielen aus: Graf Zeppelin konstruierte seine Luftschiffe, um sie zu gegebener Zeit in größerer Stückzahl produzieren und verkaufen zu können. In der Tat gelang es ihm, vor Beginn des Ersten Weltkrieges die deutsche Heeresleitung für den Ankauf seiner Luftschiffe zu interessieren. Die guten Leistungen, die Graf Zeppelin schließlich vorweisen konnte, führten dazu, dass bis 1914 Heer und Marine insgesamt 15 Luftschiffe bei Zeppelin für Ausbildungszwecke kauften[962].

Ich vermute, dass mein Großvater nie an eine wirtschaftliche Verwertung seiner Erfindungen und Konstruktionen gedacht hatte. Irgendwie wird ihm das nicht gelegen haben. Er war der reine „Tüftler", der in größeren Zusammenhängen dachte, und er war eher der Pionier und Kommunikator für eine außergewöhnliche Sache, wie beispielsweise die Atlantiküberquerung, als ein Unternehmer.

Allerdings muss in Rechnung gestellt werden, dass Graf Zeppelin seine großen Produktionserfolge nur dadurch erzielen konnte, dass nach einem Beinahekonkurs seines Unternehmens um 1900 im Jahr 1903 eine ihn unterstützende Geldlotterie veranstaltet wurde und 1908 eine Volksspende sogar die sagenhafte Summe von 5,5 Millionen einbrachte. 1908 gründete Graf Zeppelin die Zeppelin Luftschiff GmbH. 1913 kam der regelmäßige Luftverkehr mit Hilfe der neu gegründeten DELAG zustande, an der die Deutsche Regierung mit Finanzmitteln beteiligt war.

Erst 1924, einige Jahre nach dem Ende des Ersten Weltkriegs und neun Jahre nach dem Tod meines Großvaters im Jahr 1915, gelang die erste Transatlantik-Überquerung mit einem Zeppelin-Luftschiff, dessen Konstruktion sicherlich auch von den Experimenten meines mit Zeppelin befreundeten Großvaters beeinflusst worden war.

Möglicherweise befürchtete mein Großvater, dessen finanzielle Mittel als Privatier letztendlich begrenzt waren, dass die große marktbeherrschende Entwicklung der Luftschiff-Fahrt in Europa an ihm vorbei gehen könnte und er spezialisierte sich mit aller Kraft vorsichtshalber mit seinen Erfindungen auf die überschaubare, bisher noch nie durchgeführte Erstüberquerung des transatlantischen Ozeans mit einem Luftschiff.

Dass mein Großvater in der Schmölz außerdem an einem Fluggerät gearbeitet hat, geht aus der Tatsache hervor, dass er 1909 auf der ILA eine eigene Konstruktion eines Flugzeugs, nämlich eine Kombination zwischen Eindecker und

---

[961] Siehe Nobilitierungsakte Berlin 1912.
[962] J. Schütte: Kurze Geschichte der Luftfahrt.

Schwingenflugapparat mit einem 6-PS-Motor[963], ausstellte – sicherlich ohne sie vorher in der Luft ausprobiert zu haben!

Immerhin hatte er aber das Fliegen gelernt, und zwar bei August Euler, dem er am 18. Oktober 1910 wie folgt schrieb[964]: *Ich glaube nicht viel zu behaupten, wenn ich sage, dass ich es lediglich Ihrer eingehenden persönlichen theoretischen und praktischen Anweisung zu verdanken habe, dass ich bereits nach einigen Tagen auf Ihrer Flugmaschine fliegen konnte.*

Hierbei möchte ich nicht verfehlen, Ihnen meine vollste Zufriedenheit mit dem mir gelieferten zweisitzigen Euler-Flugzeug, welches, wie Sie wissen, ich in jeder Beziehung für den bei Weiten besten Typ unter den Zweideckern halte, auszudrücken.

In der Hoffnung, dass durch mich, der ich wohl der Senior unter den Fliegern sein dürfte, noch recht viele veranlasst werden, bei Ihnen in die Schule zu gehen, und Ihr Flugzeug sich immer mehr den ihm gebührenden hervorragenden Platz der Gegenwart erobert, zeichne ich [...][965].

August Euler (1868–1957) galt als einer der fähigsten Pioniere der Motorfliegerei in Deutschland. Bis 1908 hatte die deutsche gegenüber der französischen Fliegerei und dem favorisierten Luftschiffbau noch keine zukunftsweisenden Ansätze gezeigt. Euler mietete einen Flugplatz auf dem Truppenübungsplatz „Griesheimer Sand" bei Darmstadt und baute eine Flugzeugfabrik mit Konstruktionsbüro, Werkstatt und Montagehalle mit allen für den Flugzeugbau damals erforderlichen Maschinen, und ebenso ein Pilotenhaus für die Ausbildung von zukünftigen Piloten, die einmal die Flugzeuge abnehmen und fliegen sollten. Er selbst stellte am 25. Oktober 1910 den ersten deutschen Dauerrekord mit mehr als drei Stunden Flugzeit auf.

Im gleichen Jahr baute August Euler eine zweite Flugzeugfabrik in Niederrad bei Frankfurt (ganz in der Nähe des Besitzes meiner Verwandten Weinberg), die 1918 wegen der Auflagen des Versailler Vertrages stillgelegt wurde und 1928 in den Besitz der Stadt Frankfurt überging. Als Staatssekretär gründete August Euler 1913 das Reichsamt für Luft- und Kraftfahrtwesen[966].

A.2. Gründung der Bayerischen Fliegerschule 1910 in München

Wie sehr die beiden Pioniere der Luftfahrt, August Euler und mein Großvater, in ihren Ansichten übereinstimmten, geht aus der Tatsache hervor, dass auch mein Großvater im Jahr 1910 bei München einen Flugplatz für eigene Zwecke mietete,

---

963 H. Holzer, L. Löffler: Die Blériot im Deutschen Museum, München 1968, S. 3.
964 Paul v. Gans-Fabrice an August Euler, 18.10.1910, Abschrift bei AvG.
965 Ebd.
966 Frankfurter General-Anzeiger vom 20.11.1928.

Flugzeuge ankaufte – zwei Blériots und eine Euler –sowie eine Flugschule gründete. Später hat er auch noch in Paris bei der Gesellschaft Ariel zwei Wright-Flieger für Deutschland bestellt und in Pau soll er in der Handhabung des Wright-Apparates unterwiesen worden sein.

Auch mein Großvater Paul Gans war nämlich der Ansicht, dass Deutschland auf dem Gebiet der Luftfahrt nicht die Fortschritte machte, wie z. B. die Nachbarländer, insbesondere Frankreich. Da er selbst an ernsthaften Konstruktionen arbeitete, hatte er am 10. März 1910 das Königliche Kriegsministerium schriftlich gebeten, ihm leihweise das Grundstück vom Oberwiesenfeld bis nach Oberschleißheim zur Verfügung zu stellen, und er bat um Erlaubnis, dort eine Flugschule errichten zu dürfen, ohne dass die Truppenübungen behindert werden würden[967]. Als Gegenleistung bot er der Heeresverwaltung an, die jungen Offiziere auf zwei oder mehreren Flugapparaten nebst Lehrer, die er kostenlos zur Verfügung stellte, ausbilden zu lassen, damit diese *somit in die Lage gesetzt werden, Erfahrungen zu sammeln hinsichtlich der Benützung von Flugapparaten für militärische Zwecke*[968].

Die Fliegerschule umfasste 1911 fünf Schuppen, von denen jeder ein bis zwei Doppeldecker und zwei bis drei Eindecker aufnehmen konnte, sowie einen großen Montageraum mit anschließender Werkstätte, wo auch Flugzeugkonstrukteure und Erfinder ihre Neubauten entwickeln konnten. Im Besitz von Paul Gans-Fabrice, wie er sich zeitweilig nannte, waren ein doppelsitziger Euler-Zweidecker, vier einsitzige Blériot-Eindecker, ausgestattet mit unterschiedlichen Motoren, und ein Wright-Doppeldecker, die er der Fliegerschule zur Verfügung stellte[969]. Die Fluglehrer der Schule wurden zum Teil in der Schule von August Euler bei Darmstadt ausgebildet[970].

Durch meinen weit blickenden Großvater als Förderer des Flugwesens wurde damit die erste bayerische Fliegerschule gegründet und der *noch sehr zaghaften* Militärfliegerei zum Aufbruch verholfen. *Vier bis sechs Offiziere aller Waffengattungen sowie abkommandierte Hilfsmannschaften bildeten den Stamm dieser Erstlingsschule der bayerischen Fliegerei* [...]. *Man kann diesen stadtentlegenen Schuppen ruhig als die Wiege der bayerischen Militärfliegerei bezeichnen*[971], meinte ein Flugsport-Journalist im Jahre 1937.

Anfangs war das Heeresministerium sehr von Pauls Engagement und der Idee angetan; man überließ meinem Großvater für ein Jahr das Flugfeld[972]. Das Minis-

---

[967] Dr. Gans-Fabrice an das K. Kriegesministerium, 10.3.1910, K.B. Kriegs-Ministerium Nr. 5479, Bayer. Hauptstaatsarchiv IV, Mkr 1376.
[968] Ebd.
[969] Deutsche Zeitschrift für Luftschiffahrt, Nr. 13, 1911, S. 20–22.
[970] Fliegerhorst Schleißheim 1912–1918, Bayerische Militärflieger, in: Verein zur Erhaltung der historischen Flugwerft Oberschleißheim (Hg.): Geflogene Vergangenheit, 75 Jahre Luftfahrt in Schleißheim, S. 8f.
[971] H. Kalb: 25 Jahre bayerische Fliegertruppe, München 1937.
[972] Braunbeck's Sportlexikon 1912/13, Branchenregister, S. 1094 und Ortsregister, S. 802.

> # DIE ERSTEN FLUGSCHULEN
> # UND FLUGZEUGWERKE
>
> *Die „Bayerische Fliegerschule" des Privatgelehrten Dr. Paul Gans-Fabrice am Westrand des Oberwiesenfelds (im Hintergrund ist der noch existierende Wasserturm auf dem Gelände der Münchner Stadtwerke zu sehen). Hier wurden 1910/1911 mit einsitzigen Bleriot-Eindeckern und doppelsitzigen Wright- und Euler-Doppeldeckern Piloten, auch für das bayerische Militär, ausgebildet und einige Flugzeuge (Wildt- bzw. Wienczlers-Eindecker) gebaut. Eine dieser Bleriot XI der Bayerischen Fliegerschule ist heute im Besitz des Deutschen Museums.*

Die Bayerische Fliegerschule Gans-Fabrice auf dem Oberwiesenfeld: Ein Teil der Schuppenanlage mit einem Wright-Doppeldecker und einer Blériot XI (Archiv G. Oldach)

terium hielt im Vertrag vom 23./24. Juni 1910 fest, die *Bereitstellung der Flugzeuge nebst Lehrer für die Ausbildung von Offizieren im Fliegen wird zunächst ab 15. Juni 1910 auf die Dauer eines Jahres vereinbart*[973].

Schon am 13. Dezember 1910 besuchte Prinzregent Luitpold von Bayern die Bayerische Fliegerschule von Dr. Paul Gans-Fabrice. Der Prinzregent war in Begleitung der Prinzen Rupprecht, Franz, Alfons und Heinrich, des Kriegsministers sowie zahlreicher hoher Offiziere gekommen, lobte die Flugkünste der Piloten und besichtigte dann die Flugapparate der Fliegerschule[974].

Ein Jahr nach dem ursprünglichen Vertrag schloss Paul Gans-Fabrice neuerlich eine Verlängerung für die nächsten drei Jahre mit dem Kriegsministerium ab. Aber schon sechs Monate später gelangten dort die Herren zu der Ansicht, die Bayerische Flugschule meines Großvaters müsse aufgelöst werden. *Die Inspektion strebt an, die Ausbildung der Militärflieger in eigene Hände zu bekommen. Zu diesem Zwecke beantragt sie demnächst beim Kriegsministerium die Aufhebung der Vereinbarung mit Dr. Gans*[975].

Es hatte sich zwischenzeitlich auch Gustav Otto, Inhaber der „Aerolanbau Otto-Alberti" Firma, gemeldet. Er suchte ebenso um Erlaubnis, auf dem Oberwiesenfeld

[973] Akt MKr. 1376 betrifft Dr. Gans, Vertrag vom 6.4.1910 (Nr. 6819).
[974] Deutsche Zeitschrift für Luftschiffahrt 1910, Nr. 26, S. 41 und Flugsport 1910, Nr. 24, S. 781.
[975] Akt MKr. 1377.

Der Prinzregent bei der Eröffnung der Bayerischen Fliegerschule mit dem Gründer Dr. Paul Gans-Fabrice am 13.12.1910 (Archiv AvG)

eine Flugschule zu etablieren. Da Otto sein Ansuchen damit begründete, dass er nicht nur einsitzige Maschinen besaß – die Blériots meines Großvaters waren einsitzige Maschinen –, die sich nicht entsprechend zur Schulung eigneten, sondern die Ausbildung auf Zweisitzern anbieten könnte, wurde sein Gesuch durch den Generalleutnant Karl Ritter von Brug unterstützt. Er meinte, dass eine gesunde Konkurrenz der Militärverwaltung von Nutzen sein könnte[976].

Und tatsächlich gelang es der Heeresverwaltung, die Vereinbarungen mit Dr. Paul Gans-Fabrice zum 15.10.1911 zu lösen[977]. Das Kriegsministerium übernahm die private Fliegerschule meines Großvaters und bildete hinfort die Piloten selbst aus[978].

Mein Großvater, der viel Zeit, Mühe und Geld in dieses, aus seiner Sicht für Deutschland sehr wichtige Unternehmen investierte, verließ enttäuscht die Fliegerschule. In einer Anzeige konnte man lesen, dass er seine „Euler"- und „Blériot"- Schulungsmaschinen *äußerst preiswert* zum Verkauf angeboten hatte[979], aber offensichtlich keine Käufer fand.

Ich vermute, dass der bayerischen Heeresleitung inzwischen klar geworden war, dass peinlicherweise nicht sie selbst, sondern ein Privatmann der Initiator der bayerischen Militärfliegerei geworden war, und dass dieser Zustand aufhören hatte. In der Militärgeschichte beginnt daher auch der Abschnitt der Militärfliegerei in Bayern offiziell erst mit dem 1.1.1912[980], also nach Beendigung der Initiative meines Großvaters!

Schon im Oktober 1911 wandte sich Oskar von Miller im Herrenhaus Schmölz bei Grainau/ Garmisch an Dr. Paul Gans-Fabrice mit dem Anliegen, *einen Original Blériot Flugapparat für das Deutsche Museum zu erhalten,* da dies doch von besonderem

---

[976] Geflogene Vergangenheit, 75 Jahre Luftfahrt in Schleißheim. Fliegerhorst Schleißheim 1912–1918, Bayerische Militärflieger, S. 8. Verein zur Erhaltung der historischen Flugwerft Oberschleißheim e.V.
[977] R. Braun: Übungsflüge und Übungsluftaufnahmen über Bayern 1912–1918, in: Obb. Archiv, Bd. 117/118, 1993/94, S. 131–154.
[978] Kriegsarchiv, MKr 1377, Prod. 114 und 30.
[979] Deutsche Zeitschrift für Luftschiffahrt 1911, Nr. 22, S. 30.
[980] H. Kalb: 25 Jahre.

Die einsitzige Blériot der Bayerischen Fliegerschule, Geschenk von Dr. Paul Gans-Fabrice an das Deutsche Museum (Archiv Deutsches Museum München)

Interesse sei[981]. Diesen „Blériot-Eindecker mit einem 3-Zylinder Anzani-Fächermotor" schenkte mein Großvater tatsächlich im Jahre 1912 dem Deutschen Museum, wo der Original Flugapparat seither zu bewundern ist. Er gilt als überaus interessantes Objekt des Museums und als eines der berühmtesten Flugzeuge überhaupt[982], prägte es doch das Flugwesen von 1909 bis 1914 – sozusagen in der Anfangszeit der Fliegerei.

Die am 1.1.1912 offiziell gegründete „Königlich Bayerische Fliegertruppe" bezog nun im April 1912 ihre eigene Militärfliegerstation in Oberschleißheim.

Nachträglich könnte man behaupten, dass parallel zur Entstehung einer Flugschule, die auch militärischen Nutzen hatte, der Grundstein des ersten Münchner Flughafens auf dem Oberwiesenfeld durch die seiner Zeit vorausgehende Idee meines Großvaters gelegt wurde.

A.3   Club-Gründungen und andere Einrichtungen

1910 war die *Münchener Parseval-Luftfahrzeug-Gesellschaft* unter Hauptmann a.D. Endes gegründet worden, aber leider kurz darauf in Liquidation getreten, da sie nicht genügend Unterstützung fand. Um nun das Interesse für die Luftfahrt

---

[981]   Oskar von Miller an Paul von Gans-Fabrice, 24.10.1911, Archiv des Deutschen Museums Nr. 7217.
[982]   H. Holzer/L. Löffler: Die Bleriot.

nicht zu verlieren, sondern zu wecken, traten auf Anregung von Dr. Freiherr von Hirsch Mitglieder des *Bayerischen Automobil Clubs,* der *Akademie für Aviatik* und des *Münchner Vereins für Luftschiffahrt* Ende 1910 zusammen, um den *Bayerischen Aero-Club* zu gründen[983].

Paul Gans-Fabrice konnte seine Erfahrungen, die er im *Aero-Club de France* gewonnen hatte, nun auch dem schon 1899 gegründeten *Bayerischen Automobil Club* München anbieten[984] und wurde Gründungsmitglied und Vorsitzender der Abteilung II für Flugwesen, daneben bestand eine Abteilung III für Motorluftschifffahrt und die Abteilung I für Luftschiff-Fahrt[985].

Studiert man das damalige Mitgliederverzeichnis des heute noch existierenden B.A.C., der zu jeder Zeit unter der Schirmherrschaft des bayerischen Königshauses gestanden hat, so wird das starke gemeinsame Interesse des Adels und des Großbürgertums an den Innovationen der Gründerzeit deutlich[986].

In einem kleinen braunen Büchlein hat mein Großvater seine Ballonfahrten, die er nun im Rahmen seiner Clubmitgliedschaft ausführte, eingetragen[987]. Die ersten Eintragungen von den Fahrten mit einem B.A.C.-Ballon vom 16. Mai 1908 bis zum 29. Okt. 1908 sind säuberlichst aufnotiert. Später hat mein Großvater noch die entsprechenden Zeitungsausschnitte[988] dazu geklebt, aus denen noch heute die Aufregung, die die waghalsigen Ballonfahrer bei ihren Fahrten erlebt haben müssen, zu spüren ist. Unter anderem war zu lesen:

Der Bayerische Automobilclub, der bekanntlich in sein Arbeitsgebiet nunmehr auch die Luftschiff-Fahrt aufgenommen hat, führte mit seinem neu angeschafften Ballon am 16. Mai seine erste Fahrt aus. Der Aufstieg erfolgte von Gersthofen aus bei leider recht ungünstigem Wetter. Die Fahrt musste wegen eines im Anzug befindlichen Gewitters schon nach 1 ½ Stunden zu Ende geführt werden, trotzdem war sie reich an Genüssen und bot unter der Führung des Herrn Baron Bassus den mitfahrenden Herrn Dr. Gans, Hielle, Beißbarth interessante und abwechslungsreiche Ausblicke. Die Landung erfolgte sehr glatt in der Nähe von Petershausen an der Glonn bei Pfaffenhofen!

---

[983] Deutsche Zeitschrift für Luftschiffahrt 1911, Nr. 6, S. 24.

[984] Jahrbuch des Deutschen Luftschiffer-Verbandes 1910, Berlin, S. 472. Auch mein Urgroßvater Max von Fabrice gehörte dem Club sowie Haupt Graf zu Pappenheim (mein späterer Stiefgroßvater) an.

[985] Allgemeine Automobil-Zeitung, 1908, Nr. 5, S. 52.

[986] Siehe auch S. Malinowski: Vom König, S. 129: „Eine bedeutende Schnittstelle bildete weiterhin der 1899 in Berlin gegründete Deutsche Automobilklub, der einen exklusiven Kreis von Hochadligen und anderen Grandseigneurs, Diplomaten und Herrenhaus-Mitgliedern mit bürgerlichen Industriellen und (z.T. jüdischen) Bankiers zusammenführte".

[987] Im Ballonführer-Verzeichnis des Braunbeck's Sportlexikons für Luftschiffahrt wird er auf S. 178 erwähnt.

[988] Die eingeklebten Zeitungsausschnitte weisen leider keine näheren Angaben zum Herausgeber und Erscheinungsort auf.

Die zweite Ballon-Freifahrt des Bayerischen Automobilclubs, München, fand am 20. Mai 1908 wiederum von Gersthofen aus statt. Leider herrschte fast absolute Windstille und der Ballon bewegte sich nur in einem wahren Schneckentempo anfänglich an seinem Aufstiegsort herum. Erst nach einer Stunde kam er in eine schwache nach Westen führende Luftströmung; gleichzeitig aber zogen sich im Westen Gewitterwolken zusammen, so dass nach einer kurzen Übungsfahrt am Schleppseil trotz noch reichlich vorhandenem Ballast die Landung beschlossen werden musste. Diese erfolgte nach 1 1/4 stündiger Fahrt glatt am Fuße des Schlossberges von Cailenbach. Unmittelbar nach dem Verpacken des Ballons brach das vorausgesehene Gewitter los. Korbinsassen waren die Herren Dr. Gans, Alfred Hielle und Baron Bassus.

19. Juli 1908: Wie uns der bekannte Förderer der Flugschiffahrt Dr. Gans, der mit Ingenieur Scherle, dem Ballonführer Dr. Geest und Leutnant Hielle an der Fahrt des Ballons teilnahm, telegraphisch mitteilte, ist die „Augusta" nach prachtvoller, dreistündiger Fahrt Abends 8 1/4 Uhr bei Soyen (Wasserburg) glatt gelandet. Während der Fahrt wurden Brieftauben vom Ballon ausgesandt.

Mein Großvater hatte sich bereits seit Jahren der Ballonfahrt und der Ballonkonstruktion gewidmet und durch seine Begeisterung für diese Art der Fortbewegung auch andere Menschen dazu gebracht, sich für einen Ballonfahrt-Club zu engagieren. 1901 war außerdem der *Augsburger Verein für Luftschifffahrt* gegründet worden. Ein Jahr später verfügte dieser schon über fünf Freiballone.

Der Club besaß einen Kohlegas-Füllplatz an der Augsburger Filial-Gasfabrik und einen Wasserstoff-Füllplatz an den Farbwerken Gersthofen, einem Filialwerk der Farbwerke Hoechst. Der Luftschiffhafen war das Parsevalfeld bei Augsburg.

Im Zuge der Ausstellung „München 1908" stellte mein Großvater, „der die Eroberung des Luftmeeres" ganz allgemein fördern wollte, einen Preis von 10.000 Mark zur Verfügung für denjenigen Piloten, der mit seinem Flugzeug 10 Minuten einen Platz von 500x1000 Meter exakt abfliegen konnte und auf jenem auch landete. Bis 1. Juli 1908 war noch keine Anmeldung vorhanden[989]. Kein Antrag kam zustande, da kein deutscher Flieger damals in der Lage war, solch eine flugtechnische Leistung zu vollbringen[990]!

Auch gibt es eine Zeitungsnotiz und die persönlichen Eintragungen meines Großvaters vom 17. Oktober 1908 bezüglich einer Ballonfahrt während der genannten Ausstellung.

Der Ballon „Augusta", der am Sonntag um 3 Uhr von der Ausstellung München 1908 aus mit den Herrn Bankdirektor Ley, Dr. Gans, Dr. Übel und Hielle aufgestiegen ist, landete um 4 Uhr 13 Minuten sehr glatt in Perlach.

---

[989] Allgemeine Automobil-Zeitung 1908, Nr. 29, S. 64.
[990] Illustrierte Aeronautische Mitteilungen, 1908, H. 26, S. 105, Braunbeck-Verlag, Berlin und Flugsport 1909, Nr. 11, S. 293.

A.4. Gründung der Internationalen Luftfahrt-Ausstellung (ILA) in Frankfurt 1909

Urheber des volksbildenden Spektakels [der ILA] *ist der Industrielle Dr. Paul Gans, der argwöhnisch die Franzosen und enttäuscht die Deutschen beobachtet hat. Er trägt den Münchener Stadtvätern seine Pläne für eine deutsche Luftfahrtschau vor, aber sie lassen ihn abblitzen*[991], so beschrieb ein Flugexperte die damalige Situation meines Großvaters.

In den letzten Monaten des Jahres 1908 hatte Paul Gans die Stadt München zu bewegen versucht, auf der Theresienwiese eine Flugausstellung ins Leben zu rufen. Er war sicher, dass dieses große internationale Projekt München in den Mittelpunkt eines neuen aufregenden Interessengebietes, der Luftfahrtforschung, bringen würde. Erst kürzlich hatte er die Vorarbeiten zu diesem Unternehmen abgeschlossen. Namhafte Persönlichkeiten, die er zur Mitarbeit gewinnen konnte, hatten sich bereit erklärt, dem Ehrenausschuss beizutreten. Ebenso hatte er Unternehmen angesprochen, die als Aussteller ihre Unterstützung zugesagt hatten. Hochinteressante Modelle und Apparate waren zur Vorführung bereits angemeldet worden. Sogar ein lenkbarer Parseval-Ballon, der während der Ausstellung regelmäßig Freifahrten machen sollte, sollte die Besucher begeistern und für die Luftfahrt gewinnen. In seinem Umkreis hatte er kapitalkräftige Förderer aufgetan, die die Entwicklung ausbaufähiger Modelle und Maschinen unterstützen wollten. Und nun war mein Großvater bereit, die restlichen Einzelheiten und den weiteren Fortgang der Organisation mit dem zuständigen Herrn vom Magistrat durchzusprechen, der versprochen hatte, zwischenzeitlich seinen Einfluss bei der Stadt geltend zu machen, um das Projekt durchzuziehen. Die Stadt München konnte sich jedoch nicht entschließen, dieses Flugausstellungsprojekt auf der Theresienwiese durchzuführen. Trotz mehrmaliger Eingaben der durchdachten Pläne und der Liste der mitarbeitenden Herren beim Rat der Stadt lehnte der Magistrat mit der Begründung ab, dass er das benötigte Areal im Ausstellungspark nicht zu Verfügung stellen könne, da auf dem Gebiet der Aeronautik eine Neuerung die andere ablöse. Die meisten Erfindungen befänden sich doch noch im Stadium des Versuches, meinte man. Und eine derartige Ausstellung eigne sich wegen des erheblichen Defizits, mit dem man rechnen müsste, absolut nicht für die Stadt München[992]. Da die Stadt so wenig Verständnis zeigte und meinem Großvater große Schwierigkeiten bereitete, scheiterte das Projekt – zumindest in München.

Paul schwor sich, nicht aufzugeben. Ihm fiel seine Heimatstadt als Austragungsort ein. Dort konnte er bestimmt mit Unterstützung rechnen, denn Frankfurt war

---

[991] D. Vogt: ILA 1909. „Ein völlig neues, nie geschautes Kulturwerk". Frankfurt wird zum Wegbereiter der Luftfahrt, Flughafen-Nachrichten Nr. 3/79, S. 4.
[992] Allgemeine Automobil-Zeitung 1908, Nr. 46, S. 51.

eine Stadt, die seit Jahrzehnten Ausstellungen organisierte. Geldgeber würde er auch dort finden, sicher sogar in der eigenen Familie.

Kurz nach der Absage durch die Stadt München konnte man folgenden Artikel in der Zeitung lesen: *Schade um die viele umsonst verbrauchte Arbeit und Mühe und das viele Geld, das die Vorarbeiten verschlungen haben. Der Münchener wird nicht Zeuge der Kulturarbeit geistvoller Erfinder und des Werkes arbeitsfroher, tatkräftiger Männer sein können, dafür wird er ungestört und vergnüglich sich der Freude hingeben dürfen, die ihm in so hervorragend glücklicher Zusammenstellung der Vergnügungspark der Ausstellung 1908 auch im Jahr 1909 in altbewährter Anziehungskraft bereiten wird*[993].

Die Münchner wollten eben auf ihrer Theresienwiese feiern und keine unheimlichen Maschinen beobachten!

Nachdem eine Rundfrage bei aufgeschlossenen Kreisen ergeben hatte, dass überall großes Interesse an einer Luftschifffahrtausstellung bestand, wandte sich Dr. Paul Gans-Fabrice im November 1908 nach Frankfurt und fand in seinem Onkel Dr. Leo Gans den geeigneten Partner, der sich glücklicherweise voller Enthusiasmus der Idee seines Neffen widmete. Leo und Paul Gans-Fabrice trugen ihre Pläne dem weit über die Grenzen Frankfurts durch seine fortschrittliche Politik und Gesinnung angesehenen Oberbürgermeister Dr. Adickes vor, den Dr. Leo Gans gut kannte[994]. Auch er war sofort von dieser bahnbrechenden Idee begeistert und begann umgehend entsprechende Befürworter und Sponsoren zu finden.

Schon bald konnte Leo Gans Georg von Tschudi als Organisator gewinnen. Und da er Vorsitzender des Physikalischen Vereins war, wurden die technischen Voraussetzungen geschaffen, wie z.B. die Herstellung von Versuchsballonen zur Windmessung. Dies war eine wichtige Grundlage für das Flugwesen, denn so konnte man den künftigen Piloten den aktuellen Wetterstand durchgeben. Auch wurden Beobachter zu einem Gefahrenmeldedienst aufgestellt.

Die große Festhalle, die der berühmte Münchner Architekt Friedrich von Thiersch um 1907 erbaut hatte und die zu den beschwingtesten Eisenkonstruktionen hierzulande gehörte[995], war gerade am Westrand der Stadt fertig gestellt worden. Dies schien ein idealer Platz für die Ballone und Flugzeuge.

Obwohl ein Sängerfest auf diesem Gelände anberaumt war, konnte Dr. Franz Adickes die Festhallen-Termine zu Gunsten der ILA ändern. Zur Jahreswende waren die Vorbesprechungen, die aufgrund Pauls Vorarbeiten weiter ausgearbeitet worden waren, beendet.

Dr. Paul Gans-Fabrice, dessen Mutter 1909 starb, wollte sich offensichtlich während des Trauerjahres nicht stärker engagieren und auch keine offiziellen Ämter

---

[993] Ebd.
[994] Flugsport 1909, Nr. 5, S. 122.
[995] AZ vom 17.6.1993 aus der Schau „Architekturschule München".

übernehmen. Er fungierte lediglich als technischer Beirat im Hintergrund[996]. Mein Großvater, der Ideenträger der ILA, hatte sich aber ausbedungen, neben einem Wright-Doppeldecker zumindest seinen neu konstruierten Flugapparat[997] vorzuführen und auch einen Wettbewerb zu belegen[998].

Dieser Flugapparat sah wie ein phantastisches Fabeltier aus, eine Mischung zwischen Schwingen- und Drachenflieger, „das seine Probe noch zu bestehen hatte, aber es wie die meisten Schwingenflieger nicht schaffte"[999].

In kürzester Zeit gelang es nun, bei Kaufleuten, Industriellen und Bankiers mehr als 1 Million Mark für das Projekt aufzutreiben[1000]. Selbst die Bürgerschaft konnte, wie bei dem Projekt von Graf Zeppelin ein Jahr vorher, für eine angemessene Sammlung gewonnen werden. Um die während der ILA geplanten Flugveranstaltungen und Wettbewerbe noch attraktiver zu machen, wurden verschiedene Preise eingeplant. Auch hier in Frankfurt setzte mein Großvater einen Preis von 10.000 Mark aus für denjenigen, der am häufigsten während der Ausstellung Flüge von mehr als 5 Minuten, darunter einen von mindestens 10 Minuten, ausgeführt hat. Für alle Wettbewerbe wurde eine Jury gegründet, die sich zusammensetzte aus Geheimrat Dr. Leo Gans, der Vorsitzender im Präsidium war, Geheimrat Dr. A. Varrentrap, Hauptmann a.D. C. H. Thewalt, Prof. F. Hausmann[1001], Prof. F. Luthmer und dem Direktor des Städels Dr. Georg Swarzenski[1002] [1003].

Am 10. Juli 1909 waren die teilweise hektischen Vorbereitungen abgeschlossen und die Ausstellung konnte nun mit großem Erfolg eröffnet werden[1004]. Der Katalog verzeichnete mehr als 500 Aussteller. Die ILA war Industriemesse, Erfinderbörse, Sportveranstaltung und Vergnügungspark in einem. Bei der Ausstellungseröffnung war in der Mitte der Halle der 8.400 Kubikmeter große Ballon „Preußen", der einige Jahre zuvor bereits die Rekordflughöhe von 10.800 Metern erreicht hatte, aufgestellt worden, und um diesen hatte man die Ausstellungsstücke der verschiedenen Firmen, vor allem Frei-, Fessel- und Lenkballons, gruppiert. An einem Stand wurde in- und ausländische Literatur über Luftfahrt angeboten[1005].

---

[996] Ms. H. Holzer/L. Löffler.
[997] Die deutsche Luftfahrt, Bd. 9: „Dr. Paul Gans hatte die ILA angeregt und zeigte dort einen selbst entworfenen Eindecker und einen Wright Doppeldecker. Dr. Gans finanzierte einen Eindecker, den Hans Reimar Krastel baute".
[998] Flugsport 1909, Nr. 15, S. 416.
[999] Ms. H. Holzer/L. Löffler, S. 4, in: „Der Motorwagen", 1909/1910.
[1000] D. Vogt: ILA 1909, Flughafennachrichten 3/79.
[1001] Freund der Familie, siehe Kapitel Fritz Gans.
[1002] Siehe Kapitel Fritz Gans und Leo Gans (Kunstfonds).
[1003] Flugsport, 1909, Nr. 12: „Internationale Luftschiffahrt-Ausstellung, Frankfurt a. Main 1909".
[1004] Ehrenmitglieder waren Graf Zeppelin, Oskar Ursinus und August Euler.
[1005] M. Geisenheyner, P. Supf: Motor der Luftfahrt, Frankfurt am Main 1909, S. 29ff.

Die Ehrenmitglieder des „Frankfurter Vereins für Luftschiffahrt" Graf Zeppelin, Oskar Ursinus und August Euler standen mit Paul Gans während der Eröffnung nahe der Tribüne. Noch klangen ihnen die Worte des Oberbürgermeisters Dr. Adickes anlässlich der Eröffnung nach: [...] *tatkräftige Begeisterung, rascher Entschluss, kühner Wagemut, getragen von der Hingabe der Bürgerschaft dieser Stadt, haben in unglaublich kurzer Zeit das Werk soweit gefördert, dass wir die Hoffnung haben können, in gleich kurzer Zeit die Vollendung zu erleben.*

Paul Gans konnte aus der Mimik und den Worten des neben ihm stehenden Freundes August Euler den Stolz entnehmen, den dieser als einziger Deutscher in dieser illustren Runde zumeist ausländischer Flugzeugkonstrukteure fühlte.

Mein Urgroßonkel, Dr. Leo Gans, fand zu Beginn der ILA sicherlich die für die zukünftige Bedeutung der ILA zutreffendsten Worte, indem er ausrief: *Wir befinden uns eben – und ich glaube, dass dies den Reiz der Ausstellung erhöht – erst in den Anfangsstadien einer großen viel versprechenden Entwicklung. Die Bresche ist nun gelegt, und wir Mitlebenden dürfen uns glücklich preisen, Zeugen zu sein der Großtaten der Pioniere, die mit Erfolg den Kampf gegen die feindlichen Naturgewalten führen*[1006].

Als der Ballon mit den Ehrengästen abhob, sah Paul Gans den belgischen Flieger und Rennfahrer Baron de Caters geschäftig an seinem Fluggerät herum hantieren, hatte er sich doch zum Ziel gesetzt, den Flugwettbewerb, der allein mit 40.000 Mark dotiert war, sowie den wunderschönen, von Leo Gans gestifteten Pokal zu gewinnen. Die Aufgabe war es, den längsten Flug zu bieten. Und Baron de Caters schaffte es dann auch, indem er 1 Stunde 17 Minuten und 25 Sekunden in der Luft blieb. Insgesamt konnte er am Ende der Ausstellung sieben Preise für sich verbuchen.

Louis Blériot und de Caters waren die erfolgreichsten Flieger der ILA. Die Verpflichtung Blériots, bei der ILA seine Künste als Flieger zu zeigen, galt als Sensation, da er wenige Wochen zuvor als erster Flieger den Ärmelkanal überquert hatte, wie ich schon berichtete. Als die offiziellen Veranstaltungen rund um die ILA zu Ende waren, fuhr Graf Zeppelin mit Leo Gans im bekränzten Automobil durch die Menschenmenge, um dann als Gast des Hauses bei Leo ein paar Tage zu bleiben.

Kaiser Wilhelm II. konnte damals der Einladung zur ILA leider nicht folgen. Sein Terminkalender ließ ihm dazu keine Gelegenheit, woraufhin er Leo Gans, den Präsidenten der ILA, anrief und sagte, sobald ihm ein Ballon zur Verfügung stünde, um ihn von Berlin zwischen Terminen rasch nach Frankfurt zu fahren, könne er eventuell kommen. Darauf erwiderte Leo schlagfertig: „Majestät, die ganze Flotte der vorhandenen Ballone steht Ihnen zur Verfügung".

Das große Lebensziel, das Paul Gans-Fabrice sich mit der Verwirklichung der ILA gesetzt hatte – sie ist bis heute eine der größten Luftfahrtausstellungen der

---

[1006] D. Vogt: ILA 1909, S. 6.

Gründungsmitglied Dr. Paul Gans-Fabrice als Pilot (Mitfahrer Hr. Knorr) mit seinem Ballon „Quo Vadis" am 11.7.1909 bei der Fuchsjagd. Als Fuchs diente der Ballon „B.A.C. München" unter Führung des Baron Bassus

Welt –, ging mit Hilfe seines Onkels Dr. Leo Gans und entsprechenden risikobereiten und hochmotivierten Mitstreitern glücklich in Erfüllung.

Dieser Meilenstein in der Entwicklung europäischer Luftfahrt – für München geplant, in Frankfurt verwirklicht – sollte Dr. Paul Gans-Fabrice für seine späteren Vorhaben, wie die transatlantische Überquerung in einem Luftschiff, die nötige Kraft und den entsprechenden Rückhalt geben.

A.5. Die transatlantische Flugexpedition und seine Pioniere

1908 bestellte mein Großvater bei der Ballonfabrik Riedinger, die 1897 in Augsburg gegründet worden war, einen sogenannten Kalottenballon[1007] mit einem Gasinhalt von 360 m³, der nach seinen eigenen Plänen hergestellt wurde. Der Ballon wurde am 22.5.1909 mit der Nummer 69 an Dr. Paul Gans-Fabrice ausgeliefert und von

---

[1007] Braunbeck's Sportlexikon 1912/13, S. 134.

ihm auf den Namen „Quo Vadis"[1008] getauft. Die Kosten des Ballons betrugen damals 2.418,30 Mark. In einer Zeitung konnte man lesen: *Eine Freiballonfahrt hat gestern der bekannte Münchner Sportsmann Dr. Gans mit seinem Ballon „Quo Vadis" von Augsburg aus unternommen. Der Aufstieg erfolgte um 9 Uhr vormittags. Wie uns Dr. Gans telegraphisch mitteilt, ist er glatt nach 8¾ stündiger Fahrt in Freising gelandet.*

Zu gleicher Zeit interessierte sich in New York Joseph Brucker, ein bekannter deutsch-amerikanischer Journalist, für die Atlantiküberquerung in einem Luftschiff.

Er hatte am 7. März 1909 in der „New Yorker Staatszeitung" einen Artikel mit dem Titel veröffentlicht: „Im lenkbaren Luftschiff über den Atlantischen Ozean". Darin beschrieb er die Möglichkeit einer Überquerung, indem er insbesondere auf die einzuplanenden meteorologischen Verhältnisse einging. Er dachte an eine Verbindung der Alten und Neuen Welt auf dem Luftweg unter Verwendung des Nord-Ost-Passats. Schon am nächsten Tag war auf der ersten Seite des „New York Herald" ein spaltenlanger Artikel über diese wunderbare Idee zu lesen.

Brucker fuhr zur eben eröffneten ILA nach Frankfurt und knüpfte mit Aeronauten und Erbauern von Luftschiffen Beziehungen an. Schon bald war er sich klar, dass eine Verwirklichung der Idee zu einer Ozeanüberquerung nur gelingen konnte, wenn er eine Persönlichkeit traf, die finanzkräftig genug war und dieses bedeutende Unternehmen zusammen mit dem Interesse zur Lösung aeronautischer Fragen begrüßen würde. Joseph Brucker fand sie in Dr. Paul Gans-Fabrice.

1911 wurde berichtet: *Da Dr. Paul F. Gans-Fabrice schon seinen hervorragenden Anteil bei der „ILA" gezeigt hatte, fanden die beiden bald zusammen. Brucker siedelte nach München und Herr Paul F. Gans-Fabrice sorgte für die Umsetzung der Ideen des J. Brucker.*

Durch die umfassenden Vorarbeiten von Dr. Paul Gans-Fabrice, Kommerzienrat A. Riedinger, dem die weltbekannte Ballonfabrik in Augsburg gehörte, und der schon viel mit Paul F. Gans-Fabrice zusammengearbeitet hat, Joseph Brucker, Prof. Dr. Eugen Alt, Kustos an der Kgl. Bayer. Meteorologischen Zentralstation und Hauptmann a.D. Jördens waren die wissenschaftlichen und technischen Fragen des bedeutenden Unternehmens so weit geklärt, dass an die Gründung einer Gesellschaft herangetreten werden konnte[1009].

In der Hohenzollernstraße 109 wurde sogleich ein Büro mit dem Namen „Transatlantische Flugexpedition" für die umfangreichen Arbeiten der Organisation eines

---

[1008] Jahrbuch des Deutschen Luftschiffer-Verbandes 1910, Jahresbericht des Bayerischen Automobil-Clubs.
[1009] Der projektierte Flug des Luftschiffs „Suchard" über den Atlantischen Ozean, München und Berlin 1911, ohne Verfasser (Archiv AvG), S. 13. Siehe auch „The Transatlantic Flight Expedition", München 1912, ohne Verfasser (Archiv AvG).

Die Verantwortlichen der Deutschen Transatlantischen Flugexpedition, in der Mitte stehend Dr. Paul Gans-Fabrice (Archiv AvG)

solchen Unternehmens eingerichtet. Brucker hatte sich wegen der Konstruktion eines geeigneten Luftschiffes an die bekannte Ballonfirma Riedinger in Augsburg gewandt. Zu dieser hatte mein Großvater gute Beziehungen, da er schon vor einem Jahr seinen Ballon „Quo Vadis" dort hatte bauen lassen und mit August Riedinger in engem Kontakt stand. Wegen der Gondel, die auch ein seetüchtiges Motorboot sein sollte, wurde die Bootswerft Lürssen bei Bremen in Anspruch genommen. Beide Firmen sagten mit Freude zu und versicherten ihre volle Unterstützung für das deutsche Unternehmen.

Doch die Zeit war noch nicht reif für eine so große, risikoreiche Aktion, und Brucker suchte weitere Fachmänner, da man mit der Konstruktion einer Bootsgondel mit Segel nicht weiterkam. Man konnte den Professor und Vorstand der Kgl. Bayer. Landeswetterwarte, Dr. Eugen Alt, als Meteorologen und als Techniker sowie Ingenieur Hans Müller gen. Peissenberg gewinnen. Als zukünftiger Ballonführer sagte Hauptmann a.D. Jördens und als Seefahrer Korvettenkapitän a.D. Friedländer zu. Mein Großvater wurde Vorsitzender und August Riedinger Mitglied der „Transatlantischen Flugexpedition"[1010]. Bis auf meinen Großvater Gans-Fabrice als

[1010] Brief von Hans Müller gen. Peissenberg vom 17.2.1923, Aufzeichnung über die Transatlantische Flugexpedition, Deutsches Museum, Bibliothek.

Finanzier und Kommerzienrat Riedinger als Erbauer des Luftschiffes sollten alle Mitglieder die Expedition begleiten. Die meisten Arbeiten fanden auf der Werft Lürssen und der Germania Werft in Kiel statt

Die Waghalsigkeit einer solchen Ozean-Überquerung lag auf der Hand. Allerdings hatte schon Kolumbus den gleichmäßigen Passatwind auszunutzen gewusst, um den Ozean von Ost nach West gefahrlos zu überqueren! Diese Luftströmungen sollten nun auch das erste Luftschiff über den Ozean tragen. Der Ausgangspunkt würden die Kanarischen Inseln sein. Man hatte diesen Ort gewählt, weil im Winter Wirbelstürme in diesem Gebiet kaum vorkamen und außerdem die Passatströmung dort stärker war. Die Route sollte über Teneriffa, wohin sie die Kaiserliche Marine bringen würde, Puerto Rico, Havanna, New Orleans nach New York führen. Die Strecke würde 6.300 km lang sein und die Unternehmung circa eine Woche dauern.

Dr. Paul Gans-Fabrice mit Luftschiff im Hintergrund (Archiv AvG)

Die Gondel sollte im Falle eines Niedergangs auf dem Wasser ebenso als Boot fungieren. Sie war zwölf Meter lang und drei Meter breit. Die Höhe war mit komfortablen zwei Meter bemessen. Auch hatten die Expeditionsmitglieder die Größe und Füllmenge des Ballons ausgerechnet, und statt Leuchtgas sollte Wasserstoffgas eingefüllt werden. Da bisher kein Lenkballon existierte, der für eine Dauer von fünf bis sieben Tagen genügend Betriebsstoff mitführen konnte, ließ Paul Gans-Fabrice nun eine Zwischenkonstruktion von Lenk- und Motorballon bauen. Die drehbaren Motoren und Schrauben des Luftschiffes sollten möglicherweise mit der von ihm erfundenen katalytischen Zündung ausgestattet werden[1011].

Ein herabhängendes Lot war so eingerichtet, dass ein Schwimmer, sobald er das Wasser berührte, automatisch ein Warnsignal auslösen würde, so dass die Balloninsassen bei Nacht aufmerksam würden, dass der Ballon unter die normale Flughöhe gesunken war. Zwei Maschinen mit zusammen 150 PS trieben sowohl den Propeller als auch die Schiffsschraube bei Bedarf an. Bei Windstille war auch ein Segel vorgesehen. Zur eventuellen Seenotrettung waren Schiffe als Begleitung eingeplant.

Mein Großvater konnte nicht umhin, seine Faszination für das eventuelle neue Beförderungsmittel der Zukunft kundzutun. Er hatte ein Heft drucken lassen, das

[1011] Braunbeck's Sportlexikon 1912/13, S. 134.

Prinz und Prinzessin Heinrich von Preußen mit Dr. Paul Gans-Fabrice bei der Taufe des „Suchard" (Archiv AvG)

die zukünftige Reise in allen Aspekten beschreibt und noch heute eine interessante Lektüre für Luftschifffahrtexperten und Historiker zu sein scheint[1012]. Mein Großvater reiste sogar in die USA und wurde vom amerikanischen Präsidenten Taft in Audienz empfangen, der ihm eine Förderung der Pläne der Transatlantischen Flugexpedition versprach[1013].

Die berühmte Schweizerische Schokoladenfabrik „Suchard" hatte das Unternehmen mit 50.000 Mark[1014] finanziell unterstützt und war daher als Namensgeberin aufgetreten. Das offizielle Foto der Taufe des Luftschiffs auf den Namen „Suchard" vom 15. Februar 1911 zeigt die königlichen Hoheiten, Prinz und Prinzessin Heinrich von Preußen, zusammen mit meinem Großvater, Dr. Paul Gans-Fabrice.

Vorerst wurde aus finanziellen und persönlichen Schwierigkeiten die Umsetzung des Unternehmens immer wieder verzögert, um dann schließlich ganz zu scheitern.

Damals konnte keiner der mit vollem Elan mitarbeitenden Fachleute ahnen, dass es nie zur Ausführung dieses Projekts kommen würde, da der Erste Weltkrieg die Expedition zunichte machte und die wertvollen Gegenstände, wie zum Beispiel

---

[1012] Der projektierte Flug des Luftschiffs „Suchard" über den Atlantischen Ozean.
[1013] Braunsbeck's Sportlexikon 1912/13, S. 134.
[1014] Aufzeichnung über die Transatlantische Flug-Expedition, Deutsches Museum, Bibliothek.

die Seide für die einst mühselig hergestellte Ballonkonstruktion, teilweise zum Gebrauch für das Heer zerschnitten wurde.

Trotz all seiner Pioniertaten als Flugzeug- und Ballonkonstrukteur, seiner unermüdlichen organisatorischen Arbeit und seines nicht unerheblichen Anteils an der Ausrüstung des Luftschiffes „Suchard" blieb mein Großvater die „graue Eminenz" in der Anfangszeit der Fliegerei und der Luftschiff-Fahrt. Sein Einfluss auf die aufstrebende Luftfahrt-Entwicklung blieb weitgehend unbekannt. Lag dies an seinem unternehmerischen Wirken aus dem Hintergrund heraus oder einfach am falschen Zeitpunkt, weil schließlich der Beginn des Ersten Weltkriegs die spektakuläre Meisterleistung der „Transatlantischen Flugexpedition" zunichte machte? Oder lag es einfach daran, dass Dr. Paul Gans-Fabrice kein großes Aufsehen um seine Aktivitäten als Erfinder und Unternehmer machte[1015]?

Brucker baute später für sich und entsprechend seinen Vorstellungen von einer Ozeanüberquerung einen großen Freiballon und stieg probeweise von der Theresienwiese in München auf, um dann von Tenneriffa aus zu starten. Aufgrund der schwierigen Zulieferung der Wasserstoffbehälter kam es aber auch hier nicht zur Ausführung seiner Idee.

Mein Großvater verstarb am 18. April 1915 mit 49 Jahren im Krankenhaus Garmisch, wohin ihn mein Vater gebracht hatte. Prof. Sauerbruch (1875–1951) operierte ihn an einem Darmverschluss, den er nicht überlebte. Mein Großvater hinterließ meinen damals 18-jährigen Vater Jozsi sowie zwei Töchter, die 16-jährige Margot und die zehnjährige Marie Blanche.

Meine Großeltern Ellinka und Paul von Gans[1016] hatten sich am 4. Juli 1913 scheiden lassen. Meine Großmutter heiratete am 11. Januar 1916 in München – wie bereits erwähnt – ihren Jugendfreund Haupt Graf zu Pappenheim (1869–1954), den Kgl. Bayr. Gesandtschafts-Attaché a.D. und Hauptmann der Landwehr a.D., und zog mit ihm nach München, wo auch zunächst die drei Kinder Jozsi, Margot und Marie Blanche lebten. Sie starb im Jahr 1938.

Über die Gründe der Scheidung liegen auch in den mir überlieferten Familienunterlagen keine eindeutigen Hinweise vor. Möglicherweise hatten sie etwas mit den zunehmenden Abgrenzungstendenzen des alten, durch die Agrarkrise seit 1873 relativ mittellos gewordenen Adels wie den Pappenheims, vom reichen jüdischen Bürgertum zu tun, das sich der deutschen Hochfinanz und dem vermögenden internationalen Unternehmertum zugewandt hatte[1017]. Für letzteres bot ja gerade

---

[1015] H. Holzer/L. Löffler: Die Bleriot XI im Deutschen Museum, Juli 1988, Ms.
[1016] Siehe Kapitel Nobilitierung.
[1017] Zur Gesamtthematik unerlässlich ist S. Malinowski: Vom König, Kapitel 4) Entfernungen: Sammlungen und ideologische Formierung im Kleinadel [bis 1918], 4.1.) Die Deutsche Adelsgenossenschaft. Gründung, Sozialprofil, Programm, 4.2.) Die DAG als Selbsthilfeorganisation des Kleinadels, 4.3.) Antiliberalismus und Antisemitismus: Die DAG und der Weg nach rechts, 4.4.) Die Distanzierung des Kleinadels vom Kaiser,

die Familie Gans das beste Beispiel. Der durch das jüdische Unternehmertum symbolisierte „Kapitalismus" wurde aber insbesondere in der Vorkriegszeit vom alten, relativ unvermögenden deutschen Adel abgelehnt, der darin eine Gefährdung seiner überlieferten Lebensweisen und Werte sah, auf die er sich quasi als Kompensation zu der verlorenen politischen Bedeutung zunehmend besann[1018].

Vielleicht hatte sich meine Großmutter, deren großes Familienvermögen allmählich aufgebraucht war, dieser alten Traditionen erinnert und sich von den bisweilen aufregenden, modernen unternehmerischen Aktivitäten meines Großvaters ab- und dem sicherlich dem deutschen Nationalsinn und den alten überlieferten Adelswerten verpflichteten Grafen – man denke nur an dessen Stellung in der alten Landwehr – zugewandt. Er vertrat insbesondere bei Ausbruch des Ersten Weltkriegs wiederum[1019] alle Maximen des alten deutschen Adels, denen sich vielleicht auch meine Großmutter Ellinka von Fabrice wieder verpflichtet fühlte.

Andererseits musste es Gründe gegeben haben, die die beiden Vertreter so unterschiedlicher Welten schließlich einmal zusammengeführt hatten. Vielleicht hatte ja bereits mein Großvater Paul in Paris und Nizza den Lebensstil adliger Herren angenommen, der meiner Großmutter Ellinka gefiel und vielleicht investierte ja der zwischenzeitlich zu großem Vermögen gelangte Familienzweig Fabrice-Reichenbach aus dem Hause Hessen, aus dem meine Großmutter stammte, damals noch Finanzmittel in Großunternehmen und neue Industrieanlagen und war froh, in meinem Großvater einen finanzerfahrenen Schwiegersohn gleicher Denkungsart gefunden zu haben, zumal da fünf Töchter versorgt werden mussten – einen nachgeborenen Sohn gab es nicht[1020].

Es scheint so gewesen zu sein, dass die vorsichtigen Schritte der vorausgegangenen Generationen der jüdischen Familie Gans auf dem Weg zu einer vollkommenen Verschmelzung mit der neuen deutschen „großbürgerlichen" Schicht mit dieser Heirat ihren Höhepunkt erreicht hatten. Die Familie Gans gehörte nicht

      4.5.) Adlige in den Verbänden der Neuen Rechten, 4.6.) Der Adel und die völkische Bewegung, S. 144–189.
[1018]   Ebd.
[1019]   H. Graf zu Pappenheim hatte in den Jahren von 1896 bis 1905 ein auskömmliches Vermögen im Minengeschäft gemacht, war aber bei Ausbruch des 1. Weltkrieges unverzüglich zu den „Waffen geeilt", hatte sich reaktivieren lassen, einen Posten bei einer bayerischen Kraftfahrerabteilung angenommen und sich dann zur preußischen Feldfliegerabteilung 59 versetzen lassen. Graf Pappenheim wurde im Mai 1915 zum Hauptmann befördert, H. Graf zu Pappenheim: Geschichte, S. 125f.
[1020]   S. Malinowski: Vom König, S. 36f.: „Typisch ist hier Großgrundbesitz, der die Familie in die Lage versetzte, einen Großteil ihrer Mitglieder sozial abzusichern. [...] Häufiger als in den anderen Gruppen werden hier Elemente der bürgerlichen Herrschaftsfelder (Handel, Finanz, Industrie, Wissenschaft) in die Ausbildungswege der Söhne integriert. Typisch bleibt jedoch auch in diesen Fällen die Fortführung adliger Lebenswelten, deren Bewahrung v.a. in dieser Gruppe gelang".

mehr der jüdischen Glaubensgemeinschaft an und zum ersten Male in ihrer Geschichte heiratete ein Familienmitglied zwar auch in eine Elitefamilie – diese aber war nichtjüdisch. Aber sie gehörte – durch die verwandtschaftliche Verbindung zum vermögenden Fürstenhaus Hessen – seit 1846 dem reichen, investitionsorientierten *Grandseigneurs*-Adel[1021] an, dessen Finanzgebaren dem der alten jüdischen Elite wohl vertraut war und der einen unabhängigen großzügigen Lebensstil ermöglichte.

Der außergewöhnliche Werdegang der Familie Fabrice vom 16. bis zum 19. Jahrhundert soll nachstehend in gebotener Kürze wiedergegeben werden. Analogien zwischen den beiden Elite-Familien Fabrice und Gans sind erkennbar, wenngleich die große Begabung der Familie Gans mehr im internationalen Unternehmertum, ihrer Internationalität und ihrer außergewöhnlichen Gelehrsamkeit in dieser Kombination lag. Die Vertreter der Familie Fabrice hingegen blieben als Staatsdiener bis zur Mitte des 19. Jahrhunderts an den jeweiligen Landesherrn und seine Regierungsentscheidungen gebunden, wobei ihre Integrität als führende Beamte und ihre vorzügliche juristische Ausbildung jeweils für hohe Positionen sorgten.

A.6. Die Familie von Fabrice und die Verwandtschaft mit dem Fürstenhaus Hessen-Kassel

Die Familie Fabrice gehörte zu den verdienstvollen Beamtenfamilien des alten Deutschen Reichs, die im 16. bis zum 19. Jahrhundert verschiedenen Landesherrn, zumeist als studierte Juristen und mehrfach in der Funktion eines Kanzlers[1022], gedient haben. Zurückzuführen ist die Stammfolge auf Weiprecht Schmidt (1550–1610), der als Angehöriger des humanistisch gebildeten Standes seiner Zeit seinen Familiennamen Schmidt in die latinisierte Form Fabricius überführte. Er entstammte dem Homburger Patriziat, hatte an der juristischen Fakultät der Universität Marburg sein Examen abgelegt und war als Finanzverwalter in die Güterverwaltung des Grafen von Isenburg-Büdingen eingetreten, offenbar noch bevor sich das Grafenhaus in verschiedene Linien mit unterschiedlich großen Besitztümern aufteilte.

Seine Qualitäten als Regierungsbeamter zeigten sich schon darin, dass er als Finanzverwalter des Amtes Offenbach, wohin der gräfliche Landesherr 1556 seine Residenz verlegt hatte, im zu Offenbach gehörenden Ort Dreieichenhain verschiedene Güter erwerben konnte, teils durch Kauf, teils durch Erbschaft nach seiner zweiten Ehefrau Ursula Kistner (1576–1650), die mehrere Güter ihrer Eltern mit in die Ehe brachte.

[1021] Ebd., S. 36f.
[1022] H. Knodt: Die hessische Kanzlerfamilie Fabricius und ihre Nachkommen, in: Archiv für Sippenforschung, Limburg/ Lahn, Hefte 29–31, S. 333 (Sonderdruck), o. Datum.

Die drei von Weiprecht Fabricius gestifteten Linien der Familie Fabrice zeigen alle drei die gleichen Tendenzen: Nach fundierter juristischer Ausbildung wurde der Eintritt in die höhere Ämterverwaltung angestrebt. Wir finden hohe Staatsbeamte aus der Familie Fabrice in der Verwaltung von Hessen-Darmstadt und Hessen-Hanau, von Frankfurt als Reichsstadt und Celle als Residenzstadt, des Wetterauer Grafenkollegs, der Burg Friedberg, der Fürstenhäuser Braunschweig-Lüneburg und Hannover sowie des zu Mecklenburg gehörigen Fürstentums Ratzeburg, womit jeweils der Erwerb kleinerer und größerer Güter einherging, deren kluge Bewirtschaftung zum Unterhalt der Familie und zur Repräsentation des Amtes mit beitrug. Nachgeborene Söhne, die keine direkten Beamtenstellungen fanden, standen häufiger in höheren militärischen Diensten, bisweilen auch im europäischen Ausland.

Neben der hohen Begabung der männlichen Familienmitglieder für ihre Ämter war für die nächsten Generationen nach Weiprecht Fabricius bedeutsam, dass in allen Bereichen der Ämterverwaltung der erstarkenden deutschen Landesregierungen ab dem 16. Jahrhundert nicht mehr der Adel, sondern das hoch ausgebildete, regierungserfahrene nobilitierte Bürgertum dominierte.

Einige Mitglieder des hier interessierenden Zweiges, der zu meiner Großmutter Ellinka Freiin von Fabrice führt, möchte ich exemplarisch vorstellen: Der Sohn Weiprecht Schmidts (Fabricius), Philipp Ludwig von Fabricius (1599–1666), studierte Rechtswissenschaften an der 1607 gegründeten Landesuniversität Gießen sowie in Marburg und avancierte 1627 zum Hessen-Darmstädtischen Sekretär und Hessischen Rat in Darmstadt am Hof der Landgrafen von Hessen-Darmstadt, einer lutherischen Linie des Fürstenhauses, die 1567 Georg I. von Hessen-Darmstadt mit rund 1.300 km² und 20.000 Einwohnern geerbt hatte und der den Besitz durch Erbschaft und 1604 durch Zukauf der südlichen Hälfte von Hessen-Marburg erweitern konnte.

Im Jahr 1644 wurde Philipp Ludwig von Fabricius, nachdem er seit 1637 die Stelle eines Vizekanzlers innehatte, gemeinsam mit seinen Brüdern vom habsburgischen Kaiser in den erblichen Adelsstand erhoben. Seit 1648 bekleidete er in der Residenz in Darmstadt die einflussreiche Stelle des hessischen Kanzlers.

Interessanterweise war er verheiratet mit der Tochter eines Aachener Handelsherrn, nämlich mit Martha Maria von Münten (1604–1679), was auf internationale Wirtschaftsverbindungen des Grafenhauses von Darmstadt aus hindeutet. Philipp Ludwig und Martha Maria von Münten waren Inhaber des freigewordenen adeligen Gutes der erloschenen Familie Schlaun von Linden in Großen-Linden, das dem Kanzler mit einiger Sicherheit in Anerkennung seiner Verdienste, wohl insbesondere während der schwierigen politischen Jahre während des Dreißigjährigen Krieges, von seinem Landesherrn verliehen worden war und einige Generationen lang im Lehnsbesitz der Familie blieb.

Der in Gießen geborene zweitälteste Sohn von Philipp Ludwig von Fabricius unserer Stammlinie, Eberhard von Fabricius (1630–1698), studierte Jura in Gießen, übernahm in Gießen die Stellung eines Fürstl. Hessischen Rats und Konsistorial-Assessors in der evangelischen Kirchenverwaltung des Landesherrn und fungierte seit 1668 als Hessischer Rat und Amtmann zu Biedenkopf, Battenberg und Blankenstein, bevor er in die gräflich-mannsfeldische Verwaltung in Thüringen eintrat und in Eisleben in den Diensten des Inhabers einer der drei Linien des mannsfeldischen Grafenhauses stand, wo er die Kanzlerstelle innehatte. Eberhard nannte sich fortan Eberhard von Fabrice.

Philipp Ludwig von Fabricius um 1644 (Archiv AvG)

Er war verheiratet mit der aus Gertruydenberg bei Breda stammenden Niederländerin Anna de Bevener (1658–1681). Eberhard von Fabrice tat sich als Verfasser juristischer und historischer Schriften hervor. Da der in Eisleben verwaltete Landesteil der Mannsfeldischen Güter nicht von großer Bedeutung war, wird der Vorteil der Stellung von Eberhard von Fabrice in der Tatsache gelegen haben, dass die Jahre nach dem Dreißigjährigen Krieg schwierige Aufbaujahre waren und die Anstellung des Kanzlers in Eisleben seiner Familie daher einen gewissen Schutz geboten haben wird.

Die Zeiten hatten sich inzwischen gebessert, denn der 1661 in Gießen geborene, zweitälteste Sohn von Eberhard von Fabrice, Johann Conrad (1661–1733), trat nach seinem Jurastudium in Gießen um 1685 die Stellung eines Fürstl. Braunschweigischen Regierungsrates und Hofrats in Ratzeburg an. Das Fürstentum Ratzeburg gehörte seit 1653 zu Mecklenburg-Schwerin und kam 1701 an Mecklenburg-Strelitz.

Möglicherweise hatte der Bruder des Vaters von Johann Conrad, also sein Onkel, der Herzoglich Braunschweigisch-Lüneburgische Geheime Rat, Vizekanzler, von 1705 bis 1724 auch Minister und seit 1711 Oberappellationsgerichts-Präsident zu Celle, Weipert Ludwig von Fabrice (1640–1724), die Weichen zum beruflichen Aufstieg von Johann Conrad in braunschweigischen Diensten gestellt. Seit dieser Zeit standen mehrere Mitglieder der Beamtenfamilie von Fabrice außerdem in höheren Stellungen des Fürstenhauses Hannover, so auch Weiperts Sohn, der in Celle[1023] geborene Friedrich Ernst von Fabrice (1683–1750), der in späteren Jahren

---

[1023] Bis 1798 sind Mitglieder der Familie Fabrice in Celle nachweisbar, und es ist ein bemerkenswerter Zufall der Geschichte, dass zu derselben Zeit Mitglieder der jüdischen

Kammerherr und enger Vertrauter des Königs Georg I. von Großbritannien und Irland (1660–1727) wurde und nach dessen Tod 1732 als Hannov. Landdrost im Schloss Lüneburg residierte.

Aber kehren wir zurück zu Johann Conrad von Fabrice (1661–1733), der seinen Weg aus dem abgelegenen Thüringen wieder ins heimatliche Gießen gefunden und dort, wie sein Vater, studiert hatte. Er heiratete in zweiter Ehe im Jahr 1700 in Regensburg Amalie, die Tochter des offenbar in der Reichshauptstadt akkreditierten braunschweigischen Gesandten Christoph von Schrader, und erwarb 1694 das in der Nähe Ratzeburgs gelegene Gut Roggendorf als Eigentum, das bis ca. 1880 mit allen Verfügungsrechten im Lehnsbesitz der Familie von Plessen blieb[1024].

Es scheint so gewesen zu sein, dass Johann Conrad, zumindest seit 1728, als Landdrost eine nur noch mehr oder weniger repräsentative Funktion für das Fürstentum Ratzeburg ausübte und eigentlich, wie ein Landedelmann, aus den Erträgnissen der von ihm erworbenen Güter lebte.

Auch sein Sohn, Justinian Ludwig von Fabrice (1713–1771), der 1734 in Helmstedt studierte, ist als Hannoverscher Oberhauptmann zu Bruchhausen (seit 1749) und Herr auf Dutzow, Roggendorf und Stammheim als Verwaltungsbeamter eines Fürstenhauses sicherlich nicht mehr groß in Erscheinung getreten. Er war seit 1737 verheiratet mit Elisabeth Albertine von Druchtleben (1718–1754), der Tochter des Braunschweigischen Generalleutnants Johann August von Druchtleben.

Beider Sohn, August Georg Maximilian von Fabrice (1746–1825), studierte 1767 in Göttingen und war verheiratet mit Dorothea von Lützow. Er scheint das Landleben als herzogl. mecklenburgischer Drost und Herr auf Roggendorf, Dutzow und Stammheim ebenfalls fortgesetzt zu haben, bis schließlich sein auf Roggendorf geborener und auch dort verstorbener Sohn Friedrich Joseph Anton von Fabrice (1786–1850) durch seinen Eintritt in sächsische Militärdienste in Dresden der Familiengeschichte eine ungeahnte Wende gab, wie ich weiter unten schildern werde.

Friedrich Joseph Anton von Fabrice war Kgl. Sächsischer Generalleutnant und heiratete 1817 in Dresden Charlotte Luise von Weissenbach (1798–1855), die Tochter eines K.K. Obersten, deren Familie im nordsächsischen Frauenhain unweit von Dresden ansässig war. Die Mecklenburgischen Güter der Familie Fabrice scheinen nach dem Tod von Friedrich Joseph Anton im Jahr 1850 zum Teil in andere Hände übergegangen zu sein.

Während seiner Stationierung als Generalleutnant 1818 in Quesnoy und 1820 in Bonn wurden seine Söhne Alfred (1818–1891, seit 1884 Graf) und Oswald

---

Familie Gans zahlreich in Celle lebten. Möglicherweise haben sich beide Familien gekannt. Weipert von Fabrice soll ein reiches Fideikommiss, unter anderem ausgedehnten Landbesitz, seinen Nachkommen hinterlassen haben.

1024   Schreiben des Amtes Gadebusch-Land vom 26.1.1995 an AvG.

August Georg von Fabrice, Churhessischer Drost und seine Frau Dorothea, geb. Lützow, Silberzeichnung, (Archiv AvG)

(1820–1898, seit 1898 Freiherr) geboren[1025]. Friedrich Joseph Anton von Fabrice war Major im sächsischen Husarenregiment Prinz Johann, welches 1813 nach dem Sieg über Napoleon als Teil der Besatzungsarmee in Frankreich verblieben war.

Sein ältester Sohn Alfred Graf von Fabrice war seit 1863 Kgl. Sächsischer General der Kavallerie und avancierte 1866 wegen seiner Verdienste in der Schlacht bei Königgrätz und während der sich anschließenden Friedensverhandlungen mit Preußen zum Kriegsminister und 1872 zum Minister der Auswärtigen Angelegenheiten des sächsischen Hofes. Er war seit 1850 verheiratet mit Anna Gräfin von der Asseburg.

Der Bruder von Alfred Graf von Fabrice, mein Ur-Ur-Großvater Oswald von Fabrice, trat 1852 in sächsische Dienste ein, avancierte zum Kgl. Sächs. Wirklichen Geheimen Rat und 1874 zum außerordentlichen Gesandten und bevollmächtigten Minister a.D. in München. Er heiratete 1844 in Dresden Helene Gräfin von Reichenbach-Lessonitz (1825–1898), die vermögende Tochter des Kurfürsten Wilhelm II. von Hessen[1026] und der Emilie Gräfin von Reichenbach-Lessonitz, geb. Ortlöpp. Der Zuwachs an finanziellen Mitteln, die damit der zwar hoch

---

[1025] Ein dritter Sohn war Bernhard von Fabrice (1827–1866), der verheiratet war mit Ida Gräfin von Schönburg-Glauchau und Waldenburg. Siehe die Korrespondenz zwischen deren Tochter Margarethe Freiin von Fabrice und der Zarin Alexandra Feodorowna aus den Jahren 1891–1914, in: H. von Spreti (Hg.): Alix an Gretchen, o. Ortsangabe, 2002.

[1026] D. Schwennicke: Europäische Stammtafeln, NF Bd. I: Die deutschen Staaten, Marburg 1980, Tafel 100. - Die Verbindungen zu Wilhelms II. Mutter und Großmutter weisen in das dänische und englische Königshaus.

Oswald Freiherr von Fabrice und seine Frau Helene, geb. Gräfin Reichenbach-Lessonitz (Archiv AvG)

angesehenen, aber vergleichsweise besitzlosen[1027] Familie Fabrice durch diese Heirat zuflossen, hat auf den Lebensstil meiner Ur-Ur-Großeltern und deren Nachkommen großen Einfluss ausgeübt und hat wohl auch letztlich am Zustandekommen der Allianz der beiden Familien von Gans und von Fabrice mitgewirkt. Durch die Verwaltung der großen von an ihre Nachkommen vererbten Vermögenswerte ergab sich überraschenderweise für die Familie Fabrice meiner Linie eine Eigenständig- und Unabhängigkeit, die zu der zukunftsorientierten erfolgreichen Unternehmersfamilie von Gans passte, die durch den Erwerb eines großen Vermögens ebenfalls einen sehr unabhängigen Lebensstil entwickelt hatte.

Beider Sohn, Wilhelm Friedrich Maximilian Freiherr von Fabrice (Dresden 1845–1914 München), mein Urgroßvater, heiratete 1874 in Dresden Ilma Gräfin Almásy von Zsadány und Török-Szent-Miklós[1028] (1842 Budapest–1914 Schloss Gottlieben). Das Paar hatte fünf Töchter, von denen die älteste, Ellinka (1875–1938), meinen Großvater Paul Gans 1896 in Konstanz heiratete.

A.7. Die Familie von Reichenbach-Lessonitz und die von Fabrice/Hessen-Nachkommen

Hier erscheint eine Erklärung zu der These angebracht, dass es teilweise die großen Vermögenswerte und der daraus resultierende Lebensstil der Familien von Gans und von Fabrice waren, die beide Familien durch die Heirat meiner Großeltern im Jahr 1896 zusammengeführt haben könnten. Damit trafen sich ja nicht nur zwei durch ihre Tüchtigkeit ausgezeichnete Elitefamilien, sondern beide waren durch die industrielle Entwicklung Deutschlands, in die man investieren konnte, in einen gänzlich neuen finanziellen Stand versetzt worden.

[1027] Ebd., S. 8f.
[1028] Siehe B. Kempelen: Magyar nemes csalàdok, CD-ROM.

Kurfürst Wilhelm II. von Hessen (1777–1847) hatte am 8. Juli 1841 seine langjährige Gefährtin Emilie Ortlöpp, Tochter eines Berliner Juweliers[1029] (1791–1843), in morganatischer Ehe geheiratet, nachdem seine erste Gemahlin, Auguste Prinzessin von Preußen (1780–1841), am 19. Januar 1841 gestorben war[1030].

Wilhelm II. war der Sohn von Wilhelm I. von Hessen (1743–1821). Letzterer galt als reichster Reichsfürst seiner Zeit, denn er hatte im Jahr 1769 Mayer Amschel Rothschild (1744–1812), den Stammvater dieser einzigartigen Finanzdynastie, zu seinem Hoffaktor und 1801 zum landgräflichen Hofagenten gemacht und damit den Aufstieg dieser berühmten Familie begründet. Rothschild leitete als Hoffaktor die Geschäfte des landgräflichen Hauses und handelte mit dessen Waren und Geld, um die Finanzierung des höfischen Bedarfs an Lebensmitteln, Luxusartikeln, Kleidung und sonstigen Gütern sicherzustellen. Als Wilhelm I., vor Napoleon fliehend, von 1806 bis 1813 sein Land verlassen musste und sich in Dänemark, der Heimat seiner Gemahlin Karoline Prinzessin von Dänemark, aufhielt, rettete Rothschild große Teile von dessen Privatvermögen.

Wilhelm I. war durch das Ausleihen von Söldnern an den englischen König Georg II. gegen die revoltierenden Kolonien in Amerika zu viel Geld gekommen[1031]. Die Rothschilds verwalteten während seiner Abwesenheit sein in London angelegtes Geld, indem sie beispielsweise dreiprozentige britische Staatsanleihen im Wert von 600.000 Pfund, heute etwa 3 Millionen US Dollar, kauften und durch die eingenommene Kommission gemeinsam mit Wilhelm I. nur noch reicher wurden, denn die Papiere stiegen um ein Drittel ihres Nominalwertes.

Wilhelm II. (1777–1847), der in heftigem Streit mit seinem Vater lebte und durch seine persönlichen Schulden, die die Stände übernehmen mussten, diesen verärgerte, hatte Emilie Ortlöpp 1811 oder 1812 in Berlin kennen gelernt, als er – wieder einmal in Geldnot geraten – bei ihrem Vater, einem Juwelier, einen Ring versetzte, den er zuvor anlässlich der Verlobung mit seiner ersten Frau bei diesem gekauft hatte. Es folgte über dreißig Jahre eine eheähnliche, offensichtlich glückliche Beziehung, denn es gelang Emilie Ortlöpp, den als jähzornig und labil bekannten Fürsten mit ihrer Zuneigung zu beruhigen und ihm ein einigermaßen

---

[1029] Die Familie Ortlöpp, auch Ortlepp geschrieben, war möglicherweise jüdischen Ursprungs, siehe D. Zubatski, I. Barent: Sourcebook for Jewish Genealogy and Family Histories (Internet: www.avotaynu.com/books/sourcebook.htm), hier: Ortlepp.

[1030] Siehe zu diesem Kapitel insgesamt J. Kühn: Das Ende einer Dynastie. Kurhessische Hofgeschichten 1821 bis 1866, Berlin 1929.

[1031] Es heißt, Carl Buderus habe, als die napoleonischen Truppen Frankfurt besetzten, den französischen General Lagrange mit fast 1 Mio. Francs bestochen und so über 15 Mio. Taler (überwiegend in Wertpapieren) für den Kurfürsten abtransportieren dürfen. Buderus bahnte den Rothschilds den Zugang zur Verwaltung dieser Gelder, siehe „Die Rothschild-Dynastie", www.bornpower.de /r-index.htm. – Dieses Geld hätte eigentlich dem Staatsschatz des Fürstenhauses zugeführt werden müssen.

Kurfürst Wilhelm II. von Hessen-Kassel
(Archiv AvG)

ausgeglichenes Leben zu ermöglichen[1032], soweit die politisch unruhigen Zeiten und sein Charakter dies überhaupt zuließen.

Während dieser Zeit schenkte Emilie Ortlöpp dem Kurfürsten bis zum Jahr 1825 acht Kinder. Das jüngste von ihnen war die 1825 in Kassel geborene Tochter Helene, meine Ur-Ur-Großmutter, die im Januar 1844 mit Oswald Freiherr (seit 1898) von Fabrice[1033], meinem Ur-Ur-Großvater, vermählt wurde[1034].

Seit 1814 lebte Emilie Ortlöpp in Kassel in der Nähe des Kurfürsten. Die amtierende Kurfürstin, Auguste Prinzessin von Preußen, war durch einen Geheimvertrag vom 21.10.1815 zu einer gewissen Akzeptanz des Verhältnisses genötigt worden, durch den ihr ein vom Kurfürsten getrennter Haushalt und eine auskömmliche Apanage zugebilligt worden war. Die von Wilhelm II. angestrebte Scheidung von seiner ersten Frau Auguste ließ der preußische Hof nicht zu, da dadurch in der Mitte Deutschlands eine Art Machtvakuum entstanden wäre, das für die noch ungefestigte Lage Preußens nach den napoleonischen Kriegen politisch nicht erstrebenswert war.

Am 27.2.1821 starb der Vater des Kurfürsten, Wilhelm I. von Hessen. Wilhelm II. übernahm die Regierung und Emilie Ortlöpp bezog einen Tag später mit ihren inzwischen fünf Kindern eine Zimmerflucht im zweiten Stock des kurfürstlichen Palais am Friedrichsplatz. Zehn Tage später wurde sie nach dem Namen einer verfallenen Burg bei Waldkappel zur Gräfin von Reichenbach mit dem Prädikat „Hoch- und Wohlgeboren" erhoben. Sie erhielt später die österreichische Staatsbürgerschaft, womit sie etwaigen Zugriffen der kurhessischen Behörden entzogen war, sollte der Kurfürst vor ihr sterben.

Seit dieser Zeit versuchte Emilie Gräfin von Reichenbach Einfluss auf die Kasseler Hofgesellschaft und die Regierungsgeschäfte des Kurfürsten zu gewinnen, was ihr auch gelang. Insbesondere in den Revolutionsjahren 1830/31 zentrierte sich der Volkszorn gegen die ungeliebte „Freundin" des regierenden Landesherrn, da

---

[1032] M. Lemberg: Gräfin Louise von Bose und das Schicksal ihrer Stiftungen und Vermächtnisse (Veröffentlichungen der Historischen Kommission für Hessen, 46), Marburg 1998, S. 8.
[1033] Siehe Fabrice/Gans Stammbaum im Anhang.
[1034] Siehe auch A.C. Addington: The Royal House of Stuart. The Descendants of King James VI. of Scotland, Vol. II, London 1969–71, S. 381ff.

man die eigennützige Verschwendung von für den Ausbau des Staates dringend benötigten Steuergeldern befürchtete.

Wilhelm II. verlegte daraufhin gezwungenermaßen seine Residenz nach Hanau und später in die freie Reichsstadt Frankfurt und überließ seinem Sohn, Kurprinz Friedrich Wilhelm von Hessen, ab 1831 für die Zeit seiner Abwesenheit die Regentschaft.

Auch der Kurprinz zeigte sich immer engagierter, mit allen Mitteln gegen die „landfremde Favoritin" vorzugehen, was sich insbesondere auf das Bestreben seines Vaters bezog, Gräfin von Reichenbach und die gemeinsamen Kinder finanziell versorgt zu sehen. Wilhelm II. sandte beispielsweise 1823 eine Kommission von Sachverständigen nach Böhmen und Mähren, um dort einige zum Verkauf stehende Güter zu besichtigen. Nach ihrer Rückkehr im Frühjahr 1823 erschien Amschel Mayer Rothschild (1773–1855), ältester Sohn des Firmenbegründers und Haupt des Frankfurter Stammsitzes, aus Frankfurt in Kassel, um die Anschaffung der zum Ankauf benötigten Fonds zu besprechen. Der Kauf der „gewaltigen Domänen"[1035] im Wert von 900.000 Gulden wurde eingeleitet[1036], Gräfin von Reichenbach nannte sich fortan nach einer ihrer Besitzungen in Böhmen *Reichenbach-Lessonitz*. Sie war durch ihre Besitzungen Untertanin des österreichischen Kaisers geworden, der jederzeit als Beistand herangezogen werden konnte.

Im Juli 1841, nach dem Tod seiner ersten Gemahlin, die augenscheinlich durch die Eskapaden ihres Gemahls viele Demütigungen hatte hinnehmen müssen, wurde der Kurfürst mit Emilie Gräfin von Reichenbach-Lessonitz auf einem ihrer Güter in Böhmen in morganatischer Ehe getraut[1037]. Hier sieht man, dass sich das bürgerliche Zeitalter des 19. Jahrhunderts auch in den Fürstenhäusern durchsetzte: Liebesheiraten wurden mehr und mehr dynastischen Ehen vorgezogen.

Eine solche Verbindung „zur linken Hand" galt allgemein als eine rechtlich und kirchlich ordnungsgemäß zustande gekommene Ehe. Die Rechte der Nachkommen des Paares folgten allerdings der „ärgeren Hand", das heißt sie traten nur in die Rechte der „standesniedrigeren" Person, also hier der Mutter, ein. Das hieß, die acht Kinder der Gräfin Reichenbach-Lessonitz galten zwar nach der Heirat als ehelich geboren, sie waren aber nicht erbberechtigt nach ihrem fürstlichen Vater. Sie gehörten auch nicht zur Familie des Kurfürsten und galten nach altem Fürstenrecht nicht als verwandt mit ihm. Sie durften auch nicht dessen Titel oder

---

[1035] J. Kühn: Das Ende einer Dynastie, S. 49.
[1036] Wilhelm II. war durch die im Fürstenhaus existierenden familiären Probleme, „die viel Geld verschlangen und kostenintensive Erwerbungen von Liegenschaften außerhalb Hessens zur Versorgung der nicht standesgemäßen Geliebten bzw. Ehefrau und der nicht erbfolgeberechtigten Kinder erforderten", gezwungen, andere unterstützungswertere Unternehmungen zu vernachlässigen, in: M. Lemberg: Gräfin Louise Bose, S. 124.
[1037] D. Schwennicke (Hg.): Europäische Stammtafeln, NF Bd. III, Teilbd. 2: Nichtstandesgemäße und illegitime Nachkommen der regierenden Häuser Europas, Marburg 1983, Tafel 258.

Wappen tragen. Weder Gräfin Reichenbach-Lessonitz noch ihre Kinder durften nach dem Tod des Kurfürsten irgendwelche Ansprüche an das Haus Hessen stellen[1038]. Außer Frage steht aber, dass der Kurfürst seine Kinder aus der Verbindung mit Emilie Ortlöpp sehr geliebt hat und zeit seines Lebens enge Beziehungen zu ihnen, besonders zu seinen Töchtern, pflegte[1039].

Da Emilie von Reichenbach-Lessonitz und ihre Kinder nicht erbberechtigt waren, hatten sowohl Wilhelm II. als auch die Gräfin schon früh für die Sicherung der finanziellen Versorgung ihrer Lieben gesorgt[1040]. Der Kurfürst stiftete beispielsweise – auf Anraten von Emilie – durch Schenkungsurkunden ein reiches Fideikommiss, in das nach seinem Tod angeblich der größte Teil seines Vermögens einfloss. Die Höhe seines Vermögens wurde jedoch nie bekannt[1041], so dass wir heute den Lebensstil meiner Vorfahren Fabrice-Reichenbach nur vorsichtig einschätzen können.

Aus dem Fideikommiss des Kurfürsten erhielten seine Kinder – häufig durch die Übereignung von Gütern – nach und nach ihre Anteile, die als Ausgleich für die nicht zu zahlenden Apanagen galten[1042] und möglicherweise nur zu Lebzeiten der direkten Nachkommen flossen, die dann durch lukrative Geldanlagen selbst für ihre Nachkommen sorgen mussten. Gleich nach dem Tod[1043] der Gräfin Reichenbach-Lessonitz im Jahr 1843 ließ Wilhelm II. zudem alle Papiere, die über die Höhe seiner Zuwendungen hätten Aufschluss geben können, aus Sicherheitsgründen verbrennen[1044]. Man hätte ihm nachträglich den Vorwurf machen können, den Staatsschatz übermäßig geschädigt zu haben, und seine Kinder mit Gerichtsverfahren überziehen können. Beides geschah aber glücklicherweise nicht, obwohl es nahe liegend war, dass der Staatsschatz des Kurfürstentums durch die Versorgung der vielen Kinder erheblich eingeschränkt wurde.

Emilie Gräfin von Reichenbach-Lessonitz arbeitete zeit ihres Lebens mit ausgezeichneten Finanzberatern zusammen. Unter ihnen befand sich – wie bereits berichtet – auch das Haus Rothschild. Sie legte das Geld des Kurfürsten in Industrieaktien und Immobilien an, wodurch sich ihr Vermögen noch beträchtlich

---

[1038] M. Lemberg: Gräfin Louise Bose, S. 17.
[1039] Siehe in diesem Zusammenhang die ebd. zitierten Briefe seiner Töchter.
[1040] Ebd., S. 21: „Um Emilie bei sich festzuhalten, nahm er sich früh ihrer materiellen Zukunft an; am 4. Dezember 1818 ließ er durch sie bei dem Berliner Bankier Benecke [...] 100.000 Taler niederhessischer Währung in Rothschildschen Obligationen zu ihren Gunsten niederlegen, die gegen Quittung auf vier Jahre und gegen Gebühren bei ihm verbleiben sollten; im Februar 1819 [...] trug er ihr Verhandlungen mit den Rothschilds auf, die sie „herrlich besorgte"".
[1041] Ebd., S. 197.
[1042] Ebd., S. 17.
[1043] Siehe auch das Mausoleum der Gräfin Emilie von Reichenbach-Lessonitz auf dem Frankfurter Hauptfriedhof.
[1044] J. Kühn: Das Ende einer Dynastie, S. 197.

vermehrte. Sie soll ihren Kindern Vermögenswerte von über acht Millionen Gulden hinterlassen haben[1045].

In ihre Fußstapfen traten diesbezüglich ihre Tochter Louise Gräfin von Bose (1813–83) – besonders die Eisenbahnaktien stiegen im Wert[1046] –, die mit der Errichtung zahlreicher Stiftungen noch Jahrzehnte nach ihrem Tod für den Unterhalt mehrerer sozialer Einrichtungen und ihrer Erben sorgte, sowie Emilies Sohn Wilhelm (1824–66), der Kameralistik studiert hatte und 1856 Mitbegründer der *Chemischen Fabrik Griesheim*, einer späteren Dependance der Farbwerke Hoechst nach dem Zweiten Weltkrieg war. Außerdem besaß er bedeutende Eisenwerke in der Schweiz[1047].

Die jeweilige Mitgift der fünf Töchter von Emilie bestand neben einer sicheren finanziellen Ausstattung von je etwa einer Million Gulden fest angelegter Werte auch aus einer guten Erziehung und der Heiratsverbindung mit einem standesgemäßen, adeligen Partner – so hatte es Emilie Gräfin von Reichenbach-Lessonitz gewünscht[1048]. Meine Ur-Ur-Großmutter, die 1825 geborene Helene, heiratete im Januar 1844 – wie bereits berichtet – in Dresden Oswald Freiherr von Fabrice, Herr auf Roggendorf, als sie zu Gast bei ihrer älteren Schwester Wilhelmine (1816–58) weilte[1049], die dort mit ihrem aus Dresden gebürtigen zweiten Ehemann, Karl Freiherr von Watzdorf (1807–46), lebte.

Als Oswald von Fabrice 1874 Kgl. Sächsischer Gesandter in München wurde, bezogen meine Ur-Ur-Großeltern eine großzügige Wohnung im Palais Karolinenplatz 2. Das elegante vermögende Paar spielte eine bedeutende Rolle in der Münchener Gesellschaft der Prinzregentenzeit[1050], die wirtschaftlich und kulturell als Blütezeit Bayerns gilt. Die über 54 Jahre dauernde Ehe soll ebenfalls äußerst glücklich gewesen sein, und Helene soll in München die schönste Zeit ihres Lebens verbracht haben.

In der Neuen Pinakothek in München hängt das eindrucksvolle Gemälde meiner Ur-Ur-Großmutter Helene von Franz von Lenbach, der auch ihre Enkelin Ilma von Fabrice malte. Wie ein ungekrönter König beherrschte Lenbach damals das künstlerische und kulturpolitische Leben in München. Er residierte einem Fürsten gleich in seiner Villa an der Luisenstraße, in unmittelbarer Nachbarschaft von Oswald und Helene von Fabrice[1051], mit denen er sicherlich auch gesellschaftlichen Umgang pflegte.

Das Paar hatte zwei Kinder, den 1845 in Dresden geborenen Maximilian von Fabrice (1845-1914), meinen Urgroßvater, Kurfstl. Hessischer Kammerherr in den

---

[1045] M. Lemberg: Gräfin Louise Bose, S. 20.
[1046] Ebd., S. 41.
[1047] Ebd., S. 19.
[1048] Ebd., S. 17.
[1049] Ebd., S. 18.
[1050] Ebd.
[1051] A. Aschoff (Hg.): Franz von Lenbach. Zeichnungen, Skizzen, Notizen von 1852–1859, Köln 2004, S. 9.

Diensten Friedrich Wilhelms, des letzten Kurfürsten von Hessen, des Halbbruders seiner Mutter[1052], und die 1846 in Dresden geborene Ilka Freiin von Fabrice[1053] (1846-1907), die Schülerin von Lenbach war, als Malerin in Florenz lebte und dort auch starb. Sie stellte unter dem Pseudonym Carl Freibach 1883 auf der internationalen Kunstausstellung in München und 1900 im Münchner Glaspalast aus. Werke von ihr befanden sich auch im Besitz der Prinzessin Adelgunde von Bayern[1054].

Mein Urgroßvater Maximilian von Fabrice galt in seiner Jugend in Geldingen als etwas leichtsinnig. Sein Geldbedarf wie auch der seiner jungen Vettern war insbesondere seiner kinderlosen Tante Louise Gräfin Bose bekannt[1055], die daraufhin ihr großes ererbtes Vermögen sicherheitshalber in Stiftungen einbrachte und ihre Neffen aufs Pflichtteil setzte.

Ilma Freifrau von Fabrice geb. Gräfin von Almásy nach einem Gemälde von Ernst Lafite (Archiv AvG)

Maximilian von Fabrice hatte schon zu Lebzeiten seiner Eltern Zugang zu bedeutenden Vermögenswerten aus dem Reichenbach-Lessonitz'schen Erbe seiner Tante Louise Gräfin von Bose. Es ist bekannt, dass er und auch seine Ehefrau Ilma aus den Zinserträgen der Stiftung, die seine 1883 verstorbene Tante für die Universität Jena eingerichtet hatte, lebenslang, also bis 1914, jährlich je 4.000 Mark erhielten. Nach dem Tod der Gräfin Bose erhielten die Fabrice-Erben, d.h. er und seine Schwester Ilka, ihren Pflichtanteil in Höhe von 186.230 Gulden[1056], wovon vermutlich unter anderem der Erwerb von Schloss Gottlieben am Bodensee/Untersee finanziert wurde, wo Max mit seiner Frau Ilma und seinen fünf Töchtern seit etwa 1880 wohnte. Außerdem erbte Max von Fabrice das Reichenbach-Palais

---

[1052] H. Graf zu Pappenheim: Geschichte, S. 128.
[1053] Es ist die Abschrift des Testaments von Ilka von Fabrice vom 13.6.1907 überliefert (bei AvG), aus dem das Vermögen der Erblasserin hervorgeht: 313.000 Mark in Wertpapieren, die jährlich Zinsen im Wert von 14.000 Mark einbrachten, sowie das Wohnhaus in Florenz mit Mobiliar. – In diesem Testament verfügte Ilka von Fabrice, dass *das in meinem Besitz befindliche Portrait meiner Mutter von Lenbach gemalt sofort nach dem Tode meines Geschwisters an die Neue Pinakothek in München fällt.*
[1054] U. Thieme/F. Becker (Hg.): Allgemeines Lexikon der bildenden Künstler, Bd. 11, S. 167.
[1055] M. Lemberg: Gräfin Louise Bose, S. 118 und 147.
[1056] Ebd., S. 117.

Schloss Gottlieben/Thurgau, Schweiz

in Baden-Baden, das er entgegen den Bestimmungen im Testament schon 1892 verkaufte[1057].

Die wunderschön gelegene Burg Gottlieben errang Berühmtheit durch die Tatsache, dass sie während des Konstanzer Konzils (1414–18) als Gefängnis für den Reformator Johannes Hus (1373–1415) diente, der dort „Tag und Nacht in Ketten lag". Für kurze Zeit schlug der berühmte schwedische Feldmarschall Gustav Horn 1633, als er im Dreißigjährigen Krieg mit seinen Schweden Konstanz belagerte, sein Hauptquartier in Schloss Gottlieben auf.

Seit dem 15. Jahrhundert war die 1240 von Bischof Eberhard II. Truchsess von Waldburg erbaute Burg Gottlieben Bischofssitz. Als sich der Konstanzer Bischof entschloss, nach Meersburg zu ziehen, blieb bis 1799 nur noch der Obervogt auf der Burg wohnen. 1808 kaufte Johann Konrad Hippenmayer (1752–1822), Sohn des Kronenwirts in Gottlieben und später Mitbegründer und Direktor der Österreichischen Nationalbank in Wien, das Schloss.

Nach dessen Tod verkauften seine Erben den Besitz mit dem herrlichen Park 1837 an Exkönig Jérôme von Westfalen (1784–1860), dem Bruder Napoleons; es stellte sich jedoch heraus, dass dieser nicht zahlungsfähig war. So fiel Schloss Gottlieben an dessen Schwägerin, Königin Hortense (Beauharnais) von Holland

---

[1057] Ebd., S. 19.

Max und Ilma von Fabrice mit ihren fünf Töchtern (Archiv AvG)

(1783–1837), Stieftochter Napoleons, die seit 1802 mit einem weiteren Bruder Napoleons, Louis Bonaparte, König von Holland, verheiratet war.

Ihr einziger überlebender Sohn, Prinz Louis Napoleon III. (1808–1873), Neffe Napoleons und seit 1852 Kaiser der Franzosen, zog daraufhin 1837 in Gottlieben ein und überwachte die Fertigstellung des begonnenen Umbaus im Stil eines italienischen Palazzos[1058]. Nachdem er nach zwei vergeblichen Putschversuchen 1840 in Festungshaft kam, aus der er 1846 nach London fliehen konnte, verkaufte er 1842 das Schloss an Graf Alexander von Berolingen aus Stuttgart, der den großen Park vor dem Schloss anlegen ließ[1059]. Der Verkaufserlös diente ihm möglicherweise dazu, die Flucht vorzubereiten und durchzuführen.

1877 trennte sich Graf Berolingen vom Schloss und der neue Besitzer wurde mein Urgroßvater Maximilian. Seine jüngste Tochter Agnes wurde am 28.12.1881 bereits auf Schloss Gottlieben geboren.

Die fünf Töchter meines Urgroßvaters, Ellinka, Luigina, Ilma, Blanche und Agnes, müssen wunderschöne unbeschwerte und geistig höchst anregende Jugend- und

[1058] E. Bächer: Gottlieben. Informationen zur Geschichte, Kreuzlingen 2001, S. 202.
[1059] H. Strauss: Gottlieben am Rhein und Untersee. In: Beiträge zur Ortsgeschichte des Bezirks Kreuzlingen. Heft 13, o. Ortsangabe 1959.

Ehejahre auf Schloss Gottlieben verbracht haben. Denn Gottlieben, einst ein armes Fischerdorf mit einer Zollstation, hatte sich zu einer Künstlerkolonie gemausert, nachdem 1883 eine gewisse Baronin Mathilde van Zuylen-van Nyevelt das Haus Hecht, gegenüber der Schifflände, gekauft hatte. Mathilde van Zuylen eröffnete in ihrem Haus eine Art Salon, in dem eine illustre Gästeschar ein- und ausging[1060].

Dort besuchte sie unter anderem ihre ehemaligen Professoren der Weimarer Kunstschule, wo sie Malunterricht genommen hatte. Man begegnete in ihrem Haus den Malern Ludwig Gleichen-Russwurm, Emil Thoma und Wilhelm Hummel, der oft Gast im Schloss bei meinen Urgroßeltern war, den Dichtern Gottfried Keller, Rainer Maria Rilke und Herrmann Hesse, den Schriftstellern Emanuel von Bodman und Dr. Wilhelm Schäfer sowie später Olaf Gulbransson, von dem eine Zeichnung meines Urgroßvaters Max von Fabrice überliefert ist. Auch der Kontakt zu den neuen Schlossbesitzern, meinen Urgroßeltern, wurde von der Baronin gepflegt[1061].

Dr. Paul Gans-Fabrice, Foto Grainer (Archiv AvG)

Irgendwie lag es da wohl nahe, dass alle Fabrice-Mädchen zumindest in erster Ehe Ehemänner aus ihrem frühen gesellschaftlichen Umfeld heirteten. Eine Ausnahme war mein Großvater, Paul Gans, der wahrscheinlich seinen zukünftigen automobilbegeisterten Schwiegervater Maximilian Freiherr von Fabrice anlässlich eines seiner Autorennen in Südfrankreich oder möglicherweise auch in der miteinander verbandelten Münchener Gesellschaft kennen lernte[1062] und von diesem dann seiner Tochter Ellinka auf Schloss Gottlieben vorgestellt wurde, die er 1896 in Konstanz heiratete.

Zwei Jahre vorher hatte Luigina von Fabrice (1876–1958) den Maler Walther Sturtzkopf (1871–1898) auf Schloss Gottlieben geheiratet; einige Monate nach der Vermählung meiner Großeltern ging Ilma von Fabrice (1877–1968) die Ehe mit dem Maler Carl Halm-Nicolai (1876–1951) ein. Im Jahr 1902 heiratete Blanche von Fabrice (1880–1968) den berühmten Schriftsteller Emanuel von Bodman (1874–1946), den sie im Haus der Baronin Mathilde van Zuylen kennen gelernt hatte, und in zweiter Ehe 1917 den Schriftsteller Dr. phil. Wilhelm Schäfer (1868–1952),

---

1060 E. Bächer: Gottlieben, S. 126ff.
1061 Ebd.
1062 Siehe Paul von Gans Kapitel.

der – wie oben erwähnt – ebenfalls im Salon der Baronin verkehrte. Ebenfalls im Jahr 1902 heiratete die jüngste der Fabrice-Töchter Agnes (1881–1964) Walther von Stockar-Scherer-Castell (1878–1938) aus der unmittelbaren Umgebung und lebte mit ihm auf Schloss Castell oberhalb Gottliebens.

Die Auswirkungen des Ersten Weltkrieges und später die Inflation von 1923 machten aber letztendlich auch vor einem so großen, vererbten Vermögen wie das des Kurfürsten Wilhelm II. an seine vielen Kinder nicht Halt: Die Fabrice-Töchter verkauften 1916 Schloss Gottlieben an Eduard Löwengard, den Sohn von Leopold Löwengard und Marianne Gans[1063]. Danach lebten sie mit ihren Familien relativ bescheiden während der Kriegs- und Nachkriegsjahre und während der Nazi- und der zweiten Kriegs- und Nachkriegszeit an verschiedenen Orten in Bayern. Ein ähnliches Schicksal erlebten die Mitglieder der Familie Gans, wie ich im Kapitel über meinen Vater, Jozsi von Gans, schildern werde, wobei hier noch die schrecklichen Auswirkungen der Nazi-Zeit auf meiner Familie lasteten.

Der Grund für die laufende Geldentwertung und die Schrumpfung der großen, einmal mit großem Fleiß und Geschick insbesondere in der zweiten Hälfte des 19. Jahrhunderts zusammengetragenen Vermögen war, dass der Staat die Finanzierung des Ersten Weltkrieges und der nachfolgenden Reparationen an die Siegermächte nicht aus Steuereinnahmen, sondern aus Anleihen finanzierte. Halbjährlich wurden seit Beginn des Krieges fünfprozentige Anleihen aufgelegt und von der Mehrheit der Deutschen – auch von meiner Familie – aus ihren kleinen oder großen Vermögen und auch von staatlichen Einrichtungen pflichtbewusst gezeichnet. Auf diese Weise wurden etwa 97 Milliarden Mark für den Kriegsbedarf aufgebracht.

Am Ende der Inflation zeigte sich, dass der Staat nicht in der Lage war, Anleihen und Zinsen in der gebotenen Höhe zurückzuzahlen. Alle großen Vermögen wurden darüber hinaus 1924 mit Einführung der Reichsmark und den neuen Produktions- und Kostenbedingungen der deutschen Wirtschaft um ungefähr 65% abgewertet und mit hohen Steuern belastet. Die Zinserträge der Restbestände waren daraufhin teilweise auf ein Minimum geschrumpft[1064].

Wer nicht in die modernen neuen Industrien investieren konnte, musste sich mit ganz normalen Einnahmen aus Renten oder Gehältern begnügen. Es war klar, dass mit der Nivellierung der alten großen Vermögen auch eine gesellschaftspolitische Veränderung innerhalb der deutschen Bevölkerung einherging.

In Deutschland begann nach dem Ersten Weltkrieg ein neuer, kurzer wirtschaftlicher Aufschwung, an dem die Generation meines Vaters sich noch einmal mit Investitionen in die neue Automobil-Produktion zu beteiligen versuchte, der aber im Desaster der Nazi-Zeit und des Zweiten Weltkriegs endete[1065].

[1063] Siehe Stammbaum im Anhang.
[1064] M. Lemberg: Gräfin Louise Bose, S. 138f.
[1065] Siehe das Weinberg- und das Jozsi von Gans-Kapitel.

B. Josef Paul von Gans genannt Jozsi (1897–1963), Automobilpionier und Exilant

B.1. Jugend in der Schmölz und Erster Weltkrieg (1902–1919)

Mein Vater hinterließ uns Kindern ein Manuskript, das ich als Vorlage für dieses Kapitel benütze, und das folgendermaßen begann: *Diese Seiten schreibe ich für meine Kinder: Anthony, Randolph und Angela, die zwar heute noch zu jung sind, um sie zu verstehen, die aber später einmal wissen sollen, wie unser Leben aussah, und was den normalen und friedlichen Aufbau und die Erhaltung der Familientradition so sehr erschwerte.*

Aber auch, damit sie später einmal nicht nur Vergleiche ziehen können, sondern auch ein besseres Verständnis für die Tücken und den Ernst dieses 20. Jahrhunderts haben.

All meine Liebe, all meine Strenge in ihrer Erziehung hatte den Sinn, sie für das Leben vorzubereiten. Meine Liebe kam aus vollstem Herzen, meine Strenge aus Überlegung.

Das Baby Jozsi (Josef Paul) mit seiner Mutter Ellinka 1897 in Cannes (Archiv AvG)

Ich bin nun 55 Jahre alt. Ich habe also gar nicht mehr so viel Zeit, den Kindern das zu erzählen, was sie wissen wollen und sollen, denn diese turbulenten Jahre haben mich zwar weiser, aber nicht gesünder gemacht, zumal die Jahre in der Ferne und in den Tropen.

J.P. von Gans, 1952.

Mein Vater kam am 1. März 1897 in Cannes als Erstgeborener vor seinen Schwestern Margot (1899 in Boulogne s/M) und Marie Blanche, genannt Bebs, (1905 in der Schmölz bei Garmisch) auf die Welt. Wie schon im Kapitel meines Großvaters Paul Gans beschrieben, lebte die Familie zur damaligen Zeit in Paris. In jenen Jahren stand das Familienunternehmen, die Cassella Farbwerke, auf seinem wirtschaftlichen Höhepunkt. Mein Vater kam sozusagen mit einem goldenen Löffel im Mund zur Welt, eine glänzende Zukunft schien vor ihm zu liegen.

Obwohl mein Großvater bereits 1895 das Anwesen Schmölz in Grainau bei Garmisch Partenkirchen mit altem Wohnhaus und Wiesen erworben hatte, fand der tatsächliche Umzug der Familie dorthin erst um 1902 statt. Der Grund dafür wird der

Jozsi von Gans, auf seines Vaters Knien gestützt (Archiv AvG)

Neubau eines großen Wohnhauses mit Veranda, einer Maschinistenwohnung, eines Lagerhauses, eines Maschinenhauses mit Akkumulatorenraum, einer Wagenremise und Werkstätte sowie eines Turbinenhauses und die Einrichtung elektrischer Anlagen gewesen sein, deren Herstellung im Jahre 1903 abgeschlossen war[1066]. Es war klar, dass mein Großvater sich inzwischen in der Schmölz ein komfortables Wohnhaus für seine Familie und zugleich eine Fabrikstätte zur Verwirklichung seiner zahlreichen Erfindungen erbaut hatte[1067].

Vorerst verbrachte die kleine Familie einige Zeit in Florenz bei der Schwester meiner Großmutter, Ilka Freiin von Fabrice (1846 Dresden – 1907 Florenz), die als Malerin unter dem Pseudonym Carl Freibach arbeitete[1068], ehe man endgültig in die Schmölz zog[1069].

Mein Großvater Paul hatte offensichtlich im selben Jahr, als sein Vater Fritz aus der Firma Cassella austrat und seinen Anteil der Firmenaktien hielt, mit dessen finanzieller Unterstützung und zunächst mit Hilfe seines Schwiegervaters 1894 ganz in der Nähe der Schmölz bereits das Haus Rosensee in Untergrainau bei Garmisch erworben, ein Haus, das sich auf das Entstehungsjahr 1871 zurückführen lässt und umgeben war von herrlichen Wiesen und 500 m² Seefläche.

Paul Gans setzte die Zukäufe in und um Untergrainau um den Rosensee herum bis zu seinem Tod im Jahre 1915 fort und kaufte noch den Besitz Nelkenhaus mit großem Umschwung in direktem Anschluss an die eigentliche Schmölz hinzu, so dass alle Grundstücke zusammengenommen schließlich eine Größe von ca. 16 Hektar ausmachten[1070].

[1066] Grundsteuer-Kataster-Umschreibheft, Steuergemeinde Grainau, Staatsarchiv München, Kataster 8695, S. 265/ 5–7.
[1067] Siehe das Paul Gans-Fabrice Kapitel.
[1068] U. Thieme/F. Becker (Hg.): Allgemeines Lexikon der bildenden Künstler, Bd. 11, S. 167.
[1069] J.P. v. Gans: Turbulente Jahre, Monographie (Schreibmaschinen-Manuskript), Kalkutta 1952, S. 3.
[1070] Grundsteuer-Kataster-Umschreibheft, Staatsarchiv München, Kataster 8695, S. 264ff., 265ff. und 8696, S. 377ff., 423ff., 458ff.

Die Familie vor dem Herrenhaus Schmölz bei Garmisch (Archiv AvG)

Im Jahr 1921 wurde der Besitz neu vermessen und meinem Vater und seinen beiden Schwestern als drei selbständige Anwesen zugeteilt. Im Zuge der Inflationswirren gingen bis zum Jahr 1927 die Anwesen leider in andere Hände über, aber die freundschaftlichen Beziehungen beispielsweise zu der Familie Terne hielten an.

Das Herrenhaus Schmölz bewohnte damals die große Familie und der weitere Anhang, und mein Vater verbrachte, wie er in seinen Memoiren schrieb, friedliche und glückliche Jahre dort. *Die schönen Wiesen über dem Hang hinter dem Haus, der große Rosengarten vorne, der Fluss Loisach und der Hammersbach mit seinen Forellen boten im Sommer uns Kindern, alles was man sich wünschte. Im Winter mit tiefem Schnee lernten wir rodeln und skilaufen*[1071]. Nur die wechselnden Gouvernanten störten. Das umseitig gezeigte Foto mag das Kinderglück meines Vaters in diesen Jahren sehr gut wiedergeben. Wie hätte er auch zu jener Zeit ahnen können, welch wechselhaftes und abenteuerliches Leben auf ihn wartete.

In der Schmölz wurden die Kinder von Gouvernanten in drei Sprachen erzogen, die bei Tisch, soweit Kinder damals sprechen durften, abwechselnd praktiziert wurden, so dass mein Vater mit vier Jahren schon annähernd drei Sprachen beherrschte.

Kurz nach der Geburt meiner Tante Marie Blanche, hielt es mein Großvater Paul für ratsam, meinen Vater in das neu errichtete, mit modernsten Erziehungsmethoden geführte Landheim Schondorf am Ammersee zur weiteren Erziehung zu schicken. Prof. Dr. Julius Lohmann hatte die Schule gerade eröffnet und somit war mein Vater mit gerade neun Jahren 1906 einer der ersten Zöglinge, der am 1. Juni dort eintrat.

[1071] J.P. von Gans: Turbulente Jahre, S. 3.

Die Grundidee des Internatsleiters schien meinem Großvater Paul sehr gefallen zu haben, ging es doch darum, den Kindern Selbstverantwortung beizubringen und „alles aus sich selbst heraus entstehen, wachsen und reifen zu lassen und nirgends willkürlich oder nach zurechtgedachten Plänen hineinzugreifen[1072]", so schrieb Prof. Lohmann 1909. „Macht`s selber" hieß das Schlagwort schon zu Beginn des Aufbaues des Landheimes, und dieses Motto blieb Leitgedanke für manche der Zöglinge zeit ihres Lebens und sollte auch meinem Vater eine Basis für die „Aufs und Abs" seines Schicksals geben. Um den Internats-Leitspruch umzusetzen, wurden Werkstätten errichtet. Man setzte unter anderem das uralte Ruderbootsgerippe instand, und allabendlich ruderte eine „Seefahrer"-Gruppe, bestehend aus einigen Zöglingen, mit der „Els", dem ersten großen Ruderboot, in das nahe gelegene Breitbrunn, um vom dortigen Bauernhof Nahrungsmittel heranzuschaffen[1073].

Da es anfänglich an einem detaillierten Konzept fehlte, wurde alles nach Möglichkeiten, Zielen und Erfolg probiert, bis es „stimmte". Die lebendige Entwicklung der Schule und ihrer Praxis hat auf meinen Vater sicher großen Einfluss gehabt. Vielleicht war es gerade das, was meinem Großvater Paul so gut gefiel, hatte er diese Lebensweise doch selbst experimentiert. Nun wollte er offensichtlich die in jedem Menschen schlummernde eigene Kraft in seinem Sohn wecken und meinem Vater wichtige Erkenntnisse durch dieses Schulprinzip vermitteln lassen.

Anfangs war es für meinen Vater nicht leicht, sich einzubringen, denn vor der abhärtenden Erziehung im neuen Landheim hatte er zu Hause ganz andere Erfahrungen gemacht. In seinen Memoiren schrieb er: *Leider muss ich sagen, dass wir Kinder, wenn ich heute auf die Jahre zurückblicke, viel zu sehr verwöhnt und verweichlicht wurden. Nichts war gut genug. Jeder Luftzug wurde fern gehalten, ebenso jede Realität des Lebens. Dagegen gab es kostbare Geschenke wie z. B. elektrische Eisenbahnen, für die wir viel zu klein waren*[1074].

Auch war er es nicht gewohnt, mit einer Horde Jungens herumzuraufen, was letztlich dahin führte, dass der schwache und scheue Jozsi sich vorerst ungern in Schondorf aufhielt[1075]. Durch die sportlichen und handwerklichen Aktivitäten entwickelte er sich allerdings schon bald zu einem trainierten Jungen, genoss den eigenen Segelclub, die Schreinerei und Schlosserei. Dazu kam noch der ererbte Erfindergeist der Familie Gans, den er schon bald zu nutzen wusste.

Als mein Vater elf Jahre alt war, baute er seine eigenen Kajaks, die er mit der Ballonseide seines Vaters überzog, die dieser für seine Flugkonstruktionen benötigte. Die anderen Buben mussten mit dem schweren Segeltuch vorlieb nehmen. Die leichte Seide machte die Kajaks schneller und sie waren äußerst begehrt.

[1072] 1905–1980 Geschichte, Stiftung Landerziehungsheim Schondorf am Ammersee, S.13.
[1073] Ebd.
[1074] J.P. von Gans: Turbulente Jahre, S. 4.
[1075] Ebd.

So konnte sich mein Vater schon bald zum „Jungunternehmer" entwickeln, was einerseits seinem Vater imponierte und andererseits ihn später bei der Konstruktion seiner Autoaufbauten im eigenen Unternehmen in der Schmölz anregte und motivierte, wie wir noch lesen werden. Während seiner Internatszeit baute Jozsi auf Auftrag insgesamt 16 Kajaks und sorgte damit für sein eigenes Taschengeld. Sein Vater Paul war der Ansicht, dass man Kindern kein Geld in die Hand geben sollte. Diese Idee sah mein Vater später als falsch an, denn er meinte, dass man, nur wenn man sparen lernt, den Wert des Geldes erkennen und den Umgang damit erlernen kann.

Mein Vater in einem seiner Kajaks (Archiv AvG)

1909, in dem Jahr als mein Großvater Paul mit der ILA beschäftigt war und seine Mutter Auguste Gans starb, kaufte er dem Landheim Schondorf ein kleines Haus dazu, die Meierei, allerdings mit der Auflage, dass mein Vater das große Giebelzimmer bewohnen dürfe. Der wohlgemeinte Gedanke meines Großvaters brachte Jozsi allerdings in eine von ihm nicht geschätzte Sonderstellung und er musste sich umso mehr bemühen, den kameradschaftlichen Umgang mit seinen Mitschülern wieder herzustellen. Mit seinem jugendlichen Charme und seiner ihm eigenen Fairness schlossen sich bald feste Freundschaften[1076], die er nur nach den Qualitäten der Kameraden und nicht nach deren Stand bewertete, eine Eigenschaft, die er sein Leben lang beibehielt.

Der Zusammenhalt in der Schule ließ ihn zumindest zeitweise über den Schmerz, den die Scheidung seiner Eltern im Jahre 1913 hervorgerufen hatte, hinwegkommen. Paul und Ellinka von Gans hatten sich auseinandergelebt. Im Hintergrund wartete schon der kleinwüchsige Graf Pappenheim, um seine Jugendliebe wieder zu gewinnen. Ellinkas Vater, Maximilian von Fabrice[1077], hatte einige Jahre zuvor einer Vermählung mit Graf Pappenheim nicht zugestimmt.

Paul von Gans, der die letzten Jahre meist mit seinen außerordentlichen Erfindungen, Organisationen und Reisen beschäftigt gewesen war, hatte offensichtlich übersehen, dass seine Frau Ellinka in der Abgeschiedenheit des Landlebens nicht glücklich war. Sie war schließlich in einem großen Schloss[1078] im Kreise der Familie

---

[1076] Ebd.
[1077] Siehe das Fabrice-Kapitel.
[1078] J.P. von Gans: Turbulente Jahre, S. 4.

und ihren vier Schwestern in dem kulturell hoch stehenden und lebendigen Gottlieben am Bodensee aufgewachsen. Man legte schon damals Wert auf ein geselliges Beisammensein und schätzte das Familienleben mit einem großen Freundeskreis außerordentlich.

Dies hatte sich während ihrer Ehe nicht in dem Maße entwickelt, wie sie es erhofft hatte. Wohl kamen immer wieder Gäste, die aber letztendlich an Pauls Erfindergeist partizipieren wollten und ihn meist um finanzielle Hilfe baten, um auch ihre Pionierarbeiten weiterentwickeln zu können[1079]. In den Sommermonaten wurden zwar Familientreffen arrangiert, die Familie reiste auch immer wieder zu den Schwiegereltern nach Frankfurt und auf Schloss Gottlieben, aber für Ellinka schien das Familienleben nicht intensiv und anregend genug zu sein.

Mein Großvater Paul hatte sich eine große Wohnung in der Konradstraße 16 in München Schwabing genommen, die unmittelbar in der Nähe seines Büros lag, das für die Transatlantische Luftüberquerung[1080] eingerichtet worden war. Für seine technischen Arbeiten reiste er wohl jedes Mal in die Schmölz.

Ellinka hingegen wollte mit den beiden Töchtern – mein Vater war ja im Internat – ebenfalls in München wohnen und zog in die Briennerstraße 47. Hierher kam nun öfters Haupt Graf zu Pappenheim zu Besuch, um meiner Großmutter offensichtlich verständlich zu machen, dass sie und ihre entzückenden Mädchen mit ihm und seinem überwiegend aristokratischen Umfeld ein besseres Leben führen könnten. Möglicherweise dachte er auch an entsprechende Heiraten der jungen Damen, die er auch mit strenger Hand verwirklichte. Meine Tante Margot heiratete 1917 Werner Freiherr von Bischoffshausen und meine Tante Marie Blanche heiratete 1922 Othmar Graf von Aichelburg.

Während der Ferien traf die Familie sich in der Schmölz, wobei mein Großvater Paul meist im Hotel am Eibsee wohnte, um seiner geschiedenen Frau ein unbeschwertes Zusammensein mit den Kindern zu ermöglichen, aber auch um mit ihnen zusammen zu sein. Hierher kam Jozsi nun vom Internat, um die Sommerferien in den ersten Kriegsmonaten 1914 zu verbringen.

Überschattet wurde der bisherige Aufenthalt im Landschulheim Schondorf durch den sich anbahnenden Krieg. Mein Vater war mit gemischten Gefühlen in die großen Ferien gefahren. Und tatsächlich wurde am 1. August 1914 die Kriegserklärung ausgesprochen und damit die Generalmobilmachung. Es waren aufregende Tage für den nun 17-Jährigen. In den Bergen um Grainau und Garmisch wurde Jagd auf Spione gemacht, die es wahrscheinlich gar nicht gab. Er bemerkte die groß angelegten Abwehrvorbereitungen der hiesigen Bevölkerung in diesem abgeschiedenen Winkel der Erde. Die allgemeine Aktivität hatte ihn angesteckt und er fühlte sich verpflichtet, wie so viele andere junge Männer seiner

[1079] Ebd.
[1080] Siehe Kapitel Paul Gans-Fabrice.

B: Josef Paul von Gans genannt Jozsi (1897–1963), Automobilpionier und Exilant   337

Generation, für Deutschland, seine Heimat, zu kämpfen. Aber um einberufen zu werden, war er zu jung. Obendrein machte ihm sein Vater eindringlich klar, dass er ihn nicht als Freiwilliger in den Krieg ziehen lassen würde[1081]. Schließlich war jener 1883 aus Frankfurt nach Frankreich gegangen, um der Einberufung zum Militär zu entgehen.

Jozsi entschloss sich nach der Aussprache mit seinem Vater, ins Internat zurückzufahren und schleunigst die Abschlussprüfung zur Mittleren Reife abzulegen[1082]. Dazu musste er, wie er in seinen Aufzeichnungen schrieb, aber nach München in eine „Presse", die „Zum Römer" hieß. Für meinen Vater stand längst fest, dass er sich an seinem achtzehnten Geburtstag als Freiwilliger in den Krieg melden würde.

Jozsi schaffte seine Prüfung in der „Presse" im Frühjahr 1915, und da er von dieser Schule unbedingt weg wollte, suchte er eine Möglichkeit auszureißen, um sich freiwillig bei der Armee zu melden, was ihm auch gelang. Das Ereignis seiner Flucht war jedoch so aufsehenerregend, dass sich später ein Gestapo-Mann, ein damaliger Mitschüler meines Vaters, zum Glück daran erinnerte und ihn 1938 vor der Verhaftung durch die Nazis rettete, indem er ihn telefonisch warnte, wie ich noch schildern werde.

In der Zwischenzeit war mein Großvater Paul schwer erkrankt. Als keine Besserung eintrat, wurde Prof. Sauerbruch[1083] eiligst in das Garmischer Krankenhaus gerufen, wohin Jozsi seinen Vater hatte bringen lassen. Während der Professor meinen Großvater operierte, stellte er eine Darmknickung fest, die zu spät erkannt worden war. Dr. Paul von Gans starb viel zu früh am Abend der Operation am 15. April 1915 mit neunundvierzig Jahren.

Am 5. Juli 1913, also zeitgleich mit der Scheidung von seiner Frau Ellinka hatte mein Großvater Paul seine drei Kinder, Jozsi, Margot und Marie Blanche, in Erbengemeinschaft zu je einem Drittel als Erben seines auf ihn eingetragenen Grundbesitzes in Untergrainau eingesetzt[1084].

Was sich nun allerdings langsam herauskristallisierte, war, dass mein Großvater Paul durch seine Erfindungen und äußerst aufwendigen Projekte, die ein Privatmann allein ohne staatliche Finanzhilfe eigentlich gar nicht umsetzen konnte, sein zukünftiges Erbe nach seiner 1909 verstorbenen Mutter schon im Vorhinein zum größten Teil verbraucht und sich teilweise auch schon verschuldet hatte[1085]. Seine Investitionen waren nur durch die Hilfe meines Urgroßvaters Fritz möglich gewesen,

---

[1081] J.P. von Gans: Turbulente Jahre, S. 5.
[1082] Bestätigung des einjährigen Abschlusses vom 18.9.1914, Prüfungskommission für Einjährige Freiwillige für den Regierungsbezirk Oberbayern 3.1.1918.
[1083] Prof. Sauerbruch war offensichtlich gerade zu Besuch im Nelkenhaus, das an Erna Hanfstaengel (Mitinhaberin des bekannten Kunstverlags und spätere Vertraute Hitlers) vermietet war.
[1084] Erbschein vom 15. Juni 1915, Staatsarchiv München, AG München NR 1915/938.
[1085] Siehe Kapitel Paul Gans-Fabrice.

der von seiner Frau als Alleinerbe eingesetzt worden war und alle Geldausgaben der Familie überwachte. Mein Vater und seine Schwestern waren daher auch nach dem Tod ihres Vaters Paul finanziell von ihrem Großvater Fritz abhängig. Laut Testament hatte dieser einen Zugang zum Erbe unter der Voraussetzung verfügt, dass die jungen Erben das 25. Lebensjahr erreicht haben mussten.

Den Kindern verblieb vorerst die Schmölz, das Nelkenhaus und der Rosensee. Die Wiesen hinter dem Herrenhaus waren verpachtet, zwei Häuser vermietet.

Während meine Großmutter Ellinka mit ihren Kindern in München weilte und Jozsi in den Krieg zog, wurden auch die männlichen Angestellten in der Schmölz eingezogen[1086]. Das Herrenhaus verwaiste zuerst, ehe es sich dann nach dem Krieg mit Flüchtlingen füllte.

Allerdings bestand die Aussicht auf das immer noch große Vermögen des Großvaters Fritz von Gans, das auf mehrere Millionen Mark geschätzt wurde, so dass man glaubte, sich keine Sorgen machen zu müssen. Großvater Fritz hatte inzwischen die Verbindlichkeiten seines verstorbenen Sohnes übernommen und unterstützte nun seine Enkelkinder sowie die geschiedene Frau seines Sohnes auf vorbildliche Art. Kein Mensch erahnte damals die verheerenden Auswirkungen des Ersten Weltkrieges und der Inflation, die so großen Vermögen wie dem meines Urgroßvaters hart zusetzen sollten.

Nach den Trauerfeierlichkeiten verbrachte mein Vater einige Zeit mit seiner Mutter in deren neuer Wohnung in München, wo er immer öfter auf den Grafen Pappenheim stieß, der sich heftig in die Organisation des Nachlasses und die Zukunft der Kinder einmischte. Es ist nicht auszuschließen, dass Graf Pappenheim, der offensichtlich ein überzeugter Militarist und Patriot war, meinen Vater in seiner Entscheidung, freiwillig in den Krieg zu ziehen und seine Heimat zu verteidigen, noch unterstützt hatte. Möglicherweise dachte er auch an eine militärische Laufbahn meines Vaters.

Jozsi meldete sich nun zum Königlich Bayerischen Leibregiment, dem Kern des Alpenkorps und der Elite der bayerischen Truppen[1087]. In der Münchner Türkenkaserne fing er als Gemeiner an. Nach ein paar Wochen war er Gefreiter und bekam die Erlaubnis, sich ein Zimmer außerhalb der Kaserne zu nehmen, das er gleich gegenüber in dem roten Backsteinhaus fand. Im Oktober 1915 konnte er endlich stolz in seine Uniform[1088] schlüpfen. Man kann es kaum glauben, aber

---

[1086] Schreiben von Johann Kaspar an die Nachlassverwaltung Excellenz von Gans.

[1087] Am 18.5.1915 wurde das Deutsche Alpenkorps unter dem Befehl des bayerischen Generals Krafft von Dellmensingen aufgestellt. Es bestand aus dem Bayer. Infanterie Leibregiment („Leiber") und insgesamt drei Jägerregimenten aus Bayern, Preußen, Hannover und Württemberg.

[1088] M. Greif: Tini Rupprecht. Portraitmalerei nach Fotografien des 19. Jhtds. in München, Diss. München 2003. Franz Grainer (1871–1948) galt, seitdem er 1900 in München ein Porträtstudio eröffnet hatte, als der Münchner Fotograf der oberen Gesellschaftsschicht.

bereits im März 1916 wurde er als Unteroffizier (Gefreiter und Gruppenführer) ins Feld geschickt.

Die Aufzeichnungen meines Vaters über seine Kriegserlebnisse, die viele Seiten seiner Memoiren einnehmen, haben mich sehr beeindruckt und ergriffen. Die lebensnahe Erziehung durch die Grundsätze des Landheimes in Schondorf hat ihm offensichtlich geholfen, die schweren Kriegsjahre als noch sehr junger Mensch zu überleben und anzunehmen und den Lebensmut niemals sinken zu lassen. Insbesondere fällt in seinen Schilderungen die Kameradschaft auf, mit der sich jeder Soldat in der Not für den anderen einsetzte. Selbst die noch tiefer greifenden Erlebnisse in der Nazizeit und in der Emigration konnte er mit der ihm eigenen Disziplin, seiner Charakterstärke und seinem Optimismus überwinden.

Jozsi von Gans in Uniform. Foto Grainer (Archiv AvG)

Seine innere Einstellung war, als er nach schweren Jahren der Emigration 1954 in seine Heimat nach Deutschland zurückkehrte, der inneren Bildung und Formung nach zum Gesamtwohle beizutragen und über den Dingen zu stehen, so schwer ihm das damals auch gefallen sein mag. War dies nun eine aus langer Erfahrung typisch jüdische Eigenschaft?

Ich möchte hier die Kriegsschilderungen meines Vaters sinngemäß wiedergeben. Sie zeigen ihn als jungen Deutschen, der bereit war, das Land seiner Väter zu verteidigen und dafür zu sterben.

Der riesige Rucksack, den Jozsi zu seinem ersten militärischen Einsatz mitschleppte, beinhaltete neben seinem Tagebuch[1089] auch Dinge für Freunde, die schon ins Feld gezogen waren und ihm ihre Wünsche geschrieben hatten, unter anderem Gottfried Georg, Sohn des Jägers des Fürsten von Kreuth.

Nach zweitägiger Eisenbahnfahrt ins Ungewisse stellte mein Vater fest, dass sie in Frankreich waren. Der Zug hielt, sie stiegen aus und begannen einen langen Marsch, der sie bei Einbruch der Dunkelheit an die „Brüllenschlucht" vor Verdun brachte. Deutlich hörte Jozsi die schweren Geschütze, etwas weiter schlug eine Granate ein – Gott sei Dank weit genug entfernt.

Sie blieben einige Tage dort, als es eines Morgens um vier Uhr früh losging. Richtung Front. Auf den Weg dorthin passierten sie die Höhe von Ornes. Der Ort

[1089] Bei AvG.

lag links unter ihnen, und entlang der ganzen Höhe waren tiefe Schützengräben gezogen, an denen sie zunächst an diesem sonnenklaren Morgen entlanggingen. Als die Franzosen seine Gruppe von Doumont und Verdun aus gesehen hatten und mit Granaten auf die Soldaten zu schießen begannen, war auf einmal die Hölle los. Rasch sprang mein Vater mit ein paar Kameraden in den Graben und landete auf etwas Weichem. Als er genauer hinsah, entdeckte er, dass es die Beine eines Menschen waren. Der Rest des Körpers fehlte.

Dies war das erste grauenvolle Erlebnis an der Front für meinen jungen Vater. Es waren unglaubliche Eindrücke, die Jozsi die Grausamkeit des Krieges nicht intensiver und schneller vor Augen führen konnten. Bald darauf kamen sie an die so genannte „Totenschlucht". Es war ein kleines Tal, das parallel zur Front lief und permanent beschossen wurde. In den tiefen Löchern, die sich in der Talwand befanden, konnten sie sich bei Angriffen verstecken und kamen somit unbehelligt durch das Tal.

Jozsi hatte unterdessen seinen Freund Gottfried Georg, der einfach „Schorschl" genannt wurde, getroffen und fühlte sich bei diesem alterfahrenen Unteroffizier in bester Obhut. Er atmete auf und versuchte, die grauenhaften Eindrücke beruhigter aufzunehmen. Die Zeit verging, aber nach ca. einer Woche bekam Jozsi die Ruhr. Nichts half. Weder Opium noch Kohle. Innerhalb von drei Tagen hatte er über zehn Kilo abgenommen.

Sein Freund Schorschl fand ihn in diesem hilflosen Zustand und trug ihn zu einem Artilleriezug, der nach Chaumont zurückging, um ihn dort den Sanitätern zu übergeben. Zwei Kilometer vor dem Chaumont-Feldlazarett wurde mein Vater allerdings von den Sanitätern aus dem Wagen geworfen, besser gesagt, sie luden ihn einfach wieder ab, denn sie benötigten den Platz für schwerer Verletzte, und in dieser unglücklichen, armseligen und schwachen Position zwang er sich, den relativ kurzen Weg zu Fuß weiterzugehen. Es waren über zwei Stunden vergangen, als Jozsi total erschöpft dort ankam.

Im Lazarett gab es obendrein gar nichts zu essen. Dafür Opium, das ihn über eine Woche zwischen Traum und Wirklichkeit schwanken ließ, aber die Ruhr war besser geworden. Nun spürte er enormen Hunger und dachte an die Dose Ölsardinen im Rucksack. Selbst der strenge Befehl, nichts zu sich zu nehmen, konnte ihn nicht abhalten. Den Erfolg der schicksalhaften Ölsardinenkur sollte er nie vergessen. Er war vernichtend. Aber das Resultat war, dass er nun vier Wochen im Lazarett bleiben musste, was ihm vermutlich das Leben rettete. Denn als er später seine Kompanie, die einst eine Stärke von 250 Mann hatte, wiedertraf, waren nur vierzehn Mann übrig. Die anderen waren entweder tot, verwundet oder in Gefangenschaft.

Es dauerte zwei bis drei Wochen, ehe soviel Nachschub kam, dass sie einigermaßen wieder auf Kompaniestärke waren. Seine Kameraden und er vertrieben sich die Zeit mit kleinen Patrouillen und exerzierten viel. Mein Vater mit seinen guten Französischkenntnissen hatte die Aufgabe, Kriegsgefangene zu betreuen, mit denen er letztendlich auch gut auskam. Sein jugendlicher Charme war unschlagbar, gemischt mit seiner warmen, herzlichen und absolut kameradschaftlichen Art. Selbst die Bauern, bei denen er Lebensmittel requirieren musste, schätzten seine Art und kamen Tage später freiwillig zu ihm, um Nahrungsmittel zu bringen.

Als die Kompanie wieder vollzählig war, kam der Befehl, sich zum Abmarsch fertig zu machen. Es flossen Tränen der ehrlichen Trauer beim Abschiednehmen zwischen den Anwohnern und den Weiterziehenden. Diesmal ging es per Bahn, unterbrochen von Märschen, weiter nach Deutschland. Besser gesagt: durch Deutschland hindurch, denn sie verließen es auf der anderen Seite im Osten wieder, wo sie Ungarn durchquerten und nach Hernabstand kamen. Es ging also diesmal gegen Rumänien. So beschlossen sie vorerst den Marsch im friedlich aussehenden Siebenbürgen.

Ihr erstes Ziel in Rumänien war ein etwa 2.000 m hoher Berg, in der Nähe des „Roter Turm Passes". Schweigend gingen die Männer durch die dichten Wälder. Auf dem Pass wehte ein kalter Wind aber sie bauten die Zelte so auf, dass der Wind die Wärme des Feuers, das sie entfacht hatten, hinein blies. Die Morgen waren frisch und schön. Es gab Wölfe und Bauern, aber keine rumänischen Soldaten.

Wieder kam Jozsi seine praktische Art der Improvisation zugute, denn als er eines Tages wilde Pferde entdeckte, beschloss er mit einem seiner Freunde in diesem wunderbaren Landstrich auf deren Jagd zu gehen, denn die Pferde würden ihnen die Last des Gepäckschleppens ersparen. Mit dem selbst gefertigten langen Lasso übten sie ein paar Tage, ehe sie sich an die Pferde wagten. Nachdem sie schon eine Stunde unterwegs waren, erschienen zwei Gestalten über ihnen auf einem Berghang. Waren es Freunde oder fremde Soldaten?

Da zur Ausrüstung des Alpenkorps diesmal nur der Stock gehörte, und sie sonst keinerlei Waffen dabei hatten, mussten sie diese Situation überlegt angehen. Die beiden Freunde beschlossen nun, vorsichtig auf die Fremden zu zuschleichen und erkannten deren rumänische Uniform sowie deren Gewehre. Jozsi und sein Freund setzten sich hin und warteten, bis diese auf sie zukamen. Er sprach sie auf Französisch an, denn das war in Rumänien gängig, und der Trick klappte. Ohne Zögern setzten sich die Fremden dazu, holten aus ihrem Vorratsbeutel herrliches weißes Brot und Speck heraus, Dinge, die Jozsi schon lange vermisst hatte. Fleißig half er beim Essen mit, doch tat ihm die kommende Unterbrechung dieses gastfreundlichen Mahls beinahe Leid, hatte ihm sein Freund schon ein Zeichen gegeben, den beiden die Gewehre abzunehmen. Das geschah mit einem Schlag – sozusagen mit noch vollem Mund.

Es waren die ersten Gefangenen in dem Bataillon, und obwohl Jozsi sehr stolz war, als er mit den beiden zum Major zurückkam, war die vorausgegangene Täuschung der beiden Rumänen eine neue Art des Umgangs mit Menschen, die er zu lernen hatte, um zu überleben und die ihm im Grunde nicht behagte. Kurz darauf wurde meinem Vater das Eiserne Kreuz II. Klasse verliehen.

Nach der spektakulären Gefangennahme der beiden Rumänen, rief man ihn zum Major. Dieser teilte ihm mit, dass er zur Kraftwagen-Kolonne des Alpenkorps versetzt worden sei. Ein wenig enttäuscht nahm Jozsi seinen Rucksack und machte sich schweren Herzens auf die einsame Wanderung, um sich bei der angegebenen Adresse zu melden. Da er vorher auf feindliche Truppen in der Nähe aufmerksam gemacht worden war, schlich er fünf Stunden durch das besetzte Gebiet, immer bedacht, nirgends aufzufallen.

Abends erreichte er den Truppenlagerplatz und blieb erschöpft dort, als er mitten in der Nacht unsanft geweckt wurde. Jemand erzählte ihm, dass auf dem Weg, den Jozsi gerade vorher heruntergegangen war, vierzehn Männer von den Rumänen überfallen worden waren. Nur zwei konnten entkommen und das Lager alarmieren. Mein Vater dankte aus ganzem Herzen seinem Schicksal, das ihn wieder einmal hatte davonkommen lassen. Man schrieb den Oktober 1916, das heißt, er war nun schon sieben Monate im Feld.

Jozsi zog weiter, fand seine neue Truppe, und gemeinsam gingen sie erst nach Ploesti. Dort sahen sie die großen wertvollen Ölquellen, die ein Engländer unter Opferung seines Lebens in Brand gesteckt hatte, in Flammen und Rauch aufgehen. Es wurde ein kurzer, heftiger Kampf – der Vormarsch ging dann zügig voran. Ein paar Tage später stießen sie auf Bluzzau, eine kleine, nette Provinzstadt, die sie ohne viel Mühe einnahmen. Hier blieben sie etwa zwei Wochen.

Bald schon konnte Jozsi feststellen, dass die Rumänen sehr musikalisch waren. Musikanten wanderten durch die Straßen, die Violinen samt Bogen steckten in deren Hosentaschen. Da mein Vater selbst komponierte und sich jetzt nach Musik sehnte, fragte er ein paar von den Leuten, ob sie sich nicht an einem Abend treffen und eventuell sogar einen Cimbalspieler mitbringen könnten. Tatsächlich kamen zur ausgemachten Zeit gleich so viele, dass sie ein Orchester hätten bilden können. Unermüdlich spielten sie wunderschöne ungarische und rumänische Weisen. Sie lachten, sie weinten, sie tanzten – und am Schluss genossen sie Essen und Trinken, dann zogen sie mit ein paar Lei, der Landeswährung, als Gegenleistung ab. Alle waren zufrieden. Die innere Wärme, die die musikalischen Weisen auslösten, hatte Jozsi wie auch den anderen gut getan. Wie leidvoll war doch der Krieg unter Menschen, die sich doch eigentlich mochten.

Eines Tages bekamen Jozsi und seine Männer den Auftrag, soviel Munition als möglich an die Front zu schaffen. Es war eine interessante, aber harte Arbeit, denn der Winter war mit Temperaturen bis zu minus 32 Grad äußerst unfreundlich. Sie konnten vor Kälte kaum schnaufen. Augenwimpern, Augenbrauen, Schnurrbart und Haare wurden weiß und gefroren. Unter der Uniform trugen sie Zeitungspapier, die Füße packten sie in Stroh und Papier. Selbst zum Schlafen zogen sie Ohrenschützer samt Wollmütze an, damit ihnen die Ohren nicht erfroren. Die täglichen Entbehrungen und tief einschneidenden Geschehnisse zeichnete Jozsi ausführlich in seinem kleinen braunen Tagebuch auf[1090].

Mitte Dezember machten sie sich auf den Vormarsch nach Foscani, wo die Rumänen ihnen mit Hilfe der Russen Halt geboten. Langsam und zäh rückten sie vor. Am Weihnachtstag 1916 kamen sie endlich in die Stadt hinein.

Jozsi, der inzwischen die Härte des Krieges mit allen Facetten erlebt hatte, lernte sich im Kreise seiner Kameraden aufgehoben zu fühlen. Egal aus welchen Familien die Männer kamen, bildeten sie eine Gemeinschaft und boten meinem Vater ihre Freundschaft an. Sie hielten ihn letztlich davon ab, sich seinen schweren Gedanken hinzugeben und lehrten ihn, die Dinge anzunehmen, wie sie sind. Aus dieser freundschaftlichen Zuneigung beschloss er, dieses Weihnachtsfest richtig zu feiern. Damit wollte er auch seinen Leuten für den Zusammenhalt danken. Nach Verkündigung seines Beschlusses zogen die Männer sogleich freudig los und requirierten alles, was sie zu einem „gemütlichen" Weihnachtsfest brauchten, vor allem Öfen und Holz. Jozsi besorgte das Essen, aber der Alkohol fehlte. Er erinnerte sich allerdings, ein hübsches Schloss außerhalb des Ortes gesehen zu haben. Als er nachfragte, bekam er zu hören, dass der Keller dort voller Wein- und Schnapsfässer sei, aber im Schloss der Feind säße. Trotzdem ließ Jozsi sich nicht von seinem Ziel abbringen. Noch klang ihm das Schondorfer Schlagwort „machs selbst" in den Ohren.

Als es dunkel wurde, nahm er zwei seiner besten Leute mit und sie fuhren mit einem alten Personenwagen ohne Licht an das Schloss. Den Rest des Weges schlichen sie in den Keller, der menschenleer war. Sicher wurde oben im Haus das Weihnachtsfest gefeiert. Sie entdeckten im Kerzenlicht an der Wand des Kellers entlang große, alte Fässer, wie auch viele kleine. Da sie so ein Riesenfass mit acht bis zehn Meter Höhe schlecht mitnehmen konnten, entschieden sie sich für ein kleines, stellten dann aber fest, das dieses mit Slivovitz bzw. Aprikosenschnaps gefüllt war. Da mein Vater seine Kameraden nicht mit Schnaps abfüllen wollte und die daraus resultierenden bösen Folgen ahnte, ließen sie ein kleines Fass auslaufen und füllten es daraufhin mit dem köstlichen Weißwein, um es dann auf den uralten Wagen zu laden.

Soweit lief alles glatt. Aber kaum fuhren sie weg, ging die Schießerei los. Es knallte um sie herum und Jozsi betete, dass weder sie noch das Fass etwas abbekommen würden. Vor ihnen war plötzlich die Feldpolizei, hinter ihnen die Rumänen. Unerwartet bekamen die beiden sich nun in die Haare, während der Wagen mit der kostbaren Fracht über Stock und Stein Zickzack fuhr. Mit viel Glück, ein paar leichten Verletzungen und geringfügiger Alkoholfahne aus dem Keller kamen sie bei den anderen an.

[1090] Bei AvG.

Jozsi hatte sich vorgestellt, dass so ein Fässchen leichten Weines für vierzig Mann ungefährlich sei, aber er ahnte nicht, dass durch den früheren Schnapsinhalt der Wein eine viel stärkere Wirkung hatte. Das Resultat war, dass nach einer Stunde alle betrunken unter dem gestohlenen Christbaum lagen. Diese Stimmung versuchte einer der Männer noch mit dem Fotoapparat meines Vaters einzufangen.

Der Winter wurde immer kälter, die Leute erfroren. Steif wie Holzklötze und mit demselben Klang wurden sie von den verbliebenen Gefangenen auf die Wagen geladen und verbrannt. Im Januar 1917 kam der Befehl, Jozsi solle sich in München zum Offizierskurs melden. Die zehntägige Reise verbrachten die Mitfahrenden im Zug damit, die Nissen der Läuse in den Säumen der Kleider mit einer Kerze zu verbrennen.

Als sie in Rosenheim ankamen, wurden sie in eine Entlausungsanstalt gebracht, wobei es Jozsi gelang, dieser Prozedur zu entgehen und sogleich nach München weiter zu fahren. Von der Wirtin im roten Backsteinhaus in der Türkenstraße verlangte er große Bögen Papier, in die er alle seine Kleidungsstücke packte, um sie zu verbrennen.

Hier in München traf er seine Mutter, die ihm unerwarteterweise mitteilte, dass sie am 11.1.1916 den Grafen Pappenheim geheiratet hatte. Sie erklärte ihrem Sohn Jozsi in rührender Weise, wie einsam sie nach dem Tod ihres Mannes Paul war, und wie verloren sie sich danach im Witwenstand vorgekommen sei. Schließlich war Paul ihr als freundschaftlicher Berater immer zur Seite gestanden.

Ihr Jugendfreund Haupt Graf zu Pappenheim war nach ihrer Hochzeit als Kaiserlich-Deutscher Gesandter im August 1916 in das kriegsfreie Bern geschickt worden[1091], wo er in der Militärischen Handelsabteilung tätig war, und sie sah dort wieder Licht am Horizont, ihr Leben und das ihrer beiden Mädchen in geregelte Bahnen zu lenken.

Jozsi bemühte sich seither, seinem Stiefvater freundlich und unparteiisch entgegenzutreten, konnte aber ein ungutes Gefühl nicht unterdrücken. Er wusste, dass dieser Mann nie die ehrliche Sorge und Fairness, die sein Vaters gehabt hatte, für ihn aufbringen konnte. Dieses wurde auch mit einem Schreiben des Grafen an die Königlich Bayrische Kraftfahr-Ersatz-Abteilung, München, bestätigt, in dem der Graf bat, den Offiziersaspiranten der Bayrischen Kraftfahrtruppen, seinen *gutmütigen Stiefsohn mit dem heiteren Charakter und seiner vaterländischen Gesinnung, der ein Erbe von allermindestens drei Millionen zu erwarten hätte*, nicht allzu viel die Zügel zu lassen, ihn reichlich dienstlich zu beschäftigen, und insbesondere darauf zu sehen, dass er – ob ihm dies nun bequem sei oder nicht – möglichst zur Gesellschaft seiner zukünftigen Standesgenossen herangezogen und seinem bisherigen

---

[1091] Graf Pappenheim war hier für die Versorgung von rund 60 Fabriken für die deutsche Munitions- und Kriegslieferungen mit allem Nötigen und die Versorgung der gesamten Schweizer Industrie mit Kohlen verantwortlich, H. Graf zu Pappenheim: Geschichte, S. 130.

Unteroffiziers-Milieu, welches ihm vielleicht mehr als gut war und ihm nicht immer aus ganz uninteressierten Motiven den Hof gemacht zu haben scheint, etwas mehr entzogen werde. *Es wäre meinem Empfinden nach sehr gut,* schrieb Graf Pappenheim, *wenn der junge Mann nochmals an die Front, zum mindest in eine Etappe käme, wo er einmal bei einem wohl wollenden, aber anspruchsvollen Vorgesetzten gründlich zu ordentlicher scharfer Arbeit herangenommen würde*[1092].

Man kann selbstverständlich diesen Brief so interpretieren, dass der deutschnationale Graf Pappenheim seinen Stiefsohn in die militärische Laufbahn drängen wollte, wo sein Schicksal unbestimmt war. Andererseits wird aus dem Schreiben des Grafen deutlich, dass Deutschland vor dem völligen Umbruch seiner Gesellschaft stand. Vielleicht ahnte man bereits den Untergang der Monarchie und es lag dem Grafen daran, meinen Vater mit denjenigen Kreisen in Verbindung zu bringen, die für ihn, den Aristokraten, die ehrenvollsten und sichersten zu sein schienen.

Dass mein Vater sich nach dem Krieg auf das durch viele Generationen vor ihm erprobte Unternehmertum seiner väterlichen Familie besann, zeigte, dass diese mit ihrer kreativen Einstellung zum Leben immer schon recht früh den Weg in die jeweils moderne Entwicklung eingeschlagen hatte. Die Familie Gans war dadurch in der Lage gewesen, Kriegszeiten, große finanzielle Einbußen, Verfolgung und Vertreibung zu überstehen.

Vorerst kam mein bereits kriegserfahrener Vater wieder an die Front, wie von Graf Pappenheim gewünscht, und zwar nach Flandern. Auf dem Weg dorthin gab es die verschiedensten Aufenthalte und irgendwann kam er auf eine Lokomotive, die sofort, als sie den Kessel zum Nachheizen öffneten, von Fliegern beschossen wurde. Aber auch diesmal gelang es ihm, am Bestimmungsort anzukommen. Torhout hieß das schöne, saubere, friedliche, um die Kirche herum gebaute, flämische Städtchen. Die Aufgabe bestand darin, die Front von Dünkirchen im Norden bis zum Wychete-Bogen, über Potkapelle und Paschendale im Süden mit Munition zu versorgen. Der Auftrag zog sich Tag und Nacht hindurch. Diese Gegend der heftigen Kämpfe sollte Jozsi unvergesslich bleiben, selbst als er später wieder einmal dort vorbei kam, war er betroffen von den vielen großen Kriegsfriedhöfen und den unzähligen weißen Kreuzen.

Jozsi blieb ein paar Monate in jener Gegend, dann wurde er Anfang 1918 zum Leutnant, das heißt – wie angestrebt – zum Offizier befördert und zum Hauptmann der Kraftfahrtruppen nach Phalempin bei Lille versetzt. Sie arbeiteten schwer daran, die Männer entlang der ganzen Front mit Munitionsnachschub zu versorgen.

[1092] Brief von H. Graf zu Pappenheim, Kaiserlich Deutsche Gesandtschaft, Bern, vom 13.9.1917 an die Königlich Bayrische Kraftfahr-Ersatz-Abteilung Nr. 1, München, mit der handschriftlichen Notiz „nachträglich eingelaufen". GP 18672, Bay. HSTA Abt. IV, Kriegsarchiv, OP 20329.

Jozsi von Gans in der englischen Fliegerjacke (Archiv AvG)

Eines Nachts kam ein großer Angriff der Franzosen. Es war bei Labassé. Jozsi hatte gerade mit seinen Leuten ein Munitionslager angelegt, als der Luftangriff über sie hinwegging und acht Männer tötete. Für seine Leistungen bei Labassé erhielt Jozsi das Bayerische Verdienstkreuz mit Krone und Schwertern.

Der nächste Schlag war die Schlacht bei Cambrai. Hier setzten die Engländer das erste Mal Panzer ein, und meinem Vater gelang es, um Haaresbreite der Gefangenschaft zu entgehen. Vorher hatte er einen jungen englischen Flieger gefangen genommen, der an der Front notgelandet war. Mein Vater gab ihm Kaffee, seinen Mantel und seine Decke und schickte ihn mit einem seiner Leute zurück. Als Dank gab ihm der nette Engländer seine Fliegerjacke, die mein Vater bis zum Kriegsende trug und sich damals voller Stolz mit seiner Kamera fotografieren ließ.

Im Frühjahr 1918 bereiteten die deutschen Truppen den großen Angriff von Armentières vor. In wochenlanger Nachtarbeit hatten mein Vater und seine Leute eine Million Schuss Artillerie zur Front geschafft. Alles lief glatt, bis die Infanterie nach Armentières kam. Dort waren die Keller randvoll mit Wein gefüllt, und die Männer hielten sich nicht zurück. Sie tranken so viel, dass der erfolgreiche Angriff offensichtlich stecken blieb. Die deutschen Reserven an Mann und Material waren verbraucht, es wurde allen klar, dass der Krieg verloren war.

Mein Vater wurde als Leutnant und Führer zur Zweiten Bayerischen Division der Divisions-Kraftfahrkolonne 682 versetzt. Er konnte nicht ahnen, was ihm bevorstand, als er an die Aisne geschickt wurde, denn es war eine einsame, unbewohnte Gegend ohne Häuser. Sie lebten in Höhlen und Kellern bis in den Winter hinein. Tag und Nacht war er unterwegs. An die Front, von der Front. Mit Munition, Verwundeten, Verpflegung und wieder Munition. Der dringende Hilferuf der Infanterie für Gewehrmunition ließ ihn einmal eine waghalsige Unternehmung zur Erfüllung des wichtigen Wunsches antreten. Jozsi nahm einen Drei-Tonner Lastwagen und einen Personenwagen und mehrere seiner Männer zogen mit ihm los. Es gab eine Straße, die direkt in den zweiten Schützengraben führte. Mit den beiden Wägen fuhren sie so nah hin, wie sie nur konnten, und luden dort die

Munition in den Personenwagen. Damit fuhr er im Dunklen über Stunden hinweg hin und her, zwischen pfeifenden Kugeln rechts und links, bis die Munition dort abgeladen war, wo sie hingehörte. Wieder war das Glück auf seiner Seite, denn am Ende dieser Tour waren nur einige Verwundete zu bedauern. Und wieder hatte er mit eiserner Disziplin seine Aufgaben angenommen.

Es hatte sich großes Vertrauen in Jozsis Umgebung aufgebaut. Seine Leute wussten, dass er nie Bestrafungen durchsetzte, geschweige eine Strafe in die Papiere eintrug. Alles was er tat, war den Maxl zu holen. Ein Riese von Mann, ca. 2.10 m groß und mit Händen wie Koffer. Sobald er Maxl einen Straffall mitteilte, wusste dieser genau, wie er zu handeln hatte und „verarztete" die Leute auf seine Art. Freundlichst besuchte er tags darauf den „Verarzteten" im Lazarett. Die Männer lernten bald, diese Art der Zurechtweisung anzunehmen.

Müde und abgekämpft traf sie eines Tages der Befehl zum Rückzug, der erst langsam voran ging, dann schneller und schneller. Als Jozsi die Order bekam, sich zu melden, erklärte der Hauptmann die Lage und gab ihm ein Schreiben mit dem Befehl[1093], die Straßen freizuhalten, damit die schnelleren Truppen nicht durch die langsameren an der Flucht gehindert würden. Die Vollmacht beinhaltete das Recht, größere Gruppeneinheiten von der Straße auf die Seite zu beordern, um Raum für Artillerie, Panzer, Fliegerabwehr und motorisierte Gruppen zu bereiten. Durch sein umsichtiges Agieren konnte mein Vater Menschen seiner Umgebung vor der Gefangenschaft sowie viel wertvolles Material retten.

Dann aber geriet mein Vater selbst in Gefangenschaft, offensichtlich ließ der französische General, der ihn festsetzte, sich durch eine ausführliche, aufklärende und beeindruckende Rede Jozsis in perfektem Französisch und anhand des Planes, den er bei sich trug, davon überzeugen, dass noch weitere Truppen unterwegs seien. Diese seien darauf gedrillt worden, wichtige Gefangene freizupressen – und genau das stünde bevor, wenn der General ihn nicht schleunigst gehen ließe, damit er seine Arbeit machen könne. Nach zwanzig Minuten war Jozsi frei[1094]. Er kehrte eiligst zum Divisionsstab zurück, und General von Stülpnagel überreichte ihm das Eiserne Kreuz I. Klasse.

Mit dem Stab der Zweiten Bayerischen Division bewegten Jozsi und seine Leute sich ziemlich am Ende des Rückzuges. Sie versuchten, sich so nahe wie möglich am Stabe zu halten, um eine bessere Versorgung zu haben und eventuell einspringen zu können, falls es brenzlig werden würde. Langsam ging es dem Rhein zu, erst durch das schöne Aartal. Mann für Mann, Kolonne für Kolonne arbeiteten sie sich langsam aber sicher voran. Da Jozsi ungeduldig wurde, versuchte er nun auf Seitenwegen sein Glück. Als er jedoch an die Rheinbrücken kam, waren die Übergänge durch flüchtende Menschen und zurückkehrende Truppenteile so hoff-

---

[1093] Schreiben bei AvG.
[1094] J.P. von Gans: Turbulente Jahre, S. 14.

nungslos verstopft, dass sie einige Tage warten mussten. Auf dem Rückzug hatte Jozsi, wo immer möglich, schon ein wenig Proviant „mitgehen" lassen, denn er wusste, dass die Leute nach der Entlassung hungrig sein würden und sie zu Hause auch nichts bekämen. So hatten sie einen Vier-Tonner mit Konserven und Fleisch, Tabak etc. nach und nach beladen. Seine Leute kannten den Plan und halfen mit, alles einzupacken, was möglich war. Abwechselnd hatten sie sich bereit erklärt, den Wagen zu bewachten.

Was Jozsi besonders in diesem Zusammenhang berührte, war die Tatsache, dass keiner der Männer die Truppe auf dem Rückmarsch verließ, obwohl so mancher durch seinen Heimatort kam. Als sie über der Rheinbrücke waren, schwenkte Jozsi Richtung Frankfurt ab. Er beschloss der Gruppe an diesem Wochenende eine Rast zu gönnen, ehe sie nach München, ihrer Garnisonsstadt, weiterziehen würden. Auch war dies die Gelegenheit für meinen Vater, seinen Großvater Fritz von Gans zu besuchen, der nun schon fünfundachtzig Jahre alt war. Er hatte ihn lange nicht gesehen, liebte dessen starke Persönlichkeit sehr und vor allem war Jozsi neugierig zu erfahren, wie es ihm während des Krieges ergangen war.

Freitagmittag meldete er sich in Frankfurt zum Essen in der Taunusanlage 15 an. Zunächst wurde er vom alten Diener in ein Gästezimmer mit Bad geführt. Welch ein herrliches Bad, welche Wonne ein Bett zu haben. Aber das Essen war ebenso einladend wie das Bett, nur in diesem Fall wichtiger. Großpapa Fritz schien kleiner und zarter geworden zu sein. Seine Stimme jedoch hatte noch die ganze Kraft eines gebildeten, bewussten und tatkräftigen Mannes. Mein Vater war dankbar und glücklich seinen alten Großvater Fritz zu sehen.

Der weitere Rückzug nach München verlief ohne Zwischenfälle, und nach der Verteilung der Entlassungspapiere für sich und seine Leute ließ Jozsi den großen Lastwagen anrollen und jeder Mann wurde mit Lebensmitteln versorgt. Auch hier kam nun der Abschied, sie legten einen Schwur ab, brieflich in Kontakt zu bleiben, um noch eine Weile die Zusammengehörigkeit nachwirken zu lassen.

Mein Vater hatte in diesen schweren Jahren, die Spuren in seinem Gesicht und seiner Lebensanschauung hinterlassen hatten, nur durch die Gemeinschaft mit seinen Kameraden und den daraus resultierenden Schutz, eine Überlebensstrategie entwickelt, die ihn auch weiterhin begleiten würde. Er hatte gelernt, sich in schweren Situationen zurechtzufinden.

Ich nehme aber an, dass er sich in diesen Jahren nicht der Zerrissenheit seines eigenen Status bewusst war. Zu stark schien doch der Einfluss seines Stiefvaters Graf Pappenheim zu sein, der ihn, wie auch seine Schwestern, offenbar in die Aristokratie einführen und ihn vergessen lassen wollte, dass sein Hintergrund ebenso seine ehemals jüdische Familie war, deren langer Weg durch die Jahrhunderte aus Glauben, Tradition und Zusammenhalt in der Familie bestand und alle Hindernisse gemeinsam gemeistert hatte.

Nun war Jozsi zurück in München, in der Stadt, in der die politischen und gesellschaftlichen Auseinandersetzungen nach dem verlorenen Krieg und der Beendigung der Monarchie im vollen Gange waren. Auch mein Vater musste sich entscheiden, welchen politischen Weg er einschlagen wollte.

Als Folge der vergeblichen Opfer, die der Erste Weltkrieg bis 1918 gefordert hatte, herrschte in Bayern große Verzweifelung unter der Bevölkerung, die sich mit einer starken Autoritätskrise verband. Man machte die Regierungen, die Monarchien und den Adel für die Leiden verantwortlich. Diese Einstellung bewirkte einen starken Wandel der Gesellschaftsstruktur. Breite Volksschichten wie die Arbeiterschaft und das Kleinbürgertum gerieten in Gegensatz zu den noch herrschenden Klassen in der Monarchie – dem Adel und dem Großbürgertum. Diesen gelang es nicht, die immer brennender werdenden Versorgungsprobleme während und nach der Kriegszeit zu lösen und den vordringlichsten politischen Aufgaben gerecht zu werden. Bayern musste mit einem politischen Umsturz und der Vertreibung des Monarchen aus diesen Gründen rechnen.

Der eigentliche Staatsstreich wurde von Kurt Eisner (1867–1919), einem USPD-Politiker mit stark links orientierter politischer Tendenz, vorbereitet und durchgeführt. Als USPD-Kandidat nahm er am Wahlkampf für den bayerischen Landtag teil und hatte so Gelegenheit, Anhänger in München zu sammeln und die Revolution zu organisieren. Nach einer Friedensdemonstration hatte Eisner seine Anhänger zum Umsturz aufgerufen. Man besetzte nach und nach die Kasernen und öffentlichen Gebäude, ohne auf Widerstand zu stoßen. Nach Bildung eines provisorischen Arbeiter- und Soldatenrats leitete Eisner als Vorsitzender dessen erste Sitzung. Die hilflose bisherige Regierung war zu keinen wirksamen Gegenmaßnahmen in der Lage und blieb völlig ohne Gegenwehr. König Ludwig III. hatte in der Nacht vom 7. auf den 8. Oktober 1918 das Land verlassen und Eisner bildete mit seinen Leuten die neue Regierung.

Mein Vater wurde nach seiner Rückkehr nach München im Dezember 1918 sogleich vom Soldatenrat empfangen und von der sozialistischen Regierung Eisner angeworben. Er und seine Kameraden lehnten dies – sicherlich aus politischen Gründen – aber ab. Schließlich hatten sie für Kaiser und Vaterland gekämpft, eine plötzliche Kehrtwendung in das sozialistische Lager scheint mir für meinen Vater in keinster Weise vorstellbar gewesen zu sein.

Nach dem Umsturz in München setzte Eisner die Bildung von Arbeiter-, Soldaten- und Bauernräten in ganz Bayern durch. Die Regierung Eisner konnte in den kommenden Monaten jedoch keine nennenswerten Erfolge erzielen. Bei den Landtagswahlen vom 12.1.1919 erlitt sie mit 2,5% der Stimmen eine vernichtende Niederlage. Die MSPD, die Partei der gemäßigten Sozialisten, errang 33% der Stimmen. Die bayerische Volkspartei (BVP), die Bürgerlichen, wurde mit 35% der Stimmen stärkste Fraktion im Landtag.

Eisner beabsichtigte am 21.2.1919 seinen Rücktritt als Ministerpräsident vor dem einberufenen Landtag anzubieten. Auf dem Weg dorthin, wurde er von Anton Graf von Arco-Valley, genannt Toni, einem nahen Bekannten meines Vaters, ermordet, was eine vollkommene Radikalisierung der politischen Verhältnisse in München zur Folge hatte, die auch auf die politischen Entscheidungen meines Vaters Einfluss hatte. Als Außenstehender war mein Vater in die Arco-Affäre involviert. In seinen Aufzeichnungen berichtet er darüber.

Am Vorabend der Ermordung Eisners war er bei seinem gleichaltrigen Freund Graf Arco zum Essen in dessen Wohnung in der Theatiner-, Ecke Maffeistraße eingeladen. Sie waren zusammen im bayerischen Leibregiment gewesen. Leutnant Graf Arco war gerade beurlaubt und wollte mit seinen alten Freunden und Standesgenossen feiern. Was offensichtlich noch nicht zu meinem Vater gedrungen war, war die Tatsache, dass Graf Arco Mitglied in der völkischen Thulegesellschaft war und sich zu einem antisemitischen Eiferer entwickelt hatte. Plötzlich, es war schon sehr spät an diesem Abend, sprang Graf Arco auf und verkündete: „Morgen erschieß´ ich den Eisner!"[1095].

Mein Vater wie auch die anderen Gäste maßen dieser Äußerung nicht allzu viel Bedeutung bei. Bald danach verließ er die Wohnung und ging zu Fuß nach Hause. Am nächsten Morgen fuhr er frisch und munter in die Schmölz, um sich eventuell mit Freunden zum Skifahren am Eibsee zu treffen. Als er am Eibsee eintraf, wurde er schon mit der Nachricht erwartet: „Der Graf Arco hat den Eisner erschossen!"

Jozsi war entsetzt und machte sich Vorwürfe, an dem gestrigen lustigen Abend auf den Ernst des fürchterlichen Ausspruchs von Graf Arco nicht weiter eingegangen zu sein. Tatsächlich war Graf Arco an diesem Morgen des 21.2.1919 Richtung Palais Montgelas gegangen, in dem Eisner seine Dienstwohnung hatte. Als dieser mit zwei Sekretären und zwei bewaffneten Leibwächtern zur Eröffnungssitzung des neuen Parlaments in die Prannerstraße ging, um seinen Rücktritt zu erklären[1096], erschoss Graf Arco ihn und wurde selbst schwer verwundet[1097].

Das Attentat zählte zu den tragischen Momenten der bayerischen Geschichte, da es damit die Richtung in die extreme Rechte und das spätere Hitlerregime andeutete, denn die immerhin um Ausgleich bemühte Regierung unter Eisner wurde dann von der radikal linken Regierung der Münchner Räte abgelöst.

Nach dem Mord an Kurt Eisner erhielt mein Vater später eine Ladung zur Zeugenvernehmung im Fall Eisner/Arco für den 15. Januar 1920, acht Uhr dreißig. Aus den Lebensaufzeichnungen meines Vaters gehen die Einzelheiten seiner Vernehmung leider nicht hervor. Graf Arco wurde am 16.1.1920 von einem bayerischen Gericht zum Tode verurteilt, aber das Urteil wurde schon am nächsten

---

[1095] War der Zuschlag durch ein Los ausgerechnet auf ihn gefallen?
[1096] Damals. Zeitschrift für geschichtliches Wissen, 1978, Heft 4/Apr., S. 306.
[1097] Prof. Sauerbruch operierte Graf Arco und konnte ihn retten.

B: Josef Paul von Gans genannt Jozsi (1897–1963), Automobilpionier und Exilant

Zeugenvorladung (Archiv AvG)

Zu allen bezüglichen Eingaben ist nachstehender Betreff samt Aktenzeichen mit Ziffer anzugeben.

Proz.-Reg. XIII 194/19.

Zeugenvorladung.
(Abschrift.)

An
S.H. Ritter Jozsi von Gans, Hof[...] in München,
Prinz Ludwigstr. 9

Betreff: Anton Arco Valley,

wegen Mord[...].

Sie werden hiermit als Zeuge

auf Donnerstag, den 15. Januar 1920

vormittags 8½ Uhr,

Schwurgerichtssaal Justizpalast I. Stock - Eing. Karlsplatz

vor das Volksgericht München I (Mariahilfplatz 17a) in den Sitzungssaal Nr. _____ zur Hauptverhandlung geladen und zu pünktlichem Erscheinen aufgefordert. Zugleich werden Sie auf die gesetzlichen Folgen des Ausbleibens hingewiesen. Die Vorschriften der Strafprozeßordnung hierüber sind auf der Rückseite dieser Ladung abgedruckt.

Die Ladung wollen Sie zum Termine mitbringen, weil nur gegen deren Vorzeigung die Zeugengebühren ausgezahlt werden. Im Falle der Dürftigkeit kann der Zeuge bei dem Rentamt, in dessen Bezirk er sich aufhält, unter Vorzeigung dieser Ladung einen Vorschuß für seine Auslagen verlangen.

Hat der Zeuge den Aufenthaltsort gewechselt oder wird er ihn bis zum Termine wechseln, so ist dem Gerichte unverzüglich die neue Adresse genau mitzuteilen.

München, den 5. Januar 1920.

Der Staatsanwalt
am Volksgerichte München I.
J.A.
gezeichnet: Förth.

Zur Beglaubigung: Gerichtsschreiber:

Tag in Festungshaft umgewandelt. Im selben Jahr als Hitler in Landsberg seine Haftstrafe verbüßte, wurde 1924 Graf Arco begnadigt. Er starb 1945.

Nach Eisners Tod bildeten nun Spartakisten, Kommunisten, USPD-Leute und linke MSPD-Mitglieder mit den vorhandenen Räten einen Zentralrat der Bayerischen Republik mit dem aus Schlesien stammenden Ernst Niekisch (linke MSPD) als Vorsitzenden. Gleichzeitig drangen einige Anarchisten darauf, die Räterepublik auszurufen. Die vom Landtag am 17. und 18. März 1919 provisorisch eingesetzte Regierung unter Hoffmann (MSPD) konnte sich im Verlauf der nächsten Wochen nicht durchsetzen. Am 7. April 1919 wurde daher tatsächlich die Bayerische Räterepublik ausgerufen. Die Regierung Hoffmann wich ins ruhigere Bamberg aus.

In der Zeit vom 13. April bis 12. Mai 1919 rissen jedoch die radikalen Kommunisten als alleinige Gruppe in München die Regierung an sich. Die neuen Machthaber ließen sofort das Bürgertum ent- und das Proletariat bewaffnen. Es wurde eine Rote Armee aufgestellt und versucht, die Wirtschaftstruktur durch Enteignung und Verstaatlichungen im kommunistischen Sinn völlig umzugestalten. Dies wirkte sich später auch auf das große Vermögen aus, das mein Urgroßvater Fritz nach seinem Tod im Juli 1920 der Familie hinterlassen hatte, wie ich noch berichten werde. Denn nach der Auffassung der neuen sozialistischen Regierungen hatten insbesondere die reichen Familien für den Ausgleich der hohen Nachkriegsschulden und Reparationen zu sorgen.

Inzwischen rief Hoffmann von Bamberg aus preußische, württembergische und bayerische Truppen zur Hilfe sowie die Freikorps, die unter dem Oberbefehl des preußischen Generals von Oven München einzuschließen begannen. Es ist für mich ganz einleuchtend, dass mein Vater, dessen Erziehung ja auch von seinem Stiefvater, dem reichstreuen und nationalbewussten Grafen Pappenheim beeinflusst worden war[1098], an der Befreiung Deutschlands und insbesondere Bayerns von den Kommunisten durch Beitritt zu einem Freikorps teilgenommen hatte.

Während München schon kurz vor der Eroberung durch die „Weißen Truppen" stand und am 1. und 2. Mai 1919 ein blutiger Bürgerkrieg tobte, verkündete Lenin am 1. Mai auf dem Roten Platz in Moskau die Herrschaft der Arbeiterklasse. München wurde unter großen Opfern von den rechtsgerichteten „Weißen Truppen" eingenommen. Nach dem roten Terror wütete nun der weiße Terror mit zahlreichen Erschießungen. Im Laufe des Jahres 1919 erfolgte in Form zahlreicher Hochverratsprozesse mit drakonischen Strafurteilen die gerichtliche Liquidierung der Räteherrschaft in München.

Die Erfahrungen mit der Räterepublik, besonders mit der kommunistischen und gewalttätigen Endstufe einer Revolution, die mit Eisners Ermordung begann,

---

[1098] *Am 1. Mai verliess ich mit dem Freicorps Garmisch, um bei der Befreiung der Hauptstadt durch die von allen Seiten anrückenden Regierungstruppen und das Freicorps Epp mitzuwirken,* H. Graf zu Pappenheim: Geschichte, S. 132.

hinterließ insbesondere im bayerischen Bürgertum und Kleinbürgertum ein antikommunistisches und antisozialistisches Trauma.

Die Aufgaben der nun wieder eingesetzten Regierung unter Hoffmann waren: Wiederherstellung von Ruhe und Ordnung, Auflösung der kommunistischen Räterepublik, Ankurbelung der Wirtschaft, Schaffung einer neuen republikanischen demokratischen Verfassung.

Die Freikorps-Bewegung, die gleich nach Beendigung des Krieges und der Auflösung der Reichsarmee eingesetzt hatte, war auch an meinem Vater nicht spurlos vorübergegangen. Als an einem Wochenende im Februar 1919 – am 21.2.1919 war Eisner von Graf Arco ermordet worden – Prinz Reuss XXXVII. (1888–1964), der Adjutant im Freikorps des Grafen Nikolaus Dohna[1099] war, wieder einmal zu Besuch in die Schmölz kam, fragte dieser meinen Vater, ob er nicht Lust habe, sich an einem Waffengang nach Schlesien zu beteiligen. Dies erschien nach dem direkten Eindrücken, die mein Vater um die Ermordung Eisners erlebt hatte, sehr plausibel, denn nach Auffassung auch der gemäßigteren politischen Kreise Münchens bedeutete die linksradikale Regierung der Räte, die seit Februar 1919 in München herrschte, eine große Gefahr für Bayern. Mein Vater willigte daher aus Überzeugung in den Vorschlag ein, und es wurde ihm eine eigene Kompanie zugeteilt, „die anerkannt die Beste im Korps wurde"[1100].

Zuerst zogen die beiden Freunde im März 1919 hinauf nach Sagan gegen die Kommunisten, später wurde Jozsi nach Oberschlesien bei Kochlowitz versetzt und bei einem Angriff vom Pferd geschossen, was ihn aber in seinem jugendlichen Eifer nicht zurückhielt, mit bandagiertem Arm weiter zu reiten und an Ort und Stelle Ordnung zu schaffen. Mein Vater hatte sogar gegen Ende der Unruhen noch versucht, seine politische Auffassung, dass die Kommunisten unter allen Umständen aus Bayern vertrieben werden müssten, auf eigene Faust zu verwirklichen. Er organisierte für kurze Zeit von der Schmölz aus eine Heimwehr. Diese Einwohnerwehren knüpften an die Aktivitäten der bereits vorhandenen Freikorps an. Obergrainau, Untergrainau und Garmisch schlossen sich zusammen. Regelmäßig exerzierten sie, und ungeübte Freunde und Bekannte aus diesen Orten lernten, mit Waffen umzugehen. Die Gewehre versteckten sie in der alten Schmiede, dem Gebäude neben dem Herrenhaus, von dem die Schmölz ihren Namen hatte.

Tatsächlich kam eines Abends der Alarm per Telefon, dass Kommunisten mit Lastwägen auf dem Weg von München nach Garmisch seien. Mein Vater mobilisierte seine Mitstreiter und sie trafen sich in Farchant, einem kleinen Ort vor Garmisch, wo sie einen tiefen Graben über die Straße zogen. Es wurde ein kurzer aber heftiger Kampf. Die „Knicker", die Gewehre, sprachen laut und deutlich, so dass die Kommunisten aus München tatsächlich nicht weiter als nach Farchant kamen.

[1099] Graf Dohna war Kommandant auf dem U-Boot „Möve".
[1100] J.P. von Gans: Turbulente Jahre, S. 14.

Im November 1919 beendete Jozsi auch diese Aufgabe und war endlich frei, sein Leben in die Hand zu nehmen. Ich kann mir vorstellen, dass die Stimmung und der bisweilen rüde Umgang in diesen Freikorps meinem Vater nicht immer angenehm waren. Schließlich war er mit einer Noblesse erzogen worden, die sich mit der radikal-rechten Mentalität der neu gruppierten Freikorps nicht recht vertrug. Die mir vorliegenden Unterlagen zeigen, dass er kurzfristig als Hauptmann im „illegalen und rechtsnationalen"[1101] Freikorps Roßbach tätig war, angeblich „ein wüster Haufen demobilisierter Soldaten"[1102]. Die Zugehörigkeit zu einer der vielen Freikorps galt später in der NSDAP durchaus als Empfehlung, beispielsweise nahm Gerhard Roßbach am Hitlerputsch im Jahre 1923 in München teil[1103].

Sicherlich hatte mein Vater rechtzeitig erkannt, dass diese radikale Entwicklung der politischen Verhältnisse in Deutschland nichts, aber auch gar nichts mit ihm und dem Werdegang seiner väterlichen Familie zu tun hatte. Inzwischen hatte sich ein „neuer Nationalismus" herausgebildet, dem vor allem völkische Gruppen mit ihrem auf pseudowissenschaftlichen Rassenlehren gegründeten Antisemitismus huldigten. Dieser auf Frontkameradschaft und Führertum basierende Nationalismus war auch besonders in den Freikorps vertreten, die kein inneres Verhältnis zu dem neuen Staat gefunden hatten. Die Entscheidung, sich nicht weiter mit dieser teilweise von rechts-radikalen Kräften unterwanderten militärischen Organisation einzulassen, hat meinem Vater möglicherweise das Leben gerettet.

Am 18.3.1920 wurde wiederum die gemäßigte links-bürgerliche Koalition unter Hoffmann gestürzt: die außerparlamentarischen rechten Kräfte waren inzwischen zu stark geworden. Jetzt bildete die radikale Linke (USPD) die Opposition, während sich die Bürgerlichen in der BVP nach rechts orientierten und unter Gustav Ritter von Kahr (1862–1934) an die Macht kamen. Es bildete sich die sogenannte Ordnungszelle Bayern. Zu dieser Zeit wurde mein Vater von der Reichswehr als Kompanieführer übernommen und nach Frankfurt an der Oder geschickt[1104].

Kahr betrieb als Ministerpräsident eine einseitig gegen links gerichtete antisozialistische Politik. Er konnte sich vor allem auf die Einwohnerwehren stützen. Bayern wurde ab 1920 allmählich ein Tummelplatz politisch weit rechts stehender Persönlichkeiten im Reich – Ludendorff, Freiherr von Tirpitz, Hitler. In dieser Atmosphäre konnte die nationalsozialistische Bewegung aufkommen und gedeihen.

Hitler (1889–1945), Gefreiter der bayerischen Armee, betätigte sich seit 1919 als Schulungsredner des Münchener Reichswehrkommandos. Er wurde am 29.7.1921 Vorsitzender des Nationalsozialistischen Arbeitervereins. Unterstützt wurde er vom

---

[1101] A.M. Sigmund: Die Frauen der Nazis II, München 2002, S. 13.
[1102] Ebd.
[1103] R. Thoms, S. Pochanke: Handbuch zur Geschichte der Deutschen Freikorps, München 2002, S. 157.
[1104] (200.000-Mann-Übergangsheer), Schreiben J.P. von Gans, Lt. a.D. 1938.

Parteiorgan „Völkischer Beobachter" sowie von der im August 1921 gegründeten SA als Schlägertruppe. Wie bekannt, bekämpfte seine NSDAP das parlamentarische System und vertrat nationale wie auch sozialrevolutionäre Ziele. Sie war zugleich antisemitisch, antikapitalistisch und antimarxistisch.

Glücklicherweise entrann mein Vater rechtszeitig der rechtsradikalen Bewegung in München, indem er sich auf den ehemaligen Besitz seines Vaters in die Schmölz zurückzog, die ihm im Jahr 1921 offiziell übergeben worden war. Seine Schwester Marie Blanche, spätere Gräfin Aichelburg, übernahm das Anwesen Nelkenhaus mit den dazugehörenden Grundstücken, und seine Schwester Margot, verheiratete Freifrau von Bischoffshausen, das Anwesen Rosensee, ebenfalls mit dem dazugehörenden Ländereien.

Langsam kehrte dort das Alltagsleben zurück und mein Vater versuchte in der Schmölz Ordnung zu machen und die Schäden an Haus und Gelände zu beseitigen. Er war jetzt zweiundzwanzig Jahre alt, hatte durch den frühen Verlust seines Vaters keine ausreichenden Richtlinien für seine berufliche Laufbahn erhalten und zudem durch den Krieg wichtige Jahre verloren. Er hatte das Leid des Krieges erlebt, für seine Heimat gekämpft, Kameradschaft erfahren, doch jetzt fühlte er sich unsicher und verloren. Er wusste nicht, wohin er gehörte.

Das große Erbe seines Großvaters war zwar in Aussicht, aber er traute sich nicht, den Großpapa um mehr Unterstützung zu bitten. Auch schien ihm dieser nicht mehr der richtige Ansprechpartner für einen zeitgerechten, zukunftsweisenden Rat in dieser im Umbruch befindlichen neuen Zeit zu sein. Seine Mutter Ellinka gab ihm 200 Mark Taschengeld. Großpapa Fritz hingegen finanzierte seit dem Tod seines Sohnes Paul den Unterhalt des Herrenhauses in der Schmölz. Somit konnte Jozsi bescheiden leben. Im November 1920 heiratete mein Vater Philomena Martinet, eine Belgierin aus Antwerpen, die mit ihm und ihrem Sohn in der Schmölz lebte.

B.2. Neues Engagement in der Automobilindustrie und die Jahre der Inflation bis 1927

Die Teuerungen allerdings, die sich im Zuge der schleichenden Inflation auftaten, machten meinem Vater nun doch sehr viel Kopfzerbrechen. Mit einem Freund, Herrn von Gumprecht, eröffnete er 1920 zunächst eine kleine Handelsfirma „SNAG & CO" (Snag umgedreht = Gans). Sie versuchten alles, was auf dem Markt angeboten wurde, zu vermitteln. Vom Auto bis zum Fieberthermometer. Da ihm die Erfahrungen als Geschäftsmann fehlten, verdiente er trotz seines großen Arbeitseinsatzes nicht viel.

Adler 18/ 80 PS mit Karosserie nach eigenen Patenten 1923, vor dem Werk in der Schmölz (Archiv AvG)

Als Großpapa Fritz von der Neugründung dieser Firma erfuhr, bekam Jozsi eines Tages ein Schreiben von dessen Sekretär aus Frankfurt. Herr Balzer machte ihm klar, wie wütend mein Urgroßvater über diese „komische" Firma sei, und legte ihm nahe, einer geregelten Arbeit nachzugehen. Er sollte sich zumindest auf die Verwaltung der Schmölz konzentrieren. Falls ihm dies in einem gewissen Zeitraum nicht gelänge, müsse Jozsi mit seiner Enterbung rechnen. Die Drohung saß. Das war nun wirklich ernst und eiligst löste Jozsi „SNAG" auf.

Trotz des großen Familienkonzerns im Rücken fiel es ihm immer wieder schwer, von sich aus um einen Arbeitsplatz bei der Cassella AG vorstellig zu werden, da er meinte, dass ihm die spezielle Ausbildung fehlte. Der Entschluss meines Vaters ging deshalb dahin, soviel Zeit wie möglich in die Verwaltung der Schmölz mit den bereits vorhandenen Werksanlagen zu stecken.

Schließlich hatte er in den alten Werkstätten seines Vaters, die dieser für die Konstruktion seiner Luftschiffe benutzt hatte, jede Menge Ballonseide und Werkzeug gefunden. Die Zeiten waren schlecht, die Armut groß. Aus allem konnte etwas fabriziert werden. Und diese Art des Unternehmertums lag in der Familie. Mein Vater dachte an die Zeiten im Internat in Schondorf, als er aus der Ballonseide seines Vaters Kajaks baute und sein erstes Geld verdiente. Nun schaute er wieder auf die Materialien und nahm sich vor, daraus etwas zu machen. Er hatte inzwischen Kontakt zu den Adlerwerken in Frankfurt aufgenommen, deren Motoren er in die von ihm konstruierten Rennwagen einbaute. Er hatte sich auf die Ausarbeitung von Patenten und die Konstruktion von Karosserien spezialisiert, die nach Lage der aufstrebenden Automobilfabrik eine Zukunft hatten.

Es war klar, dass der Aufbau eines Karosseriewerkes nur mit dem Einsatz hoher finanzieller Mittel zu bewerkstelligen war. Als schließlich sein Großvater am 15.7.1920[1105] starb, schien es so zu sein, dass für meinen Vater alle finanziellen Schwierigkeiten vorbei waren und ihm eine glänzende Laufbahn als Unternehmer offen stand. Aber alles sollte anders kommen.

Die Schreiben, die nach dem Tod von Großpapa Fritz in der Schmölz eintrafen, bestätigten Jozsi, dass er in Zukunft ein auskömmliches Einkommen zur Verfügung haben würde. Allerdings wurden jegliche Bemühungen, mehr Einblick in das große Vermögen zu erlangen, immer wieder von der mächtigen Nachlassverwaltung gezielt unterbunden. Jozsi wollte endlich sein Erbe selbst verwalten, aber das Testament besagte, dass dies erst mit seinem fünfundzwanzigsten Geburtstag geschehen dürfe, sofern er sich auch reif genug zeige, ein solches Besitztum betreuen zu können. Diese war eine typische, sehr vorausblickende Maßnahme meines Urgroßvaters.

Justizrat Dr. Baer, der als Hauptvermögensverwalter auftrat, zeigte Jozsi immer wieder die Grenzen, indem er mit seinem Rücktritt drohte, sobald ihm ein Hauch von Misstrauen entgegengebracht werden sollte[1106]. Er deutete darauf hin, dass keiner der Erben mit der Verwaltung solch eines Vermögens umgehen könne und da er den Überblick habe, werde er diese Verwaltung auch nicht aus der Hand geben. Schließlich ginge es darum, die Vermögenswerte zu mehren, wie ein Zusatz im Testament des Erblassers an seine Testamentsvollstrecker lautete.

Dazu kam, dass der Kunsthändler Bachstitz[1107], der einst einen Vertrag mit Fritz von Gans gemacht hatte, der durch die Nachlassverwaltung verändert wurde, sofort nach dem Tode meines Urgroßvaters die äußerst wertvollen Gegenstände aus den beiden Häusern, Taunusanlage 15 und Bad Homburg, Viktoriaweg 6, in seine Galerie in Berlin Tiergartenstraße bringen ließ bzw. Prof. Hausmann bat, die verbleibenden ebenfalls wertvollen Möbel, Gemälde und Kleinkunst an Ort und Stelle zu verauktionieren. Die Erben konnten aus Listen entnehmen, was ihnen zustand und die geschätzten Möbel „2. Klasse" kaufen.

Die Vermögensverwalter warnten meinen Vater vor einem zu unüberlegten Sprung in die Selbständigkeit. Außerdem müsse man zunächst die Steuerforderungen und die Kriegsauflagen für große Vermögen der Regierung abwarten. Vorsicht war daher geboten. In der Tat war das größte Übel für die großen, vor allem im 19. Jahrhundert angesammelten Industrievermögen, die den Krieg überdauert hatten, die von der deutschen Regierung geforderte Reichsnotopfersteuer in Höhe von 65%. Was noch vom Erbe verblieb, unterlag der Erbschaftssteuer von 35%. Fast alle großen Kapitalvermögen schrumpften nicht nur wegen der Inflation, sondern auch wegen der an die Siegermächte zu zahlenden Repara-

---

[1105] Siehe Kapitel Fritz von Gans.
[1106] Brief der Nachlassverwaltung, bei AvG.
[1107] Siehe Kapitel Fritz von Gans.

Das „Karosseriewerk Schmölz" 1921–24 (Archiv AvG)

tionen, die durch die Arbeit der Notenpresse und die Steuerzahler aufgebracht werden mussten.

Trotz der schwierigen Situation hielt es aber mein Vater für richtig, in die aufstrebende Autoindustrie zu investieren und dachte an seinen Vater, der mit seinem Pionierdenken viel für die Ballon- und Flugindustrie geleistet hatte.

Nachdem er das Patent für seine Karosserie erhalten hatte, baute er in dem Gebäude hinter dem Herrenhaus, was einst für die Erfindungen im Flugwesen von seinem Vater genutzt wurde, den „Karosserie-Bau-Schmölz" auf. Auch fing mein Vater an, Rennen zu fahren. Das war eine sehr angenehme Beigabe der aufstrebenden deutschen Automobilindustrie, die sich nach dem Krieg allmählich zu etablieren begann.

In der Nähe wohnte der befreundete, berühmte Rennfahrer Hans Stuck, den er oft zum Austausch technischer Erfahrungen traf. Eines Tages erzählte dieser von seiner enormen Begeisterung für die Rennfahrerei, worauf Jozsi es ihm gleichtun wollte; schließlich baute er ja selbst Autos und hatte sich inzwischen aus den Ausschüttungen der Testamentsvollstrecker einen Bugatti gekauft.

Unterdessen hatte allerdings bereits das Endstadium der Inflation, die galoppierende Inflation begonnen und die Stimmung der Menschen wurde groteskerweise noch ausgelassener. Um den Ernst der Situation nicht erkennen zu müssen, versuchten die meisten Menschen den Augenblick noch ausgefallener zu verbringen. Auch Jozsi verdrängte auf diese Weise seine bedrohliche finanzielle Lage, denn die Nachlassverwalter in Frankfurt schickten Abrechung um Abrechung, deren Zahlen auf dem Papier immer gigantischer wurden, aber wohl nicht viel mehr wert waren als der Briefbogen, auf dem sie standen. Mein Vater war beim direkten Übergang seines Erbes auf ihn zwar jetzt 25 Jahre alt, aber dieser Geburtstag fiel ausgerechnet in das Jahr 1922, dem Jahr der ihrem Höhepunkt zustrebenden Inflation.

Die Ausgaben des großen Hauses, die Gehälter und Renten der Angestellten in der Schmölz, wie auch sein Anteil für die Frankfurter Bediensteten, die sein Großvater Fritz bis zu deren Tod versorgt wissen wollte, und die Löhne der Verwalter der verschiedenen Besitzungen, die der Erbengemeinschaft zustanden, mussten dennoch weiter gezahlt werden. Die Situation wurde immer prekärer. *Was gestern eine Mark war, waren heute 10 Mark und morgen 100. Ich hatte Aktien und die gingen wohl mit, aber ich hatte kein Einkommen, das der Rede wert war, und so lebte ich vom Kapital [...]. Ich wurde jeden Tag reicher – auf dem Papier*, schrieb mein Vater in seinen Memoiren *Turbulente Jahre*.

Obwohl sich die von meinem Urgroßvater dazu bestimmten Testamentsvollstrecker um den Erhalt und die Vermehrung des Vermögens kümmern sollten, veranlasste die Inflation sie, das Grundkapital des Erblassers Fritz anzugreifen. Mein Vater musste sehen, wie er auf dem Papier scheinbar jeden Tag zahlenmäßig reicher wurde (es ging in die Billionen) und trotzdem gezwungen war, alles zu akzeptieren, was die Vermögensverwaltung aus der Not heraus vorschlug – bis hin zum Aktien- und Grundstücksverkauf.

Jozsis Chauffeur Götz, der ihn auch auf Rennen begleitete, kam eines Tages zu ihm und eröffnete ihm, dass er die Köchin heiraten wolle. Dies könne er aber nur tun, falls ihm mein Vater sein Monatsgehalt von einem Dollar in Dollar bezahlen würde. Götz schaute seinen Arbeitgeber selbstbewusst an. Jozsi erkannte sein Geheimnis und wusste auch, dass er noch einige Dollarnoten im Tresor hatte. Er willigte ein und stellte dem neuen Ehepaar freie Verpflegung und Wohnung zur Verfügung. Und schon bald konnte jeder im Haus das Geschick des Götz bestaunen. Seine Rechnung war einfach und ging am Ende des Monats auf: Was er kaufte, blieb er für einen Monat schuldig. Also, zum Beispiel: der Dollar stand am ersten Juli auf 10.000 Mark, er kaufte aber für 15.000 Mark ein, wohlwissend, dass der Dollar am ersten August um ein vielfaches höher stand. Götz raste zur Bank, wechselte seinen Dollar, zahlte seine Schulden, kaufte wieder ein, was er für den Rest bekommen konnte – und erfreute seine schwangere Frau und sich mit der gelungenen Transaktion. Dieses Spiel wiederholte er jeden Monat. Am Schluss der Inflation stand der Dollar auf rund 6 Billionen Mark.

Götz kam blendend über die Runden, während mein Vater bis zum Ende der Inflation ca. neunzig Prozent seines Vermögens verloren hatte. Wie er schrieb, hatte sein Großvater folgendes Testament gemacht: Ein Drittel der Hälfte ging je an seine 3 Kinder, also Jozsis Vater Paul, dessen Bruder Ludwig und an die Schwester Adela Coit. Die andere Hälfte ging an die 13 Enkel meines Urgroßvaters zu je einem Teil. Aus dem Erbe meines Großvaters Paul von Gans-Fabrice war für meinen Vater und seine Schwestern wegen dessen hohen Industrieinvestitionen nichts übrig geblieben: aus dem Enkelerbe erhielt mein Vater immerhin noch 1,2 Millionen. Das war nicht wenig, verglichen mit dem Elend, in das andere gestürzt waren, wie er in seinen Aufzeichnungen schrieb.

Hinzu kam, dass 1921 das Haupthaus der Schmölz abbrannte und mein Vater von den ursprünglich 32 Zimmern des geliebten Herrenhauses nur noch eines brauchbar vorfand. Der Rest war vom Feuer und Wasser zerstört. Die Bauern der Umgebung hatten zwar versucht, zu retten was zu retten war, aber durch die Holzvertäfelung in den meisten Zimmern war der Brand immens schnell fortgeschritten. Alle geretteten Dinge standen nun im Garten, aber viele wertvolle Dinge waren vernichtet[1108].

Das Haus war ruiniert. Doch Baumeister Buchwieser kam am nächsten Tag und unterbreitete Vorschläge zum Aufbau der neuen Schmölz. Da das Haus versichert war, zahlte die Bank einige Monate später über 200 Millionen für einen Schaden von ursprünglich 120.000 Mark. Die Inflation ließ den Scheck allerdings innerhalb von Tagen wertlos werden. Mein Vater klebte das Beweismittel seines Schmerzes zur Erinnerung in ein Buch, zusammen mit Geldscheinen der Hochinflation.

In dieser Zeit der Geldentwertung hatte natürlich auch niemand Interesse gehabt, seine Autos zu kaufen. Das „Karosseriewerk Schmölz" arbeitete nicht mit Gewinn und die Zeit war nicht reif, seine Patente und seine Ideen kommerziell zu nutzen. Insbesondere das Jahr 1924 brachte der gerade aufgebauten Automobilindustrie schwere Verluste. Insbesondere geriet der Markt für Autos der Luxusklasse in Schwierigkeiten. Es war abzusehen, dass mein Vater sein Karosserie-Werk schließen musste und dass auch diese Investitionen verloren waren.

Zu der Erbschaft des Großvaters Fritz gehörte auch das Mustergut Mitterhartshausen mit 1000 Tagwerk in der Nähe von Straubing. Mein Vater war entschlossen, sich mit der Nachlassverwaltung darauf zu einigen, dass Naturalien wie Fleisch, Mehl und Kartoffeln, die auf dem Gut vorhanden waren, an die Erben gesandt werden. Herr Dafner, der Verwalter, sträubte sich bei dem Gedanken, wurde aber vor die vollendete Tatsache gestellt. Umständlich schrieb er eines Tages einen Brief an Jozsi und avisierte eine Sendung Mehl. Das Schreiben schien ihm nicht geläufig; geschickte Hand zeigte er aber, wenn es um seinen Eigennutz ging.

Rechtzeitig vor der Ankunft des Revisors der Gans'schen Erbengemeinschaft aus Frankfurt tauschte er die wohlgenährten Kühe gegen abgemagerte aus. Bei den Zählungen der Kühe stimmte zwar die Zahl, nur der jämmerliche Zustand

---

[1108] J.P. von Gans: Turbulente Jahre, S. 19.

der unterernährten Kühe führte dazu, dass dem Gut wieder mehr Geld für Futter zugeschossen werden musste. Keiner ahnte, dass der Verwalter, wie sich später herausstellte, Tage zuvor seinem Bruder, der Metzger war, die dicken Kühe zugeschoben hatte und im Austausch die dünnen bekam. Der Gewinn durch den Verkauf der begehrten Tiere wurde selbstverständlich brüderlich unter den beiden geteilt. Erst als die Kündigung des Gutsverwalters Dafner eintraf, und dieser seinen eigenen Bauernhof vorstellte, ging den Erben ein Licht auf – aber da war es schon zu spät.

Auch das Gut Mitterhartshausen wurde 1930/31 von den Frankfurter Nachlassverwaltern veräußert. Danach erfuhr es ein erlebnisreiches Dasein. Während des Zweiten Weltkriegs war die deutsche Wehrmacht hier stationiert, denn die Hälfte des Geländes wurde von dem damaligen Besitzer 1936 an das Militär verkauft, das einen Fliegerhorst auf der riesigen Fläche entstehen ließ. Kurz vor Ende des Zweiten Weltkriegs, als die Amerikaner im Anmarsch waren, verließ das Militär fluchtartig das Anwesen und machte Platz für circa tausend KZ-Häftlinge aus Buchenwald. Diese waren auf dem Fußmarsch nach Dachau und durften auf Gut Mitterhartshausen einen Tag ausruhen. 1945 bis 1965 war die Mansfield-Kaserne hier untergebracht[1109].

Im Winter 1922 hatte mein Vater noch einmal Gelegenheit, seine Patente zu verkaufen. Es war der Generaldirektor der Norddeutschen Kabelwerke, der neben den Patenten auch die Karosserien für 90.000 Mark kaufte. Auch kurz vorher in Paris konnte mein Vater noch einige Patente für 6.000 Dollar an den Mann bringen und stellte fest, dass dies gewinnbringend war. Die Welt schien rosig, das Leben in Grainau mit den Auto-, Schlitten- und Skijöring-Rennen sowie auf seiner Jagd am Ettaler Mandl verlief zumindest in dieser Beziehung zu seiner Zufriedenheit.

1924 gewann Jozsi verschiedene Preise bei Automobil-Turnieren, so z.B. in Baden-Baden, beim Russelberg-Rennen des ADAC und 1923 bei einer Dauerprüfungsfahrt des Deutschen Automobilkonzerns (D.A.K.).

Trotz der im Großen und Ganzen unbeschwerten Zeit wurde es Jozsi immer klarer, dass er die Schmölz aus finanziellen Gründen aufgeben musste. Leider hielt auch die erste Ehe mit seiner Frau Philo nicht. Mein Vater ließ sich 1926 scheiden und überließ Philo das große Herrenhaus[1110]. Sie hatte sich als nunmehrige Alleineigentümerin 1927 zum Ziel gesetzt, das Haus zu halten und wenn sie auch daraus ein Gästehaus machen würde. Leider verkaufte sie es nach einem nicht gelungenen

---

[1109] Nach einem Gespräch mit Fr. Maier, Tochter von Frau Stiegler, in Mitterhartshausen mit der Verfasserin 1990.

[1110] Anfang der siebziger Jahre wurde das alte Herrenhaus abgerissen. Philomena Martinet hatte es nicht halten können und es war als Hypothek an die Bank gefallen. Dort wohnte zuletzt bei meinem Besuch 1971 die Witwe des Bankdirektors, Marie Emily Rambaum, die das Haus Flüchtlingen zur Verfügung gestellt hatte. Es war in einem verwahrlosten Zustand. Heute stehen dort 3 Wohnblöcke. Die einstigen Wiesen sind verbaut.

Chiribiri-Rennwagen, Turin 1925 (Archiv AvG)

Zwischenverkauf an eine Berliner Kauffrau 1931 an das Bankhaus Rambaum & Co, Berlin, ohne dass mein Vater es hätte zurückkaufen zu können.

Mein Vater hatte Anfang 1924 bei einem Autorennen einen Mann namens Chiribiri[1111] kennen gelernt, der einen herrlichen Rennwagen fuhr. Jozsis Entscheidung war gefallen. Er stieg in seinen Bugatti, um in die Hauptstadt der Automobilproduktion Turin zu fahren. Denn dieser Mann besaß eine Automobilfabrik, die sich auf Rennwagen spezialisiert hatte, aber leider nicht mit großem finanziellen Erfolg arbeitete. Allein die Anerkennung seiner Arbeit gab Chiribiri Zufriedenheit.

Der inzwischen 27 Jahre alte Jozsi verstand sich auf Anhieb mit dem Konstrukteur und fing 1924 als Direktor in der Firma „Chiribiri" in Turin an. Gehalt bekam mein Vater erst, nachdem er seinem Chef Geld geborgt hatte und dieser ihm die Lizenz zum Rennfahren gab[1112]. Mein Vater war überaus glücklich und sah darin eine Chance, sich technisch weiterzubilden, Wagen zu bauen, Rennen zu fahren und Berufserfahrungen zu sammeln, die seinen Lebensweg prägen könnten.

Die Fabrik in Turin verlangte nach ihm, denn neben seinem Geld war auch seine Ausdauer gefragt. Bei einer gemeinsamen Besprechung mit Herrn Chiribiri

---

[1111] www.chiribiri.it
[1112] Ausweise für Fahrerlizenz.

stellte Jozsi betrübt fest, dass keine finanzielle Rücklage zum Bau eines neuen Modells vorhanden war, die sie bräuchten, um mit der Konkurrenz mitzuhalten. Die Nachfrage der Renn- und Sportwagen war nach wie vor groß, da die Qualität ihrer Wagen durch einige Neuerungen und kleine Verbesserungen immer an der Spitze war. Aber die allgemeine Tendenz bezog sich neuerdings auf Personenwagen, die nur in einer inzwischen veralteten Form bei Chiribiri zu beziehen waren. So schnell konnte sich die kleine, finanziell schwache Firma nicht dem Trend anpassen. Chiribiri bat Jozsi um eine nochmalige finanzielle Spritze, aber das lehnte mein Vater ab, denn er sah keine Chance, das aufzuholen, was andere Firmen mit einer inzwischen großen Vorlaufzeit schon auf den Markt gebracht hatten. Der Meister und Jozsi, die sich so gut verstanden, dachten tagelang alle Eventualitäten durch – sie fanden keine Lösung.

Chiribiri war ein aufrichtiger Mann, der Jozsis Entscheidung annehmen konnte und ahnte, dass seine Zeit im Autobau langsam auslief. Mein Vater ging im Jahre 1925 mit traurigem aber entschlossenem Herzen von Turin fort und übersiedelte nach München. Da seine ehemaligen Geldeinlagen aus der Fabrik nicht zurückgezahlt werden konnten, bot ihm Chiribiri als Gegenleistung einen der neuen Rennwagen an, mit denen er in den kommenden Monaten einige Rennen bestritt. Trotz allem konnte die Firma Chiribiri noch bis 1930 weiterexistieren, allerdings ohne große Erfolge, wie vorherzusehen war.

Für meinen Vater war dieser neuerliche Rückschlag seiner innovativen Ideen bedrückend. Er hatte sich mit vollem Engagement, all seinem Wissen, Begeisterung und Ausdauer und eigenen finanziellen Einbußen für den Bau von guten Automobilen eingesetzt. Es wollte einfach nicht klappen.

In München zog mein Vater wahrscheinlich durch Vermittlung von Erna Hanfstaengel in eine Wohnung in die Mauerkircherstr 12. In der Gesellschaft um die Familie Hanfstaengel traf er auch wieder auf Prof. Sauerbruch. Es ist interessant zu sehen, wie sehr damals, im Jahr 1925, die gesellschaftlichen Schichten noch eng miteinander verwoben waren. Es kann durchaus sein, dass mein Vater bei den Hanfstaengels auch den jungen, von den Damen der Münchener Gesellschaft geförderten und mit den Hanfstaengels befreundeten Adolf Hitler getroffen hat, den Mann, der seiner Familie und Millionen anderen unermessliches Leid zufügen sollte[1113].

Die gesamtwirtschaftliche und politische Situation in Deutschland hatte sich nach dem schrecklichen Einbruch während der Inflationszeit teilweise wieder normalisiert. Wenngleich weit über neunzig Prozent von Jozsis Erbe durch die Geldentwertung verloren waren, so wollte er doch jetzt hier in seiner geliebten Heimatstadt mit dem noch vorhandenen Kapital etwas aufbauen. Die Zeit des jungen Millionärs, wie es die Testamentsvollstrecker einst schrieben, war vergangen. Mein

---

[1113] R. Reiser: Alte Häuser – Große Namen, München 1988, S. 260ff.

Vater versuchte sich mit Aktienein- und -verkäufen über Wasser zu halten, arbeitete wieder an Patenten und bemühte sich, die Fiat-Vertretung zu bekommen.

Ewig konnte es nicht so weitergehen. Er war stark, gebildet, gewandt und noch jung genug, um sein Leben selbst in die Hand zu nehmen. Trotz der vergangenen unruhigen Jahre, trotz der Schicksalsschläge wollte mein Vater seinen Wunsch nach finanzieller Unabhängigkeit und Selbständigkeit nicht aufgeben.

So versuchte er nochmals, etwas zurückzuerhalten, was ihm und seinen Schwestern zustand. Im Ersten Weltkrieg war ein Teil des Geldes seines Vaters Paul, das dieser einst in England angelegt hatte, von den Engländern konfisziert worden. Ebenso lag Geld in den USA fest, um das er sich ohne Erfolg bemühte. Als „enemy property" hatten die englischen Banken einen erheblichen Betrag in Pfund Sterling eingefroren. Jozsi betraute einen Anwalt damit, dieses Geld wieder freizubekommen. Aber auch hier ohne Erfolg.

Im Herbst 1926 entschloss er sich, selbst nach London zu fahren, um persönlich sein Anliegen durchzusetzen. Er wollte um seine Rechte kämpfen, die so manche, die ihn umgaben, aus Scham oder falschem Stolz ad acta legten. Ihm wurde bewusst, dass es nur zwei Möglichkeiten gab, seinen Weg zu gehen: kämpfen oder resignieren.

Wenn er um sich schaute, sah er meist ängstliche, verlogene, sich selbst verleugnende Menschen. „Nur kein falsches Wort", schien die Devise zu sein. Denn der verlorene Krieg veranlasste die vormals wohlhabenden Deutschen, entgegen ihrem eigentlichen inneren Wunsch, sich nicht um die Rückgabe der von den Alliierten konfiszierten Vermögen zu bemühen. Gerade dieses Verhalten bestärkte aber meines Vaters Entschluss, um sein Erbe zu streiten.

Mein Vater musste aber schon bald feststellen, dass keine Aussicht auf Erfolg bestand. Das einst konfiszierte Vermögen blieb in der Hand der Siegermächte.

Aus dieser tiefen, aber nun gescheiterten Hoffnung heraus entschloss er sich Anfang 1927 für einige Tage auszuspannen und mit Freunden nach St. Moritz zu fahren. Und hier geschah für ihn ein kleines Wunder. Er, der sich immer so nach Liebe, Geborgenheit und Zusammengehörigkeit gesehnt hatte, traf gerade hier eine Frau, in der alles vereint schien, was er suchte. Er und Freiin Melitta von Riedel, eine zarte, kleine, bildschöne Frau, die mit ihrer verheirateten Schwester Mädi Henkell auch hier einige Tage verbrachte, verliebten sich sofort und verlobten sich im März 1927.

Melittas Großvater, Dr. Emil Freiherr von Riedel[1114], war von 1877 bis 1904 Finanzminister in Bayern gewesen und hatte als Bundesratsbevollmächtigter das Bankgesetz damals neu gestaltet. Durch eine von ihm 1884 vermittelte Bankanleihe in Höhe von 7 Millionen Mark wurde die finanzielle Lage der durch königliche Bauinvestitionen hoch verschuldeten Kabinettskasse erleichtert. Allerdings verschlangen

---

[1114] Er starb 1906, als seine Enkelin Melitta geboren wurde (Brief der Tochter Melittas an AvG).

die Planungen von Burg Falkenstein, des Hubertuspavillions bei Linderhof und eines neuen Linderhof-Schlafzimmers, die König Ludwig II. im Kabinett durchsetzte, einen Großteil des Geldes. 1885 war die Kasse mit 14 Millionen Mark belastet, und der König forderte vom Finanzminister Emil von Riedel eine entsprechende Regelung. Melittas Großvater behielt das Finanzministerium 27 Jahre lang. Er legte die Grundlagen zur neuen bayerischen Finanzverfassung und war der Minister mit der längsten Amtszeit in der modernen bayerischen Geschichte[1115].

Die bisherige Preußische Bank wurde zur Deutschen Reichsbank, die Zentralnotenbank, umgestaltet. Die Umwidmung stellte das Notenbankwesen auf eine neue Basis. Ebenso war ein aktueller Abschnitt für die bayerische Staatsbank damit begonnen worden. Freiherr von Riedel erhielt viel Bewunderung für seine bedeutende Haushaltsführung als Finanzminister, da es kaum Fehlbeträge gab. Schulden wurden nur für Investitionen in die neuen Eisenbahnen aufgenommen. Nach den verschwenderischen Zeiten des König Ludwig II. konnte der Bayerische Staat durch die überlegten Schritte des Finanzministers wieder Fuß fassen.

Melitta, Jozsis Braut, lebte in einem großen Haus mit ihrer Mutter und ihrem Stiefvater Otto Deutsch in München-Bogenhausen, und hier am Herzogpark fand auch die glanzvolle Hochzeit statt. Jozsis Schwiegervater war Direktor der Darmstädter Bank in München und ein feiner, kluger, hoch anständiger Herr, der Jozsi sehr ans Herz wuchs.

Nach wie vor in seiner Zuneigung zu Automobilen verstrickt, hatte sich mein Vater, wie schon erwähnt, vor der Fahrt nach England um die Fiat-Vertretung in München bemüht und bekam den Zuschlag bei seiner Rückkehr aus St. Moritz. Mit einem Mann namens Pachtner gründete mein Vater in Schwabing eine Fiat-Vertretung und die Königin Groß-Garage. Allerdings zeigte das Verhalten seines Partners ihm bald, dass er bei der Auswahl seiner Mitarbeiter immer noch nicht achtsam genug war, denn während mein Vater auf Geschäftsreise war, hat dieser Mann ihn um 100.000 Mark betrogen. Trotz des Einsatzes von Anwälten bekam mein Vater das Geld nicht zurück.

Die Depression der dreißiger Jahre, die schon jetzt begann, wurde zunehmend spürbar. Die von-Gans-Erben-Grundstücksaktiengesellschaft, in welche die Erbschaft meines Urgroßvaters mit den wertvollen Immobilien in Frankfurt, Berlin und bei Straubing als Aktiva und einem Aktienkapital von I.G. Farben-Stammaktien in gleicher Höhe als Passiva eingebracht worden war, wurde Ende der zwanziger Jahre aufgelöst, da die Immobilienpreise inzwischen gegenüber der Vorkriegszeit gefallen und die kommende Wirtschaftslage von den Experten negativ beurteilt worden war. Die dann 1929 einsetzende Weltwirtschaftskrise gab den Experten Recht. Es konnte aber immerhin noch ein Vermögensrest von damals etwa 3 Millionen Reichsmark an die 13 Enkelerben verteilt werden.

[1115] www.wikipedia.org

Auch Jozsis Schwiegervater Otto Deutsch erlag dem Phänomen der ungewissen Börsenspekulation. Er hatte sich 1929 veranlasst gesehen, in Amerika die Deutsche Glanzstoff AG zu gründen. Total überzeugt von dem kommenden Erfolg dieser Firma, steckte er sein Kapital in die Aktien. Sie stiegen und stiegen – aber er versäumte, sie rechtzeitig zu verkaufen und verlor am schwarzen Freitag sein gesamtes Vermögen. Der Familienbesitz im Herzogpark in München musste 1930 verkauft werden.

B.3. Für die I.G. Farben in Frankfurt, Berlin und Wien (1927–1938)

Unter diesen Umständen entschied sich mein Vater, einen Arbeitsplatz bei den I.G. Farben in Frankfurt anzustreben. Prompt wurde er 1927 nach Mannheim geholt, um probeweise bei einem äußerst geringen Gehalt sein Können zu beweisen. Er stürzte sich mit Elan in die ihm zugedachten Aufgaben und meisterte sie erfolgreich.

Der Umzug nach Frankfurt zum Sitz der Firmenzentrale brachte meinem Vater auch die Genugtuung und die Freude, in seiner Vaterstadt leben und arbeiten zu können. Ein Großteil der Gans'schen Familie wohnte noch immer hier, allerdings nicht mehr so, wie in der glanzvollen Zeit seines Großvaters. Aber zumindest konnte mein Vater seiner Frau die Häuser im Taunus zeigen und ihr ein wenig von dem großen kulturellen Interesse und Einfluss der einzelnen Familienmitglieder vermitteln, indem er ihr unter anderem den Märchenbrunnen, die Statuen an der Hafenbrücke und im Günthersburgpark zeigte, die einst die Familie der Stadt gestiftet hatte.

Als eines Tages ein Kunde aus Paris ihn abzuwerben versuchte, indem er ein überaus großes Gehalt bot, stellte mein Vater fest, wie sehr er sich der I.G. Farben verbunden fühlte und dass er weiterhin in der Heimatstadt seiner Vorfahren bleiben wollte. Mein Vater nutzte die Chance der Abwerbung und berichtete seinem Vorgesetzten von dem Angebot sowie von seiner persönlichen positiven Einstellung zur Firma, die, wie Jozsi durchblicken ließ, bei einem höheren und durchaus der vielen Arbeit angemessenen Gehalt noch verstärkt werden würde! Schon am nächsten Tag hatte er die Zusage für bessere Konditionen von Georg von Schnitzler[1116].

Seine neue Aufgabe als nun Festangestellter war es, die Werke in Frankreich, Belgien, Holland, England und natürlich innerhalb Deutschlands zu besuchen und die Kontakte zum Mutterhaus zu festigen. Immer wieder machte er an den Wochenenden Fahrten mit seiner Frau zu seinen Familienmitgliedern und näheren

---

[1116] J.P. von Gans: Turbulente Jahre, S. 24. – Georg v. Schnitzlers Tochter Lilo heiratete den Exmann von Wera von Weinberg, Richard von Szilvinyi, siehe auch das Weinberg-Kapitel.

Bekannten. Er besuchte sie in ihren schönen Häusern, in denen er zum Teil schon als Junge zu Besuch war, wie z.B. die Villa Gans in Kronberg seiner Tante Lala[1117], die Kestenhöhe seines Onkel Ludwig in Oberursel[1118], die Villa seines Großonkels in Hainerberg[1119] sowie die beiden Häuser Waldfried und Buchenrode von Carlo und Arthur von Weinberg[1120].

Das Glück schien vollkommen, hätte nicht auf der politischen Bühne ein überaus tragisches Theaterstück seinen Lauf genommen. Über Europa hing ein Damoklesschwert, das so vielen Menschen den Boden unter den Füßen weg schlagen sollte. Mein Vater schilderte in seinen Aufzeichnungen die Situation um Hitler in etwa wie folgt:

Ein Mann namens Hitler – Adolf Hitler, von Beruf Malergehilfe und aus Österreich stammend, der es im Ersten Weltkrieg bis zum Gefreiten gebracht hatte, in keinem Beruf erfolgreich war, machte sich eines Tages auf den Weg nach Deutschland. In Bierkellern und öffentlichen Plätzen wandte er sich mit seiner einstudierten, theatralischen Rednergabe an die Anwesenden. Stets wies er auf das Fehlende und Schlechte hin und machte enorme Versprechungen.

Sein beliebtestes Aggressionsobjekt wurden die Juden.

So um 1921 waren tatsächlich viele Juden aus dem Osten nach Deutschland gekommen und hatten mit Geschick Häuser, Grundstücke, Geschäfte und Firmen gekauft, bei deren Veräußerung sie große Summen verdienten.

Hitler stellte sie als raffgierig dar.

Es war vielleicht richtig, dass diese Juden, die sich nicht als wirkliche Deutsche fühlten, jede nationale Rücksicht links liegen ließen, eher einen Ring um die deutsche Wirtschaft aufbauten. Sie hatten ja ihre Wurzeln nicht hier, wie so viele deutsche Juden, die für ihre Heimat in den Krieg gezogen waren, Orden und Verdienste errungen und aus Patriotismus ihr Leben riskiert hatten.

Hitler gebrauchte eben diese Ost-Juden als Waffe. Sie waren der Vorwand, der geeignete Angriffspunkt – und so wurden alle Juden aus Unkenntnis, ohne Rücksicht auf die wirklich großen Leistungen der alteingesessenen Deutschen, wie die Rothschilds, Mendelsohns, Strakosch, auf eine Ebene gestellt.

Die Hitlerbewegung kam erst wirklich in Schwung, als 1929/30 die Weltwirtschaftsdepression eintrat, und Deutschland mit über sieben Millionen Arbeitslosen belastet war. In jenen Jahren hatte Hitler das Glück, Mitarbeiter zu wählen, die seinem Zweck gerecht wurden: Goebbels, Himmler, Göring, Röhm. Aber er wurde auch mit solchen konfrontiert, die von Anfang an unfähig waren, wobei er in seiner Grausamkeit selbst ihm nahe stehende Menschen in seinem Stab kurzerhand umbringen ließ.

[1117] Siehe Kapitel Clara Gans.
[1118] Siehe Kapitel Ludwig von Gans.
[1119] Siehe Kapitel Adolf Gans.
[1120] Siehe Kapitel Weinberg.

Die Arbeiter wurden mit Festen, Illuminationen und Empfängen eingenebelt, verführt, erpresst, allerdings nur solange sie in die Partei eintraten und auch dabei blieben.

Direktoren wurden nach ihrer politischen Gesinnung beurteilt und gewählt. Treue, aufrechte Haltung, persönliche Meinung waren nicht gefragt.

Der Nationalsozialismus entwickelte sich in die Richtung, dass er schließlich auch noch die niedrigsten Instinkte anerkannte und sich eben diese Menschen aussuchte, die sich dazu hergaben. Es waren viele!

Entweder geschah es aus wirtschaftlicher Notwendigkeit oder Ambition oder sie hatten masochistische Gründe[1121].

Obwohl es in dieser Zeit äußerst gefährlich war, offen zu reden oder zu diskutieren, sprach mein Vater ganz bewusst aktuelle Fragen an, er konnte und wollte nicht mit seiner Meinung zurückhalten, wenngleich auch die Mitläufer der Partei oft auswichen, indem sie ihm antworteten, man solle die Dinge ruhen lassen, denn der Führer würde für sie denken und schon alles richtig machen. So einfach wurde das abgetan!

Es tauchten unter den Andersgesinnten Witze über Hitler auf – mit einem reiste mein Vater besonders gerne: Göring hatte den Eid zu leisten und stellte sich vor Hitler in Position: „Mein Führer, mein Eid ist dein Eid." Worauf der Führer geantwortet hat: „Und dein Eid ist Meineid!"

Trotz des sich verstärkenden Antisemitismus, den meine Großonkel Carlo und Arthur von Weinberg wie auch mein Vater bei I.G. Farben zu spüren bekamen, war der Familienzusammenhalt stark. Bei den Rothschild-Goldschmidts und den Brüdern Weinberg traf man sich zum Bridge oder zu den Pferderennen oder Polowochen in Waldfried. Das Leben war ein Tanz auf dem Vulkan, starke Nerven waren angesagt!

Inzwischen hatte sich der lang ersehnte Wunsch meines Vaters Jozsi nach einer Familie durch die Geburt seines Töchterchens Bianca im Jahr 1928 erfüllt. Währenddessen war Jozsi mit seinem Büro in den 5. Stock des I.G. Farben-Hochhauses, dem Poelzig-Bau, umgezogen. Die sechs Vorbauten sollten bereits in der Architektur den Hinweis auf die gleiche Anzahl der Firmen geben, die sich zur I.G. Farben zusammengetan hatten. Man ging vom „Dreibund" (BASF, Bayer und Agfa) und „Dreiverband" (Hoechst, Cassella und Kalle) aus[1122]. Es war ein sensationeller Bau, der in der Ausstattung dem kultivierten Stil der führenden Initiatoren gerecht wurde. In der Grüneburg, heute Uni-Gelände, arbeiteten zwischen zwei- und dreitausend Menschen. Hier in Frankfurt wurde im Januar 1932 auch meine zweite Halbschwester Isabel geboren.

In diesem Jahr des beruflichen und privaten Erfolgs erhielt mein Vater allerdings die Versetzung nach Berlin, um dort im Verkaufskontor zu arbeiten. Kaum hatte

---

[1121] J.P. von Gans: Turbulente Jahre, S. 26.
[1122] Siehe Kapitel Gründung Firma Cassella.

die kleine Familie sich in Berlin eingelebt, als im Februar 1933 die Nazis an die Macht kamen. Meinem Vater muss seine Versetzung wie eine Fahrt in „die Höhle des Löwen" vorgekommen sein. Seine halbjüdische Herkunft sorgte wohl noch für einen gewissen Schutz, aber das gezielte Vorgehen der Nazis gerade auch gegen die überaus verdienstvollen jüdischen Direktoren der I.G. müsste doch den Vorgesetzten meines Vaters, wie Georg von Schnitzler, zu denken gegeben haben.

Hindenburg war zum Rücktritt gezwungen worden und Hitler übernahm mit seinen „Auserwählten" das Ruder. Aus Frankfurt erfuhr Jozsi von seiner Verwandtschaft, dass fast jeder zweite Bürger für die NSDAP gestimmt hatte und der amtierende Oberbürgermeister Landmann zurückgetreten war, um dem Nationalsozialisten Friedrich Krebs das Amt zu übergeben. Auch Swarzenski, Direktor der städtischen Museen, der einst Jozsis Großvater Fritz beim Aufbau seiner riesigen Sammlung[1123] als Freund und Berater zur Seite gestanden hatte, musste gehen, da er Jude war und nach Aussage einer der im Amt gebliebenen I.G.-Direktoren „fremdrassige Machwerke" erworben hatte und keine „zeitgenössischen Werke".

Für meinen Vater fing in Berlin eine nervenaufreibende Zeit an, in der man nie wusste, ob man am nächsten Tag noch frei sein würde[1124]. Nur seine Ruhe, seine Überlegenheit und die Tatsache, dass er sich nicht mehr provozieren ließ und selbst nicht provozierte, retteten ihn vorerst. Als die Aufforderung zum Ariernachweis kam, ließ ein anderes Familienmitglied die „Sechshundertjährige Geschichte der Familie Gans"[1125] erstellen, aus der Jozsi diverse Bestätigungen erbringen konnte, die zeigten, dass die Familie Gans seit dem 14. Jahrhundert namentlich in Deutschland bekannt war.

Dazu gehörten auch die Unterlagen zu Eduard Gans[1126], auf dessen Initiative der Gedanke einer Auswanderung aller interessierten Juden nach „Ganstown" entwickelt worden war. 1933 war von der damals noch utopischen Vorstellung, die das Projekt letztendlich scheitern ließ, nichts mehr zu spüren, denn wie viele waren in den letzten Tagen und Monaten schon geflohen, wie viele würden noch nach Amerika ausweichen, um der sogenannten „Schutzhaft", der Einweisung in das KZ, zu entgehen?

Jozsi gab 1933 den geforderten Ariernachweis mit gemischten Gefühlen ab. Es war eine angespannte Zeit in Berlin, von der niemand wusste, was den Nazis als Nächstes einfallen würde. Seine Frau Melitta und er beschlossen, die I.G. Farben Ende 1933 um Versetzung zu bitten und ins Ausland zu gehen. Jozsis betonte seine perfekten Sprachkenntnisse, französisch, italienisch und englisch, sie würden ihm die Möglichkeit geben, sich in vielen Ländern zu behaupten.

[1123] Siehe Kapitel Kunstsammlung Fritz von Gans.
[1124] J.P. von Gans: Turbulente Jahre, S. 28.
[1125] L. Herz: Die 600-jährige Geschichte (Archiv AvG).
[1126] Siehe Kapitel Eduard Gans.

Mein Vater Jozsi von Gans 1936 in Wien. Foto W. Willinger (Archiv AvG)

Doch der Stellenwechsel brachte ihn ausgerechnet nach Wien, wobei noch Shanghai in Erwägung gezogen wurde, was aber die junge Mutter ablehnte. Wieder musste mein Vater mit einer halbjährigen Probezeit beginnen und stieg damit unweigerlich in der Karriereleiter eine Stufe nach unten. Endlich, Mitte 1934, konnte er als Direktor die DETAG (Deutsche Teerfarben AG), eine Tochtergesellschaft des Konzerns, übernehmen. Wien glänzte in jener Zeit in seiner ganzen Pracht, doch auch hier war im Untergrund schon die braune Gefahr zu spüren.

Die Nationalsozialistische Partei bildete sich unter den euphorischen Österreichern stark aus, gleichzeitig organisierte sich eine finanzkräftige aktive und bedeutende Gruppe von Nazigegnern, die meist aus Industriellen bestand und der sich mein Vater schon bald anschloss. So wurde Jozsi in eine Gemeinschaft von neun Männern aus verantwortlichen Positionen im Alter zwischen 35 und 50 Jahren aufgenommen. Vor allem waren sie, wie die neue Nazibezeichnung hieß, „Nichtarier". Sie arbeiteten alle in dieser Untergrundbewegung aus reinem Glauben und unter größter politischer Gefahr.

Die Grundidee war, Anti-Nazi-Propaganda zu fördern, Gerüchte zu verbreiten, die dem Nationalsozialismus schaden würden und alles Mögliche gegen das Regime zu tun. Diese Haltung wurde durch die grausame Verhaftung politisch Andersdenkender und natürlich der Juden verstärkt. Es ging der Gruppe, in der mein Vater nun mitwirkte, darum, schutzlose Menschen außer Landes zu bringen, oder ihnen die Möglichkeit zum Untertauchen zu geben. Die anonyme Arbeit der Gruppe wurde immer intensiver. Mit Wort und Tat versuchten mein Vater und seine Mitstreiter gegen jene Entwicklung anzukämpfen, *die wir damals schon sahen und die uns alle in den Abgrund führen würde. Wir taten das aus reinem Glauben und unter größter politischer Gefahr*[1127].

Mein Vater lernte den österreichischen Bundeskanzler Engelbert Dollfuss (1892–1934) persönlich kennen und schätzen. Dessen Ermordung bei einem gescheiterten Putsch der Nazis ließ das Schlimmste erahnen. Trotz der psychisch aufreibenden politischen Lage arbeitete er unablässig, um das Unternehmen

---

[1127] J.P. von Gans: Turbulente Jahre, S. 27.

„DETAG" aufzubauen. Und gerade hier lauerte die größte Gefahr. Die Menschen um ihn erschienen Jozsi wie weltfremde Krustentiere, deren Schale so verhärtet war, dass die Verbindung zu Herz und Seele nicht mehr möglich war. Es kam kein Mitdenken, Mitfühlen, aber auch kein Vor- oder Nachdenken zustande.

Im Unternehmen hatten sich schon Gruppen von Schnüfflern, Intriganten und Denunzianten gebildet, die Parteimitglieder waren. Diese meinten, durch die Verleumdung eines Vorgesetzten wäre ihnen eine steile Karriere sicher. Dank der Untergrundorganisation wurde mein Vater rechtzeitig über die einzelnen Personen informiert, die ihn bespitzelten. *Ich wusste auch, wer das war, denn umsonst hatten wir ja nicht unsere eigenen Leute in unserer Organisation der Antinazis*[1128]. Es ging sogar soweit, dass die Berichte der Spione an die Partei bei ihm auf dem Schreibtisch landeten. Trotz allem blieb es ein Kampf mit ungleichen Mitteln.

Maria Kriegelstein mit 21 Jahren.
Foto W. Willinger (Archiv AvG)

Während all der Umbrüche, Verwirrungen und Bemühungen, die Dinge möglichst positiv zu gestalten, hatte die Ehe von Melitta und Jozsi Risse erhalten. Sie lebten zwar gemeinsam in einem schönen Haus in Döbling, nur ging jeder seiner Wege. Auf einem dieser Wege hatte Jozsis Frau Melitta sich in einen Industriellen verliebt, der ihr anscheinend mehr Aufmerksamkeit bieten konnte. Trotz der großen Verletzung schaute mein Vater weg. Er konzentrierte sich auf die politische Lage und die persönliche Zukunft, schob die zwischenmenschlichen Schwierigkeiten zu Seite, um die Situation zu retten. An einem Sommertag, den 23. Juni 1936, lernte mein Vater Maria Kriegelstein[1129], meine Mutter, in Wien durch gemeinsame Freunde kennen. Es war Liebe auf den ersten Blick, die aber keine Chance hatte, voll zu erblühen. Jozsi war ein verheirateter Mann mit Verpflichtungen. Sie blieben vorerst als gute Freunde in Kontakt.

[1128] Ebd., S. 28.
[1129] Das oben gezeigte Foto stammt von Wilhelm Willinger, geboren in Ungarn, von 1914–1918 als Fotograf in Berlin, dann Wien. Er arbeitete für die „Wiener Werkstätten" und für illustrierte Zeitungen. Er besaß eines der größten Wiener Ateliers mit bis zu 30 angestellten Fotografen. Bedeutender Presse- und Werbefotograf, Mode, Porträt, emigrierte 1938 nach USA.

In der Zwischenzeit traf sich die Untergrundorganisation zwei Mal im Monat im Hotel Imperial. Langsam hatte Jozsi durch seine intensiven Anti-Nazi-Arbeiten hier eine führende Rolle erlangt. Die neun Männer hatten einen günstig gelegenen Konferenzraum im Untergeschoss angemietet, der ihnen auch bei dringenden Fällen zur Verfügung stand. Um die außerordentlichen Treffen zu organisieren, riefen sie sich an und ließen während eines gewöhnlich klingenden Geschäftsgesprächs das Wort „Appenzell" und das Datum des gewünschten Treffens einfließen.

Aufgrund der hohen Positionen der Mitstreiter in der Untergrundgruppe und auch weil es Männer waren, die teils lange in Wien lebten, teils aus ansässigen Familien stammten, hatten alle neun gute Kontakte zur Polizei und Regierung aufgebaut. Auch hier gab es offensichtlich Menschen, die durch Korrektheit, Energie, Taktgefühl und Diplomatie das Vertrauen der Gruppe besaßen und daher ihnen rechtzeitig Warnungen weiterleiteten. Schließlich galt es, rechtzeitig Papiere zu besorgen und andere Dinge zu beachten, zu organisieren, um den vielen Flüchtenden aus der Misere zu helfen.

Gott sei Dank nahmen die Österreicher im Allgemeinen die Dinge nicht so tierisch ernst und verwandten viel Energie und Zeit damit, herauszufinden, womit sie das Leben vergnüglich und angenehm gestalten konnten, ehe sie der heiklen Situation ins Auge blickten. Die Definition zwischen Deutschen und Österreichern wurde damals so gedeutet: Der Deutsche würde sagen: „Die Situation ist ernst, aber nicht hoffnungslos." Wogegen der Österreicher sagen würde: „Die Situation ist hoffnungslos, aber nicht ernst."

Und im März 1938 wurde Österreich von Hitler überrannt. Truppen marschierten ein, die Nazis übernahmen mit ihrer politischen Ideologie die Direktive, die Macht, das Geld und die Freiheit der Menschen, schrieb mein Vater in seinen Memoiren. Dass er selbst sich in höchster Gefahr befand und die Bedrohung für ihn immer größer wurde, zeigte sich während eines Besuchs des Direktors der I.G. Farben, Dr. Hans Kugler[1130], in seinem Büro. Dessen technischer Prokurist kam herein und weigerte sich, länger mit meinem Vater – dem Halbarier – zusammenzuarbeiten. Mein Vater wies ihn zurecht und wusste bereits im Vorhinein, dass dieser Spitzel ihn den Nazis melden würde.

Denn eines Sonntagmittags, am 25.3.1938, zwei Wochen nach dem Einmarsch der Nazis, als die kleine Familie Gans in Döbling beim Essen war, kam das Hausmädchen ins Esszimmer gestürmt. Blass und zittrig meldete sie, dass ein Rudel

---

[1130] Dr. Kugler war vor 1945 Direktor der I.G. Farben und Kommissar des Reichswirtschaftsministeriums im besetzten Tschechien. Er wurde bei den Nürnberger Prozessen (27.8.1947–30.7.1948) zu 18 Monaten wegen „Plünderung" verurteilt. Nach 1945 war er Vorstandsmitglied der Entflechtungsfirma Cassella und Mitglied des Hauptausschusses des Verbands der Chemischen Industrie. Dr. Kugler kam mit einer relativ milden Bestrafung im Nürnberger Prozess davon, weil er nicht Mitglied des Vorstandes der I.G. gewesen war, J. Borkin: Die unheilige Allianz, S. 127, 207, 224.

Nazi-Braunhemden am Gartentor stünde und er unverzüglich hinauskommen solle. Jozsi ahnte schon seit einigen Wochen etwas; verdächtig war ihm die Einladung des Botschafters von Papen erschienen, die besagte, dass eine „verspätete Medaille" des Ersten Weltkrieges mit einem Zertifikat des Führers abzuholen sei. In Jozsi tauchten die unangenehmen Erinnerungen des Ersten Weltkriegs auf. Nicht nur aus diesem Grund hatte er die Einladung ignoriert.

Er hatte eine freundliche Antwort und Entschuldigung für sein Nichterscheinen zurückgeschickt und war für einige Tage aus der Stadt verschwunden. Längst wusste er aus seiner Untergrundarbeit, dass viele Menschen, die solchen Medaillenverleihungen beigewohnt hatten, nicht mehr im besten Gesundheitszustand wieder nach Hause zurückgekehrt waren. Als Rückantwort auf seinen Brief erhielt er damals zu seiner großen Verwunderung einige Tage später ein blaues Kuvert mit einer Medaille und einem Zertifikat des Führers Adolf Hitler.

An diese Begebenheit dachte er gerade, als das Dienstmädchen noch äußerst aufgeregt im Esszimmer stand. Langsam erhob mein Vater sich, holte das Kuvert und trat vor den Dienst habenden Unteroffizier an der Eingangstüre. Dieser fragte zynisch:

„Sind Sie der Jude Entenfeder, nein, Gans?"

„Nein", antwortete Jozsi und streckte sich. „Nein, bin ich nicht."

„Beweisen Sie es", sagte das Braunhemd.

Ungeheuer gelassen zog Jozsi seinen Schatz heraus.

„Sehen Sie sich das an," sagte er, „glauben Sie im Ernst, der Führer würde mir diese Medaille mit Zertifikat geben, von ihm höchst persönlich unterschrieben, wenn ich der Jude Entenfeder oder Gans oder wen immer Sie suchen, wäre?"

Der Mann starrte das Papier an, unschlüssig reichte er es jedem der finster-stumpf-dreinblickenden Männer, die dann stumm den Kopf schüttelten.

Urplötzlich entschuldigte sich das Braunhemd und zu Jozsis Erleichterung zog die Schar ab.

Der Rest des Mittagessens verlief wortlos. Eine gedämpfte Stimmung lag über der Familie. Aber mein Vater wusste, dass er diese Warnung nicht missachten durfte. Am nächsten Tag organisierte er ein dringendes „Appenzell"-Treffen mit den acht Freunden. Zwei Tage später verließen seine Frau Melitta und die beiden Töchter die Stadt mit unbekanntem Aufenthaltsort für Außenstehende.

Nun wusste mein Vater, dass er seine Flucht organisieren und sich eiligst mit dem Mutterhaus in Frankfurt in Verbindung setzen musste. Er drängte seine acht Kameraden in der Untergrundbewegung, die Aktivitäten zu beschleunigen, denn es war klar, dass in absehbarer Zeit eine große „Aufräumaktion" passieren würde. Dabei gab es noch so viele Menschen, die in Gefahr waren, inhaftiert zu werden. Oberste Pflicht war nun, Geld aufzutreiben. Es galt nicht nur zu schmieren, um Pässe und andere Papiere zu besorgen, sondern es mussten auch die Kontakte in andere Länder intensiviert werden, Sicherheit für die geheimen Transporte gewährleistet und alles sorgfältig überprüft werden, und das verschlang Geld. Alle neun gaben ihr privates Vermögen dafür her. Ohne zu zögern! Es war Eile angesagt! Die Zeit brannte unter den Nägel, denn Jozsi wollte seine Aufgabe erfüllt wissen, bevor er selbst zur Untätigkeit gezwungen sein würde.

Am Mittwoch, den 4. April 1938 kam Jozsi in sein verlassenes dunkles, ungemütlich wirkendes Haus zurück, nachdem er gerade geholfen hatte, eines der Mitglieder der Organisation über die Schweizer Grenze zu bringen, indem er die Papiere fertig gemacht hatte. Das Personal war schon zu Bett gegangen. Er wusste, dass sein Haus bewacht wurde. Als mein Vater zum Lichtschalter griff, klingelte im selben Moment das Telefon. Beunruhigt stürzte er hin und hob den Hörer ab. Eine dunkle, rauchige Stimme meldete sich: „Hier spricht das SS-Hauptquartier in der Kärtnerstraße. Kommen Sie bitte in einer halben Stunde hierher und melden Sie sich bei Hauptmann P."[1131].

Alle Farbe wich aus Jozsis Gesicht, aber er nahm sich zusammen und packte seine Zahnbürste und die Seife ein. Er wusste nun, was ihm bevorstand. Kalter Schweiß stand auf seiner Stirn, als er sich im Haus umblickte, er nahm das Foto seiner Kinder hoch und hauchte einen Kuss auf das Bild. Dann stieg er in den Wagen, den die acht Freunde gut kannten und parkte an einer unübersichtlichen Stelle circa zweihundert Meter vom Hauptquartier entfernt. Schnell befestigte er eine Nachricht für die Freunde, die, falls der Wagen am nächsten Tag noch dort stünde, Bescheid wissen würden.

Hauptmann P. war jung, er sah gut aus, doch seine Augen hatten einen durchdringenden Röntgenblick, der Jozsi Schauer einjagte. Nach einer Weile, die ihm unendlich lange vorkam, führte dieser Mann ihn in ein kleines, extrem hell erleuchtetes Zimmer. Er herrschte Jozsi an, sich hinzusetzen und blickte konzentriert im Zimmer herum, als suche er etwas. Auch den Boden schien er zentimeterweise auszukundschaften. Das irritierte Jozsi, denn er konnte darin überhaupt keinen Sinn finden. Er fühlte sich nur total verunsichert; der Zweck der SS war erfüllt.

Jozsi stand trotz des Befehls sich hinzusetzen auf und stellte sich in Positur, um durchblicken zu lassen, dass seine Kraft durch solche Spielchen nicht erschöpft werden würde, er nicht so leicht einzuschüchtern war. In derselben Sekunde fing die rauchige Stimme mit der Ausfragerei an: Alter, Beruf, Adresse, Nationalität, Religion? Und dann wie aus der Pistole geschossen: „Wo waren Sie im letzten Sommer?" „In Wien, ich war in Wien", sagte Jozsi bedacht, „den ganzen Juli war ich in Wien – dann in Laurana, das ist in Italien, dort war ich einige Wochen."

„Nein", schrie Hauptmann P. „Sie lügen, Sie waren nicht in Laurana – das ist unwahr, denn Sie waren in Abbazia!"

[1131] J.P. von Gans: Turbulente Jahre, S. 30f.

„Aber ich bitte Sie, das sind doch nur ein paar Kilometer Differenz zwischen den beiden Orten", unterbrach ihn Jozsi gereizt, „und wenn ich sage, ich war in Laurana, dann war ich dort! Allerdings fuhr ich etliche Male nach Abbazia, um Freunde zu treffen. Wir gingen schwimmen und saßen dann beim Essen zusammen. Ist auch das verboten?"

Jozsi spürte eine Zorneswelle in sich aufziehen, er kannte sich und wusste, dass nun jedes Wort sorgfältig gewählt sein musste, sonst würde er in Rage kommen und sich in Gefahr bringen. Er setzte sich.

„Was sprachen Sie in der Zeit Ihres Aufenthalts in Italien letztes Jahr?"

Argwöhnisch schaute Jozsi diesen eiskalt wirkenden Mann an. „Was ich sprach – vor einem Jahr im Urlaub?" fragte er, „Ja, Sie fragen mich ja viel, aber Herr Hauptmann, ganz ehrlich, das weiß ich nicht mehr. Überhaupt wer weiß das schon?"

„Ich merke, dass Ihre Erinnerung nachlässt, oder soll das nur eine Finte, ein Ausrede sein, ja? Aber ich kann und werde Ihnen helfen. Wir wissen, was Sie erzählt haben. Witze, Witze über Adolf Hitler, unseren geliebten Führer, mit anderen Worten, Anti-Nazi-Witze! Jawohl! Das haben Sie erzählt."

Nun schaute Jozsi äußerst skeptisch, ja ungläubig auf den Hauptmann. „Mein Herr" sagte er, „ich liebe es, Witze zu erzählen, schon seit meiner Kindheit bin ich dafür bekannt. Meine Freunde amüsieren sich bei der Art, wie ich Witze erzähle. Fast jeder bekommt einen Lachkrampf. Man sagte mir einmal, ich hätte eine besondere Gabe, die ich nicht vernachlässigen dürfe. Also Witze – etwas Wunderbares. Ach, jetzt fällt mir auch ein, welchen Witz ich meinen Freunden in Abbazia erzählt habe, herrlich. Und wie wir so lachten, bemerkte ich die Leute am Nebentisch, die haben sich den Bauch gehalten, aber wahrscheinlich waren die von Ihrer ‚Fakultät' und haben mich verpfiffen. Müssen ja einen Muskelkater vom Lachen gehabt haben, die armen Kerle, endlich durften sie mal lachen – und das haben sie genossen. Nun, ich schlage Ihnen etwas vor: ich erzähle Ihnen den Witz und Sie bilden sich Ihr eigenes Urteil."

Und ohne abzuwarten, redete Jozsi los, nicht ohne sich in Pose zu werfen, seinen gewaltigen Charme in die Gestik jeder Bewegung legend.

„Es fing damit an, dass Hitler, Ihr Führer, wissen wollte, wann er denn sterben würde und er entschloss sich, den katholischen Bischof zu befragen: ‚Bischof, wann werde ich sterben?'"

Der Bischof wand sich und antwortete. „Eure Exzellenz, nur Gott weiß die Antwort – nur Er entscheidet."

„Schmonzes!"

Hitler entließ unbefriedigt den Würdenträger und ließ nach dem evangelischen Bischof schicken. Dieselbe Frage – die gleiche Antwort.

Das war nun zu wenig an Auskunft und Hitler erinnerte sich der Weisheit der Rabbis. Schon bald stand der älteste Rabbi Wiens vor ihm. Nach Hitlers Frage, wann er denn sterben würde, versank der Rabbi in langes Schweigen. Nur manchmal zuckte es in seinem weisen Gesicht. Er strich sich den Bart glatt, und fing dann mechanisch an, die Haare auf und ab zu streichen. Zeit verging, die Hitler fast den letzten Nerv raubte, aber seine Neugierde war zu groß, er musste auf die Antwort warten. Endlich schlug der Rabbi die klugen Augen auf und antwortete: „Eure Exzellenz – wird sich nicht sein an Weihnachten, auch nicht an Ostern – aber wird sich sein a großer jiddischer Feiertag!"

Jozsi beendete den Witz mit niedergeschlagenen Augen, denn diese sprühten vor Genugtuung und Freude, um dann langsam in schlimmster Erwartung zum Hauptmann aufzuschauen.

Es schien Jozsi, als ob eine Veränderung in die eiskalten Augen seines Befragers getreten wäre. Das Schweigen, das grausame Schweigen, versuchte Jozsi zu überbrücken, indem er fortfuhr: „Herr Hauptmann, ich habe noch ein Gleichnis damals erzählt. Das ging so: „Nun ist es mal so, dass man aus einer 1 eine 4 machen kann, aus einer 6 eine 8 und auch aus einer 9 eine 8, selbst aus einer 3 kann man eine 8 machen, aber man kann aus einer Null keinen 4 (Führer – jiddisch: Fierer) machen."

Ein kurzes Lächeln huschte über Hauptmann P.'s Gesicht, aber plötzlich drehte er sich zur Wand und fragte mit schneidend kalter Stimme:

„Wo waren Sie in der Schule?" Jozsi bemühte sich, in gesetzter Sprache alle Stationen seiner Schulzeit nachzuvollziehen, darunter kam auch die Schule in München vor. Die „Presse", in der er 1915 seinen Abschluss machte, um als Freiwilliger in den Krieg ziehen zu können. Jozsi überraschte die Frage und ebenso der Stand der Informationen in dieser Wiener Parteizentrale der Gestapo.

Die sind ja besser vorbereitet, als ich annahm, schoss es ihm durch den Kopf. Er beschloss die Wahrheit zu sagen und erzählte von der Freundschaft mit dem Sohn des Direktors der Schule, und wie dieser ihm eines Tages das elektrische Gitter öffnete, so dass er ausreißen konnte, zurück in seine Schule am Ammersee, in der er gute Freunde hatte.

Hauptmann P. schaute vorsichtig um sich. Wieder suchten seine Augen die Ecken und den Boden ab, dann sagte er schnell sprechend, aber mit leiser Stimme: „Mein Name ist nicht P. Ich bin ein Schulfreund von Dir, wir waren zusammen beim ‚Römer' in München. Hier in Wien kam ich an Deine Akte, die voll ist von schlechten Auskünften über Dich – politisch natürlich nur, und erinnerte mich an Dich. Es wird Dein Glück sein, denn Du kannst gehen, obwohl sie hinter Dir her sind. Verschwinde, fahr nach Hause und komme morgen um zwei Uhr in den Prater ans Riesenrad. Dort triffst Du mich – aber warte, bis ich Dich anspreche – und nun", sein Finger fuhr an die Lippen, „kein Wort darüber".

Es ging so blitzartig vor sich, dass mein Vater Mühe hatte, die Worte zu verstehen und ehe er sich versah, schob Hauptmann P. seinen Stuhl polternd von sich und mit der bekannten, rauchig kalten Stimme herrschte er Jozsi an, das Zimmer zu verlassen.

Am nächsten Tag, gegen zwei Uhr Mittag, waren nur einige Leute im Prater, denn es war ein ungemütlicher, kalter Tag. Mein Vater schlenderte langsam auf das Riesenrad zu, er versuchte desinteressiert zu wirken, schaute aber immer wieder herum, suchte nach Personen, die ihn eventuell beobachten würden. Er sah niemanden und stieg in eine leere Gondel. Kurz bevor sie sich in Bewegung setzte, stieg P. ein. Auf dem Höhepunkt des Rads blieb die Gondel stehen und Jozsi schaute wehmütig über Wien. Das wird das letzte Mal sein, dass ich so über die geliebte Stadt sehen kann, dachte er mit Melancholie. Allerdings machte ihm dann die Ungewissheit des Schweigens in der Gondel sehr zu schaffen, denn P. hatte noch kein Wort gesprochen, die Stille zerrte an seinen Nerven.

Die leise schwankende Kabine schien ewig da oben zu stehen.

„Hör zu, Jozsi," sagte plötzlich P., „sie wissen über Eure Untergrundaktivitäten Bescheid, denn Sie beobachten Euch schon seit geraumer Zeit, jemand aus Deinem Büro hat Euch denunziert und Sie sind Euch auf den Fersen, Sie wollen Euch. Sehr bald schon! Daher versuche schnellstens unterzutauchen, verlass' das Land! Beeile Dich!

Gott sei Dank kannst Du Dich nicht mehr an mich erinnern. Das ist es auch, was ich wollte. Mein Name ist Pflügelmann. Erinnerst Du Dich? Weißt Du es nun? Ich habe damals eine reizende, liebenswerte Engländerin geheiratet und wir zogen in ihre Heimat. Ich vermisse sie, aber ich musste nach Deutschland zurück und habe mich den Nazis angeboten, denn ich will diese teuflischen Unternehmungen verhindern. Ich sagte mir, in der Höhle des Löwen bin ich gleichzeitig an der Quelle und kann so konstruktiv gegen die Nazis arbeiten. Ich habe bisher viele Leute gewarnt und nun kann ich Dir helfen. Das ist es, was ich will! Irgendeinmal werden sie mein Doppelspiel durchschauen."

Mit wackligen Knien stieg mein Vater später aus der Gondel und fuhr ins Büro. Er arbeitete weiter, sortierte Akten, die er dann mitnahm, um den Anschein zu hinterlassen, dass es nichts Wichtigeres als die Arbeit gäbe, selbst zu Hause. In jener Nacht fing er an zu packen, drehte etliche Dinge in seinen Händen herum, um sie dann wieder hinzustellen. Es ist aus! dachte er, was soll ich mit alten Erinnerungsgegenständen. Weg damit! Schluss! Loslassen!

Gegen zehn Uhr nachts klopfte es an der Türe. Sein Herz fing an zu rasen, als er die Tür öffnete. Dort stand einer der befreundeten Polizisten und überbrachte ihm die Nachricht, dass Georg, ein guter Freund von Jozsi, aus dem Gefängnis entlassen worden und nun zu Hause sei. Georg war ein paar Tage vor Jozsis Verhör aus „rassistischen Gründen" verhaftet worden. Seine Frau war nach diesem Ereignis gleich geflohen und hatte ihn wortlos seinem Schicksal überlassen.

Da mein Vater annahm, dass sein Telefon angezapft war, gab er dem Polizisten eine Nachricht, die besagte, dass er Georg am nächsten Tag mit einer befreundeten

Dame besuchen würde. Maria Kriegelstein, meine Mutter, die ihn nun schon seit einiger Zeit in aufrichtiger Liebe begleitete, kam mit in Georgs Wohnung, von dort gingen sie in ein kleines Restaurant, in dem sie ungestört reden konnten, da Jozsi den verlässlichen Besitzer gut kannte. Beide, Jozsi und Maria, versuchten Georg aufzumuntern, sprachen von der Möglichkeit, ihn außer Landes zu bringen, ihn zu retten. Ein wenig abwesend beobachtete dieser seine Gesprächspartner, schien gedanklich woanders zu sein, schüttelte ab und zu anerkennend den Kopf und verabschiedete sich dann.

Zwei Tage später erhielt mein Vater die Nachricht, dass sein Freund Georg sich erschossen hatte. Zu groß war die Angst gewesen.

Am gleichen Tag, als die Nachricht von Georgs Selbstmord kam, erhielt mein Vater noch einen Telefonanruf von seinem damaligen Schulfreund Hauptmann P.: „Sind Sie da? Gut, ich wollte Ihnen eine Nachricht geben, nämlich dass morgen 3000 Menschen aus den Gefängnissen entlassen werden. Denn man muss Platz machen für 4000, die übermorgen stattdessen hineinkommen."

Dies war das verabredete Zeichen, dass mein Vater unverzüglich Österreich verlassen musste. Noch in der gleichen Nacht packte er seine Sachen und fuhr am nächsten Morgen – das war am 6. oder 7.4.1938 – um 5 Uhr mit seinem Wagen über Pressburg nach Loyowitz, dem Gut der Schwiegereltern seiner Schwester Marie Blanche, und ging bis 1947 nie wieder nach Wien zurück.

B.4. Jahre des Exils (1938–1954)

B.4.1. Die Flucht aus Deutschland

Mein Vater entschloss sich, mit der Hauptzentrale der I.G. Farben in Frankfurt über seinen angeheirateten Cousin Richard von Szilvinyi[1132] und dem langjährigen Familienfreund Georg von Schnitzler[1133] in Verhandlungen zu treten, die dazu führen sollten, Jozsi für die I.G. nach Amerika zu schleusen, noch nicht ahnend, dass auch die I.G. Farben in den USA bereits „naziinfiziert" waren.

Offensichtlich hatten sich einige führende Köpfe bereit erklärt, gefährdete Juden, die seit langem im Dienst der I.G. standen, durch eine Untergrundbewegung außer

---

[1132] J.U. Heine: Verstand & Schicksal, S.134. Prokurist im Farbenverkauf der I.G. Farben (Hoechst) und nach dem Zweiten Weltkrieg Mitbegründer und Aufsichtsratsvorsitzender der „neuen" Cassella. Sein Vater war offensichtlich Feldmarschall Leutnant a.D. Geza von Szilvinyi (1853–1906), begraben auf dem Hietzinger Friedhof in Wien. Siehe außerdem das Weinberg Kapitel.

[1133] G. von Schnitzler wurde später der Schwiegervater von Richard von Szilvinyi.

Landes zu bringen. In einem ominösen Schreiben vom 20.12.1938[1134] an meinen bereits nach Australien ausgewanderten Vater wird ein Dr. W. aus New York erwähnt, dem das Anliegen meines Vaters, in die USA zu gehen, vorgetragen werden sollte. Dieser Unbekannte, der offensichtlich die Ausschleusung wichtiger jüdischer Wirtschaftsleute aus Nazi-Deutschland leitete, wurde 1938 auf geheimen Wegen von dem Länderprokuristen des I.G. Farben-Mitglieds BAYER von Southampton über Paris nach Leverkusen gebracht und mit der Angelegenheit meines Vaters vertraut gemacht. Dr. W. wolle sich aber grundsätzlich erst nach seiner Rückkehr nach New York entscheiden, wem er aus der Liste der zu rettenden Männer den Vorzug geben könnte, denn „es gäbe einen noch schwieriger gelagerten Fall mit der gleichen Bitte" wie der meines Vaters. Ich halte es für möglich, dass es sich bei Dr. W. um Dr. Max Warburg handelte, der 1938 in die USA emigrieren musste[1135]. Der geheimnisvolle Mann, dessen Unterschrift nicht erkennbar ist, verblieb „mit freundlichen Grüssen" und versicherte meinem Vater, dass er sich immer an ihn erinnern werde.

Ich kenne die Gründe nicht, weshalb es nicht zu einer Auswanderung meines Vaters von Australien in die USA gekommen ist, nehme aber an, dass meines Vaters Flucht nach Australien im gleichen Jahr bereits als Rettung galt. Andererseits wurde versucht, die aus Nazideutschland ausgeschleusten Wirtschaftsmänner in gleichwertige, höhere Positionen zu vermitteln. Eine solche Position wird zur Zeit der Bemühungen, meinen Vater in eine solche Stelle zu vermitteln, möglicherweise nicht zur Verfügung gestanden haben.

Die Verbindung Neuseeland–USA schien dem Herrn, der meinen Vater damals beriet, ein lukrativeres Geschäft zu versprechen. Australien stand erst am Beginn einer neuen Entwicklung in dieser Richtung. Daher wurde meinem Vater empfohlen, zunächst ein eigenes Handelsunternehmen in Australien[1136] zu gründen.

Hitler hatte seine Macht dazu benutzt, Konzerne mit hoher jüdischer Beteiligung anzugreifen. Die I.G. Farben wurde schon um 1932 zum Ziel der Nazimachenschaften gegen das „internationale Finanzkapital". Deren Vertreter, wie Dr. Max Warburg, Alfred Merton, Ernst von Simson, Otto von Mendelssohn-Bartholdy und Kurt Oppenheim, hatten sich bereits außer meinen Großonkeln Arthur und Carlo von Weinberg 1938 nach England oder die USA abgesetzt, denn 1937 wurde die I.G. „nazifiziert" und alle jüdischen Direktoren entfernt[1137].

Offensichtlich gab es in dieser Hinsicht etliche vormalige jüdische I.G. Farben-Männer, die in die USA „ausgewandert wurden" und von den I.G. Farben unab-

---

[1134] Brief an meinen Vater vom 20.12.1938, der erst im Exil in Australien ankommt (mit unleserlicher Unterschrift).
[1135] J.U.Heine: Verstand & Schicksal, S. 252.
[1136] Brief an meinen Vater in Melbourne vom 25.1.1939 (mit unleserlicher Unterschrift).
[1137] J. Borkin: Die unheilige Allianz, S. 72.

hängige berufliche Wege gefunden hatten. Einige setzten sich von dort aus vehement für ihre jüdischen Kollegen und offensichtlich auch für meinen bereits nach Australien emigrierten Vater ein, der sichtlich zum Freundes- und Verwandtenkreis dieser hochverdienten Männer gehörte[1138].

Die Wahlen in Wien, deren Resultat schon jedem vorher klar war, sollten am 9. April 1938 stattfinden. Mein Vater musste sich beeilen, den Weg in die Emigration rechtzeitig zu gehen.

In diesen ihm verbleibenden fünf Wochen ging er daran, Papiere zu ordnen, Kontakte zu knüpfen, große organisatorische Leistungen für seine Familie zu vollbringen und Vorkehrungen zu treffen, um aus der Gefahrenzone herauszukommen.

Mein Vater hatte nach verschiedenen Versöhnungsversuchen schweren Herzens in Bezug auf seine Töchter die Scheidung von Melitta von Riedel eingereicht. Diese wurde am 19.5.1938 beim Landgericht München I rechtskräftig. In dieser zerrissenen Situation war es meiner Mutter und meinem Vater klar geworden, dass sie die neu zu gestaltende, kommende Zeit gemeinsam angehen wollten. Um seinem Wunsch nachzugehen, eine saubere Trennung von seiner Frau herzustellen, begann mein Vater damit, offene Forderungen[1139], gerichtlich auf seine kleine Familie übertragen zu lassen. Galt es doch, seine beiden Töchter zu sichern und ihnen wie auch ihrer Mutter so lange wie möglich den gewohnten Lebensstandard zu sichern.

Der nächste einschneidende Schritt für meinen Vater war, einen Vertrag mit I.G. Farben auszuhandeln, den er am 31.5.1938 unterschrieb. Wie aus den mir überlassenen Personalpapieren hervorgeht, hatte er unverzüglich nach der Warnung seines Freundes bei der SS am 7.4.1938 bezüglich seiner unmittelbar bevorstehenden Verhaftung, seinen Arbeitsplatz bei der DETAG verlassen und war in einer Nacht- und Nebelaktion zu seiner Schwester Marie Blanche nach Lojowitz bei Prag geflüchtet.

Die DETAG bestätigte das Ausscheiden meines Vaters per 8.4.1938 mit einem Schreiben vom 31.5.1938 anlässlich einer Zusammenkunft, die zwischen Vertretern der I.G. Farben und meinem Vater trotz der Gefahr, in der sich mein Vater befand, im Mutterhaus in Frankfurt an diesem Tag stattfand. Bei dieser Besprechung kam es zur Unterzeichnung eines Vertrages, von dem sich eine Kopie in meinem Besitz befindet.

Aus dem Vertrag geht hervor, dass sich mein Vater für die Auswanderung nach Australien entschieden hatte. Weiterhin wurde festgelegt, dass mein Vater

---

[1138] J.U. Heine: Verstand & Schicksal, S. 47ff. Die Familie Gans war mit den Familien der oben genannten Persönlichkeiten über Jahrzehnte eng verbunden. Man kann auch hier von dem segensreichen „jüdischen Netz" sprechen.

[1139] Abtretungserklärung gegen Ernst Udet, Berlin vom 21.7.1938, (Schulden in Höhe von 6.885 RM vom 31.12.1925).

bis Ende 1940 seine vollen Bezüge und danach eine Mindestvergütung von 10.000 Reichsmark erhalten solle, bis er über ein eigenes Einkommen verfügen würde. Erschwerend bei diesem Abkommen kam für meinen Vater hinzu, dass Hitler ein Devisenausfuhrverbot verfügt hatte und daher das Geld auf ein Sperrkonto gelegt werden musste.

Schwierig wurde die Situation für meinen Vater ferner durch eine Konkurrenzausschlussklausel, die ihn verpflichtete, im Ausland nicht auf seinem ureigensten beruflichen Feld, dem Vertrieb und der Herstellung von Farbstoffen oder Färbereihilfsprodukten zu arbeiten. Wie mühevoll der Einstieg meines Vaters in eine neue berufliche Tätigkeit war, werde ich im nächsten Kapitel schildern, denn Australien war ja noch ein industriell kaum erschlossenes Land. Insbesondere Kaufleute hatten es schwer, beruflich wieder Fuß zu fassen.

Diese Absprachen mit der I.G. Farben in Frankfurt wurden immer mit der mündlichen Zusicherung getroffen, dass wenn die Gefahr in ein paar Jahren vorbei sei, er seine Position wieder bei der I. G. einnehmen könne. Dies prägte sich bei ihm für immer ein. Schon im April hatte mein Vater seiner Schwester Marie Blanche, die in der Nähe von Prag mit ihrem Mann Prof. Dr. Heinz Ziegler in dessen elterlichem Schloss Lojowitz wohnte, von den Vorkommnissen in Wien berichtet. Auch diese beiden waren in höchster Gefahr.

Heinz Ziegler, der 1903 geboren wurde, wurde in Heidelberg 1925 promoviert, ging dann als Privatdozent ab 1927 nach Frankfurt, wo er meine Tante Marie Blanche Borgnis kennen lernte und heiratete. Gemeinsam waren sie zuerst nach Prag gezogen, wo Heinz Ziegler als jüdischer Professor für Politik, Soziologie und Statistik an der dortigen Universität lehrte. Mein Onkel war als Volljude besonders gefährdet.

Selbstverständlich wusste er bereits, in welcher gespannten Lage sie sich befanden, denn Hitler hatte seinen Einfluss in der Tschechoslowakei über den Führer der Sudetendeutschen Heimatfront, Konrad Henlein, bereits seit 1933 ausgeweitet. Es war nur eine Frage der Zeit, dass das Sudetenland von Hitler besetzt werden und die Judenverfolgung auch dort beginnen würde.

Heinz Ziegler hatte Schritte unternommen, ebenfalls wie mein Vater das Land zu verlassen. Im Moment galt es für ihn, sich von seinen betagten, später in Theresienstadt umgekommenen Eltern[1140] und seiner Heimat zu verabschieden, die er nie wieder sehen sollte[1141]. Noch wussten alle nicht, wohin die Reise führen würde. Wohin würde sie das Schicksal, das so brutal zuschlug, bringen?

Wieso war eigentlich die Wahl meines Vaters auf Australien gefallen?

Als Jozsi und meine Mutter Maria bei seiner Schwester auf Schloss Lojowitz ankamen und viele Wochen blieben, ließ Marie Blanche eines Abends einen großen

---

[1140] Die Eltern wurden 1942 nach Theresienstadt deportiert und starben dort.
[1141] Am 1.10.1938 wurden die Grenzgebiete von der deutschen Wehrmacht besetzt (Münchner Abkommen, auch „Münchner Diktat"). 1939 Einmarsch ins tschechische Territorium.

Globus durch ihre Hände gleiten. „Was ist am weitesten entfernt von Europa", fragte sie. Sie fuhr lange über die Weltkugel. Der Finger blieb bei Australien stehen. Nur wer kannte dieses ferne Land, wie sollte man dort einen Start beginnen? Gab es gesellschaftliche Verbindungen? Tatsächlich kannte Jozsi den Besitzer einer großen Wollspinnerei, Arthur Collins in Geelong, und auf sein Telgramm: „Can I find a job in Australia?" bekam er umgehend eine positive Antwort.

Marie Blanche erinnerte bei diesem Zusammensein an den in Österreich gängigen humorvollen Spruch: „Juden und Aristokraten gehören zusammen", vielleicht würde sich das im Exil auch bewähren, denn jener Graf Pappenheim, dem die Entscheidung der Kinder, so weit weg zu gehen, offensichtlich sehr gelegen kam, handelte in diesem Sinn. Ihm als ehemaligen Diplomaten und Kaufmann war es nicht schwer gefallen, gewisse berufliche und gesellschaftliche Beziehungen für seinen Stiefsohn Jozsi in Australien zu knüpfen. Ebenso halfen die Cousine Alix de Rothschild in Paris und Tante Theres Bonn[1142] in England mit, Verbindungen zu vermitteln.

Während meine Mutter von Lojowitz nach Wien zurückfuhr, reiste mein Vater gleich nach Deutschland. Ich kann mir vorstellen, dass er sich hier sicherer fühlte als in Wien, wo er bekannt und obendrein durch die intensive Untergrundarbeit ein Dorn im Auge der Nazisympathisanten war. In München beantragte mein Vater unverzüglich eine offizielle Reisegenehmigung, die ihm interessanterweise auch gewährt wurde. In einem Schreiben des Britischen Generalkonsuls in Wien ist zu lesen, dass mein Vater vorhatte, für *einige Monate nach Australien zu reisen und dann nach Deutschland zurückzukehren*[1143]. Dies hat ihm sicherlich geholfen, seine wahren Absichten, nämlich Deutschland vorerst für einige Jahre zu verlassen, nicht offenkundig zu machen und sich damit vor seiner absehbaren Verhaftung zu retten. Möglich ist auch, dass man einen prominenten I.G. Farben-Mann noch verschone, obwohl dessen „Vergehen" bereits aktenkundig waren.

Meine Tante Marie Blanche wollte sich noch nicht definitiv für die Auswanderung nach Australien entscheiden, sie hatte sich vorgenommen, ihre kränkelnde Mutter nicht alleine zu lassen, während Heinz Ziegler sich nach dem Abschied von seinen Eltern im noch sicheren Paris nach einer vorläufigen Bleibe- und Arbeitsmöglichkeit umsah.

In München in der Ainmillerstraße 33 konnte meine arische Großmutter Ellinka nicht fassen, dass ihre Kinder durch die Verfolgung der Juden und Nazigegner eigentlich dem Tode preisgegeben waren. Es war für sie unvorstellbar, welches Unheil ihnen bevorstand und ihr Herz machte auf Grund der Aufregungen und der Gewissheit, dass ihre Kinder ins entfernte Ausland flüchten mussten, nicht mehr so recht mit.

[1142] Siehe Kapitel Bonn.
[1143] Schreiben vom 7.7.1938 des Britischen Generalkonsulats, Vienna.

Noch war Marie Blanche in Rufweite, aber wie lange noch? Margot, die ältere Tochter, hatte sich bereits 1928 ins Ausland aufgemacht und lebte in Afrika, was noch ausführlich beschrieben wird. Meinem Vater blieb vorerst kaum Zeit, sich um den schlechten gesundheitlichen Zustand seiner geliebten Mutter zu kümmern, denn: Die Würfel waren gefallen. Er hatte viel für seine Abreise vorzubereiten.

Aber auch meine Mutter, sie war gerade 23 Jahre alt, konnte ihrem Gesangstudium nicht mehr nachgehen. Nun musste sie den Abschied von ihrer großen Familie in Wien einleiten und sich damit auseinandersetzen, ihre Geschwister und den alten Vater zu verlassen. Ihre Mutter war schon 1935 gestorben.

Wer weiß, für wie lange sie weg bleiben würde, welche Veränderungen ihr bevorstanden, was sie durchstehen musste, bevor sie ihren zukünftigen Mann wieder sehen würde? Schon wurde von einer Kriegsgefahr in Europa gesprochen, aber keiner wollte es wahr haben.

Wohl wissend, dass die große Halle im „Hotel Vier Jahreszeiten" in München ein beliebter Treffpunkt war und viele Nazis hier wohnten, hatte mein Vater ein günstiges Zimmer bei den Besitzern des Hotels, den Brüdern Waltherspiel, bestellt. Diese waren der Familie seit langem freundschaftlich zugetan und kannten ihn schon seit der Kindheit. Jozsi war der festen Überzeugung, dass ihn gerade hier, in der Nazihochburg, keiner suchen würde. Der einzige, der ihn erkennen könnte, falls er auch in dem Hotel absteigen würde, war der Verwandte seiner Frau Melitta, Reichsaußenminister Joachim von Ribbentrop. Allerdings nahm Jozsi an, dass dieser aus familiären Gründen Aufsehen vermeiden würde. Mein Vater begab sich äußerlich relativ gelassen in die Höhle des Löwen, innerlich brodelte es in ihm.

Eines Tages hielt der Portier des Hotels einen Brief in Händen, der direkt an meinen Vater ausgehändigt werden sollte. Er war von „Hauptmann P." aus Wien, der über den im Untergrund arbeitenden Freundeskreis von Jozsis Verbleib erfahren und ihm schon in Wien dringend zur Flucht geraten hatte. Wieder warnte er Jozsi vor den neuen Gefahren und legte ihm nahe, schnellstens das Land zu verlassen. Nun wurde ihm klar, dass die Nazis ihn auch hier aufspüren würden, denn wenn sogar P. seinen Aufenthaltsort wusste, konnte es nicht mehr lange dauern, bis sie ihn abholen würden. Der Gedanke an seinen Schulfreund erfüllte Jozsi mit tiefer Dankbarkeit. Diesem Mann, der sein privates Glück aufgegeben hatte, um anderen zu helfen, der den Satan Hitler persönlich bekämpfen wollte, der sein Leben für Fremde riskierte; wie würde Jozsi ihm je danken können?

Glücklicherweise war inzwischen das Schiffsticket angekommen. Mit vielen Mühen und guten Beziehungen hatte Jozsi eine Überfahrt auf der MS OLDENBURG ergattern können. Das Schiff würde von Hamburg über Genua, wo er wegen der italienischen und nicht der deutschen Zuständigkeit das Schiff besteigen wollte, nach Singapur und dann weiter nach China fahren. Doch vorher musste er unbedingt von Bord gehen und insgeheim eine neue Passage per Schiff nach

Australien finden. Sein zukünftiger von nun an ständiger Aufenthaltsort sollte geheim bleiben.

Die Tage des Abschieds waren sehr schmerzlich, fast allen brach das Herz, alle waren nervös. Jozsi wusste, er musste geliebte Menschen zurücklassen. Er war sich seiner eigenen Einsamkeit bewusst, mit 41 Jahren im Alleingang etwas aufzuziehen, das gewohnte Leben zu verlassen, die Angst entdeckt zu werden, sich von den Kindern zu trennen und sie nicht mehr schützen zu können, das Gefühl, die Verantwortung abgeben zu müssen, um dem sicheren Tod zu entgehen. All das stürzte über ihn herein.

Mein Vater hätte über das Ausländerkonto eines Freundes und auch der Untergrundbewegung, der er angehörte, sein Vermögen herausschmuggeln können. Aber niemand sollte ihm nachsagen können, dass er unkorrekt gehandelt habe. Weder die Behörden sollten eine Angriffsfläche bei einer eventuellen Verhaftung haben, noch sollten seine Kinder denken, er habe Geld auf unerlaubte Weise verschoben. So hielt er sich an die vorgegebenen 50 Reichsmark[1144] und erschwerte sich das Leben durch seine innere Haltung ungemein.

Maria war inzwischen auch, wie Marie Blanche und Heinz Ziegler, nach München gekommen, um die letzten Tage und Stunden mit ihrem zukünftigen Mann hier zu verbringen. Für meinen Vater war klar, dass er unter keinen Umständen gemeinsam mit meiner Mutter die gefährliche Reise nach Australien antreten durfte. Nazispitzel gab es überall, selbst auf der MS OLDENBURG, wie ich noch schildern werde. Seine Verhaftung hätte unweigerlich eine lebensbedrohliche Situation für meine Mutter bedeutet.

Jozsis Mutter, Graf Pappenheim, Marie Blanche und ihr Mann Heinz trafen sich am Abend vor der Abreises zum Abschiedsessen im Hotel. Dieses Essen, das Jozsis Schwester Marie Blanche im „Waltherspiel" gab, sollte die schwere, gespannte, unbehagliche und leidervolle Stimmung überdecken. Sie hoffte, den Abend so angenehm wie nur möglich gestalten zu können. Trotz des so liebevoll gemeinten Vorhabens konnte Jozsi die schweren Gedanken nicht verdrängen. Würde er seine Familie je wiedersehen? Versöhnlich stimmte ihn nur der Gedanke an das baldige Wiedersehen mit Maria in der so ungewissen Ferne.

Die Zeit war gekommen zum Bahnhof zu fahren. Der Zug nach Genua sollte um elf Uhr nachts von München abgehen und dieser Gedanke brachte Jozsis Nerven zum Erzittern, denn er hatte gehört, dass die Nazis auch in den Zügen „aufräumten". Mit übermenschlicher Selbstbeherrschung stieg Jozsi in den Zug, denn es war schwer für ihn, den Waggon zu besteigen, ohne zu viele Gefühle zu zeigen. Ein innerer Impuls ließ ihn kühl agieren, er wollte nicht, dass man ihm die Sorge ansah. Irgendwie überstand jeder den Abschied im Schleier der Verzweiflung. Was Jozsi nicht ahnen konnte, war, dass Marie Blanche dem Schlafwagenschaffner ein

---

[1144] J.P. von Gans: Turbulente Jahre, S. 33.

Riesentrinkgeld gegeben hatte, als sie an den Zug kamen. Es war fast alles, was sie besaß. Das Glück war auf der Seite meines Vaters, denn er wurde nicht kontrolliert. Es war ein gefährliches Spiel. Als Jozsi am nächsten Morgen in Mailand aufwachte, wurde er sich bewusst, dass niemand seinen so notwendigen Schlaf gestört hatte. Seine ruhelosen Momente und Sorgen um den riskanten Ablauf schienen vorbei, dafür stellte sich jetzt die Zukunftsangst ein.

Nun ging es darum, den nächsten Schritt in die Ungewissheit richtig zu wählen. In Genua fand er die MS OLDENBURG und brachte die wenigen Gepäckstücke an Bord. Für die Überfahrt nach Australien kam nur ein deutsches Schiff in Frage, da er wegen der Devisenrestriktionen für Deutsche die Überfahrt nur mit Reichsmark bezahlen konnte. Alles was er besaß, waren die vorgegebenen, zugestandenen 50 Reichsmark. Allerdings hatte er seine Rolleiflex und das Scheckbuch mit eingepackt; denn da er auf einem deutschen Dampfer reiste, würde er folglich in deutscher Währung an Bord zahlen müssen. Er wollte auf dem Schiff deutsche Fotoapparate kaufen, da diese im Ausland gut gehandelt wurden.

Schon bald nach der Ankunft an Bord entdeckte Jozsi einen Nazikommissar, der sich sehr für ihn interessierte. Mein Vater hatte offensichtlich nicht glauben wollen, dass man Nazis auch in Schiffe, Züge und Flugzeuge setzte, um wirklich weltweit für die Ausrottung der Juden und Verfolgten zu sorgen. Fatalerweise bekamen beide einen Platz am Tisch des Kapitäns zugewiesen und nun schlüpfte Jozsi in die Rolle des Unbedarften, Unwissenden, der durch seine Unzulänglichkeit naiv wirken durfte.

Es klappte! Die Reise verlief ohne große Ereignisse, bis sie in den Indischen Ozean kamen, wo meines Vaters Selbstherrschung und Geistesgegenwart neuerlich geprüft werden sollten. Hier erreichte ihn zunächst die Nachricht vom Tode seiner Mutter am 19.8.1938, die ihn sehr tief traf. Ellinka Gräfin zu Pappenheim musste sich verloren und verlassen vorgekommen sein. Der Schmerz, der sie ergriff, sobald sie an die unsicheren Perspektiven ihrer Kinder dachte, war so groß gewesen, dass sie schließlich einer Embolie erlegen war.

Marie Blanche schrieb Jozsi einige Tage nach den Begräbnisfeierlichkeiten, dass sie selbst nun körperlich wie auch seelisch am Ende sei. Sie hatte mit eiserner Selbstbeherrschung die Mutter betreut, sie aufgemuntert und versucht, sie von der eigenen Trauer und den schrecklichen politischen Ereignissen fern zu halten. Liebevoll war sie bis zur letzten Minute bei ihrer Mutter verharrt, selbst in Gefahr, entdeckt zu werden[1145].

Ihr Bericht sprach von dem *brozelden Pulverfass*, in dem sie sich momentan in München befand, und ihrem Wunsch, es möge zerplatzen, solange sie nicht in der Nähe davon wäre. So riet sie meinem Vater in diesem Trauerbrief, alles zu tun, um in Australien zu bleiben und froh zu sein, von Deutschland weg zu sein,

---

[1145] Brief Marie Blanche an Jozsi, Sept. 1938 und Brief Heinz Ziegler an Jozsi, 3.9.38.

das Alte hinter sich gelassen zu haben – und das Neue vor sich zu sehen, denn es *wird in diesem Teil der Welt immer unfreundlicher und die Katastrophe kann nicht ausbleiben*[1146]. Sie schien schon zu ahnen, was ihr und ihrem Mann noch alles bevorsteht.

Das alles versuchte sich Jozsi auf dem ungastlichen Schiff auf dem Weg in die Zukunft vor Augen zu halten und trotz der großen Trauer Dankbarkeit zu empfinden, dass er gerettet schien und seine Mutter erlöst war. Aber es sollte noch eine Schreckensminute auf ihn zukommen. Der Nazispitzel auf dem Schiff hatte sich vorerst Zeit gelassen, um Erkundigungen über die einzelnen Passagiere einzuholen. Zusätzlich hatte er die Gewissheit, dass ihm hier auf dem offenen Meer niemand entkommen konnte.

Es war nach dem Dinner, als ein Steward auf meinen Vater zukam und ihn auf die Brücke bat. Dort stand der Nazischnüffler mit verschränkten Armen, breitbeinig grinsend. Die Unterhaltung, die verblüffenderweise in Anwesenheit des Kapitäns stattfand, verlief anfangs friedlich. Mein Vater schildert in seinen Aufzeichnungen, dass der „fröhliche" Umtrunk eigentlich nur den Zweck hatte, Informationen aus ihm herauszulocken. Doch als mein Vater merkte, dass die Konversation riskanter wurde, wollte er sich auf nichts einlassen. Urplötzlich kam der Angriff des Nazis, dem sich der Kapitän anschloss. Frage auf Frage, Behauptung auf Behauptung, Beschuldigung auf Beschuldigung; wie eine Salve prasselte es auf Jozsi herab. Es war offenkundig, dass der Nazispitzel den Auftrag hatte, meinen Vater auszuhorchen und möglicherweise kurz vor der Ankunft noch festzunehmen. Und dann forderten sie von ihm, doch das Gegenteil der Anschuldigungen zu beweisen.

Mein Vater suchte verzweifelt nach einem Ausweg, der ihn retten sollte. Er pokerte hoch, als er sagte: „Haben Sie ein Funkgerät an Bord?" Der Kapitän bejahte total überrascht. „Gut, dann kabeln Sie an Graf Dohna, Nikolaus Dohna, Kommandant der „MÖVE" im Ersten Weltkrieg und Führer des Freikorps Dohna, unter dem ich Kompanieführer war, und fragen Sie ihn, wer ich bin! Und nun Gute Nacht!"[1147].

Mit äußerster Beherrschung strebte mein Vater dem Ausgang zu. Obwohl er genau wusste, dass er in den Klauen dieser Männer war, und sie mit allen Wassern gewaschen waren, setzte der Bluff sie vorerst außer Gefecht, denn mit soviel „Chuzpe"[1148] wussten sie nicht umzugehen. Jozsi ließ sich am anderen Morgen nur kurz beim Frühstück blicken und verschwand dann mit einer „akuten Magenverstimmung" in seiner Kabine.

Ein paar Tage später legte das Schiff in Singapur an. Würde der Nazispitzel ihn nun verhaften und ihn den dortigen deutschen Behörden ausliefern? Mein Vater

---

[1146] Ebd.
[1147] J.P. von Gans: Turbulente Jahre, S. 27.
[1148] Jüdisches Wort für: Schlagfertigkeit, Frechheit, Dreistigkeit.

beobachtete die Situation genau und suchte nach einer Möglichkeit, das Schiff unauffällig zu verlassen. Als dann bei der Ankunft die Schneider an Bord kamen, bestellte mein Vater einige Shorts. Vielleicht würde er unter diesen Einheimischen jemanden finden, der ihn hinausschleusen konnte. *Es kamen Hühneraugenschneider an Bord und ich ließ mich behandeln, obwohl ich es nicht nötig hatte. Aber einer der Burschen schien mir tauglich und mit einem kräftigen Bakschisch nahm er mein ganzes Gepäck an Land [...]. Und so kam ich in Singapur an Land und ging weit um das Schiff herum, das am nächsten Tag nach China weiterfahren musste*[1149].

Aber ohne ihn. Meinem Vater war es wieder einmal gelungen, der drohenden Gefahr einer Verhaftung und Verschleppung zu entkommen und seine Spuren zu verwischen. Er hatte mit seinem Vetter Dicky Coit arrangiert, dass ihm hier 50 Pfund Sterling ausbezahlt würden, die er ihm vorher in Mark bezahlt hatte. Nach ein paar Tagen Aufenthalt in Singapur fand Jozsi einen holländischen Frachter, dessen Reise über Batavia und Samarang führen würde. Die Stunden auf dem sehr eigentümlichen Schiff verbrachte Jozsi, als einziger Passagier, damit, sich den Karten spielenden Offizieren und der Mannschaft anzuschließen.

Dann zog er weiter in den Süden Balis, wo ein Freund der Familie und Experte balinesischer Kunst auf ihn wartete. Jozsi als „zahlender Gast" genoss die herrliche Landschaft und den unendlichen Frieden Balis. Auf einer der vielen Fahrten durchs Land riet der Freund ihm, ein paar Kunstgegenstände zu erhandeln, die er später gut verkaufen oder als Geschenke für australische Freunde benutzen könnte. Die Eindrücke, die mein Vater auf der aufregenden Reise und in diesem friedlichen Land in sich aufnahm, schrieb er auf und verkaufte sie später an einen Verlag.

Seine Weiterfahrt nach Australien ließ ihm sein Vorhaben und seine Lage noch bewusster werden. Bald würde er in dem von seinem Ursprung entferntesten Land, einem neuen Kulturkreis, einem völlig fremdartigen Zuhause ankommen. Obwohl er seinem Schicksal wie auch seinen Fähigkeiten vertraute, war er nervös und unruhig. Er hatte bisher keinen Briefkontakt nach Wien bekommen. Er musste seine Trauer über den Tod seiner Mutter verarbeiten und sollte sich obendrein nichts anmerken lassen. Trotz allem kam der Gedanke an Dankbarkeit über die Rettung seines Lebens in ihm auf und wurde immer wieder durch Briefe seines Schwagers Heinz Ziegler bestätigt, der ihm von den täglichen, ja stündlichen Krisen-Hochspannungen und der großen Gefahr, in die die Juden in Europa geraten waren, berichtete.

Schweren Herzens setzte er seine Reise fort. Diesmal ging er an Bord des Luxusdampfers MS NEW HOLLAND mit etlichen weitgereisten Touristen. Bald schon kam Jozsi mit einem Amerikaner ins Gespräch, der aus Zeitmangel keine Kunstgegenstände auf Bali kaufen konnte. Jozsi reagierte sofort und zeigte ihm seine Schätze, die der Fremde mit großer Freude erstand. Dieses Geld war das

---

[1149] J.P. von Gans: Turbulente Jahre, S. 27.

Startkapital, mit dem Jozsi in Australien ankam. Es war nicht viel, aber genug zum Überleben[1150]. Die Reise in diesem fernen Kontinent – seiner neuen Heimat – führte über den Norden Australiens mit seinen vielen Inseln und Inselgruppen nach Brisbane und Sydney.

B.4.2. Anfänge in Australien bis zum Kriegsende und die Internierung in Tocumwal

Die Einladung, die einst ausgesprochen wurde, hatte mein Vater so aufgefasst, dass er Arbeit und Aufenthalt im Haus der Freunde in Geelong und in deren Spinnerei nahe Melbourne erhalten würde. Jeden Tag wartete Jozsi auf ein klärendes Gespräch bezüglich des Aufgabenbereichs, Gehalts, einer Wohnung und sonstiger organisatorischer Angelegenheiten, aber kein Wort kam über die Lippen der Bekannten[1151]. Sie schienen sich missverstanden zu haben.

Voller Ruhelosigkeit und Ungewissheit verließ Jozsi das Haus und zog in eine kleine Pension am Bahnhof von Melbourne. Das Arrangement im Hotel Alexander, das er für drei Pfund die Woche traf, war für Zimmer, Bad, Frühstück und Abendessen. Was nur für kurze Zeit gedacht war, sollte ganze lange acht Monate dauern. Jozsi wusste damals nicht, dass man in Australien in dieser Zeit nicht einen gebildeten, intellektuellen Weltmann als Führungskraft suchte, sondern Arbeiter, die mit geschickten, zupackenden Händen physische Aufgaben angriffen. Aber er wollte die australische Grundeinstellung noch klarer herausfinden, nachdem ihn sein Schwager Heinz mit Fragen bombardiert hatte. Marie Blanche und ihr Mann saßen inzwischen in Paris und dachten über ihre Ausreise nach. Wie seine Schwester schrieb, *wird die Wahrscheinlichkeit, dass wir nach Australien kommen, immer größer – nicht dass ich es so besonders gerne täte, wegen meinem Kind*[1152], *dem schon USA schrecklich ist, andererseits reizt es mich viel mehr, denn je mehr Amerikaner ich kenne lerne, und je mehr ich von dort höre, desto mehr graust mir*[1153].

Heinz wandte sich mit immer mehr Fragen an Jozsi. Speziell das kulturelle Leben und der Stand der Universitäten sowie sein Spezialgebiet, politische Wissenschaften, interessierten ihn immens. Er war der Überzeugung, dass in Australien Pionierarbeit geleistet werden könne – im Gegensatz zu den USA, in der durch die Elite der Einwanderer *alle besten europäischen Wissenschaftler und Künstler*

[1150] J.P. von Gans: Turbulente Jahre, S. 28.
[1151] Später erfuhr mein Vater, dass er für die Tochter des Hauses als Ehemann auserkoren war; da er aber sein Engagement für meine Mutter bekräftigte, wurde ihm der Job nicht angeboten.
[1152] Ihr Kind, Elisabeth Gräfin Aichelburg, war bei ihren Großeltern in der Tschechoslowakei.
[1153] Brief von Marie Blanche an Jozsi aus Paris, 1938.

nachgerade da versammelt sind. Gleichzeitig zu dieser Äußerung war Heinz aber mit einem *Generalangriff auf die amerikanischen Universitäten beschäftigt, da sie in seinem Fachwissen weitan die besten sind*[1154].

Heinz hoffte auf einen Lehrauftrag für ein Jahr an der Harvard Universität, der besten Amerikas, wie er schrieb und hätte damit sofort die Erlaubnis bekommen, in die Staaten einzureisen, denn er *war ein 1A-Mann in politischen Wissenschaften.* Er musste und wollte diesen Weg probieren, ehe er sich auf die endgültige Auswanderung mit seiner Frau nach Australien festlegte[1155]. Allerdings hielt er es bei dem Überangebot für unwahrscheinlich, dass man ihm eine Stellung „in absentia" gab und bewarb sich gleichzeitig in Oxford. Sollte die Antwort aus England positiv ausfallen, würde er sofort nach Oxford gehen und von dort aus die australische „Sache" betreiben.

In seiner neuen „Heimat" wunderte sich mein Vater täglich mehr, dass er trotz vieler Annoncen und Vorstellungsgespräche keine Arbeit fand. Bald ging ihm das Geld aus und er bewarb sich bei einem Radiosender, bei dem er ab und zu selbstverfasste Vorträge halten konnte.

Der nun stattfindende Briefwechsel zwischen meiner Mutter Maria in Wien und Jozsi in Melbourne nahm beängstigende Züge an. Sie spürte seine Wehmut, seine Einsamkeit und die Hilflosigkeit, mit den fast viktorianischen Zuständen in diesem Land zurechtzukommen. Seine Briefe drückten die Unruhe und Unzufriedenheit, seine Spannung, sein Getriebensein und seine Enttäuschung aus, und sie verdrängte ihre eigene Angst vor der Zukunft, indem sie ihm aufmunternde Briefe schrieb.

Obendrein konnte Maria ihr Land nicht verlassen, denn sie brauchte inzwischen eine offizielle Einladung nach Australien, die selbstverständlich zeitlich limitiert sein würde, sowie ein Gelddepot von 50 Pfund Sterling, das sie nicht aufbringen konnte. Marias gesundheitlicher Zustand nahm nach einem Unfall, bei dem sie sich das Bein brach, einen besorgniserregenden Charakter an. Fanatische und drängelnde Anhänger Hitlers, die zu einer Parteiveranstaltung wollten, hatten sie im Gewühl aus der Straßenbahn gestoßen. Für meine Mutter waren es qualvolle Tage, Wochen und Monate, weil sie nicht reisen konnte und zudem nach dem Sturz wenig handlungsfähig war.

Mittlerweile war die Situation in Österreich soweit fortgeschritten, dass der „Führer" alle weiblichen Hilfskräfte für sein Ziel benötigte. Ausreisegenehmigungen waren fast unmöglich. Reisen waren absolut nicht vorgesehen. In dieser Verzweiflung beantragte sie bei einem Arzt Erholungsurlaub, und genau zu diesem Zeitpunkt traf die lang ersehnte offizielle Einladung aus dem Regierungssitz in Canberra ein.

[1154] Brief von Heinz an Jozsi aus Paris vom 12.12.1938.
[1155] Brief von Heinz an Jozsi aus Paris vom 17.1.1939.

Da Arthur Collins einer der wenigen Freunde meines Vaters war, der eine Einladung für meine Mutter beantragen konnte, erwies er sich trotz des damaligen Missverständnisses mit meinem Vater als hilfsbereit und sorgte für ihre Einreisegenehmigung als sein Gast. Sie schien gerettet. Mit neuer Energie humpelte Maria zu allen Ämtern und ertrug die misstrauischen Befragungen, bis sie die Ausreiseerlaubnis endlich in Händen hatte.

Aber ein neuerliches Dilemma stellte sich ihr nun in den Weg. Im Prinzip wollte sie nur ein Einfachticket nach Australien, wurde aber gedrängt, ein Hin- und Rückbillet zu kaufen. Dazu kam, dass sämtliche Flug- wie auch Schiff-Fahrt-Tickets von Wien aus bis März 1939 ausverkauft waren[1156]! Mit Hilfe von Verwandten und Freunden, insbesondere von meiner Tante Marie Blanche, konnte sie schließlich die gestiegenen Reisekosten und das Depot aufbringen und am 7. Februar 1939, also fast 6 Monate nach Jozsis Abfahrt aus München, ein Flugzeug in Amsterdam besteigen.

Indessen ließ Heinz Ziegler in einem Brief aus Paris durchblicken, dass Frankreich *keinen mehr in das Land lässt, man eigentlich nur Kinder aufnimmt oder die Leute aus den Konzentrationslagern herausholt. Dass man da – wenn auch mit geringer Verspätung – ins Flugzeug steigt und zu seinem Künftigen nach Australien fliegt – das erscheint jedem wie ein Märchen aus 1001 Nacht. Ich kann mich kaum trauen nach London herüberzufahren, und nicht weiß, ob man mich wieder nach Frankreich zurücklässt*[1157]. Der französische Staat fürchtete sich offenbar vor noch mehr jüdischen Emigranten und dem politischen Nachsehen gegenüber Deutschland[1158]!

Die Szenen, die Maria im Februar 1939 in Amsterdam am Flughafen erlebte, waren erschütternd, denn es wimmelte vor Emigranten, darunter waren viele Wiener Juden, die Maria alles boten, um an ihrer Stelle fliegen zu können. Andere Menschen wollten ihr Schmuck und Wertgegenstände mitgeben, die sie aufbewahren sollte, bis sich die Flüchtlinge aus dem Ort melden würden, den sie letztendlich erreichten. Misstrauisch und tief betroffen beobachtete Maria die Szene und erkannte, dass es im Flughafen und um sie herum nur so von Naziagenten wimmelte. Sie hatte ein Gespür für die Gefahr entwickelt und sah in deren stumpfen Gesichtern die Erbarmungslosigkeit ihrer Gesinnung. Die in der Abflughalle versammelten, sich auf der Flucht befindlichen Juden waren zu sehr mit ihrem Schicksal befasst, um die Nazischergen zu bemerken. Zu sehr hielt sie die Angst und die Panik gefangen, nicht ausreisen zu können. Marias Ziel und Anliegen war es, sich so unauffällig wie möglich zu verhalten, um endlich nach Australien zu kommen. Obwohl es ihr

---

[1156] Brief von Maria an Jozsi aus Wien, 1938.
[1157] Brief von Heinz an Jozsi aus Paris vom 17.1.1939.
[1158] Interessant ist in diesem Zusammenhang das späte „Bekenntnis" des französischen Präsidenten Jacques Chirac im Jahre 2004 zur politischen Vergangenheit Frankreichs während des Hitler-Regimes und seiner zwiespältigen Haltung in der Judenfrage.

fast das Herz abschnürte, diesen verzweifelten Menschen nicht helfen zu können, blieb sie trotz ihrer jungen Jahre konsequent.

Und tatsächlich saßen dann einige Nazis in dem kleinen Flugzeug. Auf dem sich über sieben Tage mit vielen Unterbrechungen hinziehenden Flug bestätigte sich, dass Maria richtig gehandelt hatte, denn die anwesenden Männer hatten sie in Amsterdam auf dem Flughafen im Visier gehabt, nun aber konnte sie relativ frei auf bohrende Fragen antworten, denn sie war ja nur aus „gesundheitlichen Gründen" unterwegs in das ferne Australien.

Vorausblickend hatte Jozsi schon von Wien aus seinen Wagen per Fracht nach Australien schicken lassen. Es schien, als hätte er geahnt, dass er hier nicht so schnell zu einem für seine beginnende berufliche Tätigkeit unentbehrlichen Auto kommen würde. Mit diesem „Hudson 8" holte Jozsi seine Braut am 22.2.1939 an der Grenze zu Victoria ab. Das Wiedersehen war so ungewöhnlich, dass es beiden wie eine Inszenierung in einer anderen Welt erschien.

Am 28.2.1939 fand die Trauung meiner Eltern mit einer einfachen Feier statt, die mit einer lustigen Geschichte verbunden war. Meine Mutter sprach noch nicht so fließend Englisch, und ihrer Aufregung war es zuzuschreiben, dass sie bei der Nachsprechung des Eides statt „my lawful husband" sagte „ my lovely husband". In ihrer Aufrichtigkeit hatte sie das gesagt, was sie all die Jahre bis zum Tode meines Vaters empfand.

Wieder kam ein liebenswerter Brief von Heinz Ziegler aus Paris an meinen Vater, in dem er dem frisch verheirateten Paar wünschte *eine neue, mächtige Dynastie zu gründen und den Glanz und die Macht seines Namens erfolgreich zu erneuern*[1159]. Dies alles geschah nahezu sechs Monate vor Ausbruch des Zweiten Weltkriegs am 1.9.1939. Aus den zahlreichen Briefen seiner Schwester Marie Blanche entnahm Jozsi, dass sie mit Heinz noch immer in Paris war.

Hier lebend, sich um die Zukunft und die kommende Kriegsgefahr sorgend, hatte Marie Blanche das große Glück, bei einer amerikanischen Schule Modedesign, zumindest bis Kriegsausbruch, zu lernen und sich anschließend praktische Dinge, wie Kochen und Schreibmaschineschreiben, anzueignen. Sie war der Meinung, falls alle Stricke rissen, könne sie als Sekretärin oder Köchin in Australien arbeiten[1160]. Der Gedanke war einmalig für solch eine Persönlichkeit. Jozsi konnte ihre Energie und ihren Überlebenswillen förmlich spüren.

Heinz hingegen bemühte sich immer noch, eine adäquate Stellung als Professor, entweder in Amerika oder Oxford, zu bekommen. Sein Vermögen war inzwischen in der Heimat eingefroren, und wie Marie Blanche schrieb, lebten sie von der Unterstützung hilfreicher Freunde und Verwandter, wie viele jüdische Familien der damaligen Zeit.

[1159] Brief von Heinz an Jozsi aus Paris vom 10.2.1939.
[1160] Brief von Marie Blanche an Jozsi aus Paris vom 27.11.1939.

Ein Lichtblick war, dass Heinz und Marie Blanche im Februar von ihrer tschechischen Gesandtschaft Pässe bekamen, die bis 1944 für alle Länder der Welt gültig waren. Das war eine absolute Auszeichnung für meinen verdienstvollen Onkel und ein Riesenglück für beide. Aber wie Heinz schrieb, war er nicht sicher, *ob er nicht, wenn der Krieg uns in Europa erwischt, am liebsten von England aus an ihm teilnehmen möchte. Aber das ist, wie ich wohl weiß, eine sehr törichte Gefühlreaktion, der ich nicht nachgeben will. Du musst bedenken, dass ich Tschechoslowake bin und eigentlich dabei sein sollte, wenn mein Land eines Tages um seine Befreiung kämpfen sollte.* Wie Recht er haben sollte!

Heinz' Meinung zum drohenden Kriegsgeschehen war wie folgt: *Dass es sich dabei um einen Wettlauf mit dem Wahnsinn von Adolf und Benito handelt, ist mir klar. Es scheint freilich einiges dafür zu sprechen, dass die Franzosen vorläufig in einigen Punkten nachgeben werden und das könnte für uns, nicht für das arme Europa, das auf diese Weise immer hoffnungsloser der Endkatastrophe zutreibt, einen Zeitgewinn von 2–3 Monaten bedeuten*[1161].

Da es nun in Melbourne trotz der vehementen Bemühungen meines Vaters, eine Stellung zu bekommen, vor allem darum ging, Geld in die bescheidene Haushaltskasse zu bringen, versuchte meine Mutter es als Mannequin. Ihr Auftreten und ihre Schönheit ermöglichten es ihr schon bald, mit Reklamefotos bei großen Firmen für die ersten Einnahmen zu sorgen. Die Frage war nicht, ob es sich um Modefotos oder Werbung für Strümpfe, Waschmittel oder Windeln handelte. Hauptsache war, die Miete für eine bescheidene Wohnung sprang dabei heraus, denn immer noch lebten sie in der kleinen Pension am Bahnhof.

Jozsi griff nach all den Absagen auf seine Bewerbungen immer wieder auf seine Sprachenvielfalt zurück und übersetzte und überarbeitete je nach Bedarf Berichte und Vorträge bei einem Radiosender, was auch ein wenig Geld einbrachte. Schließlich erhielt er eines Tages eine Stelle bei einer Gasgesellschaft, die ihm ein kleines Gehalt einbrachte. Mit diesen gemeinsamen, wenn auch geringen Einkünften, konnten sie sich tatsächlich eine kleine Wohnung leisten, in der sie bescheiden aber glücklich lebten bis zu dem Tag, an dem im Radioapparat am 1.9.1939 die Kriegserklärung Hitlers gegen Polen, das mit England und damit mit Australien verbündet war, gemeldet wurde! Sie waren plötzlich „feindliche Ausländer", die man vorerst in Ruhe ließ. Der Radiosender allerdings, der meinen Vater im Prinzip nun besonders gut hätte gebrauchen können, musste ihn, „den feindlichen Ausländer", entlassen. Den Job bei der Colonia Gas & Co. konnte er behalten. Nebenbei arbeitete Jozsi an Patenten für Waschmaschinen, die er für etwas Geld verkaufte.

Seine Schwester Marie Blanche war froh und glücklich, dass Jozsi eine feste Anstellung hatte, und berichtete, dass sie von England aus, wo Heinz nun doch in Oxford engagiert war, die Ausreise nach Australien beantragen würden. Allerdings

---

[1161] Brief von Heinz an Jozsi aus Paris vom 7.2.1939.

schlüpfte immer der Hintergedanke in die Zeilen, dass sie im Kriegsfalle unbedingt in England sein wollten, um von dort aus für die Heimat zu kämpfen. *Die Krise treibt uns also nicht fort, sondern bindet uns an England.*

Marie Blanche blieb vorerst, bis auf wenige Besuche in England, in Paris. In der amerikanischen Schule avancierte sie nämlich so schnell, dass sie schon nach drei Monaten in die top-class versetzt wurde, in die man normalerweise erst nach zwei Jahren kam. Aufgrund ihrer Tüchtigkeit und hohen Begabung erhielt sie den Auftrag einer amerikanischen Firma, die nächste Mode-Kollektion zu zeichnen. Das brachte ihr 1.500 Francs ein. Diese Erfahrung bildete überdies die Grundlage, die heute noch existierende, später weltweit agierende Textilfirma ETAM in Brasilien als Unternehmerin in der Folge weiter mitauszubauen.

Immer wieder kehrten Jozsis Gedanken an das ursprünglich von seiner Familie für ihn geplante Leben als Industrieller zurück, und es verlangte viel Selbstbeherrschung von ihm, sich den schicksalhaften Gegebenheiten unterzuordnen. Jedes Mal bedeutete dies für ihn, von Null anzufangen und etwas Neues aufzubauen. Die Briefe seines Schwagers aus Oxford gaben ihm Mut, da dieser ihn wegen seiner Ausdauer und Tüchtigkeit bewunderte und lobte[1162].

Heinz fühlte sich in England wohl und wie er sagte, lernte er viel in seiner neuen Stellung. Er fühlte sich im Kreis der Verwandtschaft seiner Frau wie auch in der Nähe seines Bruders Paul zumindest nicht total verlassen.

Im Januar 1940 bekam mein Vater einen Brief seiner Schwester aus Zürich, der Jozsi sehr überraschte; denn erstens war er aus dem feudalen „Hotel Storchen" geschrieben und zweitens waren darin viele Informationen, die ihn erst einmal nachdenklich stimmten.

Sicher, seit Kriegsausbruch war kaum Post gekommen, und im letzten Brief seiner Schwester aus Paris vom 27.11.1939 hatte sie geschrieben, *wie traurig sie war, dass Heinz nie Jozsi's Vorbild auszuwandern, folgen wollte.* Und wie einsam sie sich ohne ihren Mann in Paris fühlte. In jenem Brief wollte sie alle Details von ihrem Bruder hören, alles war für sie von Interesse, denn sie schien sich so nach der Nähe ihres Bruders zu sehnen und der Gedanke, zu ihm nach Australien zu kommen, hatte offensichtlich mehr Gestalt angenommen.

Nun konnte mein Vater dem Brief aus Zürich aber entnehmen, dass sie ein neues Leben angefangen hatte. Sie schrieb von der traurigen Tatsache, dass seit Juli 1939 durch die Trennung von ihrem Mann ihre Beziehung erkaltet war. War es die Angst einer jungen Frau, alleine auf sich gestellt in Paris leben zu müssen, während der Krieg um sie tobte, oder war es die Einsicht, dass Heinz seiner Lieblingsaufgabe, der Politik, nachgegangen war und sich in ein tschechisches Militärlager begeben hatte, um dann für die tschechische Gesandtschaft tätig zu sein? Er hatte sich bedingungslos in den Kriegsdienst gestellt, um seiner Heimat zu dienen. *Er ist*

[1162] Brief von Heinz Ziegler an Jozsi aus Paris vom 3.6.1939.

mehr denn je an dem Schicksal Europas interessiert und anscheinend unlösbar damit verbunden, schrieb meine Tante.

Dies war der einleitende Schritt zu jenem Brief, den mein Vater im Januar 1940 erhielt. Nun schrieb Marie Blanche von dem Mann, in den sie sich *total* verliebt hatte, und der *auch das absolute Ideal eines Lebenskameraden ist und der wunderbar zu mir und ich zu ihm passe. Wir werden, sobald die Scheidung von Heinz durch ist, heiraten und entweder dann oder auch vorher dieses „gastliche" Europa verlassen und nach Brasilien gehen, wo er in Erkenntnis der Dinge, die da kommen, schon vor 5 Jahren sich eine neue Lebensbasis aufgebaut und vorbereitet hat, und wo auch seine Mutter seit Jahren lebt.*

In diesen Industrien, sowie in seiner ganzen Arbeit ist auch für meine Arbeitskraft Platz und so werden wir zusammen arbeiten und ein neues Leben aufbauen. Inzwischen arbeite ich mich so gut ich kann in seine Geschäfte ein und muss sagen, dass mir das wesentlich mehr liegt und entschieden mehr Spaß macht, als Modezeichnen. Ich bin sehr glücklich und sehe voll Freude einem Leben entgegen, das ausgefüllt ist mit sinnvoller und praktischer Arbeit, Liebe und vollem Verstehen[1163]. Meine Tante war davon überzeugt, dass zu zweit alles einfacher war, solange man am gleichen Strang zog. Und sie sollte Recht behalten.

Heinz, der feine, politisch so engagierte Mann, war trotz der für ihn erschütternden Tatsache der bevorstehenden Scheidung nach wie vor in Freundschaft mit Marie Blanche verbunden. Mir scheint es, als ob er ungebunden besser seiner Leidenschaft nachgehen konnte, für sein Vaterland zu kämpfen. Er meldete sich später als ausgebildeter Pilot zur englischen Armee, wurde Ende des Krieges über Budapest abgeschossen[1164] und ist seither vermisst[1165].

Mein Vater konnte dem Brief seiner Schwester entnehmen, wie unglücklich sie war, dass die drei Geschwister auf sehr entfernten und verschiedenen Erdteilen saßen, *so dass jedoch ein gewisser Zusammenhalt und Kontakt durchaus erfreulich ist. Wir werden, wenn ich einmal in Brasilien bin, schön verteilt sein, alle ungefähr auf dem gleichen Breitengrad und schön ordentlich dem Alter nach, Margot in der Mitte (in Afrika). Wären wir nun auch noch so tüchtig wie die Rothschilds und die Zeiten so günstig wie damals, so wäre das eine ganz schöne Gelegenheit, eine neue Familiendynastie zu gründen. Aber ich fürchte, so einfach wird das nicht.*

Jozsi wusste, welch ein Mut und Wille hinter der Entscheidung seiner Schwester stand.

[1163] Brief von Marie Blanche an Jozsi aus Zürich, Hotel Storchen, vom 17.1.1940.
[1164] Seinen Bruder Paul hatten die tragischen Ereignisse, der Tod der Eltern in Theresienstadt und der Abschuss seines Bruders Heinz, so mitgenommen, dass er nach dem Krieg ins Kloster ging.
[1165] Brief von Marie Blanche an Jozsi aus Rio de Janeiro vom 22.11.1945.

Es berührte meinen Vater sehr, dass seine Schwester diesen neuen Weg gegangen war. Es verwunderte ihn nur, dass sie vor Aufregung vergessen hatte, den Namen ihres zukünftigen Mannes zu nennen.

Während in Melbourne alles seinen gewohnten Lauf nahm, wurde mein Vater mit der wunderbaren Tatsache, dass meine Mutter schwanger war, konfrontiert. Es war ein großes Glücksgefühl, das aber auch kleine Schatten hinterließ, denn meine Mutter musste ihre Arbeit als Mannequin und Fotomodell vorerst aufgeben. Umso härter arbeitete mein Vater inzwischen in vier verschiedenen Jobs. Außerdem hatte er erfahren müssen, dass auch hier im fernen Australien Nazis auf der Suche nach Juden waren und ihr Unwesen trieben. In Anbetracht seiner Untergrundarbeit in Wien vor der Flucht, hatte sich mein Vater auch hier in Australien an dem Kampf gegen die Nazis beteiligt[1166]. Gleichermaßen wurden alle Emigranten vom australischen Geheimdienst überwacht, denn sie wiederum waren auf der Suche nach Nazis, die rigoros des Landes verwiesen wurden, falls man sie fand.

Am 30.3.1940 kam ein Brief seiner Schwester Marie Blanche aus New York an. Gottlob hatte sie ja schon in Paris die Aus- und Einreisegenehmigung für fast alle Länder der Welt erhalten und hatte somit keine Schwierigkeiten, ihrem zukünftigen Mann zu folgen. Sie waren am 15.2.1940 in New York angekommen. Endlich schrieb meine Tante meinem Vater, um wen es sich bei seinem neuen Schwager handelte und dass mein Vater die Familie schon von Zürs her kannte. Es war Otto Freiherr von Leithner[1167], Direktor der Länderbank in Paris, der aus einer jüdischen Familie in Wien stammte und bisher mit einer Schwedin verheiratet[1168], selbst Schwede geworden war, was seine Zukunft bezüglich der Ausreise vereinfachte.

Marie Blanche freute sich ungemein darauf, in Rio zu leben, aber noch saß das neue Paar in New York, was *durchaus unerfreulich ist. Sei froh, dass Deine Wahl nicht auf Amerika gefallen ist, das ist ein Land, was uns gar nicht liegt, wo es nur die Arbeit gibt, nie ein Vergnügen in unserem Sinn, nie eine détente. Es scheint außerdem noch viel schwerer zu sein, es hier zu irgendetwas zu bringen als irgendwo anders, jedenfalls nach dem was ich so sehe. Und alles ist unendlich teuer und der größte Gehalt, den die Leute hier verdienen, geht restlos für das tägliche Leben auf. Von irgendwelchen extra Freuden kann gar nicht die Rede sein. Ehepaare mit 1-2 Kindern, aus etwa unserem Milieu, brauchen monatlich 400 Dollar und können sich nicht das Geringste leisten, kein Theater, Konzert, von einem Weekend gar nicht zu reden. Und bei allem hat man eine Riesen Konkurrenz, da die ganze Stadt voll von Emigranten sitzt. Außerdem*

1166 Brief an Mr. Buesst vom 16.1.1941 mit der Bitte um Veröffentlichung eines Antinazibriefes.
1167 Sein Vater war Ernst Freiherr von Leithner (1852–1914). Er war Feldzeugmeister, d.h. General der Infanterie, IIIrd Corps de Armée, Infanterieregiment 69.
1168 Sie lebten auf Schloss Torup.

dürfte es in absehbarer Zeit zu einem ganz gründlichen Pogrom kommen. Ich habe in meiner instinktiven Abneigung immer ganz recht gehabt und bin ehrlich dankbar, dass ich nicht hier leben muss[1169].

Marie Blanche hatte als Postadresse die Firma „Pan American Trade Development" angegeben, was meinen Vater veranlasste, sich sofort um Handelsware zu bemühen. Allerdings waren die australischen Importrestriktionen so zahlreich, dass er wohl angeben konnte, mit welchen Waren gehandelt werden könnte, z.B. getrocknete Früchte, Dosenfrüchte, Eukalyptusöl und vor allem gestrickte Oberbekleidung, dies allerdings möglichst im Zuge von Tauschgeschäften. Der Handel mit Wolle und Fleisch, schrieb er, sei in festen Händen, und es sei schwierig, sich in diesen Geschäftszweig einzubringen.

Da es meinem Vater aus finanziellen Gründen unmöglich war, einen eigenen Handel anzufangen, war er darauf bedacht, zusammen mit seiner Schwester eine Im- und Export-Firma zu gründen. Dafür benötigte er Details der amerikanischen Import-Möglichkeiten[1170]. Seine Schwester antwortete aus New York, dass das ungestüme Engagement meines Vaters ein Fehler war, da es sich bei dieser Firma in der Wallstreet 40 um eine der wichtigsten Im- und Export-Firmen handele, die *uns als Geschäftspartner nicht brauchen*. Trotzdem gab mein Vater nicht auf, Handelsbeziehungen aufzubauen und die Firma mit Ideen zu füttern. Im gleichen Zuge sprach meine Tante davon, wie schwer die Dinge momentan seien und fragte sich, ob es jemals einfacher werden würde, solange sie noch lebte.

Und in diesem Sinne gingen das Leben und die Suche nach beruflichen und finanziellen Möglichkeiten in Australien, die der Ausbildung meines Vaters entsprachen, weiter. Es deprimierte ihn, nicht voran zu kommen und er fühlte sich seit 1932 gehetzt und getrieben, wie er in einem Brief vom 15.6.1941 an seine Schwester schrieb. Sobald aber ein Hauch von Unglücklichsein aus den Zeilen zu lesen war, fügte mein Vater eine nette Episode, einen Witz oder eine lustige Geschichte ein, die den harten Geschmack des Schicksals mildern sollte. Das sollte seine Überlebenstherapie werden.

Immerhin war mein Vater froh, seine Arbeit bei der Gasfirma ausbauen zu können, wenn auch zu einem geringen Gehalt. Man hatte ihm auf Grund seiner bisherigen Leistungen einen Vertrag als beratenden Verkaufsdirektor gegeben. Als aber der Krieg ausbrach, wurde der Vertrag nicht mehr erneuert. Man stellte ihm frei, auch ohne Vertrag in der Stellung zu bleiben, was er notgedrungen tat.

Zwischenzeitlich fand man immer mehr Gefallen an seinen Artikeln und Radiobeiträgen. Bescheiden schrieb er an seine Schwester: *Ich bin froh in Australien zu sein und kann an keinen besseren Platz in „this blooming world" denken*[1171].

[1169] Brief Marie Blanche an Jozsi aus New York vom 30.5.1940.
[1170] Brief von Jozsi an Marie Blanche aus Melbourne vom 3.3.1940.
[1171] Brief von Jozsi an Maria Blanche aus Melbourne vom 20.7.1940.

Am 31. Oktober, am selben Tag des Geburtstags seiner geliebten Schwester Marie Blanche, kam mein Bruder Anthony in Melbourne auf die Welt. Die Freude meiner nun so stolzen Mutter, wie auch meines Vaters, war übergroß. Sie waren sich ihrer Verantwortung in der schweren Zeit bewusst, aber es war ihnen wert, auf vieles zu verzichten, um ihrem Erstgeborenen ein möglichst schönes und liebevolles Leben zu ermöglichen.

Marie Blanche, die nun in Rio war, und diese Stadt als die schönste der Welt empfand, war ebenso glücklich über ihren Neffen. Anfang 1942 kam ein langer Brief von ihr in Australien an. Trotz der großen Bürde, die alle zu tragen hatten, war sie glücklich – so glücklich wie man dieser Tage sein kann – in ihrer neuen Heimat. Sie schrieb aber auch ganz offen von ihrem „Talent", doch gerne in der Vergangenheit zu wühlen und dadurch in eine gewisse Traurigkeit zu fallen und bewunderte ihren Bruder Jozsi für dessen glückliche Fähigkeit, Vergangenes vergangen sein zu lassen. Der Hauptgrund ihrer depressiven Momente war offensichtlich die Ungewissheit über das Schicksal ihrer Tochter Elisabeth, da keine Nachrichten aus Europa kamen[1172].

Um aber den Tatsachen ins Auge zu sehen, arbeitete meine Tante mit ihrem Mann Tag und halbe Nächte und teilte alle Ideen und Sorgen mit diesem vielseitig interessierten Kaufmann. Ihr kam es ultramodern vor, Sorgen und gemeinsame Arbeit mit dem Privatleben in dieser frischen Ehe zu teilen. Und sie war sich bewusst, dass dies nicht einfach war. Aber ihrer beider Ziel war es, ein besseres Leben aufzubauen und etwas Großartiges zu etablieren. Gezwungenermaßen gab es dadurch keine freien Wochenenden und keinen Urlaub. Wie sie schrieb, kostete dies sie bei den klimatischen Verhältnissen Südamerikas sehr viel Energie und Kraft[1173].

Mein Onkel Otto Freiherr von Leithner hatte schon seit der Zeit, da er nach Brasilien gekommen war, seine vielen verschiedenen Geschäftsinteressen ausgebaut. Eine der ersten Unternehmen war die 1916 gegründete ETAM, eine Textilfirma, die mein Onkel einst mit einem Geschäftspartner auf Franchise-Basis in Brasilien gegründet hatte, aber, wie meine Tante nun schrieb, *sie praktisch alles alleine organisieren*.

ETAM war vor dem Zweiten Weltkrieg eine große europäische Firma, die mit Jersey-Unterwäsche stark in der alten Heimat vertreten war. Nun aber wollte mein Onkel in Brasilien zusätzlich eine Konfektionsfirma für Blusen und Kleider gründen, ein Unternehmen in dieser Art gab es in Südamerika nicht, und meine Tante sollte mit dem Aufbau betraut werden.

In Sao Paulo wurden die Bekleidungsstücke produziert. Dank der Modeausbildung in Paris konnte Marie Blanche sich mit hervorragenden Ideen einbringen, und

---

[1172] Elisabeth Gräfin von Aichelburg war mit ihrer Großmutter väterlicherseits, bei der sie in der Tschechei gelebt hatte, nach Österreich geflüchtet.
[1173] Brief von Marie Blanche aus Rio de Janeiro an Jozsi vom 4.2.1941.

in festen Zeitabständen fuhren sie von Rio nach Sao Paulo, um die Produktion zu überprüfen. Bald schon wurden die fertigen Kleidungsstücke in Läden, die mein Onkel gründete, vertrieben. Als die Organisation dieses Unternehmens feststand, und meine Tante sich mit ihrer ganzen Arbeitskraft für den Aufbau eingesetzt hatte, kam ein anderes Interessengebiet meines Onkels hinzu, nämlich der Im- und Export, hauptsächlich mit USA und Zentral-Amerika. Ein zu füllender Markt war der Handel mit Halbedelsteinen aus Brasilien, die von Marie Blanche und Otto taxiert, verpackt und versandt wurden. Damit verbunden war ein aufwendiges Studium der Steine, das meine Tante, wie auch das Sprachstudium, nebenher absolvierte. Und jeder verdiente Pfennig wurde neu investiert. Sie schrieb dies ganz bewusst, da Marie Blanche immer darauf bedacht war, der kleinen Familie mit dem neugeborenen Sohn in Australien zu helfen. Ihr Ansinnen war, ihrem Neffen Anthony, sobald der finanzielle Hintergrund fundiert war, eine angemessene Erziehung zu ermöglichen.

In Brasilien schien eine Handelslawine losgetreten worden zu sein, denn Marie Blanche und ihr Mann waren bereit, in alles zu investieren, was zu bekommen war und exportiert werden durfte. Mein Vater sollte die Position eines Handelsvertreters in Australien übernehmen, Preise vergleichen, Firmen auftun, die günstig liefern konnten und direkte Importware aus Brasilien an den Händler in Australien bringen.

Ein hochinteressanter Plan meines Onkels war der Vertrieb des hervorragend harten Carnauba-Wachses. Die im Nordosten Brasiliens vorkommenden Palmenblätter wurden zu Pulver zerstoßen, in die Hafenstädte gebracht und dort an Exporteure versteigert. Hierzu hatte mein Onkel die Idee, Carnauba-Wachs im Austausch gegen australisches Wollgarn anzubieten. Mit großem Engagement griff mein Vater diese Ideen auf. Nur stellte sich bald heraus, dass die australische Regierung Schwierigkeiten machte und noch nicht auf dem Stand eines gleichwertigen Handelspartners wie die USA war. Dazu kamen die hohen Zollgebühren. Letztendlich scheiterte das Tauschgeschäft. Australien nahm leider die Talente seiner gehobeneren Einwanderer nicht in genügendem Ausmaß wahr.

Es lässt sich erahnen, wie schwer sich mein Vater im Gegensatz zu seiner Schwester tat, das neue Leben in diesem fernen Land aufzubauen. Sie hatte das Glück, einen Mann getroffen zu haben, der schon vor Jahren in Südamerika seine Fühler ausgestreckt hatte, eine Basis geschaffen hatte und in ihr nun auch den idealen Arbeitspartner fand. Mein Vater hingegen hatte nicht die finanziellen Möglichkeiten durchzustarten. Hinzu kam die neu gegründete Familie, die ihm wichtig war.

Alles dauerte unendlich lange – selbst die Briefe, die nach Monaten eintrafen und aus denen er erfahren musste, dass sich die geschäftliche Situation in Brasilien zwischenzeitlich überaus positiv verändert hatte. Jozsi verließ zeitweise der Mut, seine Geduld wurde überstrapaziert, dazu kam sein Ansinnen, alles zu tun, um gegen die Nazis zu kämpfen und die Menschen auf dieser Seite der Welt aufzuklären, in welches Desaster Europa durch Hitler geraten war. Dies konnte er teilweise in seinen publizierten Artikeln sowie in seinen ehrenamtlichen Radiosendungen gut einbringen und ansprechen.

Das Leben in Melbourne verlief nach meines Vaters Geschmack zu ruhig, wobei meine Mutter mit dem kleinen Kind vollauf beschäftigt war. Er wollte kämpfen, um Arbeit, um Recht und gegen das Vergessen. Wie er in einem Brief vom 1.10.1941 seiner Schwester schrieb, war es ihm unverständlich, dass die eine Hälfte der Welt sich gegenseitig tötete, während die andere Seite keine Notiz von den Vorgängen nahm. Mein Vater war insbesondere bestürzt darüber, dass er in einem Land, in dem er ja nun schon seit drei Jahren lebte, immer noch als Fremder angesehen wurde. Er meinte, dass die gemeinsame demokratische Gesinnung die Menschen auch im Ausland eigentlich zusammenführen müsste. Mein Vater litt darunter, dass er nicht in eine Gesellschaft integriert war, in der er etwas für die kommenden Generationen tun konnte. Er meinte, man müsse die Haut eines Elefanten haben, um sich nicht wie ein Ausgestoßener zu fühlen. So ist es sicherlich vielen jüdischen Auswanderern in der damaligen Zeit ergangen.

Eines der Hauptmerkmale der Familie Gans durch die Jahrhunderte war eben dieses soziale Engagement gewesen, von dem mein Vater jetzt getrennt war. Ebenso gehörten zu ihren Eigenschaften Erfindergeist und der Mut, neue Ideen aufzugreifen. Auf der Suche nach finanziellem Erfolg war der Ideenreichtum meines Vaters, dessen geistige Kapazität beruflich sowieso nicht ausgelastet war, immer noch ungebremst. Er hatte inzwischen ein Patent für *Controlling the washing solution in washing machines* beim australischen Patentamt angemeldet[1174], das ihm gewährt und am 10. September 1942 im Register eingetragen wurde. Wie er seiner Schwester[1175] schrieb, wurde das Patent von seiner Firma genutzt. Da diese die Patentierung finanziert hatte, schrieb mein Vater, *dass er nichts dabei heraus bekam*[1176]. Irgendwie erinnert mich dies an das Wirken meines Großvaters Paul[1177], dessen Ideen und Finanzen zum industriellen Aufschwung Deutschlands eingesetzt wurden, aber eine pekuniäre Lücke hinterließen, als mein Großvater starb.

Sicherlich waren meine Eltern froh, weit ab dem furchtbaren Geschehen in Europa zu sein und doch tief traurig, dass dieser traditionelle und kulturelle Kontinent verloren schien. Alles was über Generationen aufgebaut worden war, wurde nun zerstört und die nächste Generation, die *heute marschiert, wird nicht genügend gebildet sein, um Tradition und Bescheidenheit zu schätzen und den Neuanfang nach*

[1174] Bei AvG.
[1175] Brief von Jozsi an Marie Blanche aus Melbourne vom 8.3.1941.
[1176] Ebd.
[1177] Siehe Kapitel Paul Gans-Fabrice.

Kriegsende in altbewährter Weise wieder anzugehen[1178]. Wie wir heute wissen, behielt mein Vater mit seiner Ahnung Recht. Deutschland hatte sein Fundament verloren und musste sich nach dem Krieg neu orientieren.

Sehr erstaunt hat mich, was mein Vater über das Leben in Europa vor seiner Emigration an seine Schwester geschrieben hat: *I really think that it is the only sensible thing to do to build up one ownes knowledge and energy. Europe's achievements and value to the world will be gone, and gone for ever. And you know, sometimes I am not sorry about it, think of the kind of life one had to live, hastely, always in a hurry, always somehow on the surface of things and for show, for an unreal, undemocratic, unsocial aim. I am glad not to be there and glad to know this lovely, happy country*[1179]. Möglicherweise sah mein Vater seine neue Heimat zu idealistisch in diesen Jahren. Fest steht aber, dass ihm die Verselbständigung und die Freiheit, die er in den ersten Jahren seines Aufenthalts in Australien empfand, sehr gut gefielen.

Meine Eltern lebten äußerst bescheiden, aber mein Vater versuchte durch kleine Aufmerksamkeiten ein Abrutschen auf die „primitive Seite" zu vermeiden, wie er schrieb. Schließlich hatten sie keine eigenen Möbel, keine persönlichen Erinnerungsstücke an das verlorene Zuhause, mussten sich mit einer auf das Einfachste möblierten kleinen Wohnung[1180] zufrieden geben. Das tat meinem kultivierten und in anderen Dimensionen aufgewachsenen Vater besonders weh. Aber er kämpfte um ein besseres Auskommen, um seiner kleinen Familie auf lange Sicht mehr bieten zu können.

Meine Tante Marie Blanche in Brasilien bemerkte die zwischen den Zeilen verborgenen unglücklichen Töne, die die Briefe meines Vaters enthielten[1181]. Es wäre ihr nur zu Recht gewesen, wenn sie alle zusammen in Brasilien den Aufbau der schnell expandierenden Firma meines Onkels hätten angehen können und mein Vater aus der schwierigen finanziellen Lage in Melbourne bald herausgekommen wäre.

Doch dieser Gedanke war aussichtslos, da es momentan höchst schwierig war, einen Wechsel zu arrangieren. *Wir werden unseren Weg noch eine Weile gehen müssen und letztendlich ist Australien eine gute Schule für Leute aus Europa. Es gibt keine Herren und Diener hier – nur Herren.* Es war ein raues Miteinander, das mit europäischer Erziehung und Benehmen nichts zu tun hatte. „*Respectfuls manners are not appreciated*"[1182]. Sobald man sich daran gewöhnt hatte, war es „recht nett", da man unabhängig von anderen wurde. Das bedeutete für ihn, sich nicht wieder so verwöhnt zu fühlen wie einst in Europa[1183].

[1178] Brief von Jozsi an Marie Blanche aus Melbourne vom 8.3.1941.
[1179] Ebd.
[1180] 476 St. Kilda Rd, Flat 9.
[1181] Brief von Jozsi an Marie Blanche aus Melbourne vom 25.6.1941.
[1182] Brief von Jozsi an Marie Blanche aus Melbourne vom 12.8.1941.
[1183] Ebd.

Umso mehr sorgte mein Vater sich um die Gefahr eines japanischen Angriffs im Pazifik, der die Im- und Export-Geschäfte Amerikas zum Erliegen bringen würde und auch die Lebenssituation seiner Familie hätte vollkommen verändern können. Da sich die politische Lage immer mehr zuspitzte, wurden alle Ausländer mehr oder minder gezwungen, entweder in ein Lager zu gehen, oder sich zu den sogenannten Labourcamps zu melden.

Mein Vater trat die zweite Möglichkeit bei der Armee an. Die logische Folgerung war für Jozsi, sich trotz der harten Arbeitsbedingungen dort zu melden, denn das bedeutete zumindest einen kleinen Lohn. Mein Vater hatte nun auch keine Möglichkeit mehr, weiter in der Gasfirma zu verbleiben. Somit kam kein Geld in die Haushaltskasse.

Mein Vater ahnte, dass der Krieg sich eventuell auch auf die ganze Welt erstrecken könnte, er vielleicht auf Jahre von seiner Familie getrennt sein würde. Seine größte Sorge galt Maria und Anthony und ihrer beider Sicherheit, da es in Melbourne vor Nazis, die immer noch Verfolgungen durchführten, nur so wimmelte. Auch die Australier suchten immer noch nach Nazis, ließen die Einwanderer bespitzeln und schickten so manchen aus dem Land[1184].

Meine Eltern waren vorsichtshalber aus der Stadt aufs Land gezogen, wo sie ein kleines Haus nahe dem Strand in Sandringham gefunden hatten. Einen Teil hatten sie an ein altes Ehepaar vermietet, das brachte ein wenig Geld und meiner Mutter Unterstützung. Es war eines der üblichen Holzhäuser, die auf Stelzen standen, damit der Wind darunter durchpfeifen konnte, um Kühle zu erzeugen. Und es hatte einen kleinen Garten, den meine Mutter mit Obstbäumen und Gemüse bepflanzte, um die Familie im Notfall versorgen zu können. Hier schien die Welt heiler und außerdem war außerhalb der Stadt alles billiger.

Bevor mein Vater seinen erzwungenen Antritt bei der Armee machte, hatte er aus Sicherheitsgründen einen Fliegerunterstand im Garten gebaut, der alles beinhaltete, was meine Mutter bei einem Angriff benötigen würde. Gott sei Dank wurde er nie benutzt.

Am 7.12.1941 überfiel Japan Pearl Harbour und provozierte damit den Eintritt Amerikas in den Krieg. Einen Tag später erklärte Amerika Japan den Krieg. Australien und Japan waren nun also Kriegsgegner. Japan begann vorerst, Australien im Norden anzugreifen. Für die australische Bevölkerung war dies der erste Angriff überhaupt. Sie erlebten im Norden Terror, Bomben und das schreckliche Geräusch von Maschinengewehren, Feuer und Tod. Das Erschreckendste dabei war aber, dass sie im Grunde gar keine Abwehr hatten und demzufolge auch keine ausgebildeten Soldaten.

Im Norden Australiens brach eine Panik aus und die Leute flüchteten nach Süden. Aber wie sollte die Regierung ein Land verteidigen, das von endlosen Ufern

---

[1184] Brief Albert Ullin an die Verfasserin vom 1.2.2005

umschlossen war? Man konzentrierte sich auf die Gegend zwischen Brisbane und Melbourne und rechnete damit, dass der Rest dieses Riesenlandes dem Feind zufallen könnte. Um aber diese Stellung zwischen Brisbane, Sydney, Canberra, Albury und Melbourne zu sichern, benötige man große Flugfelder, von welchen aus die Japaner in Zusammenarbeit mit den Amerikanern angegriffen und abgewehrt werden konnten.

Im Mai 1942 wurde mein Vater interniert. Das Arbeitslager, das zum Bau der Flugfelder gedacht war und in das mein Vater eingewiesen wurde, lag in der Wüste und hieß Tocumwal in New South Wales. Obwohl er im Ersten Weltkrieg Offizier gewesen war, musste er als Gemeiner anfangen. Es war Winter und der angrenzende Fluss war überschwemmt. Trotzdem wurden die internierten Männer dort angesiedelt und bekamen je ein Zelt mit nur einer Decke. In der sogenannten Küche, wiederum ein Zelt, gab es zudem nur einen Wasserhahn. Das Camp war mit 240 Menschen aller Nationalitäten überfüllt, lieferte aber nur 170 Essensrationen aus. Es war grauenhaft, wie mein Vater in seinen Aufzeichnungen schrieb.

Tocumwal wurde gewählt, einerseits, weil es in einem flachen, offenen Terrain in guter Entfernung zur Küste lag und sofort mit Wasser und Strom, Straßen und Eisenbahnverbindungen dienen konnte. Außerdem war es in der Nähe des Melbourner Hauptquartiers. Der Platz schien ideal, hier eine Basis für die schweren amerikanischen Bomber zu errichten. Nun wurden die Bauern dieser Gegend evakuiert und ca. 2.700 Arbeiter fingen an, Start- und Landebahnen sowie Wohnhäuser und Straßen zu bauen.

In 16 Wochen war die Hauptarbeit getan und über 7.000 Amerikaner kamen nach Tocumwal. Ein Problem stellten die Eisenbahnschienen zwischen Viktoria und New South Wales dar. Die Amerikaner konnten nur noch ihre Köpfe schütteln, als sie sahen, dass einst zwischen diesen beiden Staaten verschieden breite Eisenbahnschienen verlegt worden waren. Hierfür wurden 400 internierte „feindliche Ausländer" unter die Kontrolle der Armee gestellt. Nun hieß es für die „feindlichen Ausländer", unter denen sich mein Vater befand, das Material in die Viktorianischen Züge umzuladen, damit der Nachschub an Waren gewährleistet werden könne.

Verhängnisvoll war, dass das Klima von extremer Hitze zu Kälte wechselte, dazu kamen Stürme und unbeschreibliche Staubwolken. Wüstensandstürme verhinderten manchmal die Sicht der Piloten, so dass es zu tödlichen Unfällen kam. Mein Vater bekam gleich in der ersten Woche seines Aufenthaltes eine so schwere Grippe, die er nicht ausheilen konnte und Zeit seines Lebens an den Folgen litt.

Manche Insassen hatten auf Grund ihrer besseren finanziellen Lage die Möglichkeit, den Feldwebel zu schmieren und lebten durch diese Vorteile menschlicher, aber für den mittellosen Jozsi betrug die Arbeitszeit zwölf bis vierzehn Stunden. Umso mehr bemühten sich seine australischen Freunde durch ihre Beziehungen, meinem Vater Erleichterungen zu verschaffen und ihn eventuell nach Melbourne versetzen zu lassen. Aber sie wurden von den jeweilgen Stellen nur vertröstet.

Täglich konnte Jozsi den Captain des Lagers, der im Zivilleben Schnaps und Whisky verkaufte, beobachten, wie er losfuhr, um seine Ware auszuliefern. Kaum war er weg, herrschte wildes Durcheinander im Gefangenenlager.

Mein Vater war der Meinung, dass, wenn schon Krieg geführt werden sollte *und noch dazu gegen eine wohlorganisierte Nation wie Deutschland*[1185], alles straffer organisiert werden müsse. Er ließ sich eine Woche Urlaub geben und ging in Melbourne sofort ins Hauptquartier, wo er einen Oberst kannte und ihm von den Vorkommnissen im Lager berichtete. Dieser glaubte dem Bericht nicht, ließ meinen Vater alles schriftlich niederlegen und warnte ihn, dass er meinen Vater einsperren werde, wenn etwas an den Anschuldigungen unzutreffend sei.

Bald darauf kam eine Inspektion in das Lager und der Captain wurde entlassen, da die Anschuldigungen meines Vaters nachzuvollziehen waren und bestätigt wurden. Der nachfolgende Captain ließ meinen Vater spüren, dass er ein Auge auf ihn hatte. Obwohl mein Vater hoffte, einen besseren Stand zu bekommen, blieb er Gefreiter. Sein Hintergedanke einer eventuellen Beförderung war, dass mehr Sold zur Verfügung stünde, was von größter Wichtigkeit zum Erhalt der kleinen Familie war. Erst Monate später wurde ein Brigadier, der zur Inspektion im Lager war, auf meinen Vater aufmerksam. Kurz darauf wurde er Corporal[1186] und einige Wochen darauf Sergeant[1187], der trotz seines Alters diszipliniert seine Arbeit tat.

Die Briefe meiner Tante Marie Blanche, die er verspätet ins Lager nachgeschickt bekam, erzählten davon, dass sie und ihr Mann von Rio nach Sao Paulo gezogen waren und erfolgreich ihr expandierendes Unternehmen führten. Aber auch Brasilien spürte die Folgen des Weltkrieges und sie schrieb: […] *to hell with the Nazis who made such a mess out of the world and our lives*[1188]. Ihre innere Erschütterung über Jozsis Verbleib im Lager, der geringe Lohn zum Erhalt seiner kleinen Familie, wie auch die Sorge um ihn, lassen sich aus ihren Zeilen erkennen.

Der australische Staat hatte inzwischen drei Millionen Pfund zur Errichtung der Basis ausgegeben, als am 8.5.1942, nach dem Kampf in der Coral Sea, Australien sicher schien und die Amerikaner von Tocumwal nach Norden abzogen, um eine neue Flugbasis in Queensland zu gründen[1189]. Im November 1942 wurde Tocumwal zu einem riesigen Flugzeugdepot und einer Übungsstätte für Flieger und Fallschirmspringer umfunktioniert. Heute ist Tocumwal ein Museum, ein Aerodrome, ohne die damaligen Flugzeuge, denn die hat man nach dem Krieg zerlegt,

---

1185 J.P. von Gans: Turbulente Jahre, S. 29.
1186 Unteroffizier.
1187 Feldwebel.
1188 Brief von Marie Blanche an Jozsi aus Sao Paulo vom 18. 5.1942.
1189 Bob Brown: Tocumwal Historic Aerodrome Museum.www.abc.net.au.

demontiert und wieder verwendet. Schließlich wurden Metall und Aluminium dringend zum Aufbau benötigt[1190].

Marie Blanche war trotz ihrer beruflichen Erfolge oft traurig, in einem Land zu sein, in dem sie keine Familie und Freunde hatte, denn wie sie schrieb, waren die meisten der ehemaligen engen Freunde in die USA oder nach England gegangen[1191]. Ihr Wunsch, zumindest finanziell unterstützend für ihren Bruder zu wirken, ließ sich auch nicht realisieren, da das Gesetz in Brasilien Überweisungen ins Ausland verbot.

Wieder halfen Jozsi einige Zeit später seine Sprachkenntnisse aus dem Dilemma. *Schließlich wurde ich zu einer australischen Truppe in Melbourne versetzt, was mir an die Nieren ging. Denn es war sinnlose Arbeit, während ich etwas Besseres hätte leisten können*[1192]. Er aber war froh, in der Nähe von Frau und Kind zu sein. Viel freie Zeit hatten meine Eltern am Strand nahe dem kleinen Häuschen verbracht und mein Vater hatte *schon im Frieden im Sinne, das Patent anzumelden und das eventuell dem Kriege hätte schaden und dem Frieden nutzen können*[1193]. Nun tat er es, denn er sah darin eine Chance, aus der Armee befreit zu werden.

Seine Erfindung baute darauf, dass einige der dortigen vielfarbigen Klippen auch Blau-Bauxit enthalten könnten, das eine gewisse Farbumkehr auf Metall bewirken kann. Dieses chemische Verhalten von Blau-Bauxit konnte für Flugzeuge im Krieg Verwendung finden. Ich nehme an, dass die Kenntnisse meines Vaters auf seine Ausbildung bei den I.G. Farben in Mannheim und Frankfurt und die verbreitete Bildung seiner Familie auf diesem Gebiet zurückzuführen waren. Jozsi ließ die Gesteinsproben untersuchen und die Resultate gaben ihm Recht.

Daraufhin meldete er seine Erfindung zum Patent an. Tatsächlich wurde sie vom Army Invention Board als *essential to the war effort* klassifiziert. *Mit dem Patent ging ich dann zur Industrie, bereit demjenigen die Sache zu geben, der mich aus der Army claimen würde. Die ersten Leute zu denen ich kam und die ich schon kannte, interessierten sich and they claimed me. So kam ich an dem unvergesslich schönen Tag, dem 5.5.44, aus der Army und zur Hardie Trading Limited*[1194], *die ausser der Trading Side, auch eine Paint, Enamel, Varnish und Lacquer Farbik haben und bei der ich meinen Platz als Technical Representative annahm*[1195].

Inzwischen war mein Bruder Randolph geboren worden, und Jozsi sah hoffnungsvoll in die Zukunft. Maria hatte sich zum Teil eingelebt, doch ihre sor-

---

[1190] Tocumwal Historic Aerodrome Museum, Dedication: This work is dedicated to those men and women who built, served, or trained at the Tocumwal Aerodrome. Ebd.
[1191] Brief von Marie Blanche an Jozsi aus Sao Paulo vom 9.9.1942.
[1192] J.P. von Gans: Turbulente Jahre, S. 30.
[1193] Brief von Jozsi an Marie Blanche vom 20.12.46, Adresse: 13, Scott Street, Bentleigh, Vic.
[1194] Der Schotte James Hardie war 1887 nach Melbourne gekommen. 1896 gründete er mit seinem Partner Scott Reid die Firma „James Hardie & Co.".
[1195] Brief von Jozsi an Marie Blanche aus Bentleigh vom 20.12.1946.

genvollen Gedanken gingen immer wieder in ihre Heimat und zu der in Wien zurückgebliebenen Familie, die mitten in den Kriegswirren lebte, die sich aber mit den vielen Care-Paketen, die meine Mutter laufend schickte, halbwegs ernähren konnte.

Nun ging es allmählich aufwärts! Im Oktober 1944 erhielt mein Vater seine australische Staatsbürgerschaft[1196]. Ob man ihn dazu bewogen hatte, kann ich nicht sagen. Aber ich stelle mir vor, dass er nach dem langen Kampf als Ausländer die Sicherheit, die ihm Australien bot, nutzen wollte. Dazu kam, dass seine beiden Söhne durch Geburt die Staatsbürgerschaft erhalten hatten. Eine weitere Überlegung, die er später oft erwähnte, war, dass er als Auslandsdeutscher den Nachfolgefirmen der I.G. Farben behilflich sein konnte, geschäftlich für sie im Ausland zu agieren. Und endlich kam die befreiende Nachricht vom Ende des Krieges, aber auch die traurige Nachricht für meine Mutter, dass ihr Bruder und ihr Neffe in Stalingrad als vermisst galten.

B.4.3. Beruflicher Aufstieg in Australien und Indien sowie der Kontakt zur I.G.-Farben in der Nachkriegszeit (1945–1954)

Mein Vater, der sich gerade voll in die neue Arbeit bei Hardie einarbeitete, freute sich über die Initiative seines Schwagers Otto von Leithner in Brasilien. Dieser nutzte das Ende des Krieges unverzüglich und flog für drei Monate nach Europa und in die Staaten, um frühere und neue Geschäftsfreunde zu treffen, wie meine Tante am 22.11.1945 an meinen Vater schrieb. Als mein Onkel zurück war, besprach Marie Blanche die Möglichkeit, meinen Vater und die Familie nach Brasilien zu holen, da Jozsi wunderbar in dem Unternehmen hätte mitarbeiten können.

Mein Onkel hingegen war der Meinung, dass Jozsi doch in Australien bleiben sollte und zwar aus folgenden Gründen: *Selbst ein naturalisierter Ausländer blieb hier immer ein Mensch dritter Klasse*, schrieb sie, *denn nur der in Brasilien geborene Mensch zählt*. Deshalb meinten beide, dass ihre Neffen, die ja Australier waren, auch in Australien aufwachsen und einmal dort arbeiten sollten. Sie nach Brasilien zu bringen, würde bedeuten, dass sie wieder als Ausländer in ein Land kämen, in dem der Trend gegen Einwanderer jeden Tag stärker wurde[1197]. Es ging bei Onkel

---

[1196] British Passport, Commenwealth of Australia, British Subject by Naturalization, Imperial Certificate No. A (1) 9488, given at Canberra on 20.10.44 (bei AvG). In den späteren Visa aus Indien, die ich im Paß meines Vaters gefunden habe, wurde immer darauf hingewiesen, dass ein Spezial-Visum für eine Einreise (single) nach Palästina für 30 Tage bestand (22.5.1947). Hatte er sich hiermit eine Möglichkeit offen gelassen, sich in Palästina umzuschauen, das jüdische Einwanderer verstärkt aufnahm? Oder gelangte dieses Besuchsvisum automatisch in jeden Pass eines Mitglieds einer jüdischen Familie, um die Immigration nach Palästina auszuweiten?

[1197] Brief von Marie Blanche an Jozsi aus Sao Paulo vom 22.11.1945.

und Tante nur um die Zukunft ihrer Neffen. Und das schien das Wichtigste. Im Gegenzug boten sie Jozsi eine geschäftliche Partnerschaft an, sollte er Ideen haben, die in ihr Konzept passen würden.

Ich stelle mir vor, dass die Entscheidung aus Brasilien meinem Vater eine Last abnahm, da er mit dem Gedanken wieder auszuwandern vorerst gezögert hatte. Er hätte wieder von vorne anfangen müssen, obwohl er bei seiner Schwester in ein aufsteigendes Unternehmen gekommen wäre. Nun hatte er endlich in Australien einen guten Job und das Leben schien geregelt.

Es sah so aus, als ob er sich nun selbst beweisen wollte, dass er nach den harten Kriegszeiten etwas in Australien aufbauen konnte. Und doch hatte das Schicksal ganz anderes mit ihm vor.

Trotz allem gingen seine Gedanken immer wieder in die alte Heimat zurück, wie ich seinen Briefen entnehmen kann. Er sehnte sich nach Europa, nach der Tradition, dem geistigen Austausch, dem Miteinander Gleichgesinnter. Er behielt die Idee bei I.G. Farben wieder einzusteigen in seinem Kopf, obwohl seine Schwester daran zweifelte, ob er dort je wieder aufgenommen werden würde. Wusste sie durch Vertrauensmänner um die Nachkriegsmachenschaften, um die großen Positionen in der Wirtschaft oder ahnte sie, wie es nach dem Zusammenbruch um das einstige Weltunternehmen stand?

Aus nachvollziehbaren Gründen riet seine Schwester ihm ab, sich wieder mit der I.G. Farben zu vereinen, denn sie fragte sich offensichtlich, wie die jetzigen, von den Amerikanern eingesetzten, „entnazifizierten" Direktoren einen ehemaligen Mitarbeiter aufnehmen würden, der aus politischen Gründen Deutschland hatte verlassen müssen? Dazu noch einen Nachkommen einer einstigen Gründerfamilie? Einen Halbjuden, der ihnen täglich die Schrecken des Krieges und der Vernichtung der Juden vor Augen führen würde. Ganz zu schweigen von denjenigen Direktoren, die nach ihrer Haftentlassung wieder Einfluss auf die Stammfirmen der I.G. Farben nehmen würden.

Denn bald saßen an den Stellen der vertriebenen jüdischen Mitarbeiter jene Männer, die dem Hitlerregime angehört hatten. Sie waren aus Aufbaugründen von den Alliierten notwendigerweise ab 1952 wieder in ihre alten Posten eingesetzt worden. Aus einem Brief aus dem Jahr 1947 an meine Mutter geht hervor, dass ein Bekannter meines Vaters, der zwei Jahre in der Allied Chemical Commission war, ihm diese Tatsache bereits schon damals bestätigte, *dass weder die Amerikaner noch die Engländer in der Lage sind, die I.G. zu übersehen und zu leiten und dass sie es wissen. Sie suchen folglich einen Weg aus, was stark politisch beeinflusst ist und sehr bald dazu führen wird, dass diese Industrie sich wieder aufwärts entwickelt, wenn auch langsam und mit Hindernissen. Was er über die allgemeine Zerstörung und die Lebensverhältnisse der Menschen zu sagen hatte, ist unbeschreiblich*[1198].

[1198] Brief von Jozsi an Maria aus Europa vom 10.5.1947.

Möglicherweise wussten die Amerikaner bereits im Jahr der Verurteilung der I.G. Farben-Verantwortlichen, die seit 1945 im Gefängnis saßen, dass sie diese Männer des früheren Naziregimes als Gegenpol gegen das immer stärker werdende Russland dringend für den Wiederaufbau Deutschlands benötigen würden.

Dem Beispiel seines Schwagers folgend, hatte mein Vater der Firma Hardie in Melbourne gleich nach Kriegsende angeboten, für sie nach Europa zu fliegen, um zu sehen, welche Geschäftsverbindungen einzuleiten wären. Er wollte herausfinden welche Rohmaterialien zu haben wären, die nach Ende des Krieges in Australien schwer zu bekommen waren und die er von der I.G. Farben, d.h. den jetzigen Nachfolgefirmen, zu bekommen hoffte.

Schließlich hatte er den brieflichen Kontakt zu den ehemaligen Kollegen und Direktoren in Frankfurt und Wien nie aufgegeben, hatte sie mit Care-Paketen versorgt und erhoffte sich nun einen guten Einstieg als Vertreter einer großen australischen Firma. Der australische Pass sollte ihm helfen, gesetzliche Regelungen in der Nachkriegszeit leicht für geschäftliche Zwecke ausbauen zu können[1199]. Aber Hardies konnte sich nicht entschließen.

So arbeitete sich Jozsi langsam in der neuen Firma empor, indem er sein Patent weiterentwickelte, um daraus verschiedene Produkte zu fabrizieren. Gleichzeitig wurde er zum Verkaufs-Manager einer Tochterfirma von Hardies[1200] und zum Mitglied des Technischen Komitees ernannt. Nebenbei bat man ihn, eine Chemische Firma zu reorganisieren und setzte ihn als Export-Manager ein. Er hatte alle Hände voll zu tun, war stolz und freute sich darüber.

Die Umstrukturierung des schlecht organisierten Unternehmens brachte schon bald einen dreifachen Umsatz. Etwa zwei Jahre später beauftragte Hardies ihn, in seiner Rolle als Export-Manager eine Reise in den Fernen Osten zu unternehmen, um wichtige Fragen zu klären. Unter anderem ging es *darum, die hiesige Fabrik zu erweitern, um dem Export nach dem fernen Osten und Indien gerecht zu werden, oder herauszufinden welche Alternativen es gibt*[1201].

Er nahm das Angebot an, das besagte, dass seine Stellung bei der Rückkehr auf ihn warten würde und er als Direktor mit einem höheren Gehalt rechnen könne. Das Schiff, das ihn im April 1946 nach Indien bringen sollte, um für die Firma die Frage der Expansion zu erörtern, lag in Melbourne im Hafen, als Maria und der älteste Sohn ihn begleiteten. Betrübt schaute der kleine Junge seinem Vater nach, als das Schiff ablegte. Er schien zu ahnen, dass er den Vater lange nicht sehen würde, und es wurde August bis Jozsi wieder in Melbourne anlegte.

[1199] Ebd.
[1200] R.N. Nason & Co Pty.Ltd, die mit der gleichnamigen Gesellschaft in San Francisco zusammenarbeitete.
[1201] J.P. von Gans: Turbulente Jahre, S. 31.

Die neuerliche Trennung von der Familie und eine immer wiederkehrende Rippenfellentzündung, die er sich einst in dem feuchten Lager in Tocumwal geholt hatte, machten ihm schwer zu schaffen. Dank Spritzen und ärztlicher Behandlung sowie seiner eisernen Disziplin konnte mein Vater sein großes Arbeitspensum mit längeren Aufenthalten in Colombo, Bombay, Madras und Dehli durchziehen. Während dieser langen Monate in Indien knüpfte er interessante Kontakte und lernte viel dazu. Er bekam eine gute und richtige Idee über die Politik, die Indien bezüglich Importen verfolgte.

Nach unzähligen Gesprächen, losen Verträgen und einem Verkauf von 5.000 Gallonen Holzschutz konnte er vor allem einen Vertragsentwurf für Hardies nach Australien mitbringen, der voll akzeptiert wurde. Und dieser Entwurf schlug vor, in Indien eine chemische Fabrik zusammen mit der Firma Addison & Co Ltd. zu gründen. Enttäuschend war allerdings die Tatsache, dass man nach seiner Rückkehr im August 1946 nicht mehr von dem Direktorposten sprach. Vielleicht war dies ein Trick, ihn zu bewegen, für längere Zeit nach Indien zu gehen, um dort die neue Firma zu leiten? Denn dort wurde ein verlockendes Gehalt gezahlt. Aber noch lag alles in der Luft.

Da Jozsi in Gesprächen mit den jeweiligen Direktoren in Indien und Java klar geworden war, dass eine Fabrikation in Indien unter Lizenz vorteilhafter wäre, als die australische Fabrik in Footscray, einem Vorort von Melbourne, zu erweitern, lenkte er die Aufmerksamkeit der Melbourner Direktion immer wieder auf diese Idee. Die Importpolitik der Länder Indien, Ceylon, Burma, Indochina, Malaya und Java war stark restriktiv. Zum einen aus rein finanziellen Gründen, zum anderen waren diese Länder auf Eigenproduktion und den Ausbau ihrer eigenen Industrien bedacht. Er sollte mit dieser Beurteilung Recht behalten.

Tatsächlich fragte die Firma ihn im Winter 1946, ob er sich vorstellen könne, den Aufbau einer neuen Fabrik in Madras im Zusammenhang mit der Firma Addison zu leiten. Die Fabrik sollte mit indischem Kapital und der technischen Leitung aus der australischen Firma aufgebaut werden. Das Übereinkommen, das die Firma meinem Vater im März 1947 bot, beinhaltete eine auf acht Monate beschränkte Aufbauphase in Madras[1202]. *Ich habe mich bereit erklärt, die Grundarbeit zu machen. Der Bau wird nun angefangen, die ganzen Rohstoffe müssen gekauft und aus Übersee bestellt werden und die Administration aufbereitet,* schrieb Jozsi meiner Mutter wie auch seiner Exfrau zur Erklärung[1203].

Wieder musste seine Frau Maria mit den zwei Söhnen und dem erwarteten Baby während dieses Zeitraums alleine in Melbourne zurückbleiben. Aber meine Mutter nahm das mit Demut und Geduld auf sich, da sie spürte, dass dieser Weg sie früher oder später in die geliebte Heimat zurückführen würde. Sie hatten sich diese Trennung mit aller Überlegung selbst auferlegt und, wie mein Vater schrieb, soviel Energie und

---

[1202] J.P. von Gans: Turbulente Jahre, S. 31.
[1203] Brief von Jozsi an seine Exfrau Melitta aus Indien vom 12.2.1947.

Opfer aufgebracht[1204]. Das kleine Häuschen in Sandringham hatten sie zwischenzeitlich in Hinsicht auf die größer werdende Familie mit einem anderen Haus in Bentleigh, auch einem Vorort von Melbourne, getauscht. Obwohl meinem Vater die Trennung von der Familie äußerst schwer fiel, war er der Überzeugung, es würde sich lohnen, denn *umsonst würde er seine geliebte Frau und die Buben nicht alleine lassen.* Und meine Mutter kämpfte sich mit Disziplin und ihrer Liebenswürdigkeit durch die schweren Zeiten. Die größte Sorge meines Vaters galt ihr, wie immer wieder durch die zahlreichen Briefe, die er schrieb, herauszulesen ist.

Jozsi arbeitete sich intensiv in die neue Stelle bei der Firma Addison ein. Dies war mit beschwerlichen Reisen innerhalb Indiens verbunden. Nebenbei versuchte er für andere australische Firmen auf Kommissionsbasis Geschäftsverbindungen aufzutun. Er stand unter gewaltigem Druck, der sich mit seiner gesundheitlichen Konstitution nicht vertrug. Wie schon erwähnt, hatte mein Vater gleich nach dem Krieg der Firma Hardie angeboten, für sie in Europa Kontakte zu knüpfen, doch damals reagierten sie nicht auf das Angebot und nun schien es zu spät, die *Rosinen zu finden und einen neuen Kuchen zu backen.*

Als ihm dann im Mai 1947 angeboten wurde, von Indien aus nach Europa zu fliegen, um seine Beziehungen zu den ehemaligen I.G. Farben-Werken hinsichtlich der einzuführenden Rohstoffe spielen zu lassen, sagte er dennoch zu. Sein Wunschdenken nach Europa zurückzukehren, es zumindest jetzt wieder zu betreten und in die alte Welt einzutauchen, trieb ihn weiter. Es bestand auch eine gute Chance für meinen Vater, der nun Australier geworden war, sein Sperrkonto aus der Nazizeit in Frankfurt durch einen Anwalt öffnen zu lassen.

Es wurde eine überaus anstrengende Tour daraus, denn während vier Wochen legte er 65.000 Meilen zurück, besuchte Geschäftspartner in 15 verschiedenen europäischen Städten und flog für 5 Tage nach New York. Hier traf er nach all den langen Jahren endlich seine Schwester Marie Blanche und sie fühlten sich so verbunden wie einst. Sie war eine äußerst tüchtige Geschäftsfrau geworden und ihre Handelsfirma stand inzwischen finanziell auf soliden Beinen. Meines Vaters Idee, seine beiden Töchter aus erster Ehe für einige Zeit nach Indien und Australien zu holen, begrüßte sie als absoluter Familienmensch.

Allerdings wusste sie auch, dass es die finanziellen Möglichkeiten meines Vaters übersteigen würde, eine Passage für die beiden Mädchen zu bezahlen. Wieder kam sie in ihrer so typischen Großzügigkeit für die Reise der beiden Töchter finanziell auf. Mein Vater hatte bis zu seinem Lebensende immer wieder das Gefühl, ihr nie genug für ihre Güte, Unterstützung und ihre Liebe zur Familie gedankt zu haben.

Nun brachte ihn diese anstrengende Reise endlich für einige Tage nach Wien, wo er nach langen Jahren seine Töchter traf. Vorher hatten sie sich schon brieflich damit auseinandergesetzt, gemeinsam nach Indien und Australien zu fliegen, und

---

[1204] Brief von Jozsi an Maria aus Indien vom 13.5.1947.

Jozsi nahm mit Einverständnis seiner geschiedenen Frau Melitta die beiden Töchter aus dieser Ehe, Bianca und Isabel, für eine Weile mit. Das war mit einem großen Aufwand verbunden, denn innerhalb von vier Tagen musste er die Formulare und Ausreisegenehmigungen bekommen, und er schaffte es.

Er hatte seine Kinder neun Jahre nicht gesehen und hoffte damit, den Kontakt zwischen den Mädchen und der neuen Familie herzustellen. Meine Mutter unterstütze sein Anliegen voll. Außerdem freute er sich, seinen Töchtern eine neue Welt zeigen zu können und sie von den traumatischen Kriegserlebnissen, der Hungersnot und der unsicheren politischen Situation Österreichs wegzubringen, das in jenen Nachkriegsjahren unter dem Einfluss Russlands stand. Die Briefe, die er meiner Mutter aus den europäischen Städten schrieb, lassen nachempfinden, wie glücklich er war, wieder in Europa zu sein. Er schwärmte von der kultivierten Lebensart. Er suchte bekannte Plätze auf, und seine Sehnsucht, in Europa zu leben, wurde wieder größer. Aber er war sich klar, dass die politischen wie auch wirtschaftlichen Verhältnisse es noch verboten, Indien oder Australien aufzugeben, um hier zu leben. *Und trotzdem ist es unsere Lebensart, unsere Mentalität und ich fühle mich hier so glücklich wie es weder in Australien noch in Indien der Fall ist [...] hier ist das Leben und nicht, was man bei uns doch lediglich als körperliches und geistiges Vegetieren bezeichnen kann*[1205]*. Der Aufenthalt in Europa war für mich die rechte Anregung, alles zu tun, um uns alle bald wieder im schönen Europa zu sehen und in diesem zivilisierten Teil der Welt unsere Kinder zu erziehen*[1206].

Um seine geschäftlichen Kontakte zu knüpfen, reiste mein Vater von Wien aus unter anderem auch nach Paris. Dort traf er seine Cousine Alix de Rothschild und deren Schwester Minka[1207]. Beide waren bemüht, ihm durch persönliche Verbindungen geschäftlich weiterzuhelfen. Aber es schien aussichtslos, *da der Ausfall der deutschen Produktion am Europäischen Markt so ernst ist, dass eben noch kein Ersatz gefunden worden ist*[1208]. Und wie er weiter schrieb, *sieht man, glaube ich, an maßgeblichen Stellen ein, dass man einen Fehler gemacht hat, nach dem Kriege Deutschland weiter zu zerstören.*

Die Frage, was wohl mit der I.G. wird und wie man sich die Zukunft vorstellt, wird einem ständig gestellt. Und ich habe mit meinen Antworten nicht zurückgehalten. Denn es gibt darüber keinen Zweifel, dass, wenn man Deutschland nicht wieder wachsen lässt, es das Ende Europas sein wird. Krieg ist auf allen Lippen, nur manche wollen nicht daran glauben. Und Andere wollen sich nicht klar machen, dass nur die Vereinigung aller Europäischen Länder – und das schließt natürlich ein industriell starkes Deutschland ein – den kleinen Rest, den die Russen im Westen Europas gelassen haben, retten kann.

[1205] Brief von Jozsi an Maria aus Paris vom 7.6.1947.
[1206] Brief von Jozsi an Maria aus London vom 29.5.1947.
[1207] Brief von Jozsi an Maria aus Paris vom 6.6.1947.
[1208] Brief von Jozsi an Maria aus Paris vom 11.6.1947.

Man macht sich im Allgemeinen nicht klar, dass die Russen nur 200 km von der Französischen Grenze entfernt stehen. Und da der Westen vom Meer eingeschlossen ist, gibt es kein Davonlaufen – nur ein Überrennen. Man sagt mir, dass die Dinge in Frankreich viel schlechter sind, als sie vor 2 Jahren und noch vor einem Jahr waren. Und man sagt mir auch, dass es während des Krieges wirtschaftlich und politisch stabiler und ruhiger war, als jetzt. Vom Hass merkt man wenig und jedenfalls viel weniger als nach dem letzten Kriege. Aber es gibt hier viele Kommunisten. Ich glaube nicht, dass das eine ernste Sache ist, denn ich bin nach wie vor der Meinung, dass ein Land, das Tradition hat, nicht kommunistisch wird. Höchstens vorübergehend, und das schadet nichts. Armes schönes Europa[1209].

Während der Rundreise durch Europa war ein weiteres wichtiges Treffen in Bern mit dem zukünftigen Leiter der „neuen" Cassella-Werke und einem angeheirateten Cousin, Richard von Szilvinyi[1210], angesetzt. Richard von Szilvinyi gehörte zwar indirekt zum I.G. Farben-Verband, die Cassella-Werke waren aber offenbar nicht in die Machenschaften der Nazis eingebunden gewesen. Szilvinyi trat in den Nürnberger Prozessen als Entlastungszeuge für seinen Schwiegervater Georg von Schnitzler und für Fritz ter Meer auf[1211].

Von ihm erhoffte sich mein Vater, viel über Frankfurt und die wirtschaftliche Lage zu erfahren. Sie verbrachten Stunden und Tage zusammen, und mein Vater hatte das Gefühl, eine Strategie mit Richard ausgearbeitet zu haben. Das sollte sich aber erst beim Besuch in Frankfurt herausstellen und möglicherweise verfestigen[1212].

Fraglich schien meinem Vater aber schon bei diesen Vorgesprächen, ob eine Rückkehr nach Deutschland jetzt möglich wäre. *Wenn sich alles bestätigt, was ich bisher gehört habe über Frankfurt und die Lebens- und Arbeitsbedingungen in den besetzten Gebieten, dann werde ich alle meine Pläne ins Wasser fallen lassen, denn dann ist es etwa 2 Jahre zu früh. Aber dass wir alle nach Europa gehen, ist, glaube ich, for the time being ganz out of question*[1213]. Aus diesem Grunde wollte er versuchen, zumindest die Vertretung eines oder mehrerer I.G. Nachfolgewerke für Indien oder Australien zu bekommen.

1945 war Cassella durch die Amerikanische Militärregierung beschlagnahmt worden. Die Farbstoffproduktion im Jahre 1945 betrug 92 Tonnen, verglichen mit 1932, dem Höhepunkt der Weltwirtschaftskrise, bei 3000 Tonnen und 1914 mit 19.000 Tonnen, als Cassella eine der größten Fabrikationsstätten organischer Farbstoffe war[1214].

[1209] Brief von Jozsi an Maria aus Paris vom 9.6.1947.
[1210] Prokurist im Farbenverkauf der I.G. Farben und nach dem Zweiten Weltkrieg 1952 Mitgründer und Aufsichtsratvorsitzender der „neuen" Cassella, des Unternehmens seines Schwiegervaters in erster Ehe, Carl von Weinberg. Aus J.U. Heine: Verstand & Schicksal, S. 134. Richard war in erster Ehe mit Wera von Weinberg verheiratet. Sie hatten einen gemeinsamen Sohn, der 1944 starb.
[1211] J. Borkin: Die unheilige Allianz, S. 133.
[1212] Brief von Jozsi an Maria aus Bern vom 27.6.1947.
[1213] Brief von Jozsi an Maria aus Bern vom 17.6.1947.
[1214] H.E. Rübesamen: Ein farbiges Jahrhundert, S. 154.

Schließlich hatte man in Bombay schon 1902 Verkaufsfilialen errichtet, und deshalb sah mein Vater offensichtlich darin eine Chance, für Cassella in Indien zu arbeiten.

Als mein Vater ein paar Tage später nach Frankfurt kam, fand er eine unglaublich zerstörte Stadt vor. Aus dem alten Bekannten- und Freundeskreis hörte er Schauergeschichten über verschiedene Menschen, die die Hungersnot in den Tod getrieben hatte. Zur selben Zeit seines Aufenthalts im Juni 1947 fand in Nürnberg der Prozess gegen die I.G. Farben-Direktoren statt. Nach Monaten der Beweissicherung, Überprüfung der Zeugen und Sammlung von Dokumenten hatte nämlich die Anklagevertretung am 3.5.1947 im Namen der Vereinigten Staaten die Klage eingereicht. Auf der Liste der Angeklagten standen vierundzwanzig leitende Angestellte der I.G. Farben, unter anderem das Mitglied des Direktoriums Georg von Schnitzler[1215] sowie der prominente I.G. Mitarbeiter und gute Freund meines Vaters, Hans Kugler[1216].

In einem Brief aus London an meine Mutter vom 25.6.1947 beschreibt mein Vater, *dass Dr. Kugler[1217] wieder als Angeklagter nach Nürnberg gekommen ist und (er) sitzt schon wieder 2 Monate dort. Auch Frau Dr. v. Schnitzler und ihre Tochter habe ich besucht und dort viele Abendstunden verbringen müssen, da sie große Hoffnung drauf setzen, dass ich ihm in Nürnberg helfen und eventuell dort aussagen kann. Einige der Verteidiger waren auch gerade aus Nürnberg da. Ich kam einen Abend um 3 Uhr und den nächsten Abend um 1 Uhr ins Hotel zurück, todmüde und ausgequetscht, nur um am nächsten Morgen um 8 Uhr wieder in einer der Fabriken zu sein.*

Wie muss es meinem Vater in dieser Situation ergangen sein? Ihm muss plötzlich klar geworden sein, dass seine besten Freunde aus seiner Frankfurter Vorkriegszeit direkt oder auch indirekt an den verheerenden Auswirkungen des Naziregimes mitgearbeitet hatten! Der Familienfreund Georg von Schnitzler, der SA-Hauptsturmbandführer und ab 1942 Wehrwirtschaftsführer Hitlers[1218] beispielsweise hatte direkt Kontakt zu Hermann Göring aufgenommen, als dieser 1939 gerade eine Organisation aufbaute, die entsprechend den Maßgaben des Vier-Jahresplans Hitlers die Konfiszierung und Umverteilung polnischen Besitzes vornahm und ihn in diesem Plan bestärkte. Außerdem hatten die Vereinigten Staaten Georg von Schnitzler als Hauptangeklagten von der I.G. Farben im April 1946 ausgewählt[1219].

[1215] J.U. Heine: Verstand & Schicksal, S. 133ff.: Georg von Schnitzler wurde 1948 durch das amerikanische Militärtribunal in Nürnberg nach Anklagepunkt „Plünderung und Raub" für schuldig, in allen anderen Punkten für nicht schuldig befunden und zu vier Jahren Gefängnis verurteilt. Bei der Vernehmung wurde er erheblich unter Druck gesetzt und zu belastenden Aussagen gezwungen. 1949 Entlassung. 1950 zum katholischen Glauben konvertiert wie bereits 1945 seine Ehefrau. Präsident der Deutsch-Ibero-Amerikanischen Gesellschaft.
[1216] J. Borkin: Die unheilige Allianz, S. 126f.
[1217] Dr. Hans Kugler wurde zu 18 Monaten wegen „Plünderung" verurteilt, siehe J.U. Heine: Verstand & Schicksal, S. 293.
[1218] J.U. Heine: Verstand & Schicksal, S. 135.
[1219] J. Borkin: Die unheilige Allianz, S. 94 und 126.

Als später Georg von Schnitzler nach seiner Gefängniszeit in Frankfurt ab 1945 nach Landsberg am Lech eingewiesen wurde, schrieb er am dritten Tag seiner Inhaftierung am 18.8.1948 einen Brief an seine Frau, die ihn als Kopie auch an meinen Vater sandte, um ihn wissen zu lassen, wie es dem alten Familienfreund aus Vorkriegstagen erging.

Darin schrieb Schnitzler: *Der (amerikanische) Captain selbst überwachte Haarschnitt, völligen Kahlschlag, Wegnahme Schnurrbart, Bart, Untersuchung, neue Einkleidung, alle persönlichen Effekten außer Papieren, kleiner Rest Lebensmittel weggenommen, langes Stehen splitternackt im Durchzug, dann Verbringung in eiskaltes Kellergeschoß. Zu dreien: Ter Meer[1220], Dürrfeld[1221] und ich, konnten aber Skat spielen, bis Dunkelheit einfiel, kein künstliches Licht. Nach 24 Stunden allerhand neue Manipulationen, Verbringung in Zellen zu Zweien, klein aber ordentlich. Netter Stubenkamerad, den ich schon von Nürnberg her kannte. Alle Deutschen außerordentlich hilfreich. Abends von 6 – 8 Flanieren in sehr hübschem Park der moderne Anlage rings umgibt. Eigenartig freilich, zwischen Galgen und Schiessplatz zu lustwandeln. Ersterer im letzten Jahr 72-mal in Funktion gewesen, augenblicklich Stopp, aber noch rund 150 Kandidaten im Haus. Man sieht sie zu bestimmten Zeiten in roten Jacken in zwei Sonderhöfen spazieren gehen.* In der englischen Ursprungsfassung des Briefes heißt es weiter: *moral and spirit high among the convicts of our kind. Personally, I am suffering from the near presents of those sentenced to death. [...] work: partly repair, mending of trousers and underwear*[1222].

Es mag sein, dass der „anrührende" Brief Schnitzlers meinen Vater bewogen hat, dem Nürnberger Tribunal ein positives Statement über seinen Freund zur Verfügung zu stellen, obwohl gerade unserer Familie soviel Leid unter den Nazis angetan worden war. Möglicherweise waren die Heimatliebe und das Rückkehrverlangen meines Vaters so groß, dass er sich durch Loyalität zu seinen alten Freunden die Möglichkeit offen halten wollte, Hilfe bei seiner Rückkehr zu erbitten. Diese wurde ihm aber nicht gewährt, wie ich später schildern werde.

Andererseits fand ich in den Unterlagen meines Vaters eine Verteidigungsschrift, die ihm wahrscheinlich von einem der Anwälte, die er im Hause Schnitzler kennen gelernt hatte, vorgelegt worden war. In dieser Schrift wird darauf abgehoben, dass

---

[1220] Fritz Ter Meer wurde nach den Anklagepunkten „Raub und Plünderung" und „Versklavung" für schuldig befunden und zu sieben Jahren Gefängnis verurteilt, 1952 Entlassung, 1955 Aufsichtsratmitglied, 1956–1964 Vorsitzender der „neuen Farbenfabriken Bayer", der Wagonfabrik Uerdingen und der Commerzbank, siehe J.U. Heine, Verstand & Schicksal, S. 108ff. Siehe auch J. Borkin: Die unheilige Allianz, S. 221f.

[1221] W. Dürrfeld wurde zu acht Jahren Gefängnis wegen „Versklavung" verurteilt, siehe J.U. Heine: Verstand & Schicksal, S. 293. Seine Verwicklung in die Zwangsarbeit im Lager Auschwitz schildert J. Borkin: Die unheilige Allianz, S. 110ff. sowie S. 215: „Der Angeklagte Dürrfeld führte in seiner Eigenschaft als Chefingenieur und späterhin als Bauleiter in Auschwitz die allgemeine Oberaufsicht über die Arbeit".

[1222] Brief bei AvG. – Siehe auch R. Heuberger/H. Krohn: Hinaus aus dem Ghetto ..., S. 147: „Kein Wort über Schuld und Verantwortung, kein Nachdenken in den Erinnerungen von 1962".

zum großen Teil auch die Industriellen nur die Befehle des Hitlerregimes ausführten und dass sie sich bei Befehlsverweigerung selbst in Todesgefahr gebracht hätten. Die Schrift sollte sicherlich meinen Vater noch mehr überzeugen, im Nürnberger Prozess auszusagen! Im Nachhinein spüre ich einen tiefen Schmerz darüber, wie man die Lebenssituation meines gutmütigen und immer hilfsbereiten Vaters noch für die eigenen Ziele und Zwecke benutzte.

Der Schuldspruch des Nürnberger Tribunals, der schließlich über Schnitzler und Gleichgesinnten gefällt wurde, berücksichtigte aber gerechterweise die Eigeninitiative dieser I.G. Industriellen, wie sie auch Georg von Schnitzler in Polen nachgewiesen wurde.

Während er in den wenigen Tagen, die mein Vater in Frankfurt verbringen konnte, Freunde und Verwandte traf, wartete er ungeduldig auf ein Wort der „neuen" Cassella bezüglich der Zukunftsperspektiven. Aber es kam nichts. Die Amerikaner hatten bis 1952 einen Treuhänder in das Unternehmen eingesetzt, und Szilvinyi, der später in den Genuss seiner „Erbschaft" bei Cassella kam, vertröstete meinen Vater und konnte möglicherweise ohne die Zustimmung der Amerikaner nichts entscheiden. Aber hatte er sich darum bemüht?

Als Jozsi das Flugzeug nach London bestieg, der letzten und wichtigsten Station auf der Geschäftsreise, traf er seine beiden Töchter, die gerade aus Wien kamen. Es war für die Kinder eine Riesenüberraschung, ihn im selben Flugzeug zu treffen und für meinen Vater eine übergroße Freude, mit ihnen endlich zusammen zu sein und sie in das neue Leben einzuführen. Nach einigen Tagen in London flogen sie gemeinsam nach Madras.

Hier traf er seine zweite Schwester Margot[1223], mit der er endlich in Kontakt gekommen war. Seit über 15 Jahren hatten sie sich nicht gesehen, und der Briefkontakt war während dieser Zeit fast zusammengebrochen. Sie war auf ihrer Hochzeitsreise mit ihrem fünften Ehemann, Harald Rydon[1224], und nutzte diese dazu, endlich ihren Bruder wiederzusehen und ihre Nichten kennen zu lernen. Nun hatten sie Zeit füreinander und Margot erzählte ihrem Bruder ihre abenteuerliche Lebensgeschichte der letzten Jahrzehnte, die auch uns Kinder immer wieder fasziniert hat und dem Leser nicht vorenthalten werden soll.

Margot, die in den Wirren des Ersten Weltkrieges am 3.1.1917 in Bern mit 18 Jahren mit Werner Freiherr von Bischoffshausen verheiratet wurde und von ihm am 5.6.1919 einen Sohn namens Henning[1225] bekam, hatte sich am 7.2.1921 scheiden lassen, da es keine Gemeinsamkeiten gab, die ein glückliches Leben garantieren würden. Sie hatte sich noch in ihrer Grainauer Zeit, während der sie – wie mein Vater – mit ihrem Ehemann

---

[1223] „Hatari", ein Film mit Hardy Krüger, spielt teils im Hotel „Safari House" in Arusha, das meine Tante mit aufgebaut hatte.
[1224] Meine Tante Margot hatte Harald Rydon in Tanganyika (Tansania) geheiratet.
[1225] Henning von Bischoffshausen starb am 23.4.1942 als Soldat.

auf dem herrlichen Familienbesitz Rosensee lebte, in einen Graf Spreti verliebt und wollte diesen heiraten. Dazu sollte die erste unglücklich geführte Ehe annulliert werden.

Meine Tante Margot reiste daraufhin nach Rom. Während ihres dortigen Aufenthaltes lernte sie den Leibarzt des Papstes, Prof. Cerubini, kennen, der ihr den Hof machte. Offensichtlich gefiel ihr das Leben in der südlichen Großstadt außerordentlich, und es kam zu einer engeren Verbindung zwischen den beiden. Vermutlich sorgte der Leibarzt dafür, dass der Wunsch des Stiefvaters meiner Tante, Graf Pappenheim, den päpstlichen Segen durch Nuntius von Pacelli zu ihren Eltern nach Schloss Malgersdorf in Niederbayern zu bringen, im Jahre 1921 in Erfüllung ging[1226].

Da meine inzwischen wieder ledige Tante sich in Rom eingelebt hatte, beschloss sie, ihre Villa Rosensee in Grainau zu verkaufen, um dafür nach Rom zu ziehen und gleichzeitig ein Weingut in der Nähe zu erstehen. Eine Ehe mit dem Arzt schien nicht ausgeschlossen. Aber es sollte anders kommen.

Sie führte in Rom ein offenes Haus, und viele der deutschen Freunde kamen zu Besuch. Darunter auch Adolkar Graf von Einsiedel (1889–1963)[1227], der sich spontan in sie verliebte und sie nach der gemeinsamen Rückkehr nach Bayern am 1.10.1921 in Untergrainau heiratete. Sie bekamen am 26.7.1922 eine Tochter, die den Namen ihrer Mutter, nämlich Ellinka, erhielt.

Als Graf von Einsiedel seiner Frau zu einem der Hochzeitstage einen Bugatti schenken wollte, musste dieser von Berlin nach München gebracht werden und der Familienfreund und berühmte Jagdflieger Ernst Udet übernahm den Transport. Obwohl Ernst auch ein guter Freund meines

Nuntius von Pacelli mit Graf und Gräfin von Pappenheim in Malgersdorf (Archiv AvG)

Vaters war und dessen Schwester Margot schon von den Grainauer Zeiten her kannte, verliebte sie sich erst jetzt in diesen abenteuerlichen Mann und ließ sich am 4.2.1925 in München von Graf von Einsiedel scheiden.

Ernst Udet, der durch seine fliegerischen Unternehmungen ein bekannter Mann mit guten Verdiensten war, lebte mit Margot und ihren beiden Kindern bis

[1226] Unterlagen dazu bei AvG.
[1227] Aus H. Fischer: Elefanten, Löwen und Pygmäen, München 1956, S. 67. H. Fischer war mit Adolkar Graf von Einsiedel befreundet, sie lebten beide in Davos, wo er 1963 starb.

Anfang 1927 im Hotel „Vier Jahreszeiten" in München. Sie machten spektakuläre Flüge zusammen, und genossen das moderne Leben der Zwanzigerjahre in vollen Zügen[1228]. Als meine Tante aber einsehen musste, dass Ernst Udet sein Heiratsversprechen[1229] nicht halten wollte, verließ sie ihn. Aus der Familienkorrespondenz geht hervor, dass auch meine Tante Margot wegen der Inflation und des Verlustes des großen Familienvermögens in finanzielle Schwierigkeiten geraten war.

Die beiden Interessensgebiete, die ihren Vater Paul Gans-Fabrice bekannt werden ließen, nämlich die Fliegerei und der Automobilsport, wurden nun von ihr als berufliche Grundlage herangezogen. Noch einmal trat ein unternehmenslustiger Mann in ihr Leben. Diesmal handelte es sich um den Schweizer Rennfahrer Huldreich Heusser, mit dem sie gemeinsam Rennen fuhr. Es wurde eine tiefe Beziehung daraus, die mit dem tödlichen Unfall ihres Lebensgefährten bei einem Autorennen jäh endete.

Die inzwischen eingetretenen schweren Inflationszeiten veranlassten meine Tante, 1928 nach Österreich und Italien zu gehen, wo sie offensichtlich im Auftrag der Steyr-Werke und der Automobilfirma Bugatti Rennen fuhr[1230]. Ihre Beteiligung an einem Sport, der ja eigentlich in der damaligen Zeit den Männern überlassen war, erregte großes Aufsehen, muss aber doch für meine Tante zu anstrengend gewesen sein. 1929 ging sie nach England und heiratete dort Lord Carno. Sie sollte

Ernst Udet, Margot und Jozsi von Gans (Archiv AvG)

[1228] Siehe Kapitel Paul von Gans.
[1229] Siehe Kapitel Jozsi von Gans. Sowie Brief Margot an Jozsi (bei AvG).
[1230] Ebd.

nie wieder deutschen Boden betreten. Mit Lord Carno zog sie nach Südafrika, wo er eine optische Fabrik besaß. Das unternehmerische und fahrerische Talent der Familie Gans scheint sie auch dort erfasst zu haben, denn Margot ließ es sich nicht nehmen, mit dem Auto und einigen Eingeborenen durch Afrika zu fahren, um die eigenen Brillen zu verkaufen.

Als der Lord verstorben war, lernte sie Anfang 1930 den älteren Iren Mac Hugh kennen und vermählte sich mit ihm. Sie wohnten am Lake Rukwa[1231]. Er besaß Goldminen und sie lebten in besten Verhältnissen in Kenia. Während des Krieges bildete meine Tante, die – wie beschrieben – aus ihren deutschen Zeiten den Flugschein besaß, englische Soldaten zu Piloten aus und lehrte sie das Fallschirmspringen. Aber auch in dieser Ehe meinte es das Schicksal nicht gut mit ihr, und meine Tante wurde schon bald Witwe, da Mac Hugh einem Herzanfall erlag.

Aber noch einmal sollte sie einem Lebenspartner begegnen. In Nairobi traf sie 1944 den 1890 in London geborenen Colonel Harald Rydon, der ebenfalls bei der Luftwaffe war. Um 1947 heirateten sie in Arusha, wo er eine Kaffeeplantage und Rubinminen besaß. Auf der riesigen Plantage, sechzehn Kilometer von Arusha entfernt, an einem kleinen eiskalten See lag das Farmhaus. Zusammen bauten sie in Arusha das „Safari-House" auf, welches meine Tante, „die elegante, zierliche, sehr damenhafte Margot Rydon"[1232], leitete[1233] und das heute noch existiert.

Meine Patentante Margot machte die Bekanntschaft der Schriftstellerin Helen Fischer um 1953. Diese schrieb: „Ich lernte damals Margot Rydon kennen. Sie kam eben nach meiner Ankunft in Arusha die Hoteltreppe herunter. In einer Aufmachung, die sogar im Ritz in Paris Aufsehen erregt hätte. Dabei ist der Europäer in Afrika keineswegs sonderlich elegant. Jeder trägt, was ihm bequem ist[1234]." Nach dem Tod von Harald Rydon um 1962 blieb sie bis 1980 dort, um dann nach Dänemark zu ziehen, wo sie 1986 starb[1235].

Als mein Vater seine Schwester im Jahre 1947 in Indien nun so nahe bei sich hatte und deren Schicksal nachvollzog, wurde er nach dieser herzlichen Begegnung bei dem Gedanken, dass seine beiden Schwestern – wie auch er – in fernen Kontinenten lebten, wehmütig. Wie erfreulich wäre es gewesen, wenn sie zumindest alle zusammen in ein Land emigriert wären.

Gerade rechtzeitig zu meiner Geburt im August, erreichte mein Vater total erschöpft Melbourne. Um möglichst nahe bei meiner Mutter im Krankenhaus zu sein, zog er in ein Hotel, denn schließlich bot das kleine Häuschen nicht genug Platz für alle. Er hatte seine jüngere Tochter Isabel gebeten, mit nach Melbourne

[1231] H. Fischer, Elefanten, S. 67.
[1232] H. Fischer: Elefanten, S. 32.
[1233] Ebd., S. 92.
[1234] Ebd., S. 66.
[1235] Fernsehreportage „Bayerische Pioniere", BR 2006.

zu kommen, um während des Aufenthaltes meiner Mutter im Krankenhaus nach den Buben zu sehen. Bianca war in Indien geblieben, wo sie in eine Schule ging, um sich danach um eine Stelle zu bemühen.

Mein Vater hatte nur drei Wochen Urlaub, ehe er nach Indien zurückging, um die chemische Fabrik für Addison weiter aufzubauen[1236]. Während dieser Zeit besprachen meine Eltern die Idee, eventuell für einige Jahre in Indien zu leben und den australischen Haushalt aufzugeben.

Gegen Ende des Jahres 1947 sollte der auf acht Monate ausgelegte provisorische Vertrag ablaufen. Es war eine aufregende und bewegende Korrespondenz zwischen meinen Eltern, da mein Vater ernsthaft darüber nachdachte, ganz in Indien zu bleiben und den Vertrag für einige Jahre fest zu machen, ehe der Weg nach Europa geebnet schien. Allerdings machte ihm die Firma Kopfzerbrechen. Die Abrechnung seiner Reise nach Europa, bei der er für die Firma so viele Beziehungen aufgetan hatte, wurde ihm entgegen der einstigen Abmachung vorgelegt und nicht wie versprochen von der Firma getragen.

Als meine Mutter sich um die Schiffspassage nach Madras kümmern wollte, musste sie mit Entsetzen feststellen, dass nur eine im November 1947 noch frei war und sie buchte sie vorerst, um irgendetwas in Händen zu haben.

Maria mit ihren Söhnen Anthony und Randolph, (Archiv AvG)

[1236] J.P. von Gans: Turbulente Jahre, S. 32.

Mein Vater hatte in Madras allerdings das Gefühl, *dass sie einen Grund finden wollen, mich los zu werden. Warum ist mir unklar, denn ich habe ihnen den Laden hier schön in Schuss gebracht und komme mit allen gut aus* [...] *wenn es wirklich zum Krach kommen sollte, würden sie den Prozess glatt verlieren. Unterdessen hat sich herausgestellt, dass mein jetziger Vertrag es ausschließlich mir überlässt, ob ich bleiben und einen weiteren Vertrag machen will. Sie können mich gar nicht loswerden. Folglich habe ich ungeachtet ihres heutigen finanziellen Angriffs einen rührenden Brief geschrieben, in dem ich ihnen mitteilte, dass ich in Bezug auf meinen Vertrag beschlossen habe, hier zu bleiben, dass ich ein Haus gemietet habe, dass ich Möbel gekauft habe und dass ich Euch veranlasst habe, die Passage hierher zu nehmen, die schon vor Monaten gebucht wurde* [...]. *Alles im allem bedeutet das Ganze nur, dass der Kampf, der nun schon seit Juli unterirdisch weiterging, nun offen ausgefochten werden muss. Auch haben sie mir mitgeteilt, dass ich die Kinder von Europa mitgebracht habe und haben es so dargelegt, als ob ich deswegen überhaupt die Reise vorgeschlagen hätte. Da die Permits von September 46 datiert sind, kann ich sie überzeugen, dass sie sich irren. Die nächsten Tage werden eine Entscheidung bringen müssen*[1237].

Dieses schwierige Spiel kostete alle Beteiligten viele Nerven. Gleichzeitig zu den offenen Entscheidungen bekam mein Vater den Auftrag eines befreundeten Geschäftsmannes, der ihn bat, sofort nach Frankfurt und London zu kommen, um eine Cassella-Vertretung für ihn abzuschließen. *Aber ich kann ja nicht weg, so wie die Dinge liegen*[1238]. Mein Vater aber glaubte, *dass wir in ein paar Jahren wieder irgendwie bei oder mit der I.G. sein werden, hier oder irgendwo im Auslande, oder drüben*[1239].

Endlich kam das ersehnte Telegramm bei meiner Mutter an, das besagte, dass die Firma Addison einen neuen Vertrag mit seinen Bedingungen akzeptieren würde, aber noch nicht unterzeichnet hätte. Er schrieb meiner Mutter: *Es liegt mir jetzt sehr an 2 Jahren Indien, da ich große Möglichkeiten für mich sehe und auch die Chance, genug zu verdienen, um dann ziemlich frei zu sein. Anderenteils will ich mir alle australischen Türen offen lassen, solange es geht*[1240].

Schließlich hatte die Firma Hardie in Melbourne ihm freigestellt zurückzukommen, sobald der Indienvertrag erfüllt war. Fairerweise besprach er seine Idee mit der indischen Firma, die Verständnis zeigte[1241], sich aber unendlich viel Zeit ließ, um einen festen Vertrag mit meinem Vater zu machen. Es kristallisierte sich langsam heraus, dass sie die Arbeitskraft und Verbindungen meines Vaters nutzen wollten, ehe die Verantwortlichen unterschrieben. Sie wollten, dass mein Vater erst mal *etwas fabriziere und dann würden sie, wenn sie die ersten Produkte gesehen haben, einen Vertrag besprechen*[1242].

[1237] Brief von Jozsi an Maria aus Madras vom 7.10.1947.
[1238] Ebd.
[1239] Brief von Jozsi an Maria aus Madras vom 22.10.1947.
[1240] Brief von Jozsi an Maria aus Madras vom 3.7.1947.
[1241] Brief von Jozsi an Maria aus Madras vom 9.5. 1947.
[1242] Brief von Jozsi an Maria aus Madras vom 19.9.1947.

Ich habe ihnen darauf gesagt, dass so was für mich nicht annehmbar sei und dass ich diese Antwort als ein Zeichen auffassen müsste, dass sie meine Fähigkeit und bisherige Organisation anzweifeln und dass es mir viel lieber wäre, wenn die Geschäftsleitung nein sagte, denn dann könnte ich wenigstens sofort daran gehen, ihnen zu helfen, einen Mann von Hardies zu bekommen, der mich vertreten kann und der unbedingt sofort beschafft werden muss, wenn sie nicht kräftig Geld mit diesem neuen Unternehmen verlieren wollen. Außerdem sagte ich ihnen, dass ich nicht nach einem Job suche, da ich nicht nur jederzeit zu Hardies zurück kann, sondern auch genügend andere Angebote habe, falls ich nicht meinen eigenen Laden aufmachen will[1243].

Mein Vater wurde doppelt vorsichtig. Man versprach ihm, bei der Rückkehr des sich im Moment auswärts befindlichen Generaldirektors Mitte November den neuen Vertrag unterschrieben vorzulegen. Die Gründe für meinen Vater, vorerst Indien Australien vorzuziehen, schienen trotz der Ungereimtheiten mit der sich zurückhaltenden Firma plausibel. Die indische Firma[1244] würde ihm ein doppelt so hohes Gehalt bieten, das letztendlich Hardies nichts kosten würde. Die Lebenskosten beliefen sich auf die Hälfte der Kosten, die sie in Melbourne hatten ohne die Vorteile eines besseren Lebens.

Eines seiner Hauptargumente aber war, dass dieses Leben meiner Mutter weniger Arbeit bringen würde. Hier waren Dienstboten geläufig, in den heißen Monaten fuhren die Kinder mit der Mutter in die Berge. Unbehaglich war meinem Vater vorerst, seine Familie wegen der klimatischen Verhältnisse in die Tropen zu bringen. Es sollte sich aber herausstellen, dass das Leben und die besseren finanziellen Einkünfte eine große Erleichterung für meine Mutter waren. Maria wusste, dass ihr Mann in Australien nie so recht Fuß gefasst hatte und sah durch den neuen Arbeitsvorschlag einen Weg nach Europa zurückzukommen, sei es auch auf dem Umweg über Indien.

Wie schon erwähnt, war der im Hintergrund schwelende Wunsch jener, dass die I.G.-Nachfolgefirmen ihn zurück nach Deutschland oder Wien rufen würden, *um endlich wieder in europäischen Verhältnissen zu leben. Damit meine ich, dass man ja nicht unbedingt hier in Europa leben muss, aber doch wenigstens für die Leute hier arbeiten. Und dann ab und zu hierher fahren, was ja heutzutage keine große Sache ist – zumal wenn es die Firma zahlt*[1245]. Auch dies war eine Selbstverständlichkeit europäischer Firmen in den Tropen, ihre Mitarbeiter samt Angehörigen auf Jahresurlaub nach Hause zu schicken.

Tatsächlich wurde mein Vater mit Briefen aus Amerika und Europa wegen seiner verschiedenen I.G.-Vorschläge, die er bei seinem Besuch in Frankfurt mit Szilvinyi ausgearbeitet hatte, bombardiert. Umso mehr saß er in der Zwickmühle mit der Entscheidung sich bei Addison festzulegen, da er ein ungutes Gefühl über deren Integrität hatte, denn sie zögerten alle Versprechungen hinaus und waren unentschlossen.

[1243] Ebd.
[1244] Addison & Co Ltd.
[1245] Brief von Jozsi an Maria aus Paris vom 10.6.1947.

Mein Vater konnte Addison nicht sofort fallen lassen, obwohl er verzweifelt über deren Verhalten war. Hätte er dies getan, hätte man erklärt, *dass Hardie, deren Vertreter er war, sie im Stich gelassen hätte und die Schuld auf mich geladen*[1246]. In dieser unsicheren Entscheidungsphase kam erschwerend hinzu, dass die Firma Cassella in Frankfurt von der amerikanischen Militärmacht abhängig geworden war. Nur sie konnte erlauben, wer Geschäftspartner wurde und daher konnte Cassella auch keine klare Antwort zu Jozsis Anfragen geben[1247].

Trotz der im Prinzip unguten Lage war der Entschluss vorerst nach Indien zu gehen diesmal gemeinsam von meinen Eltern gefasst worden, entgegen den unfreiwilligen Trennungen, die das Schicksal ihnen zugefügt hatte. Es schien auch im Moment keine andere Lösung zu geben, die einzigen Schiffsbilletten waren gebucht, das Haus sollte aufgelöst werden, während das indische Haus langsam eingerichtet wurde. Teils waren die Kisten gepackt, als endlich die erlösende Nachricht kam: Addison hatte unterschrieben!

Dank Isabels Mithilfe und organisatorischem Geschick wurde der kleine Haushalt in Australien endgültig aufgelöst. Im Dezember 1947 stiegen wir fünf auf das Schiff, und Maria hatte Zeit, den Neuanfang in Indien zu überdenken, ehe wir mit großen Verzögerungen durch Streiks in den jeweiligen Häfen erst im Januar 1948 in Madras ankamen.

Jozsi hatte mittlerweile mit der Hilfe seiner künstlerisch begabten Tochter Bianca das Haus fertig eingerichtet und Dienstboten gefunden, die wenig Gehalt verlangten. Aber der verbleibende Geldmangel war für alle keine leichte Sache, erst recht nicht für die beiden Töchter aus erster Ehe, die sich offensichtlich mehr erwartet hatten. Schließlich mussten nun sieben Menschen versorgt werden.

In Madras hingegen stellte sich die neue Tochterfirma von Hardies tatsächlich als Qual für meinen Vater heraus, da die Mitarbeiter es nicht verstanden effektiv zu arbeiten. Für das indische Personal war alles neu und sie wurden von der sparsamen Direktion angehalten wenig Geld auszugeben, kein Lager zu halten und keine anständigen Löhne zu zahlen. Obwohl die Arbeitsbedingungen miserabel waren und man von meinem Vater und seinem australischen Mitarbeiter verlangte an Stellen zu fabrizieren, die meilenweit auseinander lagen, wurde beispielsweise kein Wagen genehmigt. Die Firma schien sich nicht im Klaren zu sein, auf was sie sich eingelassen hatte, als sie die Fabrikation in Indien anfing[1248]. Ebenso wich die Direktion jedem Geschäftsrisiko aus. Mein Vater hatte trotz aller intensiven Bemühungen einen schweren Stand.

Die ihn in seinem Arbeitseifer hemmenden Anordnungen machten meinem Vater schwer zu schaffen. Er hatte seine ganze Hoffnung in diese Firma gesetzt, aber er musste wehmütig erkennen, dass die Entscheidung falsch war. Die Arbeits-

---

[1246] Brief von Jozsi an Maria aus Madras vom 30.9.1947.
[1247] Brief von Jozsi an Maria aus Madras vom 25.9.1947.
[1248] Brief von Jozsi an Maria aus Madras vom 1.12.1947.

moral unterschied sich zu sehr von der, die er aus Europa kannte, und es gelang ihm nicht, sie zu verändern.

Ein Jahr war vergangen, seit seine beiden Töchter zu seiner neuen Familie gestoßen waren. Bianca entschloss sich, nach Melbourne zu gehen, um hier einen australischen Pass zu beantragen oder auf die Naturalisationsurkunde ihres Vaters mit eingetragen zu werden, was letztendlich auch gelang. Wie ihre Schwester Isabel wurde sie Australierin. Überall wurde Bianca von den Freunden meiner Eltern in Melbourne aufgenommen und schon bald traf sie ihren zukünftigen Mann Dennis McCullough. Ihre Arbeit und ihr Interesse galten der Kunst[1249]. Sie kehrte nicht mehr nach Indien oder Wien zurück, sondern blieb in Melbourne, wo sie noch heute lebt. Isabel dagegen beschloss nach einem Jahr Aufenthalt in Indien, per Schiff nach Wien zurückzufahren. Auch sie heiratete, leitete über viele Jahre ein großes Unternehmen[1250] und lebt noch heute in Wien.

Im Jahre 1949 bekam mein Vater in Indien eine schwere Amöbenruhr, die einen mehrwöchigen Erholungsaufenthalt in den Bergen mit sich brachte. Diese Zeit nutze er intensiv, um über sein Leben nachzudenken. Er besann sich auf seine Vielseitigkeit. Ihm standen sein klares Denken und Erfahrungen zur Verfügung. Diesmal wollte er sein Schicksal nicht von anderen abhängig machen. Die quälenden Fragen, die er sich selbst immer wieder gestellt hatte, besonders nach den Misserfolgen, die er nur teilweise zu verantworten hatte, schob er von sich und versuchte, sich selbst positiv zu stabilisieren. Schließlich fühlte er sich noch jung und tüchtig genug, um aktiv etwas aufzubauen. Das war immer sein Bestreben gewesen und in der jetzigen Situation hatte er das neuerliche Gefühl, als ob ihm die Hände gebunden wären.

Er war sich klar, dass die vielen Belastungen der letzten Jahre seine Gesundheit angegriffen hatten und während der langen Phase seiner Erkrankung entschloss er sich, den auf weitere drei Jahre lautenden Vertrag mit Addison aufzulösen und sich selbstständig zu machen.

Trotz der in seinem Hinterkopf verbliebenen Warnung seiner Schwester, vorsichtig mit einer Kontaktaufnahme bei den Nachfolgefirmen der I.G.-Farben vorzugehen, ließ es sich mein Vater nicht nehmen, seine derzeitigen Verbindungen noch zu intensivieren. Es schien ihm wie eine Aufgabe, ein Muss, die alten familiären Fäden aufzunehmen, und er wandte sich von Indien aus wiederholt an ehemalige Ansprechpartner und angeheiratete Familienmitglieder. *Ich habe allerhand Hoffnungen, dass doch mit der Zeit aus der I.G. was werden wird*[1251]. *Mein größter Plan ist es, wenn ich nach Deutschland kommen kann, die Vertretung für Indien zu bekommen*

[1249] Bücher von Bianca McCullough: Australian Naive Painters, Melbourne 1977, und Each Man´s Wilderness, Adelaide 1980.
[1250] Joh. Weiss & Sohn, ein Privatunternehmen seit 1820.
[1251] Brief von Jozsi an Maria aus Madras vom 13.4.1947.

[…]. *Es sind neue Bestimmungen über den Handel in Deutschland herausgekommen und die lassen diese Möglichkeit jetzt schon zu*[1252].

Mein Vater meinte sicherlich damit, dass er als „british subject" hilfreich sein könnte. Durch einen befreundeten Geschäftsmann, einem Farbstoff-Importeur, der sich 1942 auf den Import japanischer Farbstoffe verlegt hatte, bekam mein Vater erneut das Angebot, eine Vertretung in Indien zu übernehmen. Nun da er frei war, konnte er sich vorstellen, für einige Zeit für diesen Mann zu arbeiten.

Herr Kabbur, ein Inder, hatte nach dem Krieg seine Firma zu einem großen Unternehmen aufgebaut. Sein Fehler war gewesen, während des Krieges mit Japan zu sympathisieren, worauf ihn die I.G. Farben „gebannt" hatte. Und nun hoffte er in der Zusammenarbeit mit einer der Nachfolgefirmen und dem gewandten Jozsi, der noch immer Beziehungen zu I.G. Farben hatte, einen besseren Zug zu machen, wobei mein Vater aber auch die Ansicht vertrat, dass er der I.G. oder deren Nachfolgewerken wertvoll sein könnte. Tatsächlich stieg die BASF nach 18 Monaten Vermittlungsarbeit meines Vaters in dieses Geschäft ein, zunächst mit einer großen Lieferung Indanthren Blau RSN im Werte von 600.000 Rupees. Das Eis war gebrochen. Die anderen Firmen zogen nach und belieferten die Firma des Inders Kabbur auch.

Anfang 1950 bat dieser meinen Vater, für ihn eine Agentur mit einem der Werke zu gründen. Wieder flog Jozsi nach Europa, diesmal in sein geliebtes Frankfurt und sprach mit der Firma Cassella. Die amerikanische Treuhänder-Direktion legte ihm Folgendes nahe: Falls die Aufträge in den nächsten zwölf Monaten in Ordnung wären, käme für ihn ein Vertretervertrag in Frage. Von diesem Erfolg und der Hoffnung auf einen Wiedereinstieg in die Arbeit der Vorkriegszeit beglückt, kehrte Jozsi zuversichtlich nach Indien zurück.

Die endgültige Rückkehr nach Europa lag nun doch erreichbar nahe, dachte er. Und zwar als erfolgreicher Mann, wie es ihm zu Anfang seiner beruflichen Laufbahn vorgegeben worden war. Aber er sollte sich irren. Der Inder hatte nun, was er wollte, nämlich einen Preisvorteil durch *overriding commission*. Durch diese von meinem Vater organisierte Geschäftsbeziehung war Jozsi für ihn jedoch nutzlos geworden[1253]. Als mein Vater merkte, dass er auf dem Abstellgleis landen sollte, konnte er noch ein Abkommen heraushandeln, welches ihm erlaubte, selbstständig eine kleine Firma[1254] in Madras zu eröffnen, welche mit Unterstützung des Inders gelungen wäre. Dieser aber hatte kein Verständnis und ließ meinen Vater auflaufen, indem er keine Ware schickte und keine finanzielle Unterstützung bot.

Nebenbei realisierte der Inder nicht, dass der Vertrag, den mein Vater für ihn mit Cassella geschlossen hatte, von der Anzahl der Aufträge abhing. Er nahm es nicht so ernst wie die im Aufbau befindliche Zulieferfirma im Nachkriegsdeutschland

---

[1252] Brief von Jozsi an Maria aus Madras vom 24.5.1947.
[1253] J.P. von Gans: Turbulente Jahre, S. 33.
[1254] Ebd., Radha Chemicolour, Madras.

und fing wieder an, mit den Japanern geschäftlich zu flirten. Cassella stornierte den Vorvertrag und löste die Geschäftsverbindung.

Jozsi hatte bei seinen Aufenthalten in Deutschland wieder festgestellt, dass er zu europäisch eingestellt war, um für immer in Übersee zu leben. Seine Heimatliebe war zu groß. Er wollte beim Wiederaufbau in Deutschland mitarbeiten und das, was seine Väter gegründet hatten, fortsetzen. Die Fäden zur Firma Cassella waren neu gesponnen worden, die Herren der 1952 eingesetzten Direktion schienen ihm par distance wohl gesonnen. Und: *ich lehnte mich langsam an die früheren I.G.-Werke und besonders an Cassella an*[1255].

1951 kam die Nachricht, dass Cassella nach Rücksprache mit einem ihrer früheren Direktoren, Dr. Boege, Managing Director der Capco Ltd., in Indien, Jozsi einen Eintritt in eine Chemische Firma bieten konnte. Die Firma war der Agent für einige der I.G. Farben-Werke, sowie für andere deutsche und englische Fabriken gewesen. Während des Krieges waren die geschäftlichen Beziehungen verloren gegangen und nun sollte der alte Status wiederhergestellt werden[1256].

Erfreut nahm mein Vater an und konnte es sich nun leisten, meine Mutter zu einem Europaurlaub in ihre Heimat nach Wien zu schicken. Hier muss meiner Mutter klar geworden sein, wie sehr sie an ihrer Familie und Europa hing. Seit ihrer Rückkehr nach Indien verließ sie diese Sehnsucht nicht mehr.

Im Jahre 1952 erfolgte die Neugründung der Cassella Farbwerke Mainkur AG und Richard von Szilvinyi, der Erbe des Weinberg-Vermögens und damit nächster „Angehöriger" der Cassella, wurde Aufsichtsratvorsitzender bis 1966[1257]. Richard von Szilvinyi war vor und während des Krieges Prokurist im Farbenverkauf der I.G. Farben gewesen[1258].

Am 1.1.1952 trat mein Vater als Direktor bei Capco in Madras ein, wurde dann aber im Juni nach Calcutta versetzt. Wir waren mit unserer Mutter während der Monsunzeit in den Bergen, als mein Vater meine Mutter nach Madras bat, um mit ihr den weiteren Lebensweg zu besprechen. Sie hatte zwischenzeitlich gesundheitliche Schwierigkeiten mit der Hitze in den Tropen bekommen. Allen schien es vernünftig zu sein, jetzt, wo die Verbindungen zur alten/neuen Cassella wieder hergestellt waren, die Chance zu nutzen und für immer nach Europa zurückzukehren und sich damit ihren größten Wunsch zu verwirklichen.

Einer der fest verankerten Gedanken meines Vaters war es, meine beiden Brüder in Europa erziehen zu lassen, um ihnen zu ermöglichen Deutsch zu lernen. Um das finanziell bestreiten zu können, hatte mein Vater vor, die vor dem Krieg eingefrorene I.G.-Pension, die in Deutschland auf einem Sperrkonto war, zu aktivieren.

[1255] Ebd.
[1256] Curriculum Vitae meines Vaters von 1955 in Frankfurt geschrieben.
[1257] H.E. Rübesamen: Ein farbiges Jahrhundert, S. 154.
[1258] J.U. Heine: Verstand & Schicksal, S. 134.

Nachdem die vielen Gespräche in Indien mit den zu Geschäftsbesuch gekommenen Cassella-Direktoren Köhler und Overhoff ihm eine Aussicht auf die Zukunft in Deutschland, seiner Heimat, versprochen hatten, entschieden meine Eltern sich dafür, dass meine Mutter mit uns schon vorausreisen sollte, um meine Brüder Anfang 1953 in Ettal/Bayern ins Internat zu bringen. Sie lösten das Haus in Madras auf, und am 20. Juli 1952 fuhren wir Kinder mit unserer Mutter per MS NEPTUNIA von Bombay über Genua nach Deutschland. Dann ging es weiter über München nach Garmisch.

Die einstigen Freunde aus der Grainauer Zeit litten selbst noch an den Nachkriegsfolgen und konnten meine Mutter nicht aufnehmen, so dass sie mit uns in einer kleinen Pension wohnte. Das alte Herrenhaus Schmölz, das mein Vater 1926 seiner damaligen Frau bei der Scheidung überlassen hatte, war angefüllt mit Flüchtlingen und ziemlich heruntergekommen. Bedauerlicherweise wurden meine Brüder in Ettal aufgrund ihrer schlechten Deutschkenntnisse nicht aufgenommen und gingen dann in Garmisch in die Schule.

Angela mit ihrer indischen Aaya (Kinderfrau) auf dem Schiff nach Europa (Archiv AvG)

Mein Vater versuchte noch von Indien aus, den Lebensweg meiner Brüder zu steuern und konnte sie schließlich in einem Internat in der „Steinmühle" bei Cappel an der Lahn, in der Nähe von Frankfurt unterbringen. Meine Mutter meldete sie an und flog dann nach Indien zurück, um sich dort um die restlichen Dinge zu kümmern.

Ich sollte in jener Zeit bei der Wiener Familie meiner Mutter untergebracht werden. Das nahm fast traumatische Ausmaße an, da ich plötzlich in einem fremden Land bei fremden Leuten, wenn auch bei meinen Verwandten war. Meine indische Kinderfrau, die mich seit meinem dritten Lebensmonat Tag und Nacht umsorgt hatte, war auch nicht mehr da. Obendrein sprach ich fast kein Deutsch. Nur die liebevolle Behandlung im Hause der Schwester meiner Mutter, Theresia, versöhnte mich. Tante Resi war mit Gottfried von Freiberg (1908-1962), einem berühmten Hornisten der Wiener Philharmoniker, verheiratet. Musik bestimmte ihr Leben und ihren Haushalt, wodurch meine ersten Eindrücke in Europa ein wenig geprägt wurden.

Gottfried von Freiberg wurde am 11.4.1908 in Wien als Sohn einer österreichischen Beamtenfamilie geboren. Sein Vater Gustav war K. u. K. Hofrat im Finanzministerium, sein Großvater K. u. K. Ministerial-Sekretär, und Gottfried war von Seiten der Großmutter, Anna Moche, jüdischer Abstammung[1259]. Gottfrieds Mutter entstammte der Musikerfamilie Stiegler. Onkel Gottfried war außerdem über die Stieglers mit Franz Schubert entfernt verwandt, da dessen Mutter Emma, ebenfalls eine geborene Stiegler, eine Enkelin von Rosalia Tietze geborene Schubert die Cousine von Franz Schubert war.

Schon in frühen Jahren wurde Gottfried von Freiberg von seinem Onkel Prof. Karl Stiegler, der damals der hervorragendste Wiener Waldhornist war, an der Staatsakademie für Musik und darstellende Kunst unterrichtet.

Nach seinem mit Auszeichnung bestandenen Studium wurde Onkel Gottfried für die Saison 1927/28 als Solohornist nach Karlsruhe an das Badische Landestheater und als Lehrer an das Konservatorium verpflichtet. Im Sommer 1928 spielte Gottfried von Freiberg im Bayreuther Festspielorchester. Im gleichen Jahr, als er zurück nach Wien kam, folgte er der Berufung des damaligen Wiener Operndirektors Franz Schalk und trat am 1.9.1928 in den Verband der Wiener Staatsoper und kurz darauf in den Verein der Wiener Philharmoniker ein. Nach dem plötzlichen Tode seines Lehrers und Onkels, Prof. Karl Stiegler, übernahm er 1932 die Professur an der Staatsakademie.

Um das nordamerikanische Musikleben kennen zu lernen, erbat Gottfried sich im Jahre 1936 einen Jahresurlaub von allen seinen beruflichen Verpflichtungen, um für diese Zeit als Solohornist im Boston Symphony Orchestra tätig sein zu können. Die Kriegsjahre verbrachte er als „unabkömmlicher" Musiker in Wien. Da in der Nazizeit der Kunst und Kultur großer Stellenwert beigemessen wurde, konnte er durch seine hervorragenden Leistungen unbehelligt seiner künstlerischen Tätigkeit nachgehen. Obwohl er jüdischen Ursprungs war, stand er offensichtlich während der Nazizeit aufgrund seines großen Könnens unter Goebbels' Schutz[1260].

Mit der Welturaufführung des zweiten Hornkonzerts von Richard Strauß am 11.8.1943 im Rahmen der Salzburger Festspiele mit dem Orchester der Wiener Philharmoniker unter der Leitung von Dr. Karl Böhm, hat der Name Gottfried von Freiberg Eingang in die Musikgeschichte gefunden. Richard Strauß hatte darauf bestanden, dass Gottfried den Solopart übernahm. Neben umfangreichen künstlerischen Aufgaben im Orchester und als Solist widmete sich Gottfried vielen damit zusammenhängenden Tätigkeiten. Im Jahre 1932 gründete er das „Freiberg-Hornquintett". Er war künstlerischer Leiter vom „Wiener Waldhornverein" und Mitbegründer der „Bläservereinigung der Wiener Philharmoniker". Als einer der wenigen politisch unbelasteten Persönlichkeiten wurde er von den Wiener Philharmonikern für die Spielsaison 1946/47 zu deren Vorstand gewählt und 1950 zum Vizepräsidenten der Gewerkschaft Kunst und freie Berufe. Doch das hektische Berufsleben mit den vielen Terminen, Aufgaben und Pflichten stellte

---

[1259] Rudolf von Freiberg und Maria Anna geb. Moche.
[1260] Internet: www.pizka.de.

langsam eine permanente Überarbeitung dar. Dies forderte seinen Tribut und mein Onkel Gottfried starb nach bereits überstandenen Herzattacken am 2.2.1962 im 54. Lebensjahr an einem weiteren Herzinfarkt[1261].

Bis zur kurzen Rückkehr meiner Mutter nach Indien, lebte mein Vater teils in Bombay und Calcutta, um für die Firma Capco zu arbeiten. Er genoss das angenehme Arbeitsklima und hatte völlig freie Hand in seiner chemischen Abteilung. Die guten Erfolge, die er erzielte, wurden von der Direktion gelobt – allerdings war das Gehalt gering und er gehörte nicht der Firmenpensionskasse an. Dazu kam noch, dass diese indische Gesellschaft, die eng mit I.G. Nachfolgefirmen zusammenarbeitete, wie üblich, keine festen Verträge vergab und auch keinen Bonus oder Zulage zahlte.

Bei einem Gespräch in Indien mit Dr. Koehler, Direktor einer der Nachfolgefirmen der I.G., sprach mein Vater im Januar 1954 diese Misslage an. Er sagte offen, dass er gerne zu einem der Nachfolgewerke nach Deutschland zurückkommen würde und er zu diesem Zwecke auch Auslandsdeutscher geworden sei. Mein Vater erklärte allerdings, dass er Dr. Boege von der Capco nicht plötzlich im Stich lassen und ihm Zeit geben möchte, sich um Ersatz umzusehen, falls er das wünschte[1262]. Dr. Koehler ließ durchblicken, dass sich bei seinem Werk (BAYER) in Deutschland etwas finden werde, und ließ meinen Vater unter dem Eindruck zurück, dass er dabei etwas ganz Bestimmtes im Sinne habe. Sie verblieben so, dass er sich bei seinem 1954 fälligen Europaurlaub bei ihm in Frankfurt melden solle. Dieser wollte zwischenzeitlich mit dem führenden Direktor Dr. Overhoff sprechen, da sie *sich gegenseitig keine Leute wegnehmen*[1263]. Weiter war abgesprochen, dass er Dr. Boege in Indien von der Möglichkeit verständigen würde, dass mein Vater innerhalb eines Jahres zu einem der Werke in Deutschland gehen würde und keine neuen zweieinhalb Jahre Dienst bei Capco vorhabe. Nach langen freundschaftlichen Besprechungen, bei denen die einzelnen Punkte durchgegangen wurden, erklärte sich Dr. Boege einverstanden und lobte meines Vaters bisherige Arbeit ausdrücklich. Er stellte ihm frei, für wie lange er nach seinem Europaurlaub nach Indien zurückkommen wolle.

Als mein Vater am nächsten Tag die einzelnen Punkte schriftlich festlegte und sie Dr. Boege mit einem Brief zur Bestätigung vorlegte, erhielt er erst nach etlichen Mahnungen Antwort, die ihm bestätigte, dass die Firma das Schiffsbillet für den 30.6.1954 nach Europa zahle, und man versicherte ihm die Stelle freizuhalten bis er definitive Nachrichten aus Frankfurt habe. Am 11.6.1954 jedoch bekam mein Vater ein Schreiben von Dr. Boege, das besagte, dass es der Firma zu unsicher sei, wie lange mein Vater in Indien bleiben werde und wie hoch seine Gehaltsvorstellungen nach seiner Rückkehr aus Europa für die neue Dienstzeit sein würden. Sie stellten ihm trotz ihrer vorherigen Zusage frei eine neue Stelle zu finden.

[1261] Ich danke meiner Cousine, Brigitte von Freiberg, Wien, für ihre Informationen.
[1262] Notizen meines Vaters zu einem Gespräch mit Dr. H. Koehler und Dr. Boege (bei AvG).
[1263] Ebd.

Dies war nicht nur ein gewaltiger Schock, sondern auch eine herbe Enttäuschung für meinen Vater! Er hatte in dieser kurzen Zeitspanne schließlich keine Möglichkeit mehr, den bereits eingelagerten Haushalt einzuschiffen, um auf dem geplanten Schiff das gesamte Hab und Gut mitzunehmen. Abgesehen davon fand er dies Verhalten nach langjähriger Zusammenarbeit und seinem fairen Verhalten der Direktion gegenüber als überaus unkollegial. Er konnte sich nur vorstellen, dass Dr. Boege sich über ein mögliches Ausscheiden sehr geärgert hatte und dass dieser unter dem sicheren Eindruck stand, dass ein Eintritt bei einem der I.G.-Nachfolgewerke eine beschlossene Sache sei[1264].

Mein Vater trat nun mit äußerst gemischten Gefühlen seinen zugesagten Europaurlaub an. Das bedeutete zugleich das Ende seiner arbeitsreichen Zeit in Indien und der vorangegangenen harten Jahre in Australien. Er flog nach Frankfurt, nicht wissend, was ihm hier alles bevorstand.

B.5. Deutschland nach der Rückkehr (1954–1963)

Wie hätte er auch ahnen können, dass teilweise die Stellen bevorzugter Berufe nach dem Krieg nicht etwa geräumt oder gesäubert worden waren, dass jene Menschen, die am Inferno der Hitlerzeit mitgewirkt hatten, nicht immer zur Rechenschaft gezogen worden waren, dass im Gegenteil, eben jene Posten von jenen Menschen, nun mit „reiner Weste", wieder besetzt waren?

Meinen Vater hatte offensichtlich die Sehnsucht in seine Heimat zurückzukehren, ein wenig blauäugig gemacht, oder seine feine Gedankenwelt verfügte nicht über solches Gut, sich vorzustellen, dass Menschen, sogar seine eigenen Frankfurter Freunde von früher, die Greuel der letzten Jahre zu verdrängen versuchten und deshalb seine Nähe mieden. Vielleicht war es auch die oben erwähnte Angst der Menschen vor einer inneren Auseinandersetzung mit der Vergangenheit. Wie würden sie damit umgehen, einen Zeugen ihrer Untaten neben sich im Büro, vielleicht sogar als Vorgesetzen vor sich zu haben?

Ich kann mir gut vorstellen, dass die glanzvolle Vergangenheit der Unternehmersfamilie Gans und ihre Stellung beim Aufbau der weltumspannenden Firma Cassella für meinen Vater den Status eines „Übervaters" eingenommen hatten. Darüber hinaus hat sich mein Vater wohl nicht vorstellen können, dass ein einmal gegebenes Wort plötzlich seine Bedeutung verlieren könnte. „In einigen Jahren sind Sie wieder bei uns", hatte man ihm 1938 in Frankfurt versichert.

[1264] Notizen meines Vaters 1954 zu einem Gespräch mit Dr. H. Koehler und Dr. Boege (bei AvG).

Manchmal fiel meinem Vater die Warnung seiner Schwester Marie Blanche kurz nach dem Krieg ein, nicht nach Frankfurt und zur einstigen Firma zurückzukehren. Aber nun war er mit dem wenigen, was er besaß, hier. Was ich damit sagen will, ist, dass mein Vater in Frankfurt seinen Fuß nicht auf den Boden bekam. Die Versprechungen der Herren, die sich in der Nachkriegszeit in Indien so zahlreich eingefunden hatten, wurden gegenstandslos. Vielleicht waren diese einstigen Worte auch nur gefallen, um ihre eigenen Seelen zu entlasten?

In einer kleinen Pension in der Eppsteinerstraße im Frankfurter Westend saß nun mein Vater in einem Zimmerchen und schrieb in den kommenden Wochen Bittgesuche, Briefe und sandte Hilferufe an die einstigen Freunde. In unmittelbarer Nähe konnte er auf die Taunusanlage und das frühere Haus seines Großvaters Fritz von Gans sehen, wo später die zwei Türme einer Großbank entstehen sollten. Zurzeit war in dieses Haus American Express mit seiner deutschen Vertretung eingezogen. Er ging nicht in das Haus, denn es schmerzte ihn. Wie er einmal schrieb, blieb er in dem Zimmerchen, *denn ich bin menschenscheu geworden.*

Meine Mutter indes – es schien wirklich ein Weg des Schicksals zu sein, ihnen solche langen Trennungen aufzuerlegen – wohnte ebenfalls in einer Pension in Marburg in der Nähe meiner Brüder. Sie wollte auch dort in ihrer Nähe bleiben, falls sie ihre Mutter brauchten. Geld für eine Hin- und Herreise von und nach Frankfurt je nach Bedarf war keines vorhanden. Ich ging nach meiner Überbrückungszeit in Wien nun auch in Marburg in die Schule.

Die eingefrorene Pension der ehemaligen I.G. Farben auf dem Sperrkonto ließ sich auch nicht so leicht loseisen, wie es mein Vater erhofft hatte, als er einen Anwalt darauf ansetzte. Schließlich war mein Vater Auslandsdeutscher, er musste um eine Aufenthaltserlaubnis ansuchen, bekam kein Arbeitslosengeld und hatte auch keine Chance, eine Wohnung zu bekommen; denn er war ohne Arbeit bzw. ohne Vermögen im Hintergrund und konnte somit keine Sicherheiten leisten. Mein Vater war wohl in der absolut entwürdigendsten und deprimierendsten Phase seines Lebens angekommen und das in seiner alten Heimat, nach der er sich so gesehnt und von der er sich so viel erhofft hatte.

Er schrieb in seinen Aufzeichnungen für uns Kinder: [...] *nun habe ich Zeit, all das zu schreiben und über Vieles nachzudenken, was dieser schriftliche Rückblick an Erinnerungen und Gedanken zurückruft. Auch darüber, wie sich die Zukunft gestalten lassen wird. Gesundheitlich bin ich nicht gut dran. Anscheinend haben die letzten turbulenten Jahre mich doch angegriffen, und mein Herz tickt nicht wie es sollte.*

Das ist unwesentlich, solange ihr all das mitbekommt, was ihr braucht, um dem Leben fest gegenüber zu stehen: gerade, anständig, schlagfertig und getreulich. Wenn ihr das Zeug dazu habt, fleißig und zielbewusst zu sein und als anständige Menschen herauskommt, könnt ihr euer Leben erfolgreich leben.

So wie er selbst seine Vorstellungsgespräche bei allen möglichen Firmen in Frankfurt gestaltete und ohne sein Gesicht zu verlieren, Freunde und Verwandte von früher aufsuchte, beschrieb er uns seine Lebensauffassung. Sein Kummer ging so weit, dass er sich die zerstörten Besitze „Waldfried" und „Buchenrode" seiner umgekommenen Onkel Weinberg weder anschauen wollte noch konnte. Ebenso wenig wollte er in den Taunus fahren, um dort die einstigen Besitzungen zu sehen, die nun von den Amerikanern okkupiert waren[1265]. Er ließ sich nicht anmerken, wie enttäuscht er war und wie sehr sein Herz an Deutschland hing. Sein größter Wunsch war, endlich seine Familie um sich zu haben, in einem normalen Familienleben den Kindern die einstige Heimat vorzuführen und die traditionellen Werte zu leben. Es wollte einfach nicht klappen!

Um dem Leser einen Eindruck der Verhältnisse zu vermitteln, die ein Vertreter einer jüdischen Familie nach seiner langen Emigration und Rückkehr nach Deutschland vorfand, möchte ich den Weg meines Vaters etwas genauer schildern, der uns schließlich ein minimales Auskommen ermöglichte. Sein angeheirateter Verwandter Richard von Szilvinyi, der Aufsichtsrat in der „neuen" Cassella und auch Aufsichtsratsvorsitzender der Frankfurter Bank wurde, half ihm auf seine Bitte, indem er Empfehlungsschreiben an große Firmen sandte. In einem Schreiben vom 7.12.1955 an Dr. Henschel stand folgendes: *Ich komme heute mit einer Bitte zu Ihnen. Ein guter Bekannter von mir, Herr J. P. von Gans, der ein entfernter Neffe meines verstorbenen Schwiegervaters von Weinberg war, ist seit diesem Jahr wieder in Deutschland und sucht eine Beschäftigung. Ich erlaube mir den Lebenslauf des Herrn von Gans beizulegen. H. v. G. wurde durch einen Bekannten an Herrn Dipl. Ing. Kruger, den Direktor der Henschel Export GmbH in Frankfurt, verwiesen, hat ihn aber noch nicht aufgesucht, da ich es für zweckmäßiger gehalten habe, mich direkt an Sie zu wenden.*

Sie werden beim Lesen des Lebenslaufs natürlich sofort die Frage stellen, warum Herr von Gans nicht wieder zur I.G. zurückgeht. Das hat nun folgenden Grund:

Gans war bei uns immer in Verkaufsbüros, und zwar im Ausland, war aber nur ganz kurz in der Zentrale. Auch nach dem Kriege hat er sich wieder bei der Firma in Indien betätigt, die unsere Produkte verkauft hat. Er ist leider zu spät nach Europa zurückgekommen, um in den normalen Gang eines Bürobetriebes wieder eingebaut werden zu können, und jetzt würde es bei den Werken als ausgesprochene Protektion aufgefasst werden, die er eben seinen Beziehungen zur Familie Weinberg verdanken würde, wenn er in eine leitende Position aufgenommen werden sollte. Ich möchte betonen, dass nichts gegen ihn vorliegt, dass er im Gegenteil ein äußerst angenehmer Mensch ist, der sich, wo immer er war, einer großen Beliebtheit erfreut hat.

Sein Alter würde natürlich normalerweise ein Hinderungsgrund sein, insbesondere, wenn die Frage einer Pensionszahlung aufkommt, doch würde Herr von Gans beim

---

[1265] Siehe Kapitel Ludwig von Gans, Fritz von Gans, Adolf Gans, Clara Gans sowie Arthur und Carlo von Weinberg.

Eintritt in irgendeine neue Firma darauf gar keinen Wert legen, weil er von der I.G. eine Pension bezieht, die aber allerdings nicht ganz ausreichend ist, um sich und seine Familie in Deutschland zu unterhalten. Ich wäre Ihnen sehr dankbar, wenn Sie die Sache einmal wohlwollend prüfen würden und bitte um eine gelegentliche Nachricht.
Ihr ergebener gez. von Szilvinyi[1266]

Mit großer Verwunderung musste mein Vater in diesem Schreiben lesen, dass er ein „entfernter Verwandter" seines Onkels war und dass Richard nicht darauf eingegangen war, warum seine Rückkehr nach Deutschland sich so verzögert hatte. Dennoch blieben die Kontakte zwischen den Familien Gans und Szilvinyi freundschaftlich. Glücklicherweise kam später Hilfe „aus den eigenen Reihen", wie ich noch schildern werde.

Tatsächlich bekam mein Vater einen Vorstellungstermin bei Dr. Henschel, den er schon aus geschäftlichen Gründen vor dem Krieg kennengelernt hatte. Aber aus einer Anstellung wurde nichts. Dies war wohl eher als eine höfliche Geste zu verstehen.

Als Richard von Szilvinyi und mein Vater bemerkten, dass gewisse Pläne, die man mit meinem Vater vorhatte, nicht realisierbar waren, konnte mein Vater einige Jahre später mit I. G. Farben-in-Abwicklung zumindest Folgendes aushandeln: Die bestehende Pension wurde auch auf meine Mutter ausgedehnt und im Falle ihres vorzeitigen Ablebens auf uns Kinder bis zu unserem 18. Lebensjahr. Der geringe Pensionsbetrag sollte auch dann unverändert zur Auszahlung kommen, falls mein Vater eine andere Tätigkeit aufnähme.

Zumindest würde mein Vater bald einen kleinen Betrag zur Verfügung haben, der es ihm erlaubte eine Wohnung zu mieten. Noch lebte er in der Pension May.

In einem Brief vom August 1955 an meine Mutter schrieb er von einem Vorstellungsgespräch bei Hoechst. *Hoechst haben gerade einen Vertrag in Indien abgeschlossen um dort Pharmazeutische Produkte herzustellen. Davon verstehe ich zwar nichts, aber es zeigt, dass sich das Werk ausdehnt.* Wie er am folgenden Tag als Fazit des Gespräches bemerkte, *kann man mich jedenfalls in Deutschland nicht anstellen wegen meines Alters. Man würde mich irgendjemanden vor die Nase setzen, der sich seinen Aufstieg ja wohl verdient hat und würde einen Präzedenzfall schaffen. Was ich aus dem Besuch in Hoechst gelernt haben sollte, ist, dass meine Chancen einen Job hier zu finden etwa 1 zu 1000 sind. Das ist sehr deprimierend. Es bleibt also eigentlich nur die Möglichkeit, einen so genannten freien Beruf zu suchen, oder als Pensionär einzugehen, wenn – mit viel Glück – nicht doch noch auf Grund all dessen, was ich unterdessen eingeleitet habe, ein Job herausschaut*[1267].

Mein Vater war vergrämt, deprimiert und musste sich zwingen, sein Trübsal nicht auf die Familie zu übertragen. In einer Aktennotiz schrieb er dazu, dass

---

[1266] Schreiben von R. von Szilvinyi aus Waldfriedeck vom 7.12.1955, bei AvG.
[1267] Brief von Jozsi an Maria aus Frankfurt vom 2.8.1955.

die mir seit meinem Hiersein zugesagte Regelung der Firma Cassella keine Rücksicht nimmt auf die Tatsache, dass ich im und nach dem Kriege trotz mehrerer Angebote nicht zur Konkurrenz gegangen bin, dass ich, um der alten Firma nützlich zu sein, Auslandsdeutscher geworden bin, dass ich in all den Jahren getreulich zur Förderung des Exportes und Verkaufs ihrer Produkte beitrug, dass mein Haus in Madras jederzeit allen Herren offen stand, die aus Deutschland kamen, dass geschäftliche und persönliche Anfragen und Wünsche stets prompt behandelt wurden, dass ich mich vertrauensvoll und verlässlich nur dem Zwecke widmete, der alten Firma nützlich zu sein. Mein persönliches Verhalten in geschäftlichen Dingen, im persönlichen Benehmen und in der Erziehung meiner Kinder blieb stets im traditionellen Rahmen der alten Firma, ebenso wie meine Kundenpflege.

Ich stehe unter dem Eindruck, dass mir Dinge nachgetragen werden, die aus der Vorkriegs- und Nazizeit stammen, oder die auf Einzelfälle unerwünschter Initiative zurückgreifen. Dazu möchte ich doch bemerken, dass die schweren 17 Jahre, die ich seit 1938 im Ausland mitgemacht habe, auch wesentlich härtere Menschen abgeschliffen hätten und sogar dazu bewegt, nicht so getreulich bei der Stange zu bleiben. Und das bei der Stange bleiben, geschah nicht nur aus traditionellen Gründen, sondern aus Interesse, dem Gefühl der Gegenseitigkeit und dem Willen am Wiederaufbau mitzuarbeiten. Und mitbestimmend war hierbei sicherlich, dass mir bei Abschluss des im Mai 1938 mit der IG getätigten Vertrags gesagt wurde: lange dauert das Ganze sowieso nicht und in ein paar Jahren sind Sie wieder bei uns.

Meinem Vater ist wohl klar geworden, dass er die traditionellen Werte, die er sich selbst in dem rauen Klima Australiens bewahrt hatte, in dem völlig veränderten Deutschland nicht mehr einsetzen konnte, und dass beide, das veränderte Deutschland und er, irgendwie nicht mehr zueinander passten. Denn mit den wirtschaftlichen Grundlagen ging es später mit Hilfe seiner Schwester Marie Blanche auch bei meinem Vater wieder aufwärts, aber seine Traurigkeit und seine Mutlosigkeit blieben und hatten eben ihren Grund darin, dass die großbürgerliche Welt, in der er noch aufwuchs, nun illusorisch geworden und zu einer Utopie verkümmert war.

Andererseits müssen sein Unmut und seine Trauer über das ihm und seiner Familie auferlegte Schicksal, die er sicherlich einige Male auch laut geäußert haben mag, vom Nachkriegsdeutschland und seinen Protagonisten nicht geduldet worden sein. Letztere saßen – durch die abgesessenen Gefängnisstrafen rehabilitiert – ja wieder fest im Sattel. Welche Chancen hatte in diesem Moment denn mein Vater?

Um überhaupt seine Gedanken zu sortieren und nicht unnütze Zeit zu verlieren, beschloss er nun, bei der I.G. Farbenindustrie AG in Liquidation, Abwicklungsstelle für Lohn- und Gehaltsansprüche in Frankfurt, einen Antrag auf Entschädigung abzugeben. Denn es war klar, dass er mit der relativ kleinen Pension nicht die finanziellen Bedürfnisse seiner Familie, wozu ja auch die Ausbildung seiner drei jüngeren Kinder gehörte, decken konnte. Seine Argumente im Antrag waren die

Verhaftung in Wien und das Verbot der NSDAP an die I.G. Farben, ihn weiter zu beschäftigen und ihn damit zur Flucht nach Australien getrieben zu haben.

Für meinen Vater bestand kein Zweifel, dass er ohne Nationalsozialismus und Nürnberger Gesetze *bei der IG nicht nur in Amt und Würden geblieben wäre, sondern einen weiteren Aufstieg vor mir hatte*. So musste er unter dem Druck der Partei, also von außen, auf Stellung, Verdienst und Aufstieg verzichten. Dazu einen Karenzvertrag annehmen, der ihm nur ein Drittel seiner damaligen Bezüge einbrachte. Die Tatsache, so schrieb er in den Antrag, *dass der Karenzvertrag zeitlich unbegrenzt war, möge als Beweis dafür dienen, dass man mit meiner Rückkehr zur IG über Kurz oder Lang rechnete*. Weiterhin schrieb er in seinem Antrag, *dass das reduzierte Einkommen auch nicht (nach Australien) transferiert werden konnte, so dass meine Frau und ich oft in arger Not zu leben hatten und persönliches Eigentum verkaufen mussten, um leben zu können*.

Dieses Einkommen war damals auf ein Sperrkonto eingezahlt worden. Dazu fertigte er eine Aufstellung seiner finanziellen Verluste an, die sich auf 54.550 DM beliefen. *Zu meinem größten Bedauern und sehr gegen meine Erwartungen, scheint man bei den Werken nicht mit einer Wiedereinstellung meiner Person zu rechnen. Dadurch wird mir die Wiederansiedlung in Deutschland und die Erziehung meiner Kinder hier, die Beschaffung einer Wohnung, etc. unmöglich gemacht. Wie den maßgeblichen Herren bekannt ist, habe ich keinerlei eigenes Vermögen mehr und habe seit meiner Ankunft in Deutschland die kleine Reserve, die ich draußen erarbeiten konnte, aufgegessen*[1268].

Das Antwortschreiben der I.G. Farbenindustrie-in-Abwicklung vom 19.7.1955 bestätigte den Antrag *über den ordnungsgemäßen Weg über die Gläubigermeldestelle unserer Gesellschaft sowie eine eingehende Rücksprache mit den Herrn Dr. Kugler und Dr. Küpper.*

Nach dem Studium Ihrer zur Verfügung stehenden Personalakten ist das Ergebnis dieser Überprüfung wie folgt: Geht man davon aus, dass Sie als Verfolgter im Sinne des Bundesentschädigungsgesetzes anzusehen sind, so eröffnet § 9 Abs. 2 des Bundesentschädigungsgesetzes die Möglichkeit, neben der Geltendmachung der Ansprüche gegen den Bund, auch zivilrechtliche Ansprüche gegen Personen des privaten Rechts, sowohl natürlichen als auch juristischen, geltend zu machen.

Die Fragestellung läuft also darauf hinaus, ob auf Seiten unserer Gesellschaft im Jahre 1938 ein Verhalten vorgelegen hat, das Sie heute berechtigen würde, gegen unsere Gesellschaft einen Anspruch auf Schadenersatz zu erheben[...]. Die Situation, der Sie sich damals gegenüber sahen, war doch so, dass Sie aufgrund Ihrer Einstellung nach dem so genannten Anschluss Österreichs an Deutschland in Ihrer Stellung bei der DETAG nicht verbleiben konnten. In Kenntnis dieser Gesamtlage haben sich die verantwortlichen Herren unserer Gesellschaft bemüht, für Sie einen modus vivendi zu finden, [...] Das Ergebnis

---

[1268] Antrag auf Entschädigung, Pension May in Frankfurt vom 3.6.1955.

dieser Bemühungen ist der Ihnen bekannte Vertrag vom 31.5.1938 gewesen. Es bedarf also keines Hinweises, dass seitens unserer Gesellschaft eine Verantwortlichkeit zum Ersatz des Ihnen nach Ihrer Darstellung entstandenen Schadens nicht gegeben ist.

Inwieweit bei dieser rechtlichen Situation moralische Erwägungen mitzusprechen haben, möchten wir im Rahmen dieses Schreibens nicht näher erörtern, nur so viel sei gesagt, dass Sie im Hinblick auf die vielen uns vorliegenden ähnlichen Wiedergutmachungsgesuche nicht berücksichtigt werden können, um eine Präjudizierung, die für unsere Gesellschaft weitreichende Folgen hätte, zu vermeiden.

Wir bedauern außerordentlich, dass wir Ihnen nach eingehender Prüfung des Sachverhaltes keine positive Auskunft erteilen können. Es bleibt daher Ihnen überlassen, ob Sie ungeachtet dieser Stellungnahme Ihren Antrag registriert wissen wollen. I. A. Dr. Petry[1269].

Der damalige Arbeitgeber meines Vaters, die DETAG, hatte seine Kündigung im Jahre 1938 akzeptiert und ihn nicht etwa dazu veranlasst, weil er jüdischer Abstammung war. Mein Vater selbst hatte die Entscheidung zur Emigration aus Not treffen müssen. Denn er hätte die Nazizeit sicherlich nicht überlebt. Die Argumentation der I.G. Farben erscheint einleuchtend, denn sie hatte meinem Vater für die ersten zwei Jahre seiner Emigration als Überbrückung ein gewisses Einkommen zur Verfügung gestellt. Die Stringenz und Entschiedenheit ihrer Ablehnung müssen meinen Vater dennoch sehr getroffen haben.

Mein Vater, den die große Not vorantrieb, gab jedoch nicht auf, er hatte ja nichts zu verlieren und schrieb nochmals, dass er zumindest eine Abfindung erhalten wolle. Hätte er 1938 die Firma nicht verlassen müssen, *wäre jetzt auch keine Rede davon mich in meinem jetzigen Alter zu pensionieren. Man würde in der herkömmlichen traditionellen Gebundenheit, die in der IG gepflegt wurde, darauf Rücksicht nehmen, dass ich das einzige Mitglied der Gründerfamilie von Cassella bin (außer Schwiegersöhnen anderen Namens). Man würde wohl an meinen 57 Jahren schon deswegen keinen Anstoß nehmen, weil ich auch gerade um der IG im Ausland nützlich zu sein, Auslandsdeutscher wurde […] stets zur Hilfe war und mit aller Energie und Erfahrung an den Wiederaufbau des im Kriege verloren gegangen Geschäfts ging, was sich besonders in Indien als vorteilhaft erwies.*

Damit, dass sich die Nachfolgewerke anscheinend nicht in der Lage sehen, mich wieder einzustellen und meine reiche Erfahrung im In- und Auslande zu verwerten, kann ich mich nur schwer abfinden. Aber das man nicht einmal versucht, traditionelle Verbundenheit und sachliche Anerkennung durch eine finanzielle Leistung zu dokumentieren, ist mir unverständlich, besonders deswegen, weil die maßgeblichen Herren sich darüber im Klaren sind, dass ich keinerlei eigenes Vermögen mehr habe, nach dem zwei Inflationen und die Nazis das erforderliche dazu beigetragen haben[1270].

[1269] Brief der I.G. Farben in Abwicklung vom 19.7.1955, ALGA 1235 Dr. Pe/Sch.
[1270] Entwurf eines Schreibens meines Vaters an die I.G.-Farben in Abwicklung ohne Datum.

Tatsächlich kam am 19.10.1955 ein Schreiben der „I.G. in Abwicklung" von Prof. Dr. Samson. Man habe die Angelegenheit nochmals mit Dr. Kugler und Dr. Küpper behandelt. Beide Herren vertraten den von der I.G. Farben eingenommenen Standpunkt, hatten sich aber dahin geäußert, dass aus reinen Kulanzgründen die Zahlung eines Betrages erfolgen könne. *In Anbetracht dieser Sachlage haben wir uns entschlossen – ohne Anerkennung einer Rechtspflicht – einen einmaligen Betrag von DM 3.500,- zur Verfügung zu stellen. Abschließend möchten wir Sie bitten, die Erledigung dieser Angelegenheit vertraulich zu behandeln, da wir unter allen Umständen vermeiden möchten, dass die Ihnen zugebilligte Ausnahmezahlung zu Weiterungen für uns führt*[1271].

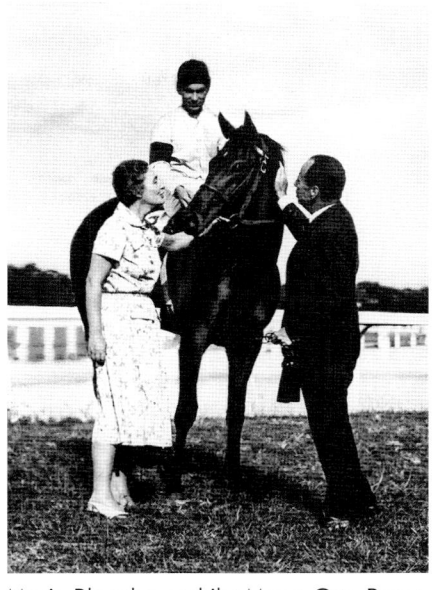

Marie Blanche und ihr Mann Otto Baron von Leithner mit einem ihrer Rennpferde aus eigener Zucht (Archiv AvG)

Mit diesem Betrag konnte mein Vater endlich die eingelagerten Kisten aus Indien nach Frankfurt in unsere neue kleine gemietete Wohnung im Nordend schicken lassen. Als meine Tante Marie Blanche 1956 nach Frankfurt zu Besuch kam, war sie entsetzt. Sie sah ihren gealterten, tief enttäuschten Bruder, der in bescheidensten Verhältnissen lebte. Und nun schloss sich der Ring ihrer gemeinsamen Vorbestimmung. Allerdings waren inzwischen fast 18 Jahre vergangen, seitdem die beiden Geschwister vor ihrer Emigration im Jahre 1938 über ein gemeinsames Leben im selben Land nachgedacht hatten. Endlich führten der damalige Plan und das Schicksal sie zusammen, denn meine Tante setzte alle Hebel in Bewegung und konnte ihren Mann davon überzeugen, dass mein Vater der Richtige war, die Geschäftsstelle ihrer inzwischen weltweiten Handelsfirma 1956 in Deutschland aufzubauen.

Die Firma Panambra S.A. in Sao Paulo, die mein Onkel, Otto Freiherr von Leithner, gegründet hatte, dehnte sich zwischenzeitlich schon auf 63 Gesellschaften aus. Die Ferrum S.A. in Caracas war das venezolanische Haus der Mutterfirma, die im nord-, mittel- und südamerikanischen Raum einschließlich ihrer europäischen Einkaufshäuser in Brüssel, Paris, London und nun auch in Düsseldorf vertreten war. Aus einer Aktennotiz meines Vaters von 1957 ist zu ersehen, dass sich die Exporte von Europa – ohne England – an ihre Überseehäuser 1956 auf rund 26 Millionen Dollar beliefen. Die

[1271] Schreiben der I.G. Farbenindustrie AG in Abwicklung, Frankfurt 19.10.1955.

Exporte nach Venezuela setzten sich in erster Linie aus Eisen und Stahl, Gusseisen und Eisenrohren zusammen, ferner aus Maschinen, Werkzeugen und Armaturen. Außer den deutschen Vertretungen hat die Panambra bedeutende Vertretungen nordamerikanischer, französischer, italienischer und belgischer Firmen.

Was nun allerdings auf meinen Vater zukam, war in seinem Alter auch nicht das Einfachste. Aber die Dankbarkeit seinem Schwager und seiner Schwester gegenüber ließen ihn nicht müde werden. Er musste eine Art „Praktikum" in den europäischen Häusern der Firma absolvieren, um sich einzuarbeiten, ehe in Düsseldorf das Büro eröffnet werden konnte. Wieder reiste er durch die Lande.

In Anbetracht der internationalen Geschäftsverbindungen der Panambra und dem eventuell späteren Eintritt meiner beiden Brüder dorthin, hielten es mein Vater und meine Tante für das Klügste, beide Buben, die ja Australier waren, in England weitererziehen zu lassen. Ich lebte mit meiner Mutter zunächst noch in Frankfurt, ehe wir nach Düsseldorf zogen.

Ich bin froh und sehr dankbar, dass das über Jahrhunderte bewährte jüdische Netz auch in dieser Notsituation unsere kleine Familie wieder auffing und unser weiterer Lebensweg gesichert war. Mit eiserner Disziplin zog mein Vater das schwere Arbeitspensum durch. Nun war endlich die Familie vereint, meine Tante lebte inzwischen in Paris und halbjährlich in Brasilien und man sah sich regelmäßig.

Mein Vater hatte ja schon während der indischen Zeiten auf seinen angegriffenen Gesundheitszustand hingedeutet. Nun aber, nach diesen Jahren des harten Organisierens und der konzentrierten Arbeit in einem für ihn neuen Feld, ließen seine Kräfte nach. Mit 65 Jahren sollte er in Pension gehen und für meine Eltern war es der größte Wunsch, eine Weltreise zu machen und die alten damaligen Plätze zu besuchen. Vorher sollte die Firma von Düsseldorf nach München verlegt werden und wieder hieß es viel Arbeit zu bewältigen.

Mit Bravour wurde der Umzug von ihm ausgeführt, als Weihnachten nahte. Offensichtlich ließ das plötzliche Abflauen des übermäßigen Stresses das Herz meines Vaters in Unordnung geraten. Am Heiligen Abend ereilte ihn ein Gehirnschlag, an dessen Folgen er am 9.1.1963 starb.

EPILOG

Die abschließenden Worte meines Vaters in seinem Manuskript für uns Kinder bewegen mich sehr, denn trotz der harten Zeiten, die er hinter sich hatte, fingen sie folgendermaßen an:

Gott hat es mit mir immer gut gemeint. Trotz allem Schweren und manchmal Aussichtslosem, hat er mir immer den Weg gezeigt und geebnet, auf dem ich schließlich wieder weiter fand. Ich bin von Natur aus ein Mensch, der alle Dinge ernst nimmt, kleine wie große. Das hat seine Nachteile im Leben, aber den schönen Vorteil, dass man Freud und Leid doppelt stark empfindet und miterlebt. Liebe, Hass, Erfolg und Misserfolg, Reichtum und Armut, Trennung und Beisammensein.

Nein, ich kann mich nicht beklagen. Ich habe auch die Gabe, unvoreingenommen an Dinge und an Menschen herangehen zu können. Damit will ich nicht sagen, dass ich jedem Menschen uneingeschränkt vertraue. Im Gegenteil. Alle Menschen sind mit Vorsicht zu genießen. Aber ich werde einem Menschen solange ohne Vorbehalt und freundschaftlich gegenübertreten, als er mir keinen Anlass gegeben hat, mich anders zu verhalten.

Was man ja erst mit den Jahren lernt, ist schweigen. Schweigen ist Gold, reden ist Silber, sagt ein Sprichwort. Dem ist so. Und ich gehe noch weiter: sich kurz und präzise auszudrücken – und auch das nur wenn es nötig ist. Worte lassen sich verdrehen und Menschen sind von Natur erstens eifersüchtig und neidisch, zweitens boshaft. Neid ist eine scheußliche Sache. Ich war nie in meinem Leben jemand neidig. „Good luck to him", war immer mein Ausspruch, wenn jemand neidische Bemerkungen machte.

A propos Verdrehung. Hier ist ein Beispiel, das Ihr lesen könnt: Es schrieb ein Mann an eine Wand, zehn Finger habe ich an jeder Hand, fünfundzwanzig an Händen und Füßen. Nun lest es einmal so: Es schrieb ein Mann an eine Wand, zehn Finger hab ich, an jeder Hand fünf, und zwanzig an Händen und Füßen. Seht Ihr, wie man sogar so etwas verdrehen kann?

Und man soll nie protzen und stolz sein. Wo liegt schon der Anlass zum Stolz? Dankbar für den persönlichen Erfolg zu sein – ja. Aber stolz – nein. Wie sagte Goethe? „Was Du ererbst von Deinen Vätern, erwirb es, um es zu besitzen". Wie schön drückt er damit aus, dass es keinen Sinn hat auf seine Ahnen und ihre Leistungen und Ehren stolz zu sein, wenn man als Mensch nicht die Klugheit und Selbstkontrolle hat, so zu leben, dass man ihrer Wert ist. Es hat auch keinen Sinn, sich schöner oder kostbarer Dinge zu rühmen, die man ererbt hat, wenn man sie nicht zu schätzen und zu pflegen und zu erhalten weiß.

Es hat auch keinen Sinn auf seinen guten Namen zu pochen, wenn man ihn nicht durch Zuverlässigkeit, Geradheit und Geist und Sauberkeit makellos zu erhalten weiß. Wiederum Selbstkontrolle. Pünktlichkeit ist die Höflichkeit der Könige, sagt ein anderes Sprichwort. Pünktlichkeit, Genauigkeit in Wort und Tat, Zuverlässigkeit – und man IST König, weil einem die Menschen vertrauen, wenn sie diese Eigenschaften erkennen.

Geld macht nicht glücklich, sagt man. Nun da muss ich ein Wort dazu stellen. Viel Geld macht nicht glücklich. Man muss nur genug zum Leben haben. Also ohne Sorgen um das tägliche Brot, Bett und Kleidung, Arzt und kleine Freuden. Mehr braucht man nicht. Viel Geld verdirbt meist den Charakter ebenso wie viel Glück für den Dummen. Was ist Geld? Materialisierte Arbeit und damit das Tauschmittel: Arbeit gegen Ware und Arbeit gegen Service. Nichts anderes. Aber haben muss man es. Und um es zu haben, muss man arbeiten. Man kann mit den Händen schaffen. Man kann mit dem Kopf schaffen. Man kann mit Händen und Kopf schaffen. Einstein sagt: Der Durchschnittsmensch macht nur von etwa zwei Prozent seiner geistigen Kapazität Gebrauch.

Es gehört im Leben viel Glück zu allem, was man unternimmt. Aber abgesehen von etwas mehr oder weniger Glück, das der Einzelne hat, haben wir alle – im Rahmen unserer geistigen oder körperlichen Kapazität – die gleiche Chance, vorausgesetzt, dass wir auf die Chance zielbewusst losgehen.

Beim Durchlesen der Worte meines Vaters spüre ich, dass er Gottes Gnade erkannt hatte. Sie war über ihn gekommen, ihn, der unnachgiebig alle Härten des Lebens angenommen hatte. Er zog seine Positivität daraus, denn er hatte offensichtlich eingesehen, dass diese teils schrecklichen und grausamen Prüfungen, durch die er gehen musste, ihn menschlicher machten und ihn in seiner Entwicklung weitergebracht hatten. Er wusste, dass dies Teil seiner Lernaufgabe auf dieser Welt war, daher besaß er offensichtlich großes Vertrauen und Zuversicht, immer wieder von vorne zu beginnen.

Seine Auffassung erinnert mich an die Anfänge dieses Buches, wo ich schildern konnte, welcher Glaube und Kraftaufwand – aber auch durch die Annahme ihres Schicksals – die jüdischen Mitmenschen dazu gebracht hatten, immer wieder von vorne anzufangen und unerschütterlich ihren Weg zu gehen, der sie des Öfteren an den Rand des Todes brachte.

Diese Stärke und das Vertrauen in eine höhere Macht sind für mich wie ein Schatz, ein Schatz, den mir meine Vorfahren weitergaben und den ich in diesem Buch über meine Familie und deren Leistungen einfangen will. Er soll erhalten bleiben, während wir Neues anfangen. Neues in dem Sinne, dass ja der alte jüdische Zusammenhalt meiner Familie sich seit dem Zweiten Weltkrieg, wenn nicht schon mit der Taufe meiner Urgroßeltern 1895 und im beginnenden Antisemitismus jener Tage, aufgelöst hat.

Was hat denn die Assimilation, das mühsame Integrieren in das deutsche Bürgertum gebracht? Ist es nicht so, dass damit eigentlich die lebendige, kraftvolle Basis eben jenes schützenden jüdischen Zusammenhalts zerstört wurde? Mir kommt es so vor, als ob während der traumatischen Bemühungen, sich zu emanzipieren, für meine Familie der Lebensfaden verloren ging. Wo gehörte man denn nun hin? In das jüdische Lager oder zum deutschen Bürgertum?

Diese Frage wird wohl mit dem ewigen Neuanfang in unserer Familie nicht beantwortet. Er verstärkte sicherlich über viele Generationen die Kraft der Menschen, immer wieder weiterzugehen. Mit dem Stillstand der Familienbeziehungen während der Naziverfolgung, der letztendlichen Auflösung des Familienclans, muss nun jeder Einzelne aus sich heraus die Stärke aufbringen, die Härten eines neuen Lebensabschnitts als „Ausgewiesener" zu meistern. Wir haben keine Anknüpfung mehr an das alte Judentum, wir müssen mit der Zeit gehen.

Mein Vater, wie auch seine jüngeren Schwestern haben bewiesen, dass sie alles anpackten, ohne Scheu, ihr Gesicht zu verlieren. Sie bewahrten ihre Persönlichkeit und ihre Würde, mit der sie bis zur Emigration auf höchster Stufe lebten; auch später in den unwürdigsten Situationen.

Mein Vater gab diese Lebensstärke Gott sei Dank an uns weiter, so dass wir Kinder nun die Möglichkeit haben, uns neu zu sehen. Die Frage wohin ich gehöre, die mich all die Jahre bewegte, hat sich durch die Aufarbeitung in diesem Buch geklärt. Denn wenn ich zurückdenke kann ich nur sagen: Ich hatte nie das Gefühl, nirgendwo hinzugehören. Ich liebe alle Städte, in denen ich lebte und fühlte mich jeweils dort wohl, wo ich Freunde habe. Wenn ich mich zerrissen fühlte, versuchte ich, mein Leben positiv als Kosmopolit zu sehen und zu genießen. Trotzdem kam in früheren Jahren die Frage auf: Bin ich europäisch, australisch, jüdisch, deutsch?

Ich fühle mich als Deutsche, die das Glück hat, die positiven Seiten des Judentums in sich vereinigt zu haben. Es sind diese: die Aufgeschlossenheit für das Erkennen, die schnelle Reaktion und das Vertrauen in die eigenen Kräfte. Der alte Leitspruch aus dem Internat in Schondorf, „mach's selbst", hat mich auch über manche Hindernisse und Klippen geführt. Und ich bin stolz darauf, mit dem Schicksal meiner Vorfahren zu erspüren, welche Kraft dies bringen kann. Eine Kraft, die nie versiegt, dem Neuen aufgeschlossen zu sein, anzufangen, durchzuhalten und das Beste aus den Begebenheiten zu machen, das Menschliche zu sehen und zu begreifen, ehe man auf Vorurteile zurückgreift.

Mein Bestreben ist es, gerade in der heutigen Zeit, die von Rassenhass und Ausländerfeindlichkeit geprägt ist, durch dieses Buch zu zeigen, dass ein Miteinander möglich ist, wenn man das Anderssein respektiert und an sich selbst glaubt.

Mir wurde außerdem klar, dass mein liebenswerter Vater in seiner Sehnsucht nach der alten Heimat und dem traditionellen Leben vielleicht zu naiv und gutgläubig war. Aber es war das Gefühl der Beständigkeit seines Charakters, das das Wort ernst nahm. Für ihn galt das Wort jener Herren der I.G. Farben, die 1938 sagten: „Sie sind bald wieder bei uns".

Die Besonderheit seines Charakters war die Festigkeit, zu den Dingen zu stehen, die er für andere erledigte, ohne dass diese dies so ernst nahmen wie er selbst. Die sofortige Erfüllung etwaiger Aufgaben und Wünsche anderer gab ihm Zufriedenheit. Dies war für ihn so wichtig, weil er damit das traditionelle Handeln seiner Vorfahren erfüllte. Dies waren für ihn nun mal die Werte, die gelten sollten. Deutschland aber war ein anderes Land geworden, die Vorstellungen von der früheren Heimat waren und blieben Illusion.

All diese Männer und Frauen, die das Buch beschreibt, haben sich durch ihre Arbeit, ihr Engagement, ihre Leistungen und ihre große Verantwortung selbst ein Denkmal gesetzt. Die Schnelllebigkeit unserer Zeit und das Vergessen, das um sich greift, lässt mich bedauern, dass im Allgemeinen nicht gesehen wird, dass es die Menschlichkeit und das Verständnis dieser jüdischen Männer und Frauen für andere waren, die den weniger Glücklichen, weniger Begnadeten, weniger Erfolgreichen immer eine helfende Hand hinstreckten.

Selbst nach der Vernichtung ihrer Persönlichkeit, wie im Falle der Brüder Carlo und Arthur von Weinberg und der Diffamierung ihres Charakters, wie im Falle meines Vaters und meines Urgroßvaters, kam nie ein Wort des Hasses über ihre Lippen. Vielleicht können wir so das Wissen zum Gewissen werden lassen, denn Gerechtigkeit ist eine Türe, die immer offen steht.

Ohne Vergangenheit gibt es keine Zukunft!

Tafel I Ursprung Ludwig Ahron Gans (Frankfurt)

Seligmann Gans von Lechenich Kolon
geb. um 1381 Frankfurt, gest. ?
∞ mit der Tochter des Josef von Miltenberg

Salomon Gans aus Lemgo
Lippstadt erwähnt 1561
∞ ?

Josua Seligmann Gans   Bruder: David Gans
geb. um 1535 in Lippstadt, gest. vor 1609 Minden   →   geb. 1541 Lippstadt, gest. 1613 Prag
∞ ?

Sostmann I Gans
geb. 1570, gest. 1625/29 Minden
∞ Blümchen Appel, geb. ?, gest. 1654 Hannover

Salomon Gans d. J.
geb. um 1613 Minden, gest. 1654 Hannover
∞ 1640 Jente von Hameln, geb. ?, gest. 1695 Hannover

Sussmann/Sostman II Gans
geb. 1650 Minden, gest. 1724 Hannover
∞ Schendel Schmalkalden

Salomon II Gans Celle
geb. 1670, gest. 1733
∞ Gela Warburg, geb. ?, gest. 1716 Celle

Jakob Josef Gans-Zell
geb. 1700, gest. 1770 Celle
1. ∞ Fradchen Cohen Behrens, geb. ?, gest. 1734
2. ∞ Gittel

Joshua Dow Feibel Gans Celle
geb. um 1737, gest. 1788
∞ Miriam, geb. ?, gest. 1782

Philipp Ahron Gans
geb. 1751/59, gest. 1835 Celle
∞ Fanny Hanau Celle, geb. 1768/75, gest. 1834/38

Ludwig Ahron, geb. 1793 Celle, gest. 1871 Frankfurt/Main
∞ Rosette Goldschmidt (Pflegetochter und Nichte von Leopold Cassella)
geb. 1805 Frankfurt, gest. 1868 Frankfurt

erstellt von Angela v. Gans (2006)

Tafel II Ludwig Ahron und seine Nachkommen

Ludwig Ahron
geb. 1793 Celle, gest. 1871 Frankfurt/Main
⚭ Rosette Goldschmidt (Pflegetochter und Nichte von Leopold Cassella)
geb. 1805 Frankfurt, gest. 1868 Frankfurt

HENRIETTE	MARIANNE	FRITZ	PAULINE	ADOLF	LEO
geb. 1829, gest. ?	geb. 1831, gest. 1932	geb. 1833, gest. 1920	geb. 1836, gest. 1921	geb. 1842, gest. 1912	geb. 1843, gest. 1935
⚭ Marum Heidelbach	⚭ Leopold Löwengard	⚭ Auguste Ertling	⚭ Bernhard Weinberg	⚭ Martha Pick	⚭ 1876 Luise Sander
geb. 1819, gest. 1875	geb. 1817, gest. 1880	geb. 1839, gest. 1909	geb. 1851, gest. 1877	geb. 1851, gest.1918	geb. 1854, gest. 1927
	1) Otto	1) Adela	1) Marie	1) Alice ⚭ Hohenemser	1) Hedwig
	2) Alfred	geb. 1863, gest. 1932	geb. 1859, gest. ?	2) Nelly ⚭ Ludwig Herz	geb. 1877, gest. 1947
	3) Mathilde	2) Paul	2) Arthur	3) Marie ⚭ Milton Seligmann	2) Robert
	4) Ernst	geb. 1866, gest. 1915	geb. 1860, gest. 1943	4) Melanie ⚭ Janos Plesch	geb. 1879, gest. 1879
	5) Eduard	3) Ludwig	3) Carl	5) Clara (ledig)	3) Richard
	6) Olga	geb. 1869, gest. 1946	geb. 1861, gest. 1943		geb. 1880, gest. 1943
	7) Clara		4) Friedrich		
	8) Marie	siehe Tafel III	geb. 1863, gest. ?		

1) Alfred
geb. 1852, gest. ?
⚭ 1879 Julie Picard
geb. 1859, gest. ? (kinderlos)

2) Emma
geb. 1856, gest. 1879
⚭ 1876 Wilhelm Bonn
geb. 1843, gest. 1910

1) Max Julius
geb. 1877, gest. 1943
⚭ ?

2) Emma
geb. 1879, gest. 1942 (kinderlos)

Rosette war die Tochter von Leopold Cassellas Schwester Hendle, die in zweiter Ehe mit dem Kaufmann Mayer Salomon Goldschmidt verheiratet war. In erster Ehe war sie mit Nathan David Landau gest. 1800 verheiratet und hatte zwei Kinder (David und Benedikt) mit ihm.

erstellt von Angela v. Gans (2006)

Tafel III Friedrich Ludwig (Fritz) von Gans

Seligmann Gans von Lechenich Kolon um 1381 Frankfurt

Salomon Gans aus Lemgo, erwähnt in Lippstadt 1561

Josua Seligmann Gans, geb. um 1535 Lippstadt, gest. vor 1609 Minden

Sostmann I Gans, geb. 1570, gest. 1625/29 Minden

Salomon Gans d. J, geb. um 1613 Minden, gest. 1654 Hannover
∞ Jente von Hameln, gest. 1695 Hannover

Sussmann II Gans, geb. 1650 Minden, gest. 1724 Hannover
∞ Schendel Schmalkalden

Salomon II Gans, geb. 1670 Celle, gest. 1733 Celle
∞ Gela Warburg, gest. 1716 Celle

Jakob Josef Gans Zell, geb. 1700, gest. 1770 Celle

Joshua Dow Feibel, geb. um 1737, gest. 1788 Celle
∞ Miriam, gest. 1782 Celle

Philipp Ahron, geb. 1754/1759, gest. 1835 Celle
∞ Fanny Hanau, geb. 1775, gest. 1834/38

Ludwig Ahron, geb. 1793 Celle, gest. 1871 Frankfurt
∞ Rosette Goldschmidt, geb. 1805 Frankfurt, gest. 1868 Frankfurt

Friedrich Ludwig (Fritz) Gans (ab 1912 von Gans)
geb. 1833 Frankfurt, gest. 1920 Frankfurt
∞ Auguste Ettling, geb. 1834, gest. 1909 Frankfurt

Adela
geb. 1863 Frankfurt, gest. 1932
1. ∞ Moritz Wetzlar
geb. ?, gest. 1892
2. ∞ Dr. Stanton Coit
geb. 1857, gest. 1944 England
aus 1. ∞
1) Richard
2) Elisabeth
3) Margaret

aus 2. ∞
4) Adela
5) Gwendolen
6) Virgina

Paul
geb. 1866 Frankfurt, gest. 1915 Garmisch
1. ∞ Ellinka Freiin v. Farbice
geb. 1875, gest. 1938 München
(2. ∞ Ellinka mit Haupt Graf Pappenheim)

aus 1. ∞
1) Jozsi, geb. 1897 Cannes, gest. 1963 Düsseldorf
2) Margot, geb. 1899, gest. 1984 Dänemark
3) Marie Blanche, geb. 1906, gest. 1988 Nizza

Jozsi
1. ∞ Philomena Martinet, geb. ?, gest. ?
2. ∞ Melitta Freiin von Riedel, geb. 1906, gest. 1993 München
3. ∞ Maria Kriegelstein, geb. 1915 Wien

aus 2. ∞
1) Bianca, geb. 1928 München
2) Isabelle, geb. 1932 Frankfurt

aus 3. ∞
1) Anthony, geb. 1940 Melbourne
2) Randolph, geb. 1944 Melbourne
3) Angela, geb. 1947 Melbourne

Ludwig
geb. 1869 Frankfurt, gest. 1946 Dänemark
∞ Elisabeth Keller
geb. 1878, gest. 1964 Frankfurt

1) Marguerite
geb. 1902, gest. 1979 Ascona
2) Herbert
geb. 1905, gest. 1983 Mallorca
3) Gertrud
geb. 1910, gest. 1990 München
4) Armin
geb. 1917, gest. 1995 Hamburg

erstellt von Angela v. Gans (2006)

Tafel IV Ursprung Fabricius (Schmidt) Fabrice

Weiprecht Schmidt (Fabricius) geb. um 1550 Homburg v.d. Höhe, gest. 1610 Dreieichenhain
1. ⚭ um 1575 Margarethe Prescher (Bröscher), gest. um 1593
2. ⚭ Ursula Kistner, geb. 1576, gest. 1650

aus 2.⚭ Philipp Ludwig v. Fabricius, geb. 1599, gest. 1666 Darmstadt
⚭ Martha Maria v. Münten, geb. 1604, gest. 1679 Darmstadt

Eberhard v. Fabrice, geb. um 1630 Gießen, gest. 1698
1. ⚭ Anna de Bevener, geb. 1658, gest. 1681
2. ⚭ Elisabeth Dorothea Wansleben, gest. 1697

aus 1. ⚭ Johann Conrad v. Fabrice, geb. 1661, gest. 1733
1. ⚭ Anna v. Uffeln, gest. 1695
2. ⚭ Amalie v. Schrader, gest. 1738

aus 2. ⚭ Justian Ludwig v. Fabrice, geb. 1713, gest. 1771
1. ⚭ Elisabeth Albertine v. Druchtleben, geb. 1718, gest. 1754
2. ⚭ Dorothea v. d. Knesebeck

aus 1. ⚭ August Georg Maximillian v. Fabrice, geb. 1746 Hannover, gest. 1825 Roggendorf
1. ⚭ Dorothea v. Lützow, geb. 1756, gest. 1811
2. ⚭ Wilhelmine v. Lützow

aus 1. ⚭ Friedrich Josef Anton v. Fabrice, geb. 1786, gest. 1850 Roggendorf
⚭ Charlotte v. Weissenbach, geb. 1798, gest. 1855

| August Friedrich **Oswald** von Fabrice
Sächs. Kammerherr und Gesandter München
geb. 1820 Bonn, gest. 1898 München
⚭ 4.1.1844 in Dresden
Helene Wilhelmine
Gräfin zu Reichenbach-Lessonitz
geb. 1825 Wilhelmshöhe bei Cassel,
gest. 1898 München
Tochter des Kurfürsten Wilhelm II. von
Hessen-Kassel und Emilie Gräfin zu
Reichenbach-Lessonitz, geb. Ortlöpp | Alfred Graf v. Fabrice, geb. 1818 Quesnoy,
gest. 1891 Dresden
Sächs.General, Staatsminister, Kriegsminister
⚭ Anna v.d. Asseburg, geb. 1822, gest. 1897
4 Kinder | Bernhard Freiherr. v. Fabrice
geb. 1827, gest. 1866
⚭ Ida Gräfin v. Schönburg-Glauchau und
Waldenburg, geb. 1829, gest. 1902 |

Wilhem Friedrich **Maximilian**
Freiherr v. Fabrice
geb. 1845 Dresden, gest. 1914 in München
⚭ 13.9.1874
Amelie (**Ilma**) Almásy v. Zsadány u.
Török-Szent-Miklós
1842 Pest, gest. 1914 Gottlieben/Schweiz

Helene **Ilka** Freiin v. Farbice
geb. 1846 Grimma, gest. 1907 Florenz
kinderlos

| 1) Ellinka 1875–1938
1. ⚭ Dr. phil.
Paul von Gans
2. ⚭ Haupt Graf zu
Pappenheim

aus 1. ⚭
1) Jozsi, geb. 1897 Cannes, gest. 1963 Düsseldorf
2) Margot, geb. 1899 Boulogne s/m, gest. 1984 Dänemark
3) Marie Blanche, geb. 1906 Grainau, gest. 1988 Nizza | 2) Luigina 1876–1958
1. ⚭ Walter Sturtzkopf
2. ⚭ Edgar Böcking
3. ⚭ Hans Hippolyte
v. Simpson
4. ⚭ Dr. phil. Edwin
Tietjens | 3) Ilma 1877–1968
⚭ Carl Halm Nicolai | 4) Blanche 1880–1963
1. ⚭ Emanuel Frh. von
Bodman
2. ⚭ Dr. phil. Wilhelm
Schäfer | 5) Agnes 1881–1964
⚭ Walter v. Stockar-
Scherer-Castell |

erstellt von Angela v. Gans (2006)

Tafel V Gans/Heine

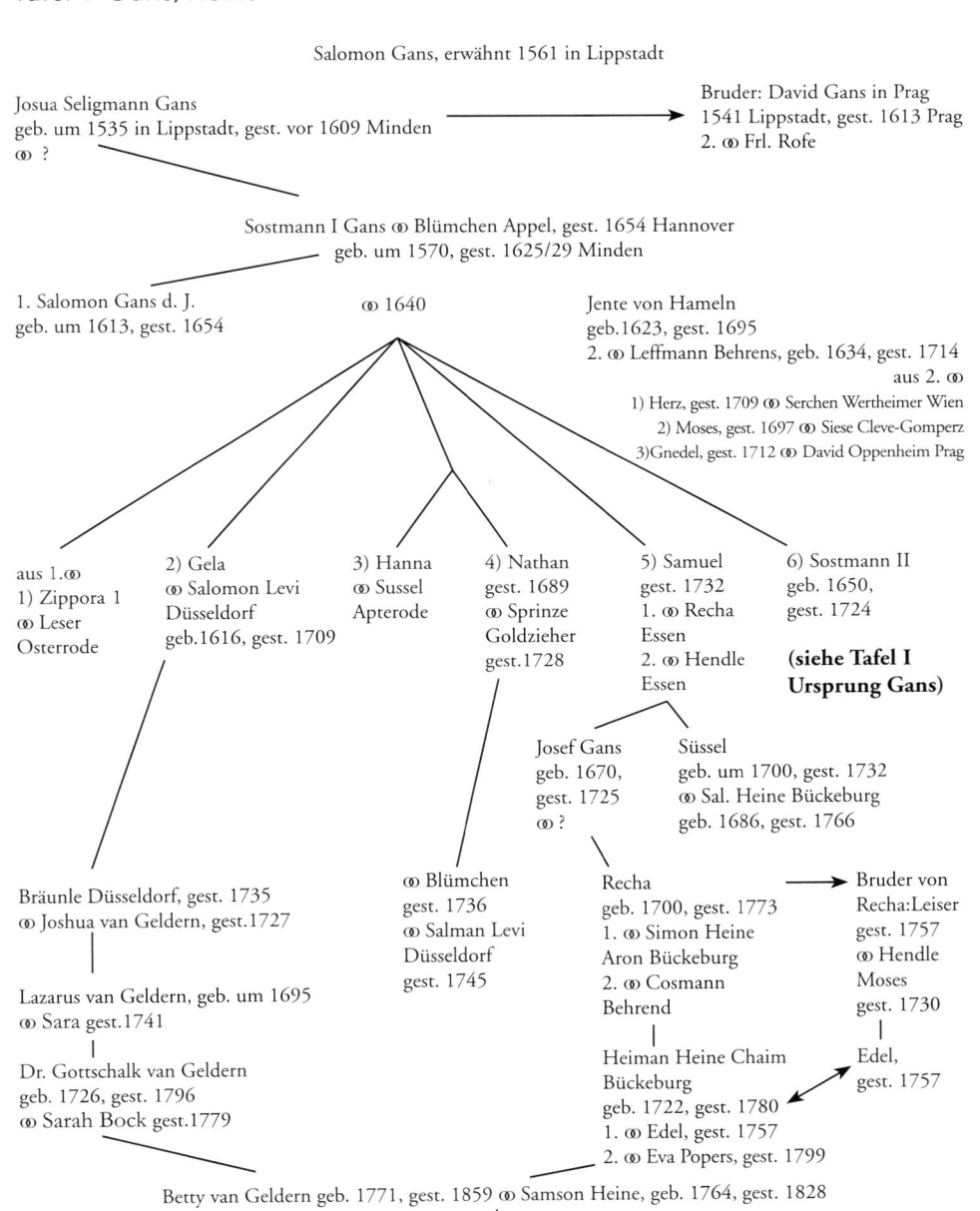

Salomon Gans, erwähnt 1561 in Lippstadt

Josua Seligmann Gans
geb. um 1535 in Lippstadt, gest. vor 1609 Minden
⚭ ?

Bruder: David Gans in Prag
1541 Lippstadt, gest. 1613 Prag
2. ⚭ Frl. Rofe

Sostmann I Gans ⚭ Blümchen Appel, gest. 1654 Hannover
geb. um 1570, gest. 1625/29 Minden

1. Salomon Gans d. J.
geb. um 1613, gest. 1654

⚭ 1640

Jente von Hameln
geb.1623, gest. 1695
2. ⚭ Leffmann Behrens, geb. 1634, gest. 1714
aus 2. ⚭
1) Herz, gest. 1709 ⚭ Serchen Wertheimer Wien
2) Moses, gest. 1697 ⚭ Siese Cleve-Gomperz
3)Gnedel, gest. 1712 ⚭ David Oppenheim Prag

aus 1.⚭
1) Zippora 1
⚭ Leser
Osterrode

2) Gela
⚭ Salomon Levi
Düsseldorf
geb.1616, gest. 1709

3) Hanna
⚭ Sussel
Apterode

4) Nathan
gest. 1689
⚭ Sprinze
Goldzieher
gest.1728

5) Samuel
gest. 1732
1. ⚭ Recha
Essen
2. ⚭ Hendle
Essen

6) Sostmann II
geb. 1650,
gest. 1724

**(siehe Tafel I
Ursprung Gans)**

Josef Gans
geb. 1670,
gest. 1725
⚭ ?

Süssel
geb. um 1700, gest. 1732
⚭ Sal. Heine Bückeburg
geb. 1686, gest. 1766

Bräunle Düsseldorf, gest. 1735
⚭ Joshua van Geldern, gest.1727
|
Lazarus van Geldern, geb. um 1695
⚭ Sara gest.1741
|
Dr. Gottschalk van Geldern
geb. 1726, gest. 1796
⚭ Sarah Bock gest.1779

⚭ Blümchen
gest. 1736
⚭ Salman Levi
Düsseldorf
gest. 1745

Recha
geb. 1700, gest. 1773
1. ⚭ Simon Heine
Aron Bückeburg
2. ⚭ Cosmann
Behrend
|
Heiman Heine Chaim
Bückeburg
geb. 1722, gest. 1780
1. ⚭ Edel, gest. 1757
2. ⚭ Eva Popers, gest. 1799

Bruder von
Recha:Leiser
gest. 1757
⚭ Hendle
Moses
gest. 1730
|
Edel,
gest. 1757

Betty van Geldern geb. 1771, gest. 1859 ⚭ Samson Heine, geb. 1764, gest. 1828
|
Heinrich Heine, geb. 1797, gest. 1856

Diese oben ersichtliche Stammtafel habe ich aus den mir vorliegenden Unterlagen gefertigt. Aus der Linie
Nathan Gans entstammen ebenso Karl Wolfskehl, Adolf v. Baeyer, Paul Heyse und Felix Mendelssohn-Batholdy.

erstellt von Angela v. Gans (2006)

QUELLEN- UND LITERATURVERZEICHNIS

Ungedruckte Quellen

Archiv Angela von Gans (AvG)

Briefe:

Datum	Verfasser	Absendeort-Zielort
01.04.1938	Melitta v. Gans (v. Riedel) an JvG	München–Frankfurt
00.00.1938	Maria Kriegelstein an JvG	Wien–MS OLDENBURG
24.08.1938	Marie Blanche Ziegler an JvG	München–MS OLDENBURG
12.12.1938	Heinz Ziegler an JvG	Paris–Melbourne
17.01.1939	Heinz Ziegler an JvG	Paris–Melbourne
07.02.1939	Heinz Ziegler an JvG	Paris–Melbourne
10.02.1939	Heinz Ziegler an JvG	Paris–Melbourne
03.06.1939	Heinz Ziegler an JvG	Paris–Melbourne
27.11.1939	Marie Blanche Ziegler an JvG	Paris–Melbourne
17.01.1940	Marie Blanche Ziegler an JvG	Zürich–Melbourne
03.03.1940	JvG an Marie Blanche Ziegler	Melbourne–Rio de Janeiro
30.05.1940	Marie Blanche Ziegler an JvG	New York–Melbourne
20.07.1940	JvG an Maria-Blanche v. Leithner	Melbourne–Rio de Janeiro
04.02.1941	Marie Blanche v. Leithner an JvG	Rio de Janeiro–Melbourne
08.03.1941	JvG an Marie Blanche v. Leithner	Melbourne–Rio de Janeiro
25.06.1941	JvG an Marie Blanche v. Leithner	Melbourne–Rio de Janeiro
12.08.1941	JvG an Marie Blanche v. Leithner	Melbourne–Rio de Janeiro
18.05.1942	Marie Blanche v. Leithner an JvG	Sao Paulo–Melbourne
09.09.1942	Marie Blanche v. Leithner an JvG	Sao Paulo–Melbourne
22.11.1945	Marie Blanche v. Leithner an JvG	Rio de Janeiro–Melbourne
20.12.1946	JvG an Marie Blanche v. Leithner	Melbourne–Sao Paulo
12.02.1947	JvG an Melitta v. Gans (v. Riedel)	Madras/Indien–Wien
13.04.1947	JvG an Maria v. Gans	Madras–Melbourne
24.04.1947	JvG an Maria v. Gans	Madras–Melbourne
09.05.1947	JvG an Maria v. Gans	Madras–Melbourne
10.05.1947	JvG an Maria v. Gans	Paris–Melbourne
13.05.1947	JvG an Maria v. Gans	Madras–Melbourne
24.05.1947	JvG an Maria v. Gans	Madras–Melbourne
29.05.1947	JvG an Maria v. Gans	London–Melbourne
06.06.1947	JvG an Maria v. Gans	Paris–Melbourne
07.06.1947	JvG an Maria v. Gans	Paris–Melbourne
09.06.1947	JvG an Maria v. Gans	Paris–Melbourne

10.06.1947	JvG an Maria v. Gans	Paris–Melbourne
11.06.1947	JvG an Maria v. Gans	Paris–Melbourne
17.06.1947	JvG an Maria v. Gans	Bern–Melbourne
27.06.1947	JvG an Maria v. Gans	Bern–Melbourne
03.07.1947	JvG an Maria v. Gans	Madras–Melbourne
19.09.1947	JvG an Maria v. Gans	Madras–Melbourne
30.09.1947	JvG an Maria v. Gans	Madras–Melbourne
25.09.1947	JvG an Maria v. Gans	Madras–Melbourne
07.10.1947	JvG an Maria v. Gans	Madras–Melbourne
22.10.1947	JvG an Maria v. Gans	Madras–Melbourne
01.12.1947	JvG an Maria v. Gans	Madras–Melbourne
03.06.1955	JvG an I.G. Farben	Frankfurt–Frankfurt
02.08.1955	JvG an Maria v. Gans	Frankfurt–Wien
07.12.1955	R. v. Szilvinyi an JvG	Waldfriedeck–Frankfurt

JvG = Jozsi v. Gans

Persönliche Aufzeichnungen
J.P. v. Gans: Turbulente Jahre, Monographie (Schreibmaschinen-Manuskript), Calkutta 1952.

Sonstige Quellen
L. Cassella & Co.: Immedialfarben auf Baumwollstückware, Frankfurt am Main Vertreterbroschüre, o.J.
Geschenkmappe Fotosammlung Park und Villa „Waldfried", Sonderdruck, 1905.
Gans-Stammbaum im Leo Baeck Institute, New York.
Sonderdruck „Collection Fritz Gans", in Seide gebunden, mit den Darstellungen der Lieblingsobjekte aus seiner Sammlung, vor 1912.
Schriftverkehr der Nachlassverwaltung Excellenz v. Gans, Frankfurt am Main, 1920–1936.
Fotosammlung Schloß Gottlieben, Gottlieben am Untersee/Schweiz.
Fotosammlung Schmölz/Grainau, Obb.
Fotosammlung und Aufmarschpläne Erster Weltkrieg, JvG.
Fotosammlung Automobile und Rennwagen.
Logbuch der Ballonfahrten mit historischen Zeitungsausschnitten, Paul Gans-Fabrice.

Institut für Stadtgeschichte Frankfurt am Main
Stiftungsabteilung III/ 42–79 sowie 552.

Magistratsakten: Entwurf einer Ansprache des OB Graf vom 29.4.1927.
Brief des Herrn Swarzenski vom 19.1.1917 an den OB Dr. Adickes,
Stadtkanzlei, Nr. 3420.

Archiv des Deutschen Museums München
Paul Gans-Fabrice an August Euler vom 18.10.1910.
Oskar v. Miller an Paul Gans-Fabrice vom 24.10.1911.
Aufzeichnungen über die Transatlantische Flugexpedition, Brief von Hans Müller,
gen. Peissenberg, vom 17.2.1923.

Geheimes Staatsarchiv Preußischer Kulturbesitz Berlin
I HA Rep. 176 Heroldsamt VI G 510: Nobilitierung Friedrich Ludwig Gans
1911/12.

Bayerisches Hauptstaatsarchiv München
IV, Mkr 1376, K.B. Kriegs-Ministerium Nr. 5479: Paul Gans-Fabrice an das K.
Kriegsministerium vom 10.3.1910.
Kataster 8695, 8696 (Steuergemeinde Grainau).

Stadtarchiv Celle
B 10/18: Testament des Hofagenten Isaac Jacob Gans.

Cassella-Firmenarchiv
Nos. 1.199; 4.080, 4146; 4.150; 4.210, 4.541.

Literaturverzeichnis

Abel, K.	Als Meßdiener in der Privatkapelle, in: Weinbergkapelle, Frankfurt am Main o.J.
ADB	8. Bd., Berlin 1968.
Addington, A.C.	The Royal House of Stuart. The Descendants of King James VI. of Scotland, Vol. II, London 1969–71.
Adler, H.G.	Der verwaltete Mensch. Studien zur Deportation der Juden aus Deutschland, Tübingen 1974.
Antike Welt	Theodor Wiegand zum 140. Geburtstag, aus: Heft 5/2004.
Aschoff, A. (Hg.)	Franz von Lenbach. Zeichnungen, Skizzen, Notizen von 1852–1859, Köln 2004.
Bächer, E.	Gottlieben. Informationen zur Geschichte, Kreuzlingen 2001.
Bachstitz	La Collection de la Galerie Bachstitz, Katalog, Vol. I–III, Den Haag 1920.

Bamberger, N.	Der jüdische Friedhof in Celle, Heidelberg 1992.
Beckmann, M.	Das war Waldfried, Ehlscheid 1988.
Blänkner, R.	Berlin–Paris. Wissenschaft und intellektuelle Milieus des *l'homme politique* Eduard Gans (1797–1839), in: R. Blänkner, G. Göhler, N. Waszek: Eduard Gans (1797–1839). Politischer Professor zwischen Restauration und Vormärz, Leipzig 2002.
Blom, P.	Sammelwunder, Sammelwahn, Frankfurt am Main 2004.
Bode, W.	Katalog zur Sammlung R. Kann, Paris 1907.
Bonn, E.	Das Kind im Spiegel, Zürich 1935.
Bonn, M.J.	Wandering Scholar, New York 1948.
Borkin, J.	Die unheilige Allianz der I.G. Farben. Eine Interessengemeinschaft im Dritten Reich, Frankfurt/New York 1978.
Braun, E.	Politische Philosophie. Ein Lesebuch. Texte, Analysen, Kommentare, Reinbeck 1991.
Braun, J.	Judentum, Jurisprudenz und Philosophie. Bilder aus dem Leben des Juristen Eduard Gans, Baden-Baden 1997.
Braun, R.	Übungsflüge und Übungsluftaufnahmen über Bayern 1912–1918, in: Obb. Archiv, Bd. 117/118, 1993/94.
Braunbeck's	Sportlexikon 1912/13.
Breuer, M.	A Chronicle of Jewish and World History, Jerusalem 1983.
Cassella AG (Hg.)	Im Wandel. 125 Jahre Cassella, Firmenschrift, Frankfurt am Main 1995.
Cassella-Riedl Archiv	1987, H. 3 (Institut für Stadtgeschichte der Stadt Frankfurt/Main).
Cassella Schrift	1995: Ein bedeutender Mäzen. Wie Arthur von Weinberg die „Senckenberger" förderte. Vortrag von Prof. Ziegler anlässlich des 125-jährigen Firmenjubiläums (Auszug).
Chernow, R.	Die Warburgs, Berlin 1996.
Collonia, P.	Die Hausgeschichte (Villa Gans), in: Geschichte einer Sommerresidenz, London und New York 1983.
Conrad, H.	Deutsche Rechtsgeschichte, Bd. 1, Karlsruhe 1962.
Curtius, L.	Deutsche und antike Welt, Stuttgart 1950.
Dietz, A.	Stammbuch der Frankfurter Juden, Frankfurt am Main 1907.
Ehrbrecht, W. (Hg.)	Lippstadt. Beiträge zur Stadtgeschichte, Lippstadt 1985.
Elon, A.	The Pity of it all, London 2003.
Emrich, W.	Bildnisse Frankfurter Demokraten, Frankfurt am Main 1956.
Fechtner, H.	Das alte Bad Homburg (1870–1920), Villingen-Schwenningen 1994.
Fischer, H.	Elefanten, Löwen und Pygmäen, München 1956.
Fürstenberg, H. (Hg.)	Carl Fürstenberg. Die Lebensgeschichte eines deutschen Bankiers, Berlin 1931.
Gans, D.	„Zemah David", Prag 1592.
Gans, D.	„Nechmad we-Naim", im Druck erschienen 1743.
Gans, P.	Über Monobrombrenztraubensäure und Furazancarbonsäure, Straßburg 1891.

Gelbig, J.	Erinnerungen an die Familie von Weinberg, in: Weinbergkapelle, Frankfurt/Main Niederrad 1989.
Geisenheyner, M. et al.	Motor der Luftfahrt, Frankfurt am Main 1909.
Gerlach, H.	Leopold Cassella. Ein Frankfurter Handelsmann der Goethezeit, (Manuskript bei AvG), o. O. u. J.
Glückel von Hameln	Denkwürdigkeiten. Aus dem Jüdisch-Deutschen übersetzt, mit Erläuterungen versehen und herausgegeben von Alfred Feilchenfeld, Nachdr. der 4. Aufl. 1923, Frankfurt am Main 1987.
Glückel von Hameln	Die Memoiren. Aus dem Jüdisch-Deutschen übersetzt von B. Pappenheim, Weinheim 1994.
Gräble, P. et al.	Beschreibung, Bestandsaufnahme und Bewertung eines historischen Gartens. Der Park des Hauses der Gewerkschaftsjugend Oberursel, Studienarbeit der Gesamthochschule Kassel 1989.
Grass, K.M. et al.	Emanzipation, in: O. Brunner u.a. (Hg.): Geschichtliche Grundbegriffe. Historisches Lexikon zur politisch-sozialen Sprache in Deutschland, unv. Nachdruck, 3. Aufl., Stuttgart 1994.
Greif, M.	Tini Rupprecht, Portraitmalerei nach Fotografien des 19. Jhtds. in München, Diss. München 2003.
Greifenhagen, A.	Geschichte der Sammlung und Einleitung, Berlin 1970.
Gronemann, S.	Genealogische Studien über die alten jüdischen Familien Hannovers, Berlin 1913.
Hahn, B.	„Antworten Sie mir!". Rahel Levin Varnhagens Briefwechsel, Frankfurt am Main 1990.
Haushofer, H.	Haushofer Traditionen, München 1979.
Heine, J.U.	Verstand & Schicksal: Die Männer der I.G. Farbenindustrie AG, Weinheim 1990.
Helbing, H.	Sammlung Ludwig W. von Gans, Frankfurt am Main 1929.
Hertz, D.	Die jüdischen Salons im alten Berlin, Frankfurt am Main 1991.
Herz, L.	Die 600-jährige Geschichte der Familie Gans, Sonderdruck, Berlin 1934.
Heuberger, G.	Expressionismus und Exil: Die Sammlung Ludwig und Rosy Fischer, München 1990.
Heuberger, R./Krohn H.	Hinaus aus dem Ghetto..., Juden in Frankfurt am Main 1800–1950, Frankfurt am Main 1988.
Hoffheimer, M.H.	Eduard Gans and the Hegelian Philosophy of Law, Dordrecht 1995.
Holzer, H. et al.	„Die Blériot XI im Deutschen Museum", Manuskript, 1988.
Huret, J.	In Deutschland, Leipzig 1908.
Iwanowsky, I. et al. (Hg.)	Weinbergkapelle, Frankfurt/Main Niederrad 1989.
Jung, W.	Kronberg von A bis Z, Oberursel 1982.
Kalb, H.	25 Jahre bayerische Fliegertruppe, München 1937.

Katz, J.	Tradition und Krise. Der Weg der jüdischen Gesellschaft in die Moderne, München 2002.
Kemp, F. (Hg.)	Rahel Varnhagen. Briefwechsel, Bd. IV, München 1979.
Kinkel, W.	Einführung, in: Weinbergkapelle, Frankfurt/Main Niederrad 1989.
Kirchholtes, H.D.	Cassella und die Weinbergs. Hoffnung und Tragik einer jüdischen Industriellenfamilie. Kuratorium Kulturelles Frankfurt e.V. 1997. Vortrag gehalten am 18.2.1997.
Klöß, E.	Die Familien von Weinberg und Frankfurt Niederrad. Wissenschaftliche Hausarbeit für das Lehramt an Haupt- und Realschulen, Frankfurt am Main 1992.
Knodt, H.	Die hessische Kanzlerfamilie Fabricius und ihre Nachkommen, in: Archiv für Sippenforschung, Hefte 29–31, Limburg/Lahn o. J.
Koch, F.	Geschichte der Chemie in Frankfurt (Förderkreis Industrie- und Chemiegeschichte), 1998.
Kracauer, I.	Geschichte der Juden in Frankfurt am Main (1150–1824), Bd. I (Landeskunde Nordrhein-Westfalens, 11), Frankfurt 1925.
Kühn, J.	Das Ende einer Dynastie. Kurhessische Hofgeschichten 1821 bis 1866, Berlin 1929.
Lemberg, M.	Gräfin Louise von Bose und das Schicksal ihrer Stiftungen und Vermächtnisse, Marburg 1998.
Linnemeier, B.W.	„Waßgestalt meine Eltern und Voreltern allhier in dieser löblichen Stadt Minden ihre Wohnung gehabt …". Die jüdische Familie Gans aus Lippstadt und Minden und ihr verwandtschaftlicher Umkreis vom 16. bis zum ausgehenden 18. Jahrhundert. Ein Beitrag zur Geschichte der jüdischen Oberschicht Nordwestdeutschlands in der frühen Neuzeit (Beiträge zur westfälischen Familienforschung, 53), Münster 1995.
Lustiger, A. (Hg)	Jüdische Stiftungen in Frankfurt am Main, Frankfurt am Main 1998.
Mack, E.	Die Frankfurter Familie von Weinberg, in: „die Port", hrsg. v. Heimat- und Geschichtsverein Schwanheim e.V., Frankfurt am Main 2000.
Magistrat	der Stadt Offenbach am Main (Hg.): Zur Geschichte der Juden in Offenbach am Main, Bd. 2: Von den Anfängen bis zum Ende der Weimarer Republik, Offenbach 1990.
Malinowski, S.	Vom König zum Führer. Deutscher Adel und Nationalsozialismus, Frankfurt am Main 2004.
Martin, R.	Jahrbuch des Vermögens und Einkommens der Millionäre in Hessen-Nassau, Berlin 1913.
Mayer, E.	Die Frankfurter Juden, Frankfurt am Main 1966.
McCullough, B.	Australian Naive Painters, Melbourne 1977.
McCullough, B.	Each Man's Wilderness, Adelaide 1980.

Mohr, V.	Die Demütigung blieb ihnen nicht erspart, in: FAZ vom 4.1.1990.
Möller, H.	Weimar. Die unvollendete Demokratie, 3. Aufl., München 1990.
Mosse, W.E. et al. (Hg.)	Jüdische Unternehmer in Deutschland im 19. und 20. Jahrhundert, Stuttgart 1992.
Mühle, E.	Zur Geschichte der jüdischen Minderheit, in: W. Ehrbrecht (Hg.): Lippstadt. Beiträge zur Stadtgeschichte, Lippstadt 1985.
Nachama, A. (Hg.),	Juden in Berlin, Berlin 2001.
Neher, A.	Jewish Thoughts and the Scientific Revolution of the Sixteenth Century. David Gans and his Times, Jerusalem 1985.
Nipperdey, Th. et al.	Antisemitismus, in: O. Brunner u.a. (Hg.): Geschichtliche Grundbegriffe. Historisches Lexikon zur politisch-sozialen Sprache in Deutschland, unv. Nachdruck der 4. Aufl., Stuttgart 1994.
Nipperdey, Th.	Deutsche Geschichte, Bd. 1, 2. Aufl., 1991.
Pappenheim Graf zu, H.	Geschichte des gräflichen Hauses zu Pappenheim 1739–1939, München 1940.
Pfeiffer-Belli, E.	Junge Jahre im alten Frankfurt, Wiesbaden und München 1986.
Platz-Horster, G.	Der Goldschmuck von Assiut, Ägypten, in: L. Wamser (Hg.): Die Welt von Byzanz – Europas östliches Erbe, Austellungskatalog, München 2004.
Pohlmann, K.	Der jüdische Hoffaktor Samuel Goldschmidt aus Frankfurt und seine Familie in Lemgo (1670–1750), Detmold 1998.
Prinz, A.	Juden im deutschen Wirtschaftsleben. Soziale und wirtschaftliche Struktur im Wandel 1830–1914, Tübingen 1984.
Reif, H.	Adel im 19. und 20. Jahrhundert (Enzyklopädie deutscher Geschichte, 55), München 1999.
Reiser, R.	Alte Häuser – Große Namen, München 1988.
Reissner, H.G.	Eduard Gans, Tübingen 1965.
Rübesamen, H.E.	Ein farbiges Jahrhundert – Cassella, München 1970.
Schedlitz, B.	Leffmann Behrens. Untersuchungen zum Hofjudentum im Zeitalter des Absolutismus (Quellen und Darstellungen zur Geschichte Niedersachsens, 97), Hildesheim 1984.
Schembs, H.O.	In dankbarer Anerkennung. Die Ehrenbürger der Stadt Frankfurt, Frankfurt am Main 1987.
Schembs, H.O.	Kommentar zum Adelsdiplom für die Brüder Weinberg 1908 (Institut für Stadtgeschichte Frankfurt am Main), 1983, siehe InvenNr. 10305.
Schlagehan, E.	Der Bildhauer Friedrich Christoph Hausmann (1860–1936). Leben und Werk in Frankfurt, Magisterarbeit, Frankfurt/Main 1995.
Schnath, G.	Geschichte Hannovers, Bd. 2, Hildesheim 1976.

Schnee, H.	Die Hoffinanz, Bd. II, Berlin 1954.
Schwarz, P.	Der Flugpionier Paul Gans und sein Elektrizitätswerk in der Schmölz, in: Groana. Mitteilungsblatt des Vereins Bär und Lilie, Verein zur Erforschung u. Erhaltung der Grainauer Ortsgeschichte e.V., Heft 11, Grainau 1993.
Schwennicke, D.	Europäische Stammtafeln, NF, Bd. I und III: Die deutschen Staaten, Marburg 1980.
Senger, V.	Die jüdischen Friedhöfe in Frankfurt am Main, Frankfurt/Main 1985.
Sigmund, A. M.	Die Frauen der Nazis II, München 2002.
Simon, G. (Hg.)	Genealogical Tables of Jewish Families. 14th–20th Centuries. Forgotten Fragments of the History of the Fraenkel Family, Bd. 1: Text und Indexes, 2. durchgesehene und erweiterte Aufl., München 1999.
Spreti v., H. (Hg.)	Alix an Gretchen. Briefe der Zarin Alexandra Feodorowna an Freiin Margarethe v. Fabrice aus den Jahren 1891–1914, o. O. 2002.
Sternberg, C.	Es stand ein Schloss in Böhmen. Wanderjahre einer Europäerin, Hamburg 1979.
Stiftung	Landerziehungsheim Schondorf am Ammersee 1905–1980. Geschichte und Bilder, 2 Bde, Sonderdruck, o. O. u. J.
Strauß, H.	Gottlieben am Rhein und Untersee, in: Beiträge zur Ortsgeschichte des Bezirks Kreuzlingen, Heft 13, o. O. 1959.
Streich, B. (Hg.)	Juden in Celle. Biographische Skizzen aus drei Jahrhunderten (Schriftenreihe des Stadtarchivs und des Bomann-Museums, 26), Celle 1996.
Sturm-Godramstein, H.	Juden in Königstein, Königstein/Taunus 1983.
Thieme, U. et al. (Hg.)	Allgemeines Lexikon der bildenden Künstler von der Antike bis zur Gegenwart, Bd. 11, München 1992.
Thoms, R. et al.	Handbuch zur Geschichte der Deutschen Freikorps, München 2002.
Treitschke v., H.	Deutsche Geschichte im 19. Jahrhundert, IV. Band, Leipzig 1889.
Trenkler, H.	Die Bonns (1520–1920), Frankfurt am Main 1998.
Trepp, L.	Geschichte der deutschen Juden, Stuttgart 1996.
Treue, W.	Wirtschaft, Gesellschaft und Technik vom 16. bis zum 18. Jahrhundert, in: B. Gebhardt: Handbuch der deutschen Geschichte, Bd. 12, München 1974.
Verein	zur Erhaltung der historischen Flugwerft Oberschleißheim (Hg.): Geflogene Vergangenheit. 75 Jahre Luftfahrt in Schleißheim, Fliegerhorst Schleißheim 1912–1918.
Verfasser unbekannt	Der projektierte Flug des Luftschiffs „Suchard" über den Atlantischen Ozean, München und Berlin 1911 (Archiv AvG).
Vogt, D.	ILA 1909. „Ein völlig neues, nie geschautes Kulturwerk",

	Frankfurt wird zum Wegbereiter der Luftfahrt, in: Flughafen-Nachrichten Nr. 3/79.
Volkov, S.	Die Juden in Deutschland 1780–1918 (Enzyklopädie Deutscher Geschichte, 16), München 2000.
Vollmer, H. (Hg.)	Allgemeines Lexikon der bildenden Künstler, 23. Bd., Leipzig 1929.
Walterskirchen, G.	Der verborgene Stand. Adel in Österreich heute, Wien 1999.
Wamser, L. (Hg.)	Die Welt von Byzanz – Europas östliches Erbe, Austellungskatalog, München 2004.
Zahn, R.	Die Sammlung Friedrich Ludwig von Gans im Antiquarium. Amtliche Berichte aus den Königl. Kunstsammlungen, XXXV. Jg., Nr. 3, 1913–1914, Sp. 65–130, Berlin 1913.
Zahn, R.	Zur Sammlung Friedrich L. von Gans, Amtliche Berichte aus den Königl. Kunstsammlungen, XXXVIII. Jg., Nr. 1, Sp. 1., Berlin 1916
Zimmermann, M. (Hg.)	Die Geschichte der Juden im Rheinland und in Westfalen (Schriften zur politischen Landeskunde Nordrhein-Westfalens, 11), Köln 1998.
Zuckermann, M.	Kollaktanien zur Geschichte der Juden in Hannover, Hannover 1912.

PERSONENINDEX

Die Hauptpersonen dieser Arbeit Adolf, Clara, Eduard, Friedrich (Fritz), Jozsi (Josef), Leo, Ludwig und Paul Gans sowie Arthur und Carl Weinberg werden nicht im Index genannt. Siehe hierzu die einzelnen Kapitel im Inhaltsverzeichnis.

Adelgunde, Prinzessin von Bayern 326
Adickes, Franz 176, 187, 194, 201, 305, 307
Aichelburg Graf v., Othmar 336
Aichelburg Gräfin v., Elisabeth 397
Aichelburg Gräfin v., Marie Blanche Siehe Gans v., Marie Blanche
Alexander I., Zar von Rußland 79
Alfons, Prinz von Bayern 299
Almásy v. Zsadány und Török-Szent-Miklós Gräfin, Ilma 320, 326
Alpa, Gitta 259
Alt, Eugen 309, 310
Appel, Blümchen 42, 47, 49, 50, 52, 53
Arco-Valley Graf v., Anton 350, 352, 353
Arden, Elisabeth 239
Arnim v., Bettina 101
Asch, Abraham 74
Ashburton, Baron 185
Asseburg Gräfin von der, Anna 319
Auguste, Prinzessin von Preußen 321, 322
Bachstitz, Kurt Walter 183, 185, 188, 189, 190, 191, 357
Baer, M.H. 189, 357
Baeyer v., Adolf 148, 248,
Baker, Josephine 259
Balzer, Adolf 356
Bäppler, Otto 211, 280, 283
Bauer, Mayer Amschel Siehe Rothschild, Mayer Amschel
Behrens, Feile geb. Dilmann 62
Behrens, Gnendel 54
Behrens, Gumpert 61, 62
Behrens, Isaak 54, 61, 62
Behrens, Leffmann 45, 47, 51, 52, 53, 54, 55, 56, 57, 58, 59, 60, 61, 62, 63, 64, 65, 66, 67, 68, 70, 72, 73, 87
Behrens, Moses Jakob 54, 58, 61

Behrens, Naphtali Herz 54, 56, 57, 60, 61, 66
Behrens, Peter 234, 236, 240, 241, 242, 243
Behrens, Till 242, 245
Ben Salomon Awsa, David Siehe Gans, David
Benda, Louis 252, 255
Berolingen Graf v., Alexander 328
Bevener de, Anna 317
Bischoffshausen Freifrau v., Margot Siehe Gans v., Margot
Bischoffshausen Freiherr v., Henning 414
Bischoffshausen Freiherr v., Werner 336, 414
Bismarck v., Otto 157, 159
Blériot, Louis 289, 307
Bode v., Wilhelm 192
Bodman v., Emanuel 329
Böhm, Karl 426
Bol, Ferdinand 185
Bonn, Baruch 226, 228
Bonn, Charlotte Betty 227
Bonn, Emma 209, 226, 227, 228, 229
Bonn, Jakob 225
Bonn, Julius Philipp 227, 230
Bonn, Leopold 227, 228, 229
Bonn, Max Julius 226, 227, 228, 229
Bonn, Moritz Julius 230, 231
Bonn, Mosche 225
Bonn, Sarah 226
Bonn, Sprinz 225
Bonn, Theres 231, 382
Bonn, Wilhelm Bernhard 225, 226, 227, 228, 229, 230
Borgnis, Marie Blanche Siehe Gans v., Marie Blanche
Bosch, Carl 217, 254, 266, 269, 270, 272
Bose Gräfin v., Louise 325, 326
Bosin, Elfriede 223
Brahe, Tycho 35, 36, 37

Bramante, Donato 177
Brendel, Martin 221
Brentano, Ludwig Joseph (Lujo) 230
Brucker, Joseph 309, 310, 313
Brug Ritter v., Karl 300
Brüning v., Gustav 254
Brüning, Adolf 141
Bunsen, Robert Wilhelm 141, 212, 213
Burger, Anton 194
Caroline Mathilde, Königin von Dänemark 72, 73, 102
Cassel, Benedict 126
Cassel, David Löb Siehe Cassella, Leopold
Cassel, Hayum, genannt Bing 125
Cassel, Hendle Siehe Cassella, Hendle
Cassel, Ignaz 126, 127
Cassel, Leiza 125
Cassel, Löb Benedict 125, 126, 127, 128
Cassel, Rechle 126
Cassella, Hendle 87, 124, 126, 133, 225
Cassella, Leopold 87, 88, 101, 120, 122, 124, 125, 126, 127, 128, 129, 130, 131, 132, 133, 134, 135, 136
Caters Baron de, Pierre 307
Chiribiri, Antonio 362, 363
Christian VII., König von Dänemark 72
Christian, Herzog von Braunschweig-Lüneburg 41, 45, 54
Clay, Lucius D. 239
Cohen, Abraham Herz 73
Cohen Behrens, Abraham Joshua 68
Cohen, Elieser Berens Siehe Behrens, Leffmann
Cohen, Isaak 54
Cohen, Lippmann Siehe Behrens, Leffmann
Cohen, Philipp Aaron 66, 68
Cohen, Philipp Arendt (Aaron) Siehe Cohen, Philipp Aaron
Cohen, Sarah 68
Cohn-Katz, Abraham Joshua Siehe Cohen Behrens, Abraham Joshua
Coit, Fanny Siehe Gans, Adela (Fanny)
Coit, Richard (Dicky) 387
Coit, Stanton 287
Collins, Arthur 382, 390
Cuyp, Aelbert 183

Dalberg v., Karl Theodor 120, 121, 130, 131
David, Michael 60
Davis, Bette 239
Deutsch, Otto 365, 366
Dirichlet, Gustav Lejeune 112
Dohna Graf v., Nikolaus 353, 386
Dollfuss, Engelbert 370
Dou, Gérard 183
Druchtleben v., Elisabeth Albertine 318
Druchtleben v., Johann August 318
Duisberg, Carl 253, 269
Düsseldorf, Gottschalk Levi 59
Düsseldorf, Salomon 59
Duveen of Millbank Lord, Joseph Siehe Duveen, Joseph
Duveen, Joseph 191
Eduard VII., König von Großbritannien 161
Ehrlich, Paul 251, 252, 254
Einsiedel Graf v., Adolkar 415
Einsiedel Gräfin v., Ellinka 415
Einsiedel Gräfin v., Margot Siehe Gans v., Margot
Einstein, Albert 438
Eisenhower, Dwight D. 238, 239, 244
Eisner, Kurt 349, 350, 352, 353
Engelhardt, Alfred 169, 177, 181
Ephraim, Veitel Heine 86, 89
Erlenmeyer, Emil 212, 213, 214
Ernst August, Herzog von Braunschweig-Lüneburg 57, 60, 65
Ernst, Prinz von Bayern (Bischof) 50
Ernst, Prinz von Mecklenburg-Strelitz 71
Ettling, Auguste Siehe Gans, Auguste
Euler, August 297, 298, 307
Fabrice Freiin v., Agnes 328, 330
Fabrice Graf v., Alfred 318, 319
Fabrice v., August Georg Maximilian 318
Fabrice Freiin v., Blanche 328, 329
Fabrice v., Eberhard 317
Fabrice Freiin v., Ellinka 197, 198, 200, 290, 291, 296, 313, 314, 316, 320, 328, 329, 335, 336, 337, 338, 355, 382, 385
Fabrice v., Friedrich Ernst 317
Fabrice v., Friedrich Joseph Anton 318, 319
Fabrice Freifrau v., Helene Siehe Reichenbach-Lessonitz Gräfin v., Helene

Fabrice Freiin v., Ilka 326, 332
Fabrice Freiin v., Ilma 328, 329
Fabrice Freifrau v., Ilma Siehe Almásy v. Zsadány und Török-Szent-Miklós Gräfin, Ilma
Fabrice v., Johann Conrad 317, 318
Fabrice v., Justinian Ludwig 318
Fabrice Freiin v., Luigina 328, 329
Fabrice Freiherr v., Maximilian 291, 292, 320, 325.326, 328, 329
Fabrice Freiherr v., Oswald 318, 319, 322, 325
Fabrice v., Weipert Ludwig 317
Fabrice Freiherr v., Wilhelm Friedrich Maximilian Siehe Fabrice Freiherr v., Maximilian
Fabricius v., Eberhard Siehe Fabrice v., Eberhard
Fabricius v., Philipp Ludwig 316, 317
Fabricius, Weiprecht 315, 316
Falkenhayn v., Erich 266
Fettmilch, Vinzent 116
Fichte, Johann Gottfried 105, 112
Finckenstein Graf v., Karl 97
Fischer, Helen 417
Fischoff, E. 183
Fittig, Wilhelm Rudolph 247
Flynn, Errol 239
Forbes, May Siehe Weinberg v., May
Ford II, Henry 239
Franz, Prinz von Bayern 299
Freibach, Carl Siehe Fabrice Freiin v., Ilka
Freiberg v., Gottfried 425, 426, 427
Freiberg v., Gustav 425
Freiberg v., Theresia 425
Friedländer, David 94
Friedrich I. Barbarossa, römischer König und Kaiser 114
Friedrich II., König von Preußen 88, 92
Friedrich II., römischer König und Kaiser 114, 115
Friedrich III., römischer König und Kaiser 116
Friedrich Wilhelm III., König von Preußen 102, 103, 107
Friedrich Wilhelm, Kurprinz von Hessen 323
Friedrich Wilhelm von Preußen, Großer Kurfürst 85, 86, 102
Friedrich Wilhelm, Kronprinz von Preußen 58
Friedrich Wilhelm, Kurfürst von Hessen 326

Fulda, Ruben (Rabbi) 35
Gans, Abraham 86, 102, 103, 104
Gans, Adela (Fanny) 159, 180, 205, 208, 227, 287, 360
Gans, Alice 236
Gans, Amalie Madel 80, 87
Gans v., Anthony 331, 397, 398, 401
Gans, Auguste 126, 148, 151, 152, 157, 159, 169, 170, 171, 172, 173, 179, 206, 287, 291, 335
Gans, Beate 223
Gans v., Bebs Siehe Gans v., Marie Blanche
Gans, Berend 74
Gans v., Bianca 368, 410, 418, 421, 422
Gans, Blümchen Siehe Appel, Blümchen
Gans, Brendel 70
Gans, David 33, 35, 36, 37, 40, 42
Gans v., Elisabeth Siehe Keller, Elisabeth
Gans, Eliser Sussmann II Siehe Gans, Sostmann II
Gans v., Ellinka Siehe Fabrice Freiin v., Ellinka
Gans, Fradchen 68, 86
Gans, Gela 52, 59
Gans, Hanna 52
Gans, Hedwig 223
Gans, Henriette 134, 174, 224, 225, 226, 227, 228, 245
Gans v., Herbert 210
Gans, Hintgen 42
Gans, Isaac Jacob 27, 66, 67, 68, 69, 70, 71, 72, 73, 74, 75, 76, 77, 78, 81, 86, 102
Gans, Isaak 39, 41, 42
Gans v., Isabel 368, 410, 417, 421, 422
Gans, Itzig 66
Gans, Jacob 78
Gans, Jacob Philipp 87
Gans, Jente Siehe Hameln von, Jente
Gans, Josel 30
Gans, Joseph 59
Gans, Joshua Dow Feibel 68, 81, 87
Gans, Josua Seligmann 30, 32, 33, 34, 35, 36, 37, 39, 40, 41, 42, 47
Gans, Ludwig Ahron 80, 83, 87, 88, 122, 124, 131, 133, 134, 135, 136, 137, 139,

140, 145, 146, 204, 212, 213, 216, 224, 232, 246
Gans, Luise Siehe Sander, Luise
Gans, Madel 73
Gans, Manes 31
Gans v., Margot 291, 294, 313, 331, 336, 337, 355, 383, 394, 414, 415, 416, 417
Gans v., Maria 371, 378, 381, 384, 389, 390, 391, 401, 404, 407, 408, 420, 421
Gans, Marianne 134, 224, 228, 232, 245, 330
Gans, Marie 237, 240
Gans v., Marie Blanche 291, 294, 313, 331, 333, 336, 337, 355, 378, 380, 381, 382, 383, 384, 385, 388, 390, 391, 392, 393, 394, 395, 396, 397, 398, 400, 403, 404, 405, 409, 429, 432, 435.
Gans, Martha Siehe Pick, Martha
Gans, Melanie 180, 236
Gans, Melitta Siehe Riedel Freiin v., Melitta
Gans, Michael 35
Gans, Miriam 81
Gans, Moses 31
Gans, Nathan 52, 56, 58, 63, 64
Gans, Nelly 236, 283
Gans, Pauline 134, 139, 140, 148, 205, 207, 245, 246, 247, 256
Gans, Pessa Siehe Warendorf, Pessa
Gans v., Peter 210
Gans, Philipp 66
Gans, Philipp Ahron 81, 82, 83
Gans, Philipp Isaak 68, 75, 76
Gans v., Philomena Siehe Martinet, Philomena
Gans v., Randolph 331, 404
Gans, Richard 222, 223, 247, 248, 288
Gans, Richell 42
Gans, Rosette Siehe Goldschmidt, Rosette
Gans, Salomon 33, 35, 68, 70
Gans, Salomon d.Ä. 39, 41, 42
Gans, Salomon d.J. 42, 43, 45, 47, 48, 49, 50, 51, 52, 53, 55, 58, 59, 63
Gans, Salomon II 59, 61, 65, 66, 67
Gans, Salomon Philipp 66, 68, 74, 76, 77, 78, 79, 80, 83, 87, 129
Gans, Samuel 52, 56, 58, 59, 63, 64, 65

Gans, Seligmann (Lechenich Kolon) 28, 29, 30, 116
Gans, Seligmann Isaak 31
Gans, Simon 86
Gans, Sostmann I 39, 41, 42, 43, 47, 48, 49, 50
Gans, Sostmann II 52, 58, 59, 61, 63, 64
Gans, Susmann 76, 80, 86
Gans, Sussmann II Siehe Gans, Sostmann II
Gans, Wolf Beer 31
Gans, Zippor 52
Gans, Zippora Siehe Marcuse, Zippora
Gans/Goldschmidt, Jente Siehe Hameln von, Jente
Gans-Zell, Jakob Josef (Jokew) 67, 68, 69
Gans-Zell, Salomon 68
Gattineau, Heinrich 269
Gentz, Friedrich 98
Georg I. Ludwig, König von Großbritannien und Irland 62, 318
Georg I., Landgraf von Hessen-Darmstadt 316
Georg II. August, König von Großbritannien und Irland 321
Georg III. Wilhelm, König von Großbritannien und Irland 71, 72, 102
Georg Wilhelm, Herzog von Braunschweig-Celle 60, 66
Georg, Gottfried 339, 340
Georg, Herzog von Braunschweig-Lüneburg-Calenberg 54
Getty, J. Paul 239
Goebbels, Joseph 367, 426
Goethe v., Johann Wolfgang 127, 131, 218
Goldschmidt v., Betty 283
Goldschmidt, Amschel Isaac 82
Goldschmidt, Hayum 119
Goldschmidt, Isaac Heyum 82
Goldschmidt, Jobst Siehe Hameln von, Josef
Goldschmidt, Josef Siehe Hameln von, Josef
Goldschmidt, Joseph Isaac 82
Goldschmidt, Lewin 51, 56
Goldschmidt, Löb Isaak 82
Goldschmidt, Mayer Salomon 87, 124, 126, 133, 225

Goldschmidt, Rosette 87, 133, 134, 139, 145, 224, 232, 246
Goldschmidt, Salomon Benedict 125, 126
Goldschmidt, Sara 82
Goldschmidt-Hameln, Täubche 82
Goldschmidt-Landau, Julius 160
Goldwyn, Samuel 239
Gomperz, Familie in Emmerich 54
Göring, Hermann 367, 368, 412
Goya y Lucientes de, Francisco José 185
Goyen van, Jan 185
Greifenhagen, Adolph 195
Gropius, Walter 241
Gulbransson, Olaf 233, 329
Gumprecht, Wilhelm 192
Gutierrez, Alexandra Siehe Spreti Gräfin v., Alexandra
Haber, Fritz 254, 266
Halm-Nicolai, Carl 329
Hameln von, Chaim 43, 44, 45, 56
Hameln von, Freudchen, gen. Goldschmidt Siehe Spanier, Freudchen
Hameln von, Glückel 27, 43, 44, 45, 46, 47, 48, 51, 54
Hameln von, Jente 42, 43, 44, 45, 47, 48, 49, 51, 52, 53, 54, 55, 58, 59, 60, 63
Hameln von, Josef 41, 42, 44, 45, 48, 49, 50, 51, 52
Hanau, Ahron 82
Hanau, Fanny 82, 83
Hanau, Lehmann Isaak 82
Hanfstaengel, Erna 363
Hardenberg Fürst von, Karl August 103, 104
Hauptmann, Gerhard 218
Haushofer, Carl 269
Hausmann, Friedrich Christoph 176, 177, 179, 180, 181, 191, 218, 224, 257, 306, 357
Hayworth, Rita 239
Hegel, Georg Wilhelm Friedrich 101, 107, 108, 109, 110, 111, 112
Heidelbach Marum, gen. Max 224
Heidelbach, Alfred 224, 226
Heidelbach, Emma 225, 226
Heidelbach, Henriette Siehe Gans, Henriette

Heine, Heinrich 59, 93, 101, 109, 110, 112, 123, 157
Heine, Simon 59
Heine, Thomas Theodor 233
Heinrich IV., römischer König und Kaiser 114
Heinrich XXXVII., Prinz Reuss 353
Heinrich, Prinz von Bayern 299
Heinrich, Prinz von Preußen 312
Helbing, Hugo 188
Helmholtz v., Hermann 212
Henkell, Mädi 364
Henlein, Konrad 381
Hensel, Wilhelm 112
Herz, Henriette 77, 95, 99
Herz, Marcus 95
Herz, Nelly Siehe Gans, Nelly
Herz, Richard 252, 254, 255
Hesse, Herrmann 329
Heusser, Huldreich 416
Heuss, Theodor 231
Hielle, Alfred 302, 303
Himmler, Heinrich 272, 273
Hindenburg v., Paul 218, 369
Hirschel, Max 62
Hitler, Adolf 269, 270, 271, 272, 277, 280, 352, 354, 363, 367, 368, 369, 372, 373, 375, 376, 379, 381, 389, 392, 399, 412
Hoffmann v., C. 154
Hoffmann, Johannes 352, 353, 354
Hoffmann, Meinhard 151, 216, 249, 250
Hofmann v., Wilhelm 137, 138, 215, 248
Hohenhausen v., Elise 94
Hortense Beauharnais, Königin von Holland 327
Humboldt Freiherr v., Wilhelm 98, 104, 105
Hus, Johannes 327
Huygens, Christian 256
Huygens, Constantin 256
Huygens, Willemine Siehe Weinberg v., Willemine
Isaac-Fliess, Familie in Berlin 86, 89
Isserls, Moses (Rabbi) 35
Itzig, Daniel 111
Itzig, Familie in Berlin 86, 89
Jacobi, Louis 161, 162

Jakob, Lea 54
Järnecke, A.J. 154
Jeanneret (Le Corbusier), Charles Edouard 241
Jerôme Bonaparte, König von Westfalen 120, 327
Joel, Levi (Rabbi) 52
Johann Friedrich, Herzog von Braunschweig-Calenberg 57, 64
Joseph I., römischer König und Kaiser 46
Joseph II., römischer König und Kaiser 85, 119
Kahr Ritter von, Gustav 354
Kalischer, Georg 252, 255
Kalle, Jacob 141
Kalle, Wilhelm 141, 215
Kameke v., Dobimar 223
Kameke v., Hans Rolf 223
Kameke v., Kartz 223
Kameke v., Leo Gert 223
Kameke v., Tesmar 223
Kann, Maurice 183
Kann, Rodolphe 183
Karl August, Herzog von Sachsen-Weimar 127
Karl der Große 114, 132
Karl IV., römischer König und Kaiser 29, 30, 115
Karoline, Prinzessin von Dänemark 321
Kauffmann v., A. 280
Keller, Charles 210, 211
Keller, Elisabeth 208, 210, 211
Keller, Gottfried 329
Kennedy, Joseph P. 239
Kepler, Johannes 35, 37
Kistner, Ursula 315
Kleber, Jean-Baptiste 120
Kleinberger, François 182
Kopernikus, Nikolaus 36, 37
Kotzebue v., August 106
Krauch, Carl 270, 272
Kriegelstein, Maria Siehe Gans v., Maria
Krohn, Fanny 126
Krumbach, Ester 47
Krumbach, Jakob 46
Krumbach, Moses 46, 47
Kugler, Hans 372, 412, 433, 435

Landau von, Jakob Jesse 225
Landau, Benedikt 126
Landau, David 126
Landau, Nathan David 126, 225
Lehmann, Behrend 62
Lehmann, Herz 62
Leithner Freifrau v., Marie Blanche Siehe Gans v., Marie Blanche
Leithner Freiherr v., Otto 395, 397, 398, 405, 435
Lenbach v., Franz 194, 325, 326
Lenin, Wladimir 352
Leonhardt, August 151, 215, 216
Leopold I., römischer König und Kaiser 117
Leopold II., römischer König und Kaiser 119
Lessing, Gotthold Ephraim 92
Levin, Markus 97
Levin, Rachel 77, 94, 95, 96, 97, 98, 99, 101
Levy, Hirz 46, 47
Liebig, Justus 144
Liebmann, Jost 54, 57
Linnich von, Seligmann Siehe Gans, Seligmann (Lechenich Kolon)
Lobkowicz Prinz v., Ferdinand 257, 270, 274
Lobkowicz, Prinzessin v., Charlotte Siehe Weinberg v., Charlotte
Lohmann, Julius 333, 334
Lothringen Herzog von, Leopold Joseph 46
Louis Bonaparte, König von Holland 328
Louis Ferdinand, Prinz von Preußen 98
Louis Napoleon III., Prinz von Holland 328
Löw, Maharal (Rabbi) 35, 36, 37
Löwe, Julius 139, 212
Löwengard, Alfred Leopold 161, 162, 228, 229, 232, 330
Löwengard, Eduard 153, 232, 330
Löwengard, Henriette Siehe Gans, Henriette
Löwengard, Leopold 223, 228
Lucius, Eugen 141
Ludendorff, Erich 354
Ludwig II., König von Bayern 365
Ludwig III., König von Bayern 349
Ludwig XIV., König von Frankreich 46
Luise, Prinzessin von Mecklenburg-Strelitz 102
Luitpold, Prinzregent von Bayern 299

Lützow v., Dorothea 318
Mann, Thomas 218
Marcus, Heimann Ephraim 86
Marcuse, Abraham 102
Marcuse, Gutel, geb. Fraenkel 86
Marcuse, Jacob 86
Marcuse, Zippora 86, 102, 103, 104, 110
Marlborough Herzog von, Georg Charles Spencer-Churchill 183
Marshall, Georg C. 239
Martinet, Philomena 295, 355, 361
Martius v., Carl Alexander 194
Mavrogordato, Peter 187, 188, 189, 193, 194, 196
Maxlrain Graf v., Johann 222
McCullough, Bianca Siehe Gans v., Bianca
Meer, Fritz ter 270, 411, 413
Meister v., Herbert 254
Meister, Wilhelm 141
Mendelssohn, Abraham 111
Mendelssohn, Dorothea(Brendel) 95, 97, 98
Mendelssohn, Moses 44, 90, 91, 92, 94, 97, 111
Mendelssohn-Bartholdy v., Otto 268, 270, 379
Mendelssohn-Bartholdy, Felix 111
Mendelssohn-Bartholdy, Paul 144
Mendelssohn-Bartholdy, Rebekka 111
Menger, Carl 230
Merton, Alfred 268, 270, 379
Merton, Richard 270
Miller v., Oskar 300
Miltenberg von, Jakob 30
Miltenberg von, Josef 28, 30
Montgelas de Garnerin Graf v., Paul 257
Montgelas, Graf v., Thassilo 257
Morgan, John Pierpoint 191, 192
Müller, August 141
Münchhausen von, Christoph 42
Münster Graf zu, Paul 278
Münten v., Martha Maria 316
Mussolini, Benito 392
Napoleon Bonaparte, Kaiser von Frankreich 78, 103, 105, 120, 121, 129, 130, 131, 319, 321, 328
Niekisch, Ernst 352
Obrist, Herman 234

Oppenheim, Familie 45, 118
Oppenheim, Kurt 268, 379
Oppenheimer 117
Oppenheimer, Familie in Wien 54
Oppert, Emil Jakob 112
Oppert, Gustav Salomon 112
Oppert, Julius 112
Ortlöpp, Emilie Siehe Reichenbach-Lessonitz Gräfin v., Emilie
Ostade van, Adriaen 185
Otto, Gustav 299, 300
Oven v., Ernst 352
Pacelli v., Eugenio 415
Palisa, Johann 221
Pallavicini Markgraf v., Alfons Alexander 278, 284
Paolozzi di Calboli Graf v., Claudio 246
Paolozzi di Calboli Gräfin v., Maria Siehe Weinberg, Maria
Papen v., Franz 373
Pappenheim Graf zu, Haupt 201, 293, 313, 335, 336, 338, 344, 345, 348, 352, 382, 384, 415
Pappenheim Gräfin zu, Ellinka Siehe Fabrice Freiin v., Ellinka
Pariser, Curt 161
Paul, Bruno 233, 234, 236, 239, 240
Paul, Jean 98
Pelzer, Wilhelm 270
Perkin, William Henry 137, 138
Peschel, Alexander 256
Pfeiffer jun., Christian Wilhelm 169
Pflügelmann 377, 383
Phoebus (Rabbi) 42, 49, 50, 52
Picard, Julie 224, 226, 227
Picard, Lucien 224
Pick, Martha 234, 236, 240
Pinkerle, Glückel Siehe Hameln von, Glückel
Pinkerle, Loeb 43, 44, 45
Pückler-Muskau Fürst von, Hermann 101
Ranke v., Leopold 101
Rath vom, Walther 254
Rathenau, Walther 266
Reichenbach-Lessonitz Gräfin v., Emilie 319, 321, 322, 323, 324, 325

Reichenbach-Lessonitz Gräfin v., Helene 319, 322, 325
Reichenbach-Lessonitz Gräfin v., Wilhelmine 325
Reichenbach-Lessonitz Graf v., Wilhelm 325
Reiss, Isaac Elias 101, 120, 125, 127, 128, 131
Reiss, Josef 279
Reiss, Nannette 127, 128, 133, 136
Ribbentrop v., Joachim 383
Richter, Eugen 170
Riedel Freiherr v., Emil 364, 365
Riedel Freiin v., Melitta 364, 365, 369, 371, 373, 380, 410
Riedinger, August 308, 309, 310
Riemerschmied, Richard 234
Rijn van, Rembrandt 183, 188, 191
Rilke, Rainer Maria 329
Rockefeller, John D. 239
Rohe van der, Mies 241
Röhm, Ernst 367
Roßbach, Gerhard 354
Rothschild Baronin v., Mathilde 283
Rothschild de, Alix 382, 410
Rothschild de, Minka 410
Rothschild, Amschel Mayer 122, 323
Rothschild, Mayer Amschel 127, 198, 321
Rothschild, Moses 46
Rubens, Peter Paul 183
Rudolf II., römischer König und Kaiser 36, 37, 40
Rühs, Friedrich 106
Rupprecht, Prinz von Bayern 299
Rupprecht, Tini 283
Rydon, Harald 414, 417
Rydon, Margot Siehe Gans v., Margot
Sander, Carl 222
Sander, Luise 220, 222, 224
Sauerbruch, Ferdinand 313, 337, 363
Savigny v., Friedrich Carl 105, 106, 107, 111
Schäfer, Wilhelm 329
Schalk, Franz 426
Schauroth v., Lina 284
Schaye, David 50
Schaye, Israel David 50
Schaye, Nathan 50

Scherping, Alexandra Siehe Spreti Gräfin v., Alexandra
Scherping, Uwe 257, 261
Schlegel, Dorothea Siehe Mendelssohn, Brendel
Schlegel, Wilhelm 95
Schleiermacher, Friedrich 98, 105
Schlieper, Gustav 270
Schlusnus, Heinrich 259
Schmalkalden, Schendel 63
Schmidt (später Fabricius), Weiprecht 315
Schnitzler v., Georg 271, 280, 366, 369, 378, 411, 412, 413, 414
Schnitzler v., Lilo 280, 412
Scholz, Herbert 280
Schorschl Siehe Georg, Gottfried
Schrader v., Amalie 318
Schrader v., Christoph 318
Schubert, Emma 426
Schubert, Franz 426
Schuster, Alma 229
Schuster, Amalie 229
Schuster, Betty 226
Schuster, Lazarus Beer 226
Schweitzer, Albert 218
Secrétan, E. 183
Sedelmeyer, Charles 183
Seligman, Marie Siehe Gans, Marie
Seligman, Mietze Siehe Gans, Marie
Seligman, Milton Chase 237
Siesmayer, Franz Heinrich 162, 246
Siesmayer, Nikolaus 162, 246
Simson v., Ernst 270, 379
Solger, Karl Wilhelm Ferdinand 112
Sophie Dorothea, Prinzessin von Preußen 58
Spanier, Freudchen 42, 45
Spanier, Nathan 42, 48
Speer, Albert 241
Speyer, Familie 118
Spreti Graf v., Rudolf 257, 261, 270
Spreti Gräfin v., Alexandra 257, 261, 262
Spreti Gräfin v., Marie Elisabeth Siehe Weinberg v., Marie
Stiegler, Karl 426
Stockar-Scherer-Castell v., Walther 330

Strauß, Richard 426
Struensee, Johann Friedrich 72
Stuck, Hans 358
Stülpnagel v., Carl Heinrich 347
Sturtzkopf, Walther 329
Swarzenski, Georg 187, 192, 193, 194, 212, 306, 369
Szilvinyi v., Alexander 278, 279, 280
Szilvinyi v., Richard 278, 279, 280, 378, 411, 414, 420, 424, 430, 431
Taft, Wilhem Howard 312
Thibaut, Anton Friedrich 106
Thiersch v., Friedrich 305
Tieck, Ludwig 98
Tiepolo, Giovanni Battista 183
Tietze, Rosalia 426
Tirpitz Freiherr v., Alfred 354
Treves, Eleasar (Rabbi) 35
Tschudi v., Georg 305
Udet, Ernst 415, 416
Ullmann, M.154
Ursinus, Oskar 307
van Zuylen-van Nyevelt Baronin, Mathilde 329
Varnhagen von Ense, Karl August 101
Varnhagen von Ense, Rachel Siehe Levin, Rachel
Veit, Philipp 94
Veit-Mendelssohn, Dorothea Siehe Mendelssohn, Dorothea
Villiers Forbes, Ethel Mary Siehe Weinberg v., May
Wallace, Marquess of Hertford, Richard 185
Wallich, Ester 76
Warburg Max 379
Warburg, Gela 65
Warburg, Jacob 66
Warburg, James P. 239
Warburg, Max W. 268
Warendorf, Naftali Herz 65, 69
Warendorf, Pessa 66, 68, 73, 74
Warendorf, Rahe 73
Warner, Harry 239
Watzdorf Freiherr v., Karl 325
Weinberg v., Charlotte Friederike 257, 271, 273, 274
Weinberg v., Marie Elisabeth 257, 261, 271, 278
Weinberg v., May 262, 280, 281, 282, 283, 284, 285, 286
Weinberg v., Wera 161, 262, 273, 278, 279, 280, 283, 284
Weinberg v., Willemine 256, 257, 262, 271
Weinberg, Bernhard Otto 139, 140, 145, 148, 149, 205, 207, 215, 216, 245, 246, 247
Weinberg, Maria 246
Weinberg, Pauline Siehe Gans, Pauline
Weinberg, Salomon Maximilian 139, 246
Weissenbach v., Charlotte Luise 318
Weisweiler, Sara 126
Welser v., Edith 223
Wenzel, römischer König und Kaiser 30
Wertheimer, Familie in Wien 54
Wertheimer, Familie in Frankfurt 118
Weskott, Johann Friedrich 141
Westfalen von, Jêrome Siehe Jêrome, Bonaparte
Wetzlar, Adela Siehe Gans, Adela (Fanny)
Wetzlar, Gustav 287
Wetzlar, Isaac 70
Wetzlar, J.G. 227
Wetzlar, Matel 70
Wetzlar, Moritz 180, 227, 287
Wiegand, Theodor 194, 195, 196, 197
Wiesel, Pauline 98
Wilhelm I., Kurfürst von Hessen 127, 321, 322
Wilhelm II., deutscher Kaiser 95, 157, 192, 195, 196, 197, 198, 199, 200, 201, 202, 203, 228, 233, 256, 291, 307
Wilhelm II., Kurfürst von Hessen 198, 319, 321, 322, 323, 324, 330
Willstätt, Isai 46
Wolf, Isaak Benjamin (Rabbi) 55
Wolff, Karl 272
Zahn, Robert 195
Zeppelin Graf v., Ferdinand 220, 295, 296, 306, 307
Ziegler, Heinz 381, 382, 384, 387, 388, 389, 390, 391, 392, 393, 394

Ziegler, Marie Blanche Siehe Gans v., Marie Blanche
Ziegler, Paul 393
Zimmermann, Johann Baptist 223
Ziss, A. 154